VOLTAIRE

SA VIE ET SES ŒUVRES

PAR

M. L'ABBÉ MAYNARD

CHANOINE HONORAIRE DE POITIERS

TOME PREMIER

PARIS
AMBROISE BRAY, LIBRAIRE-ÉDITEUR
20, RUE CASSETTE

VOLTAIRE

SA VIE ET SES ŒUVRES

OUVRAGES DU MÊME AUTEUR :

Pascal, sa vie et son caractère, ses écrits et son génie. 2 vol. in-8°.
10 fr.

Provinciales de Pascal (les), texte avec les variantes de l'auteur; réfutation. 2 forts vol. in-8°. 12 fr.

Saint Vincent de Paul, sa vie, son temps, ses œuvres, son influence, 4 forts vol. in-8° sur papier glacé, ornés de portraits et d'autographes sur acier. 24 fr.

Quelques exemplaires tirés sur vélin (papier de la *Touraine*, publié par M. Mame). 40 fr.

VOLTAIRE

SA VIE ET SES ŒUVRES

PAR

M. L'ABBÉ MAYNARD

CHANOINE HONORAIRE DE POITIERS

TOME PREMIER

PARIS

AMBROISE BRAY, LIBRAIRE-ÉDITEUR

20, RUE CASSETTE, 20

1867

Tous droits réservés

AVANT-PROPOS

Ce livre n'est pas une apologie, non, certes ; mais ce n'est pas non plus une satire : c'est une histoire.

Et c'est là sa raison d'être.

Jusqu'à ce jour, nous n'avions guère, sur Voltaire, que des pamphlets, pour ou contre.

Et cela se conçoit, car il est peu de personnages dont il soit plus aisé, en se plaçant à un point de vue exclusif, de dire un peu de bien et beaucoup de mal.

Dans l'homme, que l'on se laisse aller à la séduction de la plus fascinante créature qui fut jamais, que l'on se laisse prendre par ses quelques bons sentiments et quelques bonnes actions ; dans l'écrivain, qu'on n'envisage que le prodigieux esprit, que les quelques idées saines en littérature, en histoire, en critique, en économie sociale, et voilà le panégyrique.

D'autre part, que l'on ne veuille voir que les rouerie, les bassesses et les vilenies de l'homme, que les jalousies, les mensonges et les déloyautés du polémiste, que les faiblesses et les chutes du poëte, que les principes funestes et les impiétés du philosophe, et voilà aussitôt la satire.

Satire ou panégyrique, pourquoi? parce qu'on a procédé par choix et par exclusion, avec le dessein préconçu de ne dire que ceci et de taire cela.

Ce livre a la prétention de tout dire. Il dira tout, le bien comme le mal, le mal comme le bien. Et si, de compte fait, le bilan du mal l'emporte, la faute n'en sera pas à l'auteur, elle en sera au sujet.

Elle en sera à Voltaire, qui s'y raconte et s'y expose lui-même, dans ses œuvres et surtout dans sa correspondance.

Elle en sera à ses amis, c'est-à-dire à lui encore, ses amis n'ayant écrit que sous sa dictée ou sur ses mémoires.

Voltaire et ses amis, voilà les vrais auteurs de ce livre. Les écrits de Voltaire, de ses disciples, de ses adulateurs à gages, de ses biographes panégyristes, en voilà toutes les sources.

Le rédacteur de ce livre a lu tout ce qui a été écrit contre Voltaire; mais il n'en a fait presque aucun usage; ou, s'il y a recouru quelquefois pour éclaircir un point laissé obscur, pour combler une lacune ouverte à dessein par le héros et par ses flatteurs, il en a toujours prévenu, et il ne l'a donné que pour ce que peut valoir le témoignage d'un ennemi. Pour lui, il n'a aspiré qu'à être un rapporteur complet et fidèle.

Chose impossible, dira-t-on peut-être : vous aviez un parti pris en vous mettant à l'œuvre, et vous vouliez arriver à une conclusion défavorable.

Et vous, répondrai-je à l'interrupteur, n'est-ce pas aussi votre cas? Et quand vous entreprenez de traiter de Voltaire, n'est-ce pas pour arriver à l'éloge? Et qui donc, aujourd'hui, n'a pas un parti pris pour ou contre cet homme, dont le nom seul est, depuis plus d'un siècle, un signe de contradiction?

Le parti pris exclut l'indifférence, mais non l'impartialité. Le juge qui vient d'instruire un procès, le président qui en résume les débats, n'ont-ils pas un parti pris pour ou contre l'accusé ? Et, néanmoins, ne peuvent-ils pas obéir aux lois de la vérité et de la justice ? Et, le plus souvent, ne rend-on pas hommage à l'impartialité de leur parole ou de leur conduite ?

L'indifférence tient du sujet ; l'impartialité, dans un sujet quelconque, est le devoir indispensable de l'écrivain. Quand les croyances et les mœurs, la religion et la société sont en jeu, l'indifférence n'est plus possible ; mais l'impartialité est toujours obligatoire, ne fût-ce que par respect pour soi-même et par confiance en la cause qu'on défend ; à plus forte raison, quand on vise à l'honneur de défendre la vérité contre le fils de celui qui a été appelé le Père du mensonge !

Le mensonge ! je viens de nommer l'ennemi qu'a toujours à combattre l'historien de Voltaire et du xviiie siècle. Tous mentaient dans ce siècle du mensonge, les adversaires comme les partisans de la philosophie anti-chrétienne. Ceux-ci s'étaient fait du mensonge un principe, une stratégie, une seconde nature ; ceux-là, sans vouloir mentir, mais par besoin de lutter à armes égales, adoptaient *a priori*, sans critique et sans contrôle, tout ce qui pouvait tourner à la honte de la secte encyclopédique. De là, l'inextricable embarras de l'écrivain qui veut aujourd'hui démêler le vrai à travers tant de contradictions. Pas une assertion dans les écrits du temps, — ses seuls mémoires, — qu'il doive adopter de confiance, et, sur chaque point, même le moindre, il y a tout un débat à établir. Un seul terrain solide sur lequel il puisse s'appuyer et bâtir : les correspondances, et même les seules correspondances intimes, c'est-à-dire écrites sans seconde enveloppe ou sans adresse secrète aux contemporains et à la postérité.

Et c'est pourquoi ce livre fait un appel incessant à la correspondance de Voltaire. Cette correspondance, — comme tout le reste des œuvres, — est toujours citée d'après l'édition Beuchot, qui, malgré ses défauts, est jusqu'à ce jour la meilleure et celle qui fait le plus autorité. Je l'ai corrigée quelquefois d'après les manuscrits de la Bibliothèque impériale, notamment pour les lettres à l'abbé Moussinot, falsifiées par l'abbé Duvernet, et reproduites aveuglément par Beuchot, sans recours aux autographes.

Et ainsi en pourrait-il être de presque tout le reste, si l'on en possédait encore les manuscrits ou les copies authentiques. Car il est à noter que la plupart des lettres et des écrits de Voltaire ou touchant Voltaire nous viennent des amis, peu scrupuleux, par mauvais goût littéraire, ou par besoin de voiler certaines nudités de leur héros, dans leurs modifications et suppressions. Aussi est-il remarquable que les pièces authentiques, toutes les fois qu'elles nous sont arrivées par un autre chemin, ont tourné à la honte et à la condamnation de Voltaire.

En dehors des vingt volumes que comprend la correspondance de Voltaire dans l'édition Beuchot, on a publié, soit avant soit après, plusieurs volumes de lettres inédites qui ne s'y trouvent pas, en tout ou en partie. Tels le volume de *Pièces inédites de Voltaire*, Paris, Didot, 1820; — les deux volumes de *Lettres inédites*, publiés en 1821 et 1822 chez Mongie et chez Renouard, le dernier comprenant les lettres à Mlle Quinault; — les deux autres volumes de *Lettres inédites recueillies par M. de Cayrol*; Paris, Didier, 1856; — le volume publié en 1860 chez le même éditeur, sous le titre de *Voltaire à Ferney; sa correspondance avec la Duchesse de Saxe-Gotha*, etc; — enfin le *Dernier Volume des œuvres de Voltaire*, Paris, Plon, 1862, qui renferme très-peu d'inédit. Pour abréger, ces volumes seront cités sous le titre de *Recueil de* 1820, 1821, etc.

Appuyés sur de pareils documents, les faits, tels que les relate ce livre, sont incontestables. Les conclusions seules qu'on en a tirées peuvent être objet de discussion. Au lecteur logicien et impartial de décider lesquelles, de celles-ci ou de celles des fils de Voltaire, sont le plus d'accord avec les prémisses. Pour l'auteur, il ne veut qu'une chose et il ne demande qu'une grâce, c'est qu'on lui permette de n'être pas dupe, comme tant d'autres, de ce grand comédien qu'on appelle Voltaire. Oui, grand comédien, Voltaire n'a guère été que cela; et qui ne se place pas au point de vue de son rôle ne comprendra rien, le plus souvent, à sa conduite. Voltaire, a-t-on dit, n'a jamais réussi à faire une bonne comédie. — Pardon, il en a fait une excellente, dont on va suivre les cent actes divers : c'est sa vie !

LIVRE PREMIER

COMMENCEMENTS DE VOLTAIRE

(1694-1734)

LIVRE PREMIER

COMMENCEMENTS DE VOLTAIRE

(1694-1734)

CHAPITRE PREMIER

NAISSANCE ET ÉDUCATION DE VOLTAIRE

Voltaire est né, Voltaire a grandi à une des pires époques de notre histoire. Le règne de Louis XIV était à son déclin, et les grands hommes qui l'avaient illustré disparaissaient les uns après les autres. La Fontaine agonisait (1695); Racine allait mourir (1699); la grande voix du siècle, Bossuet, était sur le point de s'éteindre (1704); Boileau n'avait que le temps d'entrevoir Voltaire enfant (1711); Fénelon précédait à peine de quelques mois Louis XIV, qui, menant, comme on l'a dit, le deuil de sa monarchie, la poussait avec lui et avec toutes les traditions de son règne dans la tombe.

Toutefois, les grands écrivains de son siècle avaient jeté un tel éclat et laissaient une empreinte si profonde sur l'esprit français, que les traditions littéraires lui devaient encore quelque temps survivre; et Voltaire se trouva juste au confluent des deux siècles pour les recueillir, s'en imprégner, avant qu'un autre courant l'entraînât lui-même, avec tout le reste, dans la décadence.

Mais il n'en fut pas ainsi des traditions monarchiques et chrétiennes. L'esprit de licence réagissait contre un absolutisme affaibli par le malheur et la vieillesse, et allait jusqu'à insulter le cercueil du grand roi. Les liens de l'obéissance et du respect se relâchaient; la critique s'essayait contre le pouvoir, en attendant la révolte.

Les ravages étaient pires encore dans le domaine des croyances et des mœurs. L'incrédulité levait la tête, et l'orgie sortait de l'ombre. Sous le grand roi même, il en avait été parfois ainsi. Comme il y a toujours deux cités en présence dans le monde, il y avait eu deux siècles de Louis XIV à côté l'un de l'autre, ou plutôt l'un sous l'autre : l'un chrétien, solennel, rangé, pur; l'autre impie, débraillé, licencieux, grivois; l'un, longtemps dominateur et seul en vue; l'autre se cachant sous le premier et se montrant quelquefois à la surface et au grand jour, dans la littérature et dans la société. En face des grands écrivains, des grands poëtes, si chrétiens jusque dans le paganisme de leur muse et de leur vie, avaient paru les Molière et les La Fontaine, dont les Chaulieu (1639) et les La Fare (1644), presque leurs contemporains par la naissance, devaient transmettre l'héritage et la tradition de licence au siècle suivant. Vis-à-vis le monde dévot et mêlé d'hypocrites de Mme de Maintenon, s'agitait et s'étalait le monde de Ninon de Lenclos, et la courtisane avait sa cour et presque son trône comme la marquise. Parmi les grands seigneurs toujours dignes, comme les Beauvilliers et les Chevreuse, ou qui tenaient à réparer leurs désordres en mettant un intervalle entre la vie et la mort, se distinguaient déjà les Richelieu et les Guise, qui portèrent jusqu'au bout le scandale de leur impiété et de leurs mauvaises mœurs. Toute la Régence existait à l'état plus que rudimentaire, et les éléments maudits s'en dégageaient peu à peu; son chef était là, déjà flétri du titre de fanfaron de vices.

C'est le mauvais courant du règne de Louis XIV, dans l'Eglise, l'aristocratie et les lettres, qui reçut le berceau de Voltaire et le porta dans des eaux qui, grossies par d'autres affluents et par Voltaire lui-même, emportèrent tout le siècle.

Dans sa famille, entre un père trop occupé, une mère plus que légère, un frère morose, il ne trouve ni bons conseils, ni exemples salutaires, et l'influence chrétienne de ses maîtres est détruite par Châteauneuf et par ceux qui s'emparent de lui au seuil du collége. Il entre dans le monde par le Temple, par Saint-Ange, par Sully, par Maisons, portes ouvertes sur toutes les corruptions et toutes les licences. Un gouvernement insensé l'exile en Angleterre, où il va recueillir l'incrédulité pour la marier à la débauche. Ce mariage se conclut à Cirey. Comme pour le rendre plus fécond et en faire sortir tous les fruits, on le laisse partir pour la Prusse, au lieu de le rendre impuissant par quelques faveurs. A son retour, il était temps encore. Mais non, on le force de se retirer en Suisse où, pendant vingt ans, il enfantera tant de productions impies et immondes.

En quatre mots, voilà la vie de Voltaire, gâté par son siècle avant de le gâter à son tour. Voilà le malheur de cet homme avant son crime, et voilà en même temps le malheur de la France.

I

NAISSANCE, FAMILLE ET ENFANCE DE VOLTAIRE

Tout est problème dans la vie de Voltaire, du berceau à la tombe, sa naissance comme sa mort.

Où est-il né? Quand est-il né?

Dans tous ses écrits, à partir de sa lettre à Frédéric du 15 avril 1739, il s'est dit parisien, bourgeois de Paris, ce qu'il répéta encore en 1769, dans son Épître à Boileau :

Dans la cour du Palais je naquis ton voisin.

Tous les biographes et littérateurs ayant vécu avec Voltaire, comme Longchamp, Wagnière et Collini, ou ayant écrit sous ses yeux, comme Palissot, l'ont fait naître à Paris, sans aucune réclamation ni de lui ni des contemporains. Son premier historien, le marquis de Luchet, qui écrivait sur des renseignements fournis par la famille, continua, en 1781, la tradition commune, et il y avait sur ce point une sorte de prescription, lorsque, en 1789, Condorcet s'avisa, mais sans aucune preuve, de le faire naître à Châtenay, près de cette petite cour de Sceaux, où il devait passer plus tard de si beaux jours. De là une tradition nouvelle, une prescription contraire, adoptée sans protestation jusqu'en 1830. Suivant cette version, Voltaire serait né chez madame Marchand, sa tante paternelle, dans une maison portant, en 1830, le n° 70, rue des Vignes, mais bien transformée depuis 1694 (1). Or, deux années seulement après l'assertion de Condorcet, Prudhomme disait s'être transporté à Châtenay, où personne n'avait pu lui montrer le prétendu lieu de la naissance de Voltaire (2). Comment l'aurait-on pu quarante ans plus tard? D'ailleurs, indépendamment de tous les témoignages dignes de foi, nous avons un acte authentique et officiel qui place son berceau à Paris, acte auquel on n'échappe pas en l'entachant de faux sans motifs, ou en expliquant le faux, comme on l'a essayé (3), par le désir qu'aurait eu Arouet père, *né bourgeois de Paris*, de conserver à son fils un titre qui était presque une noblesse.

Voltaire est donc né à Paris. A quelle date? En février, ou en novembre 1694? Rien, sur ce point, à conclure de ses dires, contradictoires et intéressés. S'il écrit à Damilaville, le 20 février 1765 : « Je suis né en 1694, le 20 février, et non le 20 novembre, comme le disent les commentateurs mal instruits; » il écrit au roi de Prusse, le 25 novembre 1777 : « J'ai *aujourd'hui* 84 ans. » Dans l'article qu'il envoya aux frères Parfaict pour leur *Dictionnaire des théâtres de Paris* (4), il se dit né le 20 novembre. Il hésite davantage dans son *Commentaire historique* (1776), et nous laisse en quelque sorte le choix entre les deux dates : « Les uns font naître François de Voltaire le 20 février 1694, les autres le 20 novembre de la même année. Nous avons des médailles de lui qui portent ces deux dates. Il nous a dit qu'à sa naissance on désespéra de sa vie, et qu'ayant été ondoyé, la cérémonie de son baptême fut différée plusieurs mois (5). » Il y a plus : Voltaire a varié non-seulement de février à novem-

---

(1) *Œuvres de Voltaire*, éd. Beuchot, t. LI, p. 56, note de Beuchot. — (2) *Révol. de Paris*, année 1791, n° 100, p. 448. — (3) M. Clogenson, lettre au *Nouvelliste de Rouen*, 23 février 1860. — (4) T. VI, p. 288. — (5) *Œuvres*, t. XLVIII, p. 315.

bre, mais d'une année à une autre, et il s'est dit né en 1693 (1).
Inutile d'ajouter que les variantes de Voltaire ont passé chez
tous ses historiens, de son vivant et après sa mort, et que, par
conséquent, leur témoignage, en l'absence de toute preuve authentique, n'a d'autre valeur que celle du témoignage de Voltaire lui-même. Or, déjà suspect par ses seules contradictions,
ce témoignage l'est bien plus par les motifs intéressés qui le
faisaient varier sans cesse. En général, Voltaire s'est toujours
vieilli, dans le double intérêt de son repos et de ses rentes viagères. Le premier janvier 1777, il écrit à d'Argental : « Ne dites
point que je n'ai que 82 ans; c'est une calomnie cruelle. Quand
il serait vrai, selon un maudit acte baptistaire, que je fusse né
en 1694, au mois de novembre, il faudrait toujours m'accorder
que je suis dans ma 83ᵉ année. Vous me direz que 83 ans ne me
sauveront pas plus que 82 de la rage des barbares qui me persécutent; cependant ma remarque subsiste. » Voilà le fond, vingt
fois brodé en toute espèce d'arabesques spirituelles. Dès le 20
octobre 1764, il se plaignait à Hénault et à Duclos qu'on ne
voulût pas laisser mourir en paix un vieillard de 71 ans, accablé d'infirmités et presque aveugle. En 1770, le 3 janvier, écrivant au même d'Argental, il ne veut pas qu'on lui lésine les années : « Il faut dire que j'en ai 78, et n'y pas manquer; car,
après tout, on se fait une conscience d'affliger trop un pauvre
homme qui approche de 80. » Et, quelques semaines plus tard,
le 19 février, il veut être réputé octogénaire, quoique, au plus
fort compte, il ne fût qu'à la veille de ses 76 ans accomplis.

C'est surtout en traitant avec ses débiteurs, en négociant un
nouveau contrat de rente viagère ou de bail à vie, qu'il étale
son âge, qu'il tire parti de sa vieillesse, faisant suivre du doigt,
avec une insistance comique, le chiffre de ses années à mesure
qu'il avance, et le grossissant toujours de quelques mois, et
même d'un an ou deux. Dans sa supputation, comme dans la
supputation ecclésiastique, toute année commencée est une
année finie. C'est tout ce qu'il a de commun avec l'Église !

Mais il nous a parlé d'un maudit acte baptistaire, qu'il ne

(1) A Bernis, 25 février 1763.

songe jamais à contester. Cet acte, retrouvé et publié en 1830 par Berriat Saint-Prix, éditeur de Boileau (1), est daté du 22 novembre, et porte : « Né le jour précédent. » Il ne fait pas mention d'ondoiement, circonstance qui paraît avoir été transportée de l'aîné au cadet des fils de François Arouet. Serait-il fondé sur un mensonge? Il peut sembler piquant à quelques-uns que Voltaire, dès l'âge de neuf mois, ait trompé l'Église et se soit joué du sacerdoce. Mais on ne comprendra jamais qu'il ait été possible de tromper un prêtre au point de lui présenter un enfant de neuf mois pour un enfant d'un jour. On comprend moins encore que le père, ancien notaire, n'ait pas calculé les inconvénients d'une date de naissance incertaine, et se soit hasardé à dicter et à signer un faux en écriture publique.

Sans tenir compte des efforts de Clogenson et de quelques autres contre un acte officiel, ni de l'obstination de la majorité des historiens à répéter encore aujourd'hui la légende de Condorcet, disons, avec les registres de la paroisse de Saint-André-des-Arcs (2), que François-Marie Arouet est né le dimanche, 21 novembre 1694, de François Arouet, conseiller du roi, ancien notaire au Châtelet, et de demoiselle Marie-Marguerite (3) Daumart. Il eut pour parrain François de Castagner de Châteauneuf, abbé commendataire de Varennes, et pour marraine Marie Parent, épouse de Symphorien Daumart, écuyer, contrôleur de la gendarmerie du roi.

Les Arouet et les Daumart, originaires du Poitou, étaient, les uns et les autres, d'une bonne et ancienne famille, dont un membre au moins s'était déjà signalé dans les lettres. Sur la fin du XVe siècle, un René Arouet, homme d'esprit et auteur de poésies agréables, s'était acquis dans sa province une telle ré-

---

(1) *Œuvres de Boileau*, t. I, p. xi. — (2) Duvernet, *Vie de Voltaire*, Genève, 1786, p. 15, dit que le frère aîné de Voltaire, zélé janséniste, fit placer plus tard dans cette église un *ex voto*, pour demander pardon à Dieu de l'impiété de la conduite et des écrits de son cadet, et que ce monument se voyait encore de son temps au-dessus de la chaire. — (3) Beuchot (*Œuvres de Voltaire*, t. I, p. 119, note) a tort de corriger Condorcet, et de l'appeler *Catherine*, sans doute sur la foi de la note aux frères Parfaict, qui ne saurait prévaloir sur un acte authentique. — Voltaire ne savait même pas le vrai prénom de sa mère.

putation, que deux villes, Loudun et Saint-Loup, se disputèrent l'honneur de lui avoir donné naissance (1). En 1778, quelques jours avant la mort de Voltaire, Dumoustier de la Fonds, officier au corps royal d'artillerie, auteur d'une histoire de Loudun, lui apprit l'origine de la famille Arouet, et lui adressa une pièce de vers, composée en 1499 par un de ses ancêtres, Antoine Dumoustier, sur la mort de ce René Arouet, son ami. Voltaire répondit, le 7 avril 1778, que René pouvait être un des siens, mais que, dans le débat élevé entre Loudun et Saint-Loup, qui voulaient, à l'exemple des sept villes d'Homère, combattre pour être le lieu de la naissance de ses ancêtres, il n'avait aucune voie de conciliation à leur proposer. « Si cette découverte les intéresse, disait-il, elles ne manqueront pas de moyens pour la faire (2). » Voltaire affectait l'indifférence, mais il était flatté sans doute de cette tardive révélation de l'ancienneté et de la célébrité locale des siens, lui qui, trente ans auparavant, avait été si profondément blessé et humilié, lorsque Des Fontaines l'avait appelé fils de paysan. Malgré cette ressemblance nouvelle avec Virgile, il s'était bien défendu d'être né dans le pays des églogues et des bucoliques.

Un autre de ses ancêtres paraît avoir été enveloppé dans le massacre de le Saint-Barthélemy (3). Son grand père, François Arouet, originaire de Saint-Loup, vint s'établir marchand drapier à Paris, rue Saint-Denis, et il y prospéra. Notre bourgeois gentilhomme ne se vantera jamais de ce grand père drapier, car il n'aurait pas trouvé de Covielle pour lui dire : « Votre grand père marchand ! C'est pure médisance, il ne l'a jamais été. Tout ce qu'il faisait, c'est qu'il était fort obligeant, for officieux; et, comme il se connaissait fort bien en étoffes, il en allait choisir de tous les côtés, les faisait apporter chez lui, et en donnait à ses amis pour de l'argent. » Ajoutons que Voltaire avait bien trop d'esprit pour prêter l'oreille à un pareil langage, et pour répondre au flatteur : « Je suis ravi de vous con-

---

(1) Duvernet, *Vie de Voltaire*, Genève, 1786, p. 10. — (2) Luchet, *Hist. litt. de Voltaire*, 1781, t. I, p. 2. — (3) *Artiste* du 15 avril 1864, p. 190; extrait d'une lettre adressée par M. Clogenson; Rouen, 27 juin 1858.

naître, afin que vous rendiez ce témoignage-là, que mon grand père était gentilhomme (1). »

Le vieux drapier mourut vers 1667, laissant deux enfants : madame Marchand et le père de Voltaire. Celui-ci, né le 21 août 1649 (2), fut notaire au Châtelet jusqu'en 1692. En 1701 (3), il fut admis au serment de receveur alternatif et triennal des épices, vacations et amendes de la Chambre des comptes, charge dont il ne se démit que la veille de sa mort, en faveur de son fils aîné. Pour relever sa naissance du côté paternel, Voltaire donnera toujours à François Arouet le titre de trésorier de la Chambre des comptes (4); et, sur sa foi, Condorcet adoptera ce petit mensonge de vanité et le transmettra à tous les historiens jusqu'en 1816. Dès 1781, pourtant, Luchet, premier biographe de Voltaire, ne l'avait fait naître que d'un *payeur des épices;* mais son témoignage fut dédaigné. En 1816, Lepan leva lui-même, à la Cour des comptes, les expéditions des deux actes de reception d'Arouet père et d'Arouet fils aîné, et il constata qu'ils n'avaient droit qu'au titre de *receveur des épices* (5). Tel est le titre qui est aussi donné à l'un et à l'autre dans leur acte mortuaire (6).

Du reste, capable et honorable dans ses diverses fonctions, suivant tous les témoignages, François Arouet était encore un homme de goût et de savoir, aimant et recevant la bonne compagnie. Sa femme, épousée le 7 juin 1683, était une personne à la fois agréable et sans austérité. Mieux élevée que la plupart des bourgeoises de son temps, amie de Ninon dans sa jeunesse (7),

---

(1) Le *Bourgeois gentilhomme*, acte IV, scène 5e. — (2) Acte de baptême, registres de la paroisse de Saint-Germain-l'Auxerrois. — (3) Et non en 1696, comme le dit Beuchot, t. I, p. 119, note. — (4) Voir, notamment, lettres à Mlle Dunoyer et *Commentaire historique*, Œuvres, t. LI, p. 12, et XLVIII, p. 318. — (5) *Vie politique, littéraire et morale de Voltaire*, 5e édition, Paris, 1837, p. 56. — (6) Dans le procès-verbal d'embastillement de Voltaire, du 17 mai 1717, son père est appelé Payeur de la Chambre des comptes (Delort, *Histoire de la détention des Philosophes*, etc., Paris, 1829, t. II, p. 24.) — Ainsi le désignent les Mémoires du temps, notamment Buvat, *Journal de la Régence*, Paris, 1865, t. I, p. 277. — Mais, toute puissance de la tradition mensongère! Lepan, si bien renseigné, n'a été suivi que du seul Philarète Chasles (*Plutarque français*), et les biographes continuent de donner pour père à Voltaire un trésorier de la Chambre des comptes. — (7) Voltaire, Œuvres, t. XXXIX, p. 408.

elle attirait chez elle la foule des courtisans, mais au détriment de sa réputation et de l'honneur de sa famille. On se demanda alors et on peut se demander encore aujourd'hui quel fut le père du dernier de ses cinq enfants, c'est-à-dire de Voltaire. Le mari écarté, restent Châteauneuf et Rochebrune qui, l'un et l'autre, au rapport de Duvernet (1), portaient à l'enfant un intérêt propre à légitimer les soupçons. A prendre au mot le début versifié de la lettre à Richelieu du 8 juin 1744, Voltaire aurait été bâtard de Rochebrune, d'une ancienne et noble famille d'Auvergne, chansonnier aimable, auteur d'une cantate d'*Orphée* mise en musique par Clérambault, mort seulement en 1732. Sans doute on peut entendre ces vers d'une bâtardise en Apollon ; mais ils prêtaient à une vilaine équivoque, que Voltaire, instruit des bruits qui avaient couru sur sa naissance, aurait dû éviter, surtout écrivant à ce Richelieu, si porté à tout prendre dans le sens de ses mœurs personnelles.

Et ce n'était qu'une récidive ; car, dès 1706, croit-on, cet enfant de douze ans, si voisin des faits et des bruits, et la joue encore chaude des caresses que lui prodiguaient Rochebrune et Châteauneuf, caresses qu'on disait adressées à sa mère à travers sa gentillesse, répondait à un poëte, Duché, par ce sixain :

> Dans tes vers, Duché, je te prie,
> Ne compare point au Messie
> Un pauvre diable comme moi.
> Je n'ai de lui que sa misère,
> Et je suis bien éloigné, ma foi,
> D'avoir une vierge pour mère (2).

Dira-t-on qu'il ne voulait parler que de la fécondité de madame Arouet ? mais cinq enfants, ce n'est pas là une fécondité phénoménale. Un sens pire se présente toujours à l'esprit, forcé de voir dans ces vers encore une allusion malheureuse. Bâtard ou enfant légitime, Voltaire, au moins, a été peu soucieux de l'honneur maternel.

L'abbé de Châteauneuf, rival de Rochebrune (3), l'homme qui exerça sur Voltaire enfant une influence déplorable et défini-

(1) *Vie de Voltaire*, p. 11. — (2) *Œuvres*, t. XIV, p. 309. — (3) « Ma mère, dit Voltaire, était *fort amie* de l'abbé de Châteauneuf (t. XXXIX, p. 408). »

tive, était, comme son frère l'ambassadeur, originaire de Chambéry. « C'étaient, dit Saint-Simon (1), deux savoyards, tous deux gens de beaucoup d'esprit et de belles-lettres, et tous deux fort capables d'affaires, l'aîné (le nôtre) avec plus de manége, l'autre avec encore plus de fond et de sens. » Quand l'abbé mourut, en 1708, Saint-Simon lui fit encore cette oraison funèbre : « Homme de beaucoup d'esprit, de savoir et de bonne compagnie, désiré dans les meilleures (2). » Malheureusement, les bonnes compagnies où il introduira Voltaire, étaient celles de Ninon et des Vendôme ; bonnes compagnies pour Saint-Simon, qui juge trop au seul point de vue de la naissance, mais infectées alors d'impiété et d'immoralité. Après avoir rempli lui-même, en 1697, une mission politique qui ne lui valut qu'un exil passager, l'abbé de Châteauneuf ne vécut plus que pour ses sociétés. C'est lui, dit-on, qui finit l'histoire amoureuse de Ninon de Lenclos, par un rendez-vous que la courtisane lui aurait fait attendre au jour de ses soixante-et-dix ans (3) : anecdote suspecte qu'on a mise encore sur le compte de l'abbé Gédoyn et de tous les derniers familiers de Ninon. C'est pour Ninon que Châteauneuf écrivit son *Dialogue sur la musique des anciens*, seul ouvrage qui nous reste de lui.

Nous venons de nommer l'abbé Gédoyn. Parent de Ninon, il pouvait avoir décemment ses entrées chez elle, et, lui aussi, il y conduira quelquefois le jeune Voltaire (4). Sorti des Jésuites et pourvu d'un canonicat à la Sainte-Chapelle (1701), en attendant son entrée à l'Académie des Inscriptions et à l'Académie Française, il vint habiter la maison canoniale, et se trouva ainsi voisin de François Arouet, qui habitait Cour du Palais. De voisin, il devint bientôt son ami, et l'un de ses plus habituels familiers. « Il n'avait d'autre maison que la nôtre, » a dit Voltaire (5). Suivant Dalembert (6), il aurait partagé avec l'abbé

---

(1) *Mémoires*, édition Hachette, Paris, 1856, t. II, p. 4. — (2) T. VI, p. 441. — (3) *Œuvres de Voltaire*, t. XXXIX, p. 409, et lettre du 15 avril 1752 à un membre de l'Académie de Berlin. — Dans la *Défense de mon oncle*, t. XLIII, p. 336, et *Dictionnaire philosophique*, t. XXVIII, p. 353, Voltaire ne donne plus à Ninon que 60 ans à cette époque. — (4) *Défense de mon oncle*, loc. cit. — (5) *Défense de mon oncle*, loc. cit. — (6) *Eloge de Gédoyn*, *Œuvres*, t. XI, p. 323.

Châteauneuf le triste soin de donner à Voltaire enfant sa première éducation philosophique. Toujours est-il qu'il a mérité les éloges de Dalembert et de Voltaire en séparant la morale de la religion, et en développant un système d'éducation dont aurait pu s'emparer l'auteur d'*Émile*.

Boileau, lié avec Châteauneuf, et qui dut aussi fréquenter la maison de l'ancien notaire (1), aurait pu être pour Voltaire un meilleur maître; mais, vieux et morose à cette époque, il ne pouvait guère s'accommoder de la pétulance et de la vivacité de l'enfant; et, un jour même, dit-on, fatigué de ses questions impitoyables, il le rudoya pour l'en punir. L'enfant, devenu homme et poëte, lui en gardera rancune.

Des cinq enfants issus du mariage de François Arouet et de Marguerite Daumart, trois seulement vécurent : deux fils, Armand, l'aîné, et François-Marie, le nôtre, et une fille, Marie Arouet (2), mariée à Pierre-François Mignot, correcteur de la Chambre des comptes, et mère de deux fils, l'un qui succéda à son frère, et l'autre qui fut l'abbé Mignot, et de deux filles, dont l'aînée sera madame Denis et la cadette madame de Fontaine. François-Marie lui-même, qui devait pousser sa carrière jusqu'à 84 ans, fut conservé difficilement à la vie. On l'avait abandonné, raconte Duvernet, aux soins d'une nourrice qui, pendant plusieurs mois, descendait chaque matin chez la mère pour lui annoncer que l'enfant était à l'agonie. L'abbé de Châteauneuf suppléait la mère, qui paraît avoir négligé la santé de son fils autant que son éducation morale, et, tous les jours, il montait dans la chambre de la nourrice pour conférer avec elle des moyens d'arracher l'enfant à la mort (3). Leurs efforts concertés réussirent, et l'enfant, quoique toujours frêle et délicat, ne donna plus d'inquiétude pour sa vie. Mais cette santé si faible fut toujours un obstacle à la ferme et forte éducation

---

(1) En 1683, François Arouet signa, avec son collègue Leclerc, le testament du poëte. — (2) Cette sœur est la seule personne de sa famille que Voltaire paraisse avoir aimée : « Mon cœur a toujours été tourné vers elle, » écrivait-il à Thieriot, fin décembre 1722. — Elle mourut vers le commencement de septembre 1726, et Voltaire, alors en Angleterre, eut sur elle quelques mots touchants. — (3) *Vie de Voltaire*, p. 11 et 12.

que réclamait son caractère entier et son humeur volontaire. Il est vrai que son parrain, cet impie et débauché abbé de Châteauneuf, qui fut, jusqu'au collège, son maître et son instituteur à peu près unique, tenait peu à son développement moral, et se trouvait suffisamment payé de ses soins par quelque espièglerie ou quelque saillie, qui faisait déjà pressentir le futur Voltaire. Aux fables de la Fontaine, il fit bientôt succéder la *Moïsade*, dont Voltaire rejettera à tort sur J.-B. Rousseau la triste paternité. Indigne de tous les deux au point de vue du talent, ce poëme, où l'on classe Moïse, — en attendant Jésus-Christ, — parmi les imposteurs, pourrait, sans témérité, être attribué à l'auteur de l'*Épître à Uranie*, tandis qu'il répugne de le mettre sur le compte de Jean-Baptiste, immoral en ses mauvais jours, mais jamais incrédule. En réalité, il est l'œuvre d'un nommé Lourdet, « qui n'a peut-être jamais fait en toute sa vie que cette pièce exécrable (1). » Ce poëme ignoble, une des premières attaques que l'incrédulité ait risquées ouvertement en France contre la religion, tel fut le catéchisme dont Châteauneuf empoisonna la mémoire de l'enfant. Et il s'en vantait ! Un jour que Ninon lui demandait des nouvelles de son filleul : « Ma chère amie, répondit-il triomphant, il a un double baptême, et il n'y a rien qui n'y paraisse, car il n'a que trois ans, et il sait déjà toute la *Moïsade* par cœur (2). » Du premier baptême, du baptême des chrétiens, le parrain infidèle n'avait aucun souci, et le filleul, infecté de cette pâture impie, ne gardera nul souvenir. Si, comme l'a dit le comte de Maistre, l'homme moral est formé à trois ans, et formé par la mère, quel sera cet enfant, négligé par la sienne (3), et livré, pendant ses dix premières années, à l'influence presque exclusive d'un vieux libertin, qui, pendant quatre années encore, — puisqu'il n'est mort qu'en 1708, — étouffera, d'accord avec Ninon, vraie commère de Châteauneuf, vraie marraine de son pupille, les germes meilleurs déposés dans cette âme par d'autres maîtres ! C'est à Châteauneuf qu'on doit imputer Voltaire impie.

---

(1) Des Fontaines, *Jugements sur quelques ouvrages nouveaux*, t. I, p. 273. — (2) Duvernet, p. 13. — (3) Il la perdit, d'ailleurs, en juillet 1701.

C'est à lui également, ajoute Duvernet (1), qu'on doit Voltaire poëte, car, en jouant, il lui aurait appris l'art de versifier. Peut-être était-ce pour le mettre en état de lutter avantageusement, sur ce point encore, avec son aîné, qui faisait aussi des vers; toujours est-il que, dans la famille, on se plaisait à mettre les deux enfants aux prises; et, pas plus en vers qu'en prose, l'aîné, malgré l'avantage de ses neuf ans de plus, n'était jamais vainqueur. Entre l'élève des Jansénistes et l'élève de Châteauneuf, pas le moindre trait de cette ressemblance qu'on retrouve toujours entre les frères. Sans manquer d'esprit, Armand, un peu lourd et sombre, n'avait rien de la pétulante vivacité de François-Marie, et à l'incrédulité naissante de celui-ci il opposait déjà cette dévotion farouche qui le jettera dans les folies des convulsionnaires. Le père s'alarmait pour l'avenir de ces dispositions de ses deux fils, de ses deux fous, comme il disait, l'un en prose et l'autre en vers; mais trop tard : le pli était pris à jamais.

II

ÉDUCATION DE VOLTAIRE. — SES MAÎTRES ET SA SCIENCE

Soit pour soustraire son fils cadet à la démence janséniste dont l'aîné était atteint, soit plutôt pour lui préparer des protecteurs dans un collége essentiellement aristocratique, le bourgeois Arouet, sûr d'ailleurs de trouver là des maîtres valant au moins ceux de l'Université, mit François-Marie au collége Louis-le-Grand, dirigé par les Jésuites. D'après quelques conjectures à tirer de la correspondance de Voltaire (2), c'était en 1704; l'enfant allait avoir dix ans. Il y passa sept années (3). Le recteur alors était le P. Le Picart, à qui succédèrent, dans le cours de l'éducation du jeune homme, le fameux P. le Tellier (1705), puis les Pères Forcet et Dauchez. Fils de bourgeois, l'enfant paraît avoir été traité comme les fils des ducs et pairs, et,

---

(1) P. 14. — (2) Lettres au marquis d'Argenson du 9 août 1744 et du 19 juillet 1748. — (3) Lettre au Père de la Tour, du 7 février 1746.

au lieu d'être confondu dans les salles communes, avoir fait partie d'une chambrée de cinq, sous la préfecture du P. Thoulier, le futur abbé d'Olivet, qui lui servait de surveillant et de répétiteur (1). Dans le rude hiver de 1709, sa pension fut augmentée de cent francs, et encore n'eut-il que du pain bis pendant toute l'année (2).

Poëte dès la maison paternelle, à plus forte raison l'écolier céda-t-il à son penchant au collége. Dans une épître à Desforges-Maillard, qui mystifia tous ses contemporains sous le nom de mademoiselle Malcrais de la Vigne, Voltaire, qui y fut pris comme les autres, s'est raconté tout entier :

> Au sortir du berceau, j'ai bégayé des vers...
> D'autres ont fait des vers pour le plaisir d'en faire ;
> Je fus poëte malgré moi (3).

Bien loin, dans leur éducation libérale, de contrarier le goût de l'enfant pour les vers français, alors bannis des colléges, les Jésuites paraissent l'avoir favorisé. Le P. Porée surtout, qui, à Louis-le-Grand, avait associé à l'étude du grec et du latin l'étude de la littérature et de la poésie française, se prêta à la manie du jeune rimailleur. De là plusieurs petites pièces de cette époque, insérées par Luchet dans son *Histoire littéraire* de Voltaire, et dont Voltaire lui-même, dans son *Commentaire historique* (4), nous a conservé un specimen, avec de notables corrections. Un invalide, raconte Voltaire, qui avait servi dans le régiment Dauphin, sous le fils unique de Louis XIV, étant allé au collége des Jésuites prier un régent de vouloir bien lui faire un placet en vers pour Monseigneur, le régent, alors trop occupé, le renvoya à un jeune écolier, Voltaire lui-même, qui, en une demi-heure, composa le placet demandé. Cette bagatelle valut quelques louis à l'invalide, et quelque renom, à Versailles et à Paris, à l'écolier, qui se confirma dès ce jour dans sa vocation pour la poésie. Suivant Luchet, le régent aurait été le P. Porée,

---

(1) C'est une conjecture de M. A. Pierron, tirée du titre de *Préfet*; conjecture peu rigoureuse, ce titre étant également donné aux présidents des salles communes (*Voltaire et ses maîtres*, Paris, 1866, ouvrage auquel nous allons faire plus d'un emprunt).—(2) A Mme de Florian, 1er mars 1769. — (3) *Mercure*, 1732.—*Œuvres*, t. XIII, p. 85. — (4) *Œuvres*, t. XLVIII, p. 318, et t. XIII, p. 3.

et les vers, mis par Voltaire et ses derniers éditeurs sous la date de 1706, devraient être renvoyés à l'année 1710, son année de rhétorique. Rien n'est moins sûr que toutes ces dates. Ainsi devons-nous dire de quelques petites imitations de l'Anthologie sur Galatée et sur Léandre; des vers sur une tabatière confisquée, condition mise par le régent à sa restitution; enfin, du quatrain sur Néron, se punissant par le suicide de la mort de sa mère (1).

Il est encore deux pièces de Voltaire collégien, d'un caractère bien différent. L'une est une ode au *vrai Dieu* (2), imprimée sous son nom dès 1715, et insérée même de son vivant dans une collection de ses œuvres, ode qu'il a désavouée ensuite et attribuée au P. Lefèvre (3). Mais le P. Lefèvre n'a jamais écrit sur ce sujet qu'en vers latins, d'où Voltaire a tiré son imitation en strophes françaises. Car la pièce est bien de lui, et l'on ne peut tenir aucun compte de son désaveu, lorsqu'on songe aux bonnes raisons qu'il avait, en 1773, pour renier une ode à Jésus-Christ. — Telle est encore l'*Ode sur sainte Geneviève* (4), imitation d'une ode latine du P. Le Jay, et qui, malgré le désaveu de 1773, au début de la *Pucelle* (5), est incontestablement sienne. Publiée par les Jésuites en 8 pages in-4°, avec le latin de Le Jay en regard, elle portait pour signature : François Arouet, *étudiant en Rhétorique, et pensionnaire au collège de Louis-le-Grand*, ce qui, à défaut de date et de preuve, indique suffisamment son authenticité et l'époque de sa composition. Quand la pièce fut réimprimée, en 1759, par Mercier de Saint-Léger (6), Fréron mit cette note méchante à une strophe où Voltaire jure d'accomplir ses vœux : « Ces vœux sont de faire hommage de tous ses écrits à sainte Geneviève, qu'il appelle sa *bergère*. Croyez-vous, monsieur, que tous ses ouvrages méritent en effet d'être dédiés à cette sainte (7)? » En 1764 (8), Fréron lui

(1) *Œuvres de Voltaire*, t. XIII, p. 347, t. XIV, p. 309, 310. — (2) T. XII, p. 407. — (3) *Lettre de M. de la Visclède, Œuvres*, t. XLVIII, p. 271, et *Dialogue de Pégase et du Vieillard*, t. XIV, p. 287, note 4. — (4) *Œuvres de Voltaire*, t. XII, p. 393. — (5) *Œuvres de Voltaire*, t. XI, p.15. — (6) Dans le Recueil, A, B, C, t. III, p. 203. — (7) *Année litt.* 1759, t. VI, p. 137.— (8) T. VII, p. 307.

joua le mauvais tour de réimprimer la pièce entière, comme rare et curieuse, avec cet en-tête aux lecteurs : « Si cette pièce ne leur donne pas une grande idée du talent de M. de Voltaire pour la poésie lyrique, ils seront du moins édifiés des sentiments de religion, de piété, de dévotion même, que ce grand homme y fait éclater. »

Il est vrai qu'au point de vue littéraire, la pièce, comme tous ces essais de collége, est au-dessous du médiocre; mais il n'est vrai qu'au point de vue ironique de Fréron que Voltaire y fasse éclater la moindre dévotion. Évidemment, cette pièce, comme celle au *vrai Dieu,* ne fut qu'une pénitence accomplie, ou qu'un moyen pour Voltaire de se réconcilier le P. Le Jay, avec qui il fut toujours fort mal. Rien n'y part du cœur, parce que le cœur était vide, ou plutôt déjà rempli par l'impiété. On a cité partout, tantôt avec triomphe, tantôt avec l'horreur qu'inspire la femme ou l'enfant impie, bien des paroles ou des traits par où se trahissait l'incrédulité de Voltaire, prématuré en cela comme dans tout le reste.

Frileux déjà comme il le fut toute sa vie, il voulait toujours avoir la première place au poêle. Un jour qu'il y avait été devancé par un de ses camarades : « Range-toi, lui dit-il brusquement; sinon, je t'envoie te chauffer chez Pluton. — Que ne dis-tu en enfer, réplique celui-ci ; il y fait encore plus chaud. — Bah! reprend Arouet, l'un n'est pas plus sûr que l'autre. » — Un autre jour, au réfectoire, il était accusé d'avoir caché le verre de son voisin. « Arouet, rends-lui son verre, dit un tiers; tu es un taquin qui n'iras jamais au ciel — Tiens! que dit-il avec son ciel? répond Arouet; le ciel, c'est le grand dortoir du monde. »

Ce qui paraît plus authentique, c'est la prédiction, si bien réalisée, du P. Le Jay, dans une séance de la petite Académie, dont Voltaire était membre. Irrité par une de ces réparties qui effrayaient ses maîtres, le P. Le Jay court à lui, le saisit au collet, le secoue rudement, et lui crie à plusieurs reprises : « Malheureux, tu seras un jour l'étendard du déisme en France (1). »

(1) Duvernet, *Vie de Voltaire,* p. 19, et M. Emond, *Hist. du collége de Louis-le-Grand.*

Peut-être eut-on tort de prendre trop au sérieux les premières impiétés de Voltaire. En lui prédisant son rôle, on donna à cet animal de gloire, dévoré de la soif de la célébrité (1), l'envie de le jouer. Plus d'une fois il sera ainsi poussé à bout par l'imprudence des gouvernements et de ses adversaires, et, précipité alors dans le sens de sa nature licencieuse, il ira jusqu'au fond de l'impiété. C'est, au rapport de Duvernet (2), ce que, dès le collége, aurait compris le P. Porée, qui, par la douceur et la flatterie, essayait d'arrêter son élève sur le penchant de l'irréligion. Le P. Le Jay, au contraire, l'irritait par son humeur trop âpre, et l'enfant, usant de toutes armes dans ses querelles avec son maître, le combattait par une saillie blasphématoire, lorsqu'il ne l'avait pas suffisamment humilié, à son gré, dans les discussions littéraires (3). N'ayant presque rien de l'éloquence de son titre et de sa charge, le P. Le Jay, d'ailleurs peu aimable, donnait prise aux plaisanteries et aux plus vilains tours de ses élèves, dont il paraît avoir été la bête d'aversion (4).

Nous venons de nommer les principaux professeurs de Voltaire. En rhétorique, ce furent les Pères Le Jay et Porée, enseignant l'un l'éloquence le matin, l'autre la poésie le soir. Voltaire dit quelque part, qu'outre le P. Thoulier, il eut encore pour préfet, en 1701, le P. Charlevoix, l'historien du Canada (5). N'oublions pas le P. Tournemine, avec qui il resta toujours lié. C'est dans la conversation de Tournemine et de Porée, qu'il aimait à passer ses heures de récréation ; et à ceux qui lui reprochaient son mépris pour les jeux de son âge, il répondait : « Ma foi, chacun saute et s'amuse à sa manière (6). » Il cherchait à pousser du côté de la politique, du gouvernement et de l'histoire contemporaine les entretiens que ses interlocuteurs s'efforçaient de renfermer dans la piété et la littérature. « Ce petit homme, disait alors en riant le P. Porée, veut peser dans ses petites balances les grands intérêts de l'Europe (7). »

(1) Mot prêté à son confesseur, le Père Pallu (Duvernet, p. 18).— (2) P. 20. — (3) Duvernet, p. 18.— (4) D'Argenson, *Mémoires*, t. I, pp. 183, 185, édition Jannet. — (5) *Un chrétien contre six Juifs, Œuvres de Voltaire*, t. XLVIII, p. 490. — (5) Duvernet, p. 17. — (6) Ibid., p. 24.

Il semble donc avoir dédaigné les liaisons de collége. Néanmoins, il répondit en partie aux espérances paternelles, et se fit quelques protecteurs pour les mauvais jours. Outre Maisons, d'Argental, Cideville, ses amis et ses correspondants de toute la vie, il se lia avec les d'Argenson, dont l'aîné était du même âge que lui. Le 16 avril 1739, il l'appellera « mon protecteur, mon ancien camarade. » Et d'Argenson, dans ses *Mémoires* (1), dira de son côté : « Voltaire, que j'ai toujours fréquenté depuis que nous avons été ensemble au collége. » Cette liaison était publique, et excitait même l'inquiétude des gouvernants. Fleury termine ainsi une sortie contre d'Argenson : « Enfin, pour tout dire, c'est le digne ami de Voltaire, et Voltaire son digne ami (2). »

Voltaire fut moins familier, mais pourtant uni avec le cadet, dont nous le verrons l'agent politique (1743 à 1747).

Cependant, le jeune Arouet demeurait toujours sous l'influence de l'abbé Châteauneuf, qui seul aurait contrebalancé et détruit l'action des Jésuites, dans le cas même où ceux-ci auraient été capables d'imprimer à cette nature, déjà dévoyée et perdue, une direction morale et pieuse. La mère était morte en juillet 1701, trois ans avant l'entrée de l'enfant au collége ; et, d'ailleurs, nous avons dit quelle triste mère elle avait été pour lui. Le père, tout entier à ses fonctions à la Chambre des comptes, ne paraît pas s'être occupé beaucoup de son fils. Armand, le frère aîné, ne pouvait que détourner son cadet de toute piété par les aspérités de sa dévotion janséniste. Châteauneuf était donc pour l'enfant l'unique représentant de la famille. Spirituel et de bon ton, il donnait un vernis aimable aux vices qui l'infectaient, et y attirait aisément son pupille. Les jours de congé et durant les vacances, il le conduisait dans les sociétés brillantes et corrompues des Sully, des Chaulieu et des La Fare, où le jeune homme élut dès lors son domicile. Il le mena même chez Ninon, qui fut si charmée de sa gentillesse, qu'elle lui légua, par testament, deux mille francs pour acheter des livres (3).

A la fin de sa rhétorique, août 1710, Voltaire remporta plusieurs

(1) T. V, p. 139. — (2) *Mémoires*, t. II, p. 216. — (3) *Œuvres de Voltaire*,

prix; et J.-B. Rousseau, qui avait été conduit à cette fête par des dames de sa connaissance, s'informa du jeune vainqueur. « C'est, répondit le P. Tarteron, un jeune homme qui a des dispositions surprenantes pour la poésie. Voulez-vous le voir? » Ce à quoi Rousseau consentit. « Il me l'alla chercher, ajoute Rousseau, et je le vis revenir un moment après avec un jeune écolier, qui me parut avoir seize à dix-sept ans, d'assez mauvaise physionomie, mais d'un regard vif et éveillé, et qui vint m'embrasser de fort bonne grâce (1). » Physionomie à part, la scène se dut ainsi passer. Le jeune homme devait même avoir alors quelque chose de cette mine de fouine que Saint-Simon prête à Dubois, et peut-être, même dans ce trait, n'y a-t-il pas trop l'empreinte de la haine postérieure. Voltaire a répondu, avec cette grossièreté outrecuidante qui ne va à personne, moins encore à un fils de petit bourgeois : « Il me fit cette visite parce que son père avait chaussé le mien pendant vingt ans, et que mon père avait pris soin de le placer chez un procureur, où il eût été à souhaiter pour lui qu'il eût demeuré, mais dont il fut chassé pour avoir désavoué sa naissance. » Nous reviendrons là-dessus lorsque nous en serons à la grande querelle de 1736 ; mais remarquons déjà le ton uniformément grossier de la polémique voltairienne. Que de fois, par exemple, il répétera, en prose et en vers, ce qu'il dit ici de la bouche et de la chevelure de *Rufus* : « Je ne sais pourquoi il dit que ma *physionomie* lui déplut; c'est apparemment parce que j'ai des

---

t. XXXIX, p. 408; XLVIII, p. 316, et LVI, p. 69. — Voltaire se trompe en plusieurs points de son récit. Ninon, quand Châteauneuf le mena chez elle, avait non pas 85 ans, mais au moins 90, puisque, née le 15 mai 1616, elle mourut le 17 octobre 1706, et Voltaire ne pouvait avoir que douze ans, et non treize, comme il le dit.— Du reste, il a varié et s'est contredit sur Ninon, qu'il représente tantôt comme attrayante encore, tantôt « comme une momie, » comme « une décrépite ridée qui n'avait sur les os qu'une peau jaune tirant sur le noir (*Défense de mon oncle*, ch. VIII, Œuvres, t. XLIII, p. 336); » comme portant sur son visage « les marques les plus hideuses de la vieillesse, » dont « son corps avait toutes les infirmités (*Dictionnaire philosophique*, au mot *Dictionnaire*, Œuvres, t. XXVIII, p. 353).» En ces portraits, Voltaire se montre peu reconnaissant, et Ninon méritait mieux de lui.—(1) Lettre de Rousseau, 1736, dans Chaudon, *Mémoires pour servir à l'histoire de M. de Voltaire*, Amsterdam, 1785, 1re partie, p. 51.

cheveux bruns, et que je n'ai pas la bouche de travers! » Il n'y a là que grossière injure, mais il y a mensonge impudent, lorsque Voltaire ajoute : « Mon père, tous mes parents, et ceux sous qui j'étudiais, me défendirent alors de le voir ; et telle était sa réputation, que quand un écolier faisait une faute d'un certain genre, on lui disait : Vous serez un vrai Rousseau (1). » Ni les Jésuites, toujours amis de Rousseau, ni même les parents, qui lui permettaient de bien autres relations, ne purent lui défendre de voir le poëte ; et, d'ailleurs, ils n'en auraient guère eu le temps, puisque Rousseau était forcé de s'expatrier dès 1711. Enfin, Voltaire se donnera tout à l'heure un démenti, en continuant avec Rousseau exilé un commerce où règne des deux parts le ton d'une amitié et d'une bienveillance évidemment ininterrompues.

Voltaire sortit du collége après sa rhétorique, et n'y fit point la philosophie, considérée alors moins comme un complément des études littéraires que comme une introduction à la théologie. Quel souvenir laissa-t-il au collége, et qu'en emporta-t-il? Suivant une note douteuse, trouvée, dit-on, dans les registres des Jésuites, ceux-ci l'avaient ainsi caractérisé *ad perpetuam memoriam : Puer ingeniosus, sed insignis nebulo.*

A-t-il jugé aussi justement ses maîtres et leur système d'éducation? Dans sa lettre d'envoi au P. Porée de la *Henriade* (1728), il proteste de sa plus tendre reconnaissance et de sa plus parfaite estime; c'est « un fils qui vient, après plusieurs années, présenter à son père le fruit de ses travaux dans un art qu'il a appris autrefois de lui. » Mêmes expressions, le 7 janvier 1730, dans la lettre d'envoi au même Père de la tragédie d'*Œdipe*. C'est mieux encore, le 15 janvier 1739, à propos de *Mérope* : « Je vous conjure de dire à vos amis combien je suis attaché à votre Société. Personne ne me la rend plus chère que vous. » Et puis la plus tendre estime et l'éternelle reconnaissance, etc. : les mots ne lui coûtent rien. Accord parfait entre la correspondance avec Porée et celle avec Tournemine. En 1735, c'est

---

(1) *Aux auteurs de la Bibliothèque française*, 20 septembre 1736 ; Œuvres, t. LII, pp. 286, 287.

Tournemine qu'il consulte et qu'il fait juge dans le débat soulevé par les *Lettres philosophiques,* avec protestations ordinaires d'estime et de respectueuse amitié. Au mois de décembre 1738, parlant au P. Tournemine d'une correction prétendue de ses ouvrages, il ajoutait: « Ce que je n'aurai jamais à corriger, ce sont les sentiments de mon cœur pour vous et pour ceux qui m'ont élevé... Ma respectueuse tendresse pour mes maîtres est la même. » A cette époque, on trouve les mêmes sentiments exprimés dans des lettres adressées à d'autres correspondants, qui avaient charge de les aller redire aux Jésuites. Tout cela est poussé au superlatif dans la lettre du 7 février 1746 au P. de La Tour, au sujet d'un libelle qui lui reprochait son attachement aux Jésuites : « Je suis bien loin de lui répondre : « Vous êtes un calomniateur. » Je lui dirai au contraire : « Vous dites la vérité. » J'ai été élevé pendant sept ans chez des hommes qui se donnent des peines gratuites et infatigables à former l'esprit et les mœurs de la jeunesse. Depuis quand veut-on que l'on soit sans reconnaissance pour ses maîtres? Quoi! il sera dans la nature de l'homme de revoir avec plaisir une maison où l'on est né, un village où l'on a été nourri par une femme mercenaire; et il ne serait pas dans notre cœur d'aimer ceux qui ont pris un soin généreux de nos premières années!... qui m'ont inspiré le goût des belles-lettres, et des sentiments qui feront jusqu'au tombeau la consolation de ma vie! Rien n'effacera dans mon cœur la mémoire du P. Porée, qui est également chère à tous ceux qui ont étudié sous lui. Jamais homme ne rendit l'étude et la vertu plus aimables. Les heures de ses leçons étaient pour nous des heures délicieuses, et j'aurais voulu qu'il eût été établi dans Paris, comme dans Athènes, qu'on pût assister à tout âge à de telles leçons : je serais revenu souvent les entendre. J'ai eu le bonheur d'être formé par plus d'un Jésuite du caractère du P. Porée, et je sais qu'il a des successeurs dignes de lui, etc., etc. » Suit une apologie des Jésuites contre les *Provinciales,* cent fois citée par des bonnes gens qui prenaient tout cela au sérieux. C'est vrai, sans aucun doute, et bien dit; mais, dans la pensée du grand comédien, ce n'était qu'un bon tour joué aux Jésuites, dont il avait besoin, en 1735, 1739 et 1746, soit contre la police et le Parlement, soit contre Des Fontaines, soit contre les *dévots* qui lui refusaient son entrée à l'Académie.

Mais comme, ailleurs et plus tard, il prendra en satire la revanche de ces éloges! Comme il retirera en menue monnaie la pièce d'or à leur effigie qu'il leur a donnée en tribut de gratitude! Et comme il saura encore rogner sur leur propre bien pour leur faire payer les intérêts de ses avances! Ce Tournemine, tant loué tout à l'heure, derrière et en face, ne sera plus, en 1772, qu'un « mauvais raisonneur et très-ampoulé personnage (1). » Porée lui-même, ce professeur digne d'Athènes, déjà plus maigrement loué dans le *Siècle de Louis XIV* (2), sera enveloppé dans la condamnation générale de la littérature des Jésuites (3), si vantée dans le *Temple du goût*. Il est vrai qu'en 1759 et 1772, les Jésuites étaient menacés ou abattus, et que Voltaire n'avait plus besoin d'eux ou ne pouvait plus implorer leur concours impuissant! Il est vrai que les Jésuites avaient défendu contre lui les intérêts de Dieu et de la Vérité, et qu'il ne les voyait plus qu'à travers Patouillet ou Nonotte ; car, la passion ou l'intérêt, voilà la règle à peu près unique et constante de ses jugements. Aussi, leur système d'éducation, si beau en 1746, voyez ce qu'il devient en 1771, dans le *Dialogue entre un conseillr et un ex-jésuite* (4), diatribe où il est tourné en ridicule. Et dans le même livre et à la même date (5), ce n'est plus leur éducation seulement, c'est leur Société tout entière qui est condamnée, et dont on justifie la proscription. Dès que Voltaire est en cause, ce n'est plus de la plaisanterie, c'est de la violence et de la fureur. Lisez, par exemple, sa lettre à Damilaville du 1ᵉʳ décembre 1767, à propos d'un *Dictionnaire anti-philosophique* qu'il attribuait à trois jésuites, et qui est de Chaudon : « Par quelle fatalité déplorable faut-il que les ennemis du genre humain, chassés de trois royaumes, et en horreur à la nature entière,

---

(1) A Richelieu, lettre du 2 décembre. — (2) *Œuvres de Voltaire*, t. XIX, p. 179. — (3) *Relation de la maladie, etc., du Père Berthier*, *Œuvres de Voltaire*, t. XL, p. 16. — (4) *Œuvres de Voltaire*, t. XXIX, p. 1; *Dictionnaire philosophique*, au mot *Éducation*. — (5) *Dictionnaire philosophique*, au mot *Jésuites ou orgueil*, *Œuvres*, t. XXX, p. 428.

soient unis entre eux pour faire le mal, tandis que les sages qui pourraient faire le bien sont séparés, divisés, et peut-être, hélas! ne connaissent pas l'amitié! » On pourrait citer dix lettres de ce ton ; mais c'en est assez pour montrer ce qu'étaient devenues la reconnaissance, l'admiration et la tendresse prétendues de Voltaire pour ses anciens maîtres. En réalité, il ne les a jamais aimés qu'en lui et pour lui.

Dans une de ses lettres de 1735 au P. Tournemine, il dit, en joignant le nom de Porée à celui de son correspondant : « Vous m'avez appris l'un et l'autre à aimer la vertu, la vérité et les lettres. » La vérité et la vertu, commençons par retrancher cela du bilan de ce que Voltaire emporta des Jésuites. Restent les lettres. Et encore, pour les lettres, c'est-à-dire pour le grec et le latin, objet principal et presque exclusif de l'enseignement d'alors, ou son trésor fut mince, ou il le gaspilla tout le long de sa vie. Il s'est toujours vanté de son commerce constant avec Virgile, Horace et Cicéron (1); mais, s'il savait lire ces auteurs, — qu'il cite souvent de travers, — il ne sut jamais écrire leur langue, ni en prose, ni surtout en vers, comme on en peut juger par les échantillons en ce genre que renferme sa correspondance (2). Oh! que le savant Bouhier, que le cicéronien d'Olivet, ont dû rire de cette prose et de ces vers, que n'eût pas avoués un bon écolier de troisième! Voilà l'homme pourtant qui, sous le nom de l'avocat Belleguier, voudra donner une leçon de latin à Cogé, — Cogé-*pecus,* — à propos d'une thèse proposée contre la philosophie, et qui gagnera sa cause au tribunal de Dalembert et de la secte; que disons-nous? au tribunal même de la postérité, parfaitement convaincue, encore aujourd'hui, de son triomphe! Puissance immortelle du rire en France, qui a donné et qui conserve à toutes les balourdises de Voltaire la valeur de la chose jugée!

(1) Lettres des 29 mai 1733; 9 et 12 février 1736; 20 octobre 1738; 27 novembre 1764; 24 septembre 1766; et *Epître à Horace,* 1772, Œuvres, t. XIII, p. 317.—
(2) Lettres latines au président Bouhier, 6 mai 1739; à l'abbé d'Olivet, mars 1739 et 1749; — Distique sur Cirey, septembre 1736; sur le feu, 1738; quatrain au cardinal Quirini, 25 octobre 1745; distique pour le portrait de Benoît XIV, 1745. vers à M. Amman, secrétaire de l'ambassade de Naples à Paris, 26 mars 1746; vers sur la chirurgie, 28 mai 1773.

Si, en latin, Voltaire était à peine de force de troisième, il eût pu, en grec, recevoir des leçons d'un écolier de sixième pourvu de quelques mois de grammaire grecque. Il parlera des Grecs comme un homme qui ne les a jamais lus que dans des traductions. Vers 1739 (1), il eut la velléité de se remettre ou de se mettre au grec, mais ce projet n'eut pas de suite, et, le 9 mars 1772, il répondait à Chabanon, qui venait de lui envoyer son *Pindare* : « Je suis l'homme du monde le moins grec; » aveu qu'il renouvellera dans l'épître dédicatoire des *Lois de Minos* (2), avec une citation d'Hésiode, qui, texte et traduction, prouve surabondamment son ignorance. Cette ignorance élémentaire, il achèvera de la montrer, en quelque sorte, dans tout son éclat déshonorant, par tant de mots grecs insérés dans ses œuvres, et qui sont presque autant de barbarismes, de solécismes ou de non-sens. Oh! que Guénée et Larcher auront beau jeu contre lui! et que n'en ont-ils profité davantage (3)!

On pourrait même ajouter que Voltaire, qui a écrit une si charmante prose française, ne sut pourtant pas le français dans son origine et dans son histoire, comme il se chargera encore de le prouver lui-même par tant de bévues semées dans ses œuvres, et notamment par son Commentaire sur Corneille. Voltaire fut toujours l'homme du monde le moins propre à travailler au *Dictionnaire historique* de la langue française.

---

(1) Lettre du 7 mai, à Thieriot, où il avoue qu'il n'entend guère Démosthènes. —(2) *Œuvres*, T. IX, p. 180. — (3) Voir sur tout cela, *Voltaire et ses maîtres*, par M. A. Pierron.

CHAPITRE SECOND

ENTRÉE ET DÉBUTS DE VOLTAIRE DANS LE MONDE
ET DANS LA LITTÉRATURE

I

DÉBUTS LITTÉRAIRES — CONCOURS ACADÉMIQUE

« Quel état veux-tu prendre? » demanda François Arouet à son fils au sortir du collége. « Je n'en veux pas d'autre, répondit le jeune homme, que celui d'homme de lettres. » — « Mais, répliqua le père, c'est l'état d'un homme qui veut être inutile à la société, à charge à ses parents, et qui veut mourir de faim. » Voltaire, qui devait mourir avec 200,000 livres de rente, n'était pas fils de prophète!

Sa famille combattit vainement sa vocation littéraire. Toutefois, il dut d'abord obéir et suivre les écoles de droit. Il nous a dit sa répugnance pour cette étude (1), répugnance venant et de sa nature et des milieux où il fréquentait alors. Il ne bougeait plus des sociétés que lui avait ouvertes l'abbé de Châteauneuf, à la fois entraîné et boute-en-train. Or, au sortir de brillants hôtels, après une nuit d'orgie de corps et d'esprit, comment écouter, dans une salle qui avait l'air d'une grange, le latin barbare d'un professeur de droit? Pour l'arracher à un commerce dangereux, son père lui fit proposer la charge d'avocat général à la Cour des Aides, ou, à son choix, un office de Conseiller au Parlement, en faisant valoir à ses yeux la considération attachée à la magistrature. « Dites à mon père, répondit le jeune homme, que je ne veux point d'une considération qui s'a-

(1) *Commentaire historique*, Œuvres, t. XLVIII, p. 318.

chète : je saurai m'en faire une qui ne coûte rien (1). » Fière réponse, mais faite après coup : il se montrera moins superbe tout à l'heure !

Cependant, il faisait des vers. Au sortir de rhétorique, ou au collége même, suivant le rêve de tout bon rhétoricien d'alors, il avait composé une tragédie, *Amulius* et *Numitor*, qu'il jeta plus tard au feu (2). En 1712, il prit part au concours de poésie ouvert par l'Académie française, dont le sujet était le *Vœu de Louis XIII*. Le jeune poëte de 18 ans avait pour concurrent un versificateur qui en comptait plus de 64, l'abbé Du Jarry, né en 1658, et, à l'en croire, il ne succomba que sous le poids des années de son rival : « Il était bien juste, a-t-il dit ironiquement, qu'on fît honneur à son âge. » Ni comme poëte, ni surtout comme prédicateur, l'abbé Du Jarry n'était sans mérite. Ami particulier, ou plutôt disciple de Fléchier, il se fit dans la chaire une réputation que justifient les beautés oratoires répandues dans ses discours. Dès l'âge de 23 ans, il avait remporté un prix de poésie, grâce, dit-il, à « une comparaison des roseaux, qui n'a pas été oubliée de plusieurs lecteurs. » Dans un second concours, il partagea le prix avec le rival dont il avait d'abord triomphé. « Pour mon troisième poëme que le public a vu, ajoute-t-il, je ne doute pas que certains critiques, qui ne veulent rien estimer, n'aient appelé de l'arrêt rendu en ma faveur par seize juges de dix-sept qui se trouvèrent au jugement. Quand il fut lu à l'Académie, le jour de la distribution, on m'a assuré qu'il avait trouvé des oreilles favorables. Ceux qui se connaissent en vers harmonieux, sublimes, chrétiens, croient avoir reconnu ces traits dans cet ouvrage (3). » Homme naïf, on le voit, que cet abbé Du Jarry, et, par conséquent, cible à ridicule pour les traits de son rival dépité ! Et ce sera toujours un des bonheurs de Voltaire de trouver des ennemis qui prêtaient flanc à ses sarcasmes. Il ne les épargna pas à l'abbé Du Jarry. Sa

(1) Duvernet, pp. 28, 30. — Lettre à d'Argenson du 22 juin 1739. — (2) Deux fragments échappèrent aux flammes et passèrent entre les mains de Thieriot. — Ils ont été publiés dans *Pièces inédites de Voltaire*, Didot, 1820, où ils sont donnés pour des vers d'un enfant de douze ans déjà porté au tragique.— (3) *Poésies* (Paris, 1715, Préface).

première vengeance fut le *Bourbier* (1), où il faisait croupir et coasser, au pied du Parnasse, ses rivaux et ses juges, et particulièrement La Motte, qui, gagné par une mauvaise ode de Du Jarry en l'honneur de son *Iliade*, avait contribué à lui faire obtenir le prix. Ce *Bourbier* (1714) (2), amusa, indigna, fit scandale, ce que voulait l'auteur pour satisfaire sa vengeance et attirer sur lui l'attention. Plus tard il aura l'air de désavouer ces « vers satiriques, et par conséquent très-condamnables, » s'excusant sur « l'imprudence de son âge (3) et le ressentiment d'une injustice, » et il promettra de ne plus retomber « dans ce détestable genre d'écrire. » C'est en juin 1731, qu'écrivant aux auteurs du *Nouvelliste du Parnasse*, il faisait cette confession et cette promesse : attendons quelques années, et nous verrons se succéder la *Crépinade*, le *Mondain*, et tant d'autres poëmes satiriques qui dépasseront de beaucoup le *Bourbier*.

Ce *Bourbier* ne lui suffisant pas à noyer ses ennemis, il écrivit, à la même date, une *Lettre au sujet du prix de poésie de* 1714 (4), qui débute ainsi : « Vous connaissez le pauvre Du Jarry : c'est un de ces poëtes de profession qu'on rencontre partout et qu'on ne voudrait voir nulle part; nous l'appelons communément le Gazetier du Parnasse. Il est parasite, etc. » Une douzaine de pages sur ce ton, où l'homme et le poëte sont également bafoués. Homme, l'ami de Fléchier valait mieux que cela; poëte, le rival heureux de Voltaire n'avait pas trop à rougir de la comparaison entre la pièce couronnée et la pièce vaincue, car celle-ci est très-faible (5). A en croire Voltaire, il y avait, dans l'ode couronnée par l'Académie française, une opposition bizarre des pôles *brûlants* aux pôles *glacés*, qui dut bien étonner sa voisine, l'Académie des sciences. Mais faut-il en croire Voltaire? Dans les *Poésies* de l'abbé Du Jarry, on lit *climats* au lieu de *pôles*, et nous ne savons si c'est la leçon primitive ou une correction. Quoiqu'il en soit, c'est là-dessus que Voltaire

---

(1) *Œuvres*, t. XIV, pp. 115. — (2) Notons que le concours, ouvert en 1712, ne fut jugé qu'en 1714, ce qui explique la date que nous donnons à ce poëme. — (3) Là Voltaire ne se donne que *seize* ans, tandis qu'il en avait *vingt* lorsqu'il composa le *Bourbier*. — (4) *Œuvres de Voltaire*, t. XXXVII, p. 1. — (5) La voir, *Œuvres*, t. XII, p. 398.

s'égaie, là-dessus qu'il revient à satiété, comme il fera dans toutes ses querelles littéraires.

Il avait envoyé son ode à Rousseau, alors exilé à Soleure, et Rousseau, le premier juin 1712, écrivait à son ami Boutet : « J'ai reçu une fort jolie lettre du jeune M. Arouet, accompagnée d'une ode dans laquelle il y a beaucoup d'esprit. Je vous prie de lui témoigner l'estime que je fais de sa personne et de son mérite (1). » Rousseau, toujours traité, on le voit, par Voltaire comme un maître, et traitant toujours le jeune poëte comme son enfant, lui écrivit à lui-même « avec toute la sincérité qu'on doit à la confiance d'un jeune homme qu'on aime (2). » Au temps de leur querelle, en 1736, Voltaire ne pourra nier ni cette correspondance, ni son échec, mais il s'en vengera encore sur Du Jarry et sur La Motte, sur les pôles *brûlants* et les pôles *glacés* (3) : c'est un grand rabâcheur que Voltaire !

II

ESCAPADES DE JEUNESSE

Outre ces escapades poétiques, qui auraient bien suffi à effrayer le prosaïque François Arouet, le jeune homme se livrait à des escapades de fils de famille plus effrayantes encore pour ce bourgeois rangé. Ici se placent quelques anecdotes qu'on peut admettre ou rejeter à son gré ; car si, d'un côté, elles sont d'origine suspecte (4), elles peignent bien, de l'autre, ce que Voltaire dut être en ces années de sa folle jeunesse.

Un jour, dit-on, qu'il avait reçu d'une dame (5), pour service poétique, une bourse de cent louis, il s'en retournait fort joyeux, n'ayant jamais eu en main si grosse somme, lorsque, dans la

---

(1) *Lettres de Rousseau sur différents sujets de littérature*, Genève, 1749, t. I, 1re partie, p. 30. — (2) *Lettre* de Rousseau, dans Chaudon, t. I, p. 52. — (3) *Aux auteurs de la Bibliothèque française*, 20 septembre 1736. — (4) Les voir dans le *Voltariana*, 2e partie, pp. 265 et suiv. — (5) On a nommé Mme de Richelieu. Ce ne pouvait être elle, puisque le duc, veuf à cette époque, ne s'est remarié que quinze ans plus tard ; et c'est là-dessus que Voltaire et ses amis se sont appuyés pour contester l'anecdote ; mais pourquoi l'anecdote ne serait-elle pas vraie avec une autre dame ?

rue Saint-Denis, il rencontre un carrosse avec deux chevaux et quatre habits de livrée qu'on allait vendre à l'enchère. Il y met ses cent louis, et, quoique à sec comme la veille, il trouve encore des valets de louage qui, en endossant leur belle livrée, croient avoir affaire à un riche seigneur et ne doutent pas de leur salaire. Ainsi équipé, notre bourgeois gentilhomme se rend d'abord chez sa bienfaitrice. Devant le carrosse, la porte cochère s'ouvre toute grande et lui donne accès dans la cour de l'hôtel. Mais quel étonnement, quel rire, lorsqu'on voit descendre, aidé de trois laquais, celui qui, une heure auparavant, était sorti modestement à pied ! Voltaire soutient son rôle, et, le premier acte joué, il continue sa comédie tout le reste du jour. La nuit venue, il soupe en ville, se divertit; mais, au sortir de table, grand embarras : ni remise pour l'équipage, ni argent pour les laquais ! Il renvoie ceux-ci au lendemain, et capitule pour le reste avec le portier de son père. Le carrosse est attaché à la porte, et les chevaux sont introduits dans l'étroite écurie, occupée déjà par la monture paternelle. Jaloux comme tous les anciens domestiques, le vieux cheval fait tapage et réveille son maître. François Arouet se lève et descend. Quelle surprise ! Trois chevaux au lieu d'un ! — « A qui ces chevaux ? — A votre fils. » — Et il ordonne de les mettre à la rue. La porte s'ouvre et le carrosse apparaît. — « A qui le carrosse ? — A votre fils encore. » Irrité, le bonhomme monte à la chambre de son fils, et le chasse de sa maison. On attelle de nouveau. Mais qui conduira ? C'est un art que Voltaire ignore, et, à trois heures du matin, difficile de trouver un cocher. Toutefois, un garçon de quinze ans, fils du portier, monte sur le siége, et l'on part. Mais, au détour d'une rue, le carrosse heurte contre une borne, se renverse et se brise. Aux cris du cocher et de son maître, on accourt, on les délivre, et un fiacre remorqueur conduit l'équipage chez le charron. Là, pendant plusieurs jours, tout dut rester en gage pour la réparation du carrosse et l'entretien des chevaux, et Voltaire, incapable de payer, fut condamné à revendre et à se remettre à pied. Il ne lui en coûta que cinquante louis pour cette folle journée.

Une autre fois, qu'il revenait fort tard à la maison paternelle, il trouve la porte fermée, et, sur l'ordre de son père, las de sa conduite, on refuse de lui ouvrir. Il va demander asile chez le portier du Palais, qui, n'ayant ni chambre, ni lit à lui offrir, lui montre dans la cour une chaise à porteur. Il s'y blottit et s'endort. Le matin, deux conseillers arrivent, le reconnaissent et veulent lui jouer pièce. Ils payent deux porteurs et leur donnent commission de porter doucement l'endormi au café de la Croix de Malte, alors rendez-vous de tous les beaux esprits, et de l'y laisser dans sa chaise toujours dormant. Ainsi fut fait. On devine le reste de la scène, lorsque Voltaire, étonné et confus, se réveilla au bruit des rires et des quolibets des habitués du lieu.

III

PREMIER VOYAGE EN HOLLANDE — PIMPETTE

Une pareille vie ne pouvait durer, et le père Arouet songea à y mettre un terme. Connaissant depuis longtemps le marquis de Châteauneuf, frère de l'abbé, notre ambassadeur à Constantinople et en Portugal, qui venait d'être envoyé, avec le même titre, auprès des Etats généraux de Hollande, il le supplia de se charger de son fils, et le jeune homme partit en qualité de page ou de secrétaire.

Ce n'était pas la première fois que Voltaire était éloigné de Paris. En cette même année 1713, il doit avoir fait quelque séjour à Caen (1). Sa réputation de poëte le posa bien dans l'Athènes Normande, et lui ouvrit d'abord les meilleures sociétés. Il fut surtout bien reçu chez madame d'Osseville, bel esprit et poëte. Mais, chaste et religieuse, cette dame revint bien vite de son premier enthousiasme; et, apprenant que le jeune poëte récitait ailleurs des vers libertins et impies, elle lui ferma sa porte. Moins scrupuleux dut être le P. Couvrigny, alors pro-

---

(1) Mss. de la bibliothèque de Caen, communiqués à M. G. Desnoiresterres (Voir *Etapes de Voltaire*, dans la *Revue des Provinces*, octobre 1865).

fesseur de rhétorique chez les Jésuites de Caen, et dont les désordres eurent ensuite une si triste célébrité : il est douteux qu'il ait rien ôté à Voltaire de l'admiration dont il s'était pris pour lui.

Après quelques mois de séjour à Caen, Voltaire revint à Paris, d'où il se rendit à La Haye.

Nombreux et bien composé était le personnel de l'ambassade; mais Voltaire, malgré son goût pour la bonne compagnie, chercha ses relations au dehors, et surtout parmi les réfugiés français. Exilé et mauvais catholique, une sympathie naturelle l'attirait de ce côté; surveillé à l'hôtel de l'ambassade, il échappait par là à l'espionnage.

Il y avait alors à La Haye une femme passée maîtresse en intrigues, madame Du Noyer. Née à Nîmes vers 1668 et élevée dans le protestantisme, Anne-Marguerite Petit avait eu déjà bien des aventures. Sortie une première fois du royaume, elle était revenue en France, à Paris, et avait été renfermée aux Nouvelles-Catholiques. En 1688, elle abjura pour épouser Du Noyer, capitaine du régiment de Toulouse. Par cette abjuration intéressée elle obtenait sa liberté, une pension, la restitution de ses biens confisqués, et mettait son mari à même d'acheter la charge de grand maître des eaux et forêts du Haut et Bas Languedoc. Au bout d'une douzaine d'années (fin d'avril 1701), après des torts et des dissipations réciproques, elle s'enfuit de Paris, où son mari, qui avait vendu sa charge, était revenu se fixer. Des quatre enfants nés de son mariage, une fille était morte au berceau, et elle laissait au père un fils qui mourut jeune. Elle emmenait avec elle deux filles, Anne-Marguerite, née le 1er mars 1689, et Catherine-Olympe, née le 12 mars 1692. Elle se rendit d'abord en Suisse, puis en Hollande. De La Haye, où elle n'avait pu obtenir une pension, elle passa en Angleterre auprès d'une de ses tantes, et peu après retourna en Hollande, où elle s'établit. Dans l'intervalle, elle était revenue au protestantisme, et y avait entraîné ses filles. Elle maria l'aînée à un lieutenant de cavalerie nommé Constantin, d'un âge peu en rapport avec l'extrême jeunesse de la fiancée, mais assez en bien ; elle espérait, en ce temps de guerre, qu'un boulet, emportant le mari, rendrait bientôt sa fille veuve et riche, et lui permettrait une alliance plus agréable. « Il faut se marier une fois dans la vie par intérêt, lui disait-elle, et la seconde pour ses plaisirs (1). » Ce calcul ne réussit pas. En l'absence du mari, la mère traîna la fille dans des parties compromettantes. De là un scandale qui aboutit à un procès en séparation, et la femme, rappelée en France par son père, retourna au catholicisme et se retira aux Nouvelles-Catholiques, où elle mourut honorée.

Revenons à la mère, qui a raconté elle-même son histoire dans ses *Lettres historiques et galantes* (1), avec une franchise digne d'un meilleur sujet. Nature emportée que ne retenait aucun scrupule, d'une laideur qui ne fit jamais obstacle à sa galanterie, elle avait vécu en Angleterre tantôt d'intrigues, tantôt d'aumônes mendiées avec une impudence que ne justifiait pas la détresse : car elle était loin d'être sans ressources, ayant emporté de France une valeur de 40,000 livres, tant en diamants qu'en argent soustrait à son mari ou emprunté à des fournisseurs. En Hollande, elle demanda à sa plume des moyens d'existence plus honnêtes. Elle commença par donner un *Mercure galant*, rédigé sur le plan du journal parisien de même nom. Le journal étant mort bientôt avec le libraire, elle travailla à la *Quintessence*, feuille fondée par Lucas, dirigée ensuite par Gueudeville, qui passa dans ses mains vers 1712. La *Quintessence* avait la forme des *Lardons*, mais, quoi qu'on en ait dit, n'en a jamais porté le titre, à moins qu'on ne le lui ait donné dans l'usage, comme il résulterait d'un remercîment en vers adressé par madame Du Noyer à la princesse de Conti (3). Du reste, ce journal n'était point un libelle, comme le disent tous ceux qui ne l'ont pas lu, et Voltaire lui-même (4), mais plutôt encore une sorte de *Mercure galant*, dont madame Du Noyer

---

(1) *Lettres historiques et galantes*, t. X, p. 142, *Mémoire de Madame Constantin*. — (2) Nous suivons l'édition de Paris, 1790, 12 vol. in-18. — Voir particulièrement les *Mémoires* de Mme Du Noyer, t. XI et XII, et les *Mémoires* du mari et de la fille aînée, t. X. Ces *Mémoires* se contrôlent les uns par les autres. — (3) Numéro du 30 juillet 1716. (*Lettres historiques et galantes*, t. IX, p. 142. — (4) *Mensonges historiques*, Œuvres, t. XXIX, p. 289.

accrut beaucoup la réputation par sa manière agréable de débiter nouvelles et aventures. Aussi, quand elle mourut en 1719, son successeur ne manqua pas de lui payer un tribut de louanges : « Quatre traits, dit-il, qui se trouvent rarement réunis en une même personne, font tout le portrait de cette dame : je veux dire une naissance distinguée, jointe à un grand attachement à sa religion, un esprit au-dessus de son sexe, qui a brillé au milieu de longues et continuelles adversités (1). » On sait déjà ce qu'il faut rabattre de cet éloge, comme de tout éloge funèbre.

Vers la fin de 1713, à l'arrivée de Voltaire en Hollande, madame Du Noyer vivait à La Haye entre sa *Quintessence* et sa seconde fille *Olympe*, qui l'une et l'autre lui attiraient nombreuse compagnie. Sans grande beauté, bien que sa mère vante quelque part ses attraits et sa riche taille, Olympe, — la *Pimpette* de Voltaire, — avait de la douceur et du charme. Dès 1708, bien jeune encore, elle avait failli devenir la femme de Jean Cavalier, le chef des Camisards des Cévennes, qui se trouvait alors à La Haye avec le grade de colonel au service de l'Angleterre. Reçu en triomphe par les réfugiés protestants, Cavalier avait aussitôt attiré l'attention ambitieuse de Mme Du Noyer, qui se hâta de lui faire visite, l'invita à dîner et le força à loger chez elle. Pour l'y fixer par toutes sortes de liens, elle aida de sa bourse le colonel alors fort peu à l'aise, et fit briller aux regards du jeune homme les agréments d'Olympe. Soit amour pour la fille, soit désir d'entretenir la générosité de la mère, Cavalier parut entrer dans les vues de celle-ci : il se porta comme prétendant à la main d'Olympe, et s'engagea même par écrit à l'épouser. Les amours durèrent deux ans; puis Cavalier, profitant d'un voyage de la mère et de la fille à Londres, convola à d'autres noces, et, pour échapper à Mme Du Noyer qui, revenue à La Haye, le poursuivait sa promesse en mains, il s'enfuit en Angleterre.

Voilà ce que La Beaumelle a dénaturé dans ses notes sur le

(1) Numéro du 1er juin. — Voir, sur la *Quintessence* et Mme du Noyer, *Les Gazettes de Hollande*, par E. Hatin, Paris, 1865, pp. 181 et suiv.

Siècle de Louis XIV, lorsqu'il a prétendu que Cavalier avait été le rival de Voltaire, et le rival heureux, auprès de Mlle Du Noyer, « fille, dit-il, de beaucoup d'esprit et de coquetterie. » Il ajoute : « Ce qui devait arriver arriva : le héros l'emporta sur le poëte, et la physionomie douce et agréable sur la physionomie égarée et méchante. » Dans son *Supplément au Siècle de Louis XIV* (1), Voltaire défend d'abord l'honneur fort compromis de la famille Du Noyer contre ce qu'il appelle « l'insolente calomnie d'un scélérat absurde; » puis, pour ce qui le regarde, il n'a pas de peine à établir qu'il n'a pu être le rival de Cavalier en 1708, année où il était encore au collége. Ce n'est qu'en 1726, et en Angleterre, ajoute-t-il, qu'il a connu l'ancien chef des Camisards (2).

Attiré par la célébrité de la mère et le joli minois de la jeune fille, Voltaire s'introduisit chez Mme Du Noyer. Celui fut chose facile dans une maison ouverte à tous venants. D'ailleurs, Mme Du Noyer dut l'y aider par quelques invitations, car, séduite elle-même par la réputation d'esprit du jeune secrétaire, elle se faisait écrire de Paris, ou plutôt elle écrivait elle-même sous cette dénomination fictive : « Ce qui m'étonne, c'est que vous n'ayez pas démêlé, parmi les personnes de la suite de l'ambassadeur, un jeune homme qui fait ici grand bruit par ses poésies; elles sont même fort recherchées, surtout par ceux qui aiment la satire, qui est le fort de ce nouveau poëte (3). » Pendant que la mère admirait l'esprit du jeune homme, celui-ci se faisait bien venir de la fille, ex-ingénue qui, depuis plusieurs années, soupirait après un autre prétendant. Mais, plus aimable aux yeux de Pimpette, Voltaire ne valait pas Jean Cavalier dans l'estimation ambitieuse de Mme Du Noyer, qui

---

(1) *Œuvres*, t. XX, p. 540. — (2) Il dit pourtant, *Siècle de Louis XIV*, ch. xxxvi; *Œuvres*, t. XX, p. 397 : « Je l'ai vu depuis en *Hollande* et en Angleterre. » — On fit une comédie satirique, mais plate et grossière, sur Mme Du Noyer, sa fille et Cavalier : le *Mariage précipité*, 3 actes, joués à Utrecht, le 20 mars 1713, par des comédiens italiens et français, à la grande désolation de Mme Du Noyer (*Kurkila*), qui n'avait pu en empêcher la représentation. Pimpette s'y appelait, par anagramme, *Etepnip*, et Cavalier, ancien aide de cuisine, *Mitronet* (*Lettres historiques et galantes*, t. X, pp. 233 et suiv.). — (3) *Lettres historiques et galantes*, t. VI, p. 372.

ne pouvait vouloir pour sa fille d'un enfant de dix-neuf ans, sans position et sans avenir certain. Aussi, à peine eut-elle découvert l'intrigue, qu'elle courut à l'ambassade, et se plaignit à Châteauneuf du tort fait par un de ses pages à la réputation d'Olympe. Bien que Châteauneuf comprît aussitôt qu'il était malaisé de compromettre une fille affichée depuis cinq ans, vendue, dit-on, par sa mère, toutefois, craignant pour le succès de sa mission la plume irritée de l'auteur de la *Quintessence*, il résolut de faire droit à sa réclamation. D'une amourette de jeunesse on pouvait, dans les circonstances, faire une affaire d'État, et brouiller de nouveau Versailles et La Haye qu'il cherchait à rapprocher dans l'intérêt de la paix d'Utrecht. La passion religieuse, la vengeance protestante, avaient joué un grand rôle dans les guerres qui suivirent la révocation de l'Édit de Nantes. Or, Mme Du Noyer se serait empressée de donner aux prétentions du jeune page, auprès du cabinet de La Haye, une couleur de prosélytisme religieux, d'autant plus que, dans ce même temps, le père d'Olympe travaillait secrètement à rappeler sa fille en France, où, comme son aînée, elle serait aussitôt rentrée dans le giron de l'Église. Que là fût le nœud de l'affaire, nous en aurons la preuve dans la conduite postérieure de Voltaire, qui ne manquera pas de mettre en jeu la religion pour ravoir sa maîtresse, et dans les premières phrases de sa correspondance avec Pimpette.

Plutôt que de compromettre de si graves intérêts, mieux valait renvoyer à son père ce brouillon de famille avant qu'il réussît à brouiller les États. Châteauneuf donna donc à son page l'ordre de partir le jour même pour Paris. A peine lui accorda-t-il de différer son départ jusqu'au lendemain, et encore à la condition qu'il garderait les arrêts au palais de l'ambassade. « Sa raison, écrit Voltaire à Pimpette, c'est qu'il craint que madame votre mère ne me fasse un affront qui rejaillirait sur lui et sur le roi. »

C'est dans ces lettres de Voltaire à Pimpette qu'il faut aller chercher toute l'histoire de leurs jeunes amours. Ces lettres, au nombre de quatorze, interceptées par la mère, ou livrées par

Pimpette elle-même à cette mère impérieuse, ont été publiées, en 1720, par Mme Du Noyer, qui espérait donner par là une saveur nouvelle à ses *Lettres historiques et galantes* (1) et en augmenter le débit. A cette considération mercantile elle ne craignait pas de sacrifier et ce qui pouvait rester d'honneur à sa fille, et la paix de l'époux qu'elle venait de lui donner, et son propre honneur ; car, si elle a retranché des lettres de Voltaire ce qu'elles renfermaient de plus dur pour elle, il y reste encore assez de traits pour qu'elle en ressorte mère peu aimable, barbare même, et recourant au bâton, à bout d'autre voie, pour ramener sa fille à la raison.

Et aussitôt on se demande ce qu'il faut penser ou d'une jeune fille à qui on pouvait parler en tels termes de sa mère, ou d'un amant qui osait traiter ainsi la mère devant la fille. Dans ce langage et les sentiments exprimés, y avait-il entre eux accord ou contradiction? Alors, ou bien dénaturée était la fille, et partant peu digne de sympathie, ou bien maladroit était l'amant, qui devait blesser par là sa maîtresse au cœur.

Mais, du cœur, y en avait-il, d'aucun côté, dans cette intrigue? Blasée et gâtée, Pimpette courait à une nouvelle aventure, et Voltaire ne cherchait qu'un amusement à son exil. Toujours est-il qu'il n'a mis ni passion bien profonde, ni galanterie bien délicate dans des lettres qui ressemblent presque toujours à un froid pastiche de tant de lettres semblables, ou à un jeu d'esprit.

Quoi qu'il en soit, séparés l'un de l'autre, ils emploient toutes sortes de ruses pour entretenir une correspondance écrite. Leurs premières lettres ayant été saisies et remises à l'ambassadeur, Voltaire veut sortir et aller à un rendez-vous. Mais, trop bien gardé pour pouvoir s'échapper de l'hôtel, c'est Pimpette qui l'y viendra trouver. Il lui envoie des habits d'homme, sous lesquels, à la brune, elle pénétrera auprès du prisonnier. Elle y pénètre, en effet, et, le lendemain, Voltaire raconte l'entrevue : « Je ne sais si je dois vous appeler monsieur ou mademoiselle ; si vous êtes adorable en cornettes, ma foi vous êtes un aimable cavalier...

(1) T. VII, pp. 4 et suiv.

> Enfin, je vous ai vu, charmant objet que j'aime,
> En cavalier déguisé dans ce jour;
> J'ai cru voir Vénus elle-même
> Sous la figure de l'Amour.
> L'amour et vous, vous êtes du même âge,
> Et sa mère a moins de beauté;
> Mais, malgré ce double avantage,
> J'ai reconnu bientôt la vérité :
> Pimpette, vous êtes trop sage
> Pour être une divinité. »

Des quatorze lettres c'est la seule jolie.

On eut vent de l'escapade, et il n'y eut plus moyen de recommencer. L'amant voulait pourtant sauter par les fenêtres et rendre la pareille; mais, soupçonné à son tour, et prudent déjà jusque dans la passion, il ne se risquera pas. Il partira donc sans revoir Pimpette, quoiqu'elle soit malade, car il ne peut allez chez elle, et il la détourne de revenir à l'hôtel.

Au moins ils s'écriront. Il écrit le premier, en voyage. Pimpette, de son côté, lui écrira à Paris deux lettres sous le même pli, l'une à l'amant, pour lui seul; l'autre, ostensible, à l'ami, où elle fera la peinture de ses malheurs et exprimera son désir de retourner en France, auprès de son père, et de rentrer dans l'Église catholique. Pour lui, la première chose qu'il fera en arrivant à Paris, sera de voir le P. Tournemine pour le mettre dans les intérêts de la néophyte amoureuse, et obtenir son intervention auprès de Le Normant, évêque d'Evreux et parent de Pimpette.

Voilà le programme à remplir. Mais, à peine arrivé à Paris, la veille de Noël, Voltaire trouve son père irrité contre lui par une lettre sanglante de Châteauneuf, telle qu'on « n'en écrirait point contre un scélérat, » et par les lettres que madame Du Noyer avait écrites à l'ambassadeur, et que celui-ci avait envoyées à François Arouet. « Enfin, écrit-il à Pimpette le 28 décembre, mon père a une lettre de cachet pour me faire enfermer; je n'ose me montrer. J'ai fait parler à mon père. Tout ce qu'on a pu obtenir de lui a été de me faire embarquer pour les Îles; mais on n'a pu le faire changer de résolution sur son testament qu'il a fait, dans lequel il me déshérite. »

Deux intrigues, on le voit, à mener de front : la rentrée en

France de l'amante, et la rentrée en grâce de l'amant, deux intrigues qui s'embarrassent et s'empêchent l'une et l'autre. Pendant quelques jours, en effet, il faut que Voltaire se cache, jusqu'à ce qu'on ait pu apaiser son père; et, en attendant, toute démarche lui est interdite en faveur de sa maîtresse. D'ailleurs il a renoncé à se présenter aux parents de Pimpette, qui ne doivent pas savoir que c'est par un garçon si compromis qu'elle revient en France, ni même soupçonner qu'il la connaît : « Cela gâterait tout. » Cependant, dès qu'il a pu se montrer en ville, il est allé voir le P. Tournemine, qui s'est chargé de toute l'affaire et y a même engagé l'évêque d'Évreux. Bientôt Pimpette recevra de son père l'ordre de partir pour Paris, où elle sera aux Nouvelles-Catholiques avec sa sœur Constantin. Et qu'elle ne s'obstine pas à rester en Hollande : « Je vous promets bien sûrement, lui écrit-il, que je me tuerai à la première nouvelle que j'en aurai. » — N'ayons pas peur : il n'a jamais eu le tempérament porté au suicide!

L'affaire de Pimpette une fois bien engagée, il songe à la sienne. Chaque jour il écrit à son père ou lui députe quelqu'un de ses amis. Longtemps intraitable, Arouet parle toujours de faire enfermer son fils. Le fils préfère un exil au bout du monde, et en fait la proposition : « Je consens, ô mon père, de passer en Amérique, et même d'y vivre au pain et à l'eau, pourvu que, avant mon départ, vous me permettiez d'embrasser vos genoux (1). » Le père accepte l'éloignement et refuse l'entrevue : « Voilà, écrit Voltaire à Pimpette (2 janvier 1714), tout ce que j'ai pu obtenir de lui, sans avoir pu même le voir. » Il se dispose à partir pour Brest, et de là pour l'Amérique. Cependant, les amis interviennent encore auprès du payeur de la chambre des comptes, qui consent à laisser son fils à Paris, à la condition qu'il entrera chez un procureur. Voltaire hésite d'abord entre une étude et un vaisseau; mais les conseils de Pimpette, le désir de la revoir à Paris, l'emportent enfin, et il opte pour l'étude. Le 20 janvier, après s'être excusé sur son embarras du silence d'une semaine, il dit à Pimpette : « Vous me de-

(1) Duvernet, p. 40.

manderez quel est cet embarras; c'était de faire ce que vous m'avez conseillé. Je me suis mis en pension chez un procureur, afin d'apprendre le métier de robin auquel mon père me destine, et je crois par là regagner son amitié. »

Dans quelle autre voie serait entrée l'histoire d'Angleterre, a-t-on remarqué, si Charles Ier ne s'était pas opposé au départ de Cromwel pour l'Amérique! — Quelle autre impulsion aurait été imprimée à la France du xviiie siècle, pouvons-nous dire semblablement, si François Arouet eût laissé partir son fils!

Voilà donc Voltaire chez un procureur. Pimpette, qui lui avait écrit jusqu'alors à l'adresse de « M. Dutilli, rue Maubuée, à la Rose-Rouge, » doit écrire désormais à « M. le Chevalier de Saint-Fort, chez Me Alain, Procureur au Châtelet, rue Pavée-Saint-Bernard, près les degrés de la place Maubert. » L'étude de Me Alain, quelque rapide qu'y soit son passage, sera encore un berceau pour Voltaire ; de là sortira l'homme d'affaires que nous verrons, le fin retord capable d'en montrer à tous les procureurs du monde.

Puisque le voilà fixé à Paris, Pimpette n'a plus aucune raison pour rester en Hollande. « Une vie douce et tranquille à Paris, lui écrit-il, n'est-elle pas préférable à la compagnie de Mme votre mère? Et des biens considérables dans une belle ville ne valent-ils pas mieux que la pauvreté à La Haye? » Un seul moyen pour revenir : écrire à l'évêque d'Évreux, et faire valoir auprès de lui les deux motifs de la religion et de l'amitié pour sa famille. « Insistez surtout sur l'article de la religion ; dites-lui que le roi souhaite la conversion des huguenots, et que, étant ministre du Seigneur, et votre parent, il doit, par toutes sortes de raisons, favoriser votre retour; conjurez-le d'engager M. votre père dans un dessein si juste ;... ne manquez pas à le nommer *Monseigneur!* » C'est le dernier trait du premier acte de la comédie de Voltaire diplomate! Oui, diplomatie comique, que celle qui débute par Voltaire convertisseur !

C'est ce que Duvernet paraît avoir pris au sérieux, lorsqu'il prétend qu'il ne s'agissait de rien moins que de faire enlever Pimpette, par accord du père et de l'amant, du P. Le Tellier

et de Louis XIV, du P. Tournemine et de l'évêque d'Évreux.
Mais, ajoute-t-il, « l'ambassadeur Châteauneuf fut plus sage
que Louis XIV, son confesseur et les évêques ; il ne voulut point
se prêter à une démarche qui l'exposait aux fureurs de Mme Du
Noyer, et qui pouvait même avoir des suites très-sérieuses auprès des Etats. Mlle Du Noyer fut abandonnée à son sort (1). »
Nous doutons fort que jamais cette amourette ait pris de si
grosses proportions, que jamais elle ait été portée en si haut
lieu et ait mis en jeu de tels agents. Il est probable que, Voltaire parti, cette fine mouche de Pimpette songea moins à le
suivre qu'à chercher, avec l'aide de sa digne mère, un nouvel
amant, ou plutôt un mari allant mieux à leur cupidité et à leur
ambition. Décriée et touchant à ses vingt-deux ans, Pimpette était
difficile à marier. A en croire le petit roman de *la Belle Annou-
cha*, inséré dans les *Lettres galantes* (2), sa mère ne recula devant
aucune intrigue pour lui trouver un *Don Ignatio*. Mais, d'après
deux autres endroits des mêmes *Lettres*, elle trouva plus fort
qu'elle, et fut une seconde fois dupe et victime de Jean Cavalier.

L'ancien chef des Camisards étant revenu pour affaires à La
Haye, Mme Du Noyer se remit à sa poursuite. Il s'agissait, cette
fois, non plus d'imposer sa fille au mari de la Hollandaise, mais de
faire restituer au fiancé de Pimpette la dot payée d'avance. Pour
apaiser la mère et se tirer lui-même d'embarras, Cavalier suscita
un comte de contrebande, luthérien, disait-on, riche et d'une
grande famille d'Allemagne. A peine le prétendu comte fut-il
présenté, que la mère et la fille, après quelques informations
insuffisantes et qu'elles voulaient absolument trouver favorables, s'empressèrent de l'agréer, et voilà Pimpette comtesse de
Winterfeld. Mais le prétendu comte n'était qu'un soldat d'a-
venture de Bruxelles, catholique romain, pauvre, et dont le
titre le plus authentique était celui de chevalier d'industrie. Cavalier seul gagna à ce mariage : outre le plaisir de la vengeance,
il se fit donner par le mari quittance de toutes les sommes qu'il
pouvait avoir reçues de la mère (3). Mme Du Noyer eut à essuyer

(1) P. 39. — (2) T. IX, pp. 296 et suiv. — (3) *Lettres historiques et galantes*,
t. V, pp. 156 et suiv., et t. X, pp. 184 et suiv.

les plaisanteries du public et les reproches de sa fille. Elle essaya de consoler Pimpette et de se justifier à ses yeux : « Tu sais bien, ma pauvre enfant, lui dit-elle, toutes les mesures que j'ai prises avant de te livrer entre ses bras ; tu sais aussi que l'ambition que j'ai eue de te faire comtesse, avec la crainte de laisser échapper une occasion si favorable, ont été la seule cause de ton malheur ; tu as dû bien connaître que je n'ai rien épargné pour te rendre heureuse. Tu n'ignores pas où il m'en cuit d'avoir voulu, dans ce commencement, soutenir cette qualité (1). » Nous ignorons comment Pimpette se consola. Rentrée en France après la mort de sa mère, elle laissa son mari suivre la carrière des armes, et n'en fut délivrée qu'en 1757, à la bataille de Kollin, où un boulet l'emporta. Voltaire l'oublia longtemps ; du moins, nous ne trouvons pas trace d'elle dans sa correspondance avant le 16 juillet 1736, jour où il écrit à son agent d'affaires, l'abbé Moussinot : « Faites-moi, mon cher abbé, l'emplette d'une petite table, qui puisse servir à la fois d'écran et d'écritoire, et envoyez-la de ma part chez Mme de Winterfeld, rue Plâtrière. » Souvenir de peu de prix, si on l'estime au taux de la libéralité de Voltaire, qui, le 30 du même mois, adressait à Moussinot ce post-scriptum inédit : « La petite table avec écran que je vous ai supplié d'acheter pour Mme de Winterfeld est une bagatelle. Il la faut très-simple et à très-bon marché ! » — Nous ne comptons pour rien la mention de 1753, dans le *Supplément au Siècle de Louis XIV* (2) : là Voltaire défendait moins son ancienne maîtresse que lui-même contre les attaques de La Beaumelle. Ses maîtresses, du reste, il en fera toujours assez bon marché, et se montrera toute sa vie un triste amoureux.

IV

VOLTAIRE AU TEMPLE

Dans l'étude de maître Alain, Voltaire ne prenait de la *pratique* que ce qu'il lui en faudrait un jour pour ses propres

---

(1) *Dialogue entre madame D. et sa fille P.* ; *Lettres historiques et galantes*, t. IX, p. 344. — (2) *Œuvres de Voltaire*, t. XX, p. 540.

affaires, et il se mettait peu en devoir d'arriver à une charge de robin. Là, parmi ses compagnons de basoche, il avait trouvé ce Thieriot, son ami de toute la vie, passionné comme lui pour le spectacle et les vers, et les deux jeunes gens, se débauchant l'un et l'autre, laissaient l'antre de la chicane pour les coulisses des théâtres. Dès cette année 1714, Voltaire connaissait la Duclos, à qui il dédia son graveleux *Anti-Giton* (1), dédié plus tard à la Lecouvreur.

Puis il était rentré au Temple, que lui avait ouvert autrefois l'abbé de Châteauneuf. Il ne bougeait guère de la compagnie des Chaulieu, des La Fare, des Courtin, des Servien, des Sully. En l'absence du Grand-Prieur, exilé à Lyon en 1706, et qui ne devait rentrer en son prieuré qu'à la mort de Louis XIV, la société siégeait à l'hôtel de Boisboudrand, et était présidée par Chaulieu. Composée en grande partie de vieillards, elle n'en était pas plus sage ; au contraire, la mort prochaine n'y était qu'une excitation à la débauche. Libertins dans tous les sens du mot, quoique la plupart ecclésiastiques, ces vieillards n'épargnaient ni l'Eglise dont ils dévoraient les riches revenus, ni les mœurs dont ils étaient la satire vivante, ni le gouvernement qui les avait tolérés durant la faveur des Vendôme, et qui les subissait maintenant que l'impiété avait jeté le masque et ne se contraignait plus. A table ou dans les coulisses de l'Opéra, leurs galeries, ils daubaient sans se gêner les ministres du roi, son confesseur, Mme de Maintenon, le roi lui-même. Un soir, à l'Opéra, l'abbé Servien, fils du surintendant et oncle par sa mère des Sully, « décrié par ses débauches, dit Saint-Simon, à ne l'oser voir, » retourna à contre-sens le refrain d'un prologue à l'honneur du roi, et le chanta tout haut d'un air ridicule (2). Exilé, il revint bientôt à Paris, et, au commencement de 1714, il se fit enfermer à Vincennes, où Voltaire, son ami, et l'ami de ses neveux, lui adressa une de ses premières Epîtres (3). La mort du roi le tira de sa prison et ramena de

---

(1) *Œuvres*, t. XIV, p. 5. — (2) *Mémoires de Saint-Simon*, Paris, 1857, t. X, p. 224, et XI, p. 29, et *Journal de Dangeau*, t. II, p. 63, 8 novembre 1687, note de Saint-Simon. — (3) *Œuvres*, t. XIII, p. 6.

l'exil le chevalier de Vendôme. Dès lors la société fut au complet. Ceux que la mort avait enlevés, comme Châteauneuf, étaient remplacés par de nouveaux venus, tels que l'abbé de Bussy, Caumartin, le chevalier d'Aydie, le chevalier de Caux, le bailli de Froullay, d'Aremberg, le président Hénault, etc., qui se groupaient autour du vieil *Anacréon* du Temple. D'abord le Grand-Prieur envoyait son souper chez Chaulieu, à l'hôtel de Boisboudrand, puis il réunit les convives au Temple même. Dans l'entière liberté de la Régence, reconnaissante envers les Vendôme qui l'avaient préparée, il y eut au Temple continuité de fêtes et recrudescence d'orgie. Commencées le soir, les séances bachiques duraient jusqu'au jour; quelquefois même, un souper ne finissait qu'à l'heure où devait commencer l'autre. Voltaire était de ces soupers. « Je sais, se fait-il dire par François Ier, dans une Epître à Vendôme,

> « Je sais que vous avez l'honneur,
> Me dit-il, d'être des orgies
> De certain aimable Prieur,
> Dont les chansons sont si jolies..... (1).

En 1706, à l'époque où Châteauneuf l'avait présenté, il n'avait fait qu'entrevoir l'*Altesse chansonnière*, cette année ayant été précisément celle de l'exil du Grand-Prieur; mais, en 1715, il trouva dédommagement dans l'accueil gracieux que lui fit le maître du Temple. C'est là qu'il a puisé sa philosophie, qui ne juge de l'homme et du monde qu'au point de vue du plaisir (2); c'est là encore qu'il s'est fait sa langue impie et obscène. Si, en effet, l'orgie n'était bonne qu'assaisonnée d'impiétés et de gravelures, elle n'était complète que si l'on roulait sous la table. En vain Voltaire, que la faiblesse de son tempérament condamnait à une demi-abstinence, conseillait une sorte de modération :

> Un peu plus d'hypocras, un peu moins d'eau-de-vie (3);

on le laissait dire, et on se gorgeait à rendre jaloux les Romains

---

(1) *Œuvres*, t. XIII, p. 15. — (2) *Épître à l'abbé de...* (Servien ou Bussy), *Œuvres*, t. XIII, p. 17 (1716 ou 1717). — (3) *Épître à d'Aremberg* (1715), *Œuvres*, t. XIII, p. 21.

de la décadence. Par exemple, où Voltaire ne trouvait jamais d'excès et ne cédait sa part à personne, c'était dans les conversations licencieuses, soit sur les femmes, que l'on voulait galantes et non dévotes, soit sur les directeurs, aujourd'hui Quinquet (1), demain Couette, à la fin tragique (2).

Notons, toutefois, qu'il y avait là licence plus qu'impiété systématique, ou, du moins, que l'impiété y était personnelle et sans dessein de propagande. Si le Temple a été pour Voltaire une école d'impiété expérimentale, ce n'est qu'en Angleterre qu'il fera son cours d'incrédulité; ce n'est qu'à partir de Londres qu'il courra sus à l'*infâme*.

Notons encore que, dans cette société du Temple, l'esprit surnageait à l'orgie. Ces vauriens étaient poëtes ou lettrés, ces pourceaux d'Épicure étaient gens de goût. Quelquefois, on faisait trève aux propos licencieux pour une lecture ou une discussion purement littéraire. Un jour, raconte Voltaire à La Harpe (juillet 1772), au temps de la publication des fables de La Motte (1719), les convives du Temple les traitaient avec le plus grand mépris, assurant qu'elles n'approchaient pas des plus médiocres de La Fontaine. Voltaire leur parla alors d'une nouvelle édition de ce même La Fontaine, contenant plusieurs fables inédites. « Je leur en récitai une, ajoute-t-il ; ils furent en extase ; ils se récriaient. « Jamais La Motte n'aura ce style, disaient-ils : quelle finesse et quelle grâce ! On reconnaît La Fontaine à chaque mot. » — La fable était de La Motte. » — Voltaire oublie d'ajouter que les convives de Vendôme, s'étant fait répéter la fable, ne reculèrent pas devant une palinodie et la trouvèrent détestable.

V

VOLTAIRE A SAINT-ANGE

Au sortir de ces sociétés brillantes, après une nuit d'orgie, comment Voltaire aurait-il pu s'enfermer dans l'ombre et la

---

(1) *Épître à une dame un peu mondaine et trop dévote* (1715), Œuvres, t. XIII, p. 19. — (2) *Épître à madame de G...* (1716), Œuvres, t. XIII, p. 31.

poudre du greffe? Aussi laissait-il là maître Alain et ses dossiers pour courir à quelque fête nouvelle, ou il ne s'enfermait que pour faire des vers. Son père était désolé et songeait encore à quelque mesure de rigueur. La désolation du vieillard fut au comble à l'apparition du *Bourbier* (1714), qui suscita tant de colères et de projets de vengeance. Il allait demander contre son coquin de fils une autre lettre de cachet ou un nouvel ordre d'exil, lorsque le jeune Caumartin, un des habitués du Temple et des amis de Voltaire, obtint du père irrité la permission de l'emmener à Saint-Ange, sous prétexte de l'arracher à ses compagnies et de lui fournir une retraite et des conseils qui l'aideraient à prendre une sage résolution. Voltaire partit donc pour Saint-Ange, près de Fontainebleau, château bâti par François 1er pour la duchesse d'Étampes, qui était passé dans la maison des Caumartin. Là, en effet, ses résolutions d'avenir se fixèrent, mais non dans le sens qu'aurait voulu le vieil Arouet. A Saint-Ange il trouva le vieux Caumartin, l'ancien élève de Fléchier, qui le nourrit d'histoire et de littérature.

Né en 1653, mort en 1720, Louis-Urbain de Caumartin, ancien intendant des finances et conseiller d'État, avait rempli les plus hautes charges de manière à s'attirer les louanges même des poëtes satiriques. Boileau a dit, dans sa xie satire :

> Chacun de l'équité ne fait pas son flambeau;
> Tout n'est pas *Caumartin*, Bignon, ni Daguesseau.

Et Jean-Baptiste Rousseau, dans une ode qu'il lui adressait, l'a proclamé

> Digne et noble héritier des premières vertus
> Qu'on adora jadis sous l'empire de Rhée.

Et ce ne sont pas là hyperboles de poëtes. Saint-Simon (1) nous a tracé de lui, à plusieurs volumes de distance, deux portraits d'accord entre eux et avec les peintures des amis : « C'était un grand homme, beau et très-bien fait, fort capable dans son métier de robe et de finance, qui savait tout, en histoire, en généalogies, en anecdotes de cour, avec une mémoire qui n'ou-

---

(1) *Mémoires* (1858), t. I, p. 409, et t. XVIII, p. 74.

blait rien de ce qu'il avait vu ou lu, jusqu'à en citer les pages sur-le-champ dans la conversation. Il était fort du grand monde, avec beaucoup d'esprit, et il était obligeant, et au fond honnête homme. » Si plein de fatuité lui-même, Saint-Simon ne lui reproche que d'avoir [porté « sous son manteau la fatuité que le maréchal de Villeroy étalait sous son baudrier, » et d'avoir été « le premier homme de robe qui ait hasardé le velours et la soie. » Ce que Saint-Simon et tous les contemporains exaltent surtout en lui, c'est sa mémoire prodigieuse, sa science unique de toute l'histoire de son temps, et le charme de sa conversation et de son commerce. Voltaire a dit de son côté :

> Caumartin porte en son cerveau
> De son temps l'histoire vivante ;
> Caumartin est toujours nouveau
> A mon oreille qu'il enchante ;
> Car dans sa tête sont écrits
> Et tous les faits et tous les dits
> Des grands hommes, des beaux esprits ;
> Mille charmantes bagatelles,
> Des chansons vieilles et nouvelles,
> Et les annales immortelles
> Des ridicules de Paris (1).

Pour s'entretenir ainsi jusqu'à la fin, Caumartin avait rassemblé dans son château de Saint-Ange une riche bibliothèque, et il en avait transformé presque toutes les salles en une sorte de musée qui lui mettait sous les yeux et lui rendait toujours présents les souvenirs historiques dont sa mémoire était remplie. Voltaire prit naturellement près de lui le goût de l'histoire, et il puisa dans sa conversation plus d'une anecdote et d'un jugement de son *Siècle de Louis XIV*. Fils d'un frondeur et d'un ami de Retz, Caumartin avait vu à l'œuvre tous les acteurs du drame, et ce qu'il n'avait pas vu de ses yeux, il le tenait de ces acteurs eux-mêmes. Il ne tarissait pas, notamment, sur Henri IV et sur Rosny, et il inspira à son hôte la première idée de la *Henriade*.

C'en était bien assez pour captiver Voltaire. Galant, de plus, et aimant fort la bonne chère, Caumartin le retenait par d'au-

---

(1) *Epître à M. le Prince de Vendôme* (1716 ou 1717), Œuvres, t. XIII, p. 13.

tres plaisirs, capables de lui faire oublier les nuits du Temple. Dans l'Épître au Grand-Prieur citée tout-à-l'heure (1), le poëte se fait raconter par François Ier toutes sortes de choses d'une galanterie malpropre, et il décrit son carême, passé gaîment à Saint-Ange « avec faisans et perdrix, » au lieu des « harengs saurets et salsifis, » que mangent à côté de lui les *moines* et les *cagots*. Fort goûté de Caumartin, qui n'avait jamais rencontré si spirituel auditeur, le goûtant fort de son côté, il trouvait encore à Saint-Ange très-bonne compagnie, le fils de son hôte, du même âge que lui, et son frère, l'abbé de Caumartin, le futur évêque de Blois, si spirituel lui-même, celui-là qui, en 1694, recevant à l'Académie Clermont-Tonnerre, évêque de Noyon, avait raillé avec une si fine ironie les prétentions aristocratiques du récipiendaire.

Enfin, Saint-Ange lui était une retraite commode pour échapper aux reproches de son père et aux vengeances de ses ennemis, un alibi plus commode encore qu'il se hâtait d'invoquer, lorsqu'on lui imputait certaines ordures qu'il répandait à Paris.

Il ne paraît pas néanmoins avoir fait, cette première fois, un long séjour à Saint-Ange, ayant à revoir ses amis du Temple, et à négocier la représentation de son *Œdipe*, dont il s'occupait déjà. Mais il y retourna plus d'une fois, de Sully ou d'ailleurs, et il prit l'habitude d'aller s'y reposer des fatigues de la vie parisienne.

VI

PREMIER EXIL A SULLY

Tout à coup il se vit arracher à cette vie par un nouvel ordre d'exil. Parmi les petites infamies qu'il faisait courir à Paris, il y avait deux couplets sur les habitudes incestueuses que le

---

(1) Cette Épître, mise par tous les éditeurs sous la date de 1715, ne peut être que de 1716 ou 1717, puisqu'elle a été écrite pendant un carême passé à Saint-Ange, et que, pendant le carême de 1715, l'*aimable Prieur*, encore exilé à Lyon, n'avait pu admettre Voltaire à ses *orgies*.

bruit public imputait au duc d'Orléans et à sa fille la duchesse de Berry (1). Ces couplets, qu'il a toujours désavoués, lui ont été attribués avec non moins de persévérance par Cideville, et personne ne doute aujourd'hui qu'il n'en soit l'auteur. Le 5 mai 1716, un ordre signé du Régent l'exilait à Tulle. Son père obtint qu'il fût envoyé à Sully-sur-Loire, où il avait quelques membres de sa famille. Le père espérait que les parents exerceraient sur lui une heureuse influence, et le ramèneraient à des pensées plus sages.

Le château de Sully, situé à quelques lieues de Gien, était une création de Rosny, qui l'avait acheté de la veuve de Claude de la Trémoille. En 1716, on y voyait encore la grosse tour où Rosny avait établi une imprimerie clandestine pour ses *Économies*, le cabinet où, chaque matin, il dictait ses Mémoires à quatre secrétaires, la chambre du roi aux proportions colossales; en un mot, rien n'y était changé que la vie qu'on y menait. Au lieu des habitudes austères d'autrefois, du silence grave et triste, à peine interrompu par le tintement de la grosse cloche, quand, taciturne et sortant de son cabinet, Sully, précédé de ses gardes et suivi de ses pages, passait au milieu de ses gens, ce n'était plus que joies bruyantes et fêtes tumultueuses. Le châtelain d'alors était Maximilien-Henri de Béthune, né en 1669, connu, du vivant de son aîné, sous le nom de chevalier de Sully, et devenu, à la mort de celui-ci, en 1712, héritier du titre ducal de sa maison. Sa jeunesse s'était passée au Temple, où il avait été introduit par son oncle l'abbé Servien, et où, se laissant aller à l'entraînement d'une nature voluptueuse, il avait suivi la discipline de Chaulieu et du Grand-Prieur. Du reste, « homme aimable, dit Hénault, qui se ressentait d'avoir vécu avec des gens d'esprit et de goût, comme un flacon où il y a eu de l'eau de Luce s'en ressent (2). » — « Quoique gros, dit à son tour Saint-Simon (3), c'était le meilleur danseur de son temps, son visage et sa figure étaient agréables, avec beaucoup de grâce et de douceur. Tou-

---

(1) *Œuvres*, t. XIV, p. 317. — (2) *Mémoires*, Paris, 1855, p. 86. — Sully mourut en 1729, laissant pour veuve la fille de la célèbre madame Guyon. Celle-ci ne mourut qu'en 1736. — (3) *Mémoires*, t. XVIII, p. 155.

jours pauvre, toujours rangé, et se soutenant de peu avec honneur, peu d'esprit mais sage, et avait servi toute sa vie avec beaucoup de valeur, et peu de fortune. »

Attirés par la beauté et les habitudes du lieu, tous les épicuriens spirituels s'abattaient à Sully : l'Espar, La Vallière, Guiche, Roussy, Périgny, l'abbé Courtin (1). Quand Voltaire y arriva, il fut installé dans une tour assez sombre, où Chapelle avait demeuré, c'est-à-dire s'était enivré deux ans de suite (2). Il évoquait l'ombre de Chapelle, qu'il priait de lui inspirer les petits vers dont il payait ses frais d'hospitalité, et les vives saillies dont il animait toutes les fêtes. Ces fêtes, des *nuits blanches* comme à Sceaux, il les racontait à ses correspondants, ou les chantait en des madrigaux adressés à madame de la Vrillière, à madame de Listenai (3), aux dames qui en avaient été les principales héroïnes. Il écrivait à tous ses amis du Temple, à l'abbé de Chaulieu, à l'abbé de Bussy,

>Ornement de la bergerie,
>Et de l'Eglise de l'Amour ;

à Bussy,

>Galant prieur de Trigolet,
>Très-aimable et très-frivolet (4);

qui, plus heureux que son père, le disgrâcié Bussy-Rabutin, gagnait à ces mœurs, sans même croire en Dieu (5), l'évêché de Luçon. Il se mettait de compte à demi avec l'abbé Courtin, poëte en titre et d'office de Sully :

>Gras, rond, gros, court, séjourné,
>Citadin de Papimanie,
>Portant teint de prédestiné,
>Avec la croupe rebondie ;

non pour entrer en part de cet embonpoint, quelque besoin qu'il en eût, lui,

>..... Dans Papéfigue né,
>Maigre, long, sec et décharné,
>N'ayant eu croupe de sa vie ;

---

(1) C'est Voltaire lui-même qui les énumère dans son *Épître à madame de Gondrin* (1716), Œuvres, t. XIII, p. 25. — (2) Lettre du 15 juillet 1716, à l'abbé de Chaulieu. — (3) Œuvres, t. XIV, pp. 315, 316. — A madame de Mimeure, lettre de 1716. — (4) Œuvres, t. XIII, p. 39. — (5) Marais, *Journal et Mémoires*, 1864, t. III, p. 37.

mais pour écrire au Grand-Prieur une lettre moitié vers, moitié prose, se chargeant des vers et laissant la prose à son collaborateur, qui, petit poëte lui-même, aurait encore pu lui fournir quelques rimes. Ce qu'ils écrivaient au Grand-Prieur, sur les « amours de Paphos et même de Florence, » ne se peut répéter, mais montre une fois de plus ce qu'était la *bonne compagnie* de ce temps, et dans quels milieux corrupteurs s'est passée la jeunesse de Voltaire.

Étourdi d'abord par cette vie voluptueuse de Sully, charmé de cette société de gens d'esprit, de belles dames, de chasseurs, auxquels il se mêlait sans faire grand mal au gibier; car, disait-il,

> Je suis fort bien près d'Apollon,
> Mais assez mal avec Diane;

chassant donc peu, mais versifiant beaucoup, et rimant tout ce que le hasard offrait à son imagination; choyé pour son esprit, flatté dans sa vanité aristocratique, les premiers jours à Sully lui parurent très-doux. Aussi voulait-il qu'on vît dans l'ordre du Régent, moins une sentence d'exil qu'une permission de retraite délicieuse. Toutefois, ajoutait-il, « n'allez pas, s'il vous plaît, publier ce bonheur dont je vous fais confidence, car on pourrait bien me laisser ici assez de temps pour y pouvoir devenir malheureux. » Déjà la tranquillité dont il jouissait ressemblait à l'ennui, à s'y méprendre (1). Le vrai est qu'il commençait « à s'ennuyer beaucoup, » comme il l'avouait à La Faye. Ce fut désormais le thème qu'il broda en écrivant à tous ses intimes. Le 15 juillet, il écrivait à Chaulieu : « Je vous écris du séjour du monde le plus aimable, si je n'y étais point exilé, et dans lequel il ne me manque, pour être parfaitement heureux, que la liberté d'en pouvoir sortir. » Même antienne à la marquise de Mimeure : « Il serait délicieux de rester à Sully, s'il n'y fallait rester. » Le Régent seul pouvant le tirer d'un exil où l'avait envoyé le Régent, il lui adressa, sur le conseil de Chaulieu, une Épître (2) courtisanesque, où il élevait un trône à ce

---

(1) Lettre à M*** (1716). — (2) *Œuvres*, t. XIII, p. 33.

prince sur les débris du trône de Louis XIV ; et, après des éloges hyperboliques, il ajoutait :

> O toi de qui ma plume a crayonné l'image,
> Toi de qui j'attendais ma gloire et mon appui,
> Ne chanterai-je donc que le bonheur d'autrui ?
> En peignant ta vertu, plaindrai-je ma misère ?
> Bienfaisant envers tous, envers moi seul sévère,
> D'un exil rigoureux tu m'imposes la loi,
> Mais j'ose de toi-même en appeler à toi.

Et, plus fièrement, il demandait, non point clémence, mais justice, au nom même de cette Épître dont le ton, disait-il, contrastait avec les couplets dont il était accusé :

> Vois ce que l'on m'impute, et vois ce que j'écris.

C'est ce qu'il écrivait encore au duc de Brancas, un des favoris du Régent, en lui soumettant son Épître : « Je ne me plains point d'être exilé, mais d'être soupçonné de vers infâmes, également indignes, j'ose le dire, de la façon dont je pense et de celle dont j'écris (1). » Ce qui fait tort à la noblesse de ces protestations, c'est qu'il était vraiment, suivant son mot, « de ces couplets l'infâme et vil auteur. » Il ne priait pas moins le duc de Brancas de faire lire son Épître au Régent dans un moment favorable. Prière semblable au marquis d'Ussé (20 juillet), qu'il suppliait encore de lui dire son sentiment sur cette Épître et de la lui renvoyer accompagnée de ses notes. Dans son procès auprès du Régent, cette Épître était la pièce maîtresse. Soit effet du plaidoyer, soit intervention de puissants avocats, le Régent se laissa fléchir, et Voltaire revint à Paris au commencement de 1717.

VII

VOLTAIRE A LA BASTILLE — LE NOM DE VOLTAIRE

Il alla se loger, non pas chez son père, mais dans une maison garnie, rue de la Calandre, au Panier-Vert. Il ne put se tenir

---

(1) Il s'est défendu aussi d'être l'auteur des couplets ordurier, par un couplet au Régent plus ordurier encore, où il prenait ce même Brancas à témoin et salissait les Jésuites ses maîtres (Œuvres, t. XIX, p. 318).

longtemps en repos, et ne resta pas plus de quelques mois en liberté.

Malgré son Épître au Régent et tous ses compliments à ce prince, il ne l'aimait guère et lui gardait rancune. Perdu dans le groupe des Roués, pour mieux cacher ses coups de vengeance, il décochait de là bien des traits qui mettaient la police en émoi. Après la mort de Louis XIV, il avait paru une pièce, les *J'ai vu*, imitée d'une pièce semblable de l'abbé Regnier, de l'Académie Française, satire violente du règne du grand roi. Là on avait vu les prisons regorger de victimes, le peuple esclave, le soldat crevant de faim, les villes gémissant sous le poids des impôts et la tyrannie cupide des traitants, le démon sous l'habit d'une femme, Port-Royal violé et démoli, etc. Que n'avait-on pas vu?

> J'ai vu, c'est dire tout, le jésuite adoré!

Et la pièce finissait par ce vers :

> J'ai vu ces maux, et je n'ai pas vingt ans (1).

Cette pièce, depuis longtemps oubliée, fut remise au jour en 1717, et imputée à Voltaire, âgé alors de vingt-trois ans, et qui en avait environ vingt-et-un au moment présumé de sa composition. En réalité, elle était d'un nommé Le Brun, poëte du Marais, auteur de l'opéra d'*Hippocrate amoureux*. Œuvre évidemment d'un sectaire, peut-être était-elle attribuée à Voltaire, comme une sorte d'œuvre de famille, en haine de son frère, janséniste ardent. A l'en croire, c'est pour ces vers qu'il aurait été arrêté, et sa justification ne lui serait venue qu'un peu tard, du fait même du calomniateur, qui lui aurait signé, les larmes aux yeux, le désaveu de sa calomnie, en présence d'un secrétaire d'État (2).

En cela Voltaire mentait sciemment, car, d'après des rapports de police qui lui durent être communiqués, toute autre fut la cause de son premier emprisonnement à la Bastille.

---

(1) La voir, Œuvres, t. I, p. 325. — (2) *Lettres sur Œdipe*, 1re Lettre, Œuvres, t. II, p. 13. — Voltaire a beaucoup varié dans ce récit, comme on le voit dans les notes de l'édition Beuchot.

Avant toute discussion, il est démontré que le Régent, qui avait laissé insulter Louis XIV dans l'Épître à lui adressée par Voltaire, et avait même payé cette insulte de la liberté du poëte, ne pouvait pas punir, sur ce même poëte, une nouvelle insulte au monarque dont il détestait la mémoire. Beaucoup moins noble, la vengeance du *fanfaron de vices* était, cette fois encore, toute personnelle. La vraie cause de la détention de Voltaire fut une petite pièce latine, Regnante puero (1), en style d'inscription, qu'il fit courir en mars 1717, et dont il eut l'audacieuse imprudence de se vanter. Cette pièce, dirigée contre le Régent, et renouvelant les accusations de poison et d'inceste, est en prose, et non en vers, comme on l'a dit. Ce qui a donné lieu à cette méprise, c'est qu'on trouva, dans les papiers de Voltaire, un *projet de vers latins,* toujours contre le Régent, dont Beuchot (2) n'a pu lire que quelques lignes sur une copie altérée, et que M. Leouzon-Leduc a reproduit en entier d'après un manuscrit de Saint-Pétersbourg (3). Ce *projet* n'a pas dû causer l'emprisonnement de Voltaire, mais il a bien pu contribuer à la prolongation de sa captivité (4).

Après une première pénitence très-douce et un pardon très-clément, cette récidive jeta le Régent dans une grande irritation. Un jour, dit-on, qu'il se promenait dans le jardin du Palais-Royal, on lui montra l'auteur prétendu de ces pièces satiriques. Il le fit approcher : « Monsieur Arouet, lui dit-il, je gage vous faire voir une chose que vous n'avez jamais vue. — Eh quoi donc, Monseigneur ? — La Bastille. — Ah ! Monseigneur, je la tiens pour vue. » Néanmoins, le jour même, sur un ordre donné par le Régent à la Vrillière, il fut arrêté par le lieutenant de police, Marc-René Voyer d'Argenson, père de

(1) On la trouve au tome XIV, pag. 47, du *Recueil* manuscrit de Maurepas, et *Œuvres de Voltaire,* t. I, p. 327. — (2) *Œuvres de Voltaire,* t. I, p. 327. — (3) *Études sur la Russie,* p. 356. — (4) Duvernet dit encore, p. 43, qu'on attribua à Voltaire une Ode, — peu authentique, — contre la *Chambre de justice* (*Œuvres de Voltaire,* t. XII, p. 411), érigée, en 1715, pour juger les malversations des financiers, et que le Régent, ayant réformé la moitié des chevaux des écuries du roi, on fit honneur au jeune poëte d'une épigramme où il était dit qu'on eût mieux fait de supprimer la moitié des ânes dont on avait entouré Sa Majesté. — Tous ces bruits, recueillis peut-être de la bouche de Voltaire, ne reposent sur rien d'officiel.

ses deux condisciples de Louis-le-Grand, gendre et beau-frère des Caumartin, et conduit le lendemain à la Bastille. C'était le 17 mai 1717, jour de la Pentecôte. Le commissaire de police Isabeau s'assura en même temps de ses papiers. On mit dans cette affaire un telle précipitation, qu'on ne permit pas au prisonnier d'emporter la moindre chose avec lui, si bien que, le 21 suivant, il dut réclamer plusieurs objets de première nécessité.

Il résulte des pièces de police que les écrits satiriques ne furent pas la seule cause de son arrestation. Il avait été dénoncé par un espion nommé Beauregard, qui raconte, dans un *Mémoire instructif des discours que m'a tenus le sieur Arroy* (sic) *depuis qu'il est de retour de chez M. de Caumartin* (1), la conversation suivante : « Il me demanda ce qu'il y avait de nouveau. — Quantité d'ouvrages, lui répondis-je, sur le duc d'Orléans et sur sa fille. — Les a-t-on trouvés beaux? demanda-t-il en riant. — Pleins d'esprit, et c'est pour cela qu'on les a mis sur votre compte, mais je n'en crois rien. — Vous auriez tort; mais, pour empêcher qu'on me les imputât, j'ai quitté Paris dans le carnaval, et je suis resté deux mois chez M. de Caumartin (2), d'où j'ai envoyé les ouvrages à Paris, après les lui avoir montrés. Et ce n'est pas tout : ne pouvant me venger du duc d'Orléans d'une certaine façon, au moins je ne l'épargnerai pas dans mes satires. — Et pourquoi? — Comment! répondit-il en se levant comme un furieux de son lit, vous ne savez pas ce que ce...là m'a fait? Il m'a exilé parce que j'avais fait voir que sa Messaline de fille était, etc. »

Le lendemain, Beauregard, en présence de l'ami d'Argental, obtint l'aveu de la paternité du *Regnante puero*, composé, aurait dit Voltaire, non chez Caumartin, mais bien avant son départ pour Saint-Ange. Deux jours plus tard, toujours en présence du comte d'Argental, Voltaire se reconnut de nouveau l'auteur du *Regnante puero*, que l'espion, pour le piquer, disait être d'un

---

(1) Le voir, *Œuvres de Voltaire*, t. I, p. 328. — (2) De là on devrait peut-être conclure que l'Épître au Grand-Prieur, citée plus haut, p. 59, est de 1717, puisque, cette année-là, Voltaire a passé certainement le carême à Saint-Ange.

professeur des Jésuites. Il ajouta de nouvelles infamies sur la duchesse de Berry, qu'il répandit dans tout Paris, « et quantité d'autres discours, dit en finissant l'espion, que le papier ne saurait souffrir. »

C'est surce Mémoire de Beauregard, que le commissaire Isabeau fit un Rapport (1), comme ayant assisté lui-même aux conversations. Isabeau ajoutait qu'ayant demandé à Voltaire, le jour de son arrestation, s'il n'y avait rien de compromettant dans ses papiers, celui-ci aurait répondu : « Non, car, heureusement pour moi, l'exempt ne s'est point saisi de la culotte où étaient vers et chansons, et je suis monté aux lieux, où j'ai tout jeté. » Isabeau se hâta de faire fouiller les lieux, mais on ne trouva rien, et le naïf commissaire suppose que Voltaire n'avait ainsi parlé « que par âcreté d'esprit et pour donner des mouvements inutiles (2). »

Sur ce Mémoire et ce Rapport fut rédigé le procès-verbal d'embastillement (3), signé, entre autres, de M. d'Argenson et du commissaire Isabeau. Voltaire a raconté lui-même sa prison dans son petit poème de la *Bastille* (4), qu'il termine par une malédiction contre Marc-René :

Que quelque jour le bon Dieu vous le rende!

Ni les malédictions, ni les louanges de Voltaire ne peuvent être prises au sérieux, car il se contredit sur tout et sur tous. Ainsi, ce Marc-René, maudit en 1717, sera traité, en 1752 (5), d'*homme capable de tout;* ce que Voltaire expliquera en disant : « Il fut depuis dans le ministère; et il eût été bon général d'armée. La place de lieutenant de police était au-dessous de sa naissance et de son mérite. » Dans le même ouvrage (6), il défendra le Régent contre les accusations d'empoisonnement qu'il

---

(1) Le voir, *Histoire de la détention des philosophes*, par Delort, 1829, t. II, p. 23. — (2) Rapport du 21 mai, *Œuvres de Voltaire*, t. I, p. 329. — (3) Le voir, Delort, t. II. p. 24. — (4) *Œuvres*, t. XII, p. 3. — (5) *Siècle de Louis XIV*, ch. XXIX, *Œuvres*. t. XX, p. 247. — Marc-René est loué encore dans le petit poëme de *la Police sous Louis XIV*, *Œuvres*, t. XII, p. 7; mais ce poëme est peut-être de Lamare plutôt que de Voltaire. — (6) Ch. XXVII, *Œuvres*, t. XX, p. 208; et *Supplément*, ibid., p. 537.

avait lui-même vulgarisées, ce qu'il avait fait déjà, en 1733, dans son *Epître sur la calomnie* (1), et, en 1738 (5 août), dans sa correspondance avec Frédéric. Enfin, en 1768, dans son *Pyrrhonisme de l'histoire* (2), ce n'est plus le Régent seulement qu'il défend contre les *Philippiques*, c'est la duchesse de Berry, qu'il reproche à La Grange d'avoir traitée comme Suétone avait traité Messaline. Or, lui-même, qu'avait-il fait autre chose?

Quelle fut sa vie à la Bastille? On a prétendu que, quelques mois après son entrée, il fut mis dans la tour de la Basinière, et que là il fit le plan de la *Henriade* et en écrivit même le deuxième chant, auquel il n'eut pas ensuite à changer un seul vers (3). Récit difficile à croire, lorsqu'on ajoute qu'il y resta sans encre ni papier. Il est vrai qu'Hénault prétend (4) qu'il aurait écrit entre les lignes d'un livre, sans doute avec un crayon échappé aux yeux de ses gardiens.

Ce qui n'est plus douteux, mais certainement faux, c'est qu'il ait dû sa liberté au succès de son *Œdipe*. Ravi d'admiration, le Régent aurait aussitôt ordonné de lui ouvrir les portes de la Bastille, et l'aurait admis, le lendemain, à lui faire sa cour. « Soyez sage, lui aurait-il dit en le recevant avec bonté, et j'aurai soin de vous. » A quoi Voltaire aurait fait la réponse connue : « Merci, Monseigneur, mais je supplie Votre Altesse de ne plus se charger de mon logement. » Suivant Condorcet, à son accueil bienveillant, le Régent aurait même ajouté une gratification.

Il y a quelque vérité au fond de tout cela, mais confusion dans les circonstances. Voltaire est sorti de la Bastille le 11 avril 1718, et *Œdipe* n'a été joué que le 18 novembre suivant. Ce n'est donc pas sur le succès d'*Œdipe*, mais plutôt sous le charme du poëme de la *Bastille*, et peut-être aussi sollicité par la famille et trouvant le jeune poëte assez puni, que le Régent le rendit à la liberté. Mais c'est bien après *Œdipe*, et non au sortir de la Bastille, qu'il lui accorda une gratification pécuniaire.

(1) *Œuvres*, T. XIII, p. 100. — (2) Ch. xvi, des *Diffamations*, *Œuvres*, t. XLIV, p. 430. — (3) Duvernet, p. 46. — (4) *Mémoires*, p. 33.

Une note de police du temps nous fait de Voltaire ce portrait : « Arouet de Voltaire est grand, sec et a l'air d'un satyre. C'est un aigle pour l'esprit, et un fort mauvais sujet pour les sentiments (1). » Il avait donc déjà pris ce nom de Voltaire, sous lequel il est désormais connu. Si l'on pouvait ajouter foi à l'auteur du *Voltariana* (2), il l'aurait pris dès le temps de son commerce avec Pimpette, à qui il aurait écrit, en post-scriptum à une lettre signée *Voltaire* : « Ne t'étonne pas, ma chère, de ce changement de nom : j'ai été si malheureux avec l'autre que je veux voir si celui-ci m'apportera du bonheur (3). » Quoique l'auteur prétende avoir eu la lettre entre les mains, cette lettre est peu authentique, ne se trouvant pas parmi celles que nous a conservées la mère. Une seule chose est certaine, c'est qu'à partir d'*OEdipe* (4), il ne signa plus et ne se fit plus appeler que Voltaire, dédaignant désormais le nom d'Arouet. Le 2 mai 1741, il écrivait à l'abbé Moussinot : « C'est de Lille que je vous envoyai ma signature en parchemin, dans laquelle j'oubliai le nom d'*Arouet*, que j'oublie assez volontiers. Je vous renvoie d'autres parchemins où se trouve ce nom, malgré le peu de cas que j'en fais. » Et c'était le nom de son père !

D'où venait le nom plus sonore qu'il adoptait, nom qui a tant retenti dans la postérité? D'un bien de famille, a-t-on dit ; — bien qui n'a jamais existé dans la famille ni des Arouet ni des Daumart. — De *Volterra*, ville de Toscane, suivant Chevrier ; — ville où il n'a jamais mis le pied pas plus que dans aucune autre ville d'Italie, et dont il aurait pourtant pris le nom par reconnaissance des soins qu'il y aurait reçus pendant une maladie. — Simple contraction, ont dit quelques-uns, du surnom de *petit Volontaire*, qu'on lui donnait dans son enfance, tant pour le distinguer de son aîné que pour exprimer son entêtement.

---

(1) Delort, t. II, p. 30. — (2) *Épître dédicatoire*, p. 1, note. — (3) Il aurait dit encore : « J'ai changé mon nom d'*Arouet* en celui de *Voltaire*, afin de n'être pas confondu avec le malheureux poëte *Roi*. » La confusion s'explique par la prononciation qu'on devait donner dans le temps au nom d'*Arouet*, que Beauregard, nous l'avons vu, écrivait *Arroy*. — (4) *La Dédicace à Madame* est signée *Arouet de Voltaire*. — Quelques mois auparavant, il avait signé *Voltaire* tout court une lettre au Régent.

— Le plus sûr est d'y voir l'anagramme d'*Arouet L. J.* (*le jeune*), avec changement, suivant l'orthographe d'alors, de l'*u* en *v* et du *j* en *i* ; signature qu'il a pu adopter quelquefois aussi bien que celle d'*Arouet le cadet* (1).

Comme on ne pouvait sortir alors d'une prison d'État que par la porte d'un exil momentané, Voltaire, après sa visite au Régent, partit pour Châtenay, où il avait la famille de sa tante paternelle. Le premier usage qu'il y fit de sa liberté fut d'écrire, le jour du vendredi-saint, à Marc-René d'Argenson, pour le remercier de la lui avoir procurée, et pour lui promettre de se rendre digne par une sage conduite de cette grâce et de sa protection. « Je crois, disait-il, avoir profité de mes malheurs ; et j'ose assurer que je n'ai pas moins d'obligation à M. le Régent de ma prison que de ma liberté. J'ai fait beaucoup de fautes ; mais je vous conjure, Monsieur, d'assurer son A. R. que je ne suis ni assez méchant, ni assez imbécile pour avoir écrit contre elle. » Oh ! les belles promesses et les sincères protestations ! Quel bon billet avait là Marc-René !

En même temps, il écrivait au Régent lui-même : « Faudra-t-il donc que le pauvre Voltaire ne vous ait d'autres obligations que de l'avoir corrigé par une année de Bastille (2) ? Il se flattait que, après l'avoir mis en purgatoire, vous vous souviendriez de lui dans le temps que vous ouvrez le paradis à tout le monde. » Et il lui demandait trois grâces : la première, d'accepter la dédicace d'*Œdipe* ; la seconde, de vouloir bien entendre quelque jour des morceaux d'un poëme (*la Henriade*) « sur celui de ses aïeux auquel il ressemblait le plus ; » et la troisième, de considérer que le mot de *souscription* ne se trouvait pas dans sa lettre : invitation évidente à souscrire au poëme qu'il se proposait déjà de publier par cette voie.

Quelques jours après, le 19 mai, il obtint la permission de venir à Paris pour deux heures. Le 29 du même mois, on lui en

---

(1) Par là, on répondrait à Beuchot (*Œuvres de Voltaire*, t. I, p. 119, note 3), qui objecte que Voltaire écrivait à Pimpette, le 6 décembre 1713, de lui adresser ses lettres sous le nom d'*Arouet le cadet*. — (2) Il n'y resta que onze mois moins cinq jours, du 16 mai 1717 au 11 avril 1718.

accorda vingt-quatre. Les permissions se renouvelèrent avec prolongation croissante de séjour, et, le 12 octobre, son exil fut définitivement levé (1).

Il touchait à la fois à la liberté et au triomphe.

(1) *Revue rétrospective*, t. II, pp. 124 et suiv.

CHAPITRE TROISIÈME

ŒDIPE, ARTÉMIRE, VIE ERRANTE

I

HISTOIRE D'ŒDIPE

Il y avait environ cinq ans qu'il travaillait à son *Œdipe*, qu'il aurait ainsi commencé à l'âge de dix-neuf ans. Dans une note de son *Commentaire historique* (1), il dit avoir une lettre de 1713, dans laquelle le savant Dacier exhortait l'auteur, « qui avait déjà fait sa pièce, » à y joindre des chœurs chantants, à l'exemple des Grecs. Mais *Œdipe* n'était pas fait encore en 1715, puisqu'il écrivait, en juillet, à la marquise de Mimeure : « Je vous apporterai ce que j'ai fait d'*Œdipe*, je vous demanderai vos conseils sur ce qui est déjà fait et sur ce qui n'est pas travaillé. » Il allait ainsi lisant partout sa tragédie et recueillant les avis de chacun. Il la lisait à ses amis du Temple : « Je me souviens bien, écrit-il à Chaulieu, le 20 juin 1716, des critiques que M. le Grand-Prieur et vous me fîtes dans un certain souper, chez M. l'abbé de Bussy. Ce souper-là fit beaucoup de bien à ma tragédie ; et je crois qu'il me suffirait, pour faire un bon ouvrage, de boire quatre ou cinq fois avec vous. » Il la lisait à Sceaux, chez la duchesse du Maine, où il prétend même en avoir puisé la première idée (2). Il consultait encore le prince de Conti, à peu près du même âge que lui, et il assure que c'est ce jeune prince qui lui a fait les critiques les plus judicieuses et les plus fines (3). De tous ses confidents il se faisait à l'avance des prôneurs ; il plaçait sa modestie et ses louanges

---

(1) *Œuvres*, t. XLVIII, p. 319. — (2) *Épître dédicatoire d'Oreste*, *Œuvres*, t. VI, p. 152. — (3) 5ᵉ *Lettre sur Œdipe*, *Œuvres*, t. II, p. 44. — Voir encore l'*Épître* qu'il lui adressa en 1718, *Œuvres*, t. XIII, p. 43, en réponse à celle qu'il avait reçue du prince lui-même (*Œuvres*, t. I, p. 330).

à gros intérêts, qu'il recueillait déjà en protection et en familiarité hardie, en attendant les applaudissements du théâtre.

Mais ce qui était plus difficile à gagner que les princes du Temple ou de Sceaux, c'étaient les princes et les princesses de la rampe, les comédiens et les comédiennes surtout, qui ne voyaient qu'une tragédie de collège dans une pièce sans amour. Voltaire avait beau hanter les coulisses, flatter les gens du tripot, courtiser les actrices, il ne gagnait rien ni en amour ni en succès théâtral; ce qu'il avait conquis par ses vers, un autre le lui enlevait par la passion :

> Je chantais la Duclos, d'Uzèz en fut aimé.

et il ne lui restait d'autre consolation que de se venger de la perfide par de sales épigrammes (1). Il échouait en même temps partout : auprès de la Duclos qui lui préférait d'Uzèz, de l'Académie qui lui préférait Du Jarry, de la Comédie qui lui refusait sa pièce.

Mais, tenant plus à sa pièce qu'à la Duclos, et même qu'au prix académique, il chercha tous les moyens de la faire accepter et réussir. Les comédiens exigeaient des changements. Quels changements? Ici, nous avons deux histoires d'*Œdipe*, toutes les deux de Voltaire, écrites à de longues années l'une de l'autre, et contradictoires entre elles. Il faut lire l'une, la plus favorable au goût de Voltaire, dans la lettre au P. Porée, du 7 janvier 1730, et dans la dédicace d'*Oreste* à la duchesse du Maine, qui est de 1750. Suivant cette version, Voltaire, plein de la lecture des Anciens, commença son *Œdipe* à peu près comme s'il avait été à Athènes ; et, s'il ne suivit pas jusqu'au bout, quant aux chœurs, le conseil de Dacier, c'est qu'il ne pouvait décemment « se promener dans Paris avec la robe de Platon. » Il traduisit de Sophocle tout ce qu'il put, notamment la scène de la double confidence par laquelle il débuta, et à peine introduisit-il, au milieu de la terreur de ce chef-d'œuvre de l'antiquité, non pas une intrigue d'amour, dont l'idée lui paraissait

---

(1) *Épître* à Mme de Montbrun (1714), *Œuvres*, t. XIII, p. 12. — *Lettre* à Mme de Mimeure, 1715. — *Épigrammes* (1714), *Œuvres*, t. XIV, p. 314, et *Œuvres* de Villette (1788), p. 120.

trop choquante, mais seulement le ressouvenir d'une passion éteinte. Par malheur, les comédiennes se moquèrent de lui, lui demandant un rôle pour l'amoureuse; et il gâta sa pièce, pour leur plaire, en affadissant par des sentiments de tendresse un sujet qui les comporte si peu. Encore, à ce prix, à peine put-il faire passer ce qu'il avait emprunté à Sophocle, si bien que l'acteur Quinault-Dufresne ne consentit enfin à jouer la pièce que pour le punir de son opiniâtreté, dans l'espérance qu'elle tomberait sous le poids de ce mauvais quatrième acte, particulièrement tiré du grec.

Histoire faite après coup, et dans un autre ordre d'idées que celui où était Voltaire lorsqu'il composa son *Œdipe*. Déjà, il était ce qu'il s'avoua être plus tard, « l'homme du monde le moins grec; » ce qu'il fut toujours, du reste, avec tout son siècle, avec La Harpe, oracle littéraire d'un temps qui ne comprit pas les Anciens, ceux d'Athènes encore moins que ceux de Rome. En 1719, l'année qui suivit la représentation de sa tragédie, n'a-t-il pas fait, dans une de ses *Lettres sur Œdipe*, la satire de Sophocle et de son chef-d'œuvre (1), et débuté ainsi dans ce dénigrement inintelligent des grands hommes qui sera le fond de sa critique littéraire? Ces chœurs, qu'il prétend regretter plus tard de n'avoir pu concéder à Dacier, il ne les comprenait pas en 1719; non, il ne les comprenait pas, et il fut toujours incapable de comprendre cette voix des dieux et du peuple, du ciel et de la terre, cette philosophie poétique de la légende.

Quoi qu'il en soit, les comédiens, obéissant à de hautes influences, allaient jouer *Œdipe*, lorsque son auteur fut mis à la Bastille. Toutes les trompettes de la renommée, enflées par Voltaire et ses amis, avaient mis le public en émoi et dans une attente impatiente et favorable. Le 20 avril 1717, Brossette écrivait de Lyon à Rousseau : « On attend avec impatience la tragédie d'*Œdipe*, par M. Arouet, dont on dit par avance beaucoup de bien. Pour moi j'ai peine à croire qu'une excellente

---

(1) Il ne reconnaît guère à Sophocle qu'un mérite, celui de lui avoir fourni le sujet d'*Œdipe*, qu'il n'aurait jamais entrepris ni achevé sans lui (*Œuvres*, t. II, p. 32).

ou même une bonne tragédie puisse être l'ouvrage d'un jeune homme. » Et Rousseau répondait de Vienne, le 18 mai, deux jours après l'embastillement de Voltaire : « Il y a longtemps que j'entends dire merveille de l'*Œdipe* du petit Arouet. J'ai fort bonne opinion de ce jeune homme; mais je meurs de peur qu'il n'ait affaibli le terrible de ce grand sujet en y mêlant de l'amour (1). »

Notons en passant deux choses, d'abord la supériorité du goût de Rousseau, homme du xviie siècle, ensuite la persistance de ses bons sentiments pour Voltaire. Deux ans auparavant, le 15 juillet 1715, il avait écrit à Boutet : « Vous me ferez plaisir de m'envoyer les vers de M. Arouet; c'est un jeune homme qui a bien de l'esprit, et il en peut faire un bon usage, s'il veut suivre les avis que je lui ai donnés toutes les fois qu'il me les a demandés (2). » Il est donc vrai ce qu'il dira plus tard, dans sa lettre de 1736 (p. 52), que Voltaire continuait à lui écrire, en l'appelant son *maître* et son *modèle*, et qu'il se tenait lui-même à l'affût des succès du jeune poëte. Une seule critique en ces années, et encore ne tombait-elle pas, dans l'intention de Rousseau, sur Voltaire. Le 19 avril 1717, il écrivait à Brossette (3) : « L'ode que vous m'avez envoyée sur la Chambre de justice n'a point produit les mêmes effets sur mon esprit. Je n'ai guère rien vu de plus grossier ni de plus platement enflé. Le caractère de cet ouvrage ne peut plaire qu'à des petits esprits, sans goût et sans jugement... J'ai peine à croire que ce soit le jeune Arouet qui l'ait faite. »

Pendant ce temps, que disait Voltaire par derrière de ce Rousseau qu'il louait en face ? En 1716, écrivant à La Faye, ennemi de Jean-Baptiste et ami de La Motte, il faisait de la victime du *Bourbier* un éloge contredit en dix endroits de ses écrits, et de Rousseau, une critique révoltante, « à faire vomir, » suivant une de ses expressions. — Rien ne serait curieux comme de tenir un registre en partie double des jugements de Voltaire sur les mêmes personnages.

(1) *Lettres de Rousseau sur différents sujets*, Genève, 1749, t. I, 2e partie, pp. 165, 170. — (2) Ibid., t. I, 1re partie, p. 54. — (3) Ibid., t. I, 2e partie, p. 158.

II

REPRÉSENTATION ET JUGEMENTS

Bien joué par Dufresne et mademoiselle Desmares, *Œdipe* eut un grand succès, constaté par quarante-cinq représentations successives, chose jusqu'alors inouïe. Ce succès était dû moins peut-être au mérite, réel pourtant, de la pièce, qu'aux allusions à Louis XIV, dont les scandales de la Régence réhabilitaient la mémoire :

> Tant qu'ils sont sur la terre, on respecte leurs lois, etc.
> (*Act.* I, *sc.* 5.)

et qu'aux sentences philosophiques et aux maximes irréligieuses dont le poëte avait bigarré ce sujet d'une religion si naïve :

> Qu'eussé-je été sans lui? rien que le fils d'un roi.
> (*Act.* 1, *sc. 1.*)
> Nos prêtres ne sont pas ce qu'un vain peuple pense,
> Notre crédulité fait toute leur science.
> (*Act.* III, *sc. 1*, etc.) (1).

Nonotte a bien remarqué, dans ses *Erreurs de Voltaire* (2), que c'était là son coup d'essai contre la religion et le clergé : « Les prêtres païens, dans cette pièce, dit-il, ne sont que des personnages qu'on présente ; c'est aux prêtres de la religion chrétienne qu'on en veut. » A son dessein impie le poëte a sacrifié jusqu'aux convenances littéraires, rien de ce qu'on leur fait dire ne pouvant convenir ni aux prêtres, ni aux princes ou au peuple de Thèbes ; en sorte qu'il a gâté ce grand et beau sujet moins encore par l'amour déplacé qu'il a cousu à l'action que par les impiétés intempestives qu'il y a jetées.

Il n'a jamais senti, — son incrédulité l'en rendait incapable, — cette faute littéraire; mais il sentit bien, dès le 18 novembre

---

(1) Voir encore *act.* II, *sc.* 5; *act.* III. *sc.* 4 *et* 5. — (2) *Erreurs dogmatiques*. ch. xxv, *Des Mœurs et de l'Esprit du clergé*, édit. de 1823, t. II, pp. 185 et suiv.

1718, l'audace de ses attaques irréligieuses, et peut-être était-ce pour la cacher sous une étourderie étudiée, qu'il commit la bouffonnerie de la queue du grand-prêtre. Comment prêter à un tel écervelé le dessein de renverser l'autel et le sacerdoce? Ses maximes impies, balivernes et légèretés comme sa conduite!

On connaît cette scène grotesque. A une des représentations d'*Œdipe*, il parut sur le théâtre portant la queue du grand-prêtre. On le prit pour un rival qui voulait faire tomber la pièce, et la salle retentit de cris d'indignation qui, bientôt, se convertirent en applaudissements, lorsqu'on sut quel était le singulier porte-queue. La maréchale de Villars, qui assistait à cette représentation, partagea d'abord l'étonnement général; puis, avec sa curiosité de femme, elle demanda à voir l'auteur. Introduit dans sa loge, Voltaire conçut pour elle une passion qui lui empoisonnera et lui fera perdre bien des jours (1).

Mieux lui eût valu le pardon de son père. Suivant Duvernet, François Arouet, entraîné à une représentation d'*Œdipe*, et attendri jusqu'aux larmes, se réconcilia avec son fils et lui permit désormais d'être poète. Anecdote douteuse au fond, plus douteuse encore par les broderies un peu ridicules qu'on y a ajoutées (2).

Le succès d'*Œdipe* se soutint à la lecture. La Motte se vengea noblement de l'auteur du *Bourbier* en donnant à l'auteur d'*Œdipe* cette approbation : « ... Le public, à la représentation de cette pièce, s'est promis un digne successeur de Corneille et de Racine, et je crois qu'à la lecture il ne rabattra rien de ses espérances (2 décembre 1718). » Chaulieu, ami de Voltaire, fut moins convenable, lorsque, dans une mauvaise épigramme contre cette approbation, il dit qu'on connaissait La Motte pour un mauvais auteur, mais non pour un faux prophète.

---

(1) Duvernet, édit. de 1797, p. 44. — *Commentaire historique*, *Œuvres*, t. XLVIII, p. 319. — Non moins gracieux que sa femme, le maréchal aurait dit à Voltaire : « La nation vous a bien de l'obligation de ce que vous lui consacrez ainsi vos veilles. » A quoi Voltaire aurait répondu : « Elle m'en aurait bien davantage, si je savais écrire comme vous savez agir. » — (2) Wagnière, *Additions au Commentaire historique*, *Mémoires*, t. I, pp. 22 et 23.

une forte diversion dans l'amour insensé qu'il avait conçu pour la maréchale de Villars.

Jeanne-Angélique Roque de Varangeville, fille de l'ambassadeur de Venise, et sœur cadette de madame de Maisons, n'était plus jeune en 1718, puisqu'elle était mariée à Villars depuis 1702; mais, belle encore, elle pouvait inspirer une passion. Contre cette passion elle était protégée et par la jalousie du vieux maréchal, et par sa propre vertu. Tout en gardant avec Voltaire une allure amicale, mais sans coquetterie, elle tint bon, par sa réserve, contre la séduction de la personne et des vers du poëte, sans avoir besoin de recourir aux airs farouches. Voltaire put la voir à Paris dans cet hiver de 1718, et, quand elle eut quitté Paris pour Vaux-Villars, il n'aspira plus qu'à l'y rejoindre.

Mais il lui fallait une invitation. En l'attendant, et ne tenant plus à Paris depuis le départ de la Maréchale, il chercha une retraite et une distraction dans quelques châteaux environnants. Sa première étape hors de Paris fut le Bruel, où il passa quinze jours avec Louis d'Aubusson, dernier maréchal de la Feuillade (1), enchanté et du séjour délicieux et de l'amabilité de l'hôte. De là il se disposait à partir pour Sully, lorsque le duc et la duchesse de ce nom, se rendant à Villars, ou le mirent, « malgré lui, » dans la nécessité de les y aller trouver, ou lui obtinrent la permission de les y rejoindre. « Mais on ne m'y fera point perdre mon repos, écrivit-il à la marquise de Mimeure; je porte à présent un manteau de philosophe dont je ne me déferai pour rien au monde. » Toutefois, dans cette même lettre, il demande à la marquise un petit emplâtre pour un bouton qui lui est venu sur l'œil. « Surtout, se hâte-t-il d'ajouter, ne croyez point que ce soit par coquetterie, et que je veuille paraître à Villars avec un désagrément de moins. » Cette précaution oratoire même prouve qu'il ne voulait guérir que pour plaire. Il reçut l'emplâtre, et, la veille de son départ, il écrivit encore à la marquise, qui s'était moquée de sa présomption : « Soyez sûre que je suis guéri pour jamais du mal que vous redoutez

(1) Il lui a adressé, en 1722, une *Épître* libertine, Œuvres, t. XIII, p. 58.

pour moi : vous me faites sentir que l'amitié est d'un prix plus estimable mille fois que l'amour. Il me semble même que je ne suis point du tout fait pour les passions. Je trouve qu'il y a en moi du ridicule à aimer, et j'en trouverais encore davantage dans celles qui m'aimeraient. Voilà qui est fait ; j'y renonce pour la vie. » Serment de poëte inconstant et d'amoureux dépité ; et, bien qu'il fût vrai qu'avec sa grande vanité et son peu de cœur, Voltaire était peu fait pour l'amour, il y reviendra, à Villars même et ailleurs.

Le château où il se rendait, proche de Melun, avait été bâti par le surintendant Fouquet, dont il porta d'abord le nom. Il s'appelait alors Vaux-Villars, du nom de son nouveau possesseur, avant qu'il s'appelât Vaux-Praslin, du nom de la famille dans laquelle il est encore. Demeure magnifique comme son fondateur, et embellie encore pour Voltaire de tous les charmes de la Maréchale. Il ne gagna rien auprès d'elle, pas plus à Villars qu'à Paris, et il eut à regretter le temps qu'il perdit dans cette folle intrigue. Dans une Épître de 1719 (1), il s'en plaint à la Maréchale elle-même, « mère de l'Amour quoique épouse de Mars, » et il cherche sa consolation dans la postérité :

> Cet auteur, dira-t-on, qui peignit tant d'attraits,
>   N'eut jamais d'eux pour son partage
> Que de petits soupers où l'on buvait très-frais ;
>   Mais il mérita davantage.

Il en fut donc pour ses empressements et ses petits vers ; ou plutôt, ce qu'il y perdit du côté de l'amour, son cœur, non moins ami de l'argent, le regagna avec usure dans certaines opérations de finances qui augmentèrent sa fortune. Là, en effet, il trouva Richelieu, qui, par son crédit, le rendit maître de quelques tripots financiers, trop en usage au temps de Law.

A partir de ce voyage, qui doit être du mois d'avril 1719 (2), Voltaire prit l'habitude d'aller à Villars, et, dans sa correspondance, nous trouvons la trace des séjours qu'il y fit jusqu'en

---

(1) Œuvres, t. XIII, p. 49. — (2) Les premières lettres du recueil des *Lettres inédites de Voltaire*, Paris, Didier, 1856, portent la date de Villars, 1718. C'est une erreur : elles ne peuvent être antérieures à 1719 ; la première même, d'après la date d'une *Épître* à Villars, doit être de 1722 (*Œuvres*, t. XIII, p. 53.).

vos jours. » Et revenant à *Œdipe* : « Je ne m'attendais pas que vous sortissiez si glorieusement du combat contre Sophocle. Et malgré la juste prévention où je suis pour l'antiquité, je suis obligé d'avouer que le Français de 24 ans a triomphé en beaucoup d'endroits du Grec de 80 (1). » Et, entrant dans les détails, il loue tout de la pièce, l'économie, l'intérêt, les passions, les caractères, le style, ne faisant de réserve que sur quelques points des dissertations qui accompagnaient la tragédie (2).

Compliments sincères, puisque, le 29 avril suivant, Rousseau écrivait à Brossette (3) : « J'attendais cette pièce avec beaucoup d'impatience, sur le bruit qu'elle a fait, et sur l'opinion que j'avais de l'auteur. Je vous avouerai ingénûment et sans prévention que je l'ai trouvée encore plus belle que je ne me l'étais figuré, et que je ne m'attendais pas à trouver si peu de fautes dans la conduite d'un ouvrage où Corneille lui-même a échoué..... Je voudrais seulement que les dissertations qui sont jointes à la pièce fussent écrites d'un air moins décisif... Pour la versification, elle est très-belle en général, mais je l'ai trouvée négligée en beaucoup d'endroits.... J'ai été surtout scandalisé de le voir tourner sa paresse en principe dans ce qu'il nous dit touchant les rimes (4). C'est comme si un poëte latin se piquait de secouer le joug de la mesure. On n'est point obligé d'écrire en vers ; mais lorsqu'on veut bien s'y assujettir, il faut se résoudre à en surmonter toutes les difficultés ; et c'est de ces difficultés mêmes que vient toute la richesse et toute la beauté d'un langage qui n'a d'autre avantage sur la prose que celui de l'harmonie et de la proportion exacte des sons. »

Et le 5 mai, à Boutet : « M. Arouet m'a envoyé son *Œdipe*, avec une fort belle lettre. Je ne suis point surpris du grand succès de cette pièce. Elle le mérite assurément, et il s'en faut bien peu que l'auteur n'ait atteint toute la perfection dont son sujet était capable (5).

(1) Ce fut l'*Œdipe à Colonne*, et non l'*Œdipe-Roi*, que Sophocle composa à 80 ans. — (2) T. I, 2e partie, pp. 282 et suiv. — (3) Ibid., p. 290. — (4) Suivant le *Commentaire historique* (*Œuvres*, t. XLVIII, 329), Voltaire aurait écrit un jour à Linant : « Rousseau me méprise, parce que je néglige quelquefois la rime ; et moi je le méprise, parce qu'il ne sait que rimer. » — (5) T. I, 1re partie, pp. 83. —

Deux fois Rousseau a fait allusion à des dissertations accompagnant l'exemplaire d'*Œdipe* qui lui avait été envoyé. Ce sont les sept *Lettres sur Œdipe*, composées par Voltaire pour répondre à quelques-unes des critiques dont il avait été l'objet, et publiées également en 1719. Il débutait ainsi en même temps dans la critique littéraire et dans la tragédie. Les deux premières lettres sont personnelles, et Voltaire s'y défend, avec sa fausseté naissante, du reproche d'irréligion. Les trois suivantes contiennent la critique des trois *Œdipes* de Sophocle, de Corneille et de Voltaire. La critique de Sophocle y est si insolemment absurde, que le brave Dacier voulut recommencer la guerre, et que sa femme, cette fois plus pacifique, eut grand peine à lui arracher les armes, c'est-à-dire la plume des mains (1). La critique de Corneille y a cette inconvenance qui passera dans le *Commentaire* ; quant à la critique de l'*Œdipe* de Voltaire, ce n'est pas tant une critique qu'une apologie, où, faute de mieux, l'on plaide au moins les circonstances atténuantes, car si l'on reconnaît la fadeur de l'amour du vieux Philoctète pour la vieille Jocaste, on voit dans cet amour un « défaut nécessaire (2). » Là est émise déjà la théorie des mauvaises rimes, en quoi consistera principalement la versification voltairienne. Les deux dernières lettres roulent sur les chœurs, puis sur quelques critiques d'*Œdipe*, notamment sur les plagiats, que Voltaire avouait à peine, bien qu'il les ait fait disparaître ensuite.

III

LA MARÉCHALE DE VILLARS — VAUX-VILLARS

Voltaire passa à Paris tout l'hiver de 1718 à 1719, fréquentant plus que jamais les meilleures sociétés et savourant son triomphe. Toutefois, sa vanité, sa passion dominante, trouvait

---

Il faut bien dire qu'en 1736, au temps de la grande querelle, Rousseau traita moins favorablement *Œdipe*. Il parla alors des « défauts dont cette pièce fourmille, » sans craindre assez la contradiction avec ses éloges de 1720, qui n'étaient pas connus en 1736. — Voir sa lettre à M***, dans Chaudon, 1re partie, p. 57. — (1) Brossette à Rousseau, 25 mars 1719, t. I, 2e partie, p. 278.—(2) *Œuvres*, t. II, p. 42.

Les rapports entre Voltaire et La Motte furent désormais polis et courtois. En 1726, La Motte avait donné deux *Œdipes*, l'un en rimes, l'autre en prose non rimée, accompagnés d'une espèce de poétique sur les unités dramatiques et les tragédies en prose. Voltaire s'éleva contre ces fausses théories dans la préface de son édition d'*Œdipe* de 1730 (1); mais il le fit avec tant de civilité, qu'il demanda La Motte lui-même pour examinateur de sa préface; et La Motte, ne voulant pas être en reste de générosité, lui signa une nouvelle approbation non moins obligeante que la première.

C'est en 1719 qu'*Œdipe* parut imprimé pour la première fois. Le Régent n'en avait pas accepté la dédicace, singulièrement offerte, il faut dire, à un prince que le public malin avait voulu voir dans le héros incestueux de la pièce, et c'est à sa mère qu'elle fut dédiée. Mais le Régent accorda à l'auteur « une récompense de son travail (2), » que La Harpe porte à cent louis, Baculard à mille écus, et que Lonchamp transforme en pension. Toujours est-il qu'une pension de 1200 livres sur le duc d'Orléans figure, en 1749, dans l'*État* de fortune de Voltaire, et qu'elle lui fut encore payée en 1775.

Voltaire envoya son *Œdipe*, avec une *Épître* en vers (3), au roi d'Angleterre Georges Ier, auprès duquel il se ménageait ainsi, en cas de besoin, retraite et protection; il l'envoya encore, avec un quatrain (4), au duc et à la duchesse de Lorraine, dont le successeur Stanislas devait lui accorder si souvent l'hospitalité.

De toutes les tragédies de Voltaire, c'est celle peut-être qui eut le plus de célébrité. Aussi, raconte Duvernet, occasionna-t-elle un déluge de petites brochures pour ou contre (5). Point de coin de rue, point de boutiques de libraires où l'on ne vît des affiches en gros caractères qui en annonçaient la critique ou l'apologie (6). Mais les littérateurs les plus autorisés se déclarè-

---

(1) *Œuvres de Voltaire*, t. II, p. 52. — (2) 1re *Lettre sur Œdipe*, *Œuvres de Voltaire*, t. II, p. 19. — (3) *Œuvres*, t. XIII, p. 48. — (4) *Œuvres*, t. XIV, p. 319. — (5) Duvernet, p. 44 ou 49, suivant les éditions. — Voir les titres de plusieurs de ces brochures dans Quérard, *Bibliographie Voltairienne*, n°s 727-741. — (5) Brossette dit la même chose, et presque en mêmes termes, dans sa lettre à Rousseau, du 25 juin 1719 (T. 1, 1re partie, p. 298).

rent ses partisans. Sans plus parler de La Motte, Crébillon, oubliant toute jalousie, offrit à Voltaire une amitié qui lui sera plus tard mal reconnue. Fontenelle lui accorda également son suffrage; mais, en bon neveu de Corneille, mêlant la satire à l'éloge, il fit dire à Voltaire que sa tragédie avait « trop de feu. » — « Pour me corriger, répondit Voltaire, je lirai ses pastorales (1). »

Duvernet prétend même, p. 50, qu'*Œdipe* fut un lien de réconciliation entre La Motte et son parti, et madame Dacier et les Homéristes, et que la réconciliation fut scellée dans un repas chez Valincour. Mais cette réconciliation était antérieure de plus de deux ans à *Œdipe*, puisque le grand souper où elle fut solennisée eut lieu le dimanche 3 avril 1716 (2).

Voltaire envoya sa pièce à Vienne, au prince Eugène et à Rousseau. Après une rapide lecture, — car elle lui fut aussitôt enlevée par l'impératrice Amélie, — Rousseau répondit à l'auteur, le 25 mars 1719 : « Malgré l'éloignement qui nous sépare, Monsieur, je ne vous ai jamais perdu de vue, et mon amitié vous a toujours suivi sans interruption dans les différents événements dont votre vie a été mélangée. Il y a longtemps que je vous regarde comme un homme destiné à faire un jour la gloire de son siècle, et j'ai eu la satisfaction de voir que toutes les personnes qui me font l'honneur de m'écouter en ont fait le même jugement. » Rousseau parle ensuite des malheurs de Voltaire avec une sympathie facile à comprendre, et il y voit entre eux un rapport qui augmente sa sensibilité. « Une chose me console, ajoute-t-il, c'est l'opinion où j'ai toujours été que les malheurs sont nécessaires aux hommes, et que rien ne purifie tant leur vertu que les adversités. » C'est un avantage pour Voltaire d'avoir payé de bonne heure son tribut à la mauvaise fortune : « Vous en voilà quitte, je l'espère, pour le reste de

---

(1) Condorcet (*Œuvres de Voltaire*, t. I, p. 142) ne place cette réponse qu'après *Brutus*. — A tort, puisque Brossette, dans sa lettre à Rousseau du 20 mai 1720, dix ans, par conséquent, avant *Brutus*, la cite comme ayant été faite à l'occasion d'*Œdipe* (t. I, 2ᵉ partie, p. 309). — (2) Brossette à Rousseau, 18 avril 1716; t. I, 2ᵉ partie, p. 80. — Dans la 2ᵉ édit. de sa *Vie de Voltaire*, Duvernet parle encore, p. 45, de la réconciliation, mais ne dit plus rien du dîner.

1721. On tenait peu à son amour, mais beaucoup à sa personne et à sa muse, qui, là comme partout, savaient animer toutes les fêtes. Aussi le Maréchal le relançait-il dans toutes ses retraites pour l'attirer à Villars. En 1722, Voltaire reçut une invitation plus pressante, et il se disposait à partir; mais il avait compté sans son médecin Vinache, empirique à la mode, inventeur d'un elixir qui lui valut plus de cent mille livres. Donnant donc

>..... la préférence
> Sur le plus grand de nos héros
> Au plus grand charlatan de France (1),

il « prit du vinache (2), » et différa son voyage. Mais le Maréchal répondit, par une lettre très-aimable (3), que son fils partant pour Paris, la chaise de poste le ramènerait à Villars, qui lui vaudrait mieux que Vinache. On y avait ouvert un théâtre qui avait besoin de l'auteur d'*Œdipe*. Voltaire put arriver à Villars à la fin de mai, et, le 2 juin, lundi de la Pentecôte, il décrivait à Fontenelle la vie qu'on y menait. A Villars, comme à Sceaux et à Sully, on avait des *nuits blanches*, pendant lesquelles les dames, plus portées à la lecture des *Mondes* qu'à celle des *Eglogues*, et, partant, plus volontiers philosophes que bergères, au grand dépit des galants, observaient les étoiles, ce qui les forçait à passer le jour au lit et à négliger fort le soleil. C'est pourquoi, dans une lettre à Fontenelle, moitié prose moitié vers, et fort quintessenciée, comme il convenait d'écrire à un tel correspondant, Voltaire demandait à l'auteur des *Mondes*, au nom de toute sa société, l'explication d'une espèce d'éclipse de soleil qu'on n'avait pu connaître à Villars que par ouï-dire. Fort content de sa lettre, bien qu'il ne la jugeât bonne que pour les *sots*, il l'envoya à Thieriot pour grossir le recueil que celui-ci faisait déjà de tous ses ouvrages, et la lui redemanda, avec les réponses de Fontenelle, pour en faire lui-même les honneurs.

A *Mérope*, en 1743, comme en 1718 à *Œdipe*, nous apercevons la Maréchale dans une loge du spectacle; mais, entre les

---

(1) *Œuvres*, t. XIII, p. 54. — (2) *Recueil* de 1856, p. 1. — (3) Publiée par M. Sainte-Beuve, *Causeries du lundi*, t. XIII, p. 105.

deux représentations, vingt-cinq ans se sont passés, et ce n'est plus à elle, c'est à sa belle-fille que s'adressent les hommages. Il y avait longtemps que Voltaire avait oublié sa folle passion. Dès 1726, lui envoyant sa *Henriade*, il se plaignait de n'en être plus aimé (1) : à cette date même, l'aimait-il davantage ? Plus tard, il l'aima moins encore, car elle avait commis le crime de devenir *dévote*; et, quoiqu'il l'appelle quelque part « l'aimable sainte (2), » et qu'il en parle quelquefois avec respect, au fond, il la méprisait, elle et sa « misérable vie (3). »

IV

MADEMOISELLE DE LIVRY ET LE COMÉDIEN POISSON

Entre ces deux passions, également malheureuses, la première pour Pimpette, celle-ci pour la maréchale de Villars, s'en était placée une autre, plus malheureuse encore, et qui ne valut à Voltaire que des injures et des horions.

Pendant son premier exil à Sully, en 1716, il avait connu Suzanne-Catherine Gravet de Corsembleu de Livry, dont tous les historiens, jusqu'à ce jour, en dédoublant le nom patronymique et le nom de terre, ont fait à tort deux personnages (4). Née à Paris, comme Voltaire, en 1694, d'un conseiller-secrétaire du Roi au bureau des finances, Mlle de Corsembleu de Livry venait passer le temps des vacances chez son oncle, Joseph de Corsembleu, avocat et procureur-général fiscal du Duché de Sully, et maire de la petite ville de ce nom. Par ses fonctions, par son amour des lettres, dont la culture était héréditaire dans sa maison (5), Joseph de Corsembleu était un familier du château de Sully, et il y introduisit sa nièce. A une épo-

---

(1) *Œuvres*, t. XIV, p. 331. — (2) A Moncrif, 1er février 1743. — (3) A Mme du Deffand, 4 juin 1764. — (4) M. Jules Loiseleur, le premier, dans la *Revue contemporaine* du 15 décembre 1866, a rétabli la vérité sur ce point, d'après des documents authentiques trouvés chez un notaire de Sully. — (5) A cette famille appartient le poëte Desmahis de Corsembleu, né à Sully, en 1722, et dont Voltaire favorisa la vocation et les débuts.

Philippiques que La Grange-Chancel faisait alors courir manuscrites ; d'autant plus que ces odes affreuses, sorte de sentine où s'étaient rendues toutes les horreurs vomies jusqu'ici contre Philippe d'Orléans, contenaient quelques-unes des imputations du *Regnante puero* et de plusieurs autres petites pièces, dont, malgré toutes ses dénégations, il avait été convaincu d'être l'auteur. D'ailleurs, par ses dernières imprudences, il s'était rendu de plus en plus suspect, et on le croyait capable de tout. Le véritable auteur des *Philippiques* avait donc raison de dire :

> On punit les vers qu'il peut faire
> Plutôt que les vers qu'il a faits.

Certes, le Régent avait une belle occasion de vengeance. Plus clément que jamais, il se contenta d'éloigner Voltaire de Paris. C'était vers la fin de mai 1719, puisque, le 25 juin, Brossette écrivait de Paris à Rousseau : « Depuis trois semaines, M. de Voltaire est à Sully, où il passera le reste de l'année, dans le dessein d'y composer une nouvelle tragédie dont il m'a expliqué le sujet et le plan. Elle sera intitulée *Artémire* (1). » Il n'est point question d'exil dans cette nouvelle d'un correspondant si bien informé à Lyon même, et qui, alors à Paris, à la source de tous les bruits, en relation même avec Voltaire, devait tout savoir. Il est donc vrai, ce que raconte Duvernet (2), que le Régent laissa à Voltaire le choix de son exil, avec la liberté d'en changer toutes les fois qu'il le demanderait. Plusieurs de ses illustres amis lui offrirent leur château pour retraite, mais il préféra le séjour de Sully, dont il connaissait déjà et la belle bibliothèque, et la bonne compagnie, et tous les plaisirs, et où il espérait renouer avec Mlle de Livry. Néanmoins, il usa de la liberté qui lui était laissée, et fit plus d'un voyage au Bruel ou à Vaux-Villars. « Je passe ma vie de château en château, » écrivait-il de Villars (1719) à la marquise de Mimeure ; mais son quartier-général était à Sully. A part quelques excursions, il y passa le reste de l'année 1719 et le commencement de l'année 1720, travaillant à son *Artémire*, avec une ardeur qu'échauffait une dernière flamme d'amour.

(1) T. I, 2e partie, p. 299.— (2) P. 48 ou 54.

C'était encore l'amour pour Mlle de Livry; amour éphémère, et qui n'était pas allé, fidèle et paisible, sinon au-delà d'une semaine, au moins au-delà d'une année, puisque, dans le poëme de la *Bastille* (1717), nous lisons ce vers :

> Trahi de tous, même de ma maîtresse.

Dans ses tête-à-tête avec Suzanne, à Paris, Voltaire avait eu l'imprudence d'admettre en tiers un ami d'enfance, un compagnon de l'étude de Me Alain, jeune, aimable, La Faluère de Génonville, dont les graves fonctions de conseiller au Parlement de Paris n'avaient pas éteint l'ardeur amoureuse. Génonville supplanta aisément Voltaire dans le cœur de Suzanne, qui, d'ailleurs, voulait peut-être se venger, par cette trahison, de l'infidélité que son poëte lui avait faite à elle-même pour Mme de Villars. Mais, quand ils se retrouvèrent à Sully, dans l'été de 1719, Voltaire et Suzanne renouèrent ensemble, et le théâtre fit leur raccommodement comme il avait fait leur première liaison. Désireuse, par amour-propre ou par vocation réelle, de se relever de son échec, Suzanne demanda à son poëte un nouveau rôle, plus approprié à sa nature et à ses moyens que celui de Jocaste. Voltaire conçut alors le sujet d'*Artémire*, et il y mit tout son travail et tout son temps, voulant absolument que sa pièce et son amie fussent essayées, vers la fin de l'automne, sur le théâtre de Sully, avant d'affronter le goût plus difficile des acteurs et du public de la Comédie française.

Si imprudent déjà et si bien averti, il fut assez fou pour inviter son traître à venir le rejoindre, et Génonville arriva à Sully dans cet été de 1719. Ce rapprochement unit plus intimement deux cœurs que la distance seule avait séparés. Voltaire s'aveugla encore ou dissimula. Peut-être était-il assez indifférent désormais à l'amour de Suzanne; à coup sûr, le vaniteux poëte y tenait beaucoup moins qu'au succès de son *Artémire*.

La pièce fut donc achevée et jouée à Sully, où elle fut applaudie avec l'indulgence de l'amitié et la politesse de la bonne compagnie. Ainsi aveuglé sur *Artémire* comme sur Suzanne, Voltaire obtint du Régent la permission d'amener l'une et

nant-général de police, et demanda que Poisson fût chassé de la Comédie et jeté au cachot. Circonvenu encore par les amis de Voltaire, Machault lui donna raison et fit emprisonner le malheureux comédien. Il y mit pourtant une condition, c'est que Voltaire lui écrirait une lettre, sur un texte dicté, pour demander la liberté de Poisson. Au thème fourni par Machault, Voltaire substitua des gentillesses de sa façon ; et dès que Machault eut ouvert la porte au comédien, après lui avoir lavé la tête, il n'eut rien de plus pressé que de faire courir sa lettre, au grand mécontentement du lieutenant de police (1). Voilà bien déjà l'étourdi et insolent Voltaire !

V

INTRIGUES POLITIQUES. — SECONDE RETRAITE A SULLY. ARTÉMIRE ET ENCORE LA LIVRY

En ce temps, Voltaire n'était pas occupé seulement d'intrigues amoureuses et d'intrigues littéraires ; il y mêla encore des intrigues politiques. Ses relations avec Richelieu et la duchesse du Maine l'entraînèrent à jouer quelque rôle dans la conspiration de Cellamare (fin de 1718). Il fut un des agents du plénipotentiaire de Charles XII, le baron de Gortz, qui, avec Alberoni, songeait à bouleverser l'Europe. Gortz, ajoute Duvernet (2), alla jusqu'à le solliciter de l'accompagner dans ses voyages, et de venir en Italie sous le titre et la livrée d'abbé. Quel parti Gortz pouvait-il tirer d'un jeune homme connu seulement par ses étourderies et ses escapades ? On ne le voit guère ; mais le fait raconté par Duvernet est incontestable, et avoué, en termes presque identiques, par Voltaire lui-même. En effet, dans son *Histoire de Russie*, quand il en est aux aventures du ministre de Charles XII, il dit expressément : « Celui qui écrit cette histoire est très-instruit de ce qu'il avance, puisque Gortz lui proposa de l'accompagner dans ses voyages, et que, tout jeune qu'il était

(1) Lettre 36e, du 18 mai 1719. — (2) 2e édit., p. 46.

alors, il fut un des premiers témoins d'une grande partie de ces intrigues (1). » Duvernet est encore dans le vrai, lorsqu'il parle du bruit qui courut alors que la Suède allait enlever Voltaire à la France. Ce bruit a son écho fidèle et certain dans la correspondance de Brossette et de Rousseau. Brossette, écrivant à Rousseau le 8 novembre 1718, au moment du succès d'*Œdipe*, trouve ce succès en désaccord « avec ce qu'on disait, que ce jeune poëte avait été demandé par le roi de Suède. » Rousseau, dans sa réponse du 24 décembre, traite ce bruit « d'une des absurdes imaginations sorties des cafés de Paris, » ajoutant que Charles XII, qui n'avait jamais su ce que c'était qu'un poëte et ne parlait pas un mot de français, avait moins besoin, depuis Pultawa, d'un poëte que d'officiers et de soldats (2). Mais le bruit n'est pas moins certain, quoiqu'on ne sache pas sur quel fondement il pouvait reposer. En terminant, Rousseau, après avoir décrit l'entourage de Charles XII, se demande : « Un poëte ne ferait-il pas une jolie figure à une pareille cour ? » C'est une figure grotesque que Voltaire eût faite en Italie sous sa mascarade d'abbé ; mais une figure tragique peut-être en Suède, s'il y eût accompagné le baron de Gortz, qui, arrivant à Fredericschal le lendemain de l'assassinat de Charles XII, y trouva lui-même la mort. Son compagnon n'aurait-il pas été enveloppé dans cette disgrâce sanglante ? Et, alors encore, que de changement dans la direction du monde !

Tous ces bruits durent arriver aux oreilles du Régent, et lui donner une mince idée de la sincérité des sentiments et des promesses que lui avait exprimés le poëte, une mince idée encore de la reconnaissance de son nouveau pensionnaire. Puis, bien des mots échappés à la fougue du jeune homme, ingrat, rancuneux et brouillon, lui furent sans doute répétés ; par exemple, celui-ci, pendant qu'un orage affreux grondait sur Paris : « Le royaume des cieux, comme le royaume de France, est-il donc tombé en régence (3) ? »

Tout cela rendait vraisemblable l'attribution qu'on lui fit des

(1) *Œuvres*, t. XXV, p. 288. — (2) T. I, 2ᵉ partie, pp. 267 et 268. — (3) Duvernet, p. 53.

que où la mode était de jouer la comédie à la campagne, le château de Sully avait son théâtre, dont quelques débris se voient encore au premier étage du donjon. Riche en acteurs choisis parmi les beaux esprits qui affluaient au château, ce théâtre était fort pauvre en actrices, et Mlle de Livry, avec sa vocation ou sa manie dramatique, lui était une grande ressource dans l'emploi de jeune première. Mais, pour se former à l'art qu'elle voulait embrasser, Mlle de Livry avait besoin de leçons, et elle en demanda à Voltaire, un maître tout trouvé. Voltaire l'aima, s'en fit aimer, battit des mains, avec les complaisants polis du château, aux faibles succès de la débutante, et l'auteur d'*Œdipe*, applaudi déjà dans les salons, lui promit que, s'il recevait le même accueil devant le public, il l'associerait à son triomphe et la ferait entrer au Théâtre-Français.

L'hiver venu, Mlle de Livry retourna à Paris, et Voltaire, ayant obtenu sa grâce, ne tarda pas à l'y joindre. Séparé d'elle par son emprisonnement à la Bastille et par un nouvel exil, il la retrouva à la représentation d'*Œdipe*. L'actrice de Sully lui rappela alors, et il se rappela lui-même sa promesse. Sans lui garder rancune d'une infidélité commencée, il lui obtint un ordre de début dans le rôle de Jocaste, à une reprise d'*Œdipe* : la Desmares, qui l'avait créé, venait de tomber malade et songeait à prendre sa retraite. Avant la représentation, les Mercures galants, à la dévotion de Voltaire, portèrent dans le monde le nom de la Livry, qui devint bientôt célèbre, et comme débutante, et comme amante de l'auteur. Réputation surfaite et prématurée qui ne se soutint pas à la scène. L'amante d'un grand poëte ne s'y montra pas grande comédienne, et ne mérita d'éloge que pour sa bonne volonté. Elle débuta le 24 avril 1719. Dès sa seconde représentation dans le rôle de Jocaste, il fallut la renvoyer du tragique, et elle ne réussit guère mieux dans le rôle de Lisette des *Folies amoureuses* (1). Quelques accents provinciaux, récemment apportés des bords de la Loire, et qui n'avaient pas cédé encore aux instructions du maître, attirèrent à

---

(1) Mouhy, *Abrégé de l'histoire du Théâtre-Français* (Paris, 1780), t. II, p. 447, et *Dictionnaire des Théâtres de Paris* (Paris, 1756), t. III, p. 277.

l'actrice les rires du public et surtout des comédiens. L'un d'eux, Poisson, rit plus haut que les autres. Voltaire, irrité et se croyant insulté dans la personne de son ex-maîtresse, insulta à son tour. Poisson, bon bretteur, l'attendit à la porte du spectacle et lui proposa un duel. Plus hardi en parole qu'au combat, Voltaire répondit insolemment qu'un homme de sa considération ne se battait pas contre un comédien. Alors, au lieu de l'épée, Poisson, non moins insolent, lui proposa des coups de bâton. Voltaire porta plainte au commissaire; et, le lendemain, il se rendit à la porte de Poisson, à qui il fit dire qu'on l'attendait chez la Desmares, où le comédien fréquentait. Soupçonneux, Poisson fit descendre son valet dans la rue : Voltaire se tenait à la porte avec deux bretteurs! Trouvant que c'était trop nombreuse compagnie, Poisson se contenta de faire informer contre Voltaire, à qui il voulait intenter un procès « comme à un assassineur. »

Si peu favorable que ce récit soit à Voltaire, il est pourtant d'un ami, ou du moins d'un membre d'une famille amie, de Caumartin de Boissy, dans une lettre manuscrite et récemment découverte (1).

D'après la même lettre, Voltaire racontait autrement. Il niait les deux compagnons. « Mais, lui objectait-on, pourquoi ne pas vous battre la veille, après les vilaines paroles qui vous avaient été adressées? — Je ne voulais pas plus, répondait-il, me battre le lendemain, je voulais seulement casser la tête à Poisson avec deux pistolets que j'avais dans ma poche. »

Pure fanfaronade! Au lieu de s'exposer, Voltaire, pour la première fois, eut recours à un moyen qu'il emploiera désormais contre tous ses ennemis. Il s'adressa à Machault, lieute-

(1) *Lettres politiques et autres, écrites par divers personnages à la marquise de La Cour de Balleroy*, mss de la Bibliothèque Mazarine, t. IV, lettre 33, à Paris, 3 mai 1719. — Ces lettres curieuses, découvertes par M. Desnoiresterres (*Étapes de Voltaire*, dans la *Revue des Provinces*), mettent dans un nouveau jour et ramènent à la vérité l'histoire de la comédienne Livry, et surtout celle du comédien Poisson, dénaturées l'une et l'autre dans tant de récits hostiles. Voir, par exemple, *Voltaire, Recueil des particularités curieuses de sa vie et de sa mort*, Porrentruy, 1782, par le P. Harel, qui parle, d'après Rousseau, d'un soufflet reçu du vieux Poisson dans les foyers de la Comédie. Il n'y eut point de soufflet, mais seulement menace, et l'aventure, placée jusqu'ici sous la date de 1715, doit être reculée jusqu'en 1719.

l'autre à Paris. Tragédie et maîtresse furent également agréées des Comédiens français, et la première représentation eut lieu le 15 février 1720. Au premier acte, Corsembleu fut sifflée (1); au second, les sifflets redoublèrent et déconcertèrent naturellement la débutante. Doublement indigné de l'accueil fait à sa pièce et à sa maîtresse, Voltaire saute de sa loge sur le théâtre et harangue la foule. Sifflé d'abord lui-même, il se fait reconnaître pour l'auteur d'*Œdipe*, et obtient silence et attention. Il parle alors de l'indulgence due et aux pièces nouvelles et aux nouvelles actrices, et il parle avec tant de raison et d'agrément, de politesse et d'esprit, qu'on bat des mains et qu'on demande *Artémire* et Livry. Reprise aussitôt, la pièce s'acheva au milieu des applaudissements.

Ne se laissant pas plus prendre que la malheureuse comédienne aux applaudissements factices qu'il avait provoqués, et qu'il attribuait, avec raison, plutôt à son intervention bizarre qu'au mérite de sa pièce, il la retira le jour même. Le 26 mai 1720, Brossette écrivait à Rousseau : « Vous avez su que l'*Artémire* de M. de Voltaire était tombée dès la première représentation, à n'en jamais relever. J'avais prédit à l'auteur que cette tragédie, dans laquelle il n'était soutenu que par son seul génie, n'aurait pas la destinée de son *Œdipe*. C'est trop d'ouvrage à la fois, surtout pour un jeune homme, que d'avoir à inventer la fable, les caractères, les sentiments et la disposition, sans parler de la versification. »

A la date de cette lettre, *Artémire* s'était pourtant relevée avec effort, mais pour retomber d'une chute éternelle. Madame, à qui *Œdipe* était dédié, voulut revoir *Artémire*. Voltaire demanda un délai pour remanier sa pièce, un mois au moins qui lui semblait nécessaire; et à ceux qui le pressaient, même au maréchal de Villeroy, il répondait avec fureur qu'*Artémire* ne reparaîtrait qu'entièrement raccommodée (2). On lui laissa à

(1) Caumartin de Boissy, qui assistait à la représentation, dit pourtant, dans la lettre à sa sœur du 17 février, que le 4ᵉ acte fut fort applaudi (Mss de la bibliothèque Mazarine découverts par M. Desnoiresterres). — Nous suivons ici la narration de Duvernet, p. 50 ou 53. — (2) Boissy à sa sœur, 21 et 26 février 1720, — cité par M. Desnoiresterres.

peine le temps de quelques corrections hâtives et insuffisantes, et la pièce reparut le 23 février. Elle ne fut jouée que huit fois; et encore ne dut-elle cette passagère tolérance du public qu'à l'intervention de mademoiselle Lecouvreur, qui avait succédé à la pauvre Suzanne dans le rôle d'Artémire. Après un si faible succès, et surtout après la parodie qu'en fit Dominique aux Italiens, Voltaire la retira définitivement, et n'osa pas même la faire imprimer devant cette menace du *Mercure* (1) : « Si l'auteur d'*Artémire* s'avise de faire imprimer sa pièce, peut-être nous aviserons-nous d'en donner un extrait. » D'*Artémire* il ne nous reste plus que des fragments (2), dédaignés par Voltaire et recueillis par ses amis. Il n'en garda que quelques vers, les meilleurs, qu'il fit passer dans *Marianne*. Mais il put se consoler de la chute d'*Artémire*, car à cette pièce il dut son retour à Paris, où sa présence était nécessaire pour les répétitions. D'ailleurs, depuis huit mois, le Régent avait eu le temps d'apprendre quel était le véritable auteur des *Philippiques*. Consolé de la chute d'*Artémire*, Voltaire se consola aussi aisément de l'échec définitif et de l'infidélité de Suzanne. Il écrivit à madame de Bernières : « Je suis fâché de la *justice* qu'on rendue à la petite Livry. Si on faisait dans tous les corps ce qu'on vient de faire à la Comédie, il me paraît qu'il resterait peu de monde en place (3). » Il ne s'affligea pas davantage de la trahison de Génonville. Au lieu de se fâcher, il prit son malheur en patience, et même en gaîté; il perdit sa maîtresse, et garda son ami. Bien plus, il en parla avec une légèreté, une indifférence, qui font peu d'honneur à la délicatesse de ses sentiments. Si, dans une Épître à Génonville (1719) (4), il se plaint des larmes que lui a fait répandre le *fripon*, il se plaint plus haut de l'empressement du fripon à ravir ce qu'il lui eût volontiers prêté. Pourquoi, dit-il,

> Aimer mieux ravir ma maîtresse
> *Que de la tenir de ma main ?*

Et il ajoute aussitôt :

---

(1) Mars 1720, p. 104, cité par M. Desnoiresterres. — (2) *Œuvres de Voltaire*, t. II, p. 137. — (3) *Recueil* de 1856, t. I, p. 4. — (4) *Œuvres de Voltaire*, t. XIII, p. 46.

Mais je t'aimai toujours, tout ingrat et vaurien.

Ne faut-il pas, comme il l'écrivait en même temps au duc de Sully, « se passer des *bagatelles* dans la vie (1) ? »

Pour expliquer cette insensibilité, cette indifférence grossière, il faut se rappeler que Voltaire était alors absorbé par sa passion pour la Maréchale; mais, Génonville mort (1720), et ayant renoncé lui-même à poursuivre madame de Villars, il eut pour Suzanne un réveil de tendresse. En 1723, dans son Épître au médecin Gervasi (2), qui venait de le guérir de la petite vérole, il exprime la crainte qu'elle ne le veuille plus reconnaître sous les ravages de la maladie; et, en 1729 (3), s'adressant aux mânes de Génonville lui-même, il rappelle, avec un souvenir encore senti, l'affection qui réunissait leurs trois cœurs, et il ajoute qu'entre Suzanne et le survivant, l'amitié a remplacé l'amour, « envolé sur l'aile du bel âge. »

A la date de cette Épître, mademoiselle de Livry était devenue, sous le nom de marquise de Gouvernet, une riche et grande dame. Après son échec dramatique en France, elle était passée en Angleterre avec une troupe de comédiens français. Ceux-ci y ayant mal fait leurs affaires, elle se retira chez un compatriote, tenant café. Celui-ci parlait à tous venants de la position intéressante et de la conduite réservée de la jeune Française. Un habitué du lieu, Charles-Frédéric de la Tour-du-Pin de Bourbon, marquis de Gouvernet, surnommé le Fleuriste, qui fut un moment notre ambassadeur en Angleterre, parvint, non sans peine, à la voir, et lui offrit sa main et sa fortune. Refusé par une pauvreté délicate, il lui fit accepter un billet de loterie, qui, par une supercherie généreuse, gagna le gros lot, et, l'égalité ainsi rétablie en apparence, le mariage ne rencontra plus d'obstacle (4). Il se célébra au commencement de 1727, à Paris, où les deux fiancés s'étaient empressés de revenir, et il eut pour témoin, du côté du marquis, le frère de Voltaire, Armand Arouet.

Voltaire lui-même, avec qui on a prétendu que Suzanne était

---

(1) *Œuvres*, t. XIII, p. 50. — (2) *Œuvres*, t. XIII, p. 60. — (3) Ibid., p. 72. — (4) C'est le fond de l'*Ecossaise* de Voltaire, et du *Tableau* de Roger.

partie, dut la rencontrer du moins à Londres, pendant son exil en Angleterre, et il la retrouva certainement à son retour. Rentré à Paris dans les premiers mois de 1729, il se présenta à l'hôtel de Gouvernet, et le suisse de la marquise lui refusa d'abord une porte que mademoiselle de Livry lui avait ouverte tant de fois. De là la pièce charmante des *vous* et des *tu*, vraie vengeance de poëte (1). Soit qu'il y eût erreur du suisse, soit que l'ancienne Suzanne eût demandé grâce à la marquise en faveur de l'amant de Sully, Voltaire fut reçu ; mais, dès les premiers mots, il dut comprendre que tout était changé entre eux, et que le présent ne se réchaufferait pas des souvenirs du passé. On remua pourtant ces souvenirs ; on parla de Génonville, mort récemment ; on relut ses vers et d'autres vers qui parlaient des anciennes passions ; mais, de tout cela, s'il sortit quelques larmes d'attendrissement, il ne sortit pas une étincelle. Au sortir de cet entretien, Voltaire écrivit son Épître aux *Mânes de Génonville*, où il disait de lui et de l'ancienne Suzanne :

> Nous chantons quelquefois et tes vers et les miens...
> Ton nom se mêle encore à tous nos entretiens.

Mais ce commerce même avec des cendres tièdes et de froides ombres ne dura pas ; et peut-être Voltaire hâta-t-il la rupture par la vanité indiscrète qui le poussa à publier une Épître où il faisait allusion aux mœurs faciles et à la situation si délicate de la Suzanne d'autrefois entre lui et Génonville :

> Nous nous aimions tous trois... que nous étions heureux !

Suzanne ne voulut plus même d'une simple amitié qui pouvait compromettre la marquise, et elle éconduisit doucement le poëte indiscret. Voltaire ne la revit plus qu'à un demi-siècle de là, à son retour à Paris, en 1778, veuve, et comme lui plus qu'octogénaire. « Ah, mes amis, s'écria-t-il en sortant, je viens de passer d'un bord du Cocyte à l'autre. » Il lui témoigna le désir de ravoir son portrait, peint pour elle par Largilière, qu'il lui avait donné au temps de leur belle jeunesse, et elle ne fit aucun effort pour retenir ce dernier gage d'une passion si bien

---

(1) *Œuvres de Voltaire*, t. XIII, p. 78.

éteinte sous les glaces de l'âge et peut-être sous l'horreur des impiétés du philosophe. Le portrait passa à madame de Villette. L'ancienne Livry survécut de quelques mois à Voltaire, et ne mourut que le 28 octobre 1778.

Une brouille avec le public, la perte de Suzanne de Livry, ne furent pas pour Voltaire les seules conséquences fâcheuses du mauvais succès d'*Artémire* : il le brouilla encore avec Piron ; ou, du moins, — car ces deux personnages ne s'aimèrent jamais, — il fut l'occasion de sa première querelle avec cet homme qui lui fut toujours particulièrement antipathique.

Artémire commençait ainsi :

> Oui, tous ces conquérants rassemblés sur ce bord,
> Soldats sous Alexandre, et rois après sa mort...

Trop haut début, d'où l'auteur trébuchait dès le cinquième vers. C'est ce que Piron railla dans son *Arlequin-Deucalion*, trébuchant lui-même de Pégase avec le poëte, après avoir déclamé le fameux distique. Présent à la représentation, Voltaire interpella Piron : « Que vous ai-je fait, lui dit-il, pour me tourner ainsi en ridicule ? — Pas plus, répondit Piron, que la Motte à l'auteur du *Bourbier*. » A cette réplique, s'il faut en croire un ami de Piron, Voltaire baissa la tête, et disparut en disant : « Ah ! je suis embourbé (1). »

C'est rue des Saints-Pères, chez la marquise de Mimeure, dont le mari bourguignon aimait à recevoir son compatriote, pendant que la marquise se plaisait particulièrement à recevoir Voltaire, que ces deux hommes se rencontrèrent ensuite, et finirent, dans une scène d'écoliers ou même de gamins, par se déclarer une guerre, que la présomption plaisante de Piron, que la répulsion instinctive de Voltaire pour cet esprit libre et franc dont les répliques le désarçonnaient, rendront irréconciliable.

(1) Rigoley de Juvigny, dans sa Notice en tête des *Œuvres de Piron;* Paris, 1776, t. I, p. 50.

VI

LA SOURCE ET BOLINGBROKE

Peu de temps après *Artémire*, Voltaire alla au château de Richelieu, qui venait de se rouvrir au duc de son nom. Arrêté le 29 mars 1719, pour sa participation au complot de Cellamare, et sorti de la Bastille le 30 août, grâce à Mademoiselle de Valois, fille du Régent, qui, sacrifiant l'amour du duc à sa délivrance, consentit à épouser le duc de Modène, Richelieu, après quelques jours d'exil à Conflans et à Saint-Germain, obtint la permission de rentrer dans son château, où Voltaire, déjà son ami, l'alla retrouver. De là il écrivit à Thieriot : « Je suis actuellement dans le plus beau château de France. Il n'y a point de prince en Europe qui ait de si belles statues antiques, et en si grand nombre. Tout se ressent ici de la grandeur du Cardinal de Richelieu. La ville est bâtie comme la Place-Royale. Le château est immense; mais ce qui m'en plaît davantage, c'est M. le duc de Richelieu, que j'aime avec une tendresse infinie (1). »

Voltaire finissait en invitant Thieriot à lui écrire à Sully. Il alla donc à Sully, au sortir de Richelieu; et de Sully il se rendit à la Source, château ainsi nommé parce que le Loiret prend sa *source* dans le parc, et appartenant alors à lord Bolingbroke (2).

Né en 1678, Saint-John, plus tard Bolingbroke, que son ami Swift lui-même appelle un *roué achevé*, était devenu secrétaire d'État en 1710, et aussitôt, au rapport de Voltaire (3), les filles de Londres, qui faisaient alors la bonne compagnie, se disaient l'une à l'autre : « Betty, Bolingbroke est ministre : huit mille guinées de rente, tout pour nous! » Ce roué, hypocrite ou politique, pour garder ses fonctions et se conformer à l'acte du parlement, faisait ses dévotions et recevait le sacrement en public; cet impie, qui croyait à peine en Dieu, ou, du moins, ne croyait en Dieu qu'en tant que puissant et sage, persécutait les

---

(1) *Recueil* de 1856, t. I, p. 8. — (2) Il appartient aujourd'hui au baron de Morogues. — (3) Au comte de la Touraille, 24 avril 1769.

non-conformistes au nom de la Haute Église ou Église établie. Venu en France en 1712, pour y négocier la paix d'Utrecht, il se lia avec madame de Tencin, et fit connaissance et resta en commerce épistolaire avec sa sœur, madame de Ferriol, mère du comte d'Argental. Telle est l'origine probable des rapports de Voltaire avec lui ; rapports qui commencèrent peut-être dès 1712, mais ne se resserrèrent qu'en 1720, et ne devinrent intimes qu'en 1722. Proscrit et fugitif en 1715, après la mort de la reine Anne, Bolingbroke, vers la fin de 1719, s'était installé au château de la Source avec Marie-Claire-Isabelle Deschamps de Marsilly, veuve, depuis 1707, du marquis de Villette-Mursay, parent de madame de Maintenon. Madame de Villette avait environ cinquante-deux ans, lorsque, en 1717, Bolingbroke s'éprit d'elle, et, devenu veuf lui-même, il l'épousa vers 1720, mais en lui laissant oujours le nom de son premier mari.

Avant ce voyage à la Source, le premier probablement, Voltaire avait déjà éprouvé la bienveillance de Bolingbroke, que l'étrange famille des Ferriol et des Tencin, d'où il ne bougeait guère à Paris, et qui ne lui valait pas mieux que le Temple, avait bien disposé en sa faveur. Le 3 février 1719, après le succès d'*Œdipe*, Bolingbroke écrivait à madame de Ferriol : « Je vous serai très-obligé, chère madame, de la lecture que vous voulez bien me procurer de la tragédie de M. Arouet. Si je n'avais pas entendu parler avec éloge de cette pièce, je ne laisserais pas d'avoir une grande impatience de la lire. Celui qui débute, en chaussant le cothurne, par jouter contre un tel original que M. Corneille, fait une entreprise fort hardie, et peut-être plus sensée qu'on ne pense communément. Je ne doute pas qu'on n'ait appliqué à M. Arouet ce que M. Corneille met dans la bouche du Cid. En effet, son mérite n'a pas attendu le nombre des années, et son coup d'essai passe pour un coup de maître (1). »

Nous n'avons aucun détail sur ce premier séjour à la Source, en 1720, sinon que Voltaire y oubliait, dans la compagnie de Bolingbroke, et *Henri IV*, sa principale occupation littéraire

(1) *Lettres historiques*, etc. (Paris, 1808, t. III, p. 7).

pendant ces années, et *Marianne*, à laquelle il travaillait déjà, et les comédiens, et les libraires (1). Il faisait aussi d'assez fréquentes excursions à Villars, d'où il écrivait à Thieriot, le 2 juin 1724 : « Je suis encore incertain de ma destinée. J'attends M. le duc de Sully pour régler ma marche. »

(1) A Mme de Bernières, 1720, *Recueil* de 1856, t. I, p. 9.

CHAPITRE QUATRIÈME

AFFAIRES ET DIPLOMATIE — SECOND VOYAGE EN HOLLANDE

I

MORT DU PÈRE DE VOLTAIRE — HÉRITAGE PATERNEL

Quelle fut la marche de Voltaire pendant le reste de l'année 1724? nous n'en trouvons pas la trace dans sa correspondance. Le 1er janvier de l'année suivante, il perdit son père, âgé d'environ soixante-douze ans, disent les registres de la paroisse de Saint-Barthélemy du 2 janvier, conservés à l'Hôtel-de-ville. Né le 21 août 1649, François Arouet avait au juste soixante-douze ans quatre mois et quelques jours. Il était décédé Cour-vieille-du-Palais. Voltaire assistait aux funérailles, avec son frère Armand et leur beau-frère Mignot, conseiller du Roi, correcteur en la Chambre des comptes. Dans l'acte de décès, il n'y a pas de domicile indiqué pour Voltaire : ou il n'en avait pas de fixe, ce qui est plus probable, ou il demeurait chez son père qui lui avait pardonné. Quelle impression lui fit cette mort? Pas un mot ni de sa correspondance, ni d'aucun de ses écrits, ne trahit sur ce point le secret de son cœur, et de ce silence on est en droit de conclure qu'il y fut insensible, et que peut-être même il s'en réjouit, en vue d'un héritage qui lui assurait une plus entière indépendance. On a voulu voir une preuve de cette insensibilité ou d'un sentiment pire dans des lettres datées par les éditeurs des premiers jours de janvier 1722, lettres toutes pleines de joie, et écrites, disait-on, au sortir des funérailles paternelles; mais ces lettres doivent être reculées d'une année, et il n'y a pas à en tirer la moindre induction.

La question d'intérêt venant compliquer la question d'antipathie de caractère, d'idées et de mœurs, cette mort acheva de brouiller les deux frères. La veille de son décès, 31 décembre 1721, François Arouet, quoique mécontent aussi de son aîné, de son autre *fou,* lui avait transmis sa charge, dont le revenu dépassait 13,000 livres (1), ce qui avait pu déjà léser les intérêts du plus jeune. Faut-il ajouter avec Lepan (2) qu'il déshérita entièrement François-Marie? nous ne le croyons pas. Il est vrai que, pendant trois ou quatre années, les lettres de Voltaire parlent souvent des difficultés qu'il eut pour recouvrer son patrimoine. Le 26 septembre 1724, il écrit à Thieriot : « Je vous avertis que nos affaires de la Chambre des comptes vont très-mal, et que je cours risque de n'avoir rien du tout de la succession de mon père. » Et au mois d'octobre suivant, il écrit dans le même sens à la présidente de Bernières, chez qui Thieriot se trouvait alors : « Ma fortune prend un tour si diabolique à la Chambre des comptes, que je serai peut-être obligé de travailler pour vivre, après avoir vécu pour travailler. » On aurait pu voir là une de ses défaites ordinaires pour éluder les demandes d'argent du paresseux et insatiable Thieriot, mais on a préféré y voir la trace de procès qu'il aurait soutenus pour obtenir la cassation du testament paternel. Et il est vrai que, le 23 juillet 1725, il écrit encore à madame de Bernières : « Depuis que je ne vous ai écrit, une foule d'affaires m'est survenue. La moindre est le procès que je renouvelle contre le testament de mon père. » Peut-être soutint-il, en effet, quelque procès contre telle ou telle disposition du testament de François Arouet; mais il est à croire que son principal embarras, dans le recouvrement de son patrimoine, gisait ailleurs.

Voici une page curieuse qui pourrait aider à résoudre le problème. Le 12 mars 1789, Rulhière, répondant à Nicolaï, premier président de la Chambre des comptes et successeur de Chastellux à l'Académie française, s'exprimait ainsi au sujet de

---

(1) Quittance d'Arouet père, du 18 février 1702, pour le compte de l'année 1700 (Laverdet, *Catalogue d'autographes*, du 6 juin 1849, p. 143, n° 1112, cité par M. Desnoiresterres). — (2) *Vie de Voltaire*, 5ᵉ édition, Paris, 1837, p. 75.

l'aïeul du récipiendaire : « Une circonstance particulière le fera éternellement chérir par tous les hommes de lettres : il fut le tuteur de Voltaire. On sait que Voltaire était né sous les auspices de votre maison. Son père, officier de la cour souveraine que vous présidez, voyant avec une égale inquiétude un de ses fils recherché des grands, emporté loin des routes de la fortune par le goût de la dissipation et des plaisirs ; l'autre, dévot, austère et chagrin, se dénuant de tout pour soutenir les prosélytes obscurs d'une secte persécutée et proscrite, il craignit que tous ses biens se perdissent par des prodigalités d'un genre si différent ; il pria, en mourant, M. de Nicolaï de se charger de la tutelle de tous les deux ; et, pour les restreindre et les gêner plus sûrement, il alla même jusqu'à lui substituer leur héritage. Ce testament ne parut à M. de Nicolaï qu'un titre pour les adopter tous deux ; et, les jugeant avec plus d'équité que n'avait fait leur père, il ne tarda pas à leur rendre la libre disposition de leur fortune. Mais il continua de regarder Voltaire comme son fils ; il prit sur lui tous les droits d'un père économe, quoique facile et indulgent ; il l'avertissait, le grondait, l'embrassait, s'attendrissait avec lui ; et M. de Voltaire a toujours conservé pour ce nom la plus tendre reconnaissance et une sorte de piété filiale (1). »

Ce témoignage est confirmé par celui de Voltaire lui-même, qui, en 1725, écrivait à madame de Bernières : « Les affaires de ma famille commencent à tourner mal. M. de Nicolaï n'a pas voulu me faire accorder de provisions (2). » Nicolaï garda donc pendant plusieurs années la substitution qui lui avait été faite des biens de François Arouet, ou du moins l'administration qu'il en avait reçue, et peut-être le procès dont parle Voltaire avait-il pour fin d'obtenir main-levée. Ce procès, quel qu'il soit, il le dut gagner presque aussitôt, et non trois ans après, comme Beuchot (3) l'a répété sur les conjectures de Duvernet, car, en

---

(1) *Œuvres de Rulhière*, Paris, 1819, t. II, pp. 56, 57. — Pas une expression, dans les *Œuvres* de Voltaire, de cette reconnaissance et de cette piété filiale. —
(2) *Voltaire à Ferney*, Paris, Didier, 1860, p. 310. — (3) *Œuvres de Voltaire* t. LVI, p. 420.

Angleterre pendant ces années, il ne l'aurait pu suivre; et, d'ailleurs, dans ses plaintes continuelles à Thieriot sur ses pertes et embarras d'affaires, il ne dit plus un mot de la succession paternelle.

A quoi se monta cette succession? A travers les contradictions de tous les biographes sur ce point, le plus simple et le plus sûr est de s'en rapporter à Voltaire, qui a déclaré avoir eu 4,000 ou 4,250 livres de rente pour patrimoine, en appelant à cet égard à ses partages chez les notaires (1).

II

EMPRUNTS DE JEUNESSE

Voltaire n'avait pas eu besoin d'attendre cet héritage pour être dans un état de fortune honnête. Il put être embarrassé dans les années qui suivirent sa sortie du collége, après que son père l'eût chassé de chez lui. Il frappait alors à la porte des usuriers et des Juifs, et leur signait des billets payables à sa majorité. Dès le collége même, à l'âge de treize ans, il avait signé un engagement semblable. Le 19 octobre 1719, il protesta, devant un notaire de Sully, de la nullité d'un billet de 500 livres qui lui avait été extorqué, prétendait-il, à cet âge, par une femme Thomas, et qui venait d'être mis en circulation et suivi de poursuites contre le signataire. La Thomas s'était trompée de date et trop pressée. Sur le bruit qui faisait naître son débiteur en février, elle l'avait cru majeur, tandis qu'il s'en fallait de quelques semaines qu'il eût atteint ses vingt-cinq ans, aux termes de son acte de baptême, que cette fois il trouva bon et se garda bien de *maudire*. Voltaire, il est vrai, niait l'emprunt et la dette, mais il s'appuyait bien plus sur sa qualité de mineur, et à l'époque de l'emprunt contracté, et à la date de la mise en circulation du billet (2). Fin de non-recevoir, ou

---

(1) A M***, 12 mars 1754. — (2) Acte trouvé chez un notaire de Sully (*Bulletin de la Société archéologique de l'Orléanais*, 1859, n° 23, p. 199), cité par M. Desnoiresterres.

plutôt de *non-donner*, malhonnête, car pas le moindre doute qu'il n'eût contracté, à l'âge de treize ans, un emprunt quelconque, dont le chiffre avait probablement été grossi par l'avidité de l'usurière. A cet âge même, Voltaire était trop fin et trop rusé pour mettre sa signature au bas d'un billet dont il n'aurait pas connu la valeur.

Quelques années plus tard, en 1721, bien majeur cette fois, il souscrivit, « en jeune homme, » un autre billet, qu'André, un échappé du *système*, s'avisa de faire revivre au bout de trente ans, un jour avant la prescription. Ce billet avait été signé en reconnaissance de billets de banque, donnés par André dans la décadence du *système*, et que Voltaire voulut faire en vain passer pour un *visa* en faveur de madame Winterfeld, alors dans le besoin. Voltaire, au moment de la réclamation, était à Berlin, d'où il écrivait ces détails (22 février 1751) à son ami d'Argental, et il continuait son récit : « Ces billets de banque d'André étaient des feuilles de chêne. Il m'avait dit depuis qu'il avait brûlé mon billet avec toutes les paperasses de ce temps-là. Aujourd'hui, il le retrouve pendant mon absence, il le vend à un procureur, et fait saisir tout mon bien. Ne trouvez-vous par l'action honnête ? » Ce qui n'est guère plus honnête, c'est ce qui suit : « Je crois que je serai obligé de payer et de le déshonorer, attendu que mon billet est pur et simple, et qu'il n'y a pas moyen de plaider contre sa signature et contre un procureur. » Combien délicat est ce regret d'être contraint à payer sa dette ! Et pourquoi déshonorer un homme qui réclame son dû (1) ?

André, il est vrai, était un personnage peu honorable, mais Voltaire l'avait trouvé de bonne compagnie dans le temps où il l'était le moins. Cet André avait vendu sa fille au berceau à un Brancas-Villars, au marquis d'Oise, pour lui acheter en retour un titre de duchesse, ce qui donna lieu ensuite à de scandaleux

---

(1) En un sens, Voltaire fut bien aise de cette réclamation d'André pour ne rien donner au marquis de Thibouville, qui lui demandait un emprunt. Il ne peut rien : son bien est saisi, une bonne part en est compromise, etc.; sa réponse ordinaire en pareil cas (5 février 1751).

procès (1). Introduit ainsi dans la famille des Villars, qu'il connaissait déjà, — car le Maréchal avait fait avec lui quelques tripotages, — il y trouva Voltaire, qui était au fort de sa passion pour la Maréchale. Il dut offrir, à charge de retour, ses services financiers au poëte alors besogneux, qui les accepta et se mit par là sous sa dépendance. Aussi, lorsque André, épris lui-même de la Maréchale, voulut lui donner une fête, c'est à Voltaire qu'il s'adressa pour la partie poétique, et Voltaire, s'associant André dans une passion ridicule, consentit à chanter en chœur avec lui :

Nous vous aimons sans espérance (2) !

Nous trouvons un autre témoignage des accointances de Voltaire avec les usuriers dans la préface du *Dépositaire :* « Je me souviens, dit-il, qu'étant un jour dans la nécessité d'emprunter de l'argent d'un usurier, je trouvai deux crucifix sur la table. Je lui demandai si c'étaient des gages de ses débiteurs ; il me répondit que non, mais qu'il ne faisait jamais de marché qu'en présence du crucifix. Je lui répartis qu'en ce cas un seul suffisait, et que je lui conseillais de le placer entre les deux larrons. Il me traita d'impie, et me déclara qu'il ne me prêterait point d'argent. Je pris congé de lui ; il courut après moi sur l'escalier, et me dit, en faisant le signe de la croix, que, si je pouvais l'assurer que je n'avais point eu de mauvaises intentions en lui parlant, il pourrait conclure mon affaire en conscience. Je lui répondis que je n'avais eu que de très-bonnes intentions. Il se résolut donc à me prêter sur gage à dix pour cent pour six mois, retint les intérêts par devers lui, et, au bout de six mois, il disparut avec mes gages, qui valaient quatre ou cinq fois l'argent qu'il m'avait prêté (3). »

(1) Voir Saint-Simon et Marais. — (2) *Œuvres*, t. XII, p. 26. — (3) *Œuvres*, t. VIII, p. 345.

III

ORIGINE DE LA FORTUNE DE VOLTAIRE. — TRIPOTAGES FINANCIERS

Mais bientôt il put se tirer de la griffe de ces bêtes farouches. Quoique les droits des auteurs dramatiques fussent peu de chose à cette époque, le succès d'*Œdipe* lui valut quelque argent. Puis vint la gratification ou la pension du duc d'Orléans. Tout son bien d'alors, ou du moins une bonne partie de son bien, il le mit dans la compagnie des Indes (1). Ce bien ne lui pouvait venir des seules sources que nous venons d'indiquer. On a conjecturé qu'il avait pour origine des services poétiques rendus aux financiers, poursuivis alors dans leurs malversations. En 1716, Adrien de Noailles, chef du conseil des finances, avait établi contre eux une chambre de justice, qui leur avait fait rendre gorge pour une somme de deux cent vingt millions (2). C'est alors que courut anonyme l'ode si maltraitée par Rousseau dans sa lettre à Brossette du 19 mars 1717. Suivant Maurepas (3), elle avait été commandée par Héron et Paris, receveurs des finances de Champagne. Or, Voltaire étant lié avec ce Paris, l'un des quatre frères auxquels il devra sa fortune, on la lui attribua, et personne ne doute aujourd'hui qu'il n'en soit l'auteur (4). Cette sortie violente contre un « tribunal infâme » était un vrai service rendu aux gens de finances, et il en dut être bien payé (5).

Voilà l'origine probable du bien dont il mit une bonne partie dans la compagnie des Indes. Mais, en 1719, il voulut entrer dans une compagnie nouvelle, qui allait établir une caisse de *juifrerie*. Il entrait dans cette compagnie sans bourse délier.

---

(1) A Mme de Bernières, 1719, *Recueil* de 1856, t. I, p. 2. — (2) *Histoire du Parlement*, ch. LX; — *Œuvres*, t. XXII, p. 289, et *Mélanges*, *Œuvres*, t. L, p. 45. — (3) *Mémoires*, t. I, p. 150. — (4) La voir, *Œuvres*, t. XII, p. 411. — (5) Cette conjecture est de M. Desnoiresterres, dans ses *Étapes de Voltaire;* — *Revue des Provinces*.

Par la protection de Richelieu, que la duchesse de Berry, après Mademoiselle de Valois, avait fait revenir en quelque crédit auprès du Régent, il était établi l'intermédiaire obligé dans une affaire de gabelles. Il écrivait de Villars à la Présidente de Bernières : « On m'a écrit que M. le Régent a donné sa parole, et comme j'ai celle de la personne (Richelieu) qui l'a obtenue du Régent, je ne crains point qu'on se serve d'un autre canal que le mien ; je peux même vous assurer que, si je pensais qu'ils eussent dessein de s'adresser à d'autres, un peu de crédit auprès de certaines personnes serait assez fort pour faire échouer leur entreprise. » Aussi se moque-t-il, tant il est sûr de son fait, de l'empressement des intéressés, qui faisaient dépendre le succès de l'affaire de sa prompte arrivée à Paris. Il prendra son temps. De Paris, toutefois, il ira sur-le-champ à Versailles, d'où il ne partira qu'après avoir consommé l'affaire, ou l'avoir entièrement manquée. « Vous me mandez, ajoute-t-il, que, si je ne suis pas à Paris aujourd'hui jeudi, la chose est manquée pour moi. Dites à vos messieurs qu'elle ne sera manquée que pour eux, que c'est à moi qu'on a promis le privilége, et que, quand je l'aurai une fois, je choisirai la compagnie qui me plaira. » Il est si plein de confiance et de sécurité, que, résolu d'abord à partir le lendemain de Villars, il se détermine, s'y trouvant bien, à y rester encore une semaine : « Messieurs des gabelles peuvent bien retarder leur affaire de huit jours. » Mais, d'après cette lettre, il y avait une autre affaire en négociation, plus grosse que l'affaire des gabelles, et pour laquelle son patron Richelieu avait encore la parole réitérée du Régent. Nous ne savons quelle était cette affaire, car il y a nécessairement de l'obscurité dans ces honteuses manipulations des finances de l'État. Il paraît en avoir attendu tranquillement la conclusion à Villars, d'où il écrivit encore à madame de Bernières : « Je vous déclare d'avance que je veux avoir un pot-de-vin de cette belle affaire, qui sera, s'il vous plaît, un bon souper avec Milord Bolingbroke et M. de Maisons, dans votre nouveau palais. » Il n'est pas douteux que ce pot-de-vin ne lui ait été payé en espèces plus sonnantes et plus solides que les verres d'un souper chez madame de Bernières. Mais impossible de rien préciser, la correspondance ne disant plus mot sur ce sujet (1).

Notons seulement la fierté, le crédit de Voltaire au sortir presque de la Bastille. Notons encore son peu de scrupule à s'immiscer dans des tripotages d'affaires qui, bien que trop en usage à cette époque, devaient avoir déjà quelque chose de honteux, et déshonoreraient aujourd'hui tout homme de lettres. Il n'eut jamais de scrupule ou d'hésitation que devant les combinaisons dangereuses. C'est ainsi que, malgré son désir de s'enrichir, il ne se laissa pas entraîner dans le tourbillon du *système*, qu'il traita toujours de folie (2). Bien lui en prit, et s'il dut céder une plume de son aile à un vautour de la troupe Law, au financier André, il sut toujours préserver le gros de sa fortune.

Voilà le premier chapitre de Voltaire financier. On a vu ce que la succession paternelle a pu ajouter à tous ces gains, plus ou moins licites. Nous suivrons, dans le cours des années, l'accroissement de cette prodigieuse fortune.

Notons enfin, pour mémoire, — car il y faudra revenir, — qu'à côté des affaires Voltaire menait de front plaisirs, poëmes et tragédies.

IV

DÉBUT DIPLOMATIQUE — VOLTAIRE ET DUBOIS

Dès ce temps, il eut une autre ambition, qu'il gardera jusqu'à la fin, celle de devenir diplomate, comme Destouches en 1717, de jouer un rôle politique, et de conduire les affaires de l'État en même temps que ses propres affaires. Dans ce dessein, il n'avait pas craint d'adresser au cardinal Dubois, au « sage Dubois, » alors arbitre de la France, une Épître aussi exagérée dans la louange que l'ont été dans le blâme la plupart des biographies de ce ministre, jusqu'à lui dire que, par sa « sublime intelligence, » il avait excité la jalousie du cardinal de Richelieu (3).

(1) *Recueil* de 1856, t. I, pp. 2-5. — (2) Lettre à Génonville, de Sully, 1719. — (3) *Œuvres*, t. XIII, p. 56.

C'était en 1721. L'année suivante, sous la date du 28 mai, il lui écrit en prose, en lui envoyant un Mémoire de ce qu'il a pu déterrer touchant un Juif de Metz, Salomon Levi, qui faisait l'office d'espion entre la France et l'Empire. Espion d'un espion, voilà le noble rôle auquel, pour conquérir les bonnes grâces de Dubois, descendait Voltaire! Il voulait aller en Allemagne pour y suivre les traces du Juif, ayant un prétexte à ce voyage dans son désir de voir Rousseau et dans l'invitation du prince Eugène. « Si ces considérations, dit-il en terminant, pouvaient engager Votre Éminence à m'employer à quelque chose, je la supplie de croire qu'elle ne serait pas mécontente de moi, et que j'aurais une reconnaissance éternelle de m'avoir permis de la servir. » — Encore un joli contraste, si l'on met en regard, sur deux colonnes parallèles, ce que Voltaire a dit pour et contre le cardinal Dubois!

Là ne s'arrêtèrent pas ses démarches et ses cajoleries auprès du cardinal-ministre.

V

MADAME DE RUPELMONDE ET L'ÉPITRE A URANIE

Quelques jours après, il partait pour la Hollande, en compagnie de Madame Rupelmonde, fille du maréchal d'Aligre, et veuve, depuis 1712, d'un riche seigneur de Flandre, dont la mort glorieuse à l'attaque de Beringhen lui avait valu une pension de dix mille livres du roi d'Espagne. Née vers 1688, elle avait été placée, dans sa première jeunesse, auprès de la duchesse de Berry, et n'avait pas trop fait parler d'elle dans ce milieu corrompu et corrupteur. Une fois veuve, et Louis XIV mort, elle se montra plus que galante, d'après les vaudevilles et les chansons du temps. Sa foi, ou plutôt son incrédulité, était en rapport avec ses mœurs. « A une âme pleine de candeur et à un penchant extrême à la tendresse, dit Duvernet (1), elle joi-

(1) P. 61 ou 66.

gnait une grande incertitude sur ce qu'elle devait croire. » Libre-penseuse et libre-faiseuse! Voltaire et elle s'étaient pris de quelque passion, et Voltaire avoue que l'amour se mit en tiers avec eux dans le voyage; mais amour grossier, et qui cédait au besoin à un amour infâme, d'après une lettre à Thieriot du 11 septembre 1722, qu'il est impossible de citer. Pour les croyances comme pour les mœurs, cette femme était capable de gâter Voltaire encore davantage. « Elle déposa dans son sein, continue Duvernet, ses doutes et ses perplexités. Dans la vue de fixer son esprit incertain, il fit ce poëme, dont le but est de lui montrer que, pour plaire à Dieu, indépendamment de toute croyance, il suffit d'avoir des vertus. » — Nous les connaissons, les vertus qui, pour Madame de Rupelmonde et pour Voltaire, suppléèrent la foi!

Le poëme dont parle ici Duvernet est *Le Pour et le Contre*, composé d'abord sous le titre d'*Épître à Julie* ou *à Uranie* (1). Écrit en 1722, il ne fut imprimé que dix ans après, et suscita bien des réfutations. C'est le premier ouvrage franchement irréligieux de Voltaire; c'est sa déclaration de guerre au christianisme. Il consiste en deux tableaux de la religion chrétienne, l'un *pour* et l'autre *contre;* mais le *contre* y est plus chargé que le *pour*, et chargé de couleurs odieuses, dont voici le dernier trait, adressé à la divinité :

> Je ne suis pas chrétien, mais c'est pour t'aimer mieux.

Le *pour* est bâclé en quelques vers, dont les deux derniers, dans leur forme dubitative, sont un nouvel outrage à Jésus-Christ :

> Et si sur l'imposture il fonda sa doctrine,
> C'est un bonheur encor d'être trompé par lui.

Quand l'Épître fut imprimée, en 1732, l'archevêque de Vintimille porta plainte. Cité par Hérault, lieutenant de police, Voltaire la mit sur le compte de l'abbé de Chaulieu, dont la triste mémoire n'avait pas à se plaindre d'être par là beaucoup surchargée. Procédé odieux, néanmoins, auquel Voltaire revien-

---

(1) *Œuvres*, t. XII, p. 14.

dra sans cesse, même à l'égard des vivants. Hérault feignit de le croire, tout en lui faisant observer qu'en affaire de police, il y avait souvent de l'inconvénient à prendre le nom d'un autre. « Que fait-on, lui dit Voltaire, à ceux qui fabriquent de fausses lettres de cachet ? — On les pend. — C'est très-bien fait, et il faudrait en faire autant à ceux qui en signent de vraies. » Ainsi Duvernet fait parler Voltaire (1); ainsi Voltaire n'a jamais parlé à un lieutenant de police.

VI

VOYAGE EN HOLLANDE — SÉJOUR A CAMBRAI — ARRIVÉE A BRUXELLES — VOLTAIRE ET J.-B. ROUSSEAU

C'est madame de Rupelmonde qui avait demandé Voltaire pour compagnon de voyage. Voltaire accepta, à la seule condition d'un séjour à Bruxelles, pour voir Rousseau, qui venait d'y arriver de Vienne. Cette visite à Rousseau était donnée comme prétexte à un voyage qui avait peut-être quelque but politique. Toujours est-il qu'en partant, Voltaire alla prendre congé de Dubois, à qui il dit : « Je vous prie, Monseigneur, de ne pas oublier que les Voiture étaient autrefois protégés par les Richelieu. — Il est moins aisé, répondit Dubois, de trouver des Richelieu que des Voiture (2). »

Le voyage se fit à petites journées. En juillet, on s'arrêta à Cambrai, siége alors d'un congrès pour l'arrangement des affaires de l'Europe; et de là Voltaire ne manqua pas d'écrire à Dubois, pour lui faire sa cour de loin comme de près : « Nous arrivons, Monseigneur, dans votre métropole. » Et il fait la charge des plénipotentiaires, avec une pointe d'impiété qui ne fait pas honneur à son correspondant. Du reste, ces plénipotentiaires, plus occupés de plaisirs que d'affaires, accueillirent avec empressement deux voyageurs capables d'embellir et d'a-

---

(1) 2ᵉ édition, pp. 91, 92. — (2) Marais, *Journal et Mémoires*, Paris, 1864, t. II, p. 358.

nimer leurs fêtes. Un soir, qu'ils soupaient chez madame de Saint-Contest, femme de notre premier plénipotentiaire, la compagnie demanda *Œdipe*. Mais le comte de Vindisgratz, plénipotentiaire de l'Empire, avait fait annoncer les *Plaideurs* pour le lendemain. Les convives chargèrent Voltaire d'obtenir de lui un changement d'affiche. Sans sortir de place, le poëte fit un impromptu au nom de madame de Rupelmonde, qu'il se chargea de porter lui-même au comte de Vindisgratz, et il rapporta bientôt un placet, qu'il remit à sa compagne avec cette apostille :

> ...Vous aurez donc *Œdipe*, et même sa critique :
> L'ordre est donné pour qu'en votre faveur
> Demain l'on joue et la pièce et l'auteur (1).

Il avait demandé lui-même, en jour de bonne humeur, qu'on jouât en même temps la parodie de sa pièce par Dominique. Notons bien ce trait : nous ne trouverons plus le poëte de si bon accommodement en pareille affaire.

Nos voyageurs restèrent jusqu'au commencement de septembre à Cambrai, où Voltaire, « beaucoup mieux reçu qu'il ne l'avait jamais été à Paris (2), » prolongeait volontiers son séjour. Toutefois, quelques jours après, il était à Bruxelles; il y vit Rousseau, et se brouilla pour toujours avec lui.

Que se passa-t-il entre ces deux hommes, dont les rapports, jusqu'ici, avaient été si convenables, pleins de déférence de la part de Voltaire, pleins de bienveillance du côté de Rousseau? Ce qui est inexplicable, c'est qu'il n'en soit pas dit un mot dans les lettres qui nous restent de Voltaire en date de Bruxelles ou de La Haye, que le nom de Rousseau n'y soit pas même prononcé (3), et qu'il nous faille attendre près de quinze ans pour avoir leurs récits ou récriminations contradictoires.

Au commencement de cette année même 1722, Voltaire avait

---

(1) *Œuvres*, t. XIV, p. 325.—(2) *Recueil* de 1856, t. I, p. 432.—(3) Il y a pourtant cette phrase, dans une lettre à Thieriot, datée de La Haye, 2 octobre 1722 : « Je vous prie de répondre que je n'ai été en Hollande que pour y prendre des mesures pour l'impression de mon poëme, et point du tout pour y voir M. Rousseau *Recueil* de 1860, p. 304). » Et encore (*Recueil* de 1856, t. I, p. 15): « Nous parlerons à mon retour de Rousseau. »

envoyé à Rousseau le plan de sa *Henriade*, comme un *disciple* à son *maître;* et il lui demandait conseil : « Je ne me suis point caché de l'envie que j'ai d'aller moi-même consulter mon oracle. On allait autrefois de plus loin au temple d'Apollon, et sûrement on n'en revenait point si content que je le serai de votre commerce. Je vous donne ma parole que, si vous allez jamais aux Pays-Bas, j'y viendrai passer quelque temps avec vous. »

Rien donc, du côté de Voltaire, — à part la lettre inconvenante à la Faye, en 1716, — ne faisait alors pressentir une si prompte rupture.

Quant à Rousseau, l'année précédente, il avait déjà exprimé la répulsion de la foi, à laquelle il était sincèrement revenu, pour les impiétés de Voltaire, ce qui donne quelque force à ce qu'il nous dira des motifs religieux qui les auraient brouillés en Hollande. Brossette lui ayant envoyé la partie de l'Épître au duc de Sully (1) où était racontée la mort de Chaulieu, il lui répondit de Vienne, le 18 juin 1724 : « A l'égard du fragment de la lettre de M. Arouet, j'en trouve les vers joliment tournés; mais, à vous dire vrai, tout ce que j'ai vu de ce jeune homme depuis ses dissertations sur les trois *Œdipes*, me fait craindre qu'il ne prenne trop aisément les impressions de ceux avec qui il passe sa vie, et que l'esprit des autres ne passe trop facilement dans le sien, qui est beaucoup meilleur. Je reconnais celui du défunt dans la façon cavalière dont il traite trois de nos plus augustes sacrements (Extrême-Onction, Pénitence et Eucharistie), et je m'étonne qu'il n'ait pas reconnu dans le commerce de celui dont il fait une si belle oraison funèbre, combien fastidieuse chose c'est qu'un vieux badin, qui confond tous les sujets dans le même badinage (2). » Pour justifier ce jugement de Rousseau, nous citerions, si les citations ne dépassaient pas toute décence; mais c'est merveilleusement dit, non-seulement du vieux badin Chaulieu, mais du vieux badin que deviendra Voltaire, confondant, lui aussi, tous les sujets dans le même badinage.

(1) *Œuvres*, t. XIII, p. 50. — (2) T. I, 2ᵉ partie, p. 334.

Rousseau chrétien pouvait donc avoir quelques préventions contre Voltaire, tout en lui cherchant des excuses dans le milieu où il passait sa vie ; mais Rousseau poëte avait toujours un faible pour le jeune homme dont il avait si bien pressenti le bel avenir, et, le chrétien et le poëte s'unissant dans le même personnage, il devait être, en somme, assez bien disposé envers son visiteur.

Les voici en présence, et il faut les entendre l'un et l'autre. « Je ne puis m'empêcher, dit Rousseau, de raconter ici de quelle manière je fus informé de son arrivée. M. le comte de Lannoy, que je trouvai à midi chez M. le marquis de Prié, me demanda ce que c'était qu'un jeune homme qu'il venait de voir à l'église des Sablons, et qui avait tellement scandalisé tout le monde par ses indécences durant le service, que le peuple avait été sur le point de le mettre dehors. J'appris le moment d'après, par un compliment de Voltaire, que c'était lui-même qui était arrivé dans la ville à minuit, et qui avait commencé à y signaler son arrivée par ce beau début (1). » Voltaire a répondu avec son insolence et son esprit ordinaires : « Il est vrai que j'accompagnai, vers l'an 1720 (1722), une dame de la cour de France qui allait en Hollande. Rousseau peut dire, tant qu'il lui plaira, que j'allai *à la suite* de cette dame ; un domestique emploie volontiers les termes de son état ; chacun parle son langage. Nous passâmes par Bruxelles. Rousseau prétend que j'y entendis la messe rès-indévotement, et qu'il apprit avec horreur cette indécence de la bouche de M. le comte de Lannoy, car il a toujours cité de grands noms sur des choses importantes. Je pourrais en effet avoir été un peu indévot à la messe. M. le comte de Lannoy dit cependant que « Rousseau est un menteur qui se sert de son nom très-mal à propos, pour dire une impertinence. » Je ne parlerai pas ainsi. Il se peut, encore une fois, que j'aie eu des distractions à la messe, j'en suis très-fâché. Mais, de bonne foi, est-ce à Rousseau à me le reprocher (2) ? » — Sui-

(1) *Lettre* de 1736, dans Chaudon, 1re partie, pp. 59 et suiv. — (2) *Aux Auteurs de la Bibliothèque française*, 20 septembre 1746. — *Œuvres*, t. LII, pp. 287 et suiv.

vent les imputations des fameux couplets, de la *Moïsade*, etc., sur lesquelles nous aurons à revenir. — Rousseau continue : « Je l'allai voir l'après-dînée, et, dès le lendemain, je ne manquai pas de le produire chez M. le marquis de Prié, qui gouvernait alors, chez madame la princesse de la Tour, et dans les autres maisons où j'étais reçu, et où, à ma grande confusion, il ne débuta pas mieux qu'il n'avait fait dans l'église des Sablons. Son séjour fut d'environ trois semaines, pendant lesquelles j'eus à souffrir, pour l'expiation de mes péchés, tout ce que l'importunité, l'extravagance, les mauvaises disputes d'un étourdi fieffé, peuvent causer de supplice à un homme posé et retenu. » Les étourderies, les impertinences de Voltaire, voilà qui est très-vraisemblable; habitudes qu'il avait prises dans ses compagnies de France, et qui devaient singulièrement déplaire à la morgue espagnole et au flegme allemand. Mais Voltaire, ami plus que compagnon d'une grande dame; Voltaire qui pouvait se faire adresser ses lettres chez M. le comte de Morville, notre plénipotentiaire (1), était parfaitement en droit de répondre, à l'insolence près : « Il dit qu'il me présenta chez M. le Gouverneur des Pays-Bas. La vanité est un peu forte. Il est plus vraisemblable que j'y ai été avec la dame que j'avais l'honneur d'accompagner. Que voulez-vous? Les hommes remplacent en vanité ce qui leur manque en éducation. » Non, Voltaire n'avait pas besoin d'être présenté par Rousseau; mais Rousseau put bien l'accompagner, pour lui ménager un meilleur accueil, chez le marquis de Prié, ce qui concilierait les deux versions. Dans l'ordre physique, les distances rapprochent les objets d'une perspective; dans l'ordre moral, elles les éloignent, surtout quand une passion postérieure est intervenue. C'est à quinze années d'intervalle, que Voltaire et Rousseau parlaient ainsi, lorsqu'ils étaient séparés par l'intervalle plus grand encore d'une infranchissable haine; mais, en 1722, ils n'en étaient pas là; et il y eut entre eux, quelques années encore, froideur, antipathie, plus que guerre déclarée. Répétons-le : Voltaire n'a rien dit alors; quant à Rousseau, s'il a parlé,

(1) A Thieriot, 6 septembre 1722. — *Voltaire à Ferney*, 1860, p. 303.

il n'a pas laissé entrevoir les sentiments qu'il exprimait si fortement en 1736. Le 20 septembre, il écrivait à son ami Boutet : « M. de Voltaire a passé ici onze jours, pendant lesquels nous ne nous sommes guère quittés. J'ai été charmé de voir un jeune homme d'une aussi grande espérance. Il a eu la bonté de me confier son poëme pendant cinq ou six jours. Je puis vous assurer qu'il fera un très-grand honneur à l'auteur. Notre nation avait besoin d'un ouvrage comme celui-là. L'économie en est admirable, et les vers parfaitement beaux. A quelques endroits près, sur lesquels il est entré dans ma pensée, je n'y ai rien trouvé qui puisse être critiqué raisonnablement (1). »

Ce passage nous aide à réduire à sa juste valeur et à ramener à une stricte vérité le passage correspondant de la lettre de 1736 : « Il me confia son poëme de *la Ligue*, que je lui rendis deux jours après, en l'avertissant, en ami, d'y corriger les déclamations satiriques et passionnées où il s'emporte, à tout propos, contre l'Église romaine, le Pape, les prêtres séculiers et réguliers, et enfin contre tous les gouvernements ecclésiastiques et politiques ; le priant de songer qu'un poëme épique ne doit pas être traité comme une satire, et que c'est le style de Virgile qu'on s'y doit proposer pour modèle, et non celui de Juvénal. Je lui donnai en même temps les louanges que je crus qu'il méritait sur plusieurs caractères qui m'avaient paru bien touchés, et surtout sur celui de M. de Rosny, que j'ai été fort surpris de voir qu'il avait retranché depuis, pour substituer en sa place celui de l'amiral de Coligny, le héros des protestants à la vérité, mais encore plus véritablement le boute-feu de la France. J'en ai su depuis la raison, fondée sur le ressentiment d'une menace humiliante qu'il s'était attirée de feu M. le duc de Sully, son premier protecteur, dont il n'avait apaisé la juste indignation que par une de ses bassesses ordinaires. » Nous reviendrons à l'affaire du duc de Sully ; mais, sur le fond de la *Henriade*, Rousseau dut faire à l'auteur quelques-unes de ces observations, adoucies seulement, et moins accentuées qu'il ne les présente ici. Sur ce chapitre, Voltaire n'a fait qu'une ré-

(1) T. I, 1re partie, p. 104.

ponse ridicule, en reprochant longuement à Rousseau l'erreur de nom qu'il avait commise : ce n'est pas Coligny, c'est Duplessy-Mornay qui fut substitué à Rosny dans la seconde élaboration de la *Henriade*.

On se remit en route pour atteindre le but du voyage, La Haye, où madame de Rupelmonde était appelée par ses intérêts domestiques. De plus en plus enchanté, Voltaire envoie à Thieriot (7 octobre) (1) une description enthousiaste du paradis terrestre qu'il a traversé de La Haye à Amsterdam, et de ces deux villes elles-mêmes. Quelle ville qu'Amsterdam, ce « magasin de l'Univers, » avec son gouvernement républicain, son Pensionnaire si simple, son peuple si actif ! A La Haye, où il est revenu, il a trouvé plus de magnificence et de société par le concours des ambassadeurs. Il y passe sa vie entre le travail de son poëme et le plaisir des fêtes, vivant ainsi à la hollandaise et à la française. Si l'artiste n'y entend qu'un opéra détestable, en revanche l'impie y voit « des ministres calvinistes, des arminiens, des sociniens, des rabbins, des anabatistes, qui parlent tous à merveille, et qui, en vérité, ont tous raison. » Cela le ravit, et il s'accoutume tout à fait à se passer de Paris. — N'allons pas l'en croire : il ne s'en pourra jamais passer, et l'éloignement forcé de Paris sera le tourment de sa vie.

A La Haye, suivant Rousseau, il s'était amusé à autre chose qu'à l'opéra et aux disputes religieuses. Par « une infâme tracasserie de sa façon, il avait failli mettre les armes à la main aux deux savants Basnage et Le Clerc, lorsqu'un éclaircissement venu à propos « fit bientôt après retomber leur indignation sur l'auteur de l'imposture. » Ici, Voltaire, si attentif à relever toutes les accusations de Rousseau, n'a rien répondu, ce qui équivaut à un aveu.

Mal disposé par là à le bien recevoir à son retour à Bruxelles, Rousseau, toutefois, se contraignit d'abord ; mais, dans une promenade hors de la ville, Voltaire s'étant avisé de lui réciter son

(1) Il lui avait déjà écrit le 2 : « Je monte ici tous les jours à cheval, je joue à la paume, je bois du vin de Tokai, je me porte si bien que j'en suis étonné (*Recueil* de 1860, p. 305). »

Épître à Julie, où l'épithète d'*infâme* était déjà, paraît-il, accolée au nom adorable de Jésus-Christ, il l'interrompit aussitôt, ne comprenant pas que le poëte eût osé s'adresser à lui « pour une confidence si détestable. » Voltaire voulut entrer en discussion, et Rousseau dut le menacer de descendre de carrosse s'il ne changeait de propos. « Il se tut alors, ajoute Jean-Baptiste, et me pria seulement de ne point parler de cette pièce. Je le lui promis, et je lui tins parole. » Mais le secret demandé à Rousseau était déjà le secret de la comédie, car Voltaire, avec sa vanité incontinente, l'avait confié à bien d'autres ; et c'est une des raisons qui le forcèrent plus tard de changer le titre de son Épître et d'en adoucir les blasphèmes, ce qui ne l'empêcha pas d'être cité au tribunal de la police, où il ne se tira d'affaire qu'en rejetant son œuvre sur le compte de Chaulieu.

Sur ce point, Voltaire a fait une réponse pitoyable : « Je lui récitai, dit-il, une Épître contre la religion chrétienne. Si c'est *la Moïsade* dont il veut parler, il sait bien que ce n'est pas moi qui l'ai faite. » Ni Rousseau non plus, et Voltaire le savait bien ; mais quelle bonne foi attendre d'un homme, vrai gibier de police depuis vingt ans, qui a l'impudence d'assurer que son nom n'a jamais été, comme celui de Rousseau, sur les registres de la police ?

A partir de ce jour, il y eut entre eux grande réserve. De Bruxelles, Voltaire se rendit à Marimont, chez le duc d'Aremberg, à qui il parla de Rousseau « de la manière du monde la plus indigne », tellement que des amis de la victime menacèrent de le « jeter par les fenêtres. » — « Je ne sais pas, a répondu Voltaire, ce qu'il entend par « une manière indigne. » Si j'avais dit qu'il avait été banni de France par arrêt du Parlement... j'aurais, je crois, parlé d'une manière très-digne. » Lâcheté que cette moquerie du malheur ! Voltaire y ajoute le démenti du duc d'Aremberg ; démenti suspect de la part d'un ancien ami du Temple, suspect encore dans sa reproduction peu authentique.

Suivant Voltaire, ce ne serait pas dans une blessure faite à la foi de Rousseau qu'il faudrait aller chercher la cause de la guerre, mais dans une blessure à son amour-propre. Rousseau aurait lu à Voltaire et à madame de Rupelmonde une *Palinodie* contre un de ses bienfaiteurs, et un *Jugement de Pluton* contre le Parlement qui l'avait condamné, et Voltaire, ayant trouvé les deux pièces mauvaises, n'aurait pas craint de le dire à l'auteur. C'est à peu près le récit de Duvernet (1), écrit sous la dictée de Thieriot, qui le tenait de Voltaire. Interrogé sur le *Jugement de Pluton*, Voltaire aurait répondu : « Ce n'est pas là, notre maître, du bon et du grand Rousseau. » Et l'amour-propre du vieux rimeur se serait offensé de cette franchise. « Prenez votre revanche, aurait répliqué Voltaire. Voici un petit poëme que je soumets au jugement et à la correction du père de *Numa*. » — « Impiété horrible! » interrompit Rousseau.—« Allons à la comédie, dit alors Voltaire en remettant en poche son poëme ; je suis fâché que l'auteur de la *Moïsade* n'ait pas encore prévenu le public qu'il s'était fait dévot. » Après la comédie, Voltaire parla à Rousseau de son *Ode à la postérité* ; et, d'un ton caustique, lui dit le mot si connu : « Voilà une ode qui n'arrivera jamais à son adresse (2). » Récit évidemment faux, du moins dans quelques-unes de ses circonstances. Rousseau, par exemple, ne se serait jamais laissé attribuer en face l'impiété de la *Moïsade*, dont il n'était pas l'auteur. Il doit être faux encore que la jalousie ait armé les deux poëtes l'un contre l'autre, bien que Voltaire l'indique dans sa *Vie de Jean-Baptiste* : « Je ne saurais dire positivement quel fut le sujet de l'inimitié si publique entre ces deux hommes célèbres. Il y a grande apparence qu'il n'y en a point d'autre que cette malheureuse jalousie, qui brouille toujours les gens qui prétendent aux mêmes honneurs (3). » La jalousie ne se montre pas, bien au contraire, dans tout ce que nous savons certainement jusqu'ici des rapports de Rousseau et de Voltaire, et le récit de Rousseau, expliquant tout par une antipathie religieuse, est encore le plus vraisemblable.

(1) P. 59 ou 54. — (2) Duvernet a retranché ce mot dans sa 2ᵉ édition. — (3) *Œuvres*, t. XXXVII, p. 514.

CHAPITRE CINQUIÈME

BASTONNADES ET BASTILLE

I

BEAUREGARD ET L'AVENTURE DU PONT DE SÈVRES

Voltaire revint à Paris vers la fin d'octobre, et il dut y passer tout le mois de novembre. En décembre, nous le trouvons d'abord au Bruel, en seconde visite chez le duc de la Feuillade, et presque aussitôt après, à Ussé, en Touraine, chez le marquis de ce nom, veuf, depuis 1713, d'une fille de Vauban, de mœurs fort décriées, et remarié alors à une femme honnête, malgré les chansons grossières qu'elle commandait ou inspirait à l'ignoble abbé de Grecourt (1). Il resta une bonne partie du mois de décembre chez le marquis, poëte lui-même à ses heures, le consultant sur son poëme, dont il adoucissait les endroits trop durs, à l'intention des examinateurs. D'Ussé, il se rendit chez Bolingbroke, qu'il avait déjà vu en passant, entre le Bruel et Ussé. « Il a été charmé de l'esprit de cet Anglais, note Marais à cette date, et en a écrit ici une lettre merveilleuse. Aussi a-t-il fort loué son poëme de *la Ligue* (2). » Cette lettre à Thieriot, datée de Blois, le 2 janvier 1722, par les éditeurs, et qu'il faut reculer nécessairement d'une année, puisque, le 2 janvier de la précédente, Voltaire assistait à Paris aux funérailles de son père (3), est toute pleine de l'enchantement du voyage de la

---

(1) Marais, t. II, p. 274. — (2) Ibid., p. 377. — (3) C'est M. Desnoiresterres qui, le premier, a fait cette remarque, et qui l'a confirmée par le contenu même de la lettre, où il est parlé de Canillac, du conseil de Régence, exilé à Blois seulement en juin 1722 (Saint-Simon, t. XIV, p. 198; Barbier, *Journal* (1857), t. I, p. 221, et Marais, t. II, p. 299).

source et d'admiration pour Bolingbroke et madame de Villette; admiration qui livre naïvement son secret dans ces paroles : « Madame de Villette et lui ont été infiniment satisfaits de mon poëme. Dans l'enthousiasme de l'approbation, ils le mettaient au-dessus de tous les ouvrages de poésie qui ont paru en France; mais, ajoute le modeste poëte, je sais ce que je dois rabattre de ces louanges outrées. » A la date de cette lettre, le poëme était entre les mains de Canillac, que Voltaire était venu consulter à Blois. Le lendemain, il retournait à Ussé, où il passa encore une quinzaine.

Sa vie seigneuriale et sa vie poétique étaient alors troublées et partagées par des projets de vengeance contre un homme qu'il poursuivait depuis le mois de juillet de l'année précédente. C'était ce Beauregard, qui l'avait dénoncé en 1717, et fait mettre à la Bastille. Cinq années se sont écoulées. Voltaire a oublié peut-être, quand, un jour de juillet 1722, à Versailles, il rencontre son homme et le traite de malhonnête et d'espion. Familier de Le Blanc, ministre de la guerre, Beauregard lui répond qu'il l'en fera repentir. Voltaire le poursuit jusqu'à la table de son patron, à qui il a l'audace de dire : « Je savais bien qu'on payait les espions, mais je ne savais pas encore que leur récompense était de manger à la table du ministre. » Le Blanc prend alors fait et cause dans la querelle, et répond à son officier, qui parle d'assommer le poëte : « Fais donc en sorte qu'on n'en voie rien (1). »

Le Blanc, paraît-il, avait plus d'un homme pareil à son service. Villars et Barbier (2) parlent d'un nommé Mengne ou Menck, chef de ses espions, poursuivi pour assassinat et autres crimes, dont le ministre était soupçonné d'être le complice.

Beauregard tint parole à Voltaire, et, à quelques jours de là, l'ayant rencontré sur le pont de Sèvres, il le bâtonna d'importance. Furieux, et ne pouvant tirer de son bourreau une vengeance personnelle, Voltaire s'adressa à la force publique. Sur sa requête, le bailli de Sèvres délivra un décret de prise de

---

(1) Marais, t. II, p. 311. — (2) *Mémoires*, dans la Collection Michaud, t. XXIII, p. 303, et *Journal*, t. I, p. 351.

corps contre Beauregard ; mais celui-ci, favorisé sans doute par le ministre, s'était hâté de rejoindre son régiment (1). Voltaire lui intente alors, au tribunal du Châtelet, un procès criminel, qu'il poursuivra, de loin comme de près, avec acharnement. Si l'on ne savait d'ailleurs de combien de choses il s'occupait alors, on pourrait croire que c'était là son affaire capitale et unique. Il aura toujours ce privilége de se jeter tout entier dans une affaire, et d'en mener de front plusieurs autres avec une activité, en apparence, aussi entière.

Éloigné de Paris, il fait de tous ses amis autant de recors, et les met en mouvement. De Cambrai, il écrit, le 1er septembre, à Thieriot : « S'il y a des nouvelles, écrivez-m'en bien vite, et faites un peu venir qui vous savez avec des menottes (2); » de Bruxelles, le 11 : « A l'égard de l'homme aux menottes, je compte revenir à Paris dans quinze jours, et aller ensuite à Sully. Comme Sully est à cinq lieues de Gien (où était Beauregard), je serai là très à portée de faire happer le coquin, et d'en poursuivre la punition moi-même, aidé du secours de nos amis. » Il ne revint pas si vite, et ce n'est qu'en décembre qu'il put, pendant ses courses au Breuil et à Ussé, se remettre à la poursuite de Beauregard : « Je rôde dans la Sologne, à la piste de l'homme en question. Cependant j'ai chargé Demoulin (son agent,) de poursuivre criminellement l'affaire, afin que, si je ne puis avoir raison par moi-même, la justice me la fasse. » Y avait-il impuissance ou couardise dans cette alternative par laquelle il se réservait, en cas qu'il ne se battît pas contre Beauregard, un recours en justice ? D'Argenson a écrit à son sujet : « Il y a longtemps qu'on a distingué le courage de l'esprit et celui du corps. On les trouve rarement unis. Voltaire m'en est un exemple. Il a dans l'âme un courage digne de Turenne, de Moïse, de Gustave Adolphe ; il voit de haut, il entreprend, il ne s'étonne de rien ; mais il craint les moindres dangers pour

---

(1) Boissy à sa sœur, 27 juillet 1722, cité par M. Desnoiresterres.—(2) *Recueil* de 1856, t. I, p. 432. — Il écrivait encore au même, de La Haye, 8 octobre : « Ce qui m'importe actuellement davantage, c'est de savoir précisément où est l'homme en question (Ibid., p. 15). »

son corps, et est poltron avéré (1). » Oui, mais on connaît le proverbe vulgaire sur le poltron échauffé, auquel Voltaire donnera une nouvelle confirmation dans sa querelle avec le duc de Rohan. Toutefois, il finit par s'arrêter au dessein d'un procès criminel, se confiant dans la protection du garde des sceaux, Fleurian d'Armenonville, mais désespéré par la lenteur et les frais de la procédure. Fin décembre, rien n'était fait encore : « Demoulin poursuit en mon nom la condamnation de Beauregard. Je suis ruiné en frais. Pour comble, il me mande que le lieutenant criminel a envoyé chercher toutes les pièces chez mon procureur; je ne sais si c'est pour rendre ou pour dénier sa justice; j'attends en paix l'événement. » Pas si en paix, puisque, quelques jours après, le 3 janvier 1723, il annonçait au même Thieriot un nouveau mémoire qu'il allait faire distribuer aux juges de Beauregard. Comme il l'écrivait le 15 janvier à madame de Bernières, il avait cherché et fait chercher inutilement « l'homme en question, » et il n'y avait plus qu'à continuer, à Paris, son malheureux procès. Sa principale espérance était dans la chute imminente du protecteur de Beauregard (2). Mais Le Blanc ne fut renvoyé qu'en juillet, ce qui retarda de six mois encore sa vengeance. Heureusement pour Voltaire, Le Blanc fut remplacé par de Breteuil, un de ses amis. Aussi Beauregard fut-il aussitôt appréhendé et jeté dans la prison du Grand-Châtelet. Le 20 octobre, Voltaire écrivait à madame de Bernières : « Je fais recommencer son procès criminel, et j'espère qu'il ne sortira pas sitôt de prison. Il a des lettres de rappel qui pourront bien lui devenir inutiles, attendu que je ferai tous mes efforts pour le faire condamner à une peine plus conforme à son crime et aux lois, qu'un simple bannissement. » Et dix jours après, à la même : « Beauregard est toujours au Châtelet; j'ai envie de le laisser là un peu de temps (3). »

Combien l'y laissa-t-il? et comment se termina la lutte? c'est ce que nous ignorons. D'après une note ajoutée, proba-

(1) *Mémoires*, Ed. Jannet, t. V, p. 144. — (2) *Recueil* de 1856, t, I, p. 11. — (3) *Recueil* de 1856, t. I, p. 23-26.

blement par Des Fontaines, au *Recueil* du P. Harel (1), Voltaire « se crut bien dédommagé du châtiment du pont de Sèvres par les mille écus que son avarice reçut pour consoler son honneur. » C'est le témoignage d'un ennemi, et nous le devons tenir en suspicion. Ce qui est plus sûr, c'est que Voltaire conserva toujours un dur souvenir de la bastonnade du pont de Sèvres, et que la lui rappeler lui fut toujours la plus sanglante injure. En 1736, il se garda bien de relever l'allusion que Rousseau y avait faite, tant il tenait à ce que cette triste aventure restât en oubli, et, dans sa querelle avec Des Fontaines, un des détails les plus pénibles pour lui sera le rappel qu'en avait fait son adversaire, en insérant, à la fin de sa *Voltairomanie*, un extrait de la *Déification du docteur Aristarchus Masso*, de Saint-Hyacinthe, bouffonnerie peu véridique, où la brutalité injustifiable de Beauregard est tournée à la honte de la victime : « … L'officier, arrêtant le poëte par le bras : « J'ai toujours ouï dire que les impudents étaient lâches, lui dit-il ; j'en veux faire l'épreuve, et ne puis mieux m'adresser qu'à vous. Voyons, monsieur le bel esprit, si vous vous servirez bien de cette épée que vous portez, je ne sais pourquoi ; ou préparez-vous à recevoir de cette canne le châtiment de votre insolence. » Telle qu'une catin pâlit et s'effraie aux éclats redoublés du tonnerre, tel le poëte pâlit au discours de l'officier, et la frayeur lui inspirant, avec le repentir, des sentiments d'humilité et de prudence :

> J'ai péché, et je ne prétends pas
> Employer ma valeur à défendre mes fautes ;
> J'offre mon échine et mes côtes
> Au juste châtiment que prépare ton bras….

« Ces beaux discours ne servent ici de rien, dit l'officier ; défendez-vous, ou prenez garde à vos épaules. » Le poëte n'ayant pas la hardiesse de se défendre, l'officier le chargea de quantité de coups de bâton, dans l'espérance que l'outrage et la douleur lui inspireraient du courage, puisqu'ils en inspirent aux plus lâches ; mais la prudence du poëte redoubla, à proportion des

(1) Porrentruy, 1782, 2ᵉ édit., p. 41.

coups qu'il reçut; ce qui fit que l'homme qui l'avait accompagné, s'écria, en s'adressant à l'officier :

> Arrêtez, arrêtez l'ardeur de votre bras :
> Battre un homme à jeu sûr n'est pas d'une belle âme,
> Et le cœur est digne de blâme
> Contre les gens qui n'en ont pas.

L'officier, alors, après avoir ainsi disposé le poëte à ses remontrances : « Sectateur des Muses, lui dit-il, apprenez qu'il est plus important d'être sage qu'il n'est nécessaire d'être poëte, et que si les lauriers du Parnasse mettent à couvert de la foudre, ils ne mettent point à l'abri des coups de bâton. » En disant ces mots, il jeta dans un champ celui qu'il avait en main. Mais, ô prodige! ce bâton devint dans l'instant même un arbre! »

Arbre, en effet, sur lequel Rohan, Nadal et quelques autres viendront couper des branches pour bâtonner encore le pauvre Voltaire!

II

VOLTAIRE A MAISONS

A son arrivée à Paris, vers la fin de 1722, Voltaire logea d'abord chez le baigneur, mais il ne tarda pas à aller occuper l'appartement qui lui avait été prêté par madame de Bernières, où il attendit avec impatience que le sien fût prêt dans le même hôtel; car, à cause du bruit infernal du quai et de la rue, il lui était impossible de dormir dans l'autre, encore moins d'y travailler (1). En 1723, toujours occupé de son poëme, il se rendit à Rouen pour en préparer l'impression. Gens d'esprit et de mérite, chère excellente, opéra passable, voilà ce qu'il trouvait à Rouen; trop de plaisir, en un mot, ce qui dérangeait ses études. Aussi s'enfuyait-il à la Rivière-Bourdet, campagne voisine de Rouen et appartenant à la présidente, « pour y partager ses soins entre une ânesse et *Marianne*. » Revenu en avril à Paris, où l'appelaient les affaires de la succession de son père, il s'y

---

(1) *Recueil* de 1856, t. I, p. 13.

I. 8

trouva comme en enfer, et il alla se reposer quelques jours à Villars de toutes ses fatigues inutiles. En juillet, il alla aux eaux de Forges, avec le duc de Richelieu. Là il fit des fredaines, et perdit près de cent louis au pharaon, selon sa louable coutume de faire tous les ans quelque lessive au jeu. De Forges, avec Richelieu encore, il devait retourner à la Rivière (1), mais ses malheureuses affaires le firent encore rentrer à Paris, soupirant toujours après la solitude de la Normandie. Toutefois, dès qu'il fut libre, en octobre, c'est à Maisons qu'il se rendit (2).

Encore un séjour de Voltaire, et une succursale, en quelque sorte, de Villars; car cette magnifique demeure, bâtie sur les bords de la Seine et sur la lisière de la forêt de Saint-Germain, avait alors pour maître le jeune président à mortier de Maisons, fils d'une sœur aînée de la belle maréchale. Sans aucune religion eux-mêmes, son père et sa mère lui avaient cherché un précepteur lettré et ayant du monde, mais sans religion comme eux, « et qui, par principes, élevât avec soin leur fils à n'en point avoir. Pour leur malheur, ils rencontrèrent ce phénix accompli dans ces trois parties, » et le fils devint, sur la religion, parfaitement semblable au père et à la mère. La mort du père, emporté en une heure, à quarante-huit ans, « sans volonté et sans loisir de penser un moment à ce qui allait arriver à son âme (1715) ; » la mort de la mère, emportée de même, dans sa quarante-sixième année (1727), par une attaque d'apoplexie qui ne lui laissa pas « un moment de libre, » ne ramenèrent pas le fils à des sentiments meilleurs. Surpris, à Paris, par la petite vérole, à laquelle, huit ans auparavant, il avait arraché Voltaire à Maisons, « il se crut mort, il pensa à ce qu'il avait méconnu toute sa vie ; mais la frayeur qui le tourna subitement à la mort ne lui laissa plus de liberté, et il mourut de la sorte, dans sa trente-troisième année, le 13 septembre 1731, laissant un fils unique (3), qui, au milieu d'une troupe de femmes qui ne le perdaient jamais de vue, tomba d'entre leurs

(1) *Œuvres*, t. LI, p. 80, et *Recueil* de 1856, t. I, pp. 22, 28. — (2) Ce n'était pas son premier voyage à Maisons (Voir le *Recueil* de 1856, t. I, p. 431). — (3) Né de son mariage avec une fille d'Angervilliers, secrétaire d'État de la guerre.

bras, et en mourut en peu de jours à dix-huit mois, un an après son père, dont les grands biens allèrent à des collatéraux. — Je n'ai pu, conclut Saint-Simon, refuser cette courte remarque à une aussi rare impiété (1). »

Non pas rare, hélas! à cette époque; du moins l'avons-nous trouvée à tous les foyers où s'est assis Voltaire, et il nous est bien permis, une fois de plus, de remarquer à notre tour quels milieux empestés avait traversés cet homme, avant de communiquer la peste de l'irréligion à son siècle.

Quand il arriva à Maisons, vers la fin de 1723, la mort terrible du père était oubliée, celle de la mère n'était pas pressentie, moins encore celle du fils, qui devait être suivie de la destruction de cette riche et puissante famille. On était alors livré à toutes les fêtes, fêtes des sens et fêtes de l'esprit. Distingué dans son état, le jeune président, qui faisait dans son château de la chimie expérimentale, était membre honoraire de l'Académie des sciences. « C'était un homme qui avait de l'esprit, mais qui croyait quasi qu'il n'en restait plus pour personne, qui faisait l'homme savant,... extrêmement haut, à cause de sa naissance et de son esprit, point aimé par ce caractère (2). »

Duvernet a parlé avec amour (3), et de Maisons, coup d'essai et chef-d'œuvre de Mansard, et de son maître, que naturellement il admire, et de ses fêtes, auxquelles tous les arts, tous les talents, tous les plaisirs étaient conviés. En novembre 1723, le président en avait annoncé une, dans laquelle tous les agréments de l'esprit devaient se varier et se succéder pendant trois jours. Plus de trente seigneurs y étaient invités, et autant de dames. La Lecouvreur devait jouer la comédie, et était déjà arrivée. On attendait même le cardinal de Fleury. Voltaire avait promis une lecture de sa *Marianne*. Le 4 novembre, le poëte et le président se trouvent indisposés à la fois. Après les premiers remèdes, le président guérit, et la petite vérole se déclare chez Voltaire. On envoie chercher Gervasi, qui vient avec répu-

---

(1) *Mémoires*, t. XII, pp. 300-302. — Avec 150,000 livres de rente, dit Barbier, le président laissait près d'un million de dettes (*Journal*, t. II, p. 197). — (2) Barbier, *loc. cit.* — (3) P. 62 ou 52.

gnance et traite sans espoir. Le curé arrive de lui-même. « Je me confessai, raconte Voltaire au baron de Breteuil, père de madame du Châtelet, et je fis mon testament, qui, comme vous croyez bien, ne fut pas long. Après cela j'attendis la mort avec assez de tranquillité, non toutefois sans regretter de n'avoir pas mis la dernière main à mon poëme et à *Marianne*, ni sans être fâché de quitter mes amis de si bonne heure. » Il guérit, grâce au concours que l'amitié prêta à la science. Prévenu par mademoiselle Lecouvreur, Thieriot accourut en poste de la Rivière-Bourdet, et se tint jusqu'au bout au chevet du malade, qui n'oubliera jamais cet acte de dévouement. Le 15, Voltaire était hors de danger, et le 16 il faisait des vers.

Le 1er décembre, il fut en état d'être transporté à Paris. A peine était-il à deux cents pas du château, qu'une partie du plancher de sa chambre tomba tout enflammée. Les chambres voisines, les appartements qui étaient au-dessous, les meubles précieux dont ils étaient ornés, tout fut consumé par le feu. La cause de cet incendie était une poutre qui passait précisément sous la cheminée, et qui, embrasée peu à peu par la chaleur de l'âtre, communiqua le feu au reste. Le feu, qui couvait depuis deux jours, n'éclata qu'un moment après le départ de Voltaire. C'était payer tristement ses frais d'hospitalité, et il s'en affligea; mais il n'était point coupable, et le président eut la générosité de l'en consoler. Toutefois, il n'osa pas retourner à Maisons avant le mois de juin 1725 (1).

III

MARIANNE

Sa convalescence fut longue, et, pendant toute l'année 1724, il se plaindra de fièvres, d'une « gale horrible qui lui couvre tout le corps, etc. » Au milieu des médicaments, il ne négligeait pas sa tragédie de *Marianne*, qui fut représentée pour la pre-

---

(1) Lettre du 2 juillet, à Mme de Bernières.

mière fois le 6 mars. On ne s'explique donc pas ce que raconte l'auteur dans son *Commentaire historique*, et ce qu'a répété Duvernet (1), à savoir, que cette représentation eut lieu la veille des Rois, et qu'au moment où Marianne prenait des mains d'Hérode la coupe empoisonnée, un plaisant du parterre ou un membre de la cabale ennemie s'écria : « La reine boit! » ce qui empêcha d'achever la pièce. Un fait pourtant militerait en faveur de cette tradition, c'est que Voltaire, afin de ne plus s'exposer, apparemment, à cette allusion plaisante, changea ensuite son dénouement, et substitua le poignard au poison. Quoi qu'il en soit, le procès de *Marianne* ne releva guère d'abord, bien certainement, que du tribunal de la plaisanterie. Le 6 mars, on donnait, pour petite pièce, le *Deuil* : « C'est le *deuil* de la tragédie nouvelle, » s'écria quelqu'un ; mot qui en décida la chute. Il en fut encore ainsi à la reprise. Le rôle de Varus était alors joué par un acteur fort laid. Au moment où le confident lui adressait ce vers :

<blockquote>Vous vous troublez, seigneur, et changez de visage,</blockquote>

« Laissez-le donc faire, cria-t-on ; il ne peut que gagner au change (2). »

Belle matière à parodie! Aussi Piron et Fuzelier ne manquèrent pas l'occasion. Voltaire se détermina à retoucher sa pièce. Il modifia le personnage d'Hérode, odieux d'abord, puis méprisable, et lui ôta le voisinage de Varus, qui l'avilissait; il rendit moins inflexible son orgueilleuse et peu intéressante Marianne; et, le 10 avril 1725, il resservit au public sa pièce ainsi réchauffée. En cet état même, elle réussit médiocrement, et resta une assez méchante pièce. Imprimée cette même année, elle fut envoyée, avec une Épitre (3), à la nouvelle reine de France, dont Voltaire se préparait ainsi les prochaines faveurs.

Le 5 avril 1726, Rousseau écrivait à son ami Boutet : « M. de Lasseré m'ayant envoyé la *Marianne*, je n'ai pu m'empêcher

---

(1) *Œuvres*, t. XLVIII, p. 322; — p. 64 ou 57. — (2) Grimm, *Correspondance littéraire*, t. 1, p. 215. — (3) *Œuvres*, t. XIII, p. 64. — Voir la pièce, *Œuvres*, t. II, p. 180.

de lui en écrire mon sentiment. Ma lettre, qui a couru, m'en a attiré une de la part de l'auteur, à qui j'ai fait une réponse de douze lignes. Comme il n'a point publié la lettre qu'il m'a écrite, il ne serait pas chrétien que je rendisse ma réponse publique. Voilà toute l'histoire, qui ne mérite ni votre curiosité, ni votre attention (1). » Dans sa lettre de 1736, Rousseau ne parle plus d'une lettre de Voltaire, mais d'une lettre anonyme, d'une écriture contrefaite, où il était accommodé de toutes pièces; c'est pourtant à Voltaire qu'il répondit, et, cette fois, il donne substantiellement sa réponse : « Après la manière dont vous avez traité Jésus-Christ, je ne suis pas assez délicat pour m'offenser de vos injures; mais je vous avertis qu'un homme qui a donné une telle prise sur lui, est obligé d'être sage, et d'éviter surtout de se faire des ennemis. » Il maintient l'expression de « pitoyable superfétation dramatique, » par laquelle, en 1725, il avait flétri *Marianne*. Si le texte de cette lettre à Lasseré est authentique dans les reproductions qui en ont été faites (2), il faut avouer qu'une telle critique était de nature à irriter Voltaire, parce que, vraie au fond, elle était grossière et blessante dans la forme. Le nuage se chargeait; l'orage éclatera bientôt.

IV

DÉBUTS DE VOLTAIRE COURTISAN

Dans l'été de 1724, Voltaire retourna, avec Richelieu, aux eaux de Forges, qui lui firent du bien, puis du mal. Il était revenu le 24 août à Paris, d'où il écrivait à Thieriot, que, chassé encore par le bruit de l'hôtel de Bernières, il était allé se loger dans un hôtel garni, où il enrageait et souffrait. Il se repentait d'avoir fait acheter à madame de Bernières cet hôtel du coin de la rue de Beaune et du quai : avait-il le pressentiment que, cinquante-quatre ans plus tard, il y devait mourir? Il y retourna

---

(1) T. I, 1re partie, p. 132. — (2) La voir dans *Anecdotes dramatiques*, Paris, 1775, t. I, p. 523.

pourtant, « ruiné, dit-il, par les dépenses de son appartement, et volé, par surcroît, d'une bonne partie de ses meubles et de ses livres. » Il va se dire ruiné et malade toute sa vie ; et il mourra à quatre-vingt-quatre ans, et il laissera 160,000 livres de rentes !

Il faisait quelques excursions à Versailles, « pays bien étranger pour lui, » mais où il désirait fort s'acclimater, et surtout se faire naturaliser. Il s'y aidait par tous les moyens, même par la dévotion. S'il écrivait un jour (1) à Mme de Bernières : « Dufresni est mort comme un poltron, et a sacrifié à Dieu cinq ou six comédies nouvelles toutes propres à faire bailler les saints du paradis ; » il lui écrivait une autre fois (2), à propos de la femme Lafosse, guérie par le passage du Saint-Sacrement : « J'ai dans le monde un petit vernis de dévotion que le miracle du faubourg Saint-Antoine m'a donné. La femme au miracle est venue ce matin dans ma chambre. Voyez quel honneur je fais à votre maison, et en quelle odeur de sainteté nous allons être. » Il fut nommé dans le mandement du cardinal de Noailles, et invité au *Te Deum* de Notre-Dame. Ce mandement lui ayant été envoyé par le vicaire-général Couet, il répondit, s'il faut l'en croire, en envoyant sa *Marianne* en échange :

> Vous m'envoyez un mandement,
> Recevez une tragédie,
> Afin que mutuellement
> Nous nous donnions la comédie.

C'était bien cela dans sa pensée, et il bouffonnait sur tout ; mais il est douteux qu'il ait adressé ce quatrain, dans le temps où il songeait à se ménager les faveurs d'une reine pieuse.

A prendre ses plaintes à la lettre, il en avait grand besoin : « Les noces de Louis XV, écrivait-il de Versailles (septembre 1725) à la présidente, font tort au pauvre Voltaire. On ne parle de payer aucune pension, ni même de les conserver... Ceci ressemble au mariage du soleil, qui faisait murmurer les grenouilles. » Puis il venait de perdre sa première rente viagère de deux

(1) Octobre 1724. — (2) 20 août 1725.

mille livres, « pour avoir trop tardé à en payer le fonds (1). » La pension dont il se plaint de n'être pas payé est probablement une pension du roi de 2,000 livres, obtenue par l'entremise du duc d'Orléans, dont il jouissait au moins depuis le commencement de 1722 (2). Il lui fallait une compensation.

Il prépare donc un petit divertissement, pour les fêtes du mariage royal à Fontainebleau; mais Mortemart, premier gentilhomme de la Chambre, refuse de le faire exécuter (3). Il veut s'en dédommager en tâchant de faire jouer *Œdipe* et *Marianne*, dont il offrira la dédicace à la reine. Il a bonne espérance de réussir : la reine lui a déjà fait dire qu'elle serait bien aise qu'il prît cette liberté. D'autre part, le roi et la reine de Pologne, père et mère de la reine de France, lui ont fait demander *Henri IV* (4). En effet, il réussit à faire jouer à la fois *Œdipe*, *Marianne* et l'*Indiscret,* petite comédie déjà jouée à Paris, avec peu de succès, le 1er août précédent, et dédiée à Mme de Prie : — commencement de ces dédicaces aux maîtresses toutes-puissantes (5)!

Pour se mieux mettre encore avec la maîtresse du duc de Bourbon, premier ministre, il l'accompagne à Bélébat, chez le marquis de Livry, premier maître-d'hôtel du roi, et là, en présence de Mlle de Clermont et d'un grand nombre de jeunes femmes, il fait représenter une *fête*, où la religion et les mœurs sont l'objet de plaisanteries grossières (6), renouvelées du Temple ou du Palais-Royal.

Et il ne voit rien venir! Toujours en l'air, courant inutilement après une fortune qui semble se présenter et qui s'enfuit bien vite dès qu'il la croit tenir, il maudit la vie de courtisan. Pas mal avec la reine, très-bien avec Mme de Prie chez laquelle il logeait à Fontainebleau (7), il ne réussit qu'à perdre son temps. Il n'y a pourtant pas de complaisant plus empressé, ni de compagnon plus fidèle. Tantôt il accompagne le duc d'Antin à Bellegarde pour aller voir Stanislas; tantôt il retourne à Bélé-

---

(1) *Recueil* de 1860, p. 310. — Duvernet (p. 88 ou 78), dit avoir vu le contrat de cette rente, qui était de 1723. — (2) *Mercure* de janvier 1722. — (3) Voir ce *Divertissement*, dans le *Recueil* de 1820, pp. 19-28. — (4) A Mme de Bernières, de Fontainebleau, 17 septembre. — (5) *Œuvres*, t. II, p. 282. — (6) *Œuvres*, t. II, p. 321. — (7) A Thieriot, 25 août 1725; — *Recueil* de 1856, t. I, p. 33.

bat avec Mme de Prie; car il n'y a *sottise* dont il ne s'avise (1) : ses espérances sont toujours trompées. Et il est toujours bien reçu de la reine, qui pleure à Marianne, rit à l'*Indiscret*, lui parle souvent et l'appelle « son pauvre Voltaire » — (pauvre reine!). — Qu'est-ce que cela? Le moindre ducaton ferait bien mieux son affaire! Il voudrait un établissement, pour lequel on lui donne tous les jours des espérances; s'il ne l'obtient, la vie de Cour lui est insupportable (2).

Mais, vive la Cour! « La reine vient de me donner, sur sa cassette, une pension de 1,500 livres que je ne demandais pas : c'est un acheminement pour obtenir les choses que je demande. Je suis très-bien avec le second premier ministre, M. Duverney. Je compte sur l'amitié de Mme de Prie. Je ne me plains plus de la vie de Cour (3). »

« Je ne suis ici que pour demander des grâces, » écrivait-il à la présidente le 8 octobre : on croira donc difficilement qu'il n'ait pas demandé sa pension; ou, s'il ne l'a pas demandée en personne, il l'a fait solliciter, dit-on, par Paris-Duverney. De quelque façon que lui soit venue cette nouvelle faveur, le voilà bien pensionné. Pension du duc d'Orléans de 2,000 livres, pension du roi de la même somme, pension de la reine de 1,500 livres :

> Il est le mieux renté de tous les beaux esprits.

Il est vrai qu'il est meilleur poëte que Chapelain, mais pas si *bon homme!* Encore une fois, vive le roi, vive la reine, vive la Cour!

Hélas! de ce faîte de la fortune, il allait tomber encore dans un cachot de la Bastille!

V.

L'HOTEL DE SULLY ET LA BASTILLE

A son retour de Fontainebleau, il se rejeta dans la société des princes et des seigneurs, seul milieu où désormais il pouvait

---

(1) A Mme de Bernières, de Fontainebleau, 8 octobre 1725. — (2) A Thieriot, de Fontainebleau, 17 octobre. — (3) A Mme de Bernières, de Fontainebleau, 13 novembre.

vivre; mais il s'y rejeta avec ses prétentions et ses insolences ordinaires. Prince de l'esprit, il se croyait l'égal des plus grands, et il avait raison quant à la valeur personnelle; mais il oubliait que les distinctions sociales ne reposent pas là-dessus; il oubliait le mot si sensé de Pascal : « Que l'on a bien fait de distinguer les hommes par l'extérieur, plutôt que par les qualités intérieures! Qui passera de nous deux? qui cédera la place à l'autre? Le moins habile? Mais je suis aussi habile que lui. Il faudra se battre sur cela. Il a quatre laquais, et je n'en ai qu'un; cela est visible; il n'y a qu'à compter : c'est à moi de céder, et je suis un sot si je conteste (1). »

De laquais, il n'en avait même pas un, et son talent et ses œuvres faisaient tout son cortége. Encore un coup, ce cortége pouvait mieux valoir qu'un groupe de pages; mais, suivant le mot de Pascal, malgré tout son esprit, il était un sot de contester la prééminence ou d'afficher des prétentions à l'égalité sociale. Il s'exposait au châtiment dont parle ailleurs le même Pascal : « On ne veut pas que j'honore un homme vêtu de brocatelle et suivi de sept ou huit laquais! Eh quoi! Il me fera donner les étrivières, si je ne le salue (2). »

A plus forte raison, si vous l'insultez! Voltaire les va recevoir; et, quoique le châtiment ait été exagéré en lui-même et dans ses suites, quoique rien ne puisse justifier la lâcheté brutale du chevalier de Rohan, on doit avouer qu'il méritait quelque chose.

On se rappelle ses mots outrecuidants, cités partout, par exemple, celui-ci, au jeune prince de Conti, son admirateur pourtant, qui lui montrait des vers de sa façon : « Monseigneur, vous serez un grand poëte; il faut que je vous fasse donner une pension par le roi. » C'est chez le même prince de Conti que, se mettant à table un jour, il demanda avec arrogance : « Sommes-nous ici tous princes, ou tous poëtes? » On a pu pardonner à Piron, simple et bon homme, le mot tant cité : « Puisque les qualités sont connues, je passe le premier. » Mais de semblables expressions étaient autrement blessantes dans la bouche

(1) Edition Faugère, t. I, p. 184. — (2) Ibid., p. 221.

de Voltaire, et le *familier des princes*, comme on le nommait, allait être rappelé au sentiment de sa condition.

Que se passa-t-il entre lui et le chevalier de Rohan ? Il y a bien des variantes dans les récits qu'on en a faits. Suivons le récit de Duvernet (1), qui, ayant interrogé Voltaire sur ce point, reçut en réponse, le 13 janvier 1772, l'invitation de consulter Thieriot, témoin de l'affaire ; mais contrôlons ce récit, évidemment intéressé, par les Mémoires du temps.

Né en 1683, et alors maréchal de camp, le chevalier de Rohan-Chabot, dit-on, était moins renommé pour sa bravoure que pour ses usures : « Il passait, dit Voltaire, pour faire le métier des Juifs. » La querelle aurait pris son origine à un dîner, chez le duc de Sully. Contrecarré avec hauteur dans une de ses opinions, le chevalier, blessé, demanda : « Quel est donc ce jeune homme, qui parle si haut ? » — « Monsieur le chevalier, répondit Voltaire, c'est un homme qui ne traîne pas un grand nom, mais qui honore le nom qu'il porte ; » ou bien, suivant une autre leçon plus insolente : « Je suis le premier de ma race, et vous êtes le dernier de la vôtre. » Le chevalier, continue Duvernet, se lève de table, sort de l'hôtel, et les convives applaudissent à Voltaire. L'amphitrion ajoute même : « Nous sommes heureux si vous nous en avez délivré. » — Les convives, tous grands seigneurs, ne durent pas applaudir à cette humiliation d'un homme de leur caste, et le mot qu'on prête au duc de Sully est en contradiction avec sa conduite subséquente.

Suivant le *Journal* de Villars (2), — qui appelle Voltaire « un grand poëte et fort étourdi, » — les *Mémoires* d'Hénault (3) et le *Journal* de Marais (4), c'est à la comédie, à l'Opéra ou au Théâtre-Français, que tout aurait commencé ; mais peut-être n'est-ce que le second acte du drame tragi-comique. Rencontrant Voltaire au spectacle, le chevalier lui demanda : « Comment vous appelez-vous ? Mons de Voltaire, ou mons Arouet ? » Voltaire répondit par des plaisanteries sur le nom de Chabot, et l'affaire en resta là. Deux jours après, dans la loge de la Lecou-

---

(1) P. 69 ou 60. — (2) *Collection Michaud*, t. XXXIII, p. 323. — (3) P. 88. — (4) T. III, pp. 392, 393, 396.

vreur, le chevalier renouvela sa question, et Voltaire sa réponse, en y ajoutant d'autres propos très-offensants. Aussitôt le chevalier lève la canne, Voltaire tire l'épée; mais ni l'un ni l'autre ne frappe. Fort incommodé d'une chute, dit Villars, le chevalier ne pouvait pas faire le spadassin; mais il acheva d'irriter son adversaire, en persistant à dire qu'on ne lui devait répondre qu'à coups de bâton. Là-dessus, la Lecouvreur tombe évanouie, et les secours qu'elle réclame mettent fin à la querelle.

Deux ou trois jours se passent encore, pendant lesquels le chevalier se prépare à tenir parole. Un matin, Voltaire reçoit une invitation à dîner au nom du duc de Sully? Ne se doutant pas qu'elle lui venait du chevalier, il y va, se met à table en habitué de l'hôtel, et dîne bien. Au dessert, — dur dessert! — un laquais vient l'avertir qu'on le demande à la porte « pour une bonne œuvre, dit Duvernet. Au mot de bonne œuvre, » il se précipite; il ne s'agissait que d'une œuvre de vengeance. A la porte, il voit un fiacre, dans lequel étaient deux (1) hommes qui le prient de monter à la portière. A peine y a-t-il mis le pied, que l'un d'eux le retient par son habit, tandis que l'autre lui applique rudement sur les épaules des coups de canne (2). Cependant, le chevalier, caché dans sa voiture à quelques pas de là, criait aux frappeurs : « Épargnez la tête! » Et le peuple attroupé disait : « Ah! le bon seigneur! » — Voltaire n'était aimé ni du peuple ni de la bourgeoisie, qu'il avait dédaignés pour la noblesse (3). — Le battu criait de son côté, et les coups redoublaient. « C'est assez, » cria enfin le chevalier, et on lâcha la victime meurtrie. Voltaire remonte chez le duc de Sully, qu'il veut faire entrer dans sa querelle. Le duc s'y étant refusé, il retire pour toujours sa personne de l'hôtel et le nom de Sully de son poëme.

Au lieu de prendre la voie de justice, — dit Villars qui le tenait de Voltaire, — le battu estima la vengeance plus noble par

---

(1) Voltaire dira *six*. — (2) « Cinq ou six coups d'une petite baguette, » dit Duvernet, qui adoucit trop le châtiment. — (3) *Journal* de Barbier, t. VIII, pp. 145, 211. — Voir encore Marais, toutes les fois qu'il a l'occasion de parler de Voltaire.

les armes. C'est aussi, et sur la même autorité, ce que dit Duvernet, en ajoutant une raison plus plausible, à savoir que Voltaire fuyait le recours aux lois dans la crainte de donner de l'éclat à sa honte. Il est pourtant certain, et Voltaire va l'avouer, qu'il demanda d'abord justice. De l'hôtel de Sully, raconte Marais, il courut à l'Opéra, pour y conter son malheur à madame de Prie et l'intéresser en sa faveur. De l'Opéra il se rendit à Versailles, criant toujours vengeance. On le voyait partout, à la cour, à la ville, cherchant des protecteurs contre son bourreau. Personne ne le plaignait; ses amis mêmes, loin de lui offrir leurs services, lui tournaient le dos; et les faiseurs de *calottes* lui envoyaient un brevet de *grand bâtonnier* du régiment. L'évêque de Blois, Caumartin, disait : « Nous serions bien malheureux, si les poëtes n'avaient point d'épaules. » Il est à croire qu'à sa demande de justice on répondit de nouveau comme le duc d'Orléans : « On vous l'a faite. »

Ne pouvant plus compter que sur lui, — nous reprenons le récit de Duvernet, — il s'enferma dans une retraite absolue, apprenant l'anglais pour un exil probable, et l'escrime pour se venger. Quand il se crut assez fort, il alla retrouver le chevalier au théâtre : « Monsieur, dit-il à l'usurier, si quelque affaire d'*intérêt* ne vous a point fait oublier l'outrage dont j'ai à me plaindre, j'espère que vous m'en rendrez raison. » Rendez-vous fut pris pour le lendemain à neuf heures, près la porte Saint-Antoine. Mais, le soir même, tous les Rohan se mirent en mouvement à Versailles pour donner à la querelle un autre dénouement. Ils montrèrent au duc de Bourbon, l'amant borgne de Madame de Prie, ce quatrain de Désaleur, l'amant secret, et ils ne manquèrent pas de l'attribuer à Voltaire :

> Io, sans avoir l'air de feindre,
> D'Argus sut tromper tous les yeux;
> Quand nous n'en avons qu'un à craindre,
> Pourquoi ne pas nous rendre heureux ?

Le duc, qui connaissait les liaisons du poëte avec sa maîtresse, vit en lui un rival, et, pour s'en débarrasser, il fit arrêter l'ennemi des Rohan. Nouvelle application du proverbe : « Les battus payent l'amende ! »

Arrêté le 26 mars 1726, Voltaire fut conduit à la Bastille le 17 avril, sur un ordre contresigné Maurepas. Il écrivit aussitôt au ministre du département de Paris ce billet, où il avoue ses démarches et indique un autre grief qui lui dut être reproché : « Je démontre très-humblement que j'ai été assassiné par le brave chevalier de Rohan, assisté de *six* coupe-jarrets, derrière lesquels il était hardiment posté. J'ai toujours cherché depuis ce temps à réparer non mon honneur, mais le sien, ce qui était trop difficile. Si je suis venu dans Versailles, il est très-faux que j'aie fait demander M. le chevalier de Rohan chez M. le cardinal de Rohan. »

« Le public, disposé à tout blâmer, dit Villars, trouva, pour cette fois avec raison, que tout le monde avait tort : Voltaire, d'avoir offensé le chevalier de Rohan ; celui-ci, d'avoir osé commettre un crime digne de mort en faisant battre un citoyen ; le gouvernement, de n'avoir pas puni la notoriété d'une mauvaise action, et d'avoir fait mettre le battu à la Bastille pour tranquilliser le batteur. »

C'est la moralité de cette comédie !

A la liberté près, Voltaire fut bien traité à la Bastille, et lui-même le reconnaît, dans sa lettre à Duvernet du 13 janvier 1772. Il obtint d'avoir un domestique de son choix et de recevoir un grand nombre de parents et d'amis. Thieriot, en particulier, le pourvoyait de livres anglais, et pouvait souvent dîner avec lui. Germain Dubreuil, son homme d'affaires, muni de sa procuration, put lui parler toutes les fois qu'il le désirait. Les visites devinrent si nombreuses et si fréquentes, qu'Hérault, lieutenant de police, dut écrire à Delaunay, gouverneur de la Bastille, de ne point étendre la permission à toutes les connaissances du poëte, et de la restreindre à cinq ou six amis dont il devrait donner les noms. « Je me compromettrais, disait Hérault (1er mai), si les choses étaient autrement, et il est à propos que vous le lui fassiez sentir. » — Que de ménagements pour un prisonnier !

Le lendemain, nouvelle lettre de Hérault pour informer Delaunay qu'un sieur Condé est chargé d'un ordre du roi pour faire sortir Voltaire de la Bastille, et que Maurepas, par une lettre du 29 avril, lui marque que l'intention de Sa Majesté et du duc de Bourbon est que le poëte soit conduit en Angleterre. Condé doit l'accompagner jusqu'à Calais, le voir embarquer et partir. « Je vous supplie, dit Hérault en finissant, de faire faire au sieur de Voltaire une soumission par écrit de se conformer à ces ordres (1). »

Voilà ce qui renverse toute la fin du récit de Duvernet. Suivant lui, le chevalier de Rohan, impuni et toujours lâche, ne quittait point Versailles, mourant de peur que Voltaire, une fois libre, ne vînt lui demander raison de son outrage. C'est pourquoi les Rohan obtinrent encore que le poëte fût banni de France, ordre qui lui fut signifié au sortir de la Bastille. Pour jouir de plus de liberté, Voltaire passa en Angleterre.

Relâché le 2 mai, après quinze ou seize jours de Bastille, et non six mois, comme le dit encore Duvernet, Voltaire fut soumis, sans l'intervention des Rohan, à la loi générale d'un bannissement provisoire que nous avons déjà remarquée, et c'est forcément, et non par choix, qu'il partit pour l'Angleterre.

Arrivé à Calais, il logea chez un nommé Dunoquet, trésorier des troupes, et il ne tarda pas, sous les yeux de Condé, à franchir le détroit.

Le gouvernement, toujours si maladroit dans sa conduite à l'égard de Voltaire, ne pouvait plus mal choisir son lieu d'exil : ce que n'avaient encore pu faire en lui sa mauvaise nature, et le Temple, et Maisons, et tous les débauchés et roués de France, l'Angleterre le va achever, et il en reviendra le Voltaire qu'il sera toute sa vie.

(1) Delort, *Détention des philosophes*, T. II, pp. 34 et suiv.

CHAPITRE SIXIÈME

VOLTAIRE EN ANGLETERRE

I

L'ANGLETERRE RELIGIEUSE EN 1726

En Angleterre, Voltaire retrouva d'abord Bolingbroke, rentré dans son pays depuis 1723; Bolingbroke, son plus mauvais génie, l'homme qui a laissé en lui l'impression la plus profonde et la plus durable. Dans ses aspirations à la fois aristocratiques et impies, il prit définitivement pour modèle le lord incrédule, lui emprunta toutes ses idées, qu'il traduira dans un grand nombre de ses ouvrages. Tel son *Examen de Milord Bolingbrocke;* tels la plupart de ses écrits contre la Bible, dont les objections sont tirées des *Lettres sur l'histoire* du lord anglais. Introduit par Bolingbroke dans son monde particulier, il se plut à y voir le résumé de toute la société anglaise, comme il voyait dans Bolingbroke le chef d'une grande école et le type de l'esprit britannique; et c'est sous le couvert et l'autorité d'une grande nation et de son plus illustre et plus complet représentant à ses yeux, qu'il se préparait à importer l'irréligion en France.

Il n'en était rien pourtant. Si la société de Bolingbroke était pourrie d'incrédulité, la société anglaise gardait un fond chrétien qui résistait à toutes les attaques et a persisté jusqu'à nos jours. Mais on était dans cet état de crise religieuse qui pouvait tromper des yeux si prévenus. Dans son contact avec la révolution et la politique des partis, la religion s'était déformée, sinon en elle-même, au moins dans les idées qu'on se faisait d'elle. En haine des Stuarts, le catholicisme était regardé comme une religion de rebelles; en haine des gouvernants, la haute Église n'était qu'un instrument de règne; en haine des républicains et des niveleurs, les dissidents et non conformistes n'étaient que des fanatiques stupides ou menaçants. Absurdité ou danger, en ces deux mots, pour les courtisans, beaux-esprits, roués, qui pouvaient composer la société de Voltaire, se résumait toute la question religieuse. De là haine pour la religion, au moins indifférence, qui se traduisaient ou en attaques brutales, ou en transformation du Christianisme révélé en une sorte d'arianisme ou de déisme. C'est Locke, mort en 1704, Locke, l'auteur du *Christianisme raisonnable*, qui a été le philosophe de ce christianisme prétendu rationnel, puis le père de tous ceux qui ont porté ensuite à la révélation des coups si lamentables. Lord Shaftesbury, mort en 1713, ne parlait des dogmes chrétiens que pour les tourner en ridicule. Professé en Angleterre, dès la fin du xviie siècle, par des hommes fort connus, le déisme fut réduit en système par Herbert, comte de Cherbury, qui se flattait d'établir une religion purement naturelle sur les ruines de toute religion révélée, et qui fut suivi par son disciple Blount, auteur des *Oracles de la raison*. On était divisé dans les opinions et les moyens d'attaque; mais, déistes comme Toland, Bury, Collins, Tandal, Woolston, Coward, ou ariens comme Whiston, Whitby, Emlyn, Chubbe, tous s'entendaient pour saper les fondements du christianisme révélé. Aux théoriciens prédicants ou plumitifs, beaucoup de membres de l'aristocratie anglaise, comme Somers, Cowper, Wharton, Shrewsbury, Buckingham et surtout Bolingbroke, apportèrent le concours de leur crédit social, de leur impiété et de leur corruption. Ainsi le Christianisme rationel franchissait rapidement les étapes qui le devaient conduire à une incrédulité complète, malgré les foudres de la chaire, les décrets du parlement et les clameurs d'une multitude scandalisée. Et ce triste progrès se remarquait jusque dans les rangs de l'Église enseignante. On prétendait défendre la foi, et on supprimait ou on atténuait ses mystères. En 1712, Addison pouvait déjà écrire : « Nous sommes par degrés tombés dans cette mauvaise honte, qui a, en quelque sorte, banni du milieu de nous l'apparence du Christianisme dans l'usage de la vie et dans la conversation ordinaire. » Et, en 1715, Leibniz écrivait à la princesse de Galles, que la religion naturelle elle-même s'affaiblissait en Angleterre.

Les rigueurs du parlement contre les bizarreries impies de l'avocat Asgill (1703) et contre le matérialisme du médecin Coward (1704), n'avaient donc rien fait, et l'armée des détracteurs du Christianisme grossissait chaque jour. On essaya encore des mesures sévères. Whiston, ministre anglais, ami de Newton, fut exclu du parlement et poursuivi par une cour ecclésiastique pour ses violences contre la Trinité; Emlyn, théologien protestant, fut, pour la même cause, privé de ses fonctions, condamné à la prison et à l'amende, et Clarke ne fut épargné qu'après la promesse de ne plus écrire sur ce dogme : vains efforts! et bientôt l'irréligion absolue fut professée par Toland, Collins et Tindal.

Quand Voltaire arriva en Angleterre, Toland venait de mourir (1722); Collins et Tindal, morts en 1729 et 1733, n'avaient plus que quelques années à vivre, et avaient produit tous leurs funestes ouvrages. Collins, ami de Loke, matérialiste et fataliste, homme d'ailleurs méprisable, sans bonne foi et sans scrupules, avait formulé la doctrine de la société récente des *Libres-penseurs* dans son *Discours sur la liberté de penser*, attaque odieuse contre tout christianisme, toute révélation, renouvelée en 1724 par son *Discours sur la religion chrétienne;* écrits où ont puisé tous nos incrédules français. — Plus méprisable encore que Collins, deux fois apostat et mal famé pour ses mœurs, Tindal avait donné, en 1706, son livre des *Droits*, où, sous prétexte d'attaquer seulement le catholicisme, il renversait toute constitution religieuse; et, un peu plus tard, son *Christianisme aussi ancien que le monde*, reprise, mais avec plus d'extension et de retentissement, des attaques de Cherbury contre toute révélation, d'où résultaient immédiatement un athéisme et une immoralité contre lesquels on réclama en pleine chambre des lords, mais, hélas! au milieu des plaisanteries de l'assemblée! — Apostat lui aussi, plume vénale, méprisé de ses compatriotes, et insulté chez nous par Diderot et jusque par Naigeon, Toland s'était montré plus hardi encore dans son

Christianisme sans mystères (1696); et, une fois échappé aux poursuites dirigées contre son livre et sa personne, il avait continué d'écrire impunément, de 1704 à 1718, un grand nombre de pamphlets contre le Judaïsme et le Christianisme.

Que dut éprouver Voltaire, lorsqu'il vit le Christianisme ainsi traité dans les hautes classes et jusque dans l'Église? Quelques années plus tard, en 1730, un homme moins passionné que lui, moins désireux d'exprimer par là une vérité, Montesquieu écrivait, dans ses notes de voyage : « Point de religion en Angleterre! » A plus forte raison Voltaire dut-il y croire le Christianisme bien mort. Il le crut mort bientôt en France; il en fit la prophétie, qu'il se chargea lui-même d'accomplir (1).

II

SÉJOUR DE VOLTAIRE EN ANGLETERRE

Tel fut le premier résultat de son séjour en Angleterre : il s'y confirma dans son dessein de guerre anti-chrétienne. Il s'y initia, de plus, à sa courte science par l'étude de Newton, à sa mauvaise philosophie par l'étude de Locke, à sa politique étroite et contradictoire par ses observations sur le gouvernement anglais et ses relations avec plusieurs hommes d'État, à son nouvel art dramatique, hybride et bâtard, par son commerce avec le théâtre du *barbare* Shakespeare. Voltaire complet date de ces deux ou trois années, pendant lesquelles il a tant étudié, tant écouté, tant vu. Par son esprit, Voltaire est bien fils de la France; pour presque tout le reste, c'est un fils de l'Angleterre. Par lui et par Montesquieu, l'Angleterre a fait chez nous, au xviiie siècle, une invasion qui, à beaucoup d'égards, nous a été plus funeste que la guerre de Cent ans.

Du reste, nous savons peu de chose du séjour de Voltaire en Angleterre. Sa correspondance est presque muette sur ces deux

---

(1) Sur tout cela, consulter l'ouvrage non suspect de M. de Rémusat : *Études sur l'Angleterre au* xviiie *siècle*, Paris, 1856.

ou trois années. Il ne paraît avoir fait aucune impression sur les Anglais, et l'on trouve à peine sa trace dans les écrits du temps. Il vit Congrève, le Molière anglais, infirme et presque mourant lorsqu'il le connut, et il fut choqué de lui voir préférer à son métier d'auteur, qui avait fait sa réputation et sa fortune, son titre de gentilhomme (1). Il rechercha la connaissance de Pope, qu'il imitera dans ses *Discours* en vers; mais Pope savait peu le français, et Voltaire, peu accoutumé au sifflement de la langue anglaise, ne put se faire entendre (2). Il continua néanmoins de le voir; il lui écrivit, notamment, et lui fit visite après un terrible accident de voiture; mais la gravité caustique et prude du poëte anglais ne s'accommoda jamais de la fougue et de la gaîté brillantes de Voltaire. La religion les séparait encore. Catholique de naissance et déiste en réalité, versifiant les idées de Bolingbroke et néanmoins religieux, Pope ne pouvait souffrir les boutades impies de Voltaire. Celui-ci, à table chez Pope même, ayant un jour plaisanté sur le Catholicisme, Pope se leva d'impatience et sortit avec humeur (3).

Puis on se défiait de Voltaire, qu'on prétendait chargé d'une mission secrète du ministère de France. Banni par ce ministère, ami de Bolingbroke, il ne pouvait avoir la confiance d'aucune des deux cours. Récemment impliqué dans une conspiration jacobite, suspect et toujours disgrâcié, même depuis sa rentrée en Angleterre, Bolingbroke fermait à son ami l'accès de la cour de Saint-James. Aussi Voltaire ne la vit-il jamais, ce qui achève de rendre plus que douteuses les faveurs dont il aurait été l'objet de la part du roi d'Angleterre (4). D'une autre part, l'exilé n'avait évidemment pas été choisi pour agent par le ministère français. Il est vrai que Voltaire donnait lieu à ces bruits en affichant des prétentions politiques. L'homme qui, en 1724, avait voulu s'imposer à Dubois, ne fût-ce qu'à titre d'espion, avait senti croître son amour pour le manie-

---

(1) *Œuvres*, t. XXXVII, p. 237. — (2) Duvernet, p. 74 ou 65. — (3) M. Villemain, *Littérature au* XVIIIe *siècle*, 7e leçon. — (4) On voit encore le mensonge de Baculard d'Arnaud, qui, dans une préface revue par Voltaire (*Mémoires de Longhamp*, t. II, p. 492), prétend que le poëte fut admis aux petits soupers du roi.

ment des affaires d'État, depuis qu'il habitait cette Angleterre, où il avait vu les Rowe, les Addison, les Tickell, les Steele, les Congrève, les Prior, les Swift arriver aux emplois politiques par la voie des lettres. S'il ne se dit pas lui-même chargé d'une mission, il le laissa dire, et même il aida, autant qu'il put, à confirmer l'opinion sur ce point. Il s'était lié avec Swift, le Rabelais de l'Angleterre, ami et secrétaire de Bolingbroke. Or, Swift ayant eu l'envie de visiter Paris, en 1727, le proscrit de l'année précédente osa bien lui donner une lettre de recommandation pour le comte de Morville, notre ministre des affaires étrangères. Il est dommage que Swift, retenu par Bolingbroke, ne soit pas parti, car il eût été curieux de voir l'accueil qui lui aurait été fait sous le patronage de Voltaire.

Le service rendu à Swift était intéressé : en retour, Voltaire priait le doyen de Saint-Patrice de lui chercher en Irlande des souscripteurs à sa *Henriade*.

L'orgueil de l'homme de lettres date surtout de cette époque, et c'est en Angleterre que Voltaire l'a puisé. Sans plus parler du rang politique auquel il vit élever plusieurs gens de littérature, il fut témoin, en mars 1727, des funérailles royales accordées à Newton dans l'abbaye de Westminster. Aussi, dans ses *Lettres philosophiques*, ne manquera-t-il pas d'en glisser une « sur la considération qu'on doit aux gens de lettres. »

Il ne paraît pas être resté longtemps à Londres. Il se retira à deux lieues de là, au village de Wandsworth, chez le riche marchand Falkener, à qui il dédiera sa *Zaïre*. De Wandsworth il faisait de fréquentes courses à Londres, pour y voir ses amis, la société, le théâtre. Peu curieux de la nature et des monuments, qu'il n'observa jamais dans ses voyages, il ne fit aucune excursion dans le pays, et ne sortit pas du brouillard de Londres.

Le 12 août 1726, il écrit de Wandsworth à Thieriot qu'il vient de faire un petit voyage à Paris, uniquement pour y chercher le chevalier de Rohan. Mensonge évident pour se donner un renom de vaillance ! Il trompait Thieriot lui-même, dans l'espoir que ce trompette de sa gloire en répandrait le bruit dans les sociétés (1). A cette date, il ne sait pas encore s'il se fixera à Londres. Le dérangement de sa petite fortune, sa mauvaise santé, son goût pour la retraite, ne lui permettent guère de se jeter au travers du tintamare d'une grande ville. Il insiste, peut-être pour éluder les demandes de Thieriot, sur ses finances dérangées. Il a perdu ses pensions du roi et de la reine ; d'abord il s'en console, ensuite il s'en plaint amèrement. On ne lui paye plus ses rentes (2), et il vient d'essuyer des banqueroutes en Angleterre. Après les dépenses de ses voyages et maladies, il est réduit à un état bien dur. Si encore il pouvait se faire payer de ses libraires !

Quelles banqueroutes vient-il d'essuyer? Nous n'en trouvons qu'une, celle du Juif Acosta, dont il parle dans *Un Chrétien contre six Juifs* (3). Il raconte donc qu'ayant une lettre de change de 20,000 francs sur un Juif, il arriva trop tard chez lui, le lendemain de la déclaration de sa faillite. « Il eut la générosité, ajoute Voltaire, de me donner quelques guinées qu'il pouvait se dispenser de m'accorder. » Après avoir répété ce récit, Duvernet (4) et Luchet (5) ajoutent que le roi Georges, instruit de sa mésaventure, lui fit tenir une somme d'argent assez considérable. Ce doit être faux, puisque Voltaire, qui aime à se vanter de tous les dons royaux ou princiers, n'en a rien dit. A part les souscriptions à la *Henriade*, il n'a reçu des princes de l'Angleterre qu'une médaille à l'effigie de la reine (6).

A peine nous reste-t-il encore une ou deux anecdotes à glaner. Pour prouver le progrès que Voltaire avait fait dans la connaissance de la langue anglaise, Luchet raconte (7) qu'un jour, à Londres, insulté par la populace à cause de son costume étranger, et sur le point d'être couvert de boue à cause de sa juste impatience, il monta sur une pierre, harangua avec tant

---

(1) Lepan, p. 73. — (2) Le 27 mai 1727, il écrit au même Thieriot : « J'ai eu le malheur de perdre toutes mes rentes sur l'Hôtel-de-ville, faute d'une formalité. Comme je fais maintenant tous mes efforts pour les recouvrer, je crois qu'il ne serait pas prudent de faire connaître à la cour de France que je pense et que j'écris comme un libre Anglais (*Recueil* de 1862). » — (3) *Œuvres*, t. XLVIII, p. 532. — (4) 2ᵉ édition, p. 64. — (5) T. I, p. 59. — (6) Lettre du 22 juillet 1728, *Recueil* de 1860, p. 311. — (7) T. I, p. 65.

de chaleur en anglais, que la foule, charmée d'entendre un étranger parler si bien sa langue, le reconduisit en triomphe.

Une anecdote moins honorable. « Sans un vieux recueil, on eût toujours ignoré que Voltaire eut une affaire avec un mari anglais. Il avait adressé des vers à Laura Harley (1), dont le mari était fort chatouilleux sur l'article. Ce marchand, qui se connaissait mieux en chiffres qu'en mots alignés, crut qu'une déclaration en vers était quelque chose de sérieux : il la fit figurer dans le procès-verbal dressé contre deux autres séducteurs de sa femme (2). » Peu s'en fallut que le poëte ne fût condamné comme adultère.

A en croire ses ennemis, il ne se tira pas si aisément des mains d'un libraire anglais, Nadal, qui, se prétendant trompé dans un compte d'impression de son *Essai sur la poésie épique*, se rattrapa sur les épaules du poëte absolument comme un Rohan. Suivant la même tradition, Voltaire aurait aussitôt sollicité et obtenu la grâce de revenir en France, en sorte que son exil aurait commencé et fini par une bastonnade.

Ainsi ne parlent pas les partisans de Voltaire. Suivant eux, le poëte ne quitta Londres qu'à la prière réitérée de ses amis de France ; attaché à l'Angleterre, il hésita longtemps, et ne céda qu'à l'amour de sa patrie (3). Il est plus probable qu'il n'est rentré que furtivement, ou qu'avec la simple tolérance de la police.

III

HISTOIRE DE LA HENRIADE

L'épisode littéraire le plus intéressant du séjour de Voltaire à Londres est la publication de la *Henriade*, dont il faut raconter l'histoire.

Conçue à Saint-Ange en 1714, ébauchée aussitôt, et travaillée sans relâche, notamment à la Bastille en 1717, la *Henriade*

---

(1) *Œuvres*, t. XIV, p. 493. — (2) *Divorces anglais*, par Châteauneuf, 1821, t. I, p. xxxv. — (3) Luchet, t. I, p. 73.

était déjà fort avancée en 1720, puisqu'elle comptait déjà six chants copiés, et trois de la main de Voltaire. En cet état, elle devait être présentée, par l'intermédiaire du conseiller Fargès, au Régent, à qui, au sortir de la Bastille, en 1718, le poëte avait déjà proposé la lecture de quelques morceaux. A cette date, des copies en couraient déjà, et le père demandait à Thieriot, « le père nourricier, » comment son *fils* réussissait dans le monde, s'il y avait beaucoup d'ennemis (1). Le père se chargeait de le présenter lui-même dans toutes les sociétés qu'il fréquentait, à Maisons, à la Source, à Villars. Presque partout, l'enfant était reçu avec approbation et enthousiasme. Un jour, toutefois, que le poëte avait réuni un tribunal de gens de lettres pour leur soumettre son ouvrage, implorant, suivant la formule, non l'indulgence, mais la sévérité de ses juges, il s'étonna d'être pris au mot et de n'essuyer que des critiques. Impatienté des objections et des chicanes qu'on lui faisait : « Il n'est donc bon qu'à être brûlé, » s'écria-t-il ; et il jeta le poëme au feu. Le président Hénault, l'un des juges, se précipite et le retire des flammes. « Souvenez-vous, écrivait-il plus tard au poëte, que c'est moi qui ai sauvé la *Henriade*, et qu'il m'en a coûté une belle paire de manchettes. » Et, à l'instant même, il lui avait dit : « N'espérez pas que votre poëme vaille mieux que le héros qu'il célèbre. Il avait des défauts, et cependant c'était un grand roi, c'était le meilleur des hommes (2). »

Tel est le récit de Voltaire, répété par Duvernet, qui assure faussement le tenir de Hénault, car, suivant Hénault, ce n'est pas chez Maisons, comme le dit Duvernet après Voltaire, c'est chez La Faye qu'eut lieu l'aventure. « Il s'éleva une dispute sur ce poëme, raconte le président. Il y eut de l'aigreur, que Voltaire supporta assez patiemment. Mais La Faye, qui était fort gai, fit quelque mauvaise plaisanterie qui déconcerta Voltaire ; et, de dépit, il jeta le livre au feu. Je courus après et le tirai du

---

(1) *Recueil* de 1856, t. I, p. 6, 7 et 9. — En ces années, Henri IV, n'avait de rival que le Biribi et le Hocca, où le poëte perdait son bonnet (à Mme de Mimeure, 1719) ; *Epître* à Mme de***, *Œuvres*, t. XIII, p. 59. — (2) *Commentaire historique*, *Œuvres*, t. XLVIII, p. 320 ; — Duvernet, p. 58 ou 65.

milieu des flammes, en disant que j'avais plus fait que ceux qui n'avaient pas brûlé l'*Enéide*, comme Virgile avait recommandé de le faire : j'avais tiré du feu la *Henriade*, que Voltaire allait brûler de sa propre main. Si je voulais, j'ennoblirais cette action, en rappelant ce beau tableau de Raphaël, au Vatican, qui représente Auguste empêchant de brûler l'*Enéide*. Mais je ne suis point Auguste, et Raphaël n'est plus (1). »

Son poëme à peu près achevé, Voltaire voulait le dédier au roi et l'imprimer à l'imprimerie royale. La dédicace était faite. Très-libérale, comme nous dirions aujourd'hui, cette dédicace ne plut guère, et le privilége fut refusé (2). Voltaire songea alors à publier son poëme en Hollande. Dans son voyage à La Haye, en octobre 1722, il proposa l'affaire au libraire Charles Le Viers, qui, dans la *Gazette de Hollande*, annonça que le livre serait publié par souscription, en un volume in-4° avec gravures, et sous ce titre : *Henri IV ou la Ligue, poëme héroïque*. Cependant Voltaire faisait graver des planches d'après ses idées et sur les dessins de Coypel, Galloche et de Troye (3). Ouverte le 20 octobre 1722, la souscription devait être fermée le 31 mars 1723 (4). Le programme annonçait qu'on pouvait souscrire non-seulement à La Haye, mais à Paris, et partout en France, et même en Europe. Voltaire chargea Thieriot de le faire imprimer et distribuer, et de délivrer des souscriptions aux libraires. Résolu à tout faire pour avoir un privilége en France, il adoucissait tous les endroits « dont les vérités trop dures auraient révolté les examinateurs. » Dans son marché avec Le Viers, il s'était réservé le droit de faire imprimer son poëme partout où il voudrait, au moins de faire mettre à la tête, dans le cas où il pourrait se débiter en France, le nom d'un libraire

(1) *Mémoires*, Paris, 1855, p. 33. — (2) Voir cette dédicace dans le *Recueil* de 1820. — Voltaire avait ordonné à Thieriot, qui en avait la minute originale, de la détruire ; mais Thieriot n'obéit pas, et elle a été trouvée dans les papiers qu'il laissa à sa mort. — (3) A Thieriot, 11 septembre 1722. — Il y avait plusieurs années que Voltaire s'occupait de dessins et gravures pour sa *Henriade*. Dans une lettre du *Recueil* de 1856, t. I, p. 16, mal mise sous la date de 1722, puisqu'on s'y informe de Génonville, mort vers 1720, il est question d'un Durand, de mauvais acteur devenu assez bon peintre, qui était déjà chargé de dessins et de vignettes. — (4) *Mercure*, novembre 1722, t. II, p. 134.

de Paris avec le nom du libraire de La Haye. Regardant le privilége pour la France comme déjà obtenu, il invitait encore Thieriot à répandre, tantôt que le poëme serait imprimé, tantôt qu'il serait débité à Paris : engagement un peu contradictoire dont Thieriot lui faisait craindre le ridicule ou le démenti (1). Mais il s'agissait de ne point effaroucher les souscripteurs français, et de les multiplier par l'assurance qu'ils recevraient exactement le livre qu'ils auraient payé. Hélas! les souscripteurs firent la sourde oreille, à part 80 environ à qui il fallut rendre leur argent, et l'affaire fut rompue. Comme l'avait prévu Thieriot, Voltaire n'en eut que le ridicule (2). [Fuzelier y trouva matière à des plaisanteries qui firent la fortune de sa parodie du *Persée* de Quinault, jouée le 18 décembre 1722 sur le théâtre de la Foire. Le ressentiment que Voltaire en éprouva perce dans les paroles mêmes où il affecte le pardon et le mépris : « Je pardonne volontiers aux gredins d'auteurs ces trivelinades, c'est leur métier ; il faut que chacun fasse le sien : le mien est de les mépriser (3). »

Ayant perdu l'espoir d'obtenir un privilége, Voltaire se détermina à faire de son poëme une édition clandestine dans quelque ville de France autre que Paris. Il choisit Rouen à cause de son ami Cideville, conseiller au parlement de Normandie, qui pouvait lui obtenir quelque tolérance, et aussi à cause du voisinage de la Rivière-Bourdet, d'où Thieriot, qui s'y tenait d'ordinaire, pourrait surveiller l'impression. Aussi invita-t-il Thieriot, en termes durs et indécents, à laisser à Paris son père malade, pour se rendre à Rouen, où « il ménageait sourdement la petite intrigue. » Thieriot vint en effet s'établir à La Rivière, et Voltaire, pour se ménager un alibi, revint à Paris, lui laissant faire son métier d'éditeur. « Adieu, monsieur l'éditeur, lui écrivait-il alors, ayez bien soin de mon enfant que je vous ai remis entre les mains, et prenez garde qu'il soit proprement habillé. » En même temps il écrivait à madame de Bernières : « Je vous remercie bien de toutes les attentions que vous avez

---

(1) A Thieriot, 5 décembre 1722.—(2) A Moncrif, *Recueil*, 1856, t. I, p. 14.—(3) A Thieriot, 3 janvier 1723.

pour le petit bâtard. Les deux mille habits (couvertures) qu'on veut lui faire encore sont très-inutiles ; je n'en veux point du tout ; mais j'ai un très-grand désir de le voir arriver vêtu de toile cirée (1). » Ainsi il parle toujours de son poëme.

Il s'agissait maintenant de le faire entrer à Paris. Par prudence et par économie, cette entrée devait être modeste. Le père écrit encore, le 20 décembre, à madame de Bernières : Vous, qui n'avez point d'enfants, vous ne savez pas ce que c'est que la tendresse paternelle, et vous n'imaginez point quel effet font sur moi les bontés que vous avez pour mon petit Henri. Cependant l'amour que j'ai pour lui ne m'aveugle pas au point de prétendre qu'il vienne à Paris dans un char traîné par six chevaux ; un ou deux bidets, avec des bâts et des paniers, suffisent pour mon fils. » Point d'autres frais « pour ce marmouset. » Il arriva confondu dans l'équipage de madame de Bernières, et s'arrêta d'abord au village de Boulogne. Comme le héros qu'il chantait, il eut bien de la peine à forcer l'enceinte de Paris, et il n'y entra « que par miracle (2). » Plus malheureux que Henri IV, il ne fut point reçu avec transports : « on cria beaucoup contre lui, » et il fut contraint à se cacher. Marais écrit, en février 1724, qu'il ne se vendait qu'en secret. « Je l'ai lu, ajoute Marais : c'est un ouvrage merveilleux, un chef-d'œuvre d'esprit, beau comme Virgile, et voilà notre langue en possession du poëme épique, comme des autres poésies. Il n'y a qu'à la savoir parler ; on y trouve tout. On ne sait où Arouet, si jeune, en a pu tant apprendre. C'est comme une inspiration. Quel abîme que l'esprit humain ! Ce qui surprend, c'est que tout y est sage, réglé, plein de mœurs ; on n'y voit ni vivacité, ni brillants, et ce n'est partout qu'élégance, correction très-ingénieuse, et déclamations simples et grandes qui sentent le génie d'un homme consommé, et nullement le jeune homme. Fuyez, La Motte, Fontenelle et vous tous poëtes et gens du nouveau style ! Sénèques et Lucains du temps, apprenez à écrire et à penser dans ce poëme merveilleux, qui fait la gloire de notre nation et votre honte !

(1) *Recueil* de 1856, t. I, p. 11. — (2) A Thieriot, 20 juillet 1724.

Nescio quid majus nascitur Iliade (1). »

Il est curieux d'entendre ce naïf écho de l'admiration contemporaine, à qui nos rires ou nos bâillements d'aujourd'hui font une réponse si plaisamment contrastante.

L'édition de Rouen, sous rubrique de Genève, imprimée en 1723, par Viret, en un volume in-8º, portait pour titre : *La Ligue, ou Henri le Grand, poëme épique, par M. de Voltaire.* Elle était en neuf chants seulement, et il y avait des lacunes remplies par des points ou par des étoiles. L'ouvrage n'était donc pas encore achevé, et Voltaire, suivant la coutume de toute sa vie, avait cédé à l'impatience de le publier.

L'année suivante, il parut, en un volume in-12 et sous le même titre, une autre édition portant l'adresse d'Amsterdam, faite, dit-on, à Evreux par l'abbé Des Fontaines. Dans une note de 1756 que Beuchot croit être de Voltaire (2), nous lisons : « L'édition de 1723 fut faite par l'abbé Des Fontaines sur un manuscrit informe dont il s'était emparé ; et le même Des Fontaines en fit une autre à Evreux, qui est extrêmement rare, et dans laquelle il inséra des vers de sa façon. » Il y a là un mensonge quant à l'édition de 1723, qui, nous venons de le voir, est certainement du fait de Voltaire ; n'y aurait-il pas mensonge encore touchant l'éditon de 1724, et Voltaire n'aurait-il pas voulu jeter sur le compte de Des Fontaines soit les fautes de sa première édition, soit certains vers satiriques dont il voulait décliner la responsabilité? Dans l'édition de 1724, on lisait ces deux vers :

> En dépit des Pradons, des Perraults, des H... (Houdarts),
> On verra le bon goût fleurir de toutes parts.

Sont-ils de Des Fontaines ou de Voltaire? Michault (3) prétend bien que Des Fontaines lui avoua « avoir rempli à sa fantaisie des lacunes de l'édition précédente, » et avoir ajouté les deux vers qu'on vient de lire; mais Des Fontaines ne l'a jamais reconnu, et Voltaire a attendu près de douze ans pour le

---

(1) T. III, p. 89. — (2) *Œuvres*, t. X, p. 64. — (3) *Mélanges historiques et philologiques*, t. I, p. 159.

lui reprocher : « C'était bien, dit-il, la meilleure manière de rendre l'ouvrage ridicule (1). » En résumé, rien n'est moins sûr.

L'édition de 1723 était si imparfaite, que Voltaire s'occupa immédiatement de terminer l'ouvrage et d'en donner une meilleure. « Point de repos pour moi jusqu'à l'impression de *Henri IV*, » écrit-il de Paris, le 23 juillet 1725, à madame de Bernières. Et à Thieriot, de Fontainebleau, le 17 octobre : « *Henri IV* est bien sottement sacrifié à la cour de Louis XV. Je pleure les moments que je lui dérobe. Le pauvre enfant devrait déjà paraître in-4°, en beau caractère. Ce sera sûrement pour cet hiver, quelque chose qui arrive. Vous trouverez, je crois, cet ouvrage un peu autrement travaillé que *Marianne*. L'épique est mon fait, ou je suis trompé, et il me semble qu'on marche plus à son aise dans une carrière ou on a pour rival un Chapelain, La Motte et Saint-Didier, que dans celle où il faut tâcher d'égaler Racine et Corneille. » Rien n'est plus vrai, mais Voltaire se trompait bien dans ses prétentions sur l'épique, et il y a moins encore réussi que dans la tragique.

L'édition projetée en 1725 ne put paraître, et toujours parce que l'auteur s'en vit refuser la permission. Nous avons la preuve et de ce refus, et de sa légitimité, du moins au point de vue du temps, dans une lettre très-curieuse de Voltaire, qu'il nous faut citer en partie (2) : « Je voudrais avoir incessamment l'honneur de vous envoyer un ouvrage plus important, dont la faible esquisse qui en a paru dans le monde a déjà trouvé grâce devant vous. C'est le poëme de *Henri-le-Grand*. Vous le trouverez bien différent de cet échantillon qui en a couru malgré moi (c'est lui qui l'avait fait courir). Le poëme est en dix chants, et il y a plus de mille vers différents de ceux que vous avez vus. — J'ai fait graver des estampes qui sont autant de chefs-d'œuvre de nos meilleurs maîtres, et

(1) A Berger, septembre 1735. — (2) *Recueil* de 1856, t. I, p. 432. — Cette lettre, adressée à Londres, à un nommé Cambiague, protestant d'origine italienne réfugié à Genève, est mal placée, dans ce *Recueil*, sous la date de 1723, puisqu'il y est question de l'envoi de *Marianne*, imprimée seulement en 1725. Cette lettre ne peut être que de la fin de 1725 ou du commencement de 1726.

qui doivent embellir l'édition que je prépare, mais je suis encore fort incertain sur le lieu où je la ferai paraître. *La seule chose dont je suis sûr, c'est que ce ne sera pas en France.* J'ai trop recommandé dans mon poëme l'esprit de paix et de tolérance en matière de religion, *j'ai trop dit de vérités à la cour de Rome, j'ai répandu trop peu de fiel contre les réformés, pour espérer qu'on me permettra d'imprimer dans ma patrie* ce poëme composé à la louange du plus grand roi que ma patrie ait jamais eu. C'est une chose bien étrange que mon ouvrage qui, dans le fond, est un éloge de la religion catholique, *ne puisse être imprimé dans les Etats du roi très-chrétien,* du petit fils de Henri IV, et que ceux que nous appelons ici *hérétiques* en souffrent l'impression chez eux. J'ai dit du mal d'eux et ils me le pardonnent ; mais les catholiques ne me pardonnent pas de n'en avoir point dit assez. — Je ne sais si mon édition se fera à Londres, à Amsterdam ou à Genève. Mon admiration pour la sagesse du gouvernement de cette dernière ville (qu'il bafouera plus tard), et surtout pour la manière dont la réforme y fut établie, me font pencher de ce côté. Ce sera dans ce pays que je ferai imprimer un poëme fait pour un héros qui quitta Genève malgré lui, et qui l'aima toujours. »

A travers toutes les contradictions et toutes les naïvetés de cette lettre, on voit clairement deux choses : la première, que la censure mit son *veto* sur l'impression du poëme en France ; la seconde, qu'elle ne calomniait pas l'auteur en prêtant à cet ami des réformés, ou plutôt de l'indifférence religieuse, des intentions peu catholiques.

A la date de cette lettre, Voltaire hésitait entre Londres, Amsterdam et Genève. L'exil le tira de cette hésitation, et c'est à Londres que se fit l'édition définitive.

Cependant, même en Angleterre, Voltaire ne renonçait pas à l'idée de publier son livre en France. Le 14 juin 1727, il écrivait en anglais à Thieriot, de Wandsworth : « J'ai à présent besoin de savoir quant et où je pourrai faire imprimer secrètement la *Henriade*. Il faut que ce soit en France, dans quelque ville de province. Je doute si Rouen serait un lieu convenable ;

car il me semble que l'inquisition de la presse y est si rigoureuse, qu'elle a épouvanté tous les libraires de la ville... Si vous pouviez proposer la chose à un libraire, j'aimerais mieux faire un marché argent comptant et livrer le manuscrit, que d'avoir la peine de faire moi-même imprimer. Mais je crains qu'aucun libraire ne veuille imprimer un livre sans permission; ou, s'il le fait, il ne donnera que peu d'argent pour un essai si périlleux. Donc, plus j'y pense, et plus je vois la nécessité de l'imprimer moi-même. »

Il en était si bien convaincu, qu'il songeait à repasser le détroit pour surveiller lui-même l'impression. Dans cette même lettre il écrit : « Ne dévoilez à personne le secret de mon séjour en France... il ne faut pas qu'on me soupçonne d'avoir mis le pied dans votre pays, ou même d'y avoir pensé. » Nous avons l'explication de cette phrase singulière dans une autre lettre à Thieriot, qui doit être du commencement de 1729 : « Il y a environ deux ans que j'arrachai de votre cour une permission de venir à Paris pour trois mois (1). »

Voltaire ne vint point en France, mais il poursuivit le dessein d'y publier la *Henriade*, tout en commençant de la publier à Londres. De cette ville, il écrivait encore à Thieriot, le 24 avril 1728 : « Quant à la *Henriade*, je suppose que vous pourrez aisément obtenir une licence particulière pour l'imprimer : je compte, dans une quinzaine de jours, demander moi-même cette permission. » Et il l'engage à aller chez Hérault, lieutenant de police, pour le prier de saisir tout exemplaire qui se glisserait en France avant la permission obtenue. Il s'agissait encore d'arrêter une édition subreptice, qu'un usurpateur innommé se préparait à publier avec une traduction française de l'Essai anglais sur la poésie épique. Or, Voltaire ne voulait pas que le poëme parût sans les changements qu'il y avait faits depuis sa première publication ; et, quant à l'Essai, il ne le

(1) Cette lettre, ainsi que la précédente et la suivante, ne se trouve que dans le *Recueil* de 1820, pp. 183, 189, 190. Elle y est faussement placée sous la date de 1753, puisqu'il y est parlé de la récente publication de l'*Histoire de l'Académie*, par l'abbé d'Olivet, qui est de 1729. La lettre doit être du commencement de cette année.

croyait pas susceptible de réussir en France, sinon rédigé d'une toute autre manière. En cas de permission, il disait à Thieriot : « Je vous conseille de faire prix avec un libraire en réputation. Je vous enverrais alors mes gravures et quelques feuilles d'une édition in-4° sur grand papier, *commencée* à Londres; j'y joindrais un *Essai sur la poésie épique* en français, et calculé pour le méridien français. Il faut que le libraire fasse deux éditions, l'une in-4° pour mon propre compte, et une autre in-8° à votre profit. »

Ainsi, en avril 1728, l'édition n'était que commencée à Londres. Elle n'était pas achevée à la date du 4 août, puisque l'auteur écrivait ce jour-là à Thieriot : « Je suis dans la résolution de faire incessamment une édition correcte du poëme auquel je travaille toujours dans ma retraite. J'aurais voulu que vous eussiez pu vous en charger pour votre avantage et pour le mien. Je joindrai à cette édition un *Essai sur la poésie épique*, qui ne sera point la traduction d'un embryon anglais mal formé, mais un ouvrage complet et très-curieux pour ceux qui, quoique nés en France, veulent avoir une idée du goût des autres nations. » Dans cette même lettre il annonce que c'est à sa sollicitation que le garde des sceaux et le lieutenant de police recherchent les éditions étrangères de son livre, et surtout celle où l'on en trouve une « misérable *critique*. » — Crédit du banni, intolérance de l'homme de lettres!

Voltaire a donc passé toute l'année 1727 et une partie de l'année 1728, soit à corriger son poëme, soit à lui chercher des souscripteurs. A la fin de 1727, ceux-ci n'étaient pas encore nombreux; car, à la date du 14 décembre, Swift recevait de l'auteur cette prière : « Me sera-t-il permis de vous supplier de faire usage de votre crédit en Irlande pour procurer quelques souscriptions à la *Henriade*, qui est achevée, et qui, *faute d'un peu d'aide*, n'a pas encore paru? »

L'édition in-4° avec gravures, portant la date de 1728, ne peut donc avoir paru avant la fin de cette année. Sous le même millésime, il en parut une édition in-8° moins chère, autorisée à Londres par le poëte. L'édition in-4° se publiait par souscription, au prix d'une guinée ou d'un louis d'or, payable d'avance. Voltaire avait voulu la dédier à Bolingbroke, qui, craignant une coûteuse protection autant que le *ridicule* des louanges, pria madame de Ferriol de savoir si l'intention du poëte était sérieuse, et celui-ci s'en tira par des compliments dont le lord se montra touché, sans en être dupe. Voltaire chercha à son poëme une protection et un patronage plus auguste. Dans son *Commentaire historique*, il parle du roi George Ier, et surtout de la princesse de Galles, depuis reine, qui « lui firent une souscription immense, » souscription non payée, évidemment, à la date de la lettre à Swift du 14 décembre 1727. C'est donc Georges II, monté sur le trône le 15 juin 1727, qui fut le protecteur du poëme, pendant que la reine en acceptait la dédicace.

En 1727, Voltaire avait publié à Londres, en anglais, un *Essai sur les guerres civiles de France*, qui, traduit en français par l'abbé Granet, ne put, par refus des censeurs, être imprimé sous cette forme qu'en Hollande (1729). C'est la première partie de l'*Essai sur la poésie épique*, imprimé également en anglais pour servir d'introduction à la *Henriade*. Est-ce en anglais que Voltaire l'écrivit ? Non, probablement; mais il le composa dans sa langue maternelle et le fit traduire par l'anglais Lookman. Il chargea ensuite Des Fontaines de traduire cette traduction, c'est-à-dire de ramener l'ouvrage à sa forme originelle. Au temps de leurs querelles, Voltaire accusa Des Fontaines d'avoir commis dans ce travail d'innombrables bévues; mais il n'en cite jamais qu'une : *Cake, gâteau*, que Des Fontaines aurait traduit par *Cacus*. Ailleurs, il parle de plus de cinquante contre-sens, et il n'en signale aucun (1). Des Fontaines se défendit d'avoir fait la traduction inculpée, et il la mit au compte d'un homme qui, malheureusement, ne pouvait plus répondre, du comte de Plelo, tué au siége de Dantzick, qui l'aurait entreprise pour s'exercer à l'étude de l'anglais (2). Voltaire a prétendu que ce désaveu de Des Fontaines venait de l'amour-propre blessé : après lui avoir laissé tout l'honneur de son œuvre dans deux éditions de la

---

(1) *OEuvres*, t. XXXVII, p. 567, et XXXVIII, pp. 255 et 304. — Aux auteurs de la *Bibliothèque française*, 20 septembre 1736. — (2) *Voltariana*, p. 47.

Henriade, il l'avait refaite entièrement et donnée sous son propre nom, ce qui avait aigri le traducteur. Le mensonge de Des Fontaines ne serait pas par là démontré, d'après cette note de Beuchot (1) : « En reproduisant, en 1732, la traduction de Des Fontaines, Voltaire en corrigea les fautes, et l'intitula *Essai*..., écrit par M. de Voltaire en 1726, et traduit en français par M. l'abbé Des Fontaines. » C'est donc Voltaire lui-même qui a publié l'œuvre en français, qui en a nommé le traducteur prétendu, et lui en a fait l'attribution. Seulement, si Des Fontaines n'était pas ce traducteur, il a eu le tort d'attendre cinq ou six ans pour réclamer.

Quoi qu'il en soit, cet *Essai* est un assez pauvre ouvrage de critique littéraire. Virgile, « le plus bel ouvrage » d'Homère, y est mis au-dessus du chantre de l'*Illiade*, le Tasse au-dessus des deux, en attendant que l'auteur de la *Pucelle* mette l'Arioste au-dessus de tous : « Arioste est mon Dieu ; tous les poëmes m'ennuient hors le sien (2). » Le sens du grand lui faisait déjà défaut. Dans les Croisades il ne voyait qu'une folie. Il ne comprenait ni Milton, ni le Camoëns.

La *Henriade* eut encore plusieurs éditions célèbres du vivant de Voltaire : celle de 1737, avec une préface de Linant, ou plutôt de Voltaire lui-même ; celle de 1746, avec préface ridiculement enthousiaste de Marmontel (3). Dix ans auparavant, Frédéric, alors prince royal, avait projeté de faire graver la *Henriade* à Londres. Ennuyé des lenteurs du graveur, il prit le parti de la faire imprimer avec des caractères d'argent. Mais, devenu roi dans l'intervalle, il y renonça, et, de tous ses travaux d'éditeur, il ne reste qu'un *Avant-propos* (4). Voltaire lui-même, en cette année 1736, voulut faire exécuter la *Henriade* en tapisserie ; mais il recula devant les trente-cinq mille livres qu'on lui demandait (5).

---

(1) *Œuvres de Voltaire*, t. X, p. 399. — (2) A Mme du Deffand, 15 janvier 1764. — (3) *Œuvres de Voltaire*, t. X, p. 3. — (4) *Œuvres de Voltaire*, t. X, p. 15. — (5) A l'abbé Moussinot, 12 avril et 24 novembre 1736.

IV

PRODUIT ET VALEUR DE LA HENRIADE

Qu'a produit la *Henriade* à Voltaire en argent et en gloire, et quelle en est pour nous la valeur religieuse et littéraire?

Le *Commentaire historique* vient de nous parler d'une « souscription immense, » qui aurait été « le commencement de la fortune » de Voltaire. Tous les biographes, Duvernet, Condorcet, Collini, Longchamp, l'ont répété, et Luchet (1) va même jusqu'à préciser la somme énorme de cinquante mille écus que cette souscription aurait produite. Il est pourtant certain que l'édition de 1728 ne se vendit pas en Angleterre, puisque, une douzaine d'années plus tard, elle restait en grande partie en magasin. En effet, l'édition qui se publia à Londres en 1741, n'est que l'édition de 1728 rajeunie par un nouveau titre, et augmentée d'un appendice d'environ cent cinquante pages, imprimé sur un autre papier et avec d'autres caractères, que le libraire offrit en prime pour se débarrasser de son fond de boutique (2).

La *Henriade* se serait-elle mieux vendue en France? Moins encore, malgré l'offre que fit Voltaire de donner en prime aux acheteurs un exemplaire de chacune des autres éditions, malgré l'invitation qu'il adressa aux souscripteurs, dans le *Mercure* de 1733, de retirer leurs livraisons ou de reprendre leur argent. Ces souscripteurs pourraient bien n'avoir guère dépassé le nombre des quatre-vingts ou des cent qui avaient versé leur louis d'or entre les mains de Thieriot, souscripteurs qui n'apportèrent rien à Voltaire. Un jour de la Pentecôte, raconte Duvernet, pendant que Thieriot était à l'église, des voleurs emportèrent le dépôt. Voltaire lui écrivit : « Cette aventure, mon ami, peut vous dégoûter d'aller à la messe, mais elle ne doit

---

(1) T. I, p. 61. — (2) Beuchot, Préface de la *Henriade*, Œuvres de Voltaire, X, p. VIII.

pas m'empêcher de vous aimer toujours et de vous remercier de vos soins (1). » Il n'y avait pas, dans cette aventure, d'autre voleur que Thieriot lui-même, et voilà encore un exemple des mensonges racontés sincèrement par les premiers biographes de Voltaire. Si le poëte ne reçut jamais un sou, comme il l'a dit et répété, des souscriptions françaises, et si même il se condamna loyalement à rembourser toutes celles qu'on lui présenta, c'est que l'avide Thieriot les lui avait mangées (2).

Loin de produire un bénéfice en France, la *Henriade* coûta à Voltaire toutes les souscriptions remboursées, dont la somme, à l'en croire, égala ce qu'elle lui avait valu à Londres (3). Cette balance serait-elle juste ? Nous serions alors bien loin des 50,000 écus de Luchet. Dans une préface de Baculard d'Arnaud revue par Voltaire (4), il n'est plus parlé que de 10,000 écus représentant 1,500 souscriptions à une guinée chacune, et c'est bien tout ce qu'un poëme étranger en dut réunir en Angleterre, dans un temps où la langue française n'y était pas répandue, puisque Voltaire se crut obligé d'y publier en anglais ses deux *Essais*, et plus tard ses *Lettres philosophiques*. D'ailleurs, l'édition in-8°, autorisée simultanément par Voltaire, dut faire tort à l'in-4°. Or, de ces dix mille écus, qu'on retranche, comme sans doute il le faut faire, les frais d'impression, de gravures et de librairie, et l'on verra ce qui a pu en rester net à Voltaire (5).

Ce n'est donc pas la *Henriade* qui a été le *commencement de sa fortune*, mais bien l'héritage paternel, qui, après quelques procès, lui vint en ces années.

(1) P. 76 ou 67. — (2) A Josse, 6 janvier 1733; à d'Argental, 18 janvier 1739, et à Destouches, 3 décembre 1744. — Dans cette dernière lettre, où il parle non plus de 80, mais de 100 souscriptions, il dit que Thieriot lui offrit souvent ensuite de lui restituer l'argent volé, mais qu'il aurait été bien indigne d'être un homme de lettres, s'il n'avait pas aimé mieux perdre cent louis que de ruiner son ami. — (3) A l'abbé Prévost, juin 1740. — (4) Fin des *Mémoires* de Longchamp, t. II, p. 492. — (5) Sur toutes ces questions financières, c'est M. Nicolardot (*Ménage et finances de Voltaire*, (1855) qu'il faut consulter, et c'est lui que nous suivons presque toujours. Dans son livre, M. Nicolardot a eu le tort de mettre trop de monde en cause, d'exagérer les conséquences, de chercher, avec trop d'obstination et de parti pris, tout ce qui était défavorable à son *héros*. Mais il a fait, dans plusieurs parties de la vie et du caractère de Voltaire, bien des trouées ignominieuses, que les amis ne réussiront pas à boucher par leurs éloges hyperboliques.

Retira-t-il en gloire de son poëme ce que les souscripteurs lui refusèrent en argent? Dans le camp des amis, il y eut un concert d'enthousiasme tel qu'il ne s'en éleva jamais autour d'aucun chef-d'œuvre. Il n'en fut pas tout à fait de même dans le camp religieux, suivant Duvernet (1); on voulut même censurer la *Henriade* à Paris; mais le Pape, qui l'avait lue, défendit au Nonce de s'y prêter. Il doit y avoir eu quelque projet de ce genre, et c'est sans doute pour parer au coup dont il était menacé, que Voltaire, de retour à Paris, soumit son poëme au P. Porée, demandant l'avis du littérateur, et bien plus du théologien : « Surtout, mon révérend Père, je vous supplie instamment de vouloir bien m'instruire si j'ai parlé de la religion comme je le dois; car, s'il y a sur cet article quelques expressions qui vous déplaisent, ne doutez pas que je ne les corrige à la première édition que l'on pourra faire encore de mon poëme. J'ambitionne votre estime, non-seulement comme auteur, mais comme *chrétien*. »

Ce que Porée put répondre, nous l'ignorons; mais il avait fort à faire, et pour démasquer l'hypocrisie du *chrétien*, et pour signaler les idées et les expressions irréligieuses de l'auteur. Nous savons ce qu'était le poëme dans la pensée de Voltaire; il nous l'a assez dit, notamment dans sa lettre à Cambiague, qui fait un si singulier pendant à la lettre au P. Porée. Sous prétexte de paix et de tolérance religieuse, c'était bien au catholicisme et à Rome, désignés par la *Ligue*, qu'il déclarait la guerre. Conçue à Saint-Ange, la *Henriade* pouvait bien n'être d'abord qu'une œuvre poétique; mais, couvée à la Bastille, éclose en Angleterre, elle finit par n'être plus qu'une machine de guerre anti-catholique, et même anti-chrétienne.

> Je ne décide point entre Genève et Rome :

ce n'est pas Henri IV qui a dit cela, c'est le poëte incrédule, condamnant à la fois toutes les formes de Christianisme. Toute l'œuvre de Voltaire, toute l'Encyclopédie est en germe dans la *Henriade*.

(1) P. 75 ou 67.

C'est déjà faire entendre qu'elle est un mauvais poëme. Essentiellement œuvre d'enthousiasme et de foi, l'épopée ne subsiste plus quand on en fait une œuvre de philosophie, et de philosophie sceptique. De là le merveilleux philosophique et glacial de la *Henriade*, ou plutôt de la *Discordiade*, comme on l'a appelée (1), puisque la Discorde en est le Jupiter, aux prises, ici, non plus avec des divinités fabuleuses ou de second ordre, mais avec le Dieu unique et réel. De là sa donnée et son plan contradictoires : le héros y est Henri IV, ou plutôt, sous ce nom, le protestantisme, c'est-à-dire la liberté de conscience, l'indifférence et l'incrédulité philosophiques, aux prises avec la superstition et le fanatisme catholiques ; et cependant, c'est le héros qui succombe avec la Réforme et le philosophisme si tolérants, si nobles, si généreux, et c'est la Ligue qui triomphe avec ses ridicules et ses fureurs.

Le xviiie siècle, même dans les rangs des ennemis, ne vit guère cela : il avait trop peu le sens du génie chrétien ; mais il vit bien tous les autres défauts de la *Henriade*; et nous ne faisons aujourd'hui que répéter ses critiques. Qu'on lise seulement le *Parallèle du Lutrin et de la Henriade* par Le Batteux (2) ; le *Commentaire* de la Beaumelle (3), qui n'eut que le tort et le ridicule, lui, ni poëte ni même versificateur, de refaire plusieurs morceaux du poëme ; qu'on lise Fréron (4) et Trublet (5) ; qu'on lise surtout les trois Lettres de Clément de Dijon (6), — trois volumes, — et on reconnaîtra qu'il ne reste plus rien à dire sur la *Henriade*. En vain Marmontel, en vain La Harpe, ont voulu réfuter ces critiques : les critiques ont survécu à leurs apologies ; elles dominent ces apologies elles-mêmes, puisque La Harpe, dans sa longue réponse à Clément de Dijon, est obligé de reconnaître que la *Henriade* manque d'invention, qu'elle pèche par le plan, l'ordonnance, le drame, le merveilleux, c'est-à-dire dans toutes les parties essentielles de l'épo-

---

(1) Bungener, *Voltaire et son temps*, t. I, p. 171. — (2) A la fin du *Commentaire de la Beaumelle*. — (3) Deux volumes in-8, édités par Fréron, 1775. — (4) *Année littéraire*, passim. — (5) *Essais de morale et de littérature*, t. IV. — (6) Les 7e, 8e et 9e des *Neuf Lettres à M. de Voltaire*, 4 vol. in-8, 1775.

pée, et de se rejeter, dans son besoin d'admiration, sur des beautés de détails et de style qu'on lui conteste encore, tant il y a dans ce poëme, même à travers les meilleurs morceaux, de faux brillant et de prosaïsme.

Ici encore, les ennemis, malgré l'envie qui les inspire et la passion qui les emporte, ont mieux vu que les amis, et c'est leur jugement qui prévaut comme un arrêt définitif. Quand la Beaumelle disait : « Qui, dans cinquante ans, lira ce recueil de vers? » n'était-il pas prophète? Et qui donc aujourd'hui, à moins d'être condamné par profession à ce travail forcé, lit la *Henriade*? et qui surtout, l'ayant lue, peut la relire? Quand Trublet disait : — il le payera cher dans le *Pauvre diable!* — « Je ne sais pourquoi je baille en la lisant, » ne semblait-il pas entendre J. de Maistre lui faire écho avec son accent unique : « Quant à son poëme *épique*, je n'ai pas droit d'en parler : car, pour juger un livre, il faut l'avoir lu, et pour le lire il faut être éveillé (1) ! »

Nous ne savons si, comme le disait Malezieu, les Français n'ont pas la tête épique, mais rien n'était moins épique, à coup sûr, que le xviiie siècle, sans naïveté et sans foi, que Voltaire, moins naïf et plus incrédule encore, que le sujet choisi par lui, sujet tout historique et qui ne se prêtait pas à ce genre de poésie. Notre histoire ne renfermait peut-être qu'un seul sujet d'épopée, Jeanne d'Arc, et nous savons ce que Voltaire en a fait! Quant à la *Henriade*, elle n'a de l'épopée que la forme, les machines, la recette, le bagage (2); mais l'âme et la vie épique n'y sont pas. A tous les points de vue, malgré de beaux vers et même de beaux morceaux, elle est à une distance énorme non-seulement des grandes épopées qui honorent l'humanité, mais de certaines épopées de décadence, comme la *Pharsale* de Lucain (3).

---

(1) *Soirées de Saint-Pétersbourg*, 1842, t. I, p. 240. — (2) Et encore tout cela, bien souvent, n'est-il que pastiche ou postiche; par exemple, les amours de Gabrielle et de Henri IV, au 9e chant, amours romanesques et ignobles, qui ne font rien à l'action. A ce 9e chant qu'on compare donc le IVe livre de l'*Enéide*, berceau amoureux, si nous osions dire, des haines de Carthage et de Rome, et de toute la grandeur romaine! — (3) Voir la comparaison de la *Pharsale* et de la *Henriade*, par M. Villemain, *Littérature au* xviiie *siècle*, 8e Leçon, t. I, p. 178.

CHAPITRE SEPTIÈME

RENTRÉE DE VOLTAIRE EN FRANCE

I

RENTRÉE DE VOLTAIRE EN FRANCE ET DANS SES PENSIONS
ACCROISSEMENT DE SA FORTUNE — BRUTUS

Voltaire rentra en France dans les premiers mois de 1729, et il y rentra avant que son arrêt d'exil fût levé. Aussi, pendant quelques jours, s'y cacha-t-il en banni, rôdant autour de la capitale, en faisant le siége, jusqu'à ce que les portes lui en fussent ouvertes par le ministère. Le 10 mars, il écrivait à Thieriot en anglais : « Avant que je puisse me cacher à Paris, je m'arrêterai quelques jours dans un des villages voisins de la capitale : il est vraisemblable que je m'arrêterai à Saint-Germain, et je compte y arriver avant le 15. C'est pourquoi, si vous m'aimez, préparez-vous à venir m'y trouver au premier appel. » C'est à Saint-Germain, en effet, qu'il s'établit d'abord, chez un perruquier nommé Châtillon, y gardant, sous le nom de *Sansons*, le plus strict incognito, et ne donnant son adresse qu'aux amis indispensables. Le 25 mars, il offrait à Thieriot « un trou dans cette baraque, » qu'il le priait d'accepter avec un mauvais lit et une chère simple et frugale. Le 29, il lui donnait rendez-vous à Paris, chez Dubreuil, « dans le cloître du bienheureux saint Médéric ; » puis dans une vilaine maison de la rue Traversière, chez un M. de Mayenville, conseiller-clerc, qui, ne se souciant pas des dehors, gardait une porte encore plus vilaine que sa maison. Là, il vit le duc de Richelieu, à qui il permit de dire à un de ses protecteurs, Pallu, maître des requêtes, « qu'il lui avait apparu comme un fantôme. » Peu rassuré à Paris, où il n'était toujours qu'en rupture de ban, il retourna à Saint-Germain (1). Cédant aux remontrances de Richelieu, de Pallu et de Thieriot, qui le pressaient d'obtenir un *Warrant* signé Louis, il écrivit, le 7 avril, « au vizir Maurepas pour qu'il lui laissât traîner sa chaîne à Paris. » Sa requête fut admise, et, à peine rentré légalement dans sa patrie, il s'occupa de rentrer aussi dans ses rentes et pensions. Il envoya à Thieriot la patente de la pension que lui faisait la reine, trouvant juste qu'elle lui en daignât faire payer quelques années, « puisque monsieur son mari lui avait ôté ses rentes contre le droit des gens (2). »

L'argent qu'il en arracha, son héritage paternel, augmenté peut-être de quelques guinées produites par la *Henriade*, il plaça le tout dans la loterie établie par Pelletier Des Forts, contrôleur général des finances, pour la liquidation des dettes de la Ville. On recevait des rentes sur l'hôtel de ville pour billets, et on payait les lots argent comptant ; de sorte qu'une société qui aurait pris tous les billets aurait gagné un million. Voltaire s'associa avec une compagnie nombreuse, et fut heureux. Il écrivait à cette occasion : « Pour faire sa fortune dans ce pays-ci, il n'y a qu'à lire les arrêts du conseil. Il est rare qu'en fait de finances le ministère ne soit forcé à faire des arrangements dont les particuliers profitent. »

Tel est le récit de Voltaire lui-même (3). Duvernet ajoute (4) que ce fut d'après un calcul fait à souper chez La Condamine, que Voltaire gagna le fonds de la loterie. Des Forts, « dévot et mauvais ministre, » lui contesta la légitimité de ce gain. Mais le Conseil jugea en faveur du poëte, et blâma le ministre de n'avoir pas prévu le calcul. Il faut bien pourtant qu'il y ait eu quelque chose de louche en cette affaire, puisque Voltaire,

---

(1) *Recueil* de 1820, pp. 204-220. La lettre datée de Saint-Germain, le 2 mars, ne peut être que du 12, puisque le 10 Voltaire n'était pas encore établi à Saint-Germain. — (2) Notons une fois de plus le mensonge de Voltaire, dans son *Commentaire historique*, lorsqu'il prétend qu'il n'a jamais sollicité le payement de ses pensions. Il le sollicita toute sa vie, et nous en aurons bien des preuves. Les frères Moussinot, par exemple, seront pressés, non-seulement tous les ans, mais plusieurs fois par an, d'en présenter les brevets à Tévenot, premier commis des finances, et d'en exiger le payement. — (3) *Commentaire historique*, *Œuvres*, t. XLVIII, p. 323. — (4) P. 89 ou 78.

même payé et mis hors de cause, songea à repasser la mer ; que, retenu en France par ses amis, il se retira à Plombières, auprès du duc de Richelieu (1), et qu'il attendit la sortie de Pelletier Des Forts du ministère pour rentrer à Paris.

Il n'y resta pas longtemps. Le démon de l'argent le dominait alors. C'était Plutus tout entier à sa proie attaché. Un soir, à minuit, il quitte « la bachique bande » au milieu de laquelle il vivait, monte en chaise de poste, et vole à Nancy, où se souscrivaient des actions dont on ne sait quel commerce. Stanislas avait bien défendu d'en céder aux étrangers ; mais, grâce à la conformité de son nom avec celui d'un gentilhomme de l'altesse royale, Voltaire seul put s'en faire adjuger cinquante qui lui furent délivrées huit jours après. Il profita aussitôt de la demande en hausse de ce papier, tripla son or, et revint jouir à Paris de ses doublons dans la compagnie de ses amis (2).

Ou plutôt non, il n'en jouit pas, et il songea à décupler l'or qu'il venait de tripler. Ayant pris en Angleterre le goût des spéculations commerciales, il fit, sous le nom d'un Demoulin, le commerce des blés. Il en envoyait acheter en Barbarie, et les revendait en France avec un bonheur qui lui procura beaucoup d'argent. Il prit aussi un intérêt dans une maison de Cadix, et fut encore heureux. Les expéditions pour l'Amérique et les retours en France lui donnèrent de grands bénéfices. D'un bon nombre de vaisseaux où il était intéressé, un seul fut pris par les Anglais (3). Or, l'argent qui lui venait de tous les côtés, il ne le laissait pas oisif, mais il le multipliait par d'habiles et heureuses combinaisons. Emprunts, loteries, diverses industries imaginées dans les besoins de l'Etat, il prenait part à tout, et toujours avec avantage. Dans une loterie, il prit six cents bil-

(1) De Plombières, août 1729, il adressa une *Epître* à Pallu (*Œuvres*, t. XIII, p. 69). — (2) Lettre au président Hénault, 1729. — (3) Il faut pourtant remarquer que la fortune ne lui fut pas toujours favorable à Cadix. Ses correspondants finirent par une banqueroute, où il perdit 80,000 fr., suivant Wagnière, et 100,000 écus suivant Duvernet. C'est sans doute la banqueroute des Gilli, au sujet de laquelle il écrit, le 4 mars 1767, à Damilaville et à Mme de Florian. Ce que cette banqueroute lui emporta, on ne le sait pas plus par son témoignage que par celui de ses historiens, puisqu'il parle tantôt de 20,000 écus (Ier juillet 1768, à Saurin), tantôt de 40,000 (8 mai 1769, à d'Argental, et 14 juillet, à Morellet).

lets à la fois, eut des chances favorables, et, quelques années après, il se défit avec bénéfice de tout ce qui lui en restait. Il ne négligeait même pas les moindres commerces, et nous lui verrons faire, de compte à demi avec l'abbé Moussinot, le brocantage des tableaux.

Mais la principale source de son immense fortune fut l'intérêt qu'il obtint des frères Paris dans la fourniture des vivres aux armées d'Italie et de Flandre. A la liquidation, après la paix, il reçut en solde, pour la seule armée d'Italie, six, sept ou huit cent mille livres, et les résultats, du côté de l'armée de Flandres, ne lui furent pas moins fructueux (1). Voltaire était donc bien payé pour faire l'éloge de Paris-Duverney, de ses connaissances financières, de son industrie, etc. (2). Mais lorsqu'il y ajoutait l'éloge de sa probité, il se mettait en contradiction avec lui-même, car c'est lui qui a écrit : « Les peuples seront-ils encore longtemps ruinés pour aller se faire bafouer, abhorrer et égorger en Germanie, et pour enrichir Marquet et Compagnie,

Et Paris, et fratres, et qui *rapuere* sub illis (3) ?

Nous venons de dire la part qui lui revint dans les profits des Paris; que le lecteur lui assigne sa part dans le *rapuere*.

Habile homme d'affaires, habile financier que M. de Voltaire! Et, pendant ce temps, les lettres allaient leur train! Toujours, comme il disait, un procès, une entreprise, un poëme, une tragédie et une comédie sur les bras (4)! Ainsi, tout en courant les actions et les billets de loterie, il achevait son *Brutus* et le faisait représenter.

Conçue en Angleterre et même commencée en prose anglaise, cette tragédie fut rapidement écrite au retour du poëte en France. Reçue au théâtre en 1729, et retirée aussitôt par l'auteur, elle fut jouée pour la première fois le 11 décembre

(1) Voir là-dessus tous les historiens : Luchet, t. I, p. 62; Duvernet, p. 80 ou 90; Chaudon, t. II, p. 11; Wagnière et Longchamp, t. I, p. 24, et t. II, p. 331; La Harpe, *Correspondance littéraire*, t. I, p. 64 ; et surtout M. Nicolardot, *Ménage et finances de Voltaire*. — (2) *Histoire du Parlement*, chap. LXIII, *Œuvres*, t. XXII, p. 309, et *Panégyrique de Louis XV*, *Œuvres*, t. XXXIX, p. 57. — (3) Au président de Brosses, 5 janvier 1759. — (4) A Thieriot, 25 juillet 1725, *Recueil* de 1856, t. I, p. 33.

1730, et n'eut que seize représentations. Le républicanisme du sujet et du poëte déplut à un auditoire monarchique. Les connaisseurs, d'autre part, sentirent le défaut d'équilibre et d'intrigue de la pièce, et le poëte lui-même dira d'abord, dans le *Temple du Goût :*

> Donnez plus d'intrigue à *Brutus!*

Puis il y avait là, quoique moins saillant, le même défaut que dans *Œdipe*, une intrigue d'amour mieux liée à l'action, mais toujours disparate. Malgré la grandeur de l'exposition et la beauté d'une ou deux scènes, *Brutus* prêtait donc et aux parodies du théâtre de la Foire, et aux critiques plus sérieuses des journaux littéraires. Quand Voltaire l'imprima en 1734, il essaya vainement de le défendre dans un *Discours sur la tragédie à Lord Bolingbroke* (1). Il avait échoué dans sa première imitation de Shakespeare, si peu shakespearienne; et il échouera encore dans *Eryphile,* dans la *Mort de César*, et jusque dans *Zaïre,* parce que, même dans ses innovations théâtrales, il n'a jamais pu sortir du système racinien.

L'homme d'affaires consola le poëte. Revenant un soir d'une représentation de *Brutus*, raconte le panégyriste Duvernet (2), Voltaire apprend qu'un bâtiment, appelé aussi *Brutus*, chargé pour son compte, et qu'il croyait naufragé, était arrivé à Marseille : « Puisque le *Brutus* de Barbarie est retrouvé, dit-il à son facteur Demoulin, consolons-nous du peu d'accueil qu'on a fait au *Brutus* de l'ancienne Rome. Il viendra peut-être un temps où on lui rendra justice. »

Ce temps n'est pas venu, et il ne viendra jamais.

II

MORT D'ADRIENNE LECOUVREUR — FUITE EN NORMANDIE
HISTOIRE DE CHARLES XII

Cependant un nouvel orage se formait contre lui, ou plutôt il le chargeait lui-même. On était au fort des querelles de la

---

(1) *Œuvres,* t. II, p. 350. — (2) 1re édition, p. 93.

constitution *Unigenitus*. Il s'y jeta avec un petit écrit satirique : *Sottise des deux parts* (1), qui naturellement ne satisfit personne. Blessés de cette condamnation égale de la vérité et de l'erreur, les évêques demandèrent justice. L'auteur, protégé par le maréchal de Villars (2), allait échapper, lorsqu'il donna nouvelle prise sur lui par son élégie sur la mort d'Adrienne Lecouvreur (3).

La comédienne venait de mourir après avoir fait un legs de mille francs à l'église de Saint-Sulpice en faveur des pauvres. Mais elle avait expiré en s'écriant, tournée vers un buste du maréchal de Saxe :

> Voilà mon univers, mon espoir et mes dieux.

Telle avait été sa réponse unique aux exhortations du prêtre qui voulait l'assister dans son agonie. Evidemment, le legs de mille livres n'était le rachat suffisant ni de sa vie immorale, ni de sa mort impie, et il était impossible, suivant les lois de l'Église, de lui accorder la sépulture chrétienne. Le vertueux Languet, curé de Saint-Sulpice, de concert avec l'archevêque, la lui refusa. Enlevée la nuit dans un fiacre, elle fut enterrée à l'angle actuel de la rue de Grenelle et de la rue de Bourgogne, par deux portefaix guidés par un seul ami, M. de Laubinière. Quoi qu'en ait dit Duvernet (4), Voltaire, qui, il est vrai, avait assisté à son agonie, n'assista donc pas à sa sépulture (5) : il ne se compromettait pas si aisément; mais il lui fit une espèce d'apothéose en vers. Là, il accusait les gens en place de la persécuter morte après l'avoir aimée vivante; il appelait son *Saint-Denis* le coin de rue où l'on avait enfouie, et il l'y *adorait;* il plaignait la France, « endormie sous l'empire de la superstition, » et félicitait l'Angleterre, où seulement « les mortels osent penser; » il proclamait Londres la « rivale d'Athènes, » et l'Angleterre la « terre heureuse » qui avait « su chasser les préjugés honteux ainsi que les tyrans. » Ces niaiseries anti-françaises et anti-catholiques ne se pouvaient supporter. Voltaire lui-

---

(1) *Œuvres*, t. XXXVII, p. 86. — (2) Duvernet, p. 84 ou 74. — (3) *Œuvres*, T. XII, p. 29. — (4) P. 95 ou 85. — (5) M. Sainte-Beuve, *Causeries*, t. I, p. 206.

même sentait si bien le danger de sa pièce, qu'il mit beaucoup de réserve à en donner des copies, et qu'il ne la livra qu'en 1731 aux instances de Thieriot. Mais, si rares qu'elles fussent, les copies avaient couru, et on réclama auprès du garde des sceaux. Voltaire prévint les poursuites, et fit répandre le bruit qu'il était retourné en Angleterre. En réalité il s'était réfugié en Normandie, où il allait s'occuper de la publication de son *Charles XII*, et d'un ouvrage plus dangereux que l'apothéose d'Adrienne Lecouvreur, ses *Lettres philosophiques*.

Avant de quitter Paris, le 30 janvier 1734, il avait écrit confidentiellement à son ami Cideville : « Je voudrais faire imprimer à Rouen une *Histoire de Charles XII, roi de Suède*, de ma façon. C'est mon ouvrage favori, et celui pour qui je me sens des entrailles de père. Si je pouvais trouver un endroit où je demeurasse *incognito* dans Rouen, et un imprimeur qui se chargeât de l'ouvrage, je partirais dès que j'aurais reçu votre réponse. »

Composée en 1727 et 1728, cette histoire avait été déjà mise sous presse à Paris. Un volume sur deux était achevé, lorsque l'impression fut suspendue par ordre du garde des sceaux, et le privilége retiré, sous le prétexte unique, assure Voltaire sur sa parole d'honneur, que l'ouvrage pouvait déplaire à Auguste, roi de Pologne, dont on avait été obligé de dire des vérités un peu fâcheuses. Or, deux manières de s'y prendre pour l'imprimer à Rouen : ou d'en montrer un exemplaire au premier président, Camus de Pontcarré, qui donnerait une permission tacite; ou d'avoir un de ces imprimeurs qui faisaient tout sans permission. Comme il y avait des inconvénients des deux côtés, Voltaire s'arrêta d'abord au parti qui, sans être sûr, lui paraissait le plus raisonnable, et il fit tenir au premier président le seul exemplaire du premier volume qui lui restât des deux mille six cents qui en avaient été saisis. Mais le président refusa de se prêter à l'entreprise, malgré l'assurance répétée de Voltaire qu'il ne se commettrait pas auprès du garde des sceaux, dès qu'il n'y aurait point de permission par écrit, et même qu'il pourrait plaire à la reine de France, charmée sans doute de l'autorisation donnée à un ouvrage où on disait du bien « de M. son père. » Il fallut donc recourir au second parti, c'est-à-dire à l'impression clandestine.

Pendant cette négociation, Voltaire, sous le coup des menaces de la police, vivait à Paris « moitié en philosophe, moitié en hibou », cachant sa demeure même à Thieriot, et donnant son adresse, tantôt chez Dubreuil, cloître Saint-Merry, tantôt chez M. de Livry, secrétaire du roi, rue de Condé, où il soupait tous les soirs. Cideville lui ayant indiqué le libraire Jore, qui consentait à courir les risques de l'affaire, il partit pour Rouen, vers la mi-mars, et alla y occuper le petit trou que son ami lui avait loué à l'hôtel de Mantes, tenu peut-être par la mère de l'abbé Linant. Il se trouva mal à cet hôtel, dont il a fait une piteuse description, et le quitta au bout de quelques jours (1). Où logea-t-il ensuite? Il se partagea entre Rouen et Canteleu, campagne de Formont, son autre ami rouennais, mais vivant aussi incognito à la ville qu'aux champs, se cachant encore sous le titre de milord anglais, pendant qu'il écrivait à tout le monde qu'il était parti pour l'Angleterre, et qu'il datait de Kenterbury.

Il avait ses raisons pour se cacher ainsi. Les vers sur la mort d'Adrienne Lecouvreur, qu'il venait d'envoyer à Thieriot, avaient été trop répandus par son trompette, et il y avait contre lui recrudescence de menaces. Sans doute, il l'avouait, ces vers étaient empreints « d'une indignation peut-être trop vive, mais indignation pardonnable, prétendait-il, à un homme qui avait été l'admirateur, l'ami, l'amant de la morte, et qui, de plus, était poëte. » Quoiqu'il en fût, les endroits les plus forts de son poëme, envenimés encore par la passion, étaient parvenus jusqu'au ministère, et il n'était pas sûr pour lui de retourner en France. Tout cela le rendait malade. N'importe : il continuait à se moquer de tout,

> Toujours un pied dans le cercueil,
> De l'autre faisant des gambades (2).

Il est un autre récit du séjour de Voltaire en Normandie, pu-

(1) Voir les lettres à Cideville, des 30 janvier, 3 et 16 février, et 2 mars 1731. — (2) A Thieriot, 1ᵉʳ juin.

blié par le libraire Jore, au temps de leurs querelles. Quoiqu'il ne soit pas sans vraisemblance et qu'il n'ait jamais été réfuté, nous ne le donnons que pour ce qu'il peut valoir dans la bouche d'un ennemi.

Flatté dans son amour-propre d'homme et dans ses espérances de marchand, Jore avait voulu être à la fois l'hôte et l'éditeur de Voltaire. Il le logea donc à Rouen, au sortir de l'hôtel de Mantes, fier d'un tel commensal, contrarié seulement d'être obligé de renfermer sa joie dans le secret de sa maison, car Voltaire ne voulait passer que pour un seigneur anglais que des affaires d'État avaient forcé de se réfugier en France; et, pour mieux donner le change, l'habile comédien avait soin de parler moitié anglais, moitié français. Après trois mois de séjour à la ville, Milord ayant eu besoin de l'air des champs pour sa santé, Jore lui procura une jolie maison de campagne, à une lieue de Rouen. Avant de partir, Milord, par économie, congédia un valet que le libraire avait arrêté à vingt sous par jour. Mais, pour le coup, Voltaire trahit le seigneur anglais en coupant en deux les gages du valet, que Jore dut compléter avec quarante-cinq livres de sa bourse, pour clore entre eux toute contestation. Voltaire passa un mois à la campagne, où il vécut, comme dans l'âge d'or, d'herbes, d'œufs frais et de laitage ; nourriture pythagoricienne qui lui était fournie par la jardinière, chargée encore, trois fois la semaine, de lui aller chercher ses épreuves. Dans sa large reconnaissance, il paya le tout d'un écu de six livres, et Jore dut encore fermer de ses deniers la bouche à la jardinière. Enfin, au bout de quatre mois de séjour, il couronna heureusement son rôle de seigneur anglais d'une pièce de vingt-quatre sous, dont sa générosité gratifia la servante de Jore (1).

A Rouen, Voltaire s'occupa de deux éditions simultanées de *Charles XII*, qui devaient paraître l'une en Angleterre et l'autre en France, et d'une édition nouvelle de la *Henriade*. Une de ces éditions de *Charles XII* se faisait probablement à l'insu de Jore, et c'est peut-être à cela que se rapporte ce passage de son Mé-

(1) *Mémoire* de Jore, dans le *Voltariana*, 1re partie, pp. 65 et suiv.

moire : « Lorsque cet auteur dit qu'il ne vend point ses ouvrages, c'est-à-dire qu'il ne les vend point à forfait, et effectivement il y perdrait trop : il est dans l'usage de les faire imprimer à ses frais ; et, après en avoir détaillé par lui-même une partie, il vend à un libraire le surplus de l'édition, qui tombe dans l'instant, par une nouvelle qu'il fait succéder, à la faveur de quelques changements légers. C'est par ce petit savoir-faire que les faveurs des Muses ne sont point pour Voltaire des faveurs stériles, et que, devenu sage par l'exemple de tant d'autres poëtes, il sait s'en servir utilement pour se procurer aussi celles de Plutus. »

Ces deux éditions, il s'agissait de les faire entrer à Paris. De Rouen, il leur avait préparé les voies. Le 1ᵉʳ juin, mentant même à son Thieriot, il les lui annonçait comme faites « sans sa participation ; » puis il lui demandait : « Ne pourriez-vous point savoir de M. de Chauvelin (maître des requêtes) quel sera, en cette occasion, l'esprit des ministres de la librairie ? »

La réponse fut sans doute défavorable, car, lorsque Voltaire revint à Paris, au mois d'août, il laissa les onze ballots renfermant *Charles XII*, les *onze pèlerins* comme il disait, chez son ami Formont, où ils restèrent toute l'année. A Paris, il sonda le terrain. Un jour, Chauvelin lui demanda : « Avez-vous fait imprimer *Charles XII* ? » Et, sur sa réponse embarrassée, il ajouta : « Si vous ne l'avez pas imprimé, je vous déclare que je le ferai imprimer demain. » Encouragé par ces paroles, plus impatient que jamais de voir paraître son livre, Voltaire écrivit aussitôt (8 septembre) à Formont de le lui envoyer, soit par eau à Saint-Cloud, soit par terre à Versailles, à l'adresse du duc de Richelieu. Toutefois, *Charles XII* n'arriva pas à Paris avant le mois de janvier 1732.

Charles XII est à la fois le premier ouvrage historique et le premier ouvrage en prose de Voltaire. Dès ce début, il atteignit une perfection qu'il n'a pas dépassée, comme il n'est guère allé au-delà de la versification d'*Œdipe*. Du premier coup, il fut à peu près le prosateur et le poëte qu'il restera toute sa vie. Malgré les critiques de La Motraye et d'Alderfeld, les critiques même de Frédéric et de Napoléon, critiques de stratégistes qui ne s'adressent pas à l'historien ; malgré l'accusation d'*archimensonge* portée par le lourd chapelain Norberg, cette histoire, composée sur de bons mémoires et des informations de première main, a le premier mérite du genre, la vérité. Seulement, comme disait Montesquieu, elle manque de sens ou de de philosophie, parce que l'auteur ignore ou ne dit pas si le héros était un homme de génie pressentant la grandeur menaçante des czars, ou seulement un aventurier plus digne qu'Alexandre des petites maisons bâties dans les vers de Boileau. Au point de vue littéraire, elle a tout le romanesque, toute la prestesse, toute la soudaineté du sujet. Mais pourquoi ces sorties contre la cour de Rome, contre les vœux de religion, contre l'ambition des prêtres, etc.? Hélas ! c'était déjà, et ce sera de plus en plus la griffe de Voltaire ; et tout ouvrage de lui qui n'en serait pas revêtu, devrait être regardé comme contrefait !

III

ERIPHYLE — ZAÏRE

A peine arrivé à Paris, soit qu'il s'y ennuyât, soit qu'il y fût encore menacé, Voltaire en sortit et alla passer le mois de septembre tout seul à Arcueil, dans la maison du prince de Guise, le futur beau-père de Richelieu, qui avait eu la bonté de la lui prêter. L'auteur de la *Henriade* trouvait juste que les descendants du Balafré et du jeune d'Aumale fissent quelque chose pour lui (1). Il est bon d'ajouter qu'entre le prince et lui il y avait un autre petit commerce, non moins avantageux au poëte : si le prince prêtait gratuitement son château au poëte, le poëte prêtait son argent au prince, mais à beaux intérêts.

En octobre, nous retrouvons Voltaire à Paris, puis à Richelieu, où il va passer une quinzaine (2), reprenant sa vie de châ-

(1) A Cideville, 3 septembre 1731. — (2) Au même, 2 octobre.

teau en château, mais sans joie cette fois, affligé qu'il était de la mort du président Maisons, « son ami, son soutien, son père (1), » qu'il paraît avoir sincèrement pleurée.

Comme toujours, il chercha une distraction à sa douleur dans l'étude et les lettres. Il avait soumis *Eriphyle* aux comédiens avant de partir pour la Normandie ; puis, pour dépister les curieux sur cette tragédie, il avait fait à Rouen sa *Mort de César* : le moyen, en effet, de croire qu'il eût fait *César* et *Eriphyle*, et achevé *Charles XII*, en trois mois (2) ! Il avait encore en portefeuille un opéra de *Samson*, composé la même année et mis en musique par Rameau, que la cabale fit échouer au moment où il allait être présenté à la scène (3). Il fallait au moins faire jouer *Eriphyle*, et il s'en occupa avec activité pendant plusieurs mois.

Il logeait alors chez la baronne de Fontaine-Martel, « la déesse de l'hospitalité, » qui lui donnait à coucher, pour l'hiver, dans son appartement bas, ayant vue sur le Palais-Royal (4). Il y était avec Thieriot, à qui « la déesse » avait fait encore une pension de douze ou quinze cents livres (5). C'est là qu'*Eriphyle*, « retravaillée avec l'ardeur d'un homme qui n'avait pas d'autre passion, » fut essayée par des acteurs qui jouèrent mieux que la troupe du faubourg Saint-Germain. La pièce attendrit et fit verser des larmes. C'était gagner en première instance ; mais l'auteur, effrayé par l'envie qu'avait soulevée contre lui le succès de *Charles XII*, s'attendait à perdre en dernier ressort (6). Il ne se trompa qu'à demi. Représentée le 7 mars devant une assez belle assemblée, *Eriphyle* fut accueillie froidement, et le

---

(1) A Cideville, 27 septembre. — (2) A Thieriot, 1er et 30 juin 1731. — (3) Imprimé en 1746 ; — *Œuvres de Voltaire*, t. III, p. 96. — (4) A Formont, 26 décembre 1731, et à Cideville, 3 février 1732. — (5) Elle n'en fut pas contente, et, rendue sage, disait-elle, par Thieriot, elle refusa la même faveur à Linant. — (6) A Cideville, 3 février 1732. — C'est peut-être encore chez Mme de Fontaine-Martel que fut jouée, en 1732, la comédie des *Originaux* (*Œuvres*, t. II, p. 445), dont Mme de Graffigny parle dans sa *Vie privée de Voltaire et de Mme du Châtelet* (pp. 130, 135), sous le titre de *Grand Boursoufle*. Voltaire lui-même en parle dans son article *Art dramatique des Questions sur l'Encyclopédie* (*Œuvres*, t. XXVII, p. 103), et il raconte que le sujet, donné par Mlle Quinault à La Chaussée, est devenu le *Préjugé à la mode*.

cinquième acte fut sifflé. Il faut bien dire que l'ombre d'Amphiaraüs et les cris d'Eriphyle immolée par son fils ne pouvaient produire qu'un effet ridicule sur un théâtre rempli de spectateurs. Les comédiens refusèrent de reprendre la pièce, quoique l'auteur leur en eût abandonné le profit; et Voltaire, après avoir vainement imploré auprès d'eux, par l'entremise de Moncrif, l'intervention du comte de Clermont, à qui il proposait, pour prix de ses services, la dédicace d'Eriphyle (1), fut contraint de la retirer. Il n'osa même pas la donner au public, et il en fit *Sémiramis* (2).

Il alla se reposer à Arcueil et à Monjeu, chez la princesse de Guise, et revint chez sa baronne, qui le gardait « pour rien (3), » quoiqu'il eût déjà 28,000 livres de rentes! C'est pourtant dans ce milieu fortuné qu'il rêvait de transporter ailleurs son paradis littéraire : « Mon Dieu! mon cher Cideville, que ce serait une vie délicieuse de se trouver logés ensemble trois ou quatre gens de lettres, avec des talents et point de jalousie! — C'est comme le mari de La Fontaine : « Point froid et point jaloux! » — de s'aimer, de vivre doucement, de cultiver son art, d'en parler, de s'éclairer mutuellement! Je me figure que je vivrai un jour dans ce petit paradis; mais je veux que vous en soyez le dieu (4). » Voltaire, si vaniteux et si irritable, était bien l'homme le moins fait à en être un des saints.

En attendant, il préparait une revanche d'*Eriphyle*. Quelques dames, dit-il, lui ayant reproché de ne pas mettre assez d'amour dans ses tragédies (5), quoiqu'il en eût mis déjà beaucoup trop, au moins dans *Œdipe*, il voulut leur donner pleine satisfaction, et, en vingt-deux jours, il fit *Zaïre*. Pendant la composition de cette pièce, il écrivait : « Je veux qu'il n'y ait rien de si turc, de si chrétien, de si amoureux, de si tendre, de si furieux, que ce que je versifie à présent... Ou je suis bien trompé, ou ce sera la pièce la plus singulière que nous ayons au théâtre; les noms de Montmorency, de saint Louis, de Saladin, de

---

(1) A Moncrif, mars 1732. — (2) Elle n'a été publiée qu'en 1779, un an après la mort de Voltaire. — *Œuvres*, t. III, p. 2. — (3) A Formont, 29 mai 1732. — (4) 29 mai 1732. — (5) *Œuvres*, t. III, p. 140.

Jésus et de Mahomet s'y trouveront. On y parlera de la Seine et du Jourdain, de Paris et de Jérusalem. On aimera, on baptisera, on tuera. » Et, en langage moins emporté : « J'ai enfin tâché de peindre ce que j'avais depuis si longtemps dans la tête, les mœurs turques opposées aux mœurs chrétiennes, et de joindre, dans un même tableau, ce que notre religion peut avoir de plus imposant et même de plus tendre, avec ce que l'amour a de plus touchant et de plus furieux (1). »

Après avoir été lue et prônée dans les sociétés, *Zaïre* parut sur la scène, le 13 août 1732. Aux trois premières représentations, le succès en fut incertain. Les acteurs jouaient mal, le parterre était tumultueux, et les négligences laissées par l'auteur étaient relevées avec un tel acharnement, que tout l'intérêt était détruit. Voltaire ôta les défauts, mademoiselle Gaussin donna plus de mouvement à ses grands yeux noirs (2), les acteurs jouèrent mieux, le public se laissa prendre avec plus de docilité au mélange nouveau des plumets et des turbans. « Je parus dans une loge, raconte Voltaire, et tout le parterre me battit des mains. Je rougissais, je me cachais, mais je serais un fripon si je ne vous avouais que j'étais sensiblement touché. » Ce succès lui donna une telle confiance, qu'il voulait le faire rejaillir sur *Eriphyle*, « bien mieux écrite que *Zaïre*, » et rappeler à Fontainebleau de la sentence portée contre elle à Paris. Dans son enivrement, il fut insensible à une perte de 12,000 francs qu'il avait fait la sottise de risquer au biribi, chez madame de Fontaine-Martel (3). A plus forte raison, dédaigna-t-il les satires ou parodies qu'on fit de *Zaïre* dans quelques feuilles et sur quelques théâtres.

(1) A Formont, 29 mai et 25 juin 1732. — Il faut lire encore le compte-rendu qu'il fit lui-même de sa pièce dans une lettre à Antoine de La Roque, directeur du *Mercure*, lettre insérée dans le numéro d'août 1732 de ce journal. — (2) Voltaire l'en remercia par une Epître : « *Zaïre* est ton ouvrage (Œuvres, t. XIII, p. 92). » — Il eut moins bon marché de Dufresne-Orosmane. Dufresne refusant même de lire ses corrections, il eut recours à un stratagème qui lui réussit. Un jour que le comédien donnait un grand dîner, il lui envoya un pâté anonyme. Le pâté s'ouvre et montre dans ses flancs douze perdrix, tenant chacune dans leur bec un billet, où étaient inscrits quelques vers à changer. Plus moyen de se refuser à des corrections présentées si galamment, et Dufresne consentit à réformer son rôle, au grand profit de la tragédie (*Anecdotes Dramatiques*, t. II, p. 274). — (3) A Cideville, 25 août et 3 septembre; à Formont, septembre 1732.

Il y a deux choses dans *Zaïre* : l'épisode de la croisade, et le drame de la passion et de la jalousie meurtrière. C'est l'épisode de la croisade, si bafouée ailleurs par Voltaire, qui fait l'immortelle beauté de cette tragédie. Quant au drame, à ce jeu terrible de l'amour et de la jalousie, ce n'était qu'une imitation, et qu'une imitation inférieure, comme toujours, à l'original. Plus heureux dans son imitation du *More de Venise* qu'il ne l'avait été, en faisant *Eriphyle*, dans l'imitation d'*Hamlet*, Voltaire n'était pas moins vaincu par le barbare Shakespeare. Pour le naturel du sentiment et du langage, pour la préparation, la vraisemblance et la progression du drame, *Othello* est à *Zaïre* ce que le génie est au talent. L'habile, l'infernal Iago est un autre confident que le pâle Corasmin; le tendre et élégant Orosmane, qui n'a rien d'oriental, ne vaut pas l'ardent et farouche More de Venise, et Zaïre elle-même, avec ses délicatesses trop françaises, ne touche pas autant que la naïve et enfantine Desdémone. Mais *Zaïre* reprend, sinon son avantage, au moins son originalité, par l'épisode chrétien si habilement lié à l'action. La lutte entre la passion et la foi, entre l'amante et la fille, voilà ce qui fait de *Zaïre* la création la plus originale de Voltaire, la seule par laquelle il se soit approché des types immortels de Chimène et de Pauline (1).

IV

RETOUR A LA VIE DE COURTISAN — MADAME DE FONTAINE-MARTEL — VOLTAIRE CHEZ LUI — LE TEMPLE DU GOUT — ADÉLAÏDE DUQUESCLIN

Vers la fin d'octobre de cette année 1732, Voltaire alla tenter de nouveau la fortune à Fontainebleau. Madame Du Deffand lui

(1) Imprimée en 1733, *Zaïre* fut dédiée, comme on sait, au marchand Falkener. Mais Voltaire dut retrancher de son *Epître dédicatoire* quelques passages où il critiquait sans justice et sans patriotisme l'état des lettres et de la pensée en France. — Il aimait, dit-il, à dédier ses ouvrages à des étrangers, « parce que c'était toujours une occasion toute naturelle de parler un peu des sottises de ses compatriotes (à Thieriot, 15 mai 1733). »

avait bien proposé une charge d'écuyer chez la duchesse du Maine; mais c'était une charge de gentilhomme chez le roi qu'il ambitionnait. Il ne l'obtint pas encore, et il dissimula son nouvel échec en écrivant à mademoiselle de Lubert, qu'il avait baptisée *Muse et Grâce*, et à ses amis Cideville et Formont. A l'en croire, il aurait vécu à Fontainebleau non en courtisan, mais en poëte, perdant son temps « à faire des querelles entre les actrices, pour des premiers rôles, entre la reine et les princesses, pour faire jouer des comédies, à former de grandes factions pour des bagatelles, et à brouiller toute la cour pour des riens. » La reine fut victorieuse, et il fit sa paix avec les princesses au prix de quelques petits vers médiocres, mais qui furent trouvés fort bons par celles à qui ils étaient adressés (1).

Revenu à Paris vers le 15 novembre, il continua de loger chez madame de Fontaine-Martel. Il la perdit au mois de janvier de l'année suivante. Le 27, il écrivait à Formont que les confitures envoyées par lui à la baronne seraient mangées par sa janséniste de fille. Et il racontait la mort de celle dont il était « le directeur : » « Figurez-vous que ce fut moi qui annonçai à la pauvre femme qu'il fallait partir. Elle ne voulait point entendre parler des cérémonies du départ; mais j'étais obligé d'honneur (et d'intérêt) à la faire mourir dans les règles. Je lui amenai un prêtre moitié janséniste, moitié politique, qui fit semblant de la confesser, et vint ensuite lui donner le reste. Quand ce comédien de Saint-Eustache lui demanda tout haut si elle n'était pas bien persuadée que son Dieu, son créateur, était dans l'Eucharistie, elle répondit : « Ah, oui! » d'un ton qui m'eût fait pouffer de rire, dans des circonstances moins lugubres. » Ailleurs (2), il donne un autre détail de cette mort édifiante. Sur le point d'expirer, la dame demanda : « Quelle heure est-il? » et aussitôt elle ajouta : « Dieu soit béni! quelque heure qu'il soit, il y a un rendez-vous. » Ces éclats de rire de Voltaire en face d'une agonie font frémir, si l'on écoute l'écho que leur ont fait ses cris de rage, quand il dut mourir à son tour!

(1) A Mlle de Lubert, 29 octobre, à Mme de Deffand, le...; à Cideville, 15 novembre; à Formont, novembre 1732. — (2) A Richelieu, 19 juillet 1769.

Telles étaient les amies de Voltaire. Sa baronne mourut comme elle avait vécu, en femme impie et immorale. Il la célèbre quelque part (1) comme une femme « sans préjugés e sans faiblesse. » Sans faiblesse, il faut s'entendre : elle s'était fait, par ses déportements, la plus détestable réputation (2). Suivant Voltaire lui-même, elle était persuadée que, « quand on avait le malheur de ne pouvoir plus se prostituer, il fallait favoriser la prostitution des autres. » Pour achever la phrase, il faudrait employer deux termes de mauvais lieu (3).

Au ton de Voltaire, on voit qu'il pleura peu son amie. Au moins n'hésita-t-il pas entre le regret de la baronne et celui « d'une bonne maison dont il était le maître, où tous les jours étaient des amusements et des fêtes, et de quarante mille livres de rente qu'on dépensait à le divertir (4). » Comment ne pas regretter pareil séjour ? On l'y laissa quelques mois encore, et ce n'est que le 15 mai qu'il alla s'établir rue de Long-Pont, « vis-à-vis le seul ami que le *Temple du goût* lui eût fait, » vis-à-vis le portail de Saint-Gervais, qu'il avait loué dans cet ouvrage. Il demeurait là avec son courtier et associé Demoulin, dans un vilain quartier, dans une vilaine maison, se promettant, disait-il, de couvrir le bruit des cloches avec le bruit de sa lyre (5). — Sa lyre est bien muette aujourd'hui, et les cloches sonnent toujours !

Il vient de nous parler de son *Temple*. En 1732, il avait publié un poëme sous le titre de *Temple de l'Amitié* (6), petit sanctuaire assez pauvre qui n'avait offusqué personne. Mais ce fut autre chose pour le *Temple du goût*. Quoique, peu à peu, « la petite chapelle fût devenue une grande cathédrale, » tous les prétendants n'y purent être reçus, et les exclus se plaignirent. Les admis eux-mêmes ne s'y trouvèrent pas placés avec assez d'honneur. Rien n'excita plus de passion contre le malheureux architecte.

Ebauché en 1731, le *Temple* n'était pas encore imprimé à la

---

(1) *Epître, Œuvres*, t. XIII, p. 89. — (2) Manuel, *Police de Paris dévoilée*, t. II, p. 125. — C'est Manuel qui dit qu'elle « avait Voltaire au lieu de directeur. » — (3) A Mme de Florian, 9 juin 1767. — (4) A Cideville, 27 janvier 1733. — (5) A Cideville, 6 et 15 mai; à Thieriot, 15 mai 1733. — (6) *Œuvres*, t. XII, p. 33.

fin de 1732, lorsque Voltaire l'envoya à Cideville. Cette *fredaine* ne devait alors être montrée qu'à très-peu de monde, et surtout on n'en devait pas tirer copie (1). Elle parut imprimée en mars ou avril 1733, d'après une des copies les plus mauvaises et sans l'aveu de l'auteur, prétend Voltaire, qui aura toujours une semblable excuse à propos de tous les ouvrages soulevant contre lui le pouvoir ou l'opinion. Suivant lui encore, ce ne serait qu'une bagatelle de société, conçue et exécutée dans une réunion d'amis. Chacun fournissait ses idées, et Voltaire n'avait d'autre fonction que celle de les mettre par écrit. « Il n'était en tout cela, dit-il, que le secrétaire du public. Si ceux qui perdent leur cause se plaignent, ils ne doivent pas s'adresser à celui qui a écrit l'arrêt (2). »

Mais il indique ailleurs un autre *crime*, celui « d'avoir fait imprimer cette bagatelle sans une permission scellée avec de la cire jaune : » de là, colère du ministère, criailleries de la cour, et menace d'une lettre de cachet. Il arrêta donc l'émission que Jore faisait du livre, et lui ordonna d'en brûler l'édition : il fallait rebâtir tout à neuf, rebâtir un second *Temple*; et, pour échapper à de nouveaux iconoclastes, le dédier à quelque puissant patron, et obtenir l'assentiment des agents-voyers du ministère. Par Moncrif, il demanda donc au comte de Clermont la permission d'inscrire son nom au fronton du temple ; et, par des protecteurs, il sollicita approbation et privilége. Mais il eut soin d'ôter « tout ce qui pouvait servir de prétexte à la fureur des sots et à la malignité des mauvais plaisants, et d'embellir le tout par de nouveaux vers. » Vains efforts, le garde des sceaux continua de le poursuivre ; et, ne pouvant rien obtenir en France, il fut réduit à imprimer en Hollande « le Temple de la nouvelle fabrique (3). »

L'autorité se tut enfin, et elle aurait dû commencer par là, car l'ouvrage ne méritait pas tant de colères; mais Paris continua d'être inondé d'écrits pour et contre ; et, soit par la finesse,

---

(1) A Cideville, 8 décembre 1732. — (2) Lettre-préface à Cideville, en tête du *Temple*, Œuvres, t. XII, pp. 326 et suiv. — (3) A Cideville, 25 mars, 2 et 12 avril, 2 août; à Moncrif, 12 avril; à Thieriot, 1er mai et 14 juillet 1733.

soit par l'injustice de plusieurs de ses arrêts, le livre justifiait ces apologies et ces critiques.

Rendu au calme et à lui-même, Voltaire mit la dernière main à son *Adélaïde Duguesclin*, et la fit représenter le 18 janvier 1734. Il avait la prétention d'y poursuivre, par le charme de l'amour et l'intérêt des noms français, le succès de *Zaïre*; mais il se trompa. Trop faible de conduite et de style, la pièce fut sifflée dès le premier acte. Les sifflets redoublèrent au second, quand Nemours arriva blessé et le bras en écharpe. Ce fut une tempête au cinquième. A cette question de Vendôme : « Es-tu content, Coucy? » — « Coussi, coussi, » répondit un plaisant du parterre, et il fallut baisser la toile.

Voltaire essaya d'attribuer cet échec, non à la faiblesse de sa tragédie, mais aux passions qu'avait excitées contre lui le *Temple du Goût*. C'est pourquoi, sous un titre ou sous un autre, il résolut de tâter de nouveau l'opinion. Outre qu'il était aussi économe pour ses écrits que pour son or, et qu'il ne voulait rien perdre, ce sujet lui tenait au cœur. Il s'obstina donc à le resservir au public, en changeant l'étiquette, comme font les marchands pour les marchandises avariées ou passées de mode. Il le reproduisit sous le titre d'*Alamire*, et en transporta, pour dérouter le public, la scène en Espagne; sous le titre du *Duc d'Alençon*, ou *les Frères ennemis*, avec suppression des rôles de femmes, trois actes joués à Potsdam par les frères du roi de Prusse (1751); enfin, sous le titre du *Duc de Foix* (1752), et il réussit, à cette dernière tentative, quoiqu'il l'eût affaibli beaucoup, dit-il, par respect pour le ridicule. Devant le succès d'une pièce devenue plus mauvaise, il avait oublié entièrement, continue-t-il, celle qui valait mieux, lorsque les comédiens, qui avaient gardé une copie de la vieille *Adélaïde*, s'avisèrent, sans lui rien dire, et sans changer un mot, de la redonner au public en 1765, et les passages sifflés en 1734 furent alors les plus applaudis (1). Et Voltaire de rire, et de préférer, bien entendu, le second jugement du public au premier.

(1) *Œuvres*, t. III, p. 283, *Avertissement*, en tête d'*Adélaïde*; — Voir, même volume, le *Duc d'Alençon*, p. 391, et le *Duc de Foix*, p. 431.

CHAPITRE HUITIÈME

LES LETTRES PHILOSOPHIQUES

I

ANALYSE DES LETTRES — REMARQUES SUR PASCAL.

Pendant les petites persécutions du *Temple* et les déboires d'*Adélaïde*, il se préparait contre Voltaire, ou plutôt Voltaire préparait contre lui-même, — car il a toujours été l'artisan de son malheur, — une des affaires les plus désagréables de sa vie.

Durant son séjour en Angleterre, il avait composé en grande partie ses *Lettres sur les Anglais*, ou *Lettres anglaises*, connues depuis sous le nom de *Lettres philosophiques*. Elles n'étaient d'abord qu'au nombre de vingt-quatre, lesquelles seules, en effet, forment un tout homogène et concernent les Anglais. Sept d'entre elles roulaient sur des matières religieuses : quatre sur les Quakers, et trois sur la religion anglicane, le presbytérianisme et le socinianisme. Voltaire se souciait bien et des Quakers, et des Anglicans, et des Sociniens! Mais ce lui était une bonne occasion de se moquer de toute religion sous le couvert de sectes hérétiques, en mettant dans la bouche des Quakers de méchantes ironies contre le catholicisme, et en leur faisant endosser ses impiétés, ou de calomnier le clergé de son pays, en présentant comme « plus réglé » le clergé anglican. Puis, pour dégager plus pleinement sa responsabilité, il finissait par cette plaisanterie, bien voltairienne : « Mais ce sont de vilains hérétiques à brûler à tous les diables, comme dit maître François Rabelais; c'est pourquoi je ne me mêle point de leurs affaires (1). » — Suivaient trois lettres sur le parlement, le gouvernement et le commerce de l'Angleterre, satire, par éloge ou

(1) *Œuvres de Voltaire*, t. XXXVII, p. 141.

par comparaison, du gouvernement de la France. C'est de Voltaire que date ce patriotisme d'une nouvelle mode, consistant à mettre son pays au-dessous de tous les pays rivaux. Cela ne s'est vu qu'en France, malgré notre vanité nationale. Montesquieu continuera dans son *Esprit des lois*, et nous voilà pris à jamais de l'infatuation si funeste des institutions anglaises. — Il y avait encore une lettre sur l'inoculation, question de médecine dont le philosophisme fera une machine de guerre religieuse et politique; deux lettres sur Bacon et Locke, pères du matérialisme, Locke surtout, par son doute si la matière est capable de penser, absurdité que Voltaire ne cessera de reproduire; quatre lettres sur Descartes et Newton, prélude à ses travaux sur le Newtonianisme. — Les lettres suivantes étaient toutes littéraires. Elles traitaient de la tragédie, de la comédie et de la poésie anglaises; de Shakespeare, de Dryden, d'Addison, de Pope et autres poëtes célèbres, que Voltaire révélait presque à la France. Tout cela était encore entrelardé ou assaisonné d'impiétés, comme quand il disait qu'il n'y avait point de Tartufes en Angleterre, parce qu'il n'y avait point de *dévots*, et qu'on n'y connaissait que « l'honnête homme. » Et il ajoutait : « On n'y voit point d'imbéciles qui mettent leurs âmes en d'autres mains, ni de ces petits ambitieux qui s'établissent, dans un quartier de la ville, un empire despotique sur quelques femmelettes autrefois galantes et toujours faibles, et sur quelques hommes plus faibles et plus méprisables qu'elles (1). »

A travers ces lettres littéraires, il en avait glissé une sur les seigneurs qui cultivent les lettres en Angleterre, satire ingrate de cette aristocratie française qui l'avait si bien accueilli; et une autre sur la considération qu'on doit aux gens de lettres, programme de cette royauté à laquelle il aspirait. La vingt-quatrième, sur les Académies, était assez juste, mais sentait trop la vengeance du renard, insultant ce qu'il n'avait pu atteindre. On voit, par cette analyse, que les *Lettres philosophiques* renferment toute la moisson recueillie par Voltaire sur le sol anglais.

---

(1) *Œuvres de Voltaire*, t. XXXVII, p. 233.

Trois lettres furent ajoutées plus tard : la vingt-sixième et la vingt-septième, sur l'âme et sur l'incendie d'Altona ; la vingt-cinquième, plus célèbre, sur ou plutôt contre les Pensées de Pascal. Les *Premières Remarques* sur Pascal, publiées pour la première fois en 1734, au nombre de 57, et portées à 72 dans les éditions subséquentes, furent suivies de *Secondes Remarques* (1), données en 1778 seulement, lorsque Voltaire fit réimprimer le faux Pascal de Condorcet ; et c'est probablement le dernier ouvrage qu'il ait livré lui-même à l'impression. Il a donc poursuivi Pascal pendant cinquante ans, car, suivant Beuchot, les *Premières Remarques*, bien que publiées seulement en 1734, doivent remonter à 1728 ; il l'a poursuivi jusqu'à la fin, et il est mort dans cette lutte, tant ce géant le gênait et s'identifiait pour lui avec l'*Infâme!*

En dégageant ces *Remarques* des indécences et des injures comme celles-ci : « Hélas, Pascal ! on voit bien que vous êtes malade ! — O éloquence fanatique ! — Vrai discours de malade ! — O profondeur d'absurdités ! » à quoi se réduisent les griefs de Voltaire contre lui ? « Pour moi, dit-il, quand je regarde Paris ou Londres, je ne vois aucune raison pour entrer dans ce désespoir dont parle M. Pascal ; je vois une ville qui ne ressemble en rien à une île déserte, mais peuplée, opulente, policée, et où les hommes sont heureux autant que la nature humaine le comporte. » — « A l'égard de Pascal, le grand point de la question roule évidemment sur ceci, savoir, si la raison humaine suffit pour prouver deux natures dans l'homme (2). » — Et encore, dans une lettre au P. Tournemine de 1735 : « Ma grande dispute avec Pascal roule précisément sur le fondement de son livre. Il prétend que, pour qu'une religion soit vraie, il faut qu'elle connaisse à fond la nature humaine, et qu'elle rende raison de tout ce qui se passe dans notre cœur. Je prétends que ce n'est point ainsi qu'on doit examiner une religion, et que c'est la traiter comme un système de philosophie ; je prétends qu'il faut uniquement voir

---

(1) Voir les *Premières Œuvres de Voltaire*, t. XXXVII, p. 36, et les *Secondes*, t. L, p. 339. — (2) A la Condamine, 22 juin 1734.

si cette religion est révélée ou non. » N'est-il pas curieux de voir Voltaire, avec un ton hypocrite et menteur, chercher et conseiller les démonstrations les plus solides de la religion ? Et notez que ces preuves d'une origine révélée, il les bafoue ailleurs, précisément à propos de l'emploi qu'en a fait Pascal : « Va, va, Pascal, laisse-moi faire! tu as un chapitre sur les prophéties, où il n'y a pas l'ombre du bon sens : attends, attends (1) ! » Quelle comédie!

Revenons à son argumentation de tout à l'heure. Il trouve qu'on est heureux au sein d'une grande ville, opulente, policée, pourvue de toutes les jouissances, de toutes les commodités de la vie (pourvu, toutefois, qu'on ait comme lui une grande situation et une belle fortune pour se les procurer : Londres et Paris renferment bien des gens qui ne sentent guère ce bonheur d'habiter une ville « peuplée, opulente, policée »). Il ne comprend pas alors le désespoir de Pascal et ses éloquentes aspirations vers un monde inconnu. C'est nier non-seulement la destinée surnaturelle de l'homme, mais sa nature spirituelle et son immortalité; c'est du pur matérialisme; c'est oubli d'une vie future et renoncement à toute autre existence que celle d'ici-bas. D'un autre côté, il ne sent pas deux natures dans l'homme, il n'aperçoit en lui aucune marque de déchéance, aucune propension trop forte au mal, aucune contradiction, et il trouve ses facultés parfaitement équilibrées pour le bien. Que lui dire ? Seulement Pascal aurait vu dans cette ignorance du véritable état de l'homme une preuve nouvelle de la dégradation de la nature humaine. Enfin, il ne regarderait pas comme divine une religion qui nous expliquerait à nous-mêmes. C'est qu'il ne sait pas ou qu'il fait semblant d'ignorer que Dieu seul peut révéler un tel mystère, qui tient essentiellement à l'ordre surnaturel, et qu'une religion capable de nous découvrir notre misère en possède en même temps le remède, surnaturel et divin lui-même (1).

---

(1) A d'Argental, mai 1734. — (2) Les *Remarques* et les *Lettres* ont été bien des fois réfutées, par l'abbé Molinier, Boullier, Le Coq de Villeray, etc. — Voir *Bibliographie Voltairienne*, par Quérard, n°s 574-579, et 584-586.

C'est en juin 1733, dans une lettre à Formont, que Voltaire parle pour la première fois de faire une 25ᵉ lettre de ses *Remarques* de 1728 : « Me conseilleriez-vous d'y ajouter (aux *Lettres*) quelques petites réflexions détaillées sur les *Pensées* de Pascal? Il y a déjà longtemps que j'ai envie de combattre ce géant. Il n'y a guerrier si bien armé qu'on ne puisse percer au défaut de la cuirasse; et je vous avoue que si, malgré ma faiblesse, je pouvais porter quelques coups à ce vainqueur de tant d'esprits, et secouer le joug dont il les a affublés, j'oserais presque dire avec Lucrèce :

> Quare *superstitio* (1) pedibus subjecta vicissim
> Obteritur, nos exæquat victoria cœlo.

Au reste, je m'y prendrai avec précaution, et je ne critiquerai que les endroits qui ne seront point tellement liés avec *notre sainte religion*, qu'on ne puisse déchirer la peau de Pascal sans faire saigner le christianisme. » Il revient plusieurs fois, dans les mêmes circonstances, sur son projet d'attaquer « le misanthrope chrétien, » sur son projet d'*Anti-Pascal* (2), et il eut même la pensée d'insérer ses *Remarques* dans la première édition de ses *Lettres*, qui se faisait en Angleterre, au lieu de les réserver pour une seconde, aimant mieux qu'on criât contre lui une fois que deux, et ne voulant pas s'exposer à deux persécutions, dont la dernière serait pire que la première (3). Il renonça, néanmoins, à ce projet, et l'édition de Londres parut en 24 lettres seulement.

II

PUBLICATION A LONDRES ET EN FRANCE

Cette édition fut donnée par les soins de Thieriot et à son profit. Au commencement de 1733, Voltaire le fit partir pour

---

(1) C'est *Relligio* qui est dans Lucrèce, et qu'exige la mesure du vers. Mais peu importe la quantité à Voltaire. Il aime mieux confondre *Relligio* et *Superstitio*, qui pour lui étaient tout un. — (2) A Cideville, 1ᵉʳ et 3 juillet 1733; à Thieriot, 14 juillet. — (3) A Thieriot, 14 juillet 1733.

Londres, porteur du manuscrit français, qui fut traduit en anglais par Lockman (3), afin que l'ouvrage parût à la fois dans les deux langues. Thieriot le devait donner en son nom, et Voltaire se ménageait par là un échappatoire. Le 1er mai, il écrivait à son ami : « Il ne convient pas que cet ouvrage paraisse donné par moi. Ce sont des lettres familières que je vous ai écrites et que vous faites imprimer; par conséquent, c'est à vous seul à mettre à leur tête un avertissement qui instruise le public que mon ami Thieriot, à qui j'ai écrit ces guenilles vers 1728, les fait imprimer en 1733, et qu'il m'aime de tout son cœur. »

Thieriot envoya sa préface, où il y avait beaucoup à changer, ce qui retardait l'édition anglaise, mais au grand plaisir de Voltaire, heureux d'attendre que le calme se fît autour de son *Temple* avant de s'exposer à une nouvelle tempête. Que Thieriot les imprimât en anglais, à la bonne heure, mais en marquant dans la préface que le manuscrit ayant couru et étant sur le point d'être traduit en français, il avait été indispensable de faire imprimer le prétendu original (2). Le bruit se répandant de jour en jour qu'elles s'imprimaient en France, il fallait reculer le plus possible, à Londres, l'édition française : « Je suis perdu, écrivait Voltaire, si elle paraît à présent (3). » Elle parut, cependant, et fort mal faite; et Voltaire fut accusé d'avoir dit, pour se défendre, que Thieriot lui avait « volé son manuscrit. » Il protesta contre ce bruit calomnieux et reprocha à Thieriot de l'avoir laissé courir (4). Qu'en est-il? Qui le saura?

Cependant, Thieriot jouissait en paix, à Londres, du fruit des travaux de Voltaire, et Voltaire était en transes à Paris (5). Que se passait-il donc en France?

Il est probable que les *Lettres philosophiques* avaient été imprimées à Rouen par Jore dès 1731, en même temps que le *Charles XII*. Cela résulte et d'un Mémoire de Jore, et de l'expression : « Il y a quelques années, » employée par Voltaire lui-même, dans une lettre à Cideville du 1er juin 1734, pour

---

(1) Luchet, t. I, p. 66. — (2) A Thiériot, 24 juillet 1733. — (3) A Thiériot, 28 juillet 1733. — (4) A Thiériot, 5 août 1733. — (5) Cideville, 15 septembre 1733.

indiquer l'époque de l'édition faite par cet imprimeur. Mais l'émission en avait été prudemment différée. En avril 1733, rien n'était fait encore. Jore avait promis une fidélité à toute épreuve. On le soupçonnait pourtant à Paris d'avoir débité quelques exemplaires, et il avait eu à ce sujet une conversation avec Hérault, lieutenant de police. Mais, par miracle, il n'avait point été mis à la Bastille. Il y sera, écrivait Voltaire, et « je tâcherai de n'avoir pas l'honneur de l'y accompagner. »

Il prenait pour cela toutes ses mesures. Voulant vivre en France, et ne pouvant y vivre en philosophe comme en Angleterre, il changeait plusieurs endroits de son livre, notamment le chapitre sur Locke et sur « la petite bagatelle de l'immatérialité de l'âme (1). » Il sondait et ménageait les puissances. « J'ai lu, écrivait-il en novembre à Formont, j'ai lu au cardinal de Fleury, deux lettres sur les Quakers, desquelles j'avais pris soin de retrancher tout ce qui pouvait effaroucher sa dévote et sage Eminence. Il a trouvé ce qui en restait encore assez plaisant ; mais le pauvre homme ne sait pas ce qu'il a perdu. » Montesquieu avait joué le même tour au cardinal pour les *Lettres persanes*.

Il cachait, même à ses intimes, que l'impression était achevée, et, comme si la chose eût été encore à faire, il se disait hésitant entre Rouen et Paris (2). A ses amis de Rouen il feignait de demander si Jore y travaillait, prétextant que Thieriot avait fait marché en Angleterre, à la condition que les *Lettres* ne paraîtraient pas en France, pendant la première chaleur du débit à Londres et Amsterdam. « Thieriot, disait-il, a même été obligé de donner caution. Ainsi, quelle honte pour lui et pour moi, si le malheur voulait qu'on en pût voir une feuille en ce pays-ci avant le temps (3) ! » Toutes ces ruses mensongères avaient pour but de cacher son jeu et de maintenir Jore dans la plus discrète fidélité. Et comme ses amis prenaient la chose au sérieux, et lui transmettaient les réponses, également fictives, de Jore, il donnait la permission d'imprimer, et, en quelque sorte, le *bon*

---

(1) A Cideville 15 décembre 1732. — (2) A Cideville, 25 février 1733. — (3) A Cideville, 12 avril 733.

à tirer, toujours à la condition qu'il n'en paraîtrait pas, avant le temps, un seul exemplaire (1). Pour confirmer ses amis dans l'idée d'une impression actuelle, il ordonnait de lui envoyer les épreuves tantôt chez Demoulin, tantôt chez Dubreuil, son beau-frère. Il leur faisait recommander à Jore secret, diligence et exactitude; surtout il ne fallait laisser entre les mains d'une famille si exposée aux lettres de cachet aucun vestige, aucun mot d'écriture ni de lui, ni de ses amis. Pour complément de précautions, toutes les feuilles imprimées devaient être mises en dépôt chez Formont ou chez Cideville, et y attendre le moment favorable et le signal du départ (2). Il tira même de Jore un billet ainsi conçu : « J'ai reçu de M. Sanderson le jeune deux mille cinq cents exemplaires des *Lettres anglaises* de M. de Voltaire à M. T. (Thieriot), lesquels exemplaires je promets de ne débiter que quand j'aurai permission, promettant donner d'abord au sieur Sanderson (Voltaire) cent de ces exemplaires, et de partager ensuite avec lui le profit de la vente du reste, lui tenant compte de deux mille quatre cents exemplaires; et promets de compter avec celui qui me représentera ledit billet, le tenant suffisamment autorisé du sieur Sanderson (3). »

A tous les courriers, mêmes recommandations : « Si Jore précipite la vente, lui et toute sa famille seront indubitablement à la Bastille; s'il ne garde pas le secret le plus profond, il est perdu sans ressources. Encore une fois, il faut supprimer tous les vestiges de cette affaire. Il faut que mon nom ne soit jamais prononcé, et que tous les livres soient en sequestre, jusqu'au moment où je dirai : Partez.

« Je vous supplie même de vous servir de la supériorité que vous avez sur lui, pour l'engager à m'écrire cette lettre sans date:

« Monsieur, j'ai reçu la vôtre, par laquelle vous me priez de ne point imprimer et d'empêcher qu'on imprime, à Rouen, les *Lettres* qui courent à Londres sous votre nom. Je vous promets de faire sur cela ce que vous désirez. Il y a longtemps que j'ai

(1) A Cideville, 21 avril 1733. — (2) A Cideville, 21 et 29 mai 1733. — (3) A Cideville, 10 juin 1733.

pris la résolution de ne rien imprimer sans permission, et je ne voudrais pas commencer à manquer à mon devoir pour vous désobliger. Je suis, etc. »

« Vous jugez bien, mon cher ami, qu'il faut, outre cette lettre, le billet au sieur de Sanderson, lequel je remettrai dans les mains d'un Anglais, pour le représenter, en cas que Jore pût être accusé d'avoir reçu ces *Lettres* de moi ou de quelqu'un de mes amis (1). »

Quelles précautions, quelles rouéries diaboliques, lorsqu'on sait ce que Voltaire se disposait à faire !

Quelques jours après, il demandait à Jore deux exemplaires complets, afin de faire l'*errata* et les cartons. — Notons bien ces deux exemplaires, d'où viendra tout le mal ! — Et il ajoutait : « En voyant le péril approcher, je commence un peu à trembler ; je commence à croire trop hardi ce qu'on ne trouvera à Londres que simple et ordinaire (2). » Et il s'irritait de la persécution menaçante : « La Fontaine, disait-il, a vécu paisiblement sous un gouvernement cagot. Il est mort, à la vérité, comme un sot, mais, au moins, dans les bras de ses amis... Je tâcherai de vivre à Paris comme La Fontaine, et de mourir moins sottement que lui (3). » Il ne vivra pas à Paris, et il mourra plus sottement.

Cependant le bruit court que les *Lettres* s'impriment à Rouen, et le garde des sceaux en écrit au premier président de cette ville. Jore est mandé à Paris, et un agent de police part pour Rouen avec la mission de tout fureter chez l'imprimeur. Comptant sur Voltaire comme Voltaire pouvait compter sur lui, Jore affirmait qu'on ne trouverait rien dans sa maison, et qu'il était innocent (4).

Quelques mois s'écoulent, et voici que, en mars ou en avril 1734, il se répand dans Paris une édition des *Lettres philosophiques*. A qui l'imputer ? Quel est le dessous des cartes dans ce triste jeu où Jore va perdre sa fortune et son gagne-pain, et

---

(1) A Cideville, 19 juin 1733. — (2) A Cideville, 3 juillet 1733. — (3) A Cideville, 26 juillet 1733. — (4) A Thieriot, 28 juillet ; à Cideville, 28 juillet et 15 septembre 1733.

d'où Voltaire se tirera par quelque argent et quelques mois de retraite? Pour éclaircir ce mystère, nous avons un Mémoire de Jore qui porte un cachet évident de sincérité. Mais nous avons encore les aveux de Voltaire; nous avons surtout sa correspondance avec le lieutenant de police, transportée en Russie après le pillage de la Bastille et publiée récemment. Or, de ces pièces, malgré quelques contradictions, il ressort clairement que Voltaire a joué en tout cela un rôle odieux (1).

A peine de retour à Paris en 1734, après l'impression de son *Charles XII*, Voltaire manda auprès de lui, chez madame de Fontaine-Martel, le libraire Jore. Il s'agissait de l'impression des *Lettres philosophiques*, pour laquelle il assurait avoir une permission verbale, puis du solde d'un vieux compte de 700 livres, pour lequel il offrait en paiement quelques exemplaires de la *Henriade*, « qu'il se disposait secrètement, dit Jore, à faire réimprimer avec des additions, » et un reste de son *Charles XII*, dont, le lendemain, il vendit un manuscrit plus ample à François Josse, libraire de Paris.

Jore se fia à la parole de Voltaire, et accepta le manuscrit des *Lettres*. Voltaire, de son côté, s'engagea à faire tous les frais de l'édition.

L'édition achevée, et un bruit sourd, précurseur de l'orage, commençant à se faire entendre, Voltaire manda à Jore de tout remettre entre les mains de ses amis, qui devaient lui en payer le prix. Jore voit déjà ce que valait la permission verbale; aussi, refuse-t-il de se dessaisir à moins d'une permission écrite. En attendant, fidèle à sa parole, il refuse cent louis d'or que lui offrait de cent exemplaires une personne sans doute mise dans le secret par l'auteur; il refuse même 2,000 livres, pour un seul exemplaire, d'un libraire d'Amsterdam, qui lui promettait encore sa part de profit dans l'édition; il pousse la dis-

---

(1) Voir le *Mémoire* de Jore dans le *Voltariana*, 1re partie, p. 65, et la correspondance de Voltaire avec Hérault, dans les *Études sur la Russie*, par M. Léouzon Leduc, Paris, Amyot, pp. 359-406. — Pour comprendre la protection servile que le lieutenant de police Hérault ne va cesser de prêter à Voltaire, il faut savoir qu'il avait été son condisciple au collége de Clermont (*Études*, etc., p. 421).

crétion jusqu'à ne pas permettre la lecture du livre à un ami, et en sa présence.

Cependant, il se rend à Paris, auprès de Voltaire, qui lui promet de faire quelques changements à son ouvrage, et, dans ce dessein, lui en demande deux exemplaires. En même temps il lui propose un singulier moyen de se tirer d'embarras. Jore était alors en procès avec un nommé Ferrant, imprimeur de Rouen, qui avait contrefait un de ses livres. « Donnez-lui sous main, dit-il à Jore, les *Lettres philosophiques* en manuscrit. Il ne manquera pas de tomber dans le piége et d'imprimer. Nous ferons saisir l'édition. Je déclarerai que je n'y ai aucune part, que le manuscrit m'a été volé, et que, par conséquent, je ne puis être responsable des autres éditions qui en pourront paraître. Par ce moyen, j'aurai la liberté de publier la mienne sans obstacle, et nous serons l'un et l'autre à l'abri. » Jore refuse, et sa simplicité fait pitié à Voltaire, qui l'accable d'une riche profusion d'épithètes.

Des deux exemplaires que Jore lui a laissés, Voltaire en confie un à un imprimeur, François Josse, sous prétexte de le faire relier. François, de concert avec son cousin René Josse, copie le livre et l'imprime. René, d'autre part, pour n'avoir à partager avec personne, fait une autre édition à lui seul, et François, dans sa jalousie, le dénonce. Ainsi la police est mise en éveil, et toute l'affaire est éventée (1).

Confier un tel livre à un imprimeur, c'était au moins une grande imprudence. Mais n'y avait-il pas, de plus, complicité ? Voltaire, si impatient de publier ses ouvrages qu'il ne prenait pas la peine de les relire, et ne les corrigeait que sur les éditions subséquentes, attendait depuis six ans l'impression, et depuis trois l'émission de ses *Lettres philosophiques* ! Il n'y tenait plus. Dans son impatience, il avait fait offrir à Jore mille écus de son édition. Jore ayant encore refusé, il prit le parti de les réimprimer à Paris, sans aucun souci du pauvre imprimeur. C'était sous le nom de Jore, en effet, que paraissait l'é-

---

(1) Tel est le récit de Voltaire lui-même : à Formont, 5 juin 1734; à Jore, 24 mars 1736.

dition parisienne, sous le nom de Jore que les colporteurs la vendaient. Mais qui avait pu dire à l'imprimeur de Paris, sinon Voltaire, que l'exemplaire dont il s'était servi sortait de l'officine de Jore? D'ailleurs, dans cette même année 1734, se vendait chez Ledet, imprimeur de Voltaire à Amsterdam, une autre édition des *Lettres*, portant toujours le nom du malheureux Jore. Or, cette édition hollandaise avait été évidemment faite à l'instigation de Voltaire, puisqu'elle contenait une 26e lettre qui n'était ni dans l'une ni dans l'autre des deux éditions françaises, et que lui seul avait pu fournir.

III

POURSUITES — FUITE DE VOLTAIRE A MONJEU ET EN HOLLANDE

L'édition parisienne se répand, la police en suit la piste, et Voltaire s'empresse d'écrire à Hérault, moins pour excuser son livre que pour accuser Jore et rejeter sur le pauvre imprimeur toute responsabilité. Mon livre n'est dénoncé, écrivait-il, que par « des imbéciles que le poison du jansénisme infecte, et qui prétendent qu'on attaque Dieu et l'État, quand on se moque des convulsions des Quakers. » Mais un homme d'esprit et instruit, comme Hérault, ne peut s'y méprendre, surtout s'il consulte les Maupertuis, les Mairan, les La Condamine. D'ailleurs, ajoutait-il, « je n'ai nulle part à l'édition. Daignez, Monsieur, vous servir de toute votre autorité avec Jore..., avec quiconque est soupçonné... Pour moi, je vous demande instamment ou de parler encore une fois de mon innocence à M. le cardinal de Fleury, ou d'avoir la bonté de me mander ou de me faire écrire par M. d'Argental s'il faut que j'aille dans les pays étrangers chercher le repos et la considération qu'on me devait au moins dans ma patrie. »

Quelle fierté hypocrite dans une conduite si basse!

En même temps, il répandait cette dénonciation contre

Jore parmi tous ses amis, pour former en ce sens l'opinion, peser par l'opinion sur l'autorité, se dégager et tout faire retomber sur l'imprimeur. Pour lui, c'est l'innocence même. Ces maudites *Lettres* se débitent sans qu'on l'ait consulté, sans qu'on lui en ait donné le moindre avis. On a l'insolence de mettre son nom à la tête, et de donner encore la lettre sur Pascal, qu'il avait le plus à cœur de supprimer ; il lui en a coûté 1500 livres prêtées à Jore (1) pour espérer qu'elles ne paraîtraient pas, et on le soupçonne de les faire vendre lui-même ; Jore l'a perdu, etc. (2).

Voltaire, en tout cela, ne pouvait être de bonne foi. Il savait bien que l'édition poursuivie à Paris n'était pas celle de Jore. Il connaissait l'auteur de cette contrefaçon, dont il était le complice. D'ailleurs, il était assez versé en imprimerie pour ne pas confondre l'édition parisienne avec l'édition normande dont il avait corrigé les épreuves et reçu deux exemplaires. Papier, caractère, tout différait, sans compter le changement de plusieurs mots ; et ces mots, qui les avait changés, sinon lui !

Sur sa dénonciation, Jore est arrêté et mis à la Bastille. Il avait promis de ne l'y pas accompagner, et il tint mieux cette parole que celle donnée à Jore. Craignant « une lettre de cachet plus dangereuse que les siennes (3), » il prétexta le mariage du duc de Richelieu avec Mademoiselle de Guise, qu'il prétendait avoir conduit comme une intrigue de comédie, et, le 7 avril, il s'enfuit à Monjeu, auprès d'Autun, où allait se faire le dénouement. Il abandonnait son ménage, rue de Long-Pont, aux soins du couple Demoulin, mais il gardait encore son domicile, auquel il ne renonça tout à fait qu'au mois de novembre suivant, après avoir perdu tout espoir de séjourner à Paris.

Monjeu et les Guise, voilà encore un des milieux de Voltaire, et quel milieu ! En tout semblable à ceux qu'il a déjà traversés. Le président Hénault a écrit : « Je dirai un mot, en fuyant,

(1) « Elles m'avaient été prêtées pour quatre mois, dit Jore, et je les ai rendues au bout de deux. » — (2) 24 avril, à Cideville ; 25, à Formont et à l'abbé d'Olivet. — (3) A Formont, 25 avril 1734.

d'une maison de bohémiens, *spelunca latronum*, dont le maître était cependant un grand seigneur : c'était le prince de Guise... Il avait épousé, en 1705, Mademoiselle de Monjeu... Par égard pour les descendants de M. et de Mme de Guise, je n'entrerai dans aucun détail : je dirai seulement que le mari et la femme étaient le scandale de Paris, dans un siècle où l'on n'y est pas fort difficile, et qu'ils n'avaient rien à se reprocher l'un à l'autre. Cependant j'y allais comme tout Paris, et dans leur maison au Temple, et dans celle d'Arcueil, dont les jardins étaient de la plus grande élégance (1). »

C'était la fille cadette de ce noble couple qu'allait épouser le duc de Richelieu ; fille digne et de ses parents et de l'Alcibiade auquel elle allait s'unir, si l'on en juge par une espèce d'épithalame où Voltaire l'invite à faire de son mari ce que celui-ci a fait de tant d'autres (2).

Les fêtes nuptiales furent troublées par l'arrivée d'un exempt envoyé pour saisir Voltaire. Le poëte échappa et se demanda de quel côté il s'allait diriger. Il hésita entre Londres et Bâle, et il opta pour Bâle, où il passa quelques jours du mois de mai. Cependant, il se recommandait à Hérault, et il engageait tous ses amis, d'Argental, Moncrif, l'abbé de Rothelin, à lui faire, « auprès du bon cardinal (de Fleury) et de l'opiniâtre Chauvelin (garde des sceaux), » tout le bien humainement possible. Du reste, il ne s'étonnait pas de l'éloignement auquel, prenant le devant sur le ministère, il s'était condamné. Dès le temps de l'édition anglaise, il s'était arrangé pour sortir de France ; mais l'amitié l'avait retenu. Toutefois, cet éloignement lui était pénible, et il ne l'acceptait que pour éviter un pire destin : « J'ai une aversion mortelle pour la prison ; je suis malade ; un air enfermé m'aurait tué ; on m'aurait peut-être fourré dans un cachot. Ce qui m'a fait croire que les ordres étaient durs, c'est que la maréchaussée était en campagne (3). » Il était temps de fuir, car, le 4 mai, un mandat d'arrêt fut lancé contre lui. Mieux lui valait l'agréable exil de Monjeu, de Cirey surtout, où il venait

(1) *Mémoires*, pp. 104, 105. — (2) *Œuvres*, t. XIII, p. 108. — (3) A d'Argental, avril 1734.

de chercher, auprès de Madame du Châtelet, un asile qu'il gardera si longtemps.

Sa cause s'identifiant avec celle de Jore, et la mise en liberté de l'imprimeur entraînant la sienne, il parut, après l'avoir dénoncé, lui porter quelque intérêt. Il lui écrivit donc, d'après quelques conseils venus de haut, qu'il ne voulait être ni son délateur ni son complice, et qu'il n'y avait qu'un moyen de tout apaiser, à savoir de remettre l'édition à Rouillé, chargé du département de la librairie, au moins de sacrifier 500 exemplaires, qu'il s'offrait même à payer. Mais l'égoïsme perçait sous ces apparences généreuses. En effet, il chargeait Cideville d'informer Rouillé de sa démarche. « Je crois, disait-il, que cela me ferait grand bien, si le garde des sceaux pouvait savoir... que j'ai écrit à Rouen, le 2 mai (deux jours avant la lettre de cachet), pour faire chercher l'édition, à quelque prix que ce pût être. » D'ailleurs il se consolait de tout au sein des plaisirs et des lettres : « A présent que je vais être tranquille dans une retraite ignorée de tout le monde (à Cirey), nous vous enverrons sûrement des *Samson* et des pièces fugitives en quantité. Laissez faire, vous ne manquerez de rien, vous aurez des vers (1). » Et, pendant ce temps, le pauvre Jore était à la Bastille !

Il y avait donc une bonne raison pour que le misérable imprimeur ne répondît pas à sa lettre et à ses conseils. Et pourtant, Voltaire osa lui en faire un crime; et, dans une deuxième lettre à Hérault, montrée encore à Jore, il l'accusa de nouveau d'avoir imprimé ses *Lettres* sans son autorisation, et le déclara d'autant plus coupable, qu'il lui avait ordonné de remettre l'édition à Rouillé, et offert d'en payer le prix. Encore une fois, détenu alors, Jore n'avait pas reçu la lettre de Voltaire.

Cependant Jore prouva qu'il n'avait pas dans son imprimerie de caractère semblable à celui de l'édition de Paris, et il fut relâché au bout de quatorze jours. Mais les dénonciations de Voltaire avaient mis la police sur la vraie piste. Une visite fut

(1) A Cideville, 8 mai 1734.

donc faite à Rouen, et l'édition originale fut surprise et saisie. Contraint alors de tout dire, Jore raconta l'histoire que nous savons, l'histoire véritable des *Lettres*.

Voltaire jeta feu et flamme contre le *misérable*, le *scélérat*, qui l'avait trahi, qui lui avait valu, rue de Long-Pont, une visite domiciliaire, pendant laquelle on avait saisi toute sa fortune et mis tout au pillage (1).

Sentant bien les conséquences des aveux de Jore, il écrivit *mille* lettres pour se disculper, notamment une lettre à Madame d'Aiguillon, vraie turlupinade sous forme de désaveu, où il persistait à soutenir que l'édition s'était faite malgré lui, qu'on y avait ajouté beaucoup de choses, et qu'il avait fait humainement ce qu'il avait pu pour en découvrir l'auteur.

Une lettre de rétractation n'était pas de nature à désarmer le pouvoir, et, le 10 juin 1734, en vertu d'un arrêt du parlement « qui déshonorait la grand'chambre, » dit Voltaire, les *Lettres philosophiques* furent lacérées et brûlées par l'exécuteur de la haute justice, « comme scandaleuses, contraires à la religion, aux bonnes mœurs, et au respect dû aux puissances. » En septembre, Jore, plus puni que Voltaire, se voyait enlever sa maîtrise.

Craignant quelque mesure contre sa personne, Voltaire sortit de Lorraine, et mena, pendant un mois, une vie errante. Le 3 juillet, il était au camp de Philisbourg, d'où il adressait à un anonyme la jolie Épitre sur les :

> ... Cinquante mille Alexandres
> Payés à quatre sous par jour (2).

Le 24 juillet, il était revenu à son gîte de Cirey. Il n'y resta en paix que quelques mois. En novembre, croyant qu'il y avait un ordre contre lui, il prit le chemin de l'étranger, et alla rejoindre Madame du Châtelet à Bruxelles. Il se hasarda encore à reparaître à Cirey, mais il en repartit presque aussitôt, et retourna en Hollande. Suivant d'Argental, il aurait été arrêté depuis longtemps, sans le respect qu'on portait à la maison du

---

(1) A Cideville, mai; à Formont, 1er juin 1734. — (2) *Œuvres*, t. XIII, p. 110.

Châtelet. On s'était contenté d'écrire au marquis pour le prier de ne plus lui donner asile. Mais on avait bien envoyé un exempt à Monjeu, et il n'y a guère d'apparence qu'on ait eu pour la maison du Châtelet un égard qu'on n'avait pas eu pour celle de Guise. Il est plus probable que l'invitation adressée au marquis n'était qu'un avertissement donné à Voltaire de se mettre en fuite, et qu'on n'avait aucune envie de l'arrêter.

Telle était la pensée de Madame du Châtelet, qui soupçonnait encore qu'on avait voulu ouvrir les yeux du marquis sur ses relations avec Voltaire, et elle trouvait fort mauvais qu'on prît ainsi à cœur l'honneur de son mari. Elle en accusait la dévotion : « Voilà, disait-elle, à quoi elle sert (1). » Nous tenons déjà toute cette femme, dans sa foi et dans ses mœurs.

En Hollande, Voltaire attendait le résultat des démarches qu'on faisait en sa faveur. Il espérait beaucoup de madame de Richelieu, qui allait être présentée, et qui ne quitterait point le garde des sceaux qu'elle n'eût obtenu la fin « d'une infâme persécution contre un livre innocent. » Le maréchal de Matignon faisait les mêmes instances; et, lui-même, il avait envoyé à Hérault un mémoire justificatif. Il voulait absolument être effacé du livre de proscription, très-fâché de passer sa vie hors de France (2).

Nous ne savons rien de ce voyage en Hollande, sinon le départ et le retour de Voltaire. Il était revenu dans les derniers jours de février 1735. Il promit d'être sage, de n'écrire à personne, de cacher à tout le monde sa présence à Cirey. Mais il faisait solliciter la permission de revenir à Paris. Le 2 mars 1735, Hérault lui donna avis, de la part du cardinal ministre et du garde des sceaux, qu'elle lui était accordée, à la condition qu'il y mènerait « une conduite digne d'un homme sage, et d'un homme qui avait déjà acquis un certain âge. » Le 30 mars au soir, Voltaire était à Paris, avec Madame du Châtelet, et dépêchait à Hérault un court billet de remercîment. De son

(1) *Lettres inédites de la marquise du Châtelet au comte d'Argental*, Paris, 1806; lettre du 30 décembre 1734. — (2) A d'Argental, novembre et décembre 1734.

côté, madame du Châtelet écrivait le lendemain à Cideville :
« Son affaire a traîné si longtemps, que je n'en espérais presque plus la fin ; mais enfin il nous est rendu ; il faut espérer qu'il ne nous donnera plus des alarmes aussi vives. » — Comptez-y bien, Madame!

III

AFFAIRE DE JORE

Tout paraissait fini pour Voltaire quant aux *Lettres philosophiques*; mais le malheureux Jore restait sur le pavé ; et, d'ailleurs, amnistié par le garde des sceaux, Voltaire était loin d'être rentré en grâce et en crédit auprès de lui. Or, il lui fallait davantage pour la paix du présent et la sécurité de l'avenir. Sa cause et celle de Jore se touchaient donc encore par quelque point. C'est pourquoi, pendant son séjour à Paris, il parut prendre à l'imprimeur un intérêt qui n'était toujours que de l'égoïsme. Le 12 avril, il écrivait à Cideville : « Si ce malheureux Jore m'avait écrit dans les commencements (il était à la Bastille!), il n'y aurait eu ni lettre de cachet, ni brûlure, ni perte de maîtrise pour Jore. Le garde des sceaux a cru que je le trompais, et il le croit encore (il avait bien raison, le garde des sceaux!). Je sais que Jore est à Paris, mais je ne sais où le trouver. Il faudrait engager sa famille à lui mander de me venir trouver ; peut-être qu'un quart d'heure de conversation avec lui pourrait servir à éclairer le garde des sceaux, *me raccommoder entièrement avec lui*, et rendre à Jore sa maîtrise, en finissant un malentendu (il n'y en avait point!) qui seul a été cause de tout le mal. »

Cependant, il cherchait à faire sa paix tout seul. Comme dans tous ses grands embarras, il recourut aux Jésuites, et écrivit au P. Tournemine deux longues lettres, où il attribuait aux jansénistes les persécutions qu'il avait souffertes, et tâchait d'expliquer ce qui avait indigné contre lui dans les *Lettres philosophiques*. Ayant obtenu quelques gages, il revint, en juin, à Cirey, d'où il écrivit à Thieriot : « Je suis revenu à Cirey, sur la parole de M. le duc de Richelieu, et même du garde des sceaux, qui a écrit à M. et à Mme du Châtelet de manière à dissiper mes craintes présentes, mais à m'en laisser pour l'avenir. »

L'avenir, évidemment, dépendait de lui. Rassuré au moins pour le présent, il ne songea plus à Jore, et le laissa au fond de sa ruine. Jore s'adressa à lui, sollicitant son crédit et celui de ses amis pour avoir un emploi. Il reçut d'abord quelques promesses, puis la déclaration qu'il n'avait plus rien à espérer. Alors il réclame son dû pour l'impression des *Lettres*. Voltaire le mande et lui propose de couper la dette par moitié. « Volontiers, répond Jore, spirituel ce jour-là : j'ai quatorze jours de Bastille, faites-vous y mettre pour sept; vos *Lettres* m'ont causé une perte de 22,000 francs, payez-m'en onze, et il restera encore à mon compte la perte de ma maîtrise. »

Aujourd'hui, ce serait tout simplement affaire de police correctionnelle. Il n'en était pas de même il y a cent cinquante ans. Voltaire va remuer toutes les puissances pour échapper à l'obligation de payer tout ou partie de sa dette. Jore portait à une somme de 1,400 livres 5 sous les frais d'impression des *Lettres philosophiques*. Au lieu de céder à un sentiment de justice et de commisération pour un homme dont il avait causé la ruine, Voltaire injurie et menace; puis il se radoucit, et fait l'effort d'offrir par degrés jusqu'à cent pistoles. En tout autre temps, Jore eût accepté plutôt que de traduire en justice un tel homme. Mais les pertes déjà essuyées lui en rendaient de nouvelles impossibles. Après avoir épuisé tous les moyens de conciliation, il cita son adversaire devant les juges. Voltaire opposa une fin de non-recevoir, prétendant avoir payé, et, pour le prouver, il cria à l'ingratitude et recourut à l'injure. Mais Jore appuyait sa demande sur une lettre de Voltaire lui-même, datée de Cirey le 24 mars 1736, lettre qu'il s'était fait écrire sous prétexte qu'on lui donnerait des lettres de grâce et qu'on le rétablirait dans sa maîtrise, s'il disait toute la vérité au sujet des *Lettres philosophiques*. C'est la seule habileté dont il ait usé dans ce procès, comme c'est la seule *maladresse* échappée à la rouerie perfide de Voltaire. Dans cette lettre, Voltaire avouait de son côté et confirmait presque tout le récit de Jore : que l'édition de Rouen avait été faite « de concert avec lui ; » que Jore avait refusé de la remettre à Cideville, mais avait promis de la déposer ailleurs et de n'en rien livrer sans la permission des supérieurs ; que deux exemplaires lui avaient été confiés, dont l'un avait servi à faire l'édition parisienne ; que les Josse avaient attendu qu'il fût à Monjeu, à soixante lieues de Paris, pour mettre au jour leur larcin (1) ; qu'ayant appris cette nouvelle et l'indignation du gouvernement, il avait écrit à Jore plusieurs lettres pour lui dire de remettre toute son édition à Rouillé, et pour lui en *offrir le prix*, lettres qui n'étaient pas parvenues au prisonnier de la Bastille ; — et tout le reste que nous connaissons.

Cette lettre confondait Voltaire, qui disait d'abord avoir payé Jore en lui remettant le manuscrit, en 1731, et qui reconnaissait maintenant n'avoir pas encore payé en 1734, au moment où il écrivait au prisonnier de la Bastille pour lui *offrir le prix* de son édition. Cette contradiction rendait déjà suspect son témoignage, s'il prétendait avoir payé depuis. Fort de ce commencement de preuve par écrit, Jore demandait à être admis à la preuve par témoins. Il offrait de prouver que lorsqu'il était allé chez Voltaire, le jour même de l'assignation, la réponse de celui-ci avait été que, n'ayant tiré aucun profit d'une édition saisie, il n'en devait que la moitié. Voltaire objectait encore une gratification antérieure de cent livres, disant qu'on ne gratifiait pas à qui on devait ; mais Jore expliquait bien cette gratification par un service rendu, dont elle était le prix ou la récompense.

Poussé à bout, Voltaire récriminait au sujet de la lettre du 24 mars 1736, lettre *extorquée*, disait-il, et tournée lâchement contre lui (2) : extorquée ou non, elle gardait sa valeur, et Jore en faisait un usage légitime.

---

(1) N'était-il pas parti, complice du *crime*, pour échapper à ses conséquences ?
— (2) A Cideville, 30 mai 1736. — Voltaire, assigné, dut quitter Cirey et venir Paris, où il logea Hôtel et rue d'Orléans. Il y arriva vers la mi-avril 1736, et en

Il opposa une dernière fin de non-recevoir : Jore, disait-il, était mal fondé à réclamer le prix d'une édition qui avait pu être saisie. Moyen odieux et qui retombait sur Voltaire lui-même, puisqu'il faisait une *exception*, en quelque sorte, d'avoir trompé Jore, celui-ci n'ayant imprimé que sur la foi de son mensonge d'une permission verbale, et ayant refusé de rien livrer avant d'avoir une permission écrite.

Jore avait commencé par faire saisir les biens de son débiteur. Voltaire, à Paris depuis la mi-avril 1736, se mit en correspondance avec Hérault, lieutenant de police, et, le 15 juin, il demanda main-levée, avec condamnation « à mille écus d'amende contre le scélérat de Jore. » Puis, sentant bien toute la force que donnait contre lui sa lettre du 24 mars, il requit une défense de l'imprimer, sous le prétexte menteur que le garde des sceaux et Rouillé y étaient compromis. En même temps il déblatérait contre l'avocat Bayle, auteur du Mémoire de Jore (1), qui, disait-il, ne voulait publier la lettre et le factum « que pour intimider et tirer de l'argent. » Aussi priait-il Hérault de parler à Bayle, et de l'engager à ne se « plus mêler d'une affaire si odieuse, qui avait été refusée par quatre avocats. » Il voulait donc enlever encore au pauvre Jore le seul avocat qu'il eût pu trouver.

Pour être agréable à Voltaire et lui épargner un procès honteux, Hérault lui offrit sa médiation, et lui proposa de payer à Jore une somme de mille francs. Cette proposition non acceptée, l'affaire rentra dans la voie judiciaire, et Voltaire reprit contre Jore sa poursuite acharnée. Il niait lui avoir offert autrefois cent pistoles, et confessait uniquement qu'on lui avait conseillé d'acheter la paix avec cinquante. Cent pistoles, disait-il, c'était tout au plus ce que valait l'édition, et les donner eût été avouer qu'il n'avait pas payé Jore : perte donc, et déshonneur ! Mieux valait plaider. Mieux valait encore que Hérault « interposât son autorité, » et il l'en priait. Il craignait un procès; il craignait

---

repartit, pour retourner à Cirey, dans les premiers jours de juillet.— Dans sa lettre du 30 mai à Cideville, il dit avoir des lettres de Jore qu'il pourrait tourner contre ui, mais il ne les a jamais montrées !—(1) Ce *Mémoire* est daté du 9 juin 1736.

surtout l'effet de sa lettre du 24 mars, que Jore menaçait toujours de rendre publique. « Cette maudite lettre faisait tout l'embarras : c'était une conviction qu'il était l'auteur des *Lettres philosophiques*. Rien n'était donc si dangereux que de gagner sa cause juridiquement contre Jore (1). »

Sur sa prière, Hérault avait demandé la lettre compromettante, et Jore avait refusé *insolemment* de la remettre. C'était son titre! Aussi, nouvel appel de Voltaire à l'*autorité* de Hérault, pour empêcher l'impression de la lettre et du factum ; et, comble de l'impudence et de l'horreur! sommation au lieutenant de police de « pincer Jore, pour avoir osé s'avouer dans son exploit l'imprimeur d'un livre défendu ; » — d'un livre dont il était l'auteur, et qu'il avait imposé au libraire par mensonge! Et il donnait l'adresse de Jore, pour que les limiers de la police ne manquassent pas de le *pincer* et de le « mettre dans un cul de basse-fosse (2)! »

Vains efforts! le Mémoire, « le libelle infâme, » parut, et fut vendu à un public avide, dans les cafés, aux portes des spectacles, partout! « Les lois, écrivait alors Voltaire à Hérault, les bonnes mœurs, votre autorité, sont également blessées. Je le réclame, Monsieur, punissez un scélérat déjà coupable mille fois devant vous! » Il réclamait au moins « l'*original* de la lettre extorquée qui faisait le prétexte du procès, » sans doute pour en nier ensuite la fidèle reproduction. Enfin, il dénonçait Bayle, Jore, Des Fontaines (qu'il croyait faussement l'auteur du Mémoire), Delaunay et Demoulin, qu'il prétendait être les instigateurs de Jore, et il appelait Jore et Des Fontaines des *repris de justice*. — Et lui donc!

Au Mémoire de Jore, Voltaire opposa le sien, pièce très-faible. Tout reposant sur la lettre du 24 mars, il en mit en doute l'impression fidèle, preuve évidente de l'usage qu'il voulait faire de l'original réclamé. Toutefois, voulant bien, « pour un moment, et sans tirer à conséquence, » s'en tenir à l'imprimé, il demandait ce que prouvait la lettre. Une seule chose, suivant lui, à savoir que Jore avait travaillé pour le défendeur, « mais en gé-

(1) A Cideville, 2 juillet 1736. — (2) A Cideville, 21 juin 1736.

néral, et sans aucune exception. Jore, ajoutait-il, a toujours été si bien payé, que le défendeur espère de retrouver dans ses papiers un billet par lequel Jore est lui-même débiteur. » — Il ne le retrouvera pas!

Comme toujours, il se jetait ensuite en dehors de l'affaire, diffamant Jore, sa vie, sa famille ; le dénonçant, le présentant comme suspect, de manière à rendre impossible le rétablissement du pauvre imprimeur dans sa maîtrise, s'il en avait encore quelque espoir.

C'était à la justice de prononcer. Mais Voltaire fuyait la justice régulière, et se réclamait toujours de Hérault, à qui il rendait Jore odieux, comme ayant dit du mal de lui, comme ayant voulu se soustraire à son tribunal en recourant au garde des sceaux. Pour Voltaire, il s'en remettait au jugement du lieutenant de police, et se consolait par l'espérance de voir punir « un fourbe et un insolent. »

Hérault, en effet, s'interposa encore pour une transaction amiable, et il agit tellement sur Jore, qu'il lui arracha la lettre fatale et presque un désistement (1). Voltaire alors supprima son Mémoire, en brûla, dit-il, deux cents exemplaires restants, et retira les pièces des mains de son procureur, « voulant absolument, écrivait-il à Hérault, étouffer l'affaire comme vous l'avez ordonné. »

Hérault n'avait arrêté la procédure qu'à la condition que Voltaire payerait à Jore une somme de mille livres, dont il se rendait garant. Jore avait consenti à cette réduction de sa créance, sur l'engagement pris envers lui par Hérault de le faire rétablir dans sa maîtrise (2). Mais, pour échapper à l'obligation de payer les cent pistoles, Voltaire accusa Jore de protester contre la violence qu'on lui avait faite, et de mettre sous presse un nouveau *libelle diffamatoire*. « Ce n'est plus moi, Monsieur, écrivait-il à Hérault, qu'on attaque ici, c'est votre

---

(1) A Cideville, 27 juin 1736. — (2) Jore à Hérault, 1738. — Dans cette lettre, Jore présentait encore le lieutenant de police comme opposé d'abord à sa demande, puis comme *détrompé* par son Mémoire et ramené à des dispositions plus favorables pour lui.

autorité qu'on brave. C'est un scélérat repris de justice presque tous les ans ; c'est un homme qui n'est à Paris que pour mener une vie scandaleuse... C'est ce même homme enfin qui se révolte contre vous. »

De Hérault, il passa à Chauvelin, garde des sceaux, qui l'aimait peu pourtant, et il réclama aussi sa protection : « Avant la publication du factum, j'aurais donné beaucoup pour prévenir le scandale (il n'avait qu'à payer sa dette!). J'aurais acheté le silence d'un scélérat. Mais ce silence n'est plus à vendre. La cabale de Jore a inondé le public de son libelle. Jore a bravé la médiation de M. Hérault et l'autorité du ministère. Recevra-t-il le prix de son crime, de son insolence et du libelle qu'il a vendu publiquement? » Et il demande une évocation au tribunal de Hérault, comme commissaire du Conseil. Il ne peut plus s'accommoder : on le croirait débiteur; Jore aurait le profit, et lui la honte.

Cependant Jore restait coi ! Au jour dit, il se présenta chez Hérault pour recevoir ses mille livres; mais il apprit qu'un jugement rendu par Maurepas le déboutait de sa demande, et condamnait Voltaire à une amende de cinq cents livres, ce qui était alors une peine infamante.

Jore reçut l'arrêt avec soumission, sur l'assurance réitérée de Hérault qu'il allait être rétabli dans sa maîtrise (1). Pour Voltaire, cet arrêt le mit hors de lui. Il se traîna malade, le 9 juillet, à la porte du garde des sceaux, et lui fit remettre, attendant la réponse, un billet lamentable : « Je me trouve enfin déshonoré après avoir essuyé deux années entières d'exil et de persécutions pour ce malheureux livre qui n'a jamais vu le jour que pour l'utilité d'un ami (Thieriot)! » Le voilà condamné à l'aumône, quoique Hérault n'ait pas été juge : « Faut-il qu'il me vende si chèrement une médiation? » Il ne voulait qu'empêcher le factum de Jore; mais maintenant il achèterait plutôt un jugement en justice réglée, pour prouver qu'il ne devait rien au *misérable*. « Donner 500 livres d'aumône, disait-il en finissant, c'est signer ma honte! »

(1) Jore à Hérault, 1738.

N'ayant pas été reçu de Chauvelin, il retourna chez Hérault, où il n'obtint pas l'espoir de la révocation de l'arrêt.

Question d'honneur pour lui, sans doute ; mais aussi, à bien lire sa lettre, question d'argent : « Il s'en faut beaucoup que je puisse trouver à présent cinquante pistoles. J'ai réellement à peine de quoi partir ! » Et, sans compter la bourse de ses amis, il avait à lui 28,000 livres de rente ! — Pour attendrir son juge, il avait inséré dans sa lettre un billet de dix pistoles sur un notaire, — fabriqué sans doute pour la circonstance, — en faveur d'un jeune homme de lettres, avec prière à Hérault de le lui « faire rendre. » Il offrait tous ses papiers en gage, jusqu'à ce qu'il fût en état de payer. Il paya néanmoins, à son grand regret, et, après avoir « perdu tout son argent dans cette malheureuse affaire, » il rentra l'oreille basse et battant de l'aile à Cirey (Juillet 1736).

En 1738, l'affaire revint sur le tapis. Pendant ces deux années, Jore s'était tu, attendant l'effet des promesses qu'on lui avait faites. Mais, ruiné alors, sans pain pour lui et pour ses enfants, n'ayant plus l'espoir de recouvrer sa maîtrise ou d'obtenir un emploi, il voulut reprendre son procès contre Voltaire.

Ce procès n'avait pas été jugé au fond en 1736. Maurepas, voyant l'impossibilité où était Voltaire de répondre au Mémoire de Jore, et craignant pour lui des révélations infamantes, avait, par son arrêt, tranché le nœud sans le dénouer. Mais le Mémoire restait toujours sans réponse, et suspendu comme une épée sur l'honneur de Voltaire. De là les efforts de celui-ci pour en obtenir la suppression et le désaveu.

Le 21 février 1738, il écrit de Cirey à Hérault au sujet du désistement de Jore et des papiers concernant l'affaire, qu'il prie le lieutenant de police de lui renvoyer : « Je suis dans la nécessité de prendre toutes les sûretés possibles contre un homme tel que Jore, dont vous connaissez la scélératesse. » Huit mois après, le 27 octobre, — la trace des négociations intermédiaires nous échappe, — nouvelles instances. Voltaire est sur le point « de prendre un établissement, » et le libelle que Hérault a eu la bonté de *supprimer* est renouvelé par des personnes qui veulent traverser l'établissement prétendu. Donc, exiger de Jore « deux lignes par lesquelles il désavouerait son factum. » — Le 7 novembre, le désaveu qu'on lui a fait espérer depuis longtemps lui est devenu *nécessaire.* — Le 13, il veut poursuivre Jore en justice et demander réparation. Pour cela, il réclame la fameuse lettre du 24 mars 1736, qu'on a eu « la bonté de promettre de lui rendre; » il prie au moins qu'elle « ne sorte pas des mains » du lieutenant de police; il soutient toujours qu'il ne doit rien, et parle d'un billet prouvant au contraire que Jore lui était redevable, billet « malheureusement égaré. » Ainsi en est-il de toutes ses preuves contre Jore. « Je puis vous assurer, sans crainte de vous tromper, — c'est sa conclusion ordinaire, — qu'il y a peu de scélérats aussi dangereux que ce misérable! »

Ainsi pressé, Hérault, qui sera toujours à la dévotion de Voltaire, fait venir Jore et lui demande la lettre et un désaveu. Jore refuse d'abord; mais, circonvenu sans doute par promesses et par menaces, il cède la lettre au prix de cinq cents livres (1), et, le 20 décembre, il adresse à Voltaire une lettre, où il désavoue « un procès injuste et un factum odieux, » qu'il attribue aux « mauvais conseils » des ennemis du poëte. Dix jours plus tard, il renouvelle son désaveu et sa demande de pardon (2).

Par quels moyens obtint-on ce désaveu d'un Mémoire qui, par sa vraisemblance et sa modération, contrastait avec tous les mensonges, toutes les poursuites cruelles de l'apôtre de la vérité et de la tolérance? Quelle peut être la valeur d'un désaveu, faux dans ses termes, et en contradiction avec la lettre que, vers le même temps, Jore avait adressée au lieutenant de police; lettre dans laquelle il présentait Hérault, parlant à lui-même, comme détrompé par son Mémoire (3)? Toute l'explication est dans cette lettre même. Sans aucun doute, Hérault renouvela la promesse de faire rendre sa maîtrise à Jore, et Voltaire, qui avait probablement dicté les termes du désaveu, promit, à défaut de maî-

---

(1) Lettre inédite de Mme du Châtelet à d'Argental (Ch. Nisard, *Mémoires et correspondances historiques et littéraires*, 1858, p. 119). — (2) Pièces justificatives de la *Vie de Condorcet; Œuvres de Voltaire*, t. I, pp. 334, 335. — (3) Voir plus haut, p. 205.

trise, des secours au libraire mourant de faim, lui et ses enfants. C'est un marché qui se fit ; marché que Voltaire se repentait de n'avoir pas fait plus tôt, avant l'émission du factum (1), et qu'il faisait maintenant pour en détruire l'effet.

Tint-il son engagement envers Jore ? Il lui fit, dit-on, une petite pension viagère. Rien ne prouve, dans les lettres de Jore, que les maigres dons de Voltaire eussent d'abord un caractère de périodicité régulière. Aucune de ces lettres n'a sans doute été perdue, car on a dû conserver avec grand soin ces titres de générosité. Or, de la fin de 1738, nous passons au 3 juin 1742, date sous laquelle Jore remercie Voltaire de « 300 livres qu'il a eu *encore* la bonté de lui faire donner. » Il y avait donc eu quelques dons antérieurs, mais non pension réglée. Maintenant il nous faut franchir un intervalle de vingt-six ans et arriver au 20 novembre 1768. Une lettre datée de Milan parle pour la première fois de *pension* ; mais pension évidemment bien légère, puisque Jore a dû prendre des écoliers pour vivre. Or, dit-il, ces écoliers partis, « dans quel état vais-je me trouver, grand Dieu ! privé de ce secours (2) ! » Il demande à être appelé à Ferney pour écrire sous la dictée de Voltaire. Autrement, il n'a plus à attendre que la misère et un « avenir affreux. » — Pas de réponse. — Le malheureux tombe malade et est recueilli par charité aux Iles Borromées. Enfin, on lui remet 25 sequins, dont il remercie par sa lettre du 23 avril 1769, et dont il donne l'emploi : il a dû acheter linge et habits ! Il ajoute, il est vrai, que Voltaire, dans sa générosité, avait donné l'ordre de lui compter ce dont il aurait besoin, sans limiter la somme ; mais il savait bien qu'il ne fallait pas abuser de cette générosité, toute de jactance. Aussi l'infortuné, déjà vieux, demandait-il à Voltaire, plus vieux encore, de lui assurer, en cas de mort, « de quoi supporter l'état affreux de sa situation, état qu'il avait si peu mérité. » Voltaire n'en fit rien, sinon en paroles. Le 25 septembre 1773, dernière lettre : « Je vous remercie de la consolante promesse que vous me faites de me tirer de ma mi-

---

(1) Voir plus haut sa lettre au garde des sceaux, p. 206.— (2) *Œuvres de Voltaire*, t. I. pièces justificatives, p. 336.

sère, et des huit louis que vous m'avez envoyés. Ils ne pouvaient m'arriver plus à propos pour me tirer du plus grand embarras. »

Et c'est tout! Ainsi, quelques dons, peut-être une pension de trois cents livres pendant quelques années, voilà tout ce que le Plutus de Ferney fit pour l'homme qu'il avait ruiné, et il le laissa mourir dans la misère! Certes, nos mœurs littéraires ne sont pas très-chevaleresques; mais pas un homme de lettres, aujourd'hui, qui ne se crût déshonoré, s'il avait tenu la conduite de Voltaire envers Jore. Et nous en verrons bien d'autres! Attendons et Des Fontaines, et Rousseau, et Fréron!

Un dernier mot, pour finir cette longue histoire des *Lettres philosophiques*. Ces *Lettres* ayant reparu au bout de quelques années, Voltaire continua d'en désavouer les éditions successives. Il rappelait, à cette occasion, que c'était lui qui avait découvert et dénoncé l'édition de René Josse; qu'il avait promis 500 livres à qui découvrirait l'éditeur nouveau; que, pendant deux ans, il avait fait humainement tout ce qui était en lui pour supprimer le livre; qu'on avait fait chez lui deux recherches qui n'avaient pas abouti, sinon à perdre des papiers d'affaires, et qu'il ui en coûterait ainsi une partie de son bien. Il priait donc Hérault d'assurer le garde des sceaux de son entière innocence (1).

(1) Rappelons que toutes ces lettres à Hérault se trouvent dans l'ouvrage cité de M. Léouzon Leduc, *Études sur la Russie*.

LIVRE SECOND

VOLTAIRE A CIREY
(1734-1750)

CHAPITRE PREMIER

CHATEAU ET CHATELAINS — VIE PRIVÉE ET VIE DE TRAVAIL A CIREY

Puisque nous voilà fixés à Cirey pour une quinzaine d'années, faisons connaissance avec les châtelains, leurs hôtes, le château; disons la vie qu'on y menait, la vie surtout qu'y mena Voltaire. Et d'abord présentons Madame du Châtelet.

I

MADAME DU CHATELET

Gabrielle-Emilie, née à Paris, en 1706, du baron de Breteuil, introducteur des ambassadeurs, apporta en naissant la plus vive intelligence. L'étude de l'italien et du latin, et plus tard de l'anglais, ne fut qu'un jeu pour elle. A quinze ans elle traduisait Virgile, et composait des observations grammaticales et littéraires sur les grands écrivains du siècle de Louis XIV.

En 1723, elle fut mariée au marquis du Châtelet-Lomont, lieutenant général des armées du roi, de la famille des ducs de Lorraine, d'après une généalogie dressée par Dom Calmet, et tirant son nom du château-fort ou *Chastelet* de Cirey, près de Vassy, bâti au XIIIe siècle.

A peine entrée dans le monde, elle se mit au nombre des femmes qui, au dire de Condorcet, regardaient comme un honneur d'être déshonorées par Richelieu. L'amitié remplaça ensuite l'amour ; et, quand Richelieu eut épousé mademoiselle de Guise, le couple de Monjeu fit avec le couple de Cirey, Voltaire et Emilie, un quatuor d'amis.

Emilie ne revint pas pour cela au devoir, malgré trois enfants nés dans les premières années de son mariage : une fille qui épousa un duc napolitain, un fils mort jeune, et un autre fils qui s'empoisonna dans sa prison, en 1792, pour ne pas mourir de la main des septembriseurs.

Grande, svelte et brune, Emilie, sans beauté, avait de la physionomie. De son physique, pas plus que du reste, il ne faut juger par le portrait posthume de la méchante du Deffand, surtout tel qu'on le trouve corrigé, ou plutôt chargé, dans la correspondance de Grimm (1). C'est de ce portrait que Thomas disait : « Madame du Deffand me rappelle cette naïveté d'un médecin de ma connaissance : « Mon ami tomba malade, je le traitai ; il mourut, je le disséquai (2). »

En voici quelques traits.

« Représentez-vous une femme grande et sèche, le teint échauffé, le visage aigu, le nez pointu, voilà la figure de la belle Emilie ; figure dont elle est si contente, qu'elle n'épargne rien pour la faire valoir : frisures, pompons, pierreries, verreries, tout est à profusion ; mais comme elle veut être belle en dépit de la nature, et qu'elle veut être magnifique en dépit de la fortune, elle est obligée, pour se donner le superflu, de se passer du nécessaire, comme chemises et autres bagatelles. »

L'esprit n'est pas mieux traité que le visage : « Elle est née avec assez d'esprit ; le désir de paraître en avoir davantage lui a fait préférer l'étude des sciences les plus abstraites aux connaissances agréables ; elle croit, par cette singularité, parvenir à une grande réputation, et à une supériorité décidée sur toutes les femmes. »

La vérité est qu'Emilie, née, au jugement d'Ampère, avec un génie réel pour la géométrie et les sciences, le cultiva de manière à devenir, sur ce point, une femme phénomène. Ma-

(1) T. IX, p. 321. — (2) *Mélanges de Mme Necker*, t. II, p. 125.

dame de Genlis (1) prétend que c'est son grand-père, M. de Mezières, savant géomètre et voisin d'Emilie, qui développa ses dispositions géométriques, « et lui donna tous les matériaux des ouvrages qu'elle a composés depuis. » Toujours est-il que ses *Institutions de physique*, publiées en 1740, avec une analyse de la *Philosophie de Leibniz*, et sa traduction posthume des *Principes* de Newton (1756), sans parler de plusieurs traités scientifiques, distinguent et honorent sa mémoire.

Le plus singulier, c'est que des goûts et des travaux si masculins n'excluaient aucun des goûts de son sexe. Femme en tout le reste, et plus qu'aucune de ses pareilles, par passion et par frivolité, elle s'était formée au chant, à la musique, à la danse ; elle était folle de fêtes, de spectacles, de plaisirs et de toilette. Son esprit, disait Voltaire,

> Son esprit est très-philosophe,
> Et son cœur aime les pompons.

D'ailleurs, femme sans foi, sans mœurs, sans pudeur. Si elle a écrit sur l'existence de Dieu, elle est aussi l'auteur de *Doutes sur la religion* (1767), diatribe contre la révélation, les miracles, l'Écriture sainte, où il n'y a pas plus de raison que dans Voltaire, avec beaucoup moins d'esprit et de style. Malgré sa sécheresse et sa froideur, elle parlait vite et bien, « comme un ange, » a écrit madame de Graffigny (2). Mais, quoi qu'en ait dit Voltaire, son style, avec une certaine force et précision, rappelle moins encore Pascal et Nicolle que madame de Sévigné. Ses lettres sont sans agrément, et ne s'animent quelquefois que par un accent de passion.

Sa morale, inspirée de ses *Doutes*, est imprimée dans un petit traité *sur le Bonheur*, qui est de la fin de sa vie (3). « Il faut, dit-elle, pour être heureux, s'être défait des préjugés (de toute foi), être vertueux, se bien porter, avoir des goûts et des passions, être susceptible d'illusion... Il faut commencer par se bien dire à soi-même et par se bien convaincre que nous n'avons rien à faire

---

(1) *Mémoires*, t. I, p. 142. — (2) *Vie privée de Voltaire et de Mme du Châtelet*, pp. 4, 21, 119. — (3) Il a été publié, en 1806, par Hochet, à la suite de sa correspondance avec d'Argental.

en ce monde qu'à nous y procurer des sensations et des sentiments agréables. Les moralistes qui disent aux humains : « Réprimez vos passions et maîtrisez vos désirs, si vous voulez être heureux, » ne connaissent pas le chemin du bonheur. » — Mais, parmi ces conditions, il en est qui ne dépendent pas de nous, comme d'être susceptible d'illusion et de se bien porter, ou qui sont souvent inconciliables, comme le plaisir et la santé. La gourmandise, par exemple, donne la goutte et des maux d'estomac : — « Entre le mal et le plaisir, il faut choisir, et laisser le plaisir, si la douleur est plus vive. » — Mais il y a des malades, des cacochymes, que tout incommode : — « Ils ont d'autres espèces de bonheur : avoir bien chaud, bien digérer leur poulet, *aller à la garde-robe* est une jouissance pour eux ! » — Ce n'est plus de l'épicuréisme, ce n'est plus même du cynisme ; c'est de la bestialité fétide !

Et les vieillards ? — « Le jeu et l'étude, si on en reste encore capable, la gourmandise, la considération, voilà les ressources de la vieillesse. » — Et si ces ressources sont jugées insuffisantes ? — « Heureusement il ne tient qu'à nous d'avancer le terme de notre vie, s'il se fait trop attendre. »

Conclusion : « Tâchons de nous bien porter, de n'avoir point de préjugés..., d'être vertueux, etc. » Rien, dans cette profession du plus grossier matérialisme, n'irrite comme d'entendre toujours parler de *vertu !*

La pratique, chez la dame, était en rapport parfait avec la théorie. Sa vie se pourrait résumer en deux mots : vingt-cinq ans d'adultère ! Par son impudeur elle descendait au-dessous des femmes les plus perdues. Elle changeait de linge devant ses laquais et se montrait à eux en déshabillé de statue. Au bain, sans le moindre voile, elle réclamait le secours d'un valet de chambre, et le forçait à tourner sur elle son regard effaré. Avec quelques-unes de ses amies, dans des soupers licencieux, après avoir déposé sa raison au fond du verre, elle déposait encore son costume, et jouait ainsi devant les serviteurs. Pour elle, un laquais n'était pas un homme. Et quand même!... (1)

(1) Voir les *Mémoires* de Longchamp, t. II, pp. 119, 120, 126.

Voilà la céleste amante, voilà l'*Uranie* de Voltaire!

Après l'avoir rencontrée chez son père, le baron de Breteuil, Voltaire l'avait perdue de vue, et il ne la retrouva qu'en 1733. La première mention d'elle qu'on rencontre dans sa correspondance est à propos de l'*Épître sur la calomnie*, dédiée à cette femme « très-aimable et très-calomniée (1). » — Comment était-il possible de calomnier cette femme? — Vers cette date, ou dans les premières années qui suivirent, il lui adressa, tantôt sous le nom d'*Uranie*, tantôt sous son propre nom, des Épîtres en vers, pleines de l'enivrement d'un premier amour (2). Voltaire et Émilie s'étaient compris aussitôt, et unis par les mille liens que leur nature et leurs habitudes avaient formés entre eux. Studieux l'un et l'autre, ils quittèrent Paris, dont le séjour, d'ailleurs, allait être interdit à Voltaire. Émilie l'accompagna à Monjeu, où elle commença, avec les leçons de Maupertuis, à lire Locke et à traduire Newton. Voltaire s'étant allé cacher à Cirey dans l'éclat des *Lettres philosophiques*, elle l'y rejoignit bientôt. Du reste, séparés ou réunis, ils étaient toujours en commerce. Au rapport de l'abbé de Voisenon (3), Émilie avait huit volumes in-4° bien reliés des lettres de Voltaire, où il y avait « plus d'épigrammes contre la religion que de madrigaux pour sa maîtresse. » Une passion, la dominante, tuait déjà l'autre.

Par aveuglement, par indifférence immorale et par vanité, le marquis du Châtelet se prêta et présida à l'installation de Voltaire à Cirey. Tantôt à la cour, tantôt à son régiment, il ne gênait guère le couple amoureux. Au commencement, Voltaire cachait son jeu; il niait même au prince royal de Prusse avoir pour Emilie un autre sentiment que celui de l'admiration et de l'amitié. Cette première intimité fut alors interrompue par sa fuite en Hollande. Revenu en France à la fin de février 1735, et réinstallé en juin à Cirey, il renoua le fil un instant brisé, et commença avec Emilie une période de trois ans, la moins

(1) A Cideville, 3 juillet 1733. — (2) *Œuvres*, t. XIII, pp. 112, 114, 115. — (3) *Anecdotes littéraires*.

troublée de leur union, et coupée seulement par une fuite nouvelle à l'occasion du *Mondain* (1).

C'est ici le lieu de décrire et le château et la vie de Cirey.

II

LE CHATEAU — APPARTEMENTS DE VOLTAIRE ET D'ÉMILIE

Le vieux *Chastelet* donnant son nom à la famille servait de communs à un beau château neuf, élevé sous la Régence dans une riche vallée. Les appartements de Voltaire et d'Emilie y étaient d'une grande magnificence. Hénault, qui y passa en allant à Plombières, en 1744, les trouva seuls, avec un Père minime en tiers, grand géomètre, et professeur de philosophie à Rennes. De Plombières, il écrivait à d'Argenson : « J'ai passé par Cirey; c'est une chose rare. Ils sont là tous deux seuls, comblés de plaisirs; l'un fait des vers de son côté, et l'autre des triangles. La maison est d'une architecture romanesque et d'une magnificence qui surprend. Voltaire a un appartement terminé par une galerie qui ressemble à ce tableau que vous avez vu de l'Ecole d'Athènes, où sont rassemblés des instruments de tous les genres, mathématiques, physiques, chimiques, astronomiques, etc.; et tout cela est accompagné d'anciens laques, de tableaux, de porcelaines de Saxe, etc. Enfin je vous dis que l'on croit rêver. »

Hénault est revenu sur Cirey dans ses *Mémoires* : « Si l'on

---

(1) Il y eut encore un fugue de quelques jours à la fin de 1735. Le 28 décembre, Voltaire écrivait à Thieriot : « Je suis actuellement sur les frontières de France, avec une chaise de poste, des chevaux de selle, et des amis, prêt à gagner le séjour de la liberté, s'il ne m'est plus permis de revoir celui du bonheur (Cirey). » Il s'agissait de quelques chants de la *Pucelle*, qui avaient couru; et Voltaire chargeait Thieriot de faire dire trois choses au garde des sceaux, par le bailli de Froulay, oncle d'Émilie : « La première, qu'il est très-faux qu'il ait des chants de mon ouvrage, ou qu'il a un ouvrage supposé par un traître; la seconde, que je n'ai rien fait qui pût lui déplaire; la troisième, qu'il n'y a que de la honte à me persécuter. Voyez s'il pourait confire au miel de la cour le fond de ces trois vérités. » Le bailli réussit, apparemment, car Voltaire était de retour à Cirey dans les premiers jours de janvier 1736.

voulait, dit-il, faire un tableau à plaisir d'une retraite délicieuse, l'asile de la paix, de l'union, du calme de l'âme, de l'aménité, des talents, de la réciprocité de l'estime, des attraits de la philosophie, jointe aux charmes de la poésie, on aurait peint Cirey. Un bâtiment simple et élégant, un rez-de-chaussée, des cabinets remplis de mécaniques et d'instruments de chimie, Voltaire dans son lit, commençant, continuant, achevant des ouvrages de tous les genres (1). » Il n'avait vu, ou on ne lui avait montré Cirey qu'en beau, car plusieurs traits de cette peinture sont à contre-sens de la vérité.

Nous avons un témoin mieux informé et un narrateur plus abondant de cette vie dans Madame de Graffigny.

Françoise d'Issembourg d'Happoncourt, née à Nancy le 13 février 1695, d'un officier du duc de Lorraine et d'une nièce de Callot, avait été mariée à un chambellan du duc de Lorraine, Huguet de Graffigny, homme dur qui mit plus d'une fois en danger les jours de sa femme, et finit en prison. Séparée juridiquement, elle eut pour ami Devaux, lecteur de Stanislas, celui qu'elle appelle *Pampan* ou *Pampichon*, et pour amant, — car nous trouvons toujours les mêmes mœurs, — un officier de cavalerie, nommé Desmarets, à qui elle donne les noms familiers de *Maroquin*, *Docteur*, *Gros Chien* et *Gros Chien blanc*. Ce Desmarets étant venu la trouver à Cirey, en février 1739, pour lui déclarer qu'il ne l'aimait plus, la pauvre femme, inconnue jusqu'alors, se retira misérable à Paris, où elle trouva fortune et célébrité, grâce à ses *Lettres d'une Péruvienne* (1747) et à son drame de *Cénie* (1750), ouvrages oubliés aujourd'hui, et qui, de son vivant, ne la protégèrent pas contre la chute d'une autre pièce, ni contre le chagrin dont elle mourut en 1758. Elle ne nous est plus connue que par sa *Vie privée de Voltaire et de madame du Châtelet pendant un séjour de six mois* (2) *à Cirey*, série de lettres adressées à *Pampan*.

---

(1) *Mémoires*, p. 159. — Voltaire adressa à Hénault, à Plombières, une *Épître* pleine de vœux pour sa guérison (*Œuvres*, t. XIII, p. 159). Cette *Épître*, datée du 1ᵉʳ septembre 1744, donne encore la date du voyage à Cirey. — (2) *Six mois*; lisez *deux mois et demi* : arrivée à Cirey le 4 décembre 1738, Mᵐᵉ de Graffigny en partit vers le 10 février 1739.

Par sa vie *libre*, par ses instincts littéraires, quoique ignorée alors dans les lettres, Madame de Graffigny était digne d'écrire la vie de Cirey. Elle y était propre encore par sa curiosité et son bavardage de femme, ou plutôt de *caillette* : « Cailleter, s'écrie-t-elle, oh ! c'est une douce chose (p. 120) ! » Elle nous dira donc tout, en langage assez grossier, mais sincère et digne de foi ; car si elle n'aime pas la *nymphe*, elle partage le culte de *Pampan* pour l'*idole* de Cirey.

Elle décrit d'abord l'appartement de Voltaire, dans une petite aile tenant à la maison : une antichambre grande comme la main ; puis une chambre tapissée de velours cramoisi, avec une niche de même, à franges d'or ; des lambris, des tableaux, « des glaces, des encoignures de laque admirables, des porcelaines, des marabouts, une pendule soutenue par des marabouts d'une forme singulière, des choses infinies dans ce goût-là, chères, recherchées, et surtout d'une propreté à baiser le parquet ; une cassette ouverte où il y a une vaisselle d'argent ; tout ce que le superflu, *chose si nécessaire*, a pu inventer ; et quel argent ! quel travail ! Il y a jusqu'à un baguier où il y a douze bagues de pierres gravées, outre deux diamants (p. 15). »

C'est le cas de dire avec Voltaire : « Nous sommes des philosophes très-voluptueux (1) ! »

C'était ensuite une galerie, avec statues de Vénus, d'Hercule, d'Amour lançant une flèche : tout l'attirail du siècle de Louis XV et du *Mondain*. Au-dessus d'une cheminée, se voyait le portrait d'Émilie, la vraie divinité du lieu, avec tous ses attributs, livres et pompons, musique et compas, pierreries et instruments de mathématiques. « Oh ! comme tout cela est charmant ! » s'écriait la pauvre Graffigny, qui ne s'était jamais trouvée à pareille fête.

Elle décrit ensuite l'appartement d'Émilie, tout en jaune et bleu ; tapisserie et ameublement, avec niche et boudoir, tableaux et peintures : « Ah ! quelles peintures ! on est prêt à se mettre à genoux en y entrant (p. 19) ! » — A genoux ! pas par

(1) A Thieriot, 3 novembre 1735.

dévotion, car il n'y a là que des choses voluptueuses. — Et des bijoux, continue la Graffigny entraînée, nombreux, riches et rares. « Enfin je n'en reviens pas, car ils (les du Châtelet) n'ont jamais été riches. » — Voltaire, riche, lui, avait passé par là, et, dans la première ferveur de son amour, il avait sacrifié jusqu'à sa passion pour l'or.

Madame de Graffigny va de merveille en merveille, en entrant dans la chambre des bains et dans le cabinet de toilette, « dont le lambris est vernissé d'un vert céladon clair, gai, divin, sculpté et doré admirablement... Non, il n'y a rien de si joli, tant ce séjour est délicieux et enchanté ! Si j'avais un appartement comme celui-là, je me ferais réveiller la nuit pour le voir (p. 43). »

Elle pouvait dormir tout son somme, la malheureuse, car elle n'avait pas un tel appartement, pas même à Cirey, où on l'avait logée dans un galetas, halle ouverte à tous les vents : à Cirey, « tout ce qui n'est pas l'appartement de la dame et de Voltaire est d'une saloperie à dégoûter (p. 23). »

Pas mieux logée n'était Madame de Champbonin, celle que Voltaire appelait son *gros chat*; bonne grosse femme parente du poëte. Elle était là depuis quatre ans, délaissée tout le jour dans sa chambre, aimant Voltaire néanmoins, et dévouée à ses intérêts et à sa gloire ; lisant tous ses livres, et restant *gros chat* comme devant.

III

VIE PRIVÉE ET VIE DE TRAVAIL

Il n'est même pas sûr qu'on ait bien logé l'abbé de Breteuil, frère de la dame, qui vint là passer quelques jours. Mais au moins jeta-t-il quelque distraction dans la vie de Cirey; car, entre les hôtes accoutumés, rien n'était plus ennuyeux que ce paradis. On y craignait les étrangers, qu'on n'admettait qu'à titre de savants, comme Maupertuis et Clairault, ou que pour jouer la comédie. La trame ordinaire de la vie s'y partageait entre l'amour et le travail : travail le matin, travail le soir, travail la nuit. Le matin, on ne se voyait qu'à onze heures, pour le café, qui se prenait toujours dans la galerie de Voltaire. Cela durait environ une heure. A midi, dîner des *Cochers*, c'est-à-dire du seigneur châtelain, de la grosse dame et de son fils, qui servait de copiste à Voltaire. Puis chacun rentrait chez soi jusqu'au souper, à neuf heures. Rarement, vers quatre heures, un goûter rassemblait encore les hôtes de Cirey. A souper, le seigneur, quand il était là, se mettait à table, ne mangeait guères, ne disait mot, dormait, et sortait avec le couvert. Sa sortie rendait content tout le monde. Le souper était peu abondant, mais propre et délicat, avec force argenterie. Le vrai seigneur, c'était Voltaire. « Son valet ne quittait point sa chaise à table, et ses laquais lui remettaient ce qui lui était nécessaire, comme les pages aux gentilshommes du roi ; mais tout cela sans aucun air de faste (p. 144). » Il s'était tellement fait à cette vie seigneuriale depuis sa jeunesse, qu'on l'eût dit né là-dedans.

Après le départ du mari, venaient les bons contes, plus épicés que les mêts, ou bien la lecture du travail du jour, d'une tragédie, et surtout de quelque chant de *Jeanne*.

Il y avait d'autres amusements, comme la lanterne magique, montrée par Voltaire lui-même, avec des plaisanteries de toutes sortes et le défilé moqueur de ses ennemis. Une autre fois, c'étaient les marionnettes, ou bien Emilie faisait entendre « sa voix divine. » Le plus ordinairement, c'était la comédie, donnée sur un petit théâtre où on ne jouait guère que les pièces de Voltaire, comme *Boursouffle* ou *l'Enfant prodigue*. « Nous avons compté hier au soir, dit ici Madame de Graffigny, que, dans les vingt-quatre heures, nous avons répété et joué trente-trois actes, tant tragédies, opéras que comédies... c'est le diable, oui, le diable, que la vie que nous menons (p. 250, 251). »

On allait même à la messe, que Voltaire pouvait entendre de sa chambre, et à laquelle il répondait par de sales plaisanteries.

Mais tous ces plaisirs n'étaient qu'au temps des visites, comme de l'abbé de Breteuil, ou bien de *Césarion* (Kairseling), envoyé par le Prince royal de Prusse pour offrir son portrait à Voltaire, et une écritoire et des vers à *Vénus-Newton*, et pour emporter en retour *Louis XIV*, *Newton*, et surtout la *Pucelle*. Pour un tel visiteur, il y eut régal, comédie, feu d'artifice, illumination, tout le déploiement des plaisirs de Cirey.

C'est dans un de ces bons moments que tomba la nièce de Voltaire, récemment mariée au commissaire Denis. Voltaire avait voulu la marier au fils de la Champbonin, lui promettant 80,000 livres de dot et 12,000 de vaisselle. Mais, aimant peu la campagne, elle préféra ne recevoir que trente mille livres de dot et épouser son commissaire des guerres, « fort aimable, à l'en croire, avec beaucoup d'esprit et les mêmes goûts qu'elle, mais qui surtout, dans ses villes de garnison, pouvait lui procurer la vie qu'elle idolâtrait. A Landau, par exemple, d'où elle écrit à Thieriot sa visite de Cirey, elle avait « quatre cents officiers à sa disposition, qui étaient autant de complaisants, sur lesquels elle en devait tirer une douzaine d'aimables qui souperaient souvent chez elle. »

Tomber à Cirey au sortir de cette vie tumultueuse, c'était vraiment, comme elle le dit, faire une retraite, une *neuvaine*. Elle y arriva vers la fin d'avril 1738, avec son mari, et fut reçue comme la fille du seigneur et maître. Néanmoins, le désespoir fut le premier sentiment qui s'empara d'elle. Elle trouvait là son oncle lié d'une chaîne indissoluble, dans une solitude effrayante pour l'humanité, à quatre lieues de toute habitation, dans un pays où l'on ne voyait que des montagnes et des terres incultes, abandonné de tous ses amis, et n'ayant presque jamais personne de Paris. « Voilà la vie que mène le plus grand génie de notre siècle ; à la vérité, vis-à-vis d'une femme de beaucoup d'esprit, fort jolie, et qui emploie tout l'art imaginable pour le séduire. Il n'y a point de pompons qu'elle n'arrange, ni de passages des meilleurs philosophes qu'elle ne cite pour lui plaire. Rien n'y est épargné. Il en paraît plus enchanté que jamais... Le théâtre est fort joli; mais ils ne jouent point la comédie, faute d'acteurs. Tous les comédiens de campagne, à dix lieues à la ronde, ont ordre de se rendre au château. On a fait l'impossible pour tâcher d'en avoir pendant le temps que nous y avons été; mais il ne s'est trouvé que des marionnettes fort bonnes (1). »

Si telle était la vie de Cirey dans les meilleurs jours, quelle pouvait-elle être dans les temps ordinaires? Les fêtes mêmes étaient assombries par quelque orage. On se disputait surtout pour la nature et l'objet du travail. La *bégueule*, dit madame de Graffigny (p. 27), mettait *Louis XIV* sous clef et ne voulait pas que Voltaire l'achevât, parce que, n'aimant que la géométrie et ignorant tout le reste, elle voulait le ramener à ses goûts. Voltaire a dit lui-même qu'elle ne regardait l'histoire « que comme des caquets, » et qu'elle parlait de Tacite « comme une bégueule (2). » Une querelle éclatait pour la cause la plus frivole, comme pour un changement d'habit au moment d'une lecture de *Mérope*. L'anglais, langue de leurs guerres, roulait alors dans leur bouche. La lecture commencée, la dame tournait tout en ridicule, et Voltaire n'osait rien dire, crainte d'un nouvel éclat. Quelquefois elle l'empêchait de lire, et le poëte se vengeait en parodiant contre elle telle ou telle Épître, ce qui la mettait en fureur. « Elle lui rend la vie un peu dure, écrit alors Madame de Graffigny... Je le plains, ce pauvre *Nicomède* (Voltaire), puisque sa *Dorothée* (Émilie) et lui ne peuvent s'entendre (pp. 44, 100). » Le poëte avait beau regimber contre la savante : « Ma foi, laissez-là Newton, ce sont des rêveries, vivent les vers! » la savante n'en persécutait que davantage le poëte pour le ramener des vers à Newton (p. 161). — Disons pourtant à sa décharge, qu'elle n'arrêtait quelquefois que les vers imprudents, et lui « sauvait beaucoup de folies (p. 105). »

Gêné dans ses occupations, Voltaire était gêné encore dans ses amis. A peine osait-il recevoir au château ceux qui n'avaient pas les bonnes grâces d'Émilie. Dès qu'il était entré en conversation avec eux, un laquais l'appelait au nom de la dame. « Il n'est pas possible d'être plus épié qu'il ne l'est, et d'avoir moins de liberté (p. 270). » C'était bien pis lorsqu'il leur témoignait quelque confiance, comme ce jour où, croyant

(1) Lettre du 10 mai 1738, *Recueil* de 1820, p. 288. — (2) A Berger, juillet 1738.

Émilie occupée avec Maupertuis, il fut surpris lisant une défense à madame de Graffigny. « Au beau milieu de sa période, entre *Dorothée*, qui reste immobile sur la porte, pâle de colère et les yeux enflammés... La querelle s'engagea ; elle devint vive ; et, ne pouvant plus se posséder, elle sortit de fureur (p. 271). » On se réconciliait ensuite jusqu'à manger « dans la même cuiller ! »

De son côté, Voltaire, « vrai fou, » tourmentait *Dorothée* au point de faire pitié même à madame de Graffigny, qui la détestait ; par exemple, le jour où, plaisantée sur son incapacité poétique, Émilie fit de mauvais vers pour la fête de madame de Luxembourg. Voltaire arrive ; on était à table ; Émilie lui montre des vers : « Ils ne sont pas de vous, » dit-il. Aigre réplique de la dame ; dispute ; rage. Enfin Voltaire saisit un couteau ; et, la menaçant : « Ne me regarde donc point tant, lui dit-il, avec tes yeux louches et hagards (1) ! »

Quelquefois, c'était la jalousie qui allumait la guerre, comme le jour où l'amant, dans un accès de fureur, enfonça du pied la porte d'une chambre où Émilie et Clairault étaient trop fortement occupés de la solution d'un problème.

Voilà un mariage philosophique !

D'ailleurs, Voltaire se suffisait à lui-même pour se rendre malheureux. Au moment d'une comédie ou d'un autre plaisir, recevait-il des lettres qui lui déplaisaient, il poussait des cris affreux et tombait dans des espèces de convulsions (p. 279). Pour le mettre en cet état, c'était assez de la moindre critique de quelqu'un de ses livres ; car « il y avait des moments où il était furieusement auteur (p. 29). » Il portait aux astres tout ce qui était à sa louange, et ravalait jusqu'aux enfers tout ce qui le dénigrait, cent fois plus fanatique que les fanatiques objets de sa haine (p. 100, 105). Au nom de Des Fontaines ou de Rousseau notamment, il entrait en un délire furieux. « C'est une chose terrible, écrit Madame de Graffigny (p. 80), que le fanatisme de cet homme sur l'abbé Des Fontaines et sur Rousseau. Je sors d'une conversation terrible là-dessus, où nous avons

---

(1) *Mélanges* de Mme Necker, Paris, 1798, t. II, p. 60.

essayé de le persuader de les mépriser. O faiblesse humaine ! Il n'a ni rime ni raison quand il en parle... C'est une pitié de lui voir des faiblesses si misérables. » Parle-t-on des *Observations* de Des Fontaines : « Tout de suite les invectives arrivent contre l'auteur et contre l'ouvrage (p. 9). » Parle-t-on de Rousseau : « Oh ! dame, c'est là que l'homme reste et que le héros s'évanouit. Il serait homme à ne point pardonner à quelqu'un qui louerait Rousseau (p. 8). » A la lecture de l'Épître sur l'*Envie*, Émilie s'écrie-t-elle : « C'est trop ! » — « S'il était mort, répond Voltaire, je le ferais déterrer pour le pendre (p. 113). »

« Un mot de ses adversaires le met ce qui s'appelle au désespoir : c'est la seule chose qui l'occupe et qui le noie dans l'amertume. Je ne puis vous donner l'idée de cette sottise, qu'en vous disant qu'elle est plus forte et plus misérable que son esprit n'est grand et étendu. Joignez à cela qu'il a des vapeurs dont il ne veut pas entendre parler, que ses jalousies lui en donnent, Dieu sait, et puis il se croit à la mort. Il se drogue sans cesse : il s'est fourré dans la tête qu'il ne fallait pas manger, et il meurt de faim. Jugez du bonheur de ces gens que nous croyons avoir atteint à la félicité suprême ! Les querelles vont leur train ;... jugez encore (p. 278) ! »

Malgré tous ses ridicules, Voltaire est aimable dans ces lettres, en comparaison d'Émilie, particulièrement dans la grosse affaire, lorsque madame de Graffigny, accusée d'avoir livré un chant de *Jeanne*, voit la *Nymphe* se transformer en *Mégère*, la menaçant du poing, tandis que Voltaire, pris de pitié pour la pauvre femme, et de remords pour son accusation téméraire, cherche noblement à réparer sa faute. Émilie, au contraire, revient d'autant moins qu'elle a la conscience plus chargée et de ses soupçons, et de ses fureurs, et de la trahison du secret des lettres de Madame de Graffigny, qu'elle décachetait dans une sorte de cabinet noir.

En dehors des fêtes et des querelles, le château de Cirey était un cloître de Bénédictins, où l'on travaillait sans cesse. C'était la nuit surtout que travaillait Émilie, tant pour satisfaire à sa passion que pour se cacher de Voltaire. « Elle ne dormait qu'une heure. Accablée de sommeil, elle se mettait les mains dans l'eau à la glace, se promenait en se battant les bras, et puis écrivait les raisonnements les plus abstraits avec un style à se faire lire pour lui-même : elle a passé huit nuits de cette façon (p. 141). » Presque toutes ses nuits se passaient ainsi, jusqu'à cinq ou sept heures du matin ; et pourtant elle était levée à neuf ou dix heures, et même à six, quand elle s'était couchée à quatre, ce qu'elle appelait se coucher au chant du coq. Dans les vingt-quatre heures, elle ne quittait son secrétaire que l'heure du café, et que deux heures environ pour le souper et la conversation qui suivait. Quelquefois même elle mangeait sur sa table de travail (p. 276).

Voltaire, de son côté, ne quittait son bureau que pour une visite d'un quart d'heure, pendant laquelle il ne s'asseyait pas, disant : « C'est une chose affreuse que le temps qu'on perd à parler ; on ne devrait pas perdre une minute ; la plus grande dépense qu'on puisse faire est celle du temps. » — « C'est là, ajoute madame de Graffigny, l'oraison des trente jours. On arrive pour souper, et il est à son secrétaire ; on a soupé à moitié quand il le quitte, et il faut l'arracher pour l'empêcher de s'y remettre en sortant de table. Il se bat les flancs pour dire quelques contes pendant le repas, et l'on voit que c'est par pure politesse, car son esprit est bien loin (p. 277). »

Sa santé souffrait de cette vie. Il digérait mal, et on lui ordonnait de grands exercices. Il se fit donc acheter par Moussinot tout un attirail de chasse : « un bon fusil, une jolie gibecière avec appartenances, marteaux d'armes, tire-bourre. » Attirail inutile, car il s'en servit peu ; la gibecière au moins était de trop pour un poëte qui ne devait pas être devenu fort chasseur depuis les jours de Sully.

IV

TRAVAUX SCIENTIFIQUES — CONCOURS ACADÉMIQUES

Que sortit-il de cette vie de travail?

Dans le premier entraînement de sa passion, Voltaire céda aux goûts d'Émilie, et fut tout à la science. Dès le 31 août 1736, il demandait à l'abbé Moussinot le sujet du prix proposé par l'Académie des sciences; mais il le demandait au nom d'un ami et sous le secret le plus inviolable: « Si j'écrivais, disait-il, à quelque Académicien, il penserait peut-être que je veux composer pour les prix ; cela ne convient ni à mon âge, ni à mon peu d'érudition. »

Il voulait composer, et il se mit en mesure. Le 18 juin 1737, il envoie Moussinot chez Fontenelle, pour avoir avec le secrétaire de l'Académie des sciences une longue explication sur ce qu'on entend par la *propagation du feu*. Le même jour, il l'envoie encore chez l'apothicaire Geoffroy, de l'Académie des sciences, sous prétexte d'acheter quelque drogue, mais, en réalité, pour le faire causer sur le même sujet. Une autre fois, c'est chez le chimiste Boulduc que Moussinot est envoyé aux enquêtes, ou chez le chimiste Grosse, « savant charbonnier, » et il y doit faire plusieurs visites, en gardant toujours l'incognito.

En même temps, Voltaire songeait à faire venir à Cirey un chimiste. Moussinot lui ayant proposé un bonhomme pouvant servir à la fois de chimiste et d'aumônier, il le pressa de venir, lui promettant liberté entière, logement passable et bonne nourriture (15 juillet). Mais il fallait absolument dire la messe: « C'est la condition sans laquelle on ne peut se charger de lui. Je lui donnerai cent écus par an, et je travaille à le bien loger. Mais je ne peux rien faire de plus. Il peut apporter tous ses instruments de chimie. S'il a besoin d'argent, vous pouvez lui donner un quartier d'avance, à condition qu'il partira sur-le-champ. Il faut l'instruire qu'on mange très-rarement avec madame la marquise, dont les heures ne sont pas très-régulières; mais il y a la table de M. le comte du Châtelet, son fils, et d'un précepteur, homme d'esprit, servie régulièrement à midi et à huit heures. M. du Châtelet le père y mange souvent; et quelquefois nous soupons tous ensemble. »

Ainsi, la chimie ne devait nuire ni à l'intimité, ni à la bourse. On aimait la science, mais pourvu qu'elle ne coûtât pas trop cher.

Le chimiste-aumônier vint en effet à Cirey; et Voltaire, occupé d'autres choses, ne paraît pas avoir eu avec lui de nombreux rapports. Le 14 septembre, il écrit à Moussinot : « Je ne vous ai point parlé de l'aumônier que vous m'avez envoyé, parce que je ne le vois guère qu'à la messe. S'il aime la solitude, il doit être content. Je ne pourrai travailler en chimie que quand un appartement que je bâtis sera achevé. En attendant, il faut que chacun étudie de son côté. »

Le 30 octobre suivant, le chimiste partit : « Voilà notre chimiste qui s'en retourne. Il a vu les lieux et ordonné les laboratoires; je vais lui faire accommoder un petit appartement, avec un jardin, dont il sera absolument le maître. Il achètera à Paris tous les ustensiles qui me seront nécessaires pour devenir chimiste... J'espère qu'il sera aussi content de moi que je le suis de sa franchise, de son humeur aimable, et de la profonde connaissance qu'il paraît avoir de la chimie. Il aime, comme moi, la solitude et le travail; je me flatte que nous nous conviendrons. »

Soit délaissement trop absolu, soit insuffisance de traitement, ils ne s'étaient pas convenus, et le chimiste ne revint pas. L'année suivante, 10 avril, Voltaire écrit à Thieriot : « Je voudrais quelque petit garçon philosophe qui fût adroit de la main, qui pût me faire mes expériences de physique; je le ferais seigneur d'un cabinet de machines, et de quatre ou cinq cents livres de pension, et il aurait le plaisir d'entendre Émilie-Newton. » Le 23, il demande encore à Thieriot « un petit diminutif de la race des Vaucanson, » et il énumère avec plus de complaisance les avantages qu'il lui offre. Le 5 juin, dans une lettre à Moussinot, il est question d'un nommé Cousin, de chez le savant abbé Nollet, qui doit venir bientôt à Cirey. On espère lui faire un sort agréable ; et, en attendant, on lui envoie vingt pistoles et mille encouragements. L'homme en valait la peine : « Il a une belle main ; il dessine, il est machiniste, il étudie les mathématiques, il s'applique aux expériences, il va apprendre à opérer à l'Observatoire. » Le 3 juillet, Voltaire écrit lui-même à ce Cousin pour lui donner des instructions ; le 12, il ordonne de lui avancer tout l'argent dont il aura besoin, de lui faire mille amitiés, de le bien encourager dans le dessein qu'il a de venir étudier la physique à Cirey. Le même jour, il mande de compter cinquante louis à l'abbé Nollet, pour instruments de physique, et de lui en offrir cent, s'il est nécessaire. « Ce n'est point un homme ordinaire avec qui il faille compter. C'est un philosophe, un homme d'un vrai mérite, qui seul peut former mon cabinet de physique, et il est beaucoup plus aisé de trouver de l'argent qu'un homme comme lui. Suppliez-le de ma part de tenir prêt, s'il se peut, sur la fin de juillet, un envoi de plus de quatre mille livres. »

C'était Cousin qui devait apporter tout cela. En effet, le 2 août : « Cent pistoles à M. Cousin, qui doit être bientôt mon compagnon d'étude et de chimie ; » mais, le 4 novembre, l'association était déjà rompue : « Payer le voyage du chimiste, et en demeurer là avec lui. »

Peut-être Voltaire avait-il été dégoûté de cette sorte de travaux par l'échec académique qu'il venait de subir dans l'intervalle. Madame du Châtelet et lui, à leur insu réciproque, avaient concouru sur le *feu* (1). Le prix fut partagé entre Euler, le jésuite Lozeran de Fiesc et le comte de Créqui-Canaple. Les amants de Cirey, quoi qu'en ait dit Condorcet, n'obtinrent même pas une mention. Voltaire consola madame du Châtelet en composant, sur sa dissertation, un *Mémoire* élogieux qui fut inséré dans le *Mercure* de juin 1739 (2). Pour lui, malgré le jugement favora-

(1) *Œuvres de Voltaire*, t. XXXVII, p. 414. — (2) *Œuvres de Voltaire*, t. XXXVIII, p. 353.

ble de Réaumur, qui aurait donné volontiers le prix à sa pièce, il fut bien fâché d'avoir échoué. Une couronne eût été pour lui « un agrément infini dans les circonstances présentes. » Il chercha une fiche de consolation dans l'opinion des savants. « Franchement, écrivit-il à l'Académicien Pitot, croyez-vous que l'ouvrage soit passable? Pourrai-je obtenir de l'Académie qu'on l'imprime à la suite de la pièce couronnée?... Ai-je eu effectivement l'honneur de balancer un moment les suffrages (1) ? » Quelques semaines après, il paraissait faire bon marché de l'impression de son Mémoire : « L'Académie des sciences a très-bien fait, je crois, d'imprimer le Mémoire de madame la marquise du Châtelet; mais le mien doit être supprimé (2). » Soit ordre, soit simple consentement de l'Académie, les deux Mémoires furent imprimés en 1739, dans le tome IV des *Prix de l'Académie des sciences*.

En 1741, Voltaire revint à la charge, et présenta à l'Académie des *Doutes sur la nature et la mesure des forces motrices* (3), où il prenait le parti de Descartes et de Newton contre Leibniz et Bernouilli, et même contre madame du Châtelet, devenue leibnizienne. L'Académie, par l'organe de Pitot et de Clairault, rendit de ce Mémoire un compte favorable (4).

Le monument scientifique de Voltaire est son livre des *Éléments de la philosophie de Newton*, dont il sera parlé en lieu plus opportun ; après quoi, il renonça à la science. Clairault, consulté sur ses progrès scientifiques, lui ayant répondu « qu'avec un travail opiniâtre, il ne parviendrait qu'à devenir un savant médiocre (5), » il revint tout entier aux lettres.

---

(1) 18 mai 1738, *Recueil* de 1856. — (2) A Cousin, 3 juillet, même *Recueil*. — (3) *Œuvres de Voltaire*, t. XXXVIII, p. 490. — (4) *Œuvres de Voltaire*, t. I, pièces justificatives, p. 432. — Voltaire, en reconnaissance, fit à Pitot le rare honneur de lui prêter quelque argent sur simple billet, et sans contrat. — (5) Condorcet, *Vie de Voltaire*, *Œuvres de Voltaire*, t. I, p. 166.

V

RETOUR AUX LETTRES — ALZIRE

Du reste, même pendant ses excursions scientifiques, il n'avait jamais abandonné le domaine de la littérature. On le voit, dans sa correspondance, demandant de tous côtés des matériaux pour *Louis XIV*. Et le théâtre allait toujours son train. Sans parler ici de la *Mort de César* et de l'*Enfant prodigue*, qui trouveront place ailleurs, il acheva *Alzire*, jouée en ces années.

Il s'occupait de cette pièce dès 1734, comme on le voit par une lettre à Formont, et par une autre de novembre, à d'Argental : « Voulez-vous que je vous envoie certaine tragédie fort singulière, que j'ai achevée dans ma solitude? C'est une pièce fort chrétienne, qui pourra me réconcilier avec quelques dévots (1); j'en serai charmé, pourvu qu'elle ne me brouille pas avec le parterre. C'est un monde tout nouveau, ce sont des mœurs toutes neuves. Je suis persuadé qu'elle réussirait fort à Panama et à Fernambouc. Dieu veuille qu'elle ne soit pas sifflée à Paris! »

D'après cette lettre, il avait même commencé *Alzire* en 1733, avant de donner *Adélaïde*, et il en avait lu la première scène à Crébillon fils et au comédien Dufresne. Il était assez sûr du secret de Dufresne, mais il doutait fort de Crébillon, et il s'en inquiétait : il voulait, en gardant l'anonyme, prévenir les cabales, au moins avant la première représentation, et se rendre les examinateurs moins sévères.

Le secret fut trahi et livré à Le Franc de Pompignan. Le Franc composa, à peu près sur le même plan, une *Zoraïde*, qu'il se hâta de lire aux comédiens. Le mérite du sujet consistant surtout dans sa nouveauté, il importait de prendre les devants à la

---

(1) Se réconcilier avec les dévots paraissait être son but en composant *Alzire*. En 1735, il écrivait encore à d'Argental : « Si la pièce n'a pas l'air d'être l'ouvrage d'un bon poëte, elle aura celui d'être au moins d'un bon chrétien ; et, par le temps qui court, il vaut mieux faire sa cour à la religion qu'à la poésie. »

scène comme dans le cabinet. C'est pourquoi, en novembre 1735, Voltaire écrivit aux comédiens une lettre élogieusement ironique (1), par laquelle il les priait de jouer sa pièce la première. Pour gagner du temps, les comédiens invitèrent Le Franc à leur faire de *Zoraïde* une seconde lecture, prétextant qu'il y avait quelque chose à y corriger. Blessé, Le Franc retira fièrement sa tragédie, et *Alzire* demeura sans rivale.

Tel est le récit de Voltaire, qui accuse encore Le Franc d'une calomnie qui l'avait forcé naguère de quitter Cirey (2) ; tel n'est pas le récit de Le Franc, et le public se partagea entre l'un et l'autre ; mais telle est l'origine de cette guerre entre les deux poètes, où seront décochés tant de sarcasmes.

Essayée à Cirey, *Alzire* fut représentée pour la première fois à Paris, le 27 janvier 1736. Dans l'impression, elle fut dédiée à madame du Châtelet, et accompagnée d'un discours préliminaire que l'auteur appelait son *Apologétique* de *Tertullien* (3), et dans lequel il se défendait contre ses ennemis et contre les reproches d'irréligion.

Malgré plusieurs parodies, malgré les manœuvres de Le Franc (4), la pièce eut un grand succès, surtout à cause de son effet théâtral (5) ; mais elle avait un mérite intrinsèque. De toutes les tragédies de Voltaire, c'est celle que Guillaume Schlegel, peu admirateur de notre théâtre, a louée avec le plus d'effusion. « Après avoir opposé, dit-il, les mœurs chrétiennes aux mœurs ottomanes, Voltaire se plut à réunir dans un même tableau des Espagnols avec des Péruviens, et le contraste entre l'ancien et le nouveau monde fournit à la poésie l'occasion de déployer ses plus brillantes couleurs. Zamore offre à nos regards le sauvage encore libre, et Montèze le sauvage dompté ; Gusman nous représente l'orgueil insolent du vainqueur, et Alvarez la douce charité du chrétien. Alzire, exposée au choc de

---

(1) Imprimée, en 1736, dans le *Pour et Contre* de l'abbé Prévost. — (2) A Cideville, 8 janvier 1736. — (3) A Thieriot, 1er mars 1736. — Voir ce Discours, entête d'*Alzire*, Œuvres, t. IV, p. 155. — (4) A Thieriot, 25 janvier 1736. — (5) Voltaire l'avoue dans sa *Préface* des *Scythes*, Œuvres, t. VIII, p. 190 ; et, dans une lettre du 2 février 1736, il reconnaît que la cabale des Thieriot et des La Mare ne lui fut pas inutile.

tous ces intérêts opposés, se sent partagée entre ses anciens souvenirs, sa patrie, surtout le premier choix de son cœur, et les nouveaux devoirs auxquels on l'a soumise. Le combat qui s'élève en elle est touchant au plus haut degré. La dernière scène, où Gusman, blessé à mort, est apporté sur le théâtre, donne une émotion douce et profonde; la différence de l'esprit des religions des deux mondes y est exprimée dans des vers d'une grande beauté :

> Des dieux que nous servons connais la différence :
> Les tiens t'ont commandé le meurtre et la vengeance;
> Et le mien, quand ton bras vient de m'assassiner,
> M'ordonne de te plaindre et de te pardonner.

Ces paroles admirables, qui suffirent pour convertir Zamore, sont les mots adressés par le duc de Guise à un protestant qui avait voulu l'assassiner; mais le poëte, qui en a fait une application si heureuse, n'a guère moins de mérite que s'il en avait eu la première idée. Enfin, malgré quelques invraisemblances dans le plan, qui ont été souvent relevées, *Alzire* me paraît, de toutes les productions dramatiques de Voltaire, celle dont la séve est la plus abondante et le jet le plus heureux (1). »

VI

LE MONDAIN — NOUVELLE FUITE EN HOLLANDE

Protégé par son triomphe, Voltaire s'enhardit à revenir à Paris, où nous le trouvons le 16 avril 1736. Il y resta paisible quelques mois. Puis il se mit à faire des lectures du *Mondain*, et, sur le bruit que faisait déjà ce poëme, il rentra prudemment à Cirey en juillet. Les copies s'en multiplièrent. « On m'a mandé, écrivit-il à Thieriot le 24 novembre, que le *Mondain* avait été trouvé chez M. de Luçon (Bussy-Rabutin), et que le président Dupuy en avait distribué beaucoup de copies. » Ces copies couraient à Paris dès le mois d'août, et Voltaire, en sû-

---

(1) *Cours de littérature dramatique.*

reté à Cirey, les répandait lui-même (1). Suivant lui (2), le poëme, falsifié comme la *Henriade*, fut dénoncé par Des Fontaines à l'abbé Couturier, supérieur de Saint-Sulpice, qui, à son tour, le dénonça au cardinal de Fleury. Le *Mondain* se dénonçait tout seul, car, talent à part, il est détestable.

> Oh ! le bon temps que ce siècle de fer!

s'écrie le poëte dans cette apologie du luxe, bonne peut-être pour les gens ayant cent mille livres de rente, mais fatale aux États qui en voudraient faire leur règle.

> Le superflu, chose si nécessaire,

ajoute-t-il; oui, mais ceux qui manquent du nécessaire rigoureux s'accommodent mal des gens qui transforment en nécessaire un superflu d'épicurien.

Suivent les vers sur Adam et Eve :

> Mon cher Adam, mon gourmand, mon bon père, etc.;

vers indécents, hideux, obscènes. Le *Père et mère honoreras* n'a jamais été à l'usage du poëte qui déshonora sa mère et ne pleura pas son père.

Sont-ce ces vers qui lui attirèrent *persécution*, ou bien les vers sur Colbert, dans la *Défense du Mondain* :

> Ah que Colbert était un esprit sage!

vers que le cardinal de Fleury aurait pris pour une satire de son ministère (3)? Dans ce dernier cas, la *Défense* aurait paru avant la fin de 1736, ce qui est peu vraisemblable. Il suffisait, pour indigner et armer le pouvoir, des plaisanteries sacrilèges sur Adam et Eve, plaisanteries que Voltaire répète et redouble dans ses lettres de la fin de 1736 (4). Pour dérouter les *persécuteurs* ou par pure jactance, il parlait sans cesse des propositions qu'il recevait soit du Prince royal de Prusse, soit de hauts personnages de Londres, soit de la cour de Saint-Pétersbourg, qui lui offrait l'éducation de l'héritier présomptif du trône avec dix

---

(1) A Cideville, 5 août.—(2) *Œuvres*, t. XIV, p. 131.—(3) Luchet, t. I p. 131. — (4) 24 novembre, à Thieriot; 8 décembre, à Cideville; 9 décembre à Tressan, etc.

mille livres d'appointements; mais il n'avait aucune envie de sortir de France, surtout, disait-il, pour aller servir des princes. Aussi demanda-t-il avec anxiété quelle était à son égard l'intention du ministère (1). Pour détourner de lui l'attention, il fit même courir le bruit qu'il allait, en effet, voir le Prince royal de Prusse; mais il restait toujours caché à Cirey. Il lui fallut enfin partir réellement pour un exil forcé. Dans la nuit du 23 décembre 1736, il partit, en compagnie d'Émilie, n'ayant, dit-il, que la douleur de la laisser retourner seule dans un château qu'elle avait bâti pour lui. C'est pourquoi, de Vassy, il conjurait d'Argental de consulter le ciel de Paris : si l'orage était calmé, il resterait; s'il était trop fort, il achèverait sa route.

Il la dut achever; et, sur le chemin de Bruxelles, il chargea madame de Champbonin de consoler Emilie.

Nous avons le journal de ce nouveau voyage en Hollande dans les lettres de Voltaire et dans la correspondance de madame du Châtelet avec d'Argental (2). De Bruxelles, Voltaire, sous le nom de *Comte de Révol*, s'était rendu à Amsterdam pour y surveiller une édition de ses œuvres et y préparer la publication de sa *Philosophie de Newton*. Il voulait qu'on ignorât son séjour en Hollande et qu'on le crût parti pour la Prusse (3). Il devait tomber malade en route et revenir. Ce voyage fictif était encore un moyen d'agir sur le garde des sceaux, à qui on représenterait combien il était honteux de persécuter un homme que les princes étrangers traitaient avec tant de considération.

Mais mille bruits alarmants arrivent. Irrité d'un départ sans congé, le ministère fermera à Voltaire tout retour, si même il ne l'arrête à la frontière. Puis on a pris ombrage de son com-

(1) Lettre du 9 décembre, à Tressan. — (2) Cette correspondance est fort mal datée dans l'édition qui en a été faite en 1806. Comme on peut le vérifier par une concordance avec celle de Voltaire et par les principaux faits qui y sont rapportés, la plupart des lettres mises sous la date de 1734 et de 1735, sont de 1736 et de 1737, c'est-à-dire qu'elles doivent être reculées de deux années. Elles se rapportent donc à l'exil du *Mondain*, et non à celui des *Lettres philosophiques*. — (3) Son départ pour la Prusse fut annoncé dans la *Gazette de Hollande*, du 21 décembre 1736. — Voltaire lui-même assure que « toutes les Gazettes » disaient de même (à Frédéric, de Leyde, janvier 1737).

merce avec le Prince royal de Prusse (1). Alarmée de cette perspective d'une séparation éternelle, madame du Châtelet envoie au garde des sceaux la correspondance suspecte, et elle veut attirer Voltaire au moins à Lunéville pour accoutumer le ministère à son retour.

A Amsterdam, Voltaire lui-même donne d'autres inquiétudes. Il veut imprimer sa *Philosophie de Newton*, où se trouve un chapitre de métaphysique qu'il faudrait ôter pour avoir une approbation à Paris. Quelle peine donne cet homme! « Il faut à tout moment le sauver de lui-même, écrit la charmante marquise, et j'emploie plus de politique pour le conduire, que tout le Vatican n'en emploie pour retenir la chrétienté dans ses fers! » — Digne amante de Voltaire!

Nouveau sujet d'alarmes! Voltaire a annoncé au Prince royal l'envoi d'une *Métaphysique* « d'autant plus raisonnable qu'elle ferait brûler son homme. » Or, que deviendra ce manuscrit? Le Prince royal ne gardera pas plus le secret que Voltaire; et l'ambassadeur de France, la Chétardie, qui a recommandation de savoir tout ce qui se passe entre le Prince et le poëte, en informera sa cour. Quelle imprudence! « Si un ami de vingt ans lui demandait ce manuscrit, il devrait le lui refuser, et il l'envoie à un inconnu, et *Prince*! Je ne puis voir, sans une douleur bien amère, qu'une créature si aimable de tout point veuille se rendre malheureuse par des imprudences inutiles, et qui n'ont pas même de prétexte. »

Cette *Métaphysique*, en effet, pouvait être un cas plus pendable que les *Lettres anglaises*. Là, Voltaire admet l'existence de Dieu seulement comme vraisemblable. S'il n'assure point qu'il ait des démonstrations contre la spiritualité de l'âme, il déclare au moins que « toutes les vraisemblances sont contre elle. » S'il semble y reconnaître la liberté, il se réserve de la nier plus tard (2). Dans un pareil système, il n'y a plus de place pour la vertu et le vice, qui n'existent que dans leurs rapports

---

(1) Frédéric lui-même, à cette occasion, fit avertir le gazetier de Hollande qu'il lui ferait plaisir de ne parler de lui en aucune façon (Lettre à Voltaire du 8 février 1737). — (2) *Philosophe ignorant*, ch. XIII, *Œuvres*, t. XLII, p. 547.

avec l'utilité sociale, et non en eux-mêmes, ni indépendamment de l'homme. A plus forte raison, n'y a-t-il eu aucune manifestation du ciel à la terre : « Dieu n'a pas daigné, que je sache, se mêler de notre conduite (1). »

Tel est Voltaire, pas même déiste comme Jean-Jacques Rousseau, mais simplement théiste, c'est-à-dire admettant comme vraisemblable l'existence d'un Dieu, créateur peut-être du monde, mais solitaire et ne s'occupant pas de son œuvre. Oui, voilà Voltaire, tel qu'il est, tel que nous le révèle sa *Métaphysique*, « ouvrage d'autant plus précieux, disent les éditeurs de Kehl, que n'ayant point été destiné à l'impression, l'auteur a pu dire sa pensée tout entière. Il renferme ses véritables opinions, et non pas seulement celles de ses opinions qu'il croyait pouvoir développer sans se compromettre. »

Madame du Châtelet ne s'alarmait donc pas sans motifs. Elle vint à bout d'arrêter ce manuscrit, qui avait été composé pour elle ; elle le mit sous clefs, dans la cassette qui renfermait ses lettres d'amour ; et c'est du feu qui allait consumer le tout après sa mort, que Longchamp l'a tiré, pour le donner ensuite aux éditeurs de Kehl (2).

Cependant les bruits les plus contradictoires se répandaient au sujet du fugitif. Aujourd'hui, le garde des sceaux, Chauvelin, donnait sa parole qu'il ne ferait rien contre Voltaire sans prévenir les Richelieu ; demain, l'ambassadeur de Hollande à Paris disait qu'il y avait ordre de l'arrêter partout où il serait. Et Voltaire inclinait vers le bruit le plus défavorable. Il avait écrit une lettre dans laquelle il parlait de Hérault en termes méprisants, avec nom effacé ; et Chauvelin, qui avait pris cela pour lui, cherchait une vengeance personnelle.

Dernier grief, plus fort encore : la *Pucelle*, qui commençait à courir. Que l'infâme poëme arrivât au procureur général, et Voltaire était perdu sans retour.

Voltaire s'étourdissait dans des ovations poétiques. A Bruxelles,

---

(1) *Œuvres de Voltaire*, t. XXXVII, pp. 319, 329, 338, 339. — (2) *Mémoires* de Longchamp, ch. xxv, p. 256. — Voir encore la lettre d'octobre 1737, au Prince royal de Prusse, où Voltaire rend compte de sa *Métaphysique*.

à Anvers, dans toutes les villes où il passait, on jouait son *Alzire*. Et madame du Châtelet s'écriait : « Quel chaos de gloire, d'ignominie, de bonheur, de malheur ! Heureuse, heureuse l'obscurité !»

Plus moyen de garder l'incognito. Toutes les gazettes étaient pleines de lui. A Leyde, vingt Anglais de la suite du roi d'Angleterre lui avaient fait visite. Il avoua donc publiquement, dans la *Gazette d'Utrecht*, sa présence à Leyde : se taire ou se cacher n'eût servi qu'à confirmer le bruit qu'il s'était soustrait à la prison et aux poursuites.

Il était venu à Leyde pour consulter Boerhaave sur sa santé, et s'Gravesande sur la philosophie de Newton. A ce voyage de Leyde se rapporte un épisode de sa querelle avec J.-B. Rousseau. Suivant lui, Rousseau, apprenant son passage à Bruxelles, s'était hâté de répandre et de faire insérer dans les gazettes, que l'auteur du *Mondain*, condamné à Paris à une prison perpétuelle, se réfugiait en Prusse. Cette calomnie n'ayant pas réussi, il avait envoyé à Paris contre le poëte une des lettres circulaires qu'il faisait écrire par un moine défroqué, J. B. de la Varenne, auteur du *Glaneur*, son correspondant à Amsterdam (1). Dans cette lettre il était dit que Voltaire prêchait l'athéisme à Leyde, qu'il avait eu une dispute publique avec s'Gravesande sur l'existence de Dieu (2), et avait été chassé de l'Université. Pour confondre ce bruit, qui avait indigné s'Gravesande (3), Voltaire se fit écrire par le philosophe de Leyde une lettre justificative, dont il confia l'original à Richelieu, avec prière de la faire arriver à Maurepas et à Fleury. Du reste, dès son arrivée en Hollande, il avait trouvé une cabale établie contre lui par Rousseau, et une foule de livres imprimés depuis longtemps pour le noircir, de sorte qu'il s'était vu à la fois persécuté en France et calomnié dans toute l'Europe. Aussi avait-il pris le parti d'y vivre retiré, cherchant sa consolation dans l'étude, fuyant la guerre, au point de retrancher d'une édition de ses œuvres tout ce qui était contre Rousseau (4).

(1) A d'Argental, 27 janvier 1737. — (2) A Thieriot, 28 janvier 1737. — (3) A Thieriot, 4 février. — (4) A d'Argental, mars 1737.

De tout cela, nous n'avons d'autre garant que la parole fort suspecte de Voltaire. Pendant qu'il ôtait de ses œuvres, à l'en croire, le nom de Rousseau, « qui les aurait déshonorées, » dit sa confidente Emilie, il en remplissait sa correspondance. Il parlait de Rousseau comme d'un scélérat sans talent : « Apollon, disait-il, lui a ôté le talent de la poésie, comme on dégrade un prêtre, avant de le livrer au bras séculier... N'en parlons plus (1). » Et il en parlait sans cesse, par exemple, quatre jours après, dans une lettre à Cideville, pleine de mépris pour l'homme et même pour le poëte.

Les bruits semés contre lui, quelle qu'en fût l'origine, le rendaient réservé. Ayant lu dans une gazette qu'il ne s'était retiré dans les pays étrangers que pour écrire plus librement, il démentit « cette imposture, » en déclarant, dans la *Gazette d'Amsterdam*, qu'il désavouait tout ce qu'on faisait courir sous son nom, soit en France, soit à l'étranger, et qu'il n'avouait rien que ce qui aurait ou un privilége ou une permission connue.

Cependant, sans aucun privilége et sans la moindre permission, il poursuivait à Amsterdam une édition magnifique de ses œuvres. Le libraire Ledet, qui avait pris sa tête pour enseigne, le logeait chez lui, plus reconnaissant que les libraires de Paris n'étaient ingrats (2).

Ses amis songeaient à le faire revenir en France, même au risque de lui imposer d'abord l'incognito qu'il avait dépouillé en Hollande. Mais, où le cacher ? A Lunéville, il était trop connu. Mieux valait Cirey, où il serait surveillé, mis sous clef par la marquise, qui l'empêcherait encore d'écrire aux Berger, aux Thieriot, confidents indiscrets de ses imprudences.

Là-dessus, ne s'avise-t-il pas d'écrire à madame du Châtelet une lettre où il l'appelait *Madame !* La lune de miel s'aigrissait déjà. Voilà la marquise dans la désolation : « Je crains fort qu'il ne soit plus coupable envers moi qu'envers le ministère. Il est affreux d'avoir à me plaindre de lui. » Elle n'a rien à se reprocher, elle est malade, elle en mourra ! Puis, le lendemain, c'est une première épreuve de la malheureuse *Philosophie* qui

(1) A Thieriot, 14 février 1737. — (2) A Thieriot, 17 janvier 1737.

arrive! S'il s'obstine à imprimer sans privilége, et s'il ne se hâte de revenir, la France lui est pour toujours fermée.

Il ne s'obstina pas. Le 14 février, il écrivait de Leyde à Thieriot : « Je pars incessamment pour achever à Cambridge mon petit cours de Newtonisme. » Et il écrivait dans le même sens à l'adresse de Berger. En réalité, il retournait à Cirey; mais, obéissant aux recommandations de madame du Châtelet, il trompait momentanément des amis dangereux. Arrivé à Cirey dans les premiers jours de mars, il y garda quelque temps l'incognito, et, pour tout autre que le fidèle Moussinot, il était en Angleterre.

Il passa à Cirey la fin de cette année 1737 et toute l'année 1738. Alors éclata la querelle avec Des Fontaines, qu'il nous faut exposer pleinement, parce qu'elle nous sera un cadre commode pour bien des œuvres et des portraits qui n'ont pas trouvé place ailleurs.

CHAPITRE DEUXIÈME

VOLTAIRE ET DES FONTAINES

I

DES FONTAINES ET LE JOURNALISME

L'abbé Des Fontaines est le premier en date des grands ennemis de Voltaire. Il l'attaqua avec une arme nouvelle, arme de sa création, le journalisme critique, qu'il inaugura au XVIIIe siècle : avant lui, le journalisme, dans le *Journal des savants*, n'avait guère procédé que par analyses ou par extraits, sans presque aucuns jugements, et, sitôt qu'il avait voulu sortir de cette voie inoffensive, mal lui en avait pris.

Des Fontaines non-seulement combattit avec armes de sa fabrique personnelle, de son arsenal, mais il combattit avec les armes mêmes de son ennemi : par le journalisme, en effet, il forma l'opinion, qu'il opposa à l'opinion, jusqu'alors personnifiée dans Voltaire.

Par le journalisme encore, il donna à l'opinion une puissance inaccoutumée ; il en mit de son côté toute la force ; et, dès lors, pour le vaincre, Voltaire dut appeler à lui, outre son parti, qui était presque toute la France, les pouvoirs publics, dont il eut l'art de se faire des alliés, pendant même qu'il en était le proscrit.

Puissance énorme du journalisme, parlant seul, tous les jours, à des milliers de lecteurs qui forment sur lui leurs idées ; parlant à tous, et portant sa voix en tous lieux ; parlant avec une insistance infatigable, sans démenti, ou infirmant le démenti par une affirmation nouvelle ; refusant sa barre à la contradiction, ou la lassant par ses appels répétés, jusqu'à ce qu'il prononce en dernier ressort, qu'il ait le dernier mot, sans appel désormais, du moins contemporain, car la postérité seule peut en casser la sentence !

Au commencement, Voltaire ne se doutait pas d'une telle puissance : de là, quand il eut reconnu la force de l'ennemi qu'il avait en tête, ses mensonges, ses fureurs, ses enrôlements d'intrigants à gages, ses recours cruels à la vindicte publique.

Pierre-François Guyot Des Fontaines, né le 29 juin 1685, à Rouen, en terre de chicane, d'une famille parlementaire dont il transporta les habitudes professionnelles dans la littérature, fut élevé chez les Jésuites, d'où il sortit au bout de quinze ans, et, par la protection du cardinal d'Auvergne, il obtint la cure de Thorigny, en Normandie. Amoureux de l'indépendance et des lettres, il s'en démit bientôt, ne voulant pas jouir des revenus d'un bénéfice dont il n'avait pas le travail, et donnant ainsi une preuve de délicatesse et de désintéressement.

Il débuta par une mauvaise ode et par quelques psaumes médiocrement traduits en vers ; puis, ne se sentant pas né pour la poésie, il y renonça, et se tourna vers la critique, sa gloire et son malheur.

Son coup d'essai fut la censure d'un livre en vogue alors, aujourd'hui oublié, *la Religion prouvée par les faits*, de l'abbé Houteville. De concert avec le jésuite Hougnant, des *Mémoires de Trévoux*, il dirigea vingt lettres contre cet ouvrage. Le Jésuite, auteur des dix-huit premières, ne laissait presque rien debout de l'édifice, tandis que Des Fontaines, réviseur de l'œuvre commune, en critiquait, dans les deux dernières, le style néologique et maniéré. Voltaire, dont le jugement était toujours subordonné à la passion, avait loué d'abord l'abbé Houteville, lorsqu'il pouvait se faire de cet éloge une arme contre Des Fontaines ; ensuite, il ne l'appela plus que phrasier et détestable sophiste. « Livre monstrueux, écrivit-il, et la conduite de l'auteur est digne de son livre. » Dans son *Dictionnaire philosophique*, à l'article *secte*, il fit des deux une ignoble satire sous le voile d'un « secrétaire de Séjan, dédiant à Pétrone un livre d'un style ampoulé, intitulé : *La vérité des oracles sibyllins prouvée par les faits*. » On voit déjà sa bonne foi dans sa lutte contre Des Fontaines.

Après Houteville, Des Fontaines eut le courage, dans ses *Para-

doxes littéraires, de s'attaquer à La Motte, alors une puissance, et à *Inès de Castro*, qui faisait alors fureur ; et Voltaire le lui reprochera, Voltaire qui a mis La Motte dans le *Bourbier!*

Sa première rencontre personnelle avec Voltaire est sur le terrain de la *Henriade*, où nous avons suivi plus haut leurs passes d'armes.

Mais introduisons Des Fontaines dans son élément, le journalisme.

Le *Journal des savants* en était à sa deuxième ou troisième agonie, lorsque ses protecteurs proposèrent à Des Fontaines de le ressusciter (janvier 1724). Il y réussit : son nom et sa collaboration ramenèrent au journal la France et l'Europe.

En même temps, pour subvenir aux larges besoins de sa vie, il usa et abusa de sa facilité de travail et de la variété de ses connaissances. Pendant qu'il concevait et exécutait des ouvrages personnels, il retouchait, à prix débattu, les ouvrages des autres, et leur assurait le succès. On le lui a beaucoup reproché ; mais il faut bien dire que par là il se procurait l'indépendance nécessaire à son esprit et à son caractère.

Le journalisme, toutefois, son état et sa force, avait ses principaux soins, et il y jeta un éclat qu'on ne saurait méconnaître. Pas de contradiction possible à cet éloge de son disciple Fréron (1) : « Personne n'avait plus étudié que lui les règles et les raisons des règles ; personne ne les a développées avec plus de finesse, d'agrément et de clarté. Le brillant et la solidité, la justesse et la vivacité, l'érudition et le choix, la force et la légèreté, l'abondance et la précision, la délicatesse et l'enjouement, l'exactitude et la pureté du langage : voilà ce qui caractérise cette plume célèbre. » Mais il était partial et passionné, usait cruellement de l'ironie, et il se faisait des ennemis de tant d'auteurs qui n'étaient pas accoutumés à pareil traitement. De là un orage qui grossit peu à peu et l'écrasa.

---

(1) *Opuscules*, t. I, p. 280.

II

DES FONTAINES ET LE RAMONEUR — SERVICE ET INGRATITUDE

On connaît l'histoire du ramoneur pris pour un Amour, à cause de son fer et de son bandeau, dont a tant parlé Voltaire. Jeté à Bicêtre, Des Fontaines était menacé du fagot en place de Grève. Soit de lui-même, soit à la prière de Thieriot qui le lui avait fait connaître une quinzaine de jours auparavant, soit à la requête du président de Bernières, parent de l'abbé, Voltaire intervint. Malade alors, « presque à l'agonie (1), » il se traîna à Versailles ou à Fontainebleau (2), où était la cour, se jeta aux pieds de M. de Fréjus et de madame de Prie, et obtint la liberté de Des Fontaines, à la condition que l'abbé ne se montrerait pas à Paris. Libre au bout de quinze jours, Des Fontaines écrivit à Voltaire, en date du 31 mai 1725, une lettre, où il promettait de ne pas plus oublier les obligations infinies qu'il lui avait, que la malice et la noirceur des ennemis auteurs de « l'indigne traitement » qu'il venait de souffrir. Il priait ensuite son « cher ami » de faire en sorte que l'ordre du roi fût levé par un autre ordre de cachet en cette forme : « Le roi, informé de la fausseté de l'accusation intentée contre le sieur abbé Des Fontaines, consent qu'il demeure à Paris. » Voilà ce qui lui paraisssait le plus simple « pour réparer le scandale et l'injustice, » en attendant qu'il pût découvrir les ressorts cachés de l'horrible intrigue formée contre lui, et rédiger une apologie qu'il croyait nécessaire à un homme de sa notoriété (3).

Pendant que Voltaire faisait de nouvelles démarches, Des Fontaines, à la sollicitation de son ami ou sur l'invitation de sa famille, se retira, avec Thieriot, à la Rivière-Bourdet, terre des Bernières. Voltaire, alors à Fontainebleau, ne l'oubliait pas. Il

---

(1) A Berger, septembre 1735. — (2) Il dit tantôt l'un, tantôt l'autre. — (3) Voir cette lettre dans les Pièces justificatives de la *Vie de Voltaire*, par Condorcet, *Œuvres de Voltaire*, t. I. p. 345.

avait déjà parlé de lui à M. de Fréjus ; mais il savait, par son expérience, que les premières impressions sont difficiles à effacer. Il s'en indignait. « Je ne peux pas m'accoutumer, lui écrivait-il le 13 novembre 1725, à voir l'abbé Raguet (protégé de Fleury) dans l'opulence et dans la faveur, tandis que vous êtes négligé. Cependant n'aimez-vous pas encore mieux être l'abbé Des Fontaines que l'abbé Raguet? »

Qu'y a-t-il de vrai en toute cette aventure de Des Fontaines ? Deux choses certaines seulement : l'emprisonnement de l'abbé et l'intervention de Voltaire. Quant à l'horrible fait en lui-même, Voltaire, plus tard, en a toujours soutenu le vérité ; mais, en 1725, il n'y croyait pas, il ne pouvait pas y croire, et la preuve en est dans toute sa conduite en cette affaire, dans les lettres où il parlait de son « pauvre ami, » dans le titre d'ami que lui renvoyait Des Fontaines, dans le Mémoire qu'il rédigea en sa faveur : il eût été infâme lui-même en traitant avec cette tendre estime un homme qu'il aurait cru coupable d'une telle infamie. Ce n'est pas grâce qu'il demanda, mais simplement justice, et c'est justice qu'on finit par rendre à Des Fontaines. C'est en ce sens que Des Fontaines a toujours parlé de son malheur, « résultat, dit-il, d'un ordre précipité du magistrat de la police, sur la déposition équivoque d'un délateur inconnu et suborné. » Et il ajoute, parlant de lui en tierce personne : « Le magistrat de la police prit la peine de le justifier lui-même, non-seulement aux yeux de sa famille, mais encore par une lettre qu'il écrivit à M. l'abbé Bignon. » Cette lettre, l'abbé Bignon, directeur du *Journal des savants*, la lut solennellement dans l'assemblée du journal, et, après avoir recueilli les voix, il rétablit sur-le-champ Des Fontaines dans ses fonctions. Il dit enfin : « Quelle douleur le magistrat ne témoigna-t-il pas plus d'une fois de s'être laissé trop légèrement prévenir ; d'avoir été, sans le savoir, l'instrument d'une basse vengeance, et de n'avoir pas connu plus tôt la naissance, le caractère et les mœurs de celui qu'il avait inconsidérément et indignement maltraité [1] ! »

---

[1] *Voltairomanie*, dans le *Voltariana*, 1re partie, pp. 36, 37.

Ne nous portons pas garants pour Des Fontaines, assez pauvre prêtre probablement; mais avouons néanmoins que, pour les charges les plus odieuses qui pèsent sur sa mémoire, on n'a que le témoignage de Voltaire. De même en est-il de presque tous les ennemis de cet homme, qui portent dans la postérité l'unique stigmate de ses flétrissures, et dont la mémoire est ainsi condamnée au bagne d'une perpétuelle infamie.

Que se passa-t-il à la Rivière-Bourdet pendant le séjour qu'y fit Des Fontaines ? C'est l'objet d'une nouvelle accusation de Voltaire. Des Fontaines y aurait achevé contre son bienfaiteur un libelle commencé à Bicêtre ; il l'aurait montré à Thieriot comme une chose plaisante, et Thieriot l'aurait obligé à le jeter au feu. Informé par Thieriot, Voltaire se serait plaint d'une telle ingratitude, et Des Fontaines aurait demandé pardon, en alléguant pour toute excuse que le libelle était antérieur à l'aventure de Bicêtre, et, par conséquent, au service. Voltaire aurait pardonné, et cette faiblesse généreuse lui aurait fait de Des Fontaines un ennemi mortel. — Ce point sera débattu au temps de leur procès.

Réintégré au *Journal des savants*, mais dégoûté de la direction méticuleuse de l'abbé Bignon, et rebuté par des démêlés avec ses confrères, Des Fontaines donna sa démission en 1727 ; et, en attendant qu'il pût rentrer dans le journalisme, il travailla ou présida à la confection de plusieurs ouvrages, entre autres, du *Dictionnaire néologique*, recueil amusant des expressions, phrases, barbarismes, mignardises, néologismes, en un mot, de la langue des Lettres au commencement du xviiie siècle. Il se fit par là de nouveaux ennemis, car il n'épargnait personne, pas même les plus grands, pas même Voltaire. Il en entreprit ensuite une triple satire dans son *Éloge historique de Pantalon-Phœbus*, sa *réception de Christophe Mathanasius à l'Académie* et son *Pantalo-Phœbeana*, personnification, sous le nom de *Pantalon-Phœbus*, des auteurs cités dans le *Dictionnaire néologique*. Si, par toutes ces critiques, il mérita bien du bon goût et des lettres, il acheva de s'aliéner une foule de scribes. Tel était, toutefois, son crédit littéraire, qu'un grand nombre d'écrivains, originaux ou traducteurs, réclamaient sa collaboration et ses conseils, ou même son nom et son attache, et nous avons vu Voltaire lui-même recourir à lui pour la traduction de son *Essai sur l'Épopée*.

Cependant Des Fontaines avait repris le journalisme. Vers la fin de 1730, il fonda, avec l'abbé Granet, le *Nouvelliste du Parnasse*, qui, par émeute des écrivains et des libraires, fut arrêté dans les premiers jours de 1732, au grand regret du public.

Dans le *Nouvelliste*, Des Fontaines avait bien traité Voltaire. Quand il s'agissait de lui, la censure y était, en comparaison des éloges, « comme l'unité est à la centaine ; » mais, enfin, il y avait quelque censure ; et, si peu qu'il y en eût, c'était trop encore pour l'irritable vanité du poëte. Personnage embarrassant que Voltaire ! Que pouvait faire pour lui Des Fontaines ? Se taire ? — Qu'eût-il dit ? — En parler sans la moindre critique ? — Et les devoirs du journaliste ! Des Fontaines devait donc parler, et parler en conscience, ce qu'il fit. Du reste, entre le *Nouvelliste* et Voltaire, il n'y eut proprement qu'une querelle, à propos de Campistron, dont Voltaire se défendit d'avoir attaqué la mémoire par une brochure injurieuse. Dans la lettre qu'il écrivit à ce sujet au *Nouvelliste* (juin 1731), il déclarait avoir renoncé, depuis le *Bourbier* « au misérable genre de la satire. » Mensonge ! et d'ailleurs il y reviendra !

Cette même année, Des Fontaines fut menacé de la Bastille à l'occasion d'une préface de l'ignoble procès du P. Girard et de la Cadière, publié par Jore, dont on l'accusait d'être l'auteur. Averti à temps par Voltaire, Jore, contre qui avait été lancée une lettre de cachet, prit la fuite, et Des Fontaines resta seul exposé aux coups du pouvoir.

De qui était cette préface ? De Des Fontaines, assure Voltaire ; de Des Fontaines « à qui je sauve la prison pour la seconde fois ; et mon avis est qu'il ne l'a méritée que lorsqu'il m'a payé d'ingratitude (seul crime impardonnable !) ; car je ne pense pas qu'on doive, en bonne justice, coffrer un homme pour avoir suivi la morale des Jésuites, ni pour l'avoir décriée (1). »

(1) A Cideville, novembre 1731.

Mais il nous apprend ailleurs qu'on l'en accusait lui-même :
« Comme on a su que j'ai fait sauver Jore, vous croyez bien que
l'opinion que j'étais l'auteur de la préface n'a pas été affaiblie
ni dans l'esprit des Jésuites, ni dans celui des magistrats,
leurs valets ; cependant c'était l'abbé Des Fontaines qui en était
l'auteur. On l'a su, à la fin ; et, ce qui vous étonnera, c'est
que l'abbé couche chez lui. Il m'en a l'obligation. Je lui ai sauvé
la Bastille, mais je n'ai pas été fort éloigné d'y aller moi-
même (1). » La préface était plus probablement de Voltaire
que de Des Fontaines, et Voltaire, en chargeant l'abbé de
cette imputation et d'un second bienfait, ne faisait que se préparer de nouvelles armes contre lui.

Des *Observations critiques sur le Temple du goût* ayant paru en
1733, Voltaire en accusa encore Des Fontaines. Suivant Quérard, le libelle était de l'abbé Roy ; suivant Beuchot, de Des
Fontaines vraiment, ou de quelqu'un de ses amis, dont il se serait fait l'éditeur. On conçoit que ces critiques fussent d'autant
plus sensibles à Voltaire qu'elles concouraient avec la menace
d'une lettre de cachet, si son *Temple* n'était rebâti (2) ; mais
étaient-elles de Des Fontaines ? N'osant éclater encore, il recourut à son procédé ordinaire, et fit courir sans bruit des turpitu-
des contre l'abbé. Se croyant dégagé cette fois, Des Fontaines
reprit toute sa liberté à l'égard de Voltaire.

Au commencement de 1735, « en récompense, dit-il, des
services qu'il avait rendus aux lettres et à l'État, » il avait obtenu le privilége d'un nouveau Recueil, *Observations sur les
Écrits modernes*, où, pendant huit ans, il va tenir tête à Voltaire
et à la secte philosophique, avec un entrain, une ironie, un
courage souvent admirables.

Son premier article fut une critique spirituelle et juste du
Temple restauré, une comparaison piquante entre le *Temple* de
France et celui de Hollande (3). Il y avait là quelques épines
capables de déchirer l'épiderme sensible de Voltaire, mais non
de ces coups odieux comme celui-ci en portait à ses ennemis, no-

(1) A Formont, 10 décembre 1731. — (2) A Thieriot, 1ᵉʳ mai 1733. —
(3) *Observations*, etc., t. I, p. 3, 5 mars 1735.

tamment à Rousseau, dont on prenait la défense dans cet article. Voltaire renferma quelques mois dans son cœur sa haine et sa vengeance, puis les laissa éclater, le 20 septembre 1735, dans cette lettre à Cideville : « Les *Observations* de l'abbé Des Fontaines sont des outrages qu'il fait régulièrement une fois par semaine à la raison, à l'équité, à l'érudition et au goût… Je me repens bien de l'avoir tiré de Bicêtre, et de lui avoir sauvé la Grève. Il vaut mieux, après tout, brûler un prêtre que d'ennuyer le public. *Oportet aliquem mori pro populo*. Si je l'avais laissé cuire, j'aurais épargné au public bien des sottises. » Rien de plus cruel; et ce sera désormais le ton de Voltaire, qui n'y mêlera plus que des variations obscènes.

III

LA MORT DE CÉSAR — GUERRE ET PAIX PLATRÉE

Le 11 août 1735, fut représentée au collége d'Harcourt la *Mort de César*. Le 16 septembre (1), Des Fontaines en donna la critique, qu'il fit suivre d'une lettre récemment reçue de Voltaire. Venant après la critique, cette lettre faisait un effet bizarre. Des Fontaines a-t-il voulu ce contraste plaisant? Ou bien l'arrivée de la lettre, datée du 7, coïncidant avec un article déjà fait et composé, n'a-t-il pu faire autrement pour ne pas manquer son numéro du 16? L'insertion de la lettre de Voltaire a-t-elle été, dans sa pensée, un étalage malin de l'inquiète vanité du poëte, ou simplement un contre-poison à la critique de l'ouvrage et une galanterie à l'adresse de l'auteur?

Notons au moins que la lettre ne détruisait en rien l'article, sinon pour quelques détails de style, mis par Voltaire, suivant l'usage, sur le compte des gens du collége d'Harcourt et de l'imprimeur, et que, par conséquent, l'article et la lettre se trouvaient côte à côte sans se trop chamailler. Mais Voltaire, probablement, ne voulait la publication ni de l'un ni de l'autre. Il écrivait sans doute dans l'espoir d'arrêter l'article; et, quant à la

(1) *Observations*, t. XI, p. 270.

lettre, il a accusé Des Fontaines d'en avoir supprimé un passage, où il le priait de garder le secret et sur la lettre même et sur le lieu d'où elle venait. Mais il n'était pas inquiété à cette date, et sa présence à Cirey était le secret de la comédie. Il est donc douteux que Des Fontaines ait voulu lui jouer un mauvais tour par son indiscrétion. D'ailleurs, nous ne savons ce détail que par Voltaire, la lettre, telle que nous l'avons, n'en disant rien; et il est remarquable que d'autres lettres de Voltaire du même temps et sur le même sujet n'en disent rien non plus, et se plaignent seulement de l'inconvenance de l'insertion d'une lettre sans le consentement de son auteur (1).

Notons enfin que, dans ce même temps, Voltaire se montrait peu digne de la bienveillance de Des Fontaines. C'est quelques jours après, en effet, le 20 septembre, et avant de savoir ce que ferait ou ce qu'avait fait le journaliste, qu'il écrivait à Cideville les paroles hideuses citées plus haut. Il ne savait rien de plus le 24, lorsqu'il écrivait à Thieriot : « Je n'ai pas la force de m'indigner contre l'abbé Des Fontaines, etc. » Or, dans l'intervalle, le 23 (2), ce *monstre* de Des Fontaines avait pris le parti de Voltaire contre une critique des *Lettres philosophiques* faite par un Anglais.

Si Voltaire parlait ainsi de Des Fontaines avant de rien savoir, que dut-ce être quand il sut tout? Sa fureur s'épanche à flots de bile et de boue dans toutes ses lettres postérieures : « Il ose dire que la *Mort de César* est une pièce contre les mœurs : est-ce donc à lui à parler des mœurs? » Puis Bicêtre, et la Grève : tout le vilain chapelet qu'il ne cessera d'égrener. Enfin, il répète ses plaintes sur le procédé indiscret de Des Fontaines (3).

Le procédé, croyons-nous, le fâchait moins que la critique. Cette critique cependant portait à côté plus qu'à faux, et ne sortait par des limites permises. Nous en disons bien davantage aujourd'hui contre cette pauvre imitation de Shakespeare et de Racine : car la prétention de Voltaire avait été de faire une

---

(1) A l'abbé Asselin, 4 octobre 1735; *Recueil* de 1856, t. I, p. 59. — (2) *Observations*, t. II, p. 299. — (3) A Berger, septembre; à Thieriot, 4 octobre; à l'abbé d'Olivet, 4 octobre 1735.

pièce sans amour comme *Athalie*, et de reproduire, mais en le corrigeant et l'embellissant, le poëte anglais. Or, ici encore, — sans parler d'*Athalie*, — il suffit d'une comparaison entre Shakespeare et lui pour reconnaître toute son infériorité dramatique. Qu'est devenue la « noble Porcia » de Shakespeare? Où est le cadavre du Dictateur? Où est la place publique, et cette grande lutte oratoire entre Antoine et Brutus, dont le peuple, mer docile à tous les souffles, suit tous les mouvements contraires? Voltaire a non pas embelli, mais gâté Shakespeare.

Il ne le croyait pas; peut-être même était-il incapable de le sentir. Et c'est pourquoi il fit tant d'efforts pour défendre sa pièce contre les critiques de Des Fontaines. Après les abominables récriminations, qui ne prouvaient guère qu'elle fût bonne, il demanda justice contre Des Fontaines dans le *Pour et Contre* de l'abbé Prévost, et il chargea Thieriot de faire sentir à Des Fontaines lui-même « l'infamie de son procédé, » en le menaçant d'une préface où serait racontée « l'histoire de son ingratitude (1). » Il invoqua, de plus, l'intervention de l'abbé Asselin, du collége d'Harcourt, auprès de Des Fontaines, dont il confessait, par une flatterie peu franche, et le *mérite* et la connaissance de l'anglais (2). Des Fontaines, de son côté, avait prié le directeur d'Harcourt de s'entremettre dans la querelle de la *Mort de César*. C'est bien, en effet, de l'abbé Asselin qu'il veut parler quand il dit : « J'eus recours à un ami commun, et je le priai de représenter à M. de Voltaire que je l'avais autrefois tant loué, qu'il avait été raisonnable, et même de bon air, de le critiquer un peu, dans une occasion où je n'avais pu lui donner des louanges, sans relever les défauts d'un ouvrage qui était censuré de tout le monde (3). » Asselin et Des Fontaines concertèrent alors une lettre apologétique, adressée au rédacteur des *Observations*, qui la ferait suivre, dans le journal, d'une approbation particulière; ce qui fut fait (4). Sans tou-

---

(1) A Thieriot, 4 octobre 1735. — (2) A l'abbé Asselin, 24 octobre et 4 novembre 1735.— (3) *Observations*, 9 mars 1737, t. VIII, p. 56. — (4) *Observations*, 5 novembre 1735; t. III, p. 81. — Des Fontaines reconnaissait la *solidité* de la lettre anonyme. Il ajoutait qu'étant allé voir l'original au collége d'Harcourt, il y

cher au fond de la première critique de *César*, on affecta de croire que les défauts relevés ne portaient que sur des endroits falsifiés par l'*impressario* de la tragédie. C'est ce que plus tard, quand la querelle eut éclaté, Voltaire, sous le nom de Mouhy, taxa de *légèreté*, de *caprice* et de honteuse *contradiction*. Provisoirement, Voltaire, à qui le projet n'avait pas été communiqué, se montra content, et, le 14 novembre 1735, il écrivit à Des Fontaines : « Si l'amitié vous a dicté, Monsieur, ce que j'ai lu dans la feuille 34ᵉ que vous m'avez envoyée, mon cœur en est bien plus touché que mon amour-propre n'avait été blessé des feuilles précédentes. Je ne me plaignais pas de vous comme d'un critique, mais comme d'un ami ; car mes ouvrages méritent beaucoup de censures ; mais moi je ne méritais pas la perte de votre amitié. » Et, après avoir disserté sur sa tragédie, il ajoutait : « Vous devez connaître, à la manière dont j'insiste sur cet article, que je suis revenu de bonne foi, et que mon cœur, sans fiel et sans rancune, se livre au plaisir de vous servir, autant qu'à l'amour de la vérité. Donnez-moi donc des preuves de votre sensibilité et de la bonté de votre caractère... » Il terminait en imposant pour pénitence à Des Fontaines de lui écrire au long sa pensée et celle de ses amis sur l'édition qu'il préparait en Hollande, et en l'invitant à goûter avec lui « les douceurs de l'amitié et celles de la littérature. »

C'était plus qu'un traité de paix ; c'était une profession bien marquée d'amitié et d'estime, dont Des Fontaines pouvait tirer avantage. Il n'en fit rien, et il attendit deux ans une nouvelle provocation de Voltaire pour publier sa lettre.

Dans cette lettre du 14 novembre, sincère ou dissimulée, Voltaire disait qu'il importait peu au public que la *Mort de César* fût une bonne ou une méchante pièce ; mais que les amateurs des lettres auraient été bien aises de voir quelques dissertations instructives sur cette espèce de tragédie, si étrangère à

avait trouvé des différences importantes avec le *César* imprimé ; que Voltaire n'avait eu aucune part, ni directe, ni indirecte, à l'édition dont les fautes grossières l'avaient prévenu contre la pièce ; qu'en conséquence, il rétractait son premier jugement, au point de vue tant de la littérature que de la morale.

notre théâtre. Évidemment, le journaliste n'avait à juger que de la valeur de la pièce, et il ne pouvait accepter le programme que lui traçait l'auteur.

La trêve fut peu longue. Voltaire avait adressé une Épître au comte Algarotti, sur le point de partir pour un voyage scientifique au pôle nord. L'Épître, suivant Voltaire, tomba entre les mains de Des Fontaines, qui demanda à l'auteur la permission de l'insérer dans ses feuilles. La permission fut refusée au nom des du Châtelet, qui auraient regardé la publicité donnée à la pièce comme une offense personnelle, à cause de ces vers :

> Allez donc, et du pôle observé, mesuré,
> Revenez aux Français apporter des nouvelles ;
> Cependant je vous attendrai,
> Tranquille admirateur de votre astronomie,
> Sous mon méridien, dans les champs de Cirey,
> N'observant désormais que l'astre d'Émilie.
> Échauffé par le feu de son puissant génie,
> Et par sa lumière éclairé,
> Sur ma lyre je chanterai
> Son âme universelle autant qu'elle est unique ;
> Et j'atteste les cieux, mesurés par vos mains,
> Que j'abandonnerais pour ses charmes divins
> L'équateur et le pôle arctique (1).

Si banals que fussent les charmes d'Émilie, ils n'étaient pas censés connus de Voltaire, et l'on conçoit que le mari, qu'Émilie elle-même, se soient opposés à leur étalage dans ces vers. Des Fontaines passa outre et publia la pièce ; — à moins, ce qui est possible, que Voltaire n'ait rejeté sur lui sa propre indiscrétion : Des Fontaines avait bon dos ! Quoi qu'il en soit, datée du 15 octobre, la pièce fut insérée dans la feuille du 19 novembre 1735 (2). Le 30, Voltaire écrit à Thieriot : « Le corsaire Des Fontaines a bien les vices que vous n'avez pas. » Et il raconte, comme nous l'avons fait d'après lui, l'histoire de la *guenille* écrite au comte Algarotti, et menace Des Fontaines d'une plainte qui serait adressée par les du Châtelet au garde des sceaux.

Si les du Châtelet déposèrent leur plainte, ils la retirèrent pour ne pas se faire complices de l'Académie, qui poursuivait

---

(1) *Œuvres*, t. XIII, p. 118. — (2) *Observations*, t. III, p. 142.

alors Des Fontaines. Au commencement de 1736, on avait publié une harangue fictive de l'abbé Segui, où la compagnie et des personnes de distinction étaient insultées. On l'attribua à Des Fontaines, qui fut traduit au Châtelet. Par une lettre à l'abbé d'Olivet lue publiquement à l'Académie, Des Fontaines protesta sur son honneur qu'il n'avait pris aucune part au libelle. Cependant, raconte Voltaire, il fut convaincu, à la chambre de l'Arsenal, de l'avoir vendu trois louis au libraire Ribou, et, condamné pour ce délit, il obtint difficilement grâce (1). Suivant Des Fontaines, la pièce lui avait été surprise, et non achetée, par Ribou; il en était si peu l'auteur, qu'il ne l'avait même pas lue avant qu'on la lui dérobât; l'auteur véritable, il le connaissait bien, mais, lui ayant promis le secret, il avait mieux aimé s'exposer à tout que de trahir sa confiance, et l'auteur reconnaissant avait payé ensuite tous les frais du procès (2).

Cette fois, Voltaire, dont Des Fontaines servait la passion contre l'Académie, prit fait et cause pour lui, et, le 25 janvier 1736, il écrivit à Thieriot: « Est-il vrai que l'abbé Des Fontaines est puni de ses crimes pour avoir fait une bonne action? On dit qu'on va le condamner aux galères, pour avoir tourné l'Académie française en ridicule... » Et, le 29 janvier, il recommanda à l'abbé Asselin de ne pas faire usage contre lui d'une lettre de madame du Châtelet, probablement adressée au garde des sceaux : « J'apprends, disait-il, que l'abbé Des Fontaines est malheureux, et, dès ce moment, je lui pardonne. Si vous savez où il est, mandez-le moi. Je pourrai lui rendre service, et lui faire voir, par cette vengeance, qu'il ne devait pas m'outrager. » Générosité fictive, et à laquelle donnent un démenti ces odieuses paroles adressées quelques jours après à Berger : « Qu'est devenu l'abbé Des Fontaines ? Dans quelle loge a-t-on mis ce chien qui mordait ses maîtres ? »

Des Fontaines n'a-t-il donc pas raison quand il dit que c'est Voltaire qui rompit la trêve ? Quinze jours après la lettre de

---

(1) *Préservatif*, Œuvres de Voltaire, t. XXXVII, p. 556. — (2) *Voltairomanie*, dans le *Voltariana*, 1ʳᵉ partie, p. 37.

réconciliation du 14 novembre, prétend-il, Voltaire l'insulta dans le *Mercure*; interrogé sur la cause d'un tel changement, il se tut, ou continua de faire courir des épigrammes odieuses; enhardi par la patience de l'abbé, il poussa enfin l'affront jusqu'à l'excès dans des imprimés scandaleux (1).

En effet, l'ode sur l'*Ingratitude* (2) est de la fin de 1735 ou du commencement de 1736; or, on y lit :

> Quel monstre plus hideux s'avance?
> La nature fuit et s'offense
> A l'aspect de ce vieux Giton ;
> Il a la rage de Zoïle
> De Gacon l'esprit et le style,
> Et l'âme impure de Chausson.
>
> C'est Des Fontaines, c'est ce prêtre,
> Venu de Sodome à Bicêtre,
> De Bicêtre au sacré vallon :
> A-t-il l'espérance bizarre
> Que le bûcher qu'on lui prépare
> Soit fait des lauriers d'Apollon ?
>
> Il m'a dû l'honneur et la vie,
> Et, dans son ingrate furie,
> De Rousseau lâche imitateur,
> Avec moins d'art et plus d'audace,
> De la fange où sa voix coasse
> Il critique son bienfaiteur.

Voltaire paraît bien avoir eu quelque remords de ces strophes monstrueuses, et en avoir d'abord déchargé son ode, puisqu'il écrivait à Berger : « Je vous envoie l'ode sur l'*Ingratitude*: j'ai dédaigné de parler de Des Fontaines ; il n'a pas assez illustré ses vices. » Pourquoi cette palinodie? C'est que Des Fontaines, qui affirme n'avoir rien écrit contre Voltaire pendant les deux ans qui suivirent leur réconciliation (3), venait de faire l'éloge d'*Alzire* (4). Après en avoir enregistré le succès, il disait : « J'y prends toute la part possible, comme son admirateur et son ami. » Il promettait ensuite d'en rendre un compte détaillé, et traçait le programme de la conduite qu'il voulait tenir à l'égard du poëte. Quelques jours plus tard (5), revenant

---

(1) *Voltairomanie*, etc., p. 36. — (2) T. XII, p. 416. — (3) *Observations*, etc., t. VIII, pp. 56-65; 9 mars 1737. — (4) Ibid., t. IV, p. 141; 25 février 1736. — (5) 10 mars, t. IV, p. 184.

sur la *Mort de César*, à propos d'une nouvelle édition, il se défendait d'être l'ennemi de Voltaire. Le 22 septembre (1), il annonçait une nouvelle édition de *Zaïre*, et en citait avec éloge la dédicace.

Cependant, que faisait Voltaire ? Tout en remettant ses trois strophes en portefeuille, il joignait à la diffamation de J.-B. Rousseau la diffamation de Des Fontaines, rabâchant toujours, et dans les mêmes termes, Bicêtre, la Grève, le Châtelet et tous ses griefs personnels (2). Diffamation publique, cette fois, et non plus, jusqu'à un certain point, confidentielle, comme dans tant de lettres privées, — qu'on avait, il est vrai, le soin de faire courir ! — Et, trois jours après, il écrivait à Thieriot : « J'avais ôté ce monstre subalterne d'abbé Des Fontaines de l'*Ode sur l'Ingratitude*; mais les transitions ne s'accommodaient pas de ce retranchement, et il vaut mieux gâter Des Fontaines que mon ode. » En voilà une raison ! Diffamer pour ne pas gâter une ode, et une ode qui n'en reste pas moins mauvaise !

Vraiment, Des Fontaines a été patient. Il eut connaissance de l'ode ; car la pièce, anonyme ou non, mais d'une origine bien connue, courut avant d'être imprimée ; et pourtant il dédaigna d'y répondre. Mais il se gêna moins à l'égard de Voltaire.

IV

L'ENFANT PRODIGUE — DISCOURS SUR L'HOMME
DÉCLARATION DE GUERRE

Dans l'hiver de 1735, mademoiselle Quinault, touchée d'un *Enfant prodigue* qu'elle avait vu représenté en farce à la foire de Saint-Germain, dit devant Voltaire qu'elle donnerait ce sujet à Destouches. Le lendemain, Voltaire, après s'être assuré qu'elle n'en avait encore rien fait, tire de sa poche le plan et les principales scènes de la comédie qu'il voulait écrire sous ce titre. La comédienne lui donne quelques avis, et, en moins d'un

---

(1) *Observations*, T. VI, p. 134. — (2) Aux auteurs de la *Bibliothèque française*, 20 septembre 1736.

mois, la pièce est bâclée. Présentée par la Quinault à ses camarades comme l'œuvre d'un novice qui voulait garder l'anonyme, elle est reçue et bientôt apprise. Voltaire lui écrit alors (16 mars 1736) : « La pièce arrangée et conduite par vos ordres, et embellie par votre jeu (si vous daignez jouer une *Croupillac* ou tel autre rôle), aura un succès étonnant, si on ignore que j'en suis l'auteur, et sera sifflée, si l'on s'en doute. » Aussi, le 3 avril : « Je suis perdu, sifflé, mort, enterré : La Mare sait tout ! » Et il veut qu'on jette la pièce sur le compte de Gresset, — ce qu'on fit, et ce que Gresset trouva mauvais. Il insiste auprès de la Quinault sur la nécessité du secret : « Niez toujours fort et ferme ; quand tout le parterre crierait que c'est moi, il faut dire qu'il n'en est rien (1). » Il écrit dans le même sens à tous les amis et compères : à Berger, 10 octobre 1736, jour même de la représentation, et, dans les jours qui suivent (18 et 21 octobre), à ce même Berger et à Thieriot ; et, à cette occasion, il donne toute sa théorie du mensonge : « Mentir pour son ami est le premier devoir de l'amitié. » — « Le mensonge n'est un vice que quand il fait du mal; c'est une très-grande vertu, quand il fait du bien. Soyez donc plus vertueux que jamais. Il faut mentir comme un diable, non pas timidement, non pas pour un temps, mais hardiment et toujours... Mentez mes amis, mentez; je vous le rendrai dans l'occasion. » Théorie accidentelle, ont dit les apologistes de Voltaire; théorie relative au cas particulier où se trouvait le poëte, poursuivi alors pour le *Mondain* et caché à Cirey. — Non, tous les faits le prouvent, c'est bien une théorie générale et absolue ; c'est le programme de la vie entière d'un homme qu'on pourrait appeler le mensonge incarné.

Voltaire continua de renier son *Enfant* : « Qu'est-ce que c'est, écrivit-il encore à l'abbé d'Olivet, qu'une comédie intitulée l'*Enfant prodigue*, qu'il a pris en fantaisie à la moitié de Paris de m'attribuer ? » Le secret ne suffisant pas pour en assurer le succès, on la présenta, on l'imposa en quelque sorte au public d'une façon subreptice. Le 10 octobre, les comédiens

---

(1) Correspondance avec Mlle Quinault, Renouard, Paris, 1822.

avaient affiché *Britannicus*. Le rideau levé, un acteur annonce qu'Agrippine ou Junie est malade, et propose de remplacer la tragédie devenue impossible par une comédie nouvelle en cinq actes et en vers. Le public, dupe ou non, accepte, et la pièce est applaudie. Elle eut vingt-deux représentations, interrompues seulement par la maladie d'une actrice.

Dans sa feuille du 27 octobre 1736 (1), Des Fontaines en constata le succès et en loua le système de versification ; puis il écrivit : « J'ai vu les sentiments partagés au sujet de l'auteur inconnu... Pour moi, je ne m'y suis pas mépris un seul instant ; et, sans prétendre ici dévoiler le mystère, je dirai seulement que le grand poëte peut quelquefois se dégrader, en offrant du bas et du trivial ; qu'il peut mettre sur la scène des rôles insipides, qu'il a cru de bon goût dans son cabinet, et débiter de froides plaisanteries, qui ont ri à son imagination échauffée. Mais, au milieu de toutes ces défectuosités, qui frappent les moindres connaisseurs, le génie distingué et rare perce. »

Juste, modérée et entremêlée de louanges excessives, cette critique n'était pas de nature à irriter l'auteur ; mais le secret était la grande affaire. Or, sans nommer Voltaire, Des Fontaines le désignait clairement. Aussi, Voltaire, furieux, écrit le 27 novembre à Berger : « Est-il vrai que ce monstre d'abbé Des Fontaines a parlé de l'*Enfant prodigue* ? Ce brutal ennemi des mœurs et de tout mérite saurait-il que cela est de moi ? » Oui, il le savait, il l'avait du moins deviné, et il l'avait dit ; et que le journaliste capable de résister au plaisir de faire une telle preuve de perspicacité lui jette la première pierre !

Des Fontaines revint sur l'*Enfant prodigue*, en rendant compte de l'édition, toujours anonyme, qui en fut publiée, et de la préface de cette édition, qu'il soupçonnait à bon droit être de Voltaire lui-même. La guerre entre eux étant alors à peu près déclarée, il garda moins de ménagements, et avoua franchement sa répulsion pour ce mélange de pathétique et de comique, qu'il trouvait d'ailleurs, et avec raison, très-peu comique.

(1) *Observations*, t. VI, p. 312.

C'est bien ce mélange qu'avait cherché Voltaire, pour faire voir à Rousseau « que la comédie pouvait très-bien réunir l'intéressant et le plaisant. Le pauvre homme, ajoutait-il, n'a jamais connu ni l'un ni l'autre, parce que les méchants ne sont jamais ni gais ni tendres (1). » Il n'est lui-même ni l'un ni l'autre dans ses comédies ; et qu'aurait-il dit s'il eût pu entendre Joseph de Maistre lui appliquer sa propre sentence : « Le méchant n'est jamais comique! »

L'*Enfant prodigue* n'est qu'un essai de cette comédie larmoyante, dont Voltaire lui-même s'est tant moqué chez La Chaussée. Il n'y a ajouté que des platitudes de son crû, que Des Fontaines n'a pas assez relevées. Critiquant trop peu et louant trop, Des Fontaines se mettait au-dessous ou au-dessus du vrai dans le blâme et dans l'éloge. Mais il reprenait son avantage dans cet éloge ironique de la modestie de Voltaire, qui arrachait encore au poëte le masque sous lequel il s'obstinait à se cacher : « On dit que l'autruche, pressée par les chasseurs, cache sa tête derrière un arbre, et que, parce qu'elle ne voit pas, elle s'imagine qu'elle n'est pas vue. L'auteur de l'*Enfant prodigue*, qu'on est bien éloigné de vouloir rabaisser par cette comparaison, fait à peu près la même chose ; et, lorsque tout Paris est persuadé que cette pièce est une des productions de l'auteur de la *Henriade*, il prend le parti de la désavouer. A-t-il craint qu'elle ne fût pas jugée digne de lui (2) ? »

Dans l'intervalle, la querelle s'était envenimée à l'occasion du *Mondain* et de la dénonciation dont nous avons vu que Voltaire accusait Des Fontaines. Mais au 9 mars 1737 on doit fixer le vrai début de la guerre. Ce jour là (3), Des Fontaines s'élève contre le *Mérite vengé*, du chevalier de Mouhy, libelle fait avec des mémoires fournis par Voltaire, qui se préparait ainsi à faire endosser au chevalier son *Préservatif*. Dans des pages très-curieuses pour l'histoire de leur querelle littéraire, Des Fontaines rappelle ses liaisons avec Voltaire et sa tendre amitié pour lui, son estime si publique, qu'on l'accusait de par-

---

(1) A Berger, 8 décembre 1736. — (2) *Observations*, etc.; t. XI, p. 289, 8 janvier 1738. — (3) *Observations*, etc., t. VIII, p. 49.

tialité à son sujet, lorsque quelques réflexions d'une critique douce et modérée avaient allumé la colère du poëte. Suit le récit des faits rapportés plus haut; après quoi, Des Fontaines demande la cause d'un déchaînement si déclaré, d'invectives si grossières et si atroces. Est-ce à cause de son estime pour Rousseau ? « Si c'est là, répond-il, le motif du ressentiment de M. de Voltaire, je ne regrette point son cœur ; il me suffit de n'avoir rien à me reprocher à son égard. Cependant, si, dans la suite, j'ai l'occasion de parler de ses ouvrages, il est lui-même trop équitable pour exiger de moi une éternelle contrainte. Ma patience a eu un assez long cours. Le deuil que j'ai porté de son amitié est fini. »

C'était une déclaration de guerre. Toutefois, Des Fontaines ne donna pas une suite immédiate à sa menace. Quelques jours après, le 16 mars (1), il prit la défense de l'*Enfant prodigue* contre une critique ; le 30 (2), il annonça avec sympathie une nouvelle édition de la *Henriade*, tout en regrettant qu'on n'eût pas attendu que les autres fussent *taries*. L'année suivante (3), il rendit compte des trois *Epîtres sur le bonheur*. Sur les deux premières, il donna un mélange fort judicieux de critique et de louange. A propos de la troisième, sur l'*Envie*, il se contenta d'une noble protestation, surtout au sujet de l'affreuse calomnie.

Dans cette Epître, on lisait :

> Cent fois plus malheureux et plus infâme encore
> Est ce fripier d'écrits (4) que l'intérêt dévore,
> Qui vend au plus offrant son encre et ses fureurs ;
> Méprisable en son goût, détestable en ses mœurs ;
> Médisant qui se plaint des brocards qu'il essuie ;
> Satirique ennuyeux, disant que tout l'ennuie;
> Criant que le bon goût s'est perdu dans Paris,
> Et le prouvant très-bien par ses propres écrits.
> Hélas ! quel est le fruit de tes cris imbéciles !
> La police est sévère ; on fouette les Zoïles.
> Chacun avec mépris se détourne de toi ;
> Tout fuit, jusqu'aux enfants, et l'on sait trop pourquoi (5).

A la prière de son ami d'Argental, Voltaire sacrifia à regret

---

(1) *Observations*, t. VIII, p. 73. — (2) Ibid., p. 162. — (3) Ibid., t. XIII, p. 217; 4 juin 1738. — (4) D'abord : *Est ce vil gazetier*. — (5) *Œuvres de Voltaire*, t. XII, p. 66.

ces derniers vers, le dernier surtout, « le plus plaisant » qu'il eût jamais fait (1) ; mais Des Fontaines l'avait lu ; le coup était porté, et on pouvait retirer l'arme.

Composées des 1734, mais imprimées seulement en 1738, ces trois *Epîtres sur le bonheur* prirent ensuite le titre commun de *Discours sur l'homme*, avec quatre autres poëmes sur le même sujet que Voltaire y ajouta en cette même année.

C'est un « carême prêché par le P. Voltaire (2) ; » aussi les *Discours* sont-ils pleins de sa personne et de sa morale. Cette morale, au-dessous de celle du paganisme, est la morale du *Mondain*, réduisant le bonheur au plaisir, et en deshéritant, par suite, la plus grande partie de l'humanité, incapable de s'en procurer les moyens et les instruments.

« Le discours qui nous conseille d'être modérés en fait de science, de ne pas chercher à percer l'obscurité des choses, me fait songer à Virgile chantant le bonheur de connaître les secrets de la nature :

Felix qui potuit rerum cognoscere causas !

Le discours septième nous enseigne que la bienfaisance est la vraie vertu. Sénèque lui-même, qui a tant raffiné sur les bienfaits, ne bornait pas la vraie vertu à être bienfaisant. Le sixième veut que nous reconnaissions Dieu à nos plaisirs ; j'aime mieux, avec Epictète et Marc-Aurèle, le reconnaître à nos devoirs. Le *Discours sur la liberté* nous laisse libres de croire qu'elle n'existe pas. Le *Discours sur la modération* nous invite à nous ménager dans les plaisirs, pour être en état de recommencer. La morale du *Discours sur la nature de l'homme* est qu'on n'y connaît rien, et qu'il ne faut pas perdre son temps à la chercher. Enfin, je ne vois qu'une vérité dans le *Discours sur l'Envie*, c'est qu'il ne faisait pas bon critiquer les vers de Voltaire (3). »

Avec le poëme postérieur sur la *Loi naturelle*, ces *Discours* étaient enfin une lutte contre l'*Essai sur l'homme* de Pope, dont Voltaire était jaloux ; c'était, dans le domaine de la poésie, la dernière de ses importations anglaises. Moins élevé, moins pur,

---

(1) A d'Argental, 27 janvier 1739. — (2) A Thieriot, 24 novembre 1738. — (3) M. D. Nisard, *Histoire de la littérature française*, t. IV, p. 147.

mais plus agréable et plus varié que Pope, Voltaire y déploie, dans les premiers particulièrement, toutes les ressources de sa muse philosophique.

Comme toujours, il commença par en nier la paternité : « Envoyez-moi donc ces *Epîtres* qu'on m'attribue. Qu'est-ce que c'est que cette drogue *Sur le bonheur* ? N'est-ce point quelque misérable qui babille sur la félicité, comme les Gresset, et d'autres pauvres diables qui suent d'ahan dans leurs greniers pour chanter la volupté et la paresse (1) ? » Non, ce n'était pas l'œuvre d'un *pauvre diable*, mais de l'heureux et riche poëte qui, de son Olympe de Cirey, se donnait le droit insolent d'insulter aux misérables ! — Et il continua longtemps sa dénégation impudente : « Ces Epîtres ne sont pas de moi, et vous me feriez une vraie peine si vous ne faisiez pas tous vos efforts pour désabuser le public... Je suis fâché qu'on m'attribue des Épîtres sur *La liberté*. Je ne veux point me trouver dans les caquets de Molina ni de Jansénius. On m'envoie un morceau d'une autre pièce de vers où je trouve un portrait assez ressemblant à celui du prêtre de Bicêtre ; mais, en vérité, il faut être bien peu fin pour ne pas voir que cela est de la main d'un académicien, ou de quelqu'un qui aspire à l'être. Je n'ai ni cet honneur ni cette faiblesse (il aura l'un et l'autre) ; et si j'ai à reprocher quelque chose à ce monstre d'abbé Des Fontaines, ce n'est pas de s'être moqué de quelques ouvrages des Quarante (2). »

En attendant qu'il prît la défense non moins obstinée de ses *Discours*, il s'obstinait à écarter de sa personne la responsabilité de certains traits dont on faisait usage contre lui, et il regardait comme un ennemi quiconque les lui attribuait. Il se disposait encore par là à nier un ouvrage autrement dangereux, le *Préservatif*, qu'il songeait à lancer contre Des Fontaines. Et cependant il écrivait à Thieriot : « Je trouve qu'il est mal à de certaines gens de publier des ouvrages auxquels ils seraient fâchés de mettre leur nom au bas ; je serais honteux à l'excès toutes les fois qu'il faudrait nier un ouvrage dont je serais

(1) A Thieriot. 22 mars, 1738. — (2) A Berger, avril ; à Thieriot, 1738. — Voir encore, à Pont-de-Veyle, 10 mai ; à Berger, 14 mai ; à Thieriot, 24 mai 1738.

l'auteur ; j'aimerais mille fois mieux l'avouer, tout méchant qu'il est, que d'être exposé à mentir trente fois par jour (1). » A-t-il dû être *fâché* et *honteux* bien des fois dans sa vie, le malheureux Voltaire !

La guerre déclarée après le Discours sur l'*Envie* n'éclata qu'à propos des *Éléments de la philosophie de Newton*.

V

PHILOSOPHIE DE NEWTON — LA GUERRE ÉCLATE

Voltaire avait achevé cet ouvrage, commencé à Cirey, pendant son dernier voyage en Hollande, et, en partant, il en avait remis les premiers chapitres au libraire Ledet, chez qui il logeait à Amsterdam, et emporté le reste. Ledet fit achever le livre par des mathématiciens du pays, et le mit en vente, en vingt-cinq chapitres, avec cette addition au titre d'*Eléments :* « Mis à la portée de tout le monde. » L'addition était-elle l'œuvre de Ledet? Madame du Châtelet l'en accuse dans sa lettre à Maupertuis, du 9 mai 1730; mais il est plus probable que ces mots avaient été ajoutés par Voltaire lui-même. En effet, dans sa lettre à d'Argens du 19 novembre 1736, il dit, à propos de cette *philosophie* dont Ledet préparait alors la publication : « Je l'ai mise à la portée du public; » ce qu'il exprime sous diverses formes, dans plusieurs autres lettres, par exemple dans sa lettre à Thieriot du 4 février 1737, où il se dit occupé « à réduire le géant Newton à la mesure des nains ses confrères, et à mettre Briarée en miniature. » C'est donc lui qui donna lieu à la transformation plaisante qu'on fit du sous-titre des *Eléments* : « mis à la porte de tout le monde ; » bon mot trouvé ou répété par Des Fontaines, dont il suggéra encore l'idée en faisant déposer, en effet, à la porte des personnages marquants, un assez grand nombre d'exemplaires de son livre.

Suivant son habitude, il désavoua l'édition d'Amsterdam, et

---

(1) *Recueil* de 1820, p. 287.

mit sur le compte des libraires les fautes qu'il avait pu commettre; mais ceux-ci lui répondirent par un Mémoire où ils offraient de prouver, par le manuscrit autographe, qu'ils en avaient corrigé un grand nombre, et que ce qui en était resté était bien du fait de l'auteur (1).

Voltaire songea à publier son livre à Paris, avec plusieurs chapitres supplémentaires, dont le principal traitait de la *Métaphysique* de Newton. Il prétexta qu'on désirait beaucoup, en France, un livre de l'auteur de la *Henriade* devenu physicien, et que les libraires le lui demandaient avec empressement. Il soumit donc son manuscrit à Pitot, de l'Académie des sciences, et, sur le témoignage favorable de l'académicien, il le pria d'en parler à d'Argenson. Il s'agissait d'obtenir approbation et privilége (2). Mais le chancelier Daguesseau refusa, précisément à à cause du chapitre de *Métaphysique*, et accorda seulement une permission tacite de réimprimer l'édition de Hollande sous rubrique étrangère.

Après avoir arrêté quelque temps les deux impressions de Paris et d'Amsterdam, en attendant le bon plaisir de la censure (3), Voltaire, s'étant vu refuser un privilége, non-seulement donna suite à la permission accordée par Daguesseau, mais il fournit aux libraires plusieurs chapitres nouveaux, et se réserva encore, au besoin, de désavouer les éditeurs. Aussi, à peine ont-elles paru, qu'il écrit (avril 1738, à Berger) : « Je suis très-fâché que les *Éléments de Newton* paraissent. Les libraires se sont trop précipités. » Même mécontentement exprimé dans une lettre à Thieriot, avec l'assurance que, par soumission aux volontés du chancelier, le chapitre relatif aux sentiments théologiques de Newton n'était pas sorti de ses mains : il allait en sortir bientôt, puisqu'il fut publié l'année suivante en Hollande.

L'édition de 1738 paraissait avec des Éclaircissements (4) sur quelques points attaqués du livre, et une Épître en vers à madame du Châtelet (5),

(1) Voir ce *Mémoire* dans le *Voltariana*, 1re partie, p. 86. — (2) A Pitot, 17 mai et 20 juin 1737. — (3) A Cideville, 23 décembre 1737. — (4) *Œuvres de Voltaire*, t. XXXVII, p. 397. — (5) *Œuvres de Voltaire*, t. XIII, p. 123.

Minerve de la France, immortelle Émilie,

où Voltaire ne manquait pas de loger ignominieusement *Rufus* et *Zoïle*, Rousseau et Des Fontaines. L'Épître était suivie d'une lettre d'envoi à la marquise, non pas *imaginaire* celle-ci, était-il dit par allusion à la marquise de la *Pluralité des mondes;* allusion dont Voltaire se défendit dans un Mémoire adressé à divers journaux (1), ne craignant pas de se mettre en contradiction sur ce point, non-seulement avec la vérité, mais avec Émilie, qui, dans une lettre à Maupertuis, du 9 mai 1738, avouait que le trait était dirigé contre Fontenelle.

Ce livre, qui ne parut que successivement et sous diverses formes, avant d'avoir celle où nous le possédons aujourd'hui, fut fort attaqué soit par les savants, soit par les théologiens. Outre les *Éclaircissements*, Voltaire s'efforça de répondre aux objections principales dans sa *Défense du Newtonianisme* (2), et dans sa *courte réponse* aux longs discours d'un docteur allemand sur la métaphysique (3).

Voltaire attachait à son ouvrage une importance excessive, et que la postérité lui refuse. S'il écrivait assez modestement à Pitot cette phrase applicable à tant d'autres de ses ouvrages : « Je m'explique assez clairement ; je suis comme les petits ruisseaux ; ils sont transparents parce qu'ils sont peu profonds (4); » il disait plus fièrement à Thiériot : « Je suis le premier en France qui ait débrouillé ces matières (5). » En quoi il se vantait ; car, dès 1724, Maupertuis avait prêché Newton à l'Académie des sciences, et en avait inspiré le culte à Voltaire ; de plus, son *Discours sur la figure des astres* avait précédé de six ans le livre des *Éléments ;* enfin, c'était lui qui avait corrigé et remanié la première édition de ce livre, si fautive, de l'aveu même de l'auteur (6). Newton était déjà si populaire, que, dans le même temps, Algarotti croyait pouvoir le mettre à la portée des *dames*, et il est douteux que Voltaire ait beaucoup avancé son règne définitif.

---

(1) *Œuvres de Voltaire*, t. XXXVII, p. 412. — (2) *Œuvres*, t. XXXVIII, p. 361. — (3) Ibid., p. 525. — (4) 20 juin 1737. — (5) 23 juin 1738. — (6) Lettre à Maupertuis, du 22 mai 1738.

Ce règne, tel que Voltaire le lui voulait assurer, n'était pas celui qu'aurait convoité le religieux savant qui se découvrait en prononçant le nom de Dieu. Avant Laplace, Voltaire rêvait une sorte de *mécanique céleste* qui rendît Dieu inutile. Théiste et non déiste, il admettait Dieu et niait la Providence. Or, quelle chose commode pour lui que cette attraction qui remplaçait l'action providentielle! C'est du système de Newton, bien plus que de celui de Descartes, qu'on pouvait dire avec Montesquieu : « Ce système qui soulage si fort la Providence! » *Soulager* Dieu, c'est-à-dire le chasser du monde et se passer de lui, voilà ce que voulait Voltaire (1).

Et voilà ce qu'il faut bien se dire, quand on veut s'expliquer l'opposition de quelques hommes ou corps religieux à certains progrès aujourd'hui acquis à la science, comme le Newtonianisme ou l'inoculation. Cette opposition, c'est la philosophie qui en était coupable, en se faisant de toute nouveauté scientifique une arme contre la religion.

Est-ce pour cela que Des Fontaines attaqua Voltaire sur le terrain de la philosophie newtonienne? Peut-être. Du reste, cartésien comme tant de savants à cette époque, il n'avait pas besoin d'autres motifs pour combattre le système de l'attraction. Il le combattit avec acharnement, après comme avant la grande querelle.

Il débuta par l'ironie, son arme favorite, feignant de louer Voltaire d'avoir renoncé aux vers pour la philosophie : « *Turpe senex vates !* » s'écria-t-il, ce qui dut blesser un poëte alors âgé seulement de quarante-quatre ans; puis il soutenait la thèse de l'incompatibilité des vers et de la philosophie, thèse non moins blessante pour l'homme qui aspirait à l'universalité (2).

Poussé à bout, Voltaire brocha le *Préservatif*, et le lança à la tête de Des Fontaines par les mains de son Mouhy.

---

(1) Bungener, *Voltaire et son temps*, t. II, pp. 63-67. — (2) *Observations*, etc., t. XV, pp. 49 et 73; 11 et 16 octobre 1738.

VI

LE CHEVALIER DE MOUHY ET LE PRÉSERVATIF

Le 18 septembre 1736, Voltaire écrivait à Berger : « Le chevalier de Mouhy m'écrit. Qu'est-ce que le chevalier de Mouhy? » Et au mois de novembre suivant, à l'abbé Moussinot : « Il y a un M. le chevalier de Mouhy, qui demeure à l'hôtel Dauphin, rue des Orties; ce chevalier de Mouhy veut m'emprunter cent pistoles, et je veux bien les lui prêter. Je n'ose vous prier de l'aller voir; vous me feriez un grand plaisir. Vous me diriez ce que c'est que cet homme. Soit qu'il vienne chez vous, soit que vous alliez chez lui, je vous prie de lui dire que mon plaisir est d'obliger les gens de lettres quand je le peux; mais (il y a un *mais*) que je suis actuellement très-mal dans mes affaires; que cependant vous ferez vos efforts pour trouver cet argent, et que vous espérez que le remboursement en sera délégué de façon qu'il n'y ait rien à risquer; après quoi vous aurez la bonté de me mander le résultat de ces préliminaires. » Voltaire ne dit ni oui ni non; il ne repousse pas un homme en qui il flaire un instrument utile, mais il ne veut pas qu'il lui en coûte trop cher; et c'est pourquoi, quelques jours après, le 17 novembre, tout en renouvelant l'assurance de ses bonnes dispositions pour le chevalier, il dit à Moussinot : « Ne lui donnez point des espérances trop positives, et ne vous engagez pas. »

Répondons d'abord à la question de Voltaire : « Qu'est-ce que le chevalier de Mouhy? » Né en 1701, mort en 1784, Charles de Fieux, chevalier de Mouhy, neveu du tragique Longepierre, vint de bonne heure à Paris, avec sa plume pour seule ressource. Romancier bourbeux, historien du Théâtre-Français, imitateur ou contrefacteur d'ouvrages en vogue, il a laissé quatre-vingts volumes. Laid à faire peur, en sa double qualité de bossu et de boiteux, il resta toujours pauvre à faire pitié, malgré la fécondité de la plume sur laquelle il avait fondé sa cuisine. Pour se créer d'autres ressources, il rendit à quelques riches, à Voltaire d'abord, ensuite au maréchal de Belle-Isle, des services honteux, services bien payés par le maréchal, fort mal par le poëte.

Il commença par être le correspondant littéraire de celui-ci. Le 24 novembre 1736, Voltaire écrit à Moussinot : « Le chevalier de Mouhy enverra donc deux fois par semaine les petites nouvelles à Cirey. Recommandez-lui d'être infiniment secret dans son commerce avec moi... Vous lui avez donné ou donnerez cent écus, mais uniquement sur de bons billets de Dupuy (libraire), avec promesse de trois cents autres livres incessamment, et un payement de tous les mois ou tous les trois mois, à son gré. » Les choses restèrent en cet état pendant près de deux ans. Mouhy fit son service épistolaire, dont il ne paraît avoir été payé que par quelques prêts, toujours sur bons billets, — Voltaire y revient sans cesse, — et que par de rares écus. Rien de réglé du moins avant le 21 juillet 1738, puisque Voltaire écrit ce jour-là à Moussinot : « Je vous prie de faire venir chez vous le chevalier de Mouhy, et de lui demander naturellement ce qu'il faut par an pour les nouvelles qu'il fournit, et ensuite je vous dirai ce qu'il faudra donner à compte. » Le 14 août, cet à-compte se réduisait à dix écus ; après quoi Voltaire disait : « Si de Mouhy veut deux cents francs par an, à condition d'être mon correspondant littéraire et d'être infiniment secret, volontiers. » Et, quatre jours après, il déclare que ces deux cents livres sont les colonnes d'Hercule de sa générosité, et qu'il ne peut aller au-delà : nos chroniqueurs contemporains ne se contenteraient pas d'aussi minces honoraires !

Au prix de deux cents livres par an, Mouhy faisait pour Voltaire bien d'autres métiers. Il n'était pas seulement son nouvelliste ; il était encore son endosseur de mauvais papiers, son solliciteur de procès, son chef de meute au théâtre. Il est vrai qu'il recevait de temps en temps, pour quelque service extraordinaire, un présent de « cent livres, » auxquelles on avait la générosité d'ajouter « mille excuses, » ce qui, malgré la supériorité du nombre, coûtait beaucoup moins cher. Voltaire n'avait jamais d'argent quand il s'agissait d'en donner à Mouhy ou à quelque autre ; et, le même jour, il faisait avec Moussinot des arrêtés de compte, où étaient accusées des recettes de plus de trente mille livres, sur lesquelles il en restait plus de dix-sept mille en disponibilité ; ce qui ne l'empêchait pas d'écrire dans la même lettre : « Encore un coup, vous n'avez point d'argent ; dites-le au chevalier de Mouhy. » Nous en verrons bien d'autres quand nous réglerons définitivement avec le chevalier.

Le service important, service ignoble, rendu par Mouhy à Voltaire, est dans sa querelle avec Des Fontaines. Nous avons déjà vu, au commencement de 1737, l'épisode du *Mérite vengé*. Voici maintenant la grosse affaire du *Préservatif*.

Voltaire se disait déshonoré toutes les fois qu'on le critiquait, ou qu'on le critiquait hors du champ qu'il assignait et circonscrivait lui-même à la critique. Alors, se prétendant diffamé, il diffamait vraiment lui-même, et il diffamait lâchement, cachant et niant ses coups, et appelant toujours l'autorité à la rescousse.

Comme il l'écrivait à d'Olivet le 19 janvier 1739, le *Préservatif* (1) n'est pas un ouvrage, c'est une table des matières divisée en trente numéros, dont les vingt-six premiers sont une réfutation, pas toujours juste et jamais spirituelle, de quelques passages des *Observations*. Mais peu importait à Voltaire, qui ne cherchait qu'un prétexte pour le vingt-septième numéro, contenant une lettre à Maffei, écrite depuis longtemps au poëte italien, ou plutôt composée à l'instant même pour le besoin de la cause. L'infamie de Bicêtre, l'ingratitude de Des Fontaines, voilà cette lettre ; c'est toujours la même chose, car rien de moins varié que Voltaire dans ses moyens stratégiques. Cela fait, il envoya son *Préservatif* à Mouhy, avec injonction d'en tirer le meilleur parti possible et de s'en déclarer l'auteur. Pendant qu'on préparait cette grosse machine de guerre, il décochait dans l'ombre la flèche de quelque épigramme ; celle-ci, par exemple, où il tirait sa monotone vengeance du critique des *Éléments de Newton* :

(1) *Œuvres*, t. XXXVII, p. 545.

> Pour l'amour anti-physique,
> Des Fontaines flagellé
> A, dit-on, fort mal parlé
> Du système newtonique.
> Il a pris tout à rebours
> La vérité la plus pure,
> Et ses erreurs sont toujours
> Des péchés contre nature (1).

Suivait un conte hideux, l'*Abbé Des Fontaines et le Ramoneur*, dont il chargeait la mémoire de feu La Faye. L'épigramme et le conte, mis en circulation, servirent d'introduction au *Préservatif*, qui parut en novembre 1738, avec une estampe qui représentait Des Fontaines à genoux, recevant le fouet de la main d'un homme vigoureux. Au-dessus, sur un nuage et entre deux Amours, dont l'un avait renversé son flambeau, paraissait Vénus, présidant à l'exécution, et se vengeant des outrages faits à son culte. Au bas, on lisait :

> Jadis curé, jadis jésuite,
> Il devint auteur parasite,
> Et le public en fut lassé.
> Pour réparer le temps passé,
> Il se déclara s.....;
> A Bicêtre il fut bien fessé :
> Dieu récompense le mérite.

Voltaire renia l'estampe comme le livre. Des Fontaines l'ayant accusé devant Hérault d'en être l'auteur, il écrivit, le 2 avril 1739, à d'Argental : « L'estampe a été dessinée à Vérone, gravée à Paris, et l'inscription est à peine française; m'en accuser, c'est une nouvelle calomnie. » Jugez des autres, car l'estampe et l'inscription étaient certainement de lui, comme le prouve cet ordre à Moussinot, du 14 août 1738 : « Au chevalier de Mouhy, cent francs, pour une planche d'estampe qu'il promettra livrer. » Et madame de Graffigny (p. 121) écrivait plus positivement : « C'est lui qui fait faire les estampes, et qui fait les vers qui sont au bas : je ne fais pas semblant de le savoir, mais il tournaille autour de moi pour me le faire entendre, et n'ose pourtant le dire tout à fait. » Il en avait donné le sujet, puis

(1) *Œuvres*, t. XIV, p. 376.

avait fait graver par Mouhy, afin de se ménager un moyen de mensonge.

Cette fois encore, Des Fontaines avait été patient; mais, de son côté, il prépara enfin sa vengeance. Thieriot en informa Voltaire, et, laissant entrevoir ses prochaines hésitations, il lui demanda conseil. Voltaire lui répondit, le 24 novembre 1738 : « Vous ferez comme il vous plaira à l'égard de ce monstre d'abbé Des Fontaines; mais vous pouvez assurer que je n'ai d'autre part au livre très-fort qui vient de paraître contre lui que d'avoir écrit, il y a deux ans, à M. Maffei, la lettre qu'on vient d'imprimer. » Mais cette lettre, la seule chose qu'il avouât, était tout, car Des Fontaines, en critique aguerri, était peu sensible aux épithètes de *sot*, de *présomptueux*, d'*ignorant*, que lui prodiguait libéralement son adversaire. Voltaire le sentait bien, et, cherchant à détourner le coup par la menace, il ajoutait : « Assurez-le d'ailleurs que j'ai en main de quoi le confondre et le faire mourir de honte, et que je suis un ennemi plus redoutable qu'il ne pense. » En réalité, c'était la peur qui se cachait sous cette menace, dont ne s'effraya pas Des Fontaines. Oui, Voltaire avait peur. Il dit bien à Thieriot, le 6 décembre suivant, qu'il ne se repent que de n'avoir pas plus étendu, plus aiguisé le *Préservatif;* mais il se repentait du livre lui-même, qui allait soulever contre lui une tempête redoutable. Il prenait surtout ses précautions du côté de Thieriot, dont il prévoyait la faiblesse : « Je ne crois pas que vous balanciez entre votre ami et un homme qui vous a traité avec le mépris le plus insultant dans le *Dictionnaire néologique*... Il ne m'a jamais écrit ni parlé de vous que pour nous brouiller; jamais il n'a employé sur votre compte un terme honnête. Si vous aviez la faiblesse honteuse de vous mettre entre un tel scélérat et votre ami, vous trahiriez également et ma tendresse et votre honneur. » Et le 10 décembre, sur ce que Thieriot lui avait répondu que les outrages dont il était l'objet dans le *Dictionnaire néologique* y avaient été introduits par un éditeur de Hollande, et que Des Fontaines les désavouait : « Je ne me rends point sur le Des Fontaines, et je vous soutiens que le pied-plat dont vous me parlez, qui vous a si indignement accoutré dans son libelle *néologique*, c'est lui-même ; mais je ne vous dis que ce que vous savez. Vous cherchez à ménager un monstre que vous détestez et que vous craignez. J'ai moins de prudence ; je le hais, je le méprise, je ne le crains pas, et je ne perdrai aucune occasion de le punir. Je sais haïr, parce que je sais aimer. Sa lâche ingratitude, le plus grand de tous les vices, m'a rendu irréconciliable. » Voltaire ne réussit pas à souffler à Thieriot le feu de sa passion.

VII

LA VOLTAIROMANIE

Cependant, Des Fontaines faisait déjà des lectures de sa *Voltairomanie*. Un jour, le marquis de Loc-Maria réunit dans un grand dîner des gens de lettres qui ne s'aimaient guère, entre autres Des Fontaines, l'abbé Prévost, Marivaux, Mairan, La Chevaleraie, Algarotti, et il dit à Lévesque de Burigny, qui en était : « Je suis curieux de voir comment mon dîner finira. » Des Fontaines lut sa *Voltairomanie*, s'applaudit lui-même, tout seul, au dire de Lévesque, et termina en s'écriant : « Voltaire n'a plus d'autre parti à prendre que de s'aller pendre (1). »

Enfin, le 14 décembre, la *Voltairomanie* parut chez Chaubert, sous le nom *d'un jeune avocat*. Elle fut aussitôt envoyée à Cirey par La Mare et Thieriot. Voltaire et madame du Châtelet, qui l'avaient reçue chacun de son côté, se la cachèrent pendant plusieurs jours l'un à l'autre, et, sans se rien dire, ils travaillèrent séparément sur Thieriot et préparèrent la défense (2).

Ce libelle était une censure injurieuse de la personne et des ouvrages de Voltaire, une énumération ironique de ses disgrâces, où l'exagération et l'erreur se mêlaient malheureusement à la vérité. Après quoi, Des Fontaines racontait sa conduite,

---

(1) Lévesque de Burigny, *Lettre à M. de Saint-Léger*, pièces justificatives de la *Vie de Voltaire*, par Condorcet, Œuvres de Voltaire, t. I, p. 349 ; et lettre de Voltaire à d'Argental, du 27 janvier 1739. — (2) Mme du Châtelet à d'Argental, lettres des 26, 29 et 30 décembre 1738, et du 3 janvier 1739.

suivant lui généreuse, envers Voltaire, et arrivait à la fameuse lettre à Maffei, nœud du débat : « Croira-t-on que celui qui fait aujourd'hui un si honteux reproche à M. l'abbé Des Fontaines, est celui-là même qui fit son apologie il y a treize ou quatorze ans, et qui démontra dans un petit Mémoire dressé par lui-même la fausseté et l'absurdité de l'accusation ? Il le fit à la sollicitation de feu M. le Président de Bernières, qui par complaisance le logeait alors chez lui, et que Voltaire ose appeler son *ami*. — M. le Président de Bernières, est-il ajouté en note, *ami* d'un Voltaire, petit-fils d'un paysan ! La profession d'homme de lettres est bien avantageuse. Cet *ami* le chassa de chez lui en 1726, après son discours insolent dans la loge de la demoiselle Lecouvreur. — Mais par quel attachement, ou plutôt par quelle aveugle partialité, et par quelle profusion de louanges, l'abbé Des Fontaines n'a-t-il pas payé pendant dix ans un service qui n'avait été, du côté de Voltaire, qu'une déférence aux volontés de son hôte et de son bienfaiteur ! » — Des Fontaines raconte ensuite l'histoire de leur querelle, et il ajoute : « Après cela, il a la folie de prétendre avoir encore des droits sur le cœur de l'abbé Des Fontaines. Ignore-t-il qu'il est de principe dans la société que les offenses effacent les bons offices ? A plus forte raison, quand l'offense est très-grande, et que le bon office n'est qu'une justice rendue, et rendue en considération d'un bienfaiteur dont on dépend. Voltaire, logé et nourri chez le Président de Bernières, allié de M. l'abbé Des Fontaines (un faquin, par ses airs de protection, nous oblige de parler de ces circonstances), avait-il pu se dispenser de faire ce qu'il fit ? »

Des Fontaines discute bien d'autres points précédemment expliqués, et il en vient au prétendu libelle composé au sortir de Bicêtre : « C'est aussi dans le même esprit qu'il a inventé le libelle composé contre lui à la campagne, chez M. de Bernières, par l'abbé Des Fontaines, qui, si on l'en croit, le montra à M. Thieriot, qui l'obligea à le jeter au feu... M. Thieriot est un homme aussi estimé des honnêtes gens que Voltaire en est détesté. Il traîne, comme malgré lui, les restes honteux d'un vieux lien qu'il n'a pas encore eu la force de rompre entièrement. Or, on a demandé à M. Thieriot, qui est cité ici pour témoin, si le fait était vrai; et M. Thieriot a été obligé de dire qu'il n'en avait aucune connaissance. On propose ici un défi à Voltaire. Le séjour à la campagne, chez feu M. le Président de Bernières, est dans les vacances de 1725. Si un libelle imprimé cette année contre Voltaire existe, qu'on le montre. S'il répond que l'abbé Des Fontaines l'a jeté lui-même au feu, qu'il cite des témoins; car, assurément, il ne doit point être cru sur sa parole. M. Thieriot, dit-il, l'obligea de le jeter au feu. Et voilà M. Thieriot qui déclare la fausseté du fait. Le sieur de Voltaire est donc le plus hardi et le plus insensé des menteurs (1). »

Ce défi et ce démenti furent, avec le passage relatif au président de Bernières, ce qui blessa le plus Voltaire dans la *Voltairomanie*, et c'est sur ces deux points qu'il concentra presque tous ses efforts. Il commença par disputer à Des Fontaines l'avantage qu'il s'était si habilement fait en mettant Thieriot de son côté.

VIII

THIERIOT ET L'APOLOGIE

Nicolas-Claude Thieriot, né à Paris le 1ᵉʳ janvier 1697, se fit, au sortir de l'étude de Mᵉ Alain, le séide de Voltaire. Ces deux hommes avaient besoin l'un de l'autre. Voltaire veillait à l'existence de Thieriot, et Thieriot à la gloire de Voltaire. Répandu dans les cafés et les sociétés, Thieriot y récitait les vers du poëte, dont celui-ci ne gardait pas copie. Il les savait tous par cœur. Aussi l'avait-on surnommé la *Mémoire* de Voltaire (2). Dans un *Temple de Mémoire* joué, en 1725, au théâtre de la Foire, il y a un M. *Prône-vers* : c'est encore Thieriot. Le duc de Sully l'appelait « le bon sens du poëte, » et Maisons, avec une de ses formules scientifiques, disait que « les acides de Voltaire avaient besoin d'être empâtés de ses alcalis (3). » Voltaire le nommait

---

(1) Voir la *Voltairomanie*, dans le *Voltariana*, 1ʳᵉ partie, pp. 30-43. — (2) *Le Glaneur*, La Haye, 1731, nº 11. — (3) Thieriot au Prince royal de Prusse, dans les *Mémoires* de Longchamp, t. II, p. 447.

lui-même son « Père Mersenne, » son « cher plénipotentiaire, » son « Trompette (1). » En 1721, il lui écrivait : « Avez-vous toujours, mon cher ami, la bonté de faire en ma faveur ce qu'Esdras fit pour l'Écriture Sainte, c'est-à-dire d'écrire de mémoire mes pauvres ouvrages (2)? » Il se servait du nom de Thieriot pour répondre à ses adversaires (3); il le chargeait de ses négociations dans l'affaire de Beauregard, ou des estampes de la *Henriade;* il en faisait surtout l'écho de ses mensonges, son menteur en chef, car c'est à lui qu'est adressée la fameuse lettre du 21 octobre 1736 : « Mentez, mes amis, mentez ! » Thieriot était donc pour lui un agent, « un colporteur plus qu'un ami, » comme Mme du Deffand l'écrivait, le 27 février 1773, à Horace Walpole.

Voltaire l'introduisit chez le président de Bernières, à qui il venait de faire acheter l'hôtel du coin de la rue de Beaune, et il s'y logea avec lui. L'été, il l'allait rejoindre à la Rivière-Bourdet. Là, Voltaire travaillait comme partout, et Thieriot paressait comme à Paris. Voltaire appelle quelque part Thieriot « l'homme qui aime le plus sincèrement la littérature, et qui a le goût le plus épuré (4). » Goût oisif, amour stérile, dont on ne peut juger par les deux ou trois lettres qui nous restent de lui. D'ailleurs, il n'a rien fait. Longtemps il fut censé travailler à une édition de Chaulieu, qu'il n'acheva jamais. Il édita pourtant les *Mémoires de Mademoiselle,* ouvrage mal écrit, dont Voltaire disait (avril 1729) : « Vos *Mémoires* ne font pas d'honneur au style des princesses. » Pour lui procurer quelques ressources, Voltaire l'engagea à traduire le *Gulliver* de Swift : au bout de trois mois, il n'en avait pas lu trois chapitres, pas traduit un seul. Il avait assez de son parasitisme.

En juin 1723, Voltaire, fatigué de lui donner, quoiqu'il lui donnât fort peu, et prétextant le mauvais état de la succession de son père, demanda pour lui, avec vers à l'appui, une place chez les Paris. Ne l'ayant pas obtenue, il voulut le donner pour secrétaire à Richelieu, nommé ambassadeur à Vienne (5). Mal

---

(1) Lettres à Thieriot des 16 et 20 mars et du 27 novembre 1736; à d'Argental, du 6 juillet 1755. — (2) Inutile de réfuter cette fable d'Esdras. — (3) Lettre du 20 mars 1725. — (4) A Damilaville, 19 novembre 1760. — (5) Lettre du 26 septembre 1724.

conseillé par les Bernières, et surtout par sa paresse et son orgueil, Thieriot répondit qu'il n'était pas fait pour être domestique de grand seigneur. Or, notez qu'il n'a jamais été autre chose! Voltaire répliqua qu'il aurait donné cet emploi à son propre fils, qu'au besoin il l'aurait gardé pour lui-même, et il termina par des phrases charmantes d'amitié. Thieriot se ravisa, mais trop tard. Voltaire parvint pourtant à le faire adjoindre à l'ambassade, et essuya un nouveau refus. Il pardonna de bon cœur à son ami, et sa dernière lettre à ce sujet est encore ravissante d'affection.

A cette époque, Thieriot prouva sa reconnaissance par les soins qu'il prodigua à son ami malade, soit à Paris, soit à Maisons; mais il se paya de ces soins en mangeant quatre-vingts souscriptions de la *Henriade*. Et pourtant il était alors nourri et pensionné par madame de Fontaine-Martel. Il est vrai qu'il sacrifia bientôt gîte et pension à son amour pour la comédienne Sallé. Voltaire l'aida dans ses amours comme dans tout le reste, et il adressa en son nom une Épître à la comédienne (1). Il l'envoya alors en Angleterre, et lui abandonna le profit des *Lettres philosophiques*. Thieriot fut ingrat. De retour à Paris, il prétendit n'avoir tiré de son édition que cinquante guinées au lieu de cent louis; il se laissa dire que Voltaire l'accusait de lui avoir volé son manuscrit, et, loin de le défendre, il se vanta d'avoir rompu avec lui. Aux réclamations touchantes de Voltaire (2), il n'opposa d'abord que le silence, puis il envoya une explication dont Voltaire voulut bien se contenter. Voltaire pardonna encore, lorsque Thieriot le laissa accuser d'avoir vendu en Angleterre les mêmes *Lettres* qu'il avait vendues en France; et, malgré le silence obstiné de Thieriot, il ne put croire à sa trahison. Il se borna à le gourmander sur sa paresse, à lui reprocher de vivre comme si l'homme avait été créé uniquement pour souper; et de n'avoir d'existence que depuis dix heures du soir jusqu'à deux heures après minuit : « Buvez du vin de champagne, lui criait-il; mais faites quelque chose qui vous mette en état de boire un jour du vin qui soit à vous (3). » De Cirey,

(1) *Œuvres de Voltaire*, t. XIII, p. 105. — (2) 5 août 1733. — (3) 12 juin 1735.

il lui obtint la charge d'agent littéraire du Prince royal de Prusse, avec douze cents livres d'appointements ; pension mal payée, et dont il dut réclamer souvent les quartiers auprès de l'avare Frédéric. En même temps, il paya, en quelque sorte, sa pension chez le fermier général La Popelinière, par force vers en l'honneur de la maîtresse de la maison. Thieriot étant venu à Cirey en septembre 1738, il glissa dans sa valise, au départ, un rouleau de cinquante louis (1). « Il est étonnant, écrivait quelques mois après madame de Graffigny (p. 72), il est étonnant l'amitié qu'il a pour cet homme. Il lui donne tout le profit de ses Épîtres. »

Oui, amitié étonnante, et que les faits qui vont suivre rendront bien plus inexplicable.

En effet, grâce à l'adresse avec laquelle Des Fontaines avait introduit Thieriot dans sa querelle, le *Préservatif* était renversé dans un de ses principaux fondements, et renversé par un ami. Or, entre cet ami et Voltaire, il devait y avoir quelque vilain secret, quelque association honteuse, qui exigeait qu'on l'épargnât. Le vil parasite, le sybarite voleur était maître de la situation ; il n'avait qu'un mot à dire pour tout décider en faveur de Voltaire, et ce mot il ne le dira pas ; et Voltaire, réduit à l'implorer à genoux, après l'avoir imploré en vain, restera extérieurement son ami ; et d'Argental, madame du Châtelet le confirmeront dans cette amitié persévérante, qui serait une bassesse et une lâcheté, s'il n'y avait pas au fond d'une telle conduite un mystère que rien, dans ce que nous avons raconté, n'explique suffisamment, et dont le mot est perdu. D'Argental, qui méprise Thieriot, est d'avis qu'on le ménage quand même, et madame du Châtelet, qui le déteste, partage cet avis. Elle promet de ne pas brouiller Thieriot et Voltaire : « Je me contiendrai, écrit-elle, je sens qu'il le faut ; mais j'ai bien de la peine (2). »

Pour Voltaire, il commence par amadouer l'avide Thieriot en lui jetant, avec parcimonie c'est vrai, mais enfin en lui je-

---

(1) *Mémoires* de Longchamp, t. II, p. 427, note de Decroix. — Suivant Duvernet, p. 393, c'est à Ferney que le fait se serait passé. — (2) A d'Argental, 9 et 12 janvier 1739.

tant quelque somme : « Donnez encore cent francs à M. Thieriot, écrit-il à Moussinot le 4 décembre 1738 ; mais, pour plus grosse somme, un mot d'avis. » Et le 23 : « Vous devez avoir donné trois cents livres à M. Thieriot, chez M. de la Popelinière, n'est-ce pas ? c'est mon ami de plus de vingt ans. »

Cependant Thieriot, après avoir donné avis du pamphlet et l'avoir envoyé à Cirey, garda, pendant plusieurs jours, un silence de complicité. Or, tout dépendait de son unique témoignage, invoqué contradictoirement par Des Fontaines et par Voltaire. Sur le libelle composé contre lui au sortir de Bicêtre et jeté au feu à la Rivière-Bourdet, Voltaire n'avait d'autres preuves que celles qu'il prétendait trouver dans trois lettres de Thieriot, l'une du 16 août 1726, où on lisait, suivant lui : « Il a fait, du temps de Bicêtre, un ouvrage contre vous intitulé *Apologie de M. de Voltaire*, que je l'ai forcé, avec bien de la peine, à jeter dans le feu (1). » Voltaire disait avoir déposé cette lettre chez un notaire, qu'il ne nomme pas : assertion contestable. Si la lettre existait, n'en a-t-il pas changé les termes, comme ceux d'une autre lettre du 31 décembre 1738, qu'il a certainement citée à faux dans son *Mémoire*?

Thieriot se taisant toujours, Voltaire écrit à Berger, le 22 décembre 1738, pour se plaindre d'un tel silence et l'engager à voir le taciturne. Le 24, il écrit à Thieriot lui-même : « Ce scélérat d'abbé Des Fontaines a donc enfin obtenu ce qu'il désirait : il m'a ôté votre amitié. Voilà la seule chose que je lui reproche. » Depuis le 14, jour de la mise en vente du libelle, une seule lettre de Thieriot était arrivée à Voltaire, pendant que les plus indifférents le plaignaient et lui offraient leurs services. « Monsieur et madame du Châtelet, madame de Champbonin, tout ce qui est ici, effrayés de votre silence, ne savent à quoi l'attribuer. » On ne demande à Thieriot que d'avoir de la mémoire (2); on lui demande, sinon une lettre ostensible, au moins une marque d'amitié. Thieriot se tait toujours. Le 2 janvier 1739, Voltaire insiste : « Je ne sais que de vous seul qu'en

(1) *Mémoire* de Voltaire, *Œuvres*, t. XXXVIII, p. 317. — (2) *Recueil* de 1860, 27 décembre, p. 331.

effet l'abbé Des Fontaines, dans le temps de Bicêtre, fit contre moi un libelle... Non-seulement vous nous en avez parlé dans votre voyage à Cirey, en présence de madame la marquise du Châtelet, qui l'atteste, mais, en rassemblant vos lettres, voici ce que je trouve dans celle du 16 août 1726... » Et il cite cette lettre. Or, il est remarquable que, dans cette version, il n'est plus parlé de l'*Apologie*, ce qui donnerait le droit de supposer que ce titre a été ajouté dans la version du *Mémoire*.

Poussé à bout, Thieriot écrivit à madame du Châtelet une lettre antidatée du 31 décembre 1738, où il commençait par condamner le *Préservatif* : « Lorsque le *Préservatif* parut, j'en fus fort scandalisé, et mon amitié fut vivement émue et alarmée de voir attribuer à M. de Voltaire ce libelle, dont je le tiens entièrement incapable. » Sur le fait de la Rivière-Bourdet il ajoutait : « J'ai essuyé beaucoup de questions sur la vérité de ce fait, et voici quelle a été ma réponse: Que je me souvenais simplement du fait, mais que, pour les circonstances, elles étaient si peu restées dans ma mémoire, que je ne pouvais en rendre aucun compte ; et cela n'est pas extraordinaire après tant d'années. » Des Fontaines avait abusé de cette réponse, générale et sincère. Thieriot méprisait ses éloges, puis il disait à madame du Châtelet : « Tout l'éclaircissement que je puis donc vous donner, Madame, c'est qu'il fut question à la Rivière-Bourdet, en ces temps-là, d'un écrit contre M. de Voltaire, qui, autant que je puis m'en souvenir, était en un cahier de 40 à 50 pages. L'abbé Des Fontaines me le fit voir, et je l'engageai à le supprimer. Quant à la date et au titre de cet écrit (circonstances très-importantes au fait), je proteste en honneur que je ne m'en souviens pas, non plus que des autres. » Il terminait en protestant de son amitié et de sa reconnaissance (1). Et il répandit des copies de son factum, qu'il se proposait de publier dans le *Pour et contre*.

Les circonstances oubliées étant tout ici, madame du Châtelet, indignée, lui renvoie sa lettre. Voltaire cherche à adoucir le coup. Il se plaint à Thieriot d'une lettre si sèche et si peu

(1) Voir cette lettre, *Mémoires* de Longchamp, t. II, p. 431.

convenable : « Ecrivez-lui quelque chose de plus fait pour son cœur. » Non, Thieriot n'a point oublié le titre du libelle. Il recule et fuit la bataille. Puis, faire courir une lettre adressée à madame du Châtelet, « cela est contre toutes les règles, et un nom aussi respectable doit être plus ménagé. » Pourquoi une lettre ostensible qu'on ne lui demandait pas? Et n'a-t-il pas peut-être aggravé sa faute, en envoyant cette horreur de *Voltairomanie* au Prince royal de Prusse (1)? — Le 9 janvier, Voltaire revient à la charge : « Je suis déshonoré, si l'écrit de Des Fontaines subsiste sans réponse, si l'infâme calomnie n'est pas confondue. » Il insiste sur les prétendus aveux de Thieriot. Cette fois, il a quatre lettres, une autre fois dix, dont il n'a jamais cité qu'une, et encore surchargée. Le 10, nouvelle instance, particulièrement sur l'envoi de l'*horreur* au Prince royal. Ce même jour, le marquis-Dandin, prenant en main l'honneur de celui qui le déshonorait, envoie à Thieriot le canevas d'une lettre, laissant à son cœur le soin de le remplir, et il invite son patron La Popelinière à user sur lui de son autorité. Thieriot écrit la lettre, qui lui est encore renvoyée par madame du Châtelet en l'absence du marquis. « Elle n'est ni française, ni décente, ni intelligible, lui répond Voltaire, et M. du Châtelet, qui est très-vif, en eût été fort piqué (2). » Et, apprenant la prochaine insertion de la première lettre dans le *Pour et contre*, il ajoute en post-scriptum : « Ah, mon ami, serait-il vrai? Ce serait le plus cruel outrage à madame du Châtelet et à toute sa famille... S'il en est temps, volez chez le *Pour et contre*, brûlez la feuille, payez les frais. »

Pendant qu'il parlait un langage si tendre et qui lui devait tant coûter, Voltaire se déchargeait dans le cœur du comte d'Argental. Le 25 janvier, il lui adressait une déclaration que devait signer Thieriot : « Le sieur Thieriot, ayant lu un libelle intitulé *Voltairomanie*, dans lequel on avance qu'il désavoue M. de Voltaire, et dans lequel on trouve un tissu de calomnies atroces, est obligé de déclarer, sur son honneur, que tout ce qui

(1) Lettre du 7 janvier; et *Recueil* de 1860, p. 334. — (2) Lettres des 18, 19 et 23 janvier 1739.

est avancé sur le compte de M. de Voltaire et sur le sien est la plus punissable imposture ; qu'il a été témoin oculaire de tout le contraire, pendant vingt-cinq ans, et qu'il rend ce témoignage à l'estime, à l'amitié et à la reconnaissance qu'il doit à... etc. » Et Voltaire ajoutait : « S'il refuse cela, indigne de vivre ; s'il le fait, je pardonne. »

Thieriot n'en fit rien, et s'abstint seulement de publier sa lettre dans le *Pour et contre*. Mais il avait déjà envoyé au Prince royal de Prusse la *Voltairomanie*, comme il faisait de tous les libelles contre Voltaire, avec la lettre à madame du Châtelet, dans laquelle il désavouait les anciennes : « Y a-t-il, écrivait Voltaire à d'Argental, le 18 janvier ; y a-t-il une âme de boue aussi lâche, aussi méprisable ? » A Thieriot lui-même Voltaire était loin de parler sur ce ton.

Thieriot ne bougeait pas, et continuait à boire. Il finit par dire qu'il ne ferait rien que le comte d'Argental ne le lui ordonnât. Il savait d'Argental opposé à un procès, dont le comte prévoyait le scandale ou l'avortement, opposé même au désaveu sollicité par Voltaire. « Eh bien, ordonnez-lui donc sur-le-champ, écrit Voltaire à d'Argental (18 janvier), de courir chez M. Hérault, et de confirmer sa lettre du 16 août 1726, et les autres, dont voici copie. Cela m'est de la dernière importance ; il y va du repos de ma vie. »

Thieriot n'obéit pas, malgré de nouvelles invitations. Voltaire convoqua alors contre lui le ban et l'arrière-ban ; il ameuta tout le monde. Madame de Champbonin lui écrivit au sujet de madame de Bernières (1), et elle partit bientôt pour Paris. Le marquis, le Prince de Prusse lui-même, entrèrent dans la coalition. Thieriot résista à tout, et d'Argental conseilla à Voltaire de l'abandonner. Voltaire ne l'abandonna pas. Thieriot lui donna-t-il quelque satisfaction ? Non probablement, car on n'en trouve nul vestige. Et pourtant, dès le mois de mai 1739, Voltaire reprenait avec lui sa correspondance, où il n'y a plus le moindre écho de cette querelle. A cette même époque, le 4 mai, Thieriot put écrire au Prince royal de Prusse, qui lui con-

(1) Dans les *Mémoires* de Longchamp, t. II, p. 438.

seillait de faire avec Voltaire une réconciliation éclatante, qu'il n'y avait pas lieu à une réconciliation là où il n'y avait pas de brouillerie; que son commerce d'amitié et de confiance avec Voltaire n'avait jamais été rompu; que, dans leurs différences d'avis, le plus grand nombre des anciens amis de Voltaire lui-même avait toujours décidé en sa faveur; que tout le monde en était informé, et qu'il n'y avait donc plus rien à faire. « J'ai été en état, disait-il, de juger des choses mieux que M. de Voltaire, et nous avons des usages qu'on n'enfreint point impunément. Ce n'est pas que M. de Voltaire ne les sache; mais sa passion et son éloignement étaient des raisons pour ne point suivre toutes ses idées. Il était à mon égard, moi étant à Paris et fort répandu, ce que serait un homme éloigné d'un tribunal où il plaiderait, à l'égard d'un autre qui serait sur les lieux, à la suite des juges, et à portée de savoir l'air du bureau à chaque moment. » Donc, il ne fit rien de plus pour Voltaire que la lettre à madame du Châtelet, qu'à cette date du 4 mai, il déclarait encore « aussi suffisante qu'elle était nécessaire (1). »

(1) *Mémoires* de Longchamp, t. II, p. 442. — Achevons dans une note, — c'est tout ce que mérite le personnage, — l'histoire de Thieriot et de ses rapports avec Voltaire. Thieriot continua d'être le correspondant du roi de Prusse et le commissionnaire de Voltaire (lettres du 6 décembre 1758, du 9 septembre et du 19 novembre 1760). En 1756, il fut l'éditeur de la *Loi naturelle* et du *Désastre de Lisbonne*. Voltaire, établi en Suisse, lui offrit l'hospitalité, pour le dédommager de la perte de ses fonctions d'agent littéraire du duc des Deux-Ponts; mais Thieriot, alors à Montmorency, ne voulut pas se déplacer. En 1762, il fit un voyage aux Délices; et Voltaire, bien que ne se faisant pas illusion sur sa reconnaissance (à Mme de Fontaine, février 1762), lui abandonna le *Droit du Seigneur*, dont le profit dut être mince après neuf représentations seulement. De retour à Paris, Thieriot n'écrivit plus guère à son ami, préférant la table à manger à la table à écrire (à Cideville, 9 janvier 1763 et 2 avril 1764). En 1767, Voltaire se plaint d'être « compromis pour lui, de la manière la plus cruelle, » dans une affaire que nous ignorons (à Richelieu, 13 janvier 1767). En 1769, le 13 janvier, Thieriot envoya à Voltaire un bilan de détresse, réclam... l'eff... d'une promesse qui lui avait été faite en 1766. Il ne reçut en réponse qu... pr... esse nouvelle, dont l'effet était renvoyé après l'arrangement supposé de ...tai... affaires (27 janvier). Tout se borna à l'abandon du *Dépositaire*, dont i... 'all... core partager le profit avec Lekain (4 mars et 9 août 1769, 20 janvier '0)... ...nd il mourut, en novembre 1772, Grimm accusa Voltaire de l'avoir ... vi... t mourir dans la gêne; et il est sûr que Voltaire ne lui donna que l... 'il a besoin de lui, et qu'il le paya toujours plus en paroles qu'en argent. ...hier... ne valait pas plus, Voltaire lui devait davantage. Malgré toutes ses pro... tion

En résumé, qu'y a-t-il de vrai quant à l'*Apologie* ? Des Fontaines a toujours nié en être l'auteur, et de savants bibliographes, comme Quérard, dans sa *Bibliographie voltairienne*, l'attribuent à l'abbé Pellegrin. A une date incertaine, avant ou après Bicêtre, et sous un titre également incertain, il put y avoir quelque chose de Des Fontaines sur Voltaire. Mais quoi ? Peut-être une simple critique littéraire, que, dans les circonstances, on l'engagea à brûler. Pour Voltaire, toute critique était un libelle infâme, dont il eût demandé vengeance au ciel comme à la terre, s'il eût cru au ciel. Cette *Apologie* elle-même, quel qu'en soit l'auteur, n'est qu'une critique littéraire de la *Henriade*, sans aucune personnalité. Toujours est-il que Voltaire ne s'en était pas plaint en 1727, et qu'il avait continué ses bons rapports avec Des Fontaines.

N'ayant rien pu obtenir de Thieriot, Voltaire songea à un procès criminel. Mais, auparavant, il chercha à détruire toute preuve contre lui. Plus que jamais il désavoua le *Préservatif*. « Je vous prie de dire à tous vos amis, écrivit-il à Berger, le 22 décembre 1738, qu'il est très-vrai que non-seulement je n'ai aucune part au *Préservatif*, mais que je suis très-piqué de l'indiscrétion de l'auteur (1). » On peut présumer déjà ce que valaient les preuves *démonstratives* dont il se targuera contre ses adversaires dans tout le cours du procès.

Que Voltaire fût ou non l'auteur du *Préservatif*, peu importait à Des Fontaines, puisque la lettre avouée à Maffei subsistait toujours,

---

Voltaire ne l'aimait pas et le méprisait. Après sa mort, il écrivit au roi de Prusse cette belle oraison funèbre : « Mon contemporain Thieriot... votre historiographe des cafés est mort. Il s'acquittait parfaitement de cette charge ; il savait par cœur le peu de bons et le grand nombre de mauvais vers qu'on faisait dans Paris ; c'était un homme bien nécessaire à l'Etat (8 décembre 1772 et 1er février 1773). » — Thieriot avait abandonné le soin de son ménage à une demoiselle Taschin, qui voulut garder ses papiers. D'Argental engagea Voltaire à réclamer, et Voltaire lui répondit, le 4 décembre 1772 : « Que vous êtes bon, que vous êtes aimable, que je vous suis obligé d'avoir empêché mademoiselle Taschin d'hériter de moi !..... Je vais écrire à M. de Sartines suivant vos instructions. Thieriot avait toujours espéré être lui-même l'éditeur de mes lettres et de beaucoup de mes petits ouvrages ; il sera bien attrapé ! » La lettre à Sartines est perdue ; mais il est probable que d'Argental réussit à retirer quelques-uns des manuscrits laissés par Thieriot : de là le *Recueil* de 1820. — (1) Voir encore les lettres à l'abbé d'Olivet, du 19 janvier, et à Helvétius, du 19 février 1739.

et que tout pour lui était là. Néanmoins, Voltaire multiplia ses efforts pour effacer toute trace de sa paternité. Le 20 janvier 1739, il écrivait à l'abbé Moussinot : « Surtout que le chevalier de Mouhy détruise le ridicule soupçon que je suis l'auteur du *Préservatif*. » Et il fit détruire par Mouhy l'original de ce libelle, qui était apparemment de sa main. Bien plus, il exigea que Mouhy brûlât, en présence de Moussinot, toutes ses lettres : « Cela, écrivait-il (4 décembre 1738), est encore d'une importance extrême pour ses intérêts et pour les miens. » A toute demande d'argent, il mettait pour condition expresse la destruction de tout papier, et Moussinot ne devait rien lâcher à Mouhy que sur serment qu'il n'en restait plus (18 janvier et 5 février 1739).

Se croyant ainsi inattaquable, il travailla à détacher tout le monde de la cause de Des Fontaines. Le 5 février 1739, il chargea Moussinot de voir le bâtonnier des avocats et les anciens, entre autre un nommé Pageau, intime ami de son père, à l'effet d'obtenir un désaveu, au nom du corps, de la *Voltairomanie*, mise sous le nom d'un avocat. Le même jour, il écrivit à Denyau, doyen de l'ordre, autre ami de son père et de toute sa famille, pour lui demander une lettre du bâtonnier et de quelques anciens. Ce bâtonnier était heureusement chargé d'une affaire de M. du Châtelet, qui allait lui écrire pour l'encourager. Dans cette lettre, on devait marquer « qu'après s'être informé de tous les avocats de Paris, ils avaient tous répondu qu'il n'y en avait aucun capable de faire un si infâme libelle. » Si on pouvait ajouter un mot en faveur de Voltaire, ce serait un honneur qui tomberait « sur un homme pénétré d'estime et de respect pour la profession d'avocat, et qui se repentait tous les jours de ne l'avoir point embrassée. » Suivait ce post-scriptum : « Ne pourrais-je point, par le moyen de conseillers au parlement de mes amis, demander qu'on fasse brûler le libelle ? Le bâtonnier ne pourrait-il pas le requérir lui-même ? Il me semble qu'il y en a des exemples, et qu'on pourrait, au nom du corps des avocats, en requérir le châtiment comme d'un libelle scandaleux imputé aux avocats (1). » Même demande à Pageau les

(1) *Recueil* de 1856, t. I, p. 111.

7 et 8 février. Voltaire, qui criait tant contre la brûlure de ses plus mauvais ouvrages, était toujours prêt à brûler tout ce qui était contre lui.

S'il n'obtint pas tout, notamment la brûlure, il obtint quelque chose. A cause de la difficulté de réunir une assemblée générale de l'ordre des avocats, on ne put lui délivrer une « attestation en forme; » mais Pageau lui écrivit, le 12 février, au nom de la meilleure partie du Palais, qu'aucun avocat ne pouvait s'avouer l'auteur d'un tel libelle, et que tous le condamnaient comme scandaleux (1).

IX

SAINT-HYACINTHE ET LE MATHANASIUS

A défaut de Thieriot, Voltaire voulut enlever Saint-Hyactinthe à Des Fontaines, qui, à la fin de son pamphlet, avait cité un fragment du *Mathanasius* sur l'aventure de Beauregard.

Nous n'avons point ici à faire la biographie de saint Hyacinthe, né à Orléans en 1684, et qu'une absurde calomnie faisait fils de Bossuet et de mademoiselle de Mauléon. A d'autres l'officier de dragons et l'aventurier; à d'autres même le fondateur, avec Sallengre, Prosper Marchand et s'Gravesande, du *Journal Littéraire* de La Haye. C'était au temps de la querelle des anciens et des modernes, et Saint-Hyacinthe prit parti pour ceux-ci. De là le livre qui a fait sa réputation : *Le chef-d'œuvre d'un inconnu, par le Docteur Mathanasius*, commentaire ironique d'une chanson populaire, où sont tournés en ridicule l'abus et le pédantisme de l'érudition.

Saint-Hyacinthe vint jouir de sa gloire à Paris, et il y fit connaissance avec Voltaire, dont on jouait alors l'*OEdipe*. A une représentation, Saint-Hyacinthe, montrant au poëte la multitude des spectateurs : « Voilà, lui dit-il, un éloge bien complet de votre tragédie. » — « Votre suffrage, répondit Voltaire, me flatte plus que celui de toute cette assemblée. »

(1) *Œuvres de Voltaire*, t. XXXVIII, p. 346.

Quelques années après, ils se retrouvèrent en Angleterre, et s'y brouillèrent pour la vie. Lévesque de Burigny, biographe d'Érasme et de Grotius, membre de l'Académie des Inscriptions et ami de Saint-Hyacinthe, a écrit : « M. de Saint-Hyacinthe m'a dit et répété plusieurs fois que M. de Voltaire se conduisit très-irrégulièrement en Angleterre; qu'il s'y fit beaucoup d'ennemis, par des procédés qui ne s'accordaient pas avec les principes d'une morale exacte; il est même entré avec moi dans des détails que je ne rapporterai point, parce qu'ils peuvent avoir été exagérés. Quoi qu'il en soit, il fit dire à M. de Voltaire que, s'il ne changeait de conduite, il ne pourrait s'empêcher de témoigner publiquement qu'il le désapprouvait; ce qu'il croyait devoir faire pour l'honneur de la nation française, afin que les Anglais ne s'imaginassent pas que les Français étaient ses complices, et dignes du blâme qu'il méritait (1). »

Voltaire ne répondit à cette injonction que par la colère et le mépris, et Saint-Hyacinthe, ne gardant plus de ménagement, lui infligea un blâme public. Il commença à Londres (1728) des *Lettres critiques sur la Henriade*, dont il ne fit paraître qu'une critique fort modérée du premier chant, et éloge exagéré du poëme. Cela ne méritait pas la haine de Voltaire, qui éclata pourtant à cette occasion. Saint-Hyacinthe résolut alors d'achever son adversaire d'un seul coup; et, en 1732, faisant une nouvelle édition de son *Chef-d'œuvre*, il y joignit l'allégorie transparente de l'aventure du pont de Sèvres, alors presque oubliée, et que Des Fontaines révéla à tous dans sa *Voltairomanie*. Voltaire, s'imaginant que Saint-Hyacinthe avait été le collaborateur de Des Fontaines, et connaissant la grande liaison de Lévesque de Burigny avec lui; en relation, d'ailleurs, avec ce Lévesque, à qui il demandait des documents pour son *Louis XIV*, et avec ses frères Lévesque de Pouilly et Lévesque de Champeaux, deux autres savants; Voltaire, disons-nous, écrivit à l'ami de l'auteur de *Mathanasius* (janvier 1739) : « Je ne me

---

(1) *Lettre à l'abbé Mercier de Saint-Léger* (Paris, 1780), dans les Pièces justificatives de la *Vie de Voltaire*, par Condorcet; *Œuvres de Voltaire*, t. I, p. 351.—
C'est le récit de Lévesque que nous suivons ici.

plains point de l'abbé Des Fontaines, il fait son métier ; il est né pour le crime ; mais qu'ai-je fait à M. de Saint-Hyacinthe ? » Et il demandait, en son nom, et au nom d'une famille honnête, nombreuse, « et pouvant se venger, » une réparation. Le 4 février, il parlait de plusieurs officiers de ses parents, s'intéressant dans l'affaire « jusqu'à sacrifier leur vie. » Le même jour, il écrivait à Thieriot : « J'en écris à M. le chevalier d'Aydie, à M. d'Argental, à madame de Champbonin. On pourrait se venger dans le sang de ce coquin de Saint-Hyacinthe ; mais on retient le zèle indiscret des personnes qui voulaient aller lui couper les oreilles. Les larmes respectables de la meilleure amie qui ait jamais été me retiennent ici (à Cirey) malgré moi. Je devrais être à Paris (1). » En effet, il mettait tout le monde en avant contre Saint-Hyacinthe : Helvétius, à qui il présentait son adversaire comme un *voleur*, un *monstre*, un mendiant ingrat, oublieux des aumônes qu'il lui avait faites en Angleterre (21 janvier); d'Argental, qu'il chargeait d'obtenir le désaveu d'un tel *coquin*, ne voulant plus servir de bouffon au public, et préférant l'exil et même la mort à un état si ignominieux (6 février); Berger, à qui il demandait justice d'un « infâme escroc » et d'un « sot plagiaire, » d'un homme qui avait été tour à tour « moine, libraire, marchand de café, et qui vivait aujourd'hui du profit du biribi (16 février); » mademoiselle Quinault, de qui il implorait un certificat des comédiens détruisant la calomnie (18 février); Lévesque de Pouilli, devant qui il redoublait les accusations qu'il n'avait pas osé dire toutes à son frère (27 février). Il lui fallait « un désaveu fort et authentique, » celui qu'il avait déjà reçu ne le pouvant satisfaire (2). En effet, Lévesque de Burigny lui avait répondu que Saint-Hyacinthe n'avait aucune liaison avec Des Fontaines, qu'il le méprisait, qu'il n'avait pas la moindre part à la *Voltairomanie*. Ce n'était pas assez, et, le passage cité par Des Fontaines subsistant néanmoins, il exigeait la réparation d'un tel outrage ; et, au moment même, il outra-

---

(1) *Recueil* de 1856. (2) A Thieriot, 4 février; à d'Argental, 12 février ; à Berger, 16 février 1739.

geait, il diffamait! Singulier et terrible ennemi que Voltaire !

Il envoya alors à Paris madame de Champbonin, avec ordre d'aller trouver Lévesque de Burigny, et d'obtenir de Saint-Hyacinthe, par son intervention, un désaveu formel de Des Fontaines. La dame était chargée d'ajouter, que, si l'on n'apaisait pas Voltaire, il y aurait du sang répandu. Lévesque de Burigny lui conseilla de laisser des menaces qui ne feraient rien sur un homme tel que Saint-Hyacinthe, et il l'accompagna chez son ami. Là, madame de Champbonin voulut exiger de Saint-Hyacinthe, non plus seulement qu'il désavouât Des Fontaines, mais qu'il se désavouât lui-même, en déclarant que la *Déification* lui avait été faussement attribuée. Voltaire ne procédait que par mensonge, pour lui et contre ses ennemis. Par un mensonge il se tirait de toute affaire, et un mensonge d'un adversaire lui était une vengeance et une satisfaction suffisantes. C'est pas un mensonge extorqué que se terminera sa querelle avec Des Fontaines.

Plus brave et plus loyal, Saint-Hyacinthe refusa de renier son œuvre, mais il consentit à écrire à Voltaire une lettre qui n'était guère que la répétition de la réponse adressée déjà au poëte par Lévesque de Burigny. Saint-Hyacinthe ajoutait seulement qu'il était fâché de l'insertion dans la *Voltairomanie* d'un extrait écrit autrefois dans un moment de colère. A quelque temps de là, il fit un peu plus. Dans une lettre à Lévesque de Burigny, datée de Belleville, non-seulement il renouvela sa protestation qu'il n'y avait rien de commun entre lui et Des Fontaines, qu'il était complétement étranger à la *Voltairomanie*, mais il ajouta : « Je voudrais bien savoir de quel droit on cite le nom de M. de Voltaire et le mien, lorsque ni l'un ni l'autre ne se trouvent dans l'ouvrage qu'on cite. » Il se plaignait qu'on eût décidé de son intention, et il présentait la *Déification du Docteur* comme un ouvrage de pure imagination, son docteur lui-même comme un simple type, auquel la malignité seule avait donné une signification particulière. « J'appris, disait-il en finissant, que M. de Voltaire méprisait cette pièce au point de n'y pas répondre. Il fait à merveille : le sort de ces sortes d'ouvrages est de périr en naissant; c'est les conserver que d'en parler (1). »

Explication ridicule, car l'allégorie était trop transparente pour qu'on y vît autre chose que ce qu'il y avait voulu mettre, Voltaire et Beauregard ; conseil plus ridicule encore, puisque Voltaire poursuivait alors plus que jamais Des Fontaines.

D'ailleurs, rien de tout cela ne pouvait servir la passion de Voltaire, qui voulait un désaveu de l'ouvrage qui lui permît d'attaquer Des Fontaines comme faussaire. Aussi, bien que Saint-Hyacinthe méritât qu'on lui tînt compte de son bon procédé, Voltaire, plus implacable que jamais, le décria de plus en plus, comme « fait pour mourir par le bâton ou par la corde (2), » et chercha toute occasion de lui nuire. Déjà, dans toutes ses lettres du temps de la querelle, il avait voulu le dépouiller de son *Mathanasius*. Il finit par rendre publique cette accusation d'escroquerie littéraire, d'abord confidentielle, et il prétendit lui arracher aux yeux de tous la paternité du *Chef-d'œuvre*, pour la donner à Sallengre et à s'Gravesande (3). Il ne parlait de la *Déification* que comme d'une « infâme brochure, digne de la plus vile canaille, et faite sans doute par un de ces mauvais Français qui vont dans les pays étrangers déshonorer les belles-lettres et leur patrie. »

Saint-Hyacinthe, justement irrité, répondit par une lettre datée de Geneken, près Breda, le 16 mai 1745 (4), où il n'avait pas de peine à établir qu'il était le véritable auteur du *Chef-d'œuvre*, et où il faisait l'apologie de la *Déification* par de violentes récriminations contre Voltaire. Il finissait en menaçant Voltaire, s'il ne le laissait en paix, d'anecdotes dont le public se réjouirait plus que lui. Il y avait dans cette lettre une bonne page : « Ah! M. de Voltaire, si je voulais faire le portrait « d'un Français qui déshonore les lettres et sa patrie (et en cela d'au-

---

(1) Pièces justificatives de la *Vie de Voltaire*, par Condorcet; Œuvres, t. I, p. 346. — (2) A. Berger, 29 mars 1739. — (3) *Conseils à un journaliste*, datés du 10 mai 1737, mais publiés pour la première fois dans le *Mercure* de 1744 (1ᵉʳ volume de novembre), et transportés, l'année suivante, dans une édition hollandaise des *Œuvres de Voltaire* — (4) Insérée dans la *Bibliothèque française*, t. XL, pp. 329-339.

tant plus coupable qu'il aurait pu leur faire honneur), que cela me serait facile ! Je sais où en trouver l'original. Vous le connaissez. Malgré la rudesse de mon pinceau, vous seriez frappé de la ressemblance. Je sais où trouver des factums de libraires, tant imprimés que manuscrits ; j'en ai même que j'ai empêché un libraire de faire paraître. Je ferais venir plusieurs gazettes anglaises. Je parcourrais des ouvrages où je copierais fidèlement ces traits saillants qu'on ne peut méconnaître. J'y joindrais des anecdotes qui ne vous sont point inconnues. J'y ajouterais le caractère qu'a fait de cet original un seigneur de la cour (1) : je le conserve en manuscrit, et n'ai point voulu le faire imprimer dans un recueil où il avait sa place naturelle ; et sur le tout je ferais paraître une certaine déclaration publiée, si je ne me trompe, dans le *Journal Universel*, par un homme qui voulait être de l'Académie française, et qui a vainement sollicité plusieurs fois pour y être reçu (2). Mais ce portrait ne serait assurément pas le mien (3). »

D'après une lettre de Saint-Hyacinthe à Lévesque de Burigny, du 11 octobre 1745, citée par Lévesque de Burigny lui-même, le public s'émut de la querelle ; on relut la *Déification* ; et, depuis, « on appela les cannes fortes des *Voltaires*, pour les distinguer des cannes de roseau ; et, au lieu de dire : Donner des coups de canne ou des coups de bâton, on disait : *Voltairiser*. »

Voltaire ne cessa de persécuter Saint-Hyacinthe jusqu'à la mort de celui-ci, arrivée en 1746 ; et Saint-Hyacinthe, de son côté, ne le ménagea guère. Quand il fut question de l'Académie pour son ennemi, il écrivit à Lévesque de Burigny cette lettre qui serait odieuse, si elle n'était ridicule : « A l'égard de Voltaire, l'Académie sera bien honorée de recevoir dans le nombre des quarante un homme sans mœurs, sans principes, qui ne sait pas sa langue. » Un réfugié, accuser Voltaire de ne pas savoir le français, c'était trop fort ; et Saint-Hyacinthe ne se faisait pas, finalement, la partie belle. Au dire de Saint-Hyacinthe, Voltaire

(1) Le marquis de Charost. — Nous y reviendrons. — (2) Explication renvoyée à l'histoire académique de Voltaire. — (3) Voir cette lettre dans le *Voltariana*, 1re partie, p. 219.

se vengea à Berlin, en 1744, en empêchant le roi de Prusse de recevoir la dédicace de ses *Recherches philosophiques*, et même de lui adresser le moindre remerciement. Ce qui est plus certain, c'est que Voltaire poursuivit Saint-Hyacinthe jusque dans la tombe, et qu'il chargea sa mémoire du *Dîner de Boulainvilliers*, comme il lui avait attribué, avec une insistance impudente, le *Militaire philosophe* de Naigeon (1). Il fit même une édition du *Dîner par Saint-Hyacinthe*, qu'il data de 1728, quoique l'ouvrage n'eût été composé qu'à la fin de 1767, plus de vingt ans après la mort de son ennemi.

X

LE PRÉSIDENT ET LA PRÉSIDENTE DE BERNIÈRES

Si Voltaire échoua auprès de Thieriot et de Saint-Hyacinthe, il fut plus heureux auprès de la présidente de Bernières.

On se rappelle Des Fontaines affirmant que Voltaire n'avait agi en sa faveur qu'à la sollicitation du président son allié, qui le logeait et le nourrissait, et qui avait fini par le chasser : deux assertions, dont l'une diminuait singulièrement le bienfait, et dont l'autre déshonorait Voltaire, en présentant le digne ami de Thieriot comme un parasite. Il importait donc de les détruire par le témoignage de madame de Bernières, veuve du président depuis 1734.

En janvier 1739, Moussinot fut chargé de lui demander une lettre, qui arriva bientôt à Cirey : « Lettre si forte, si terrible, écrit Voltaire à Helvétius, que je la lui ai renvoyée, ne voulant pas la commettre ; j'en attends une plus modérée, plus simple, un petit mot qui ne servira qu'à détruire, par son témoignage, la calomnie du libelle, sans nommer et sans offenser personne (2). »

En effet, le 15 et le 18 janvier, Voltaire adressait à Moussinot

---

(1) A Saurin, 5 février 1768. — (2) Même chose dans une lettre à Thieriot, dont Voltaire voulait exciter la lâcheté par l'exemple de ce courage (*Recueil* de 1860, p. 344).

une lettre ouverte à madame de Bernières, avec celle de la présidente, qu'il renvoyait; et il le pressait de demander aussitôt un quart d'heure d'audience à d'Argental, fût-ce à cinq heures du matin ou à minuit, pour lui montrer le tout. Sur l'avis favorable du comte d'Argental, Moussinot devait porter à madame de Bernières son paquet cacheté : « Vous en serez très-bien reçu, disait Voltaire, et vous obtiendrez d'elle sur-le-champ une réponse telle que je la demande, et vous me l'enverrez. »

Quelle fut cette réponse, et quelle en peut être la valeur?

Ce qu'elle fut proprement, on ne le saurait dire. Dans son *Mémoire* contre Des Fontaines et dans son *Mémoire sur la satire* (1), Voltaire en parle comme de la lettre la plus forte et la plus péremptoire, mais il ne la cite jamais. Il répète qu'elle a été montrée au chancelier et aux magistrats, et qu'elle ne peut l'être au public, parce qu'il n'en a pas demandé la permission; mais, ailleurs, il se plaint souvent de ne l'avoir pas par devers lui comme pièce de réserve contre Des Fontaines. Il affirme et ne prouve rien.

Prouvons, nous, que la lettre de la présidente, quelle qu'elle ait été, ne mérite aucune confiance, et que les assertions de la *Voltairomanie* sont au moins vraisemblables.

Marguerite-Madeleine du Moustier, mariée à Gilles-Henri Maignard, marquis de Bernières, président à mortier au parlement de Rouen, était d'abord fort gourmande, comme toutes les amies de Voltaire, et de plus fort galante, au rapport de Voltaire lui-même (2) : « Aimez et mangez un peu moins, lui écrivait-il : l'école de Salerne ne peut vous donner de meilleurs conseils. » A peine eut-elle fait la connaissance de Voltaire, en 1719, qu'elle exigea de lui qu'il rompît avec la marquise de Mimeure, une de ses premières amies et correspondantes; elle empêcha même qu'une visite faite à la marquise en 1724, à propos d'une opération douloureuse, amenât une réconciliation, et Voltaire dut lui adresser des excuses et des promesses : « Il faut que vous aimiez bien à faire des reproches, lui écrivit-il en

---

(1) *Œuvres*, t. XXXVIII, pp. 316 et 349. — (2) Lettre à elle du 8 octobre 1725. — Collé dit la même chose dans son *Journal*, t. I, p. 104.

novembre, pour me gronder d'avoir été rendre une visite à une pauvre mourante qui m'en avait fait prier par ses parents. Vous êtes une mauvaise chrétienne de ne pas vouloir que les gens se raccommodent à l'agonie. Je vous assure qu'Etéoclé aurait été voir Polynice, si on lui avait fait l'opération du cancer. Cette démarche très-chrétienne ne m'engagera point à revivre avec madame de Mimeure; ce n'est qu'un petit devoir dont je me suis acquitté en passant. »

C'est la présidente qui attira Voltaire soit à l'hôtel Bernières, à Paris, soit au château de la Rivière-Bourdet. De là surcroît de dépenses et de galanteries dont le président s'offensa. Chef de maison, il voulut mettre ordre aux dissipations de sa femme; mari, il fut jaloux et chassa le galant vers 1726, comme le prétend Des Fontaines. Il est remarquable, en effet, que la correspondance entre Voltaire et la présidente, si assidue pendant quatre années, cesse brusquement en cette année 1726. Elle ne sera jamais reprise du vivant du mari, même après la séparation des deux époux : car le président, qui avait commencé par réduire à une pension de deux mille écus la femme dissipatrice, finit par se séparer entièrement de la femme légère.

Mais, auparavant, et dès 1726, il avait, répétons-le, congédié Voltaire, qui lui mangeait son bien et lui débauchait sa femme. A l'accusation de Des Fontaines, Voltaire a répondu, dans son *Mémoire*, en rapportant un acte du 4 mai 1723, entre lui et le président, par lequel il louait à l'hôtel Bernières un appartement de 600 francs par an, et s'accordait à 1,200 livres de pension pour lui et pour Thieriot. Il ajoute que loyer et pension avaient toujours été exactement payés, et que la dernière quittance « devait être entre les mains du sieur Arouet son frère; » il invoque là dessus le témoignage de madame de Bernières, qui attestait, de plus, que l'expulsion de 1726 était une imposture.

D'abord, Thieriot, malgré la lettre de la présidente, déclara, au temps des débats, qu'il regardait comme *absurde* que Voltaire eût payé une pension pour lui (1). Mais il y a mieux, il y a le démenti que Voltaire s'était donné d'avance à lui-même.

(1) Lettre de Mme du Châtelet à d'Argental, du 12 février 1739.

Qu'il y ait eu, en 1723, un acte entre lui et le président, soit, bien que ce point ne repose que sur son affirmation. Mais toujours est-il qu'il n'en remplissait pas les clauses, et qu'il ne payait pas. En effet, le 27 juin 1725, dans le temps même de Bicêtre, il écrivait à la présidente, à la Rivière-Bourdet : « Je serais déjà chez vous... sans la lettre que M. Thieriot (1) m'a écrite. Il m'a mandé que vous et lui seriez fort aises de me recevoir, mais qu'il ne me conseillait pas de venir sans avoir auparavant donné de l'argent à M. de Bernières. Je n'ai jamais plus vivement senti ma pauvreté qu'en lisant cette lettre. Je voudrais avoir beaucoup d'argent à lui donner; car on ne peut payer trop cher le plaisir et la douceur de vivre avec vous. » Et le 2 juillet suivant : « Me voici donc prisonnier dans le camp ennemi, faute d'avoir de quoi payer ma rançon pour aller à la Rivière, que j'avais appelée ma patrie. En vérité, je ne m'attendais pas que jamais votre amitié pût souffrir que l'on mît de pareilles conditions dans le commerce. »

« Beaucoup d'argent, » vient-il de dire; il devait donc beaucoup, sans doute les deux années écoulées depuis la signature de l'acte. Aussi, non-seulement il ne pouvait pas aller à la Rivière, mais il fuyait le président, qu'il ne voyait même pas à Paris, quoique demeurant sous son toit : « Je ne sais, écrivait-il à Thieriot le 25 juin, si M. de Bernières se dispose à partir : il n'entend pas parler de moi, ni moi de lui. Nous ne nous rencontrons pas plus que s'il demeurait au Marais, et moi aux Incurables. »

Débiteur insolvable, ou plutôt refusant de payer, Voltaire était donc dans la dépendance du président, qui a dû exiger de lui, en effet, en manière de compensation, la défense de Des Fontaines, son parent, dont le déshonneur retombait sur la famille. *Fils de paysan* à part, Des Fontaines paraît donc avoir raison sur ce point; raison encore sur l'expulsion de 1726, prouvée par la brusque cessation, exigée sans doute par le mari, de tout commerce avec la présidente. A partir de 1726, il ne remit jamais les pieds à la Rivière-Bourdet, et il sortit aus-

(1) Thieriot était alors à la Rivière.

sitôt de l'hôtel Bernières. Désormais, dans sa correspondance avec Cideville, chassé lui aussi, apparemment, de la Rivière, il se représente toujours comme exilé d'un pays de cocagne. « J'ai vu *enfin* la présidente de Bernières, lui écrit-il le 15 septembre 1733. Est-il possible que nous ayons dit adieu, *pour toujours*, à la Rivière-Bourdet? Qu'il serait doux de nous y revoir! Ne pourrions-nous point mettre le président dans un couvent, et venir manger ses canetons chez lui? » Quand le président mourut, le 18 octobre 1734, il écrivit encore à Cideville : « Quoi! Gilles Maignard s'est séparé tout à fait de notre présidente? N'est-il point mort de la douleur qu'il avait de lui faire deux mille écus de pension? La veuve vient de me mander qu'elle ne gardera point la Rivière-Bourdet. Il serait pourtant bien doux, mon cher ami, que nous pussions être un peu les maîtres de sa maison.... Il vaudrait un peu mieux se rassembler chez Emilie que chez la veuve de *Gilles*. Ce n'est pas que je n'aie pour notre présidente tous les égards d'une ancienne amitié; mais, franchement, vous conviendrez, quand vous aurez vu Emilie, qu'il n'y a point de présidente qui en approche. »

Ainsi, entre Voltaire et la présidente, les rapports ne se renouèrent pas, et nous avons vu qu'il fallut une négociation, en janvier 1739, pour lui arracher la lettre du procès. D'après la correspondance avec Moussinot, Voltaire paraît lui avoir encore écrit quelquefois, mais uniquement pour la faire intervenir auprès de son neveu, le marquis de Lezeau, mauvais payeur de rentes viagères.

Quelle peut être la valeur du témoignage qu'elle lui rendit en 1739? Quels qu'en aient été les termes inconnus, il ne saurait prouver grand'chose. Le président était mort, et ne pouvait réclamer. Quant à la présidente, remariée, presque au lendemain des funérailles, à un garde du corps nommé Prudhomme, elle devait peu aimer la mémoire d'un mari qui avait mis un frein à sa bouche et à son cœur; peu aimer tout ce qui tenait à ce mari, Des Fontaines, par conséquent, et un faux en faveur de Voltaire ne dut pas coûter beaucoup à cette femme peu scrupuleuse.

On voit de mieux en mieux ce que valent les affirmations les plus hardies et les plus appuyées de Voltaire.

XI

COMPLICES, ALLIÉS ET PROTECTEURS

Le vide fait autour de Des Fontaines, Voltaire se chercha partout des complices, des alliés, des protecteurs.

Il chercha jusque chez les Jésuites, afin de les détacher de plus en plus de Des Fontaines, qui avait été des leurs, et de les tourner contre lui et contre Rousseau, à qui il faisait en même temps la guerre.

Dès décembre 1738, il écrivait au P. Tournemine, demandant grâce pour ses ouvrages, s'offrant à y « effacer sans miséricorde » tout ce qui pourrait scandaliser, et l'assurant de sa respectueuse tendresse pour ses maîtres. Le 15 janvier 1739, c'était au P. Porée qu'il écrivait, en prenant prétexte de *Mérope* : « Je vous conjure de dire à vos amis combien je suis attaché à votre Société. » Quelques jours auparavant, le 9, il avait chargé le fidèle Berger d'aller voir les Jésuites, le P. Brumoy entre autres, et de les assurer de ses bons sentiments : « Assurez surtout les Jésuites d'une vérité qu'ils doivent savoir, c'est qu'il n'est pas dans ma manière d'être d'oublier mes maîtres et ceux qui m'ont élevé. » Même jour, même commission à Thieriot : « Au nom de Dieu, courez chez le P. Brumoy; voyez quelques-uns de ces Pères, mes anciens maîtres, qui ne doivent jamais être mes ennemis. Parlez avec tendresse, avec force. P. Brumoy a lu *Mérope*, il en est content; P. Tournemine en est enthousiasmé. Plût à Dieu que je méritasse leurs éloges! Assurez-les de mon attachement inviolable pour eux ; je le leur dois, ils m'ont élevé ; c'est être un monstre que de ne pas aimer ceux qui ont cultivé notre âme. »

En vain ses amis, à qui il adressait en même temps de si méchantes épigrammes contre la morale des Jésuites, le plaisantaient sur cette hypocrisie d'esprit et de cœur, particulièrement à propos de la lettre au P. Tournemine. Le 19 février, il répondait à Helvétius : « Laissez-moi la lettre au P. Tournemine. Il la faut plus courte, mais il faut qu'elle paraisse ; vous ne savez pas l'état où je suis. » Et le lendemain, à d'Argental : « La lettre au P. Tournemine est essentielle. Helvétius raisonne en jeune philosophe hardi qui n'a point tâté du malheur, et moi en homme qui ai tout à craindre. Les esprits forts me protégeront à souper, mais les dévots me feront brûler. » Tel était aussi l'avis de Mme du Châtelet, qui écrivait le 19 janvier au même d'Argental : « La lettre au P. Tournemine est nécessaire à cause des *Lettres philosophiques*, qui laissent toujours une espèce de terreur dans l'âme. » Il allait paraître en Hollande une édition des OEuvres de Voltaire, où les *Lettres* devaient être insérées : « On pourrait peut-être l'inquiéter, et il me semble qu'on n'a rien à dire à un homme quand il désavoue et qu'il dit : *Amen*. Les honnêtes gens verront bien que la nécessité de ses affaires l'exigeait, et devront l'en estimer davantage. » Qu'ont à faire les honnêtes gens, et leur estime, dans ce vilain tripotage ?

C'est ensuite d'Olivet, et par d'Olivet l'Académie, que Voltaire veut s'adjoindre et ameuter contre Des Fontaines : « On m'apporte dans le moment le libelle (1) de Des Fontaines contre vous, mon cher maître. Je crois que le public en pensera comme votre Académie (29 décembre 1738). » Leur cause est commune ; ils sont diffamés l'un et l'autre par le scélérat.

Le 2 janvier 1739, il écrit à d'Argens : « L'abbé Des Fontaines, votre ennemi, le mien, celui de tout le monde. » Il englobe le genre humain, le monde lettré surtout, dans sa querelle. Dans le cours de janvier, Moussinot, Demoulin, Mouhy, sont chargés d'ameuter l'abbé Seran de La Tour, Duperron de Castera, l'avocat Pitaval, les médecins Andry et Procope, « tous outragés dans la *Voltairomanie*. » Avec ces trois derniers, Des Fontaines, en effet, avait eu maille à partir dans le *Journal des sa-*

---

(1) *Racine vengé*, bonne défense du grand poëte contre les petites observations de l'abbé d'Olivet, dont Voltaire pensait tout comme Des Fontaines, quand il disait : « Mon aîné (d'Olivet) est un peu vétillard. »

vants. Au prix d'un louis d'or donné de temps en temps, et, de plus, de son logement et de sa nourriture, Baculard d'Arnaud, mandé adroitement de Vincennes, était employé à courir et à écrire (1).

Ensuite, c'est la famille qui doit entrer en campagne : « Il ne faut pas que ma famille se taise, quand les indifférents éclatent. »

Mais c'était parmi les gens en place qu'il importait de se faire des protecteurs. Le 16 janvier 1739, Voltaire écrit à d'Argental : « Je me flatte que M. de Pont de Veyle (frère du comte d'Argental) a bien voulu parler fortement à M. de Maurepas. J'ai écrit à Barjac, mon ami; au curé de Saint-Nicolas, ami de M. Hérault; à M. Dufay, qui le voit souvent; à Mme la princesse de Conti, accusée de protéger Des Fontaines; à M. de Loc-Maria, soupçonné de pareille horreur; à Silva (premier médecin de la reine), à M. de Lezeau et à M. d'Argenson. Je mourrai, ou j'aurai justice (2). » Il écrivit aussi à Maurepas; et, sous prétexte de lui souhaiter la bonne année, il lui demanda justice contre Des Fontaines (3). Il écrivit au chancelier Daguesseau, niant le *Préservatif,* car « il n'a jamais fait de libelle; » ressassant tous ses griefs, et implorant les bontés du magistrat contre son adversaire (4).

Les deux d'Argenson, en particulier, ses anciens condisciples, le marquis, ambassadeur en Portugal, et le comte, alors chargé de la librairie, se firent ses hommes d'affaires plus que ses protecteurs, et lui assurèrent toutes les *puissances* (5). Ces puissances, c'était le chancelier D'aguesseau et ses fils, dont l'un était avocat général; c'était Hérault, lieutenant de police, et son beau-frère de Meinières de qui le succès dépendait; c'était Maurepas et tout le ministère. Ces puissances lui répondaient et se mettaient à sa dispositition : « M. de Maurepas m'a écrit; il est très-bien disposé (6). » Hérault surtout, gagné par les d'Argenson, de juge qu'il était, se fit sa partie, au point d'en avoir

---

(1) A Moussinot, 18 janvier 1739. — (2) *Recueil* de 1856. — (3) A d'Argental, 7 janvier. — (4) 11 février 1739 (*Recueil* de 1856). — (5) Marquis d'Argenson à Voltaire, 7 février. — (6) A Thieriot et à Moussinot, 28 janvier.

plus tard des remords ; et Voltaire parle plusieurs fois de sa « petite intelligence avec lui (1) » Il dit encore des autres en général : « Ils me protègent tous ouvertement (2). » Il appliquait bien sa théorie : « Point d'entreprise sans faveur ; point de succès sans protection (3). »

Ainsi entouré et appuyé, il rédigea un *Mémoire* pour les juges et pour le public, pour la France et pour l'étranger, pour le présent et pour l'avenir, à la fois, croyait-il, touchant et convaincant : « Il y a du littéraire ; mais j'ai voulu faire un ouvrage pour la postérité, non un simple factum... J'ai fait un ouvrage dans le goût de Pellisson, et peut-être de Cicéron. Je serais confondu si ce style était mauvais (4). » C'est dans une lettre à Moussinot du 7 janvier, que nous trouvons la première mention de ce *Mémoire* : « Lisez l'ouvrage que j'envoie au chevalier de Mouhy ; qu'il l'imprime, et qu'il n'y ait aucun retardement dans l'impression. L'écrit est sage, intéressant et lui vaudra quelque argent. On en peut tirer au moins 500 exemplaires. Qu'on n'épargne rien ; que l'impression soit belle, que le papier soit beau; donnez-lui d'avance 50 fr ; qu'il m'écrive régulièrement, amplement, et qu'il m'envoie les feuilles à corriger. »

Mais, sur les avis du comte d'Argental et de madame du Châtelet, il retira son premier *Mémoire* ; il le réforma, en ôta les numéros qui le faisaient ressembler au *Préservatif* ; il sacrifia « le littéraire au personnel ; » enfin, il y mit plus de modération, d'ordre et de méthode. Il le refit jusqu'à cinq fois : « Voici une cinquième fournée. J'espère qu'enfin M. d'Argental sera content. S'il l'est, vite trois copies pour les principaux magistrats, et surtout une pour le chevalier de Mouhy, qui en fera, après approbation de M. d'Argental, l'usage qu'il croira le plus convenable (5).

Le *Mémoire*, daté de Cirey, 6 février 1739, ne fut point publié; on se contenta d'en envoyer des copies aux ministres, uchan-

---

(1) A Moussinot, 25 février. — (2) A Moussinot, janvier et février 1739. — (3) A d'Argental, 25 janvier. — (4) A Thieriot et à d'Argental, 20 janvier 1739. — (5) A Moussinot, 15, 18 et 28 janvier; à d'Argental, 25 et 27 janvier 1739.

celier, aux principaux magistrats, au lieutenant criminel, pour demander permission d'informer contre Des Fontaines (1). Mouhy, qui en avait commencé l'impression, en fut pour sa peine, sinon pour son argent : « Promettez de l'argent au chevalier, mais qu'il ne se presse point et qu'il ne mette point de montre en gage. On n'a rien commencé. Il n'a rien eu à débourser. Il a gagné au *Préservatif*, dont il est l'auteur en partie. Il a eu 50 francs, il en aura encore, mais patience. Il n'y a point eu de feuilles tirées, et l'imprimeur devrait rendre l'argent, mais il n'en a pas reçu. Ne montrez point mes lettres au chevalier, mais assurez-le qu'il est impossible qu'il ait déboursé un sou, puisque le contr'ordre vint en même temps que le manuscrit ; et, quand on aurait commencé, la journée d'un ouvrier vaut un écu, et non pas 50 fr. (2). » Mouhy ayant insisté et coté d'autres frais, Voltaire répondit à Moussinot (2 février) : « Vous n'avez point d'argent ; je vous prie de le lui dire tout simplement. » Et voilà l'homme qui recommandait sans cesse de ne rien épargner dans une affaire d'honneur ; mais, quand on le prenait au mot, il serrait les cordons de la bourse !

A l'appui de son *Mémoire*, et pour égayer un peu la procédure, il lançait épigrammes et satires (3) ; il en insérait, en prose et en vers, dans toutes ses lettres, par exemple dans sa lettre du 1er mars à l'abbé d'Olivet, qu'il accusait ailleurs du même vice :

> Un jour Satan, pour égayer sa bile,
> Voulut créer un homme à sa façon ;
> Il le forma des membres de Chausson (4),
> Et le pétrit de l'âme de Zoïle.
> L'homme fut fait, et Guyot fut son nom.
> A ses parents en tout il est semblable ;
> Son fessier large, à Bicêtre étrillé,

(1) A d'Argental, 5 et 20 février 1739. — (2) A Moussinot, 26 janvier 1739. — Voltaire transforma ensuite son *Mémoire* (Œuvres, t. XXXVIII, p. 299), titre et rédaction, dans son *Mémoire sur la Satire* (ibid., p. 327), rédigé après le désaveu de l'abbé Des Fontaines qui y est à peine nommé ; simple dissertation sur les libelles, où Des Fontaines n'arrive que par allusion, par accident et comme exemple. — (3) *Œuvres*, t. XXXVIII, p. 296. — (4) Brûlé, au XVIIe siècle, pour ses mœurs infâmes.

Devers Saint-Jean doit être en bref grillé.
Mais ce qui plus lui semble insupportable,
C'est que Paris de bon cœur donne au diable
Chacun écrit par Guyot barbouillé.

Dans les derniers mois de l'année 1738, l'abbé de La Marc étant venu à Cirey, il lui donna le manuscrit de l'*Envieux*, où il avait peint Des Fontaines sous le nom de *Zoïlin*; et, sans madame du Châtelet, qui n'approuvait ni la pièce ni le dessein, Des Fontaines aurait été joué tout vivant sur le Théâtre-Français, comme plus tard Fréron dans l'*Ecossaise* (1).

XII

DÉBATS ET PROCÉDURE

Ayant ainsi tout préparé, Voltaire songea à entamer un procès criminel, et il commença par mettre en cause les vendeurs du libelle. Moussinot et Demoulin, avec qui il venait de se réconcilier, eurent ordre de publier un monitoire pour en connaître l'imprimeur et l'auteur; un huissier adroit, actif et intelligent devait être chargé de cette besogne. Il devait de plus faire acheter, en présence de deux témoins, le libelle chez Chaubert, et en faire dresser, chez un commissaire, un petit procès-verbal, secondé de ces deux témoins; puis poursuivre les distributeurs et les vendeurs, afin qu'ils nommassent l'auteur; rendre déjà plainte contre Des Fontaines, comme ayant un intérêt personnel au libelle, comme ayant fourni des anecdotes connues de lui seul, comme ayant déjà subi en 1737 une condamnation pour libelle semblable, et surtout comme atteint de celui-ci par la notoriété publique; enfin, faire lever des procès-verbaux de ses écrous au Châtelet et à Bicêtre (2).

Malgré le zèle et l'habileté de ses agents, il croyait sa pré-

(1) Lettres de Mme du Châtelet à d'Argental, des 25 et 29 décembre 1738, et des 7 et 10 janvier 1739. — Cette mauvaise pièce de l'*Envieux* a été imprimée pour la première fois par Beuchot; *Œuvres de Voltaire*, t. IV, p. 339. — (2) Lettres à Moussinot, des 7, 10, 15, 18, 20 et 26 janvier 1739.

sence nécessaire à Paris, et il se faisait écrire par Moussinot, Mouhy, Demoulin, qu'on ne pouvait rien faire sans lui(1). Il revint sur cette idée dans tout le cours de la procédure ; mais madame du Châtelet fut inflexible; et, en mettant d'Argental dans son parti, elle gagna sa cause. Le décret contre les *Lettres philosophiques* n'était pas encore purgé, et il y avait imprudence à revenir sitôt à Paris. Aussi les avis officieux de Hérault en éloignaient-ils Voltaire (2).

Décidé au procès, malgré Maurepas, d'Argental et madame du Châtelet, qui craignaient les récriminations de Des Fontaines, il le commença par une requête contre l'auteur de la *Voltairomanie*, présentée en son nom au chancelier par ses amis les Moussinot et leur beau-frère Germain Dubreuil (3). Il la fit suivre d'une seconde requête au chancelier, présentée, à l'instigation de Demoulin, de Moussinot et de Mouhy, par Pitaval, Andry et Procope, au nom des gens de lettres et « de tous les honnêtes gens. » Enfin, une troisième requête devait être présentée par son neveu Mignot et par le reste de sa famille, outragée dans un libelle où on leur donnait pour aïeul « un paysan. » Pareilles requêtes devaient être encore adressées à Maurepas, à d'Argenson, à Hérault et au procureur général (4).

Craignant de se mettre lui-même en avant, — car ses amis l'effrayaient toujours sur les suites d'un pareil procès, — il proposa au chevalier de Mouhy de le poursuivre en son nom, comme pour son ami, si les lois le permettaient. Dans le cas contraire, il envoyait une procuration pour agir en son nom personnel. Mais, au préalable, il renouvela à Moussinot l'injonction de faire brûler sous ses yeux tous les papiers du chevalier qui lui pouvaient nuire, comme son premier *Mémoire* et l'original du *Préservatif*. Surtout le chevalier lui devait écrire une lettre ostensible, déclarant qu'il n'avait aucune part au *Préservatif*; après quoi, le praticien Begon commencerait la procédure (5).

(1) A Moussinot, 20 et 26 janvier. — (2) Lettres de madame du Châtelet à d'Argental, des 10 et 19 janvier, et des 2, 5, 12, 16 et 20 février 1739. — (3) A Moussinot, 10 janvier. — (4) A Moussinot, 18 et 28 janvier. — (5) A Moussinot, 26 janvier.

Trois jours après, il ordonne d'ouvrir les débats par une requête au lieutenant criminel, à l'effet d'obtenir permission d'informer. Le 2 février, il s'afflige qu'on n'ait rien fait encore. N'a-t-on pas assez d'éléments en mains? Des exemplaires de l'abominable libelle n'ont-ils pas été achetés, en présence de témoins, chez Mérigot et Chaubert, et déposés chez le commissaire Lecomte? Il s'est très-bien consulté, et il veut absolument que le procès soit fait, et sur-le-champ, et avec toute la vigueur imaginable; mais toujours à la condition que le chevalier jurera qu'il n'a aucun papier compromettant. Ce chevalier demande de l'argent, il en aura; en attendant, « dites que vous n'en avez point. » Que Begon tienne donc toutes ses batteries prêtes pour entamer la procédure.

Si l'affaire ne marchait pas, c'est qu'elle était arrêtée par d'Argental, qui, redoutant toujours le procès, croyait que c'était assez d'ôter au « vilain abbé » son privilége. « Et moi, répondait Voltaire, je dis que ce n'est point assez; que quand même ce privilége lui serait ôté, on ne saurait pas que c'est pour moi qu'il est puni : ses calomnies n'en subsisteraient pas moins. Les faits qu'il avance doivent être détruits et confondus. »

Toutefois, il se rendit aux avis du comte d'Argental et suspendit la procédure. Mais il exigea au moins que tout fût prêt pour assigner Chaubert, l'éditeur du libelle; car, « quel mal à mettre en cause ce Chaubert seul (1)? » et qu'on gardât toutes les preuves, pour être toujours à portée de poursuivre. Il obéissait aveuglément, ne comprenant pas le danger d'un procès, ni des récriminations de Des Fontaines, qui déjà, « avec toute l'activité des scélérats et toute la chicane des Normands, » avait fait entendre à Hérault que la lettre du *Préservatif* était une odieuse diffamation (2), et avait obtenu du lieutenant criminel la permission d'informer contre lui. De plus, Des Fontaines l'avait dénoncé à Fleury, disait-on, comme l'auteur de l'*Épître à Uranie* et des *Lettres philosophiques* (3). Il était donc néces-

---

(1) A Moussinot, 5 et 7 février. — (2) A d'Argental, 6 et 12 février. — (3) Voltaire en avait été informé par le géomètre Le Ratz de Lanthénée (Lettre de madame du Châtelet à d'Argental, du 12 février).

saire de se tenir en garde contre l'actif Normand. Mais à Normand, Normand et demi; et, pour l'activité, on le laissait loin en arrière.

L'armistice ne fut pas long. A peine Voltaire eut-il appris la dénonciation de Des Fontaines, qu'il écrivit à Moussinot : « Il faut vous joindre à M. Mignot, à M. de Montigny, à madame de Champbonin, amener avec vous le gendre de votre frère, qui déposera avoir acheté le libelle chez Chaubert. Il faut vous dire mon parent, comme madame de Champbonin, aller tous en corps à l'audience de M. le chancelier, et le remercier en général de la justice qu'il me rendra. Rien ne fait un si grand effet que ces apparitions de famille sur l'esprit d'un juge bien disposé (1). »

Deux jours après, il semble renoncer encore à toute procédure, et il s'en remet au chancelier, par qui il faut tâcher d'avoir justice, ce qui finirait tout et lui rendrait son repos. Deux jours encore, et il se retourne vers le tribunal de Hérault, et y envoie de nouveau Moussinot « comme son parent, » avec le reste de sa famille : « Il faut y aller tous en corps... Il faut aller prendre Procope, Andry, etc., les mener tous chez ce magistrat, ne point démordre, ne point perdre un instant. ». Et, pour la seconde fois, Moussinot, l'austère janséniste, se prêta à ce mensonge impudent, à cette parade grotesque, commencée devant un Daguesseau!

Voltaire continuait de soutenir qu'il n'avait rien à craindre de Des Fontaines. Rien contre moi, disait-il, que la lettre du *Préservatif*, qui n'est que ma première requête contre le scélérat. Des Fontaines ne peut donc s'en plaindre : « C'est comme si Cartouche se plaignait qu'on l'eût accusé d'avoir volé (2). » Mais c'était précisément cette lettre diffamatoire qu'on avait raison d'objecter à Voltaire, comme pouvant servir de thème aux justes récriminations de Des Fontaines, et le poser en état de légitime défense dans la *Voltairomanie*.

N'importe, Voltaire passa outre. Il pria son neveu d'ameuter ses parents pour signer une nouvelle requête à Hérault; il fit

(1) A Moussinot, 12 février. — (2) A Moussinot, 14 et 16 février.

trôler Mouhy, en lui promettant de l'argent, mais sans lui en donner; il chercha un nouvel intermédiaire auprès du curé de Saint-Nicolas-des-Champs, ami du lieutenant de police (1); maîtresse et confesseur, lui qui s'en est tant moqué, il eût tout mis en l'air pour arriver à ses fins.

Il se mit en rapport direct avec Hérault lui-même. Le 20 février, il lui écrivit de Cirey : « Je ne puis empêcher que plusieurs gens de lettres — c'est lui qui les avait provoqués! — vous présentent des requêtes contre l'abbé Des Fontaines; aussi bien que tout le public, mes parents peuvent s'y joindre pour l'honneur de toute une famille outragée. Mais moi, Monsieur, qui regarde plus ma réputation que ma vengeance, j'ai l'honneur de vous supplier instamment de me faire accorder un désaveu des calomnies du sieur Des Fontaines, qui soit aussi authentique que son libelle. » Et il rappelle les pièces probantes qu'il a fait déposer, répond aux récriminations de son adversaire, et termine en redemandant un désaveu par un placet en neuf paragraphes, qui résumait tous ses griefs contre Des Fontaines (2).

Ce n'était pas la première fois qu'il écrivait à Hérault, puisque, le lendemain, il recevait de ce lieutenant de police une lettre « très-polie et très-encourageante, qui aurait fait entreprendre vingt procès. Cependant, disait-il, je me tiens encore sur la réserve. Une lettre de son juge est une grande tentation, à laquelle il faut de la force pour résister. M. de Maurepas m'écrit, M. d'Argenson m'écrit, tout le monde me dit : Agissez; mais, malgré tant de raisons d'agir, malgré l'assurance où je suis que le *Préservatif* ne peut m'être imputé, je persiste encore à faire présenter requête signée de procureur par MM. de Castera, Andry, Procope, Mouhy, etc. Deux noms suffiraient. Je me charge du reste...L'audience du chancelier est devenue inutile, mais la requête des parents est devenue nécessaire... Représentez très-fortement à M. d'Argental que toutes les preuves étant

---

(1) A Moussinot, 18 février. — (2) *Etudes sur la Russie*, par M. Léouzon Leduc, pp. 425-428.

contre Des Fontaines, et rien contre moi, c'est me manquer à moi-même que de ne pas agir vigoureusement (1). »

Le chancelier, d'Argenson, tous les amis, avaient conclu qu'il fallait assigner Des Fontaines au tribunal de la commission de Hérault, et Maurepas, Hérault lui-même, qui partageait cet avis, avaient écrit à Voltaire dans ce sens. Ce tribunal était plus avantageux que le Châtelet, comme sans appel, comme plus expéditif, comme écartant tout factum, toute dénonciation étrangère au sujet, et surtout comme désigné par tous les protecteurs, y compris le chancelier Daguesseau. Fleury lui-même avait dit à Hérault qu'il désirait la punition de Des Fontaines. « Ce serait donc me manquer à moi-même, disait Voltaire, que de ne pas profiter de tant de circonstances heureuses. Aucune preuve contre moi, mille contre Des Fontaines, appuyées de l'horreur publique. » Donc, présenter d'abord requête des gens de lettres, puis requête des parents; après quoi, le lieutenant de police est obligé d'agir d'office contre Des Fontaines, Chaubert, etc., comme débitants de calomnies, et comme ayant imprimé sans permission, « matière très-criminelle, et dont M. Hérault connaît expressément (2)! » Et c'est Voltaire qui traite de *très-criminelle* une impression subreptice ! Contre lui, toutes les lois étaient tyranniques; justes et salutaires contre ses ennemis!

Un seul embarras dans ce recours au tribunal de Hérault : c'est que Voltaire serait peut-être dans la nécessité de se rendre à Paris. Or, madame du Châtelet répétait qu'elle en mourrait de chagrin (3). C'est pourquoi Voltaire, répondant à la lettre de Hérault du 21 février (4), proposa un moyen terme. Dans cette réponse, il parle à Hérault « comme au juge qui peut punir Des Fontaines selon les lois, et comme au protecteur des lettres, au pacificateur des citoyens, au père de la ville de Paris. » Il se

(1) A Moussinot, 21 février. — (2) A Moussinot, 22 février. — (3) A d'Argental, 21 et 23 février. — Ces lettres de madame du Châtelet sont aussi curieuses pour l'histoire du procès que celles de Voltaire lui-même. — (4) C'est cette réponse même que M. Léouzon Leduc met sous la date du 21 février ; mais, dans une copie faite par un secrétaire, et citée par M. Ch. Nisard (*Mémoires*, etc.), c'est la lettre de Hérault, et non la réponse, qui est du 21. — Il y a quelques légères variantes entre cette copie et l'original cité par M. Léouzon Leduc.

fait humble, tendre, caressant, rampant devant cet homme qu'il méprisait : « Un fripon, disait-il, de la lie du peuple et de la lie des êtres pensants, qui n'a d'esprit que ce qu'il en faut pour nouer des intrigues subalternes et pour obtenir des lettres de cachet, ignorant et haïssant les lois, patelin et fourbe, et ne réussissant quep arce qu'il entre par la chatière (1). » Et pourtant, il se jette dans ses bras comme dans ceux d'un protecteur et d'un père plus que d'un juge. Comme juge, c'est à son tribunal seul qu'il veut recourir ; et il lui représente que si Des Fontaines défend sesanciennes calomnies par de nouvelles impostures, il faut qu'il vienne à Paris pour se défendre. Or, il y a plus de trois mois qu'il n'est en état d'être transporté. Il faudrait donc nommer un juge du voisinage pour recevoir à Cirey ses défenses, et les renvoyer juridiquement à Paris. Dans ce cas, il serait prêt à porter plainte en son nom. Mais, comprenant qu'il ne peut demander une telle infraction aux lois et aux formes, il renonce aux procédés judiciaires, et se borne à prier Hérault d'envoyer chercher Des Fontaines, et de lui faire signer un désaveu dont il dicte les termes. « Voilà, Monsieur, tout mon but. Ce que je demande est-il juste ? C'est-il raisonnable ? Je m'en remets à vous. Un procès criminel peut achever de ruiner ma santé, et troublera tout le cours de mes études, qui sont mon unique consolation. »

Les lettres à Hérault se suivent presque jour par jour, répétant sans cesse la même chose. Voltaire lui envoie son *Mémoire* : « Vous êtes homme de lettres. Comme magistrat, vous soutenez les arts et les lois. J'attends ma tranquillité et ma défense de votre seule décision. » Le 2 mars, il trouve toujours le bon ordre, dont Hérault est le soutien, intéressé dans l'affaire de Des Fontaines ; mais il lui paraît plus décent pour lui que quelqu'un de sa famille, son neveu Mignot, par exemple, « officier à la Chambre des comptes, dont le grand-père est traité de paysan, » rende plainte contre le libelle, en se désistant dans les vingt-quatre heures, et en laissant faire la justice du lieutenant. Néan-

---

(1) Au marquis d'Argenson, 28 juillet 1739.

moins, il est toujours prêt à présenter requête en son nom, si le magistrat le juge à propos.

Telle est l'alternative qu'il poursuivit désormais. Il écrivit à Mignot qu'il fallait absolument dresser requête en son propre et privé nom, ajoutant que par là il ne risquait rien et pouvait lui être très-utile. Agissant criminellement lui-même, il aurait eu raison de Des Fontaines, car il avait des preuves contre Chaubert, et, de Chaubert, remontant au scélérat, il l'eût fait succomber comme calomniateur. Mais il aurait fallu aller à Paris, et, ne pouvant faire le voyage, il était réduit à mettre en avant son neveu. Toutefois, si Mignot refusait, il ordonnait de présenter sa propre requête à Hérault sur-le-champ et sans rémission.

Il avait une inquiétude : si Hérault lui était favorable, le procureur du roi Moreau, prévenu par Des Fontaines, pouvait conclure contre lui. C'est pourquoi il fit demander le conseil et la protection du marquis d'Argenson auprès du procureur du roi. En même temps, il faisait partir à sa place pour Paris le marquis du Châtelet, qui devait soit hâter le cours de la justice, soit accommoder l'affaire d'une manière honorable pour lui (1). Grâce à ces interventions puissantes, Moreau, comme tous les autres, se retourna de son côté : « Enfin j'apprends que le procureur du roi poursuit Des Fontaines, et que tout est en branle. Dieu soit loué (qu'a à faire ici Dieu ?) ! Je n'ai plus de corvée, ni de procès à poursuivre (1). »

Alors on proposa un compromis, suivant lequel Voltaire et Des Fontaines auraient désavoué, l'un le *Préservatif*, l'autre la *Voltairomanie*. Voltaire y vit une honte. Il ne pouvait désavouer sa lettre. « C'est mentir lâchement et inutilement, » écrivit-il à d'Argental (2 avril). Mentir lâchement, il n'y tenait guère, et il le faisait dans cette lettre même en niant le *Préservatif* et l'estampe ; mais mentir inutilement, c'était contraire à sa théorie du mensonge.

C'était Hérault qui avait proposé ce compromis et cette réci-

(1) A Moussinot, 28 février et 1er mars. — (2) A Moussinot, 25 mars.

procité. Alors, entre Voltaire, madame du Châtelet et madame de Champbonin, retournée à Cirey, il fut résolu qu'on s'arrêterait à cette alternative : on romprait tout ; il ne serait plus question de désaveu ; Voltaire ferait paraître son *Mémoire* ; et, pour lui ôter toute responsabilité, ce serait le marquis du Châtelet qui refuserait avec hauteur une chose si honteuse pour un homme à qui il s'intéressait ; — ou bien Voltaire s'engagerait, même par écrit, envers d'Argenson, Hérault, d'Argental et du Châtelet, à publier, dans quelque ouvrage périodique, et seulement dans l'espace de *six semaines*, un désaveu du *Préservatif*, où, sans le qualifier de libelle, il dirait qu'il n'en était pas l'auteur, qu'il était très-fâché de sa publication, et surtout de l'insertion qui y avait été faite d'une lettre privée ; tandis que Des Fontaines, sous *huit jours*, mettrait son désaveu dans ses *Observations*, avec le mot *reconnaissance*. Voilà tout ce que madame du Châtelet avait pu obtenir, et tout ce à quoi elle pouvait consentir elle-même, aimant mieux Voltaire à l'étranger, qu'achetant par son déshonneur la permission de vivre en France (1).

Cependant d'Argenson, d'Argental et le marquis du Châtelet avaient fait renoncer Voltaire à un procès dangereux. Mais Des Fontaines ayant présenté lui-même requête, Voltaire, de son côté, en présenta une à Nègre, lieutenant criminel, pour être à deux de jeu avec son adversaire (2).

XIII

DESAVEU DE DES FONTAINES

Précaution inutile, car, le lendemain, Des Fontaines signait, entre les mains de Hérault, le désaveu suivant : « Je déclare que je ne suis point l'auteur d'un libelle imprimé, qui a pour titre : *La Voltairomanie*, et que je le désavoue en son entier, regardant comme calomnieux tous les faits qui sont imputés à

(1) Madame du Châtelet à d'Argental, 2 et 6 avril. — (2) A Moussinot, 3 avril.

M. de Voltaire dans ce libelle; et que je me croirais déshonoré, si j'avais eu la moindre part à cet écrit, ayant pour lui tous les sentiments d'estime dus à ses talents, et que le public lui accorde si justement. »

Certes, ici, Des Fontaines fut lâche; mais cent fois plus lâches furent ceux qui exigèrent de lui ce plat mensonge! Il tremblait pour ses feuilles, dont les grands partisans de la liberté de la presse demandaient la suppression ; il tremblait pour sa liberté, de nouveau menacée par toutes les puissances. Que voulez-vous qu'il fît contre tous? Il n'était pas un Horace, et il signa! Mais que vaut une pareille signature? Rien de plus qu'une promesse arrachée au coin d'un bois, le pistolet sous la gorge!

Voltaire le comprit, et il écrivit à Moussinot : « Ne parlons plus de Des Fontaines; je suis mal vengé! » Et il n'eut plus qu'à payer les frais du procès. Il ne lui en coûta pas cher, à en juger par cette correspondance : Deux cents francs à la Champbonin « avec la meilleure grâce du monde; » cent francs à Mouhy sur récépissé; cent francs encore au même chevalier, avec excuses; et enfin ce curieux complément de compte : « Faites-moi l'amitié d'envoyer encore trois louis d'or au chevalier de Mouhy; mais c'est à condition que vous lui écrirez ces propres mots : « M. de Voltaire, mon ami, me presse toutes les semaines de vous envoyer de l'argent; mais je n'en toucherai pour lui peut-être de six mois. Voici trois louis qui me restent, en attendant mieux (1). » Certes, sinon pour sa valeur personnelle, — car c'était un homme vil, comme presque tous les amis de Voltaire, — au moins pour ses services, Mouhy méritait davantage. Nul ne s'était montré plus ardent dans la bataille; si ardent qu'il fallut le contenir : « Il lui faut un bon mords, écrivait madame du Châtelet, car il est zélé; mais il a un zèle qui est souvent imprudent (2). » Il fallait le contenir encore, parce qu'on craignait les dangers de son intervention, Des Fontaines pouvant si aisément récriminer contre l'auteur nominal du *Mérite vengé* et du *Préservatif* (3); mais à qui la

(1) A Moussinot, 3 avril. — (2) A d'Argental, 7 mars. — (3) A Moussinot, 28 février.

faute? Le malheureux n'avait fait qu'obéir. Temps, soins, il avait tout sacrifié à Voltaire; il lui aurait sacrifié son honneur, s'il avait eu un honneur à sacrifier. Et, pour tout cela, qu'obtint-il? Le 20 avril, quelques jours après l'affaire apaisée, Voltaire s'entremit pour lui faire prêter de l'argent, mais sans qu'il lui en coûtât un sou à lui-même. En 1740, il s'en dégoûta, sous prétexte de fausses nouvelles, de la nouvelle, entre autres, d'une brouille avec madame du Châtelet; nouvelle peut-être vraie, et d'autant plus offensante. Il lui faisait pourtant donner encore deux louis d'or ce jour-là; mais ce n'était que le payement de la transcription d'une longue lettre à Harvey (1).

Le désaveu de Des Fontaines arriva à Cirey, envoyé par le marquis d'Argenson. Il avait été convenu à Paris qu'il resterait secret entre les parties et les personnes mêlées au débat. Cet arrangement ne convenait pas à Voltaire, qui voulait triompher en publiant la honte de son ennemi. Mais il ne fallait pas fâcher Hérault. Aussi écrivit-il au lieutenant de police pour demander que Des Fontaines insérât son désaveu dans ses *Observations*, et qu'un double en restât entre les mains du marquis d'Argenson, ou du comte d'Argental, ou même entre les siennes, pour contenir le journaliste à l'avenir. A l'appui de sa demande, il envoyait à Hérault des brochures relatives à l'affaire, comme le *Médiateur*, qu'il attribuait faussement à Des Fontaines. Un désaveu secret ne pouvait plus suffire, et si Des Fontaines refusait d'enregistrer sa honte, on lâcherait la bride à Mouhy, qui recommencerait les procédures et le ferait envoyer aux galères. Mais Mouhy n'était plus aussi brave; il s'opposait même à la publicité du *Mémoire* que Voltaire voulait imprimer pour sa défense; et il écrivait à Cirey que Voltaire s'exposerait, s'il faisait paraître la moindre chose au sujet de Des Fontaines (2).

(1) Voltaire (à d'Argental, 28 novembre 1750) accusa plus tard Mouhy de l'avoir trahi dans la *Bigarrure*, gazette de Hollande; mais ensuite (à d'Argental, 5 avril 1752), il se montra « très-empressé à lui rendre service; » sur la recommandation du comte d'Argental. Ni d'Argental, ni Voltaire, n'eussent agi ainsi pour un traître. — (2) Lettres de madame du Châtelet à d'Argental, des 10, 12, 15 et 20 avril 1739.

Cependant le désaveu parut dans la *Gazette de Hollande*. C'était évidemment du fait de Voltaire. Il s'en défendit, tout en avouant que le gazetier hollandais lui avait rendu un très-grand service (1) ; mais madame du Châtelet fait clairement entendre que l'insertion venait de lui. Il avait envoyé le désaveu à Mouhy, sans doute avec ordre d'en faire usage, et Mouhy l'avait fait tenir au gazetier avant que madame du Châtelet, à qui on avait caché cette infraction au traité de paix, eût eu le temps de s'y opposer (2).

Dans sa lettre du 4 juin, Voltaire, tout en priant d'Argenson de faire entendre à Hérault qu'il n'avait aucune part à la publication du désaveu, ne voulait pas moins que le lieutenant de police forçât Des Fontaines à le publier dans ses *Observations*. D'Argenson, pour remplir cet ordre, attendit un dîner fin qu'il devait faire dans la compagnie de Hérault, et, le 20 juin, il rendit compte à Voltaire de sa commission. On ne savait rien, dans la réunion, de la *Gazette de Hollande*. « M. Hérault s'est mêlé de la conversation, et a dit que cette affaire était heureusement terminée, qu'il en était bien aise, qu'il avait fait tout ce que nous avions voulu, mon frère et moi, que peut-être sa conscience en était chargée devant Dieu »... Et d'Argenson continue : « J'ai regardé cela à vous mander comme la plus grande nouvelle... depuis que je suis chargé ici de vos affaires près de la police littéraire, ce qu'il me semble que je ne fais pas sans succès. » Quant à l'insertion du désaveu dans les *Observations*, d'Argenson n'avait pas osé en parler à Hérault : « Ce serait trop demander, disait-il, et on ne demande ainsi par excès que pour obtenir suffisamment. » De plus, on eût réveillé par là l'affaire de la *Gazette de Hollande*, fourni sujet de récrimination à Des Fontaines, et perdu le fruit de la publicité donnée au désaveu par le journaliste d'Amsterdam (3).

Le lendemain de la date de cette lettre, c'est-à-dire le 21 juin, Voltaire écrivait de Bruxelles à d'Argenson que Des Fontaines, lui assurait-on, avait eu la permission de désavouer son désaveu

---

(1) A d'Argenson, 4 juin. — (2) Madame du Châtelet à d'Argental, 27 avril. — (3) Lettre publiée par M. Ch. Nisard, *Mémoires*, etc., p. 128.

même, et qu'il avait déclaré, dans une de ses feuilles, que ce désaveu était une pièce supposée. D'Argenson lui répondit, le 7 juillet, qu'il n'en était rien ; et, revenant à la publicité du désaveu, il ajoutait qu'elle était contraire à l'intention du juge, qui, disait-il, « y avait opposé une *condition* à laquelle nous nous sommes si justement refusés, tout ce que nous sommes de vos amis. » Cette condition était sans doute le désaveu réciproque du *Préservatif*. D'Argenson avait apaisé Des Fontaines au sujet de l'indiscrétion de la *Gazette* hollandaise, en assurant que Voltaire y était étranger. Il engageait donc celui-ci à être content, à ne plus exiger l'insertion dans les *Observations*, et à ne pas « troubler davantage le fond de l'eau. » D'ailleurs, il se chargeait d'enchaîner Des Fontaines. « Je semonce mon frère (1), disait-il encore, d'ordonner tout de nouveau à M. Maunoir, qui a succédé à l'abbé Trublet pour censurer les *Observations*, de n'y pas passer la moindre chose qui ait rapport à vous ; et cela sera fait (2). »

Et, en effet, à part les *Eléments de la philosophie de Newton*, sur lesquels il revint à satiété, Des Fontaines parla peu de Voltaire désormais ; et, quand il le fit, ce fut décemment et sans rancune apparente. S'il contesta, avec l'Académie des sciences, les principes et l'originalité de l'*Essai sur le feu*, en revanche, quelques jours après, il traita bien la *Vie de Molière* (3).

Des Fontaines finit par succomber à ses adversaires. A leur requête, et surtout à la requête de l'Académie française, irritée d'une phrase du Discours préliminaire de son Virgile, il se vit ôter son privilége par arrêt du conseil d'État du 6 septembre 1743. L'année suivante, grâce à de puissantes recommandations, il obtint la permission tacite de donner une suite aux trente-quatre volumes de ses *Observations*, sous nouveau titre et sous rubrique étrangère. De là ses *Jugements sur quelques ouvrages nouveaux*, publiés sous rubrique d'Avignon et sous le pseudonyme de Burlon de la Burbaquerie, avec la collaboration

---

(1) Le comte d'Argenson, chargé de la librairie. — (2) Lettre publiée par M. Nisard, *Mémoires*, etc., p. 135. — (3) 8 et 29 août 1739.

de Mairault, de Fréron et de l'abbé Destrées (1). Dès le premier volume (p. 233), il traita *Mérope* avec injustice, et tourna avec plus de bonheur contre le tragique sentencieux et déclamatoire de Voltaire les principes de sa *Lettre sur l'esprit.* Il jugea encore avec trop de sévérité les *Nouvelles considérations sur l'histoire*, mises depuis en tête de *Charles XII.* Dans le même volume (p. 289), rendant compte de certaines critiques de *Mérope*, il posait la distinction entre la critique personnelle et la critique littéraire, et se plaignait à bon droit de la confusion qu'en faisait Voltaire, au détriment de la liberté des lettres. Plus tard (2), il s'occupa du poëme de *Fontenoi* et de ses critiques. Il débuta par quelques pages d'une ironie très-fine sur les éditions de cet ouvrage multipliées en quelques jours, et qui n'étaient que des tirages avec corrections incessantes ; sur le nouveau titre d'historiographe accordé à l'auteur, revenu de son anglomanie ; sur le peu de temps mis à composer « une pièce de 208 vers, où l'on peut dire qu'il y en a au moins une douzaine de bons. » Il osa prononcer le mot de *gazette rimée*, dernier mot sur *Fontenoi*. « Je ne crains pas, disait-il ensuite plaisamment, qu'on m'accuse de partialité dans le compte que je viens de rendre du poëme de M. de Voltaire. » Et revenant plus bas à la multiplication simulée des éditions, qu'on expliquait par la soif d'un gain sordide, à la conversion aux idées françaises, qu'on attribuait aux faveurs de la cour, il l'en défendait ironiquement, et demandait son salaire : « Je me flatte, disait-il, que M. de Voltaire me tiendra compte de cette édifiante apologie. »

Voltaire lui en tint compte, en effet, en le poursuivant de ses injures, vivant et mort, jusqu'à sa propre mort à lui-même. Dans ses *Honnêtetés littéraires* (1767) (3), il répète pour la centième fois les imputations que nous savons. Dans sa *Princesse de Babylone* (1768) (4), qui ne comportait guère cette attaque à des contemporains, il s'écrie : « Et vous, maître Aliboron, dit Fréron,... vous, digne fils du prêtre Des Fontaines, qui naquîtes de

---

(1) Ce nouveau journal hebdomadaire avait pour épigraphe : *Scire et nesciri*. — (2) T. VIII, pp. 14, 126, 217. — (3) *Œuvres de Voltaire*, t. XLII, p. 644. — (4) *Œuvres de Voltaire*, t. XXXIV, p. 197.

ses amours avec un de ces beaux enfants qui portent un fer et un bandeau comme le fils de Vénus, et qui s'élancent comme lui dans les airs, quoiqu'ils n'aillent jamais qu'au haut des cheminées... »

Enfin, en 1777, année qui précéda celle de sa mort, dans son *Prix de la justice et de l'humanité* (1), non-seulement il énonça comme avéré le crime d'avoir débauché un ramoneur, mais il prétendit, sachant bien qu'il mentait, que Des Fontaines avait été « condamné à la fustigation secrète dans la prison des gueux de Bicêtre. » Attendons ! il enverra bien Fréron aux galères !

Nous n'avons plus à parler de Des Fontaines, ni des autres querelles qu'il se fit. Il mourut sur la brèche, à la fin de 1745, au XIe volume de ses *Jugements*; et il mourut bien, entre les bras du P. Segaud : dernier avantage qu'il eut sur Voltaire. Infatigable travailleur, vrai journaliste, avec toutes les qualités et aussi tous les défauts du métier ; homme très-lettré et grand critique, maître de Fréron, plus grand que lui.

Il parut plusieurs brochures sur ses démêlés avec Voltaire, entre autres le *Jugement désintéressé*, par le médecin Procope, qui, battant tantôt à droite, tantôt à gauche, fut surnommé le *Timballier*. C'était un des *maîtres des requêtes* de Voltaire : qu'on juge par lui de leur sincérité ! Procope invitait les deux adversaires à faire amende honorable au public, « avouant, leur disait-il, qu'imprudemment et comme malavisés, vous l'avez scandalisé par vos discours infamants. » Et il les renvoyait, l'un à ses vers, l'autre à ses feuilles. « Ce faisant, Messieurs, leur disait-il encore, le public indulgent regardera comme non avenues toutes vos folies passées. »

Il y a une autre moralité à tirer de ces débats, et elle a été formulée, à propos de Fréron, par Clément de Genève : « N'est-il pas bien singulier, dit-il de Voltaire, que ce poëte invulnérable à force de blessures et de ressources, après avoir prêché sur les toits la liberté de la presse, et donné l'exemple du libertinage de l'impression jusqu'à se faire brûler, n'ait pas

(1) *Œuvres de Voltaire*, t. L, p. 310.

plutôt joui d'un moment de faveur qu'il l'ait employé à gêner ses confrères? Je lui pardonne tous ses défauts, excepté celui-là ; c'est le péché contre le Saint-Esprit dans la république des lettres ; malheur à qui s'en est rendu coupable, eût-il la mort entre les dents et le billet de confession à la main (1) ! »

(1) *Les cinq années littéraires*, 1754, t. IV, p. 190.

CHAPITRE TROISIÈME

VOLTAIRE ET J.-B. ROUSSEAU — PETITS ENNEMIS ET
PETITS AMIS DE VOLTAIRE
VOLTAIRE CAPITALISTE ET HOMME D'AFFAIRES

I

PREMIERS RAPPORTS DE ROUSSEAU ET DE VOLTAIRE

Né en 1671, J.-B. Rousseau était au terme de la vie littéraire quand Voltaire y entra. Du comble de sa gloire, il allait tomber dans l'abîme du malheur. Dernier représentant du xviie siècle, dont tous les grands poëtes finissaient lorsqu'il débuta, mêlant les plus grands éclats de sa voix aux derniers accents de Boileau, il fait la transition entre deux siècles, gardant de l'un, comme Voltaire plus tard, les saines traditions littéraires, et payant tribut à l'autre par les premières licences de sa plume.

Il est aujourd'hui fort démodé. On lui refuse l'invention, l'inspiration poétique, pour ne lui plus laisser qu'un mérite de rhythme et de style. Si bas qu'on le place, il sera toujours au-dessus de Voltaire, absolument nul dans le genre lyrique.

Il débuta par la satire, et se fit des ennemis, qui, pour se venger, attaquèrent à la fois l'homme et l'écrivain. S'en prenant à sa figure et à son cœur, ils le peignirent avec l'œil louche, le col tordu et la bouche de travers ; ils l'accusèrent de rougir de son père cordonnier, bien qu'il ait toujours répété, au rapport de Louis Racine, qu'il était né comme Horace, et qu'il n'ait jamais coûté à son père que des larmes de joie. Pétrone à la ville, David à la cour, dirent-ils avec Danchet, il donnait ses épigrammes en réplique à ses odes sacrées, et ses couplets licencieux en *gloria patri* à ses psaumes : mot abominable qu'ils mirent sur son compte, et que le poëte ne pouvait avoir dit à un prince aussi religieux que le duc de Bourgogne.

Ayant échoué au théâtre, il en accusa les habitués du café de la veuve Laurent, la Motte, Crébillon fils, Saurin, etc. Pour se venger, il parodia cinq couplets de l'*Hésione* de Danchet, qui venait de réussir. Ces cinq couplets, qui sont bien de lui, furent suivis d'un grand nombre d'autres, impies, abominables, qui furent partout colportés. On les lui attribua, et La Faye, un des plus offensés, lui infligea une correction matérielle, suivie d'une procédure dont il sortit déchargé. Mais, diffamé toujours, il voulut une réparation juridique. Il gagna un colporteur, qui avoua que les couplets lui avaient été remis par le géomètre Saurin, père de l'auteur de *Spartacus*. Il accusa alors Saurin d'en être l'auteur, et, n'en ayant pu fournir la preuve légale, il fut condamné, par arrêt du parlement du 7 avril 1712, à un bannissement perpétuel.

Était-il coupable lui-même des couplets infâmes ? Pas plus que de la *Moïsade*. Pendant qu'il se reprochait amèrement les fautes de sa jeunesse, et qu'il ne les trouvait pas trop punies par trente ans d'exil, il protesta de son innocence à l'égard des couplets pendant toute sa vie, deux fois à l'article de la mort, en présence du saint Viatique, et jusque dans son testament, que le charitable Rollin, son ami, l'engagea à supprimer, parce qu'il y nommait l'auteur véritable. Or, nul n'a le droit de contester une déclaration faite en des circonstances si solennelles par un homme que ses ennemis, il est vrai, ont taxé d'hypocrisie, mais dont, pendant trente ans, on n'a jamais pu, ni en public, ni dans le plus secret particulier, surprendre la conduite en opposition avec les principes religieux qu'il professait (1).

Rousseau avait prévenu la sentence du parlement, et s'était enfui à Soleure auprès du comte du Luc, notre ambassadeur. Il accompagna le comte à Vienne, où il gagna la protection

(1) Voir sur tout cela deux lettres de Louis Racine à l'éditeur des *Lettres de Rousseau*, Genève, 1749. — Le témoignage de Louis Racine est d'autant moins suspect, qu'il avoue avoir partagé longtemps toutes les préventions des ennemis sur l'impie, le dénaturé, le perfide, l'ingrat Rousseau (p. vii).

du prince Eugène. S'il la perdit à Bruxelles, c'est, affirme Louis Racine, pour avoir embrassé, avec une générosité imprudente, la cause du fameux comte de Bonneval, à qui il devait la connaissance du prince même.

Cependant, le baron de Breteuil, père de madame du Châtelet, son protecteur à Paris, lui obtint en 1716 des lettres de rappel; mais il n'en voulut pas user, parce qu'elles laissaient toujours une tache sur sa vie et ne lui ôtaient que la peine. « J'aime bien la France, répondit-il ; mais j'aime encore mieux mon honneur et la vérité.» Et il écrivit dans le même sens à ses plus intimes amis.

Hélas ! vingt ans après, malade, accablé par le poids de l'exil et des années, il sollicita, sans les pouvoir obtenir, ces mêmes lettres de rappel qu'il avait si noblement refusées. A la fin de 1738, il vint même incognito à Paris, pour y poursuivre moins sa réhabilitation que son rétablissement dans sa patrie. Après être resté trois mois caché chez le peintre Aved, et avoir épuisé tous ses efforts, il retourna désespéré à Bruxelles, où il mourut en 1741.

Nous avons raconté ses relations, intimes d'abord, hostiles ensuite, avec Voltaire, jusque vers l'année 1730. C'est de 1732 que date l'époque du grand déchaînement de Voltaire contre lui. On venait de donner *Zaïre*. Le 17 juillet 1732, Rousseau écrivait à M. de S. R. : « Je n'ai jamais rien écrit sur la tragédie de *Zaïre*. Je ne sais si quelqu'un a pris mon nom. Pour moi, je ne critiquerai jamais les ouvrages de cet auteur. »

Cela voulait dire seulement qu'il n'avait rien écrit de public et d'ostensible, car, comme il le confessa quatre ans après, il avait vraiment écrit sur *Zaïre* une lettre confidentielle.

Il y avait alors à Paris une espèce d'homme de lettres nommé de Launay, auteur de la comédie la *Vérité fabuliste*. Ce Launay, en 1731, s'était chargé de la fortune d'*Eriphyle*(1). Dès lors, il eut pour métier de lire aux comédiens les pièces de Voltaire, dont il faisait en même temps des parodies. Il parodia *Eriphyle*, il

(1) A Cideville, novembre 1731.

parodia *Zaïre,* en attendant *Alzire.* Pour se venger, Voltaire le logea d'abord dans son *Epître sur la Calomnie,* avec la qualification d'*insecte vil;* puis il en parla avec dédain, à l'occasion de sa comédie du *Paresseux,* qui n'avait pas réussi. Suivant Voltaire, Launay se ruinait à imprimer ses ouvrages, et n'espérait de dédommagement que dans Chaulieu, dont il s'était fait l'éditeur. Chaulieu lui manquant, il ne lui restait de ressources que dans quelque petite brochure contre Voltaire lui-même (1). Pour seule vengeance, ou plutôt pour le payer de sa peine et pour le désarmer, Voltaire, trois ans plus tard, lui destinait un petit présent (2) : il voulait l'empêcher de parodier *Alzire.* Quelque temps après, il l'accusa d'être de moitié avec Jore dans l'affaire des *Lettres philosophiques;* puis, de donner de mauvaises impressions contre lui au comte de Caylus ; enfin, d'envoyer des mémoires à Rousseau, et il demandait à Mlle Quinault à qui il pourrait s'adresser pour enrayer ses mauvais desseins (3).

C'est ce Launay qui avait envoyé *Zaïre* à Rousseau, avec ses réflexions sur l'ouvrage et sur l'auteur. Rousseau lui répondit sur le même ton, et Launay ayant fait courir indiscrètement cette réponse, Voltaire, à qui elle parvint, résolut de les en punir dans le *Temple du Goût.* Launay avertit Rousseau de la vengeance dont ils étaient tous les deux menacés. Il se mit lui-même à l'abri en faisant dire à Voltaire que s'il s'avisait de mettre jamais son nom en jeu, il l'en ferait repentir par une réplique prompte et avec un autre instrument que la plume; et Voltaire lui vint faire à la comédie des excuses si basses, qu'il se sentit ému de pitié autant que de mépris. Ainsi raconte Rousseau ; ainsi s'expliqueraient les incroyables ménagements de Voltaire envers de Launay (4).

Rousseau resta donc seul exposé aux coups de Voltaire. Celui-ci ne se contenta pas de le maltraiter dans ses lettres privées (5); il l'afficha dans son *Temple du Goût.* On y lit aujourd'hui :

(1) A Cideville, 6 mai ; à Thieriot, 15 mai 1733. — (2) A Thieriot, 9 mai 1736. — (3) A Cideville, 30 mai 1736 ; à Thieriot, 21 mai ; à Mlle Quinault (*Recueil* de 1822), 24 novembre 1738. — (4) Lettre de Rousseau, dans Chaudon, 1re partie, pp. 67 et 68. — (5) A Formont, juillet 1732.

« Dans le moment arriva un autre versificateur, soutenu par deux petits satyres, et couvert de lauriers et de chardons.

Je viens, dit-il, pour rire et pour m'ébattre, etc.

Qu'est-ce que j'entends là? dit la Critique. — C'est moi, reprit le rimeur. J'arrive d'Allemagne pour vous voir. » Et Voltaire continue de citer quelques mauvais vers de Rousseau. « Ah, bon Dieu! s'écria la Critique, quel horrible jargon! Elle ne put d'abord reconnaître celui qui s'exprimait ainsi. On lui dit que c'était Rousseau, dont les Muses avaient changé la voix, en punition de ses méchancetés. » C'était bien pire en 1733 : couplets, bienfaiteurs insultés, toutes les ordures contre Rousseau étaient accumulées dans le premier *Temple* (1).

Rousseau se tut encore, et il faudra une attaque plus ignoble pour l'arracher à son silence patient. Cependant Voltaire osait écrire à Brossette (22 novembre 1733), en lui envoyant une nouvelle édition de la *Henriade* : « Je sais que vous êtes en commerce avec Rousseau, mon ennemi; mais vous ressemblez à Pomponius Atticus, qui était courtisé à la fois par César et par Pompée. Je suis persuadé que les invectives de cet homme, en qui je respecte l'amitié dont vous l'honorez, ne feront que vous affermir dans les bontés que vous avez toujours eues pour moi. Vous êtes l'ami de tous les gens de lettres, et vous n'êtes jaloux d'aucun. Plût à Dieu que le sieur Rousseau eût un caractère comme le vôtre! » Le 28 décembre, Brossette lui répondit qu'à la vérité, sans avoir jamais vu Rousseau, il était avec lui, depuis dix-sept à dix-huit ans, en commerce littéraire, et qu'ils avaient parlé quelquefois de ses ouvrages. « Mais je puis vous assurer, disait Brossette, qu'il ne m'a jamais rien écrit de désobligeant sur votre compte; et cette modération m'a fait douter longtemps si vous étiez effectivement brouillés ensemble, comme on le disait. J'ai été enfin désabusé par le *Temple du Goût*, ouvrage enfanté dans la colère, mais dont je suis persuadé que la production vous déplaît aujourd'hui (excellent Brossette!). Je ne sais que très-imparfaitement, ajoutait-il, la cause de votre brouillerie; » et il demandait à la

---

(1) *Œuvres de Voltaire*, t. XII, p. 337, et aux variantes, p. 362.

connaître dans l'intérêt des deux ennemis, entre lesquels il s'offrait comme médiateur.

En effet, le 21 janvier 1734, il écrivit dans le même sens à Rousseau, qui lui fit attendre sa réponse jusqu'au 30 décembre, et ne répondit que pour dire qu'il ne répondrait pas : « Ce récit, disait-il, m'engagerait dans une discussion qui passerait la mesure d'une lettre; et, si vous en êtes curieux, M. l'abbé Nadal, que vous pouvez connaître, et à qui j'en ai fait le détail, vous le pourra communiquer sans trahir ma confidence; car je n'écris rien que ce que je veux bien que tout le monde sache. Mais je vous avouerai de plus que quoiqu'il vous plaise de mettre M. de Voltaire et moi sur le même trône, je me sens quelque peine à descendre si bas (1). »

II

GRAND DÉBAT DE 1736

Jusqu'ici Rousseau gardait l'avantage de la modération. Mais, en 1736, parut à Amsterdam une édition de la *Mort de César*, terminée par l'*Epître* à madame du Châtelet *sur la Calomnie*, composée dès 1733, et précédée d'une *Préface des éditeurs*, c'est-à-dire de Voltaire, où était cité un passage de l'*Epître*, avec cette explication : « On met à la suite de la tragédie de César l'*Epître* de notre auteur *sur la Calomnie*, ouvrage déjà connu : il y a un trait de satire violent. Il ne s'est jamais permis la satire personnelle que contre Rousseau, comme Boileau ne se l'est permise que contre Rollet. Voici les vers qui concernent cet homme (2) :

>   Ce vieux rimeur, couvert d'ignominies,
>   Organe impur de tant de calomnies,
>   Cet ennemi du public outragé,
>   Puni sans cesse, et jamais corrigé,

_____
(1) *Lettres de Rousseau*, t. II, pp. 263, 266 et 272. — En 1736, il dira qu'il ne voulait point entrer en négociation « avec un homme aussi décrié que Voltaire. » — (2) Nous les citons tels qu'i s se trouvent dans l'*Épître* elle-même, *Œuvres de Voltaire*, t. XIII, p. 101.

> Ce vil Rufus, que jadis votre père (1)
> A, par pitié, tiré de la misère,
> Et qui bientôt, serpent envenimé,
> Piqua le sein qui l'avait ranimé;
> Lui qui, mêlant la rage à l'impudence,
> Devant Thémis accusa l'innocence (2);
> L'affreux Rufus, loin de cacher en paix
> Des jours tissus de honte et de forfaits,
> Vient rallumer, aux marais de Bruxelles,
> D'un feu mourant les pâles étincelles,
> Et contre moi croit rejeter l'affront
> De l'infamie écrite sur son front.
> Mais que feront tous les traits satiriques
> Que d'un bras faible il décoche aujourd'hui,
> Et ces ramas de larcins narcotiques,
> Moitié français et moitié germaniques,
> Pétris d'erreur, et de haine, et d'ennui?
> Quel est le but, l'effet, la récompense
> De ces recueils d'impure médisance?
> Le malheureux, délaissé des humains,
> Meurt des poisons qu'ont préparés ses mains.

« La conduite de Rousseau et les mauvais vers qu'il fait depuis quinze ans justifient assez ce trait. Notre auteur n'est pas le seul que Rousseau ait déchiré dans les vers durs qu'il compose tous les jours. Il en a fait aussi contre, etc, etc. Enfin, il vomit les injures les plus méprisables contre ce qu'il y a de plus respectable dans le monde, et contre tous ses bienfaiteurs. Il faut avouer qu'il est bien permis à M. de Voltaire de témoigner en passant, dans un de ses ouvrages, ce dédain et cette exécration avec lesquels tous les honnêtes gens regardent et Rousseau et tout ce que Rousseau imprime depuis quelques années (3). »

Et tout cela pour une pauvre critique de *Zaïre* répandue par indiscrétion! car Voltaire n'aurait pu citer autre chose; tout cela contre un poëte qu'il avait traité autrefois avec tant d'estime et de respect, et qui lui avait témoigné lui-même tant d'égards et de bienveillance! tout cela contre un malheureux gémissant alors sous le poids de l'exil, de la vieillesse et des infirmités!

---

(1) Le baron de Breteuil, que Voltaire accuse Rousseau d'avoir insulté dans une *Baronade*. — (2) Saurin. — (3) *Œuvres de Voltaire*, t. IV, p. 73.

Rousseau n'y tint plus ; et, après avoir refusé à Brossette l'explication que celui-ci lui avait demandée en 1734, il la donna au public en 1736, à l'occasion de cette préface, dont toutes les gazettes de Hollande le menaçaient depuis quelques mois. N'ayant pu obtenir pour sa défense un privilége à Paris, il l'adressa, sous forme de lettre à M.***, aux auteurs de la *Bibliothèque française* de la Haye (1).

Nous en connaissons la plus grande partie, déjà citée à propos des premiers ouvrages de Voltaire et du voyage de Hollande. Contre les critiques de Voltaire, contre cette perpétuelle accusation de *germanisme*, « dont il faisait depuis douze ans son épée de chevet, pour combattre tous les écrits passés, présents et à venir » de son adversaire, le poëte ne répond rien, sinon qu'il n'a jamais su un mot d'allemand, et qu'il sait encore assez de français pour pouvoir condamner les mauvaises rimes de l'auteur du Temple (pp. 64, 65) ; aux reproches d'ingratitude et de diffamation des bienfaiteurs, l'homme répond en citant sa correspondance avec Breteuil, continuée jusqu'à la mort du baron, preuve que jamais il ne

Piqua le sein qui l'avait ranimé ;

et en défiant Voltaire de montrer, dans aucun de ses écrits, les noms des bienfaiteurs qu'il aurait insultés ; défi qui ne fut point relevé par Voltaire. La malignité seule avait pu mettre des noms propres sous des portraits de fantaisie. « Si je m'avisais, disait Rousseau, de faire la peinture d'un fat écervelé, plein de lui-même, pillant à droite et à gauche tous les auteurs qu'il trouve sous sa main, et les dénigrant ensuite dans l'espérance que sur sa parole on se dégoûtera de les lire, et que par ce moyen ses larcins demeureront à couvert ; si je peignais dans le même homme une ignorance consommée, revêtue de tout l'orgueil du pédantisme, une étourderie qui annonce, jusque dans son geste et dans sa démarche, un frénétique achevé ; une témérité qui commence toujours par l'insolence et finit par la bassesse ; enfin, une bigarrure de sentiments et de conduite, qui habille

(1) Elle y fut insérée, tome XXIII, pp. 138-154. — Nous continuons de la citer d'après Chaudon, *Mémoires sur Voltaire*, 1re partie.

tantôt la religion en impiété, et tantôt l'impiété en religion : Voltaire serait-il bien obligé à celui qui lui viendrait dire : « Monsieur, c'est votre portrait qu'on a voulu faire (pp. 54, 55)? » Rousseau finissait en assurant qu'il méprisait les injures vomies par Voltaire, qu'il ne lui répondrait jamais plus en forme, et qu'il lui suffirait, si cela devenait nécessaire, d'envoyer à l'imprimeur, comme on l'en avait sollicité plusieurs fois, le recueil de tous les brocards, tant en vers qu'en prose, de tous les mémoires et de toutes les lettres qui lui avaient été envoyés à son sujet en différents temps, et surtout lors de la publication du *Temple du goût*. « J'en ai de quoi, disait-il, fournir deux bons volumes complets. C'est la seule façon dont je puis lui répondre avec honneur, sauf pourtant la faculté de le saluer en passant, quand l'occasion s'en présentera, dans les ouvrages que je pourrai faire par la suite. Quant à présent, ce que j'ai dit suffit pour vous mettre au fait de ce que vous désirez savoir, et pour lui apprendre qu'un homme qui a une maison de verre ne doit point jeter des pierres dans celle d'autrui. »

Rousseau tint parole : il resta sur cette menace, et ne parla plus de Voltaire. Mais Voltaire parlera de Rousseau jusqu'à extinction de colère et de souffle en lui.

Avant tout, il fallait répondre à son adversaire. Il hésita sur la manière de se défendre, et voulut d'abord recourir à la plume d'autrui. Menacé de la lettre de Rousseau, il écrivit à Thieriot, le 26 février 1736 : « J'ai fait tout le bien que j'ai pu, et je n'ai jamais fait le mal que j'ai pu faire. Si ceux que j'ai accablés de bienfaits et de services sont demeurés dans le silence contre mes ennemis, le soin de mon honneur doit me faire parler, ou quelqu'un doit être assez juste, assez généreux pour parler pour moi... Si D. Prévost voulait..., il me rendrait un service que je n'oublierais de ma vie... Si donc je suis assuré que le *Pour et contre* parlera aussi fortement qu'il est nécessaire, je me tairai, et ma cause sera mieux entre ses mains que dans les miennes (1). »

(1) Dans l'affaire de Des Fontaines, Voltaire songea encore au *Pour et contre*, et lui demanda ses services avec les mêmes promesses. Or, il arriva qu'en 1740,

Rousseau ayant publié sa lettre, il se détermina à répondre lui-même, et il adressa également sa réponse, datée de Cirey, le 20 septembre 1736, *aux auteurs de la Bibliothèque française* (T. XXIV, pp. 152-166).

Nous connaissons encore cette réponse, dont les principaux traits ont été cités dans le cours de nos récits. Du reste, Voltaire ne fait guère qu'y répéter ses accusations injurieuses, sans tenir compte de ce que leur avait opposé son adversaire. Il s'y vante grossièrement, ce qu'il fera dix fois, de quelques louis qu'il aurait donnés dans une quête pour le malheureux Rousseau; il revient platement, lui fils de petit bourgeois, sur le père cordonnier, sur le parent valet de chambre; il ose rappeler, lui le bâtonné de Rohan et de Beauregard, le bâton de Pecour et de La Faye : c'était bien à lui à parler de coups de bâton ! il mêle ensemble Rousseau et Des Fontaines, et les insulte tous les deux : « Voilà les honnêtes gens que j'ai pour ennemis ! Ainsi, Messieurs, quand vous verrez quelques mauvais vers contre moi, dites hardiment qu'ils sont de Rousseau; quand vous verrez de mauvaises critiques en prose, ce sera de l'abbé Des Fontaines. »

On ne vit point de vers de Rousseau contre lui, ni bons ni mauvais; mais de lui contre Rousseau, on en vit des centaines, presque tous détestables. Sous cette même année 1736, nous ne trouvons pas moins de trois épigrammes (1), sans compter toutes celles dont il armait ou empoisonnait toute sa correspondance; et il excitait tous ses amis à diffamer « le misérable » dans leurs écrits, à en envoyer des copies à Bruxelles, pour faire honnir et bannir encore l'infortuné, à publier sa honte dans les gazettes, à le poursuivre en justice; car, disait-il, « c'est ren-

poursuivi par ses créanciers pour 1200 fr., l'abbé Prévost les demanda à Voltaire, lui proposant précisément de faire son *Apologie*, et lui offrant une délégation sur ses libraires (15 janvier). Voltaire laissa passer cinq ou six mois sans lui répondre, bien que le malheureux lui eût dit que le dernier terme expirait le premier février suivant, et qu'il était menacé de prise de corps. Enfin, en juin, il répondit de Bruxelles que son *Apologie* était impossible, parce qu'il faudrait jeter l'opprobre sur ses ennemis; et, quant à la demande d'argent, qu'il était gêné lui-même, qu'il avait été réduit à emprunter, etc. : réponse invariable en pareil cas ! La vérité est qu'il était alors vengé de Rousseau et de Des Fontaines, et qu'il n'avait plus besoin de l'abbé Prévost. — (1) *Œuvres de Voltaire*, t. XIV, pp. 363, 371, 372.

dre service à tous les honnêtes gens que de contribuer à la punition d'un scélérat (1). »

En 1736 toujours, il publia son *Ode sur l'Ingratitude*, où se trouvaient d'odieuses strophes qu'il fit disparaître plus tard (2). Dans l'*Epître* à madame du Châtelet *sur la Philosophie de Newton*, imprimée en 1738, mais composée en 1736, il y avait encore un trait contre *le jaloux Rufus* (3). Enfin, en septembre 1736, il envoya à La Faye *la Crépinade* (4), dont le fond vaut le titre; poëme grossier et sans aucun esprit, dont il dit s'être repenti, aussi bien que de quelques autres violences (5); mais d'un repentir évidemment fictif et peu sincère, puisqu'il ne cessa d'insulter Rousseau vivant et mort.

En 1738, un nommé Roch ou Roques envoya à Voltaire une ode au nom de Rousseau, avec assurance d'estime et offre de réconciliation; à quoi Voltaire ne répondit que par des plaisanteries, ou que par la demande d'un désaveu que Rousseau était bien plus en droit d'exiger de lui (6). Du reste, il est douteux que Rousseau eût mis Roques en avant, lui qui, l'année suivante, le 17 novembre, répondait en ces termes à une proposition d'entremise de Louis Racine : « Vous m'exhortez très-chrétiennement, Monsieur, à me réconcilier avec M. de Voltaire; mais je crois que le mieux pour l'un et pour l'autre est de rester comme nous sommes. Un raccommodement pourrait me devenir funeste. Je sais ce qu'il m'en a coûté pour m'être autrefois réconcilié avec La Motte. »

Moins que Rousseau encore Voltaire était disposé à une réconciliation. Sur le bruit « que le vieux serpent de Rousseau, » par l'entremise des Jésuites, allait revenir à Paris, il tomba malade, au rapport de madame du Châtelet (7), et il répéta qu'il partirait de France le jour que Rousseau y rentrerait. Rousseau vint en effet à Paris, à la fin de 1738, et s'y cacha sous le nom de Richer. Voltaire se hâta de l'accuser d'y avoir dé-

(1) Au marquis d'Argens, 19 novembre 1736. — (2) *Œuvres de Voltaire*, t. XII, p. 420. — (3) Ibid., t. XIII, p. 124. — (4) Ibid., t. XIV, p. 119. — (5) *Vie de Rousseau*, *Œuvres de Voltaire*, t. XXXVII, p. 519. — Et aussi t. XIII, p. 103, et t. XXXVIII, p. 339. — (6) A Thieriot, 21 mai; à Berger, novembre; à Roques, 20 juin 1738. — (7) A d'Argental, février 1735.

buté par une épigramme sentant moins le dévot que le vieillard apoplectique (1). Et pendant qu'il insultait l'infirmité et le malheur, il se vantait de sa modération, parce qu'il s'abstenait de publier une lettre sans autorité du Juif Médina, qu'il faisait courir depuis le commencement de 1737, et où le Juif imputait à Rousseau de ne l'avoir payé de ses bienfaits que par la trahison. Il se prétendait poursuivi alors des épigrammes incessantes de Rousseau, et il en cite une dans son *Mémoire* contre Des Fontaines et dans son *Mémoire sur la satire*, épigramme sans aucune authenticité et qui ne se trouve pas dans les œuvres du Lyrique. Dans ces deux écrits, il mêlait et confondait ses adversaires. Il accusait de comploter avec Des Fontaines un banni, un vieillard, un mourant qui avait bien assez à faire de se cacher à la police et à la mort. Pendant le séjour de Rousseau à Paris, il écrivit à un avocat pour savoir s'il pourrait l'impliquer dans le procès de Des Fontaines : « Peut-on, disait-il, assigner J.-B. Rousseau à l'archevêché, où il est déguisé sous le nom de Richer? Le procès étant au Châtelet, peut-on dénoncer le misérable comme n'ayant pas gardé son ban? Et, le dénonçant au procureur général, l'affaire ne va-t-elle pas toujours son train au Châtelet? » Délation atroce, dont Clément de Dijon, dans sa première *Lettre* à Voltaire, déclara, sans être contredit, avoir sous les yeux l'autographe.

Le 3 janvier 1740, Rousseau écrivait de Bruxelles à Boutet : « Vendredi dernier, M. de Voltaire et madame la marquise du Châtelet vinrent à la porte de la maison où je passe ordinairement mes soirées. Ils demandèrent si j'y étais ; on leur dit que oui ; ils s'en retournèrent. Je n'en userai pas de même. Je ne dois ni les fuir ni les chercher. Si je les rencontre, je les saluerai s'ils me saluent, et je leur répondrai s'ils me parlent. C'est, je crois, ce qu'il y a de mieux à faire avec des concitoyens de hasard. »

Six mois après, le 28 juin, il écrivait de La Haye à un ami, chanoine d'Anvers : « Voltaire a parlé ici de moi en mêmes termes qu'il en a parlé à Bruxelles. Je lui pardonne de tout

---

(1) A d'Argens, 2 janvier 1739.

mon cœur comme chrétien ; mais je ne puis, je vous l'avoue, lui pardonner de ne point l'être. Ce que vous me mandez de M. B.., me fait trembler. Oh ! que l'esprit est un mauvais instrument dans un homme sans mœurs ! »

Rousseau n'était pas mal informé. Dans sa lettre à Hénault du 2 mars, datée de Bruxelles, Voltaire raillait Rousseau ; et de La Haye, dans une lettre à Frédéric, il plaisantait sur le pauvre apoplectique, et trépignait de joie sur le bord de sa fosse déjà entr'ouverte.

Rousseau mort, il écrivit à Ségui, éditeur du Lyrique, pour se mettre au rang des souscripteurs, quoiqu'il eût été « malheureusement au rang de ses ennemis les plus déclarés. » Et il ajoutait : « Je vous avouerai que cette inimitié pesait beaucoup à mon cœur. J'ai toujours pensé, j'ai dit, j'ai écrit que les gens de lettres devraient être tous frères. Ne les persécute-t-on pas assez ? Faut-il qu'ils se persécutent encore eux-mêmes les uns les autres ? Il semblait que la destinée, en me conduisant à la ville où l'illustre et malheureux Rousseau a fini ses jours, me ménageât une réconciliation avec lui. L'espèce de maladie dont il était accablé m'a privé de cette consolation, que nous avions tous deux également souhaitée. L'amour de la paix l'eût emporté sur tous les sujets d'aigreur qu'on avait semés entre nous. Ses talents, ses malheurs et sa mort ont banni de mon cœur tout ressentiment, et n'ont laissé mes yeux ouverts qu'à ce qu'il avait de mérite (1). »

Ceci était pour la galerie, et pour se donner une attitude de générosité. Ce qu'il y avait de sincère dans ces désirs mutuels de réconciliation, nous le savons par tout ce qui précède. Ce qu'il y avait de sincère dans les regrets de Voltaire, dans son abjuration de tout ressentiment, la suite va nous l'apprendre.

En 1749, on annonce la prochaine publication des lettres de Rousseau. Le 30 juillet, écrivant à l'abbé Raynal, Voltaire se hâte de déclarer à l'avance qu'il n'y aura que mensonges, et mensonges mal écrits, dans cette correspondance. « Il y a loin, assurément, écrit-il, entre ce forgeur de rimes recherchées et

(1) Lettre datée de Bruxelles, 29 septembre 1741.

un homme d'esprit, et encore plus loin entre lui et un honnête homme. » Et comme on attribuait à Louis Racine, — qui s'en est défendu, — cette publication, Voltaire disait : « Il a fait là une vilaine action. Au reste, je puis vous assurer que, si je voulais publier les lettres originales que j'ai entre les mains, je ferais voir que Rousseau a vécu en méchant homme, et est mort en hypocrite. Mais à quoi lui ont servi ses méchancetés ? A lui faire traîner une vie vagabonde et malheureuse, à le chasser de chez tous ses maîtres, à lui laisser pour toute ressource un Juif condamné à Paris à être roué. Les honnêtes gens doivent être affligés que ce coquin-là ait fait de beaux vers. » Menteur, dit-on, comme une oraison funèbre, et voilà l'oraison funèbre de Rousseau !

Dès que les lettres furent publiées, Voltaire écrivit de Potsdam, le 15 avril 1752, à un membre de l'Académie de Berlin : « Ceux qui ont fait imprimer le recueil de lettres de Rousseau, devaient, pour son honneur, les supprimer à jamais. Elles sont dépourvues d'esprit, et souvent de vérité, etc. » Elles ne peuvent lutter d'esprit avec celles de Voltaire, mais elles donnent de leur auteur une idée plus avantageuse, et l'honneur de Rousseau y est à couvert comme dans un testament.

Dans cette lettre de 1752, il reproduisait contre Rousseau tout ce qu'il a semé dans tant d'ouvrages. En 1758, il salit sa mémoire sous prétexte de défendre celle de Saurin (1). En 1762, il glissa les mêmes calomnies dans son *Éloge de Crébillon* (2). En 1763 (19 juin), il écrivit à Marmontel : « Je hais Rousseau; ce malheureux a fini par faire de mauvais vers contre la philosophie. » Enfin, en 1776, dans son *Commentaire historique* (3), il donna du tout une nouvelle édition, la dernière celle-ci, grâce à la mort qui lui ôta les armes des mains.

Et voilà l'homme qui, le 11 janvier 1766, écrivait à d'Argental : « J'aimerais autant qu'on m'eût accusé d'avoir fait rouer Calas, que de m'imputer d'avoir persécuté un homme de lettres! »

---

(1) *OEuvres*, t. XXXIX, p. 617. — (2) Ibid., t. XL, p. 471. — (3) Ibid., t. XLVIII, p. 329.

III

PETITS ENNEMIS DE VOLTAIRE — GUYOT DE MERVILLE

Et maintenant les petits ennemis et les petits amis de Voltaire : d'un côté, les alliés, suivant lui, de Des Fontaines et de Rousseau ; de l'autre, ceux qui l'aidèrent dans ses querelles. Dans le premier camp, nous n'avons plus à faire la connaissance que de Guyot de Merville.

Avec Guyot de Merville, Voltaire avait commencé par l'amitié. C'est Guyot de Merville qui, en 1722, avait été chargé, à La Haye, de revoir les épreuves de la *Henriade* (1). Une rivalité d'amour, quoi qu'en dise Voltaire (2), ne les avait donc pas encore brouillés. Mais Guyot de Merville était lié avec Des Fontaines et Rousseau, qui l'entraînèrent dans leur querelle. Le 4 août 1736, il fit représenter, sur le théâtre Italien, les *Mascarades amoureuses*, qu'il publia avec une préface à la louange de Rousseau, dans laquelle il attribuait à Voltaire une *Réponse* en vers injurieuse au Lyrique. Aussitôt Voltaire d'écrire à mademoiselle Quinault (3) : « Il y a dans le monde un M. Guyot de Merville, qui travaille pour votre théâtre ; je l'ai connu autrefois par hasard, et je ne l'ai connu que pour lui rendre service (4) ; il s'est depuis peu lié avec l'abbé Des Fontaines, et il a sucé le venin que cet ennemi des femmes, du bon goût et des bons ouvrages, s'avise de répandre contre moi. » Puis il parlait de la préface, et priait la comédienne d'intervenir auprès de Guyot de Merville. Le 6 février de l'année suivante, il lui écrit de nouveau que Guyot de Merville s'est joint à Des Fontaines pour composer la *Voltairomanie*, et il lui demande en grâce de faire signer par ses camarades un certificat dont il lui envoie la formule, pour se disculper sur les rapines dont il était ac-

---

(1) A madame de Bernières, 7 octobre 1722. — (2) A Thieriot, 23 juin 1738. — (3) 24 novembre 1738. — (4) Le service de G. de Merville à Voltaire est connu, non celui de Voltaire à Guyot de Merville.

cusé à l'occasion de ses pièces de théâtre, et sur l'affaire de
Beauregard. La Quinault lui ayant représenté que ce certificat
pourrait aboutir à quelque ridicule, il insiste auprès d'elle, le
18, pour obtenir au moins une lettre ostensible sur le même
objet. Et, le 22, il réclame de nouveau son intervention, non
pour rentrer en amitié avec Guyot de Merville, mais pour faire
cesser ses injures.

Quinze ans plus tard, Guyot de Merville, comme plusieurs
autres, lui fournit une occasion de vengeance. En 1755, établi
depuis deux ans à Genève, où l'avaient relégué, dit-il, les mauvais procédés des comédiens français, il lui écrivit de Lyon, le
15 avril, pour lui demander une rentrée en grâce. Il imputait
sa conduite d'autrefois à son attachement pour Rousseau et à
sa complaisance pour Des Fontaines, et il implorait pardon et
amitié. Comme gage de ses bons sentiments, il offrait de sacrifier quatre volumes manuscrits de critiques de Voltaire, de
supprimer, dans une nouvelle édition de ses œuvres, la Préface
des *Mascarades amoureuses* et deux pièces de vers inspirées par
Des Fontaines ; enfin, de lui dédier les quatre volumes de son
théâtre. Voltaire répondit fièrement, en avril, pour repousser
toute avance : « Si vous le trouvez bon, Monsieur, nous en resterons là. » Quelques jours après, le 4 mai, Guyot de Merville
se noyait volontairement dans le lac de Genève, non sans doute
de dépit d'avoir été rejeté par Voltaire, mais de désespoir, et ne
pouvant voir plus longtemps sa femme et sa fille associées à sa
misère. — Triste ennemi!

IV

PETITS AMIS DE VOLTAIRE — BERGER ET DEMOULIN — LA
MARE — LEFEBVRE ET LINANT

Berger était un marchand de Paris et un amateur de beauxarts. Voltaire l'avait connu dans sa jeunesse, et il s'en servit
longtemps comme de correspondant littéraire. Berger devint
ensuite secrétaire du prince de Carignan, par qui il obtint un

intérêt dans les fourrages de l'armée (1734), en attendant une direction (1744).

La correspondance de Voltaire avec Berger commence en octobre 1733. Il lui écrit à cette date : « Y a-t-il quelque chose de nouveau sur le Parnasse, qui mérite d'être connu par vous?... Soyez donc un peu, avec votre ancien ami, le nouvelliste des arts et des plaisirs, et comptez sur les mêmes sentiments que j'ai toujours eus pour vous. » Berger fut fidèle à la recommandation, au point que Voltaire recevait jusqu'à trois de ses lettres à la fois. Voltaire ne cessait de le remercier de ses nouvelles, de son amitié et de sa discrétion, et protestait avec la même insistance de son désir de lui être utile. Cette amitié, il la mettait à de nombreuses contributions par la multitude des informations et des commissions qu'il exigeait de lui. Il l'employait comme agent dans toutes ses querelles avec Saint-Hyacinthe, avec Rousseau, avec Des Fontaines. Il l'appelait son « cher plénipotentiaire, » et même son « cher éditeur (1) : » en effet, Berger surveilla une édition de la *Henriade* et de l'*Enfant prodigue*. Comme son amitié, sa discrétion avait à subir plus d'une épreuve, l'épreuve surtout du mensonge, car Voltaire lui écrivait comme à Thieriot : « Mentir pour son ami est le premier devoir de l'amitié (2). » Berger s'en tira bien, et à la satisfaction de Voltaire. Il ne mit pas à la même épreuve le désir de Voltaire de lui être utile, ou Voltaire n'y répondit pas comme lui. Moins besogneux, il est vrai, il fut encore moins payé de ses soins que les autres. En février 1736, Moussinot eut ordre d'acheter une petite bague d'antique de cinquante écus pour sa femme, et encore en cas qu'on pût faire payer une créance véreuse. Cette même année, le 7 juin, Berger toucha lui-même cent francs par les mains de Moussinot; et, le 10 novembre, une petite pendule d'or moulu, qu'il refusa apparemment, car Moussinot, le 24, reçut la commission de s'en défaire avec quelque ami « pour de l'argent. » Nous trouvons encore à son compte, dans les libéralités de Voltaire, une part dans les produits éventuels de l'*Enfant prodigue;* une couple de cent

---

(1) 5 avril, 18 septembre 1736. — (2) 18 octobre 1736.

francs donnés, ou plutôt prêtés, puisqu'il est question de billet; et encore lui en faisait-on payer les intérêts par des gourmades : « Je remets à votre prudence et à votre esprit, écrivait Voltaire à Prault, le 24 février 1738, de lui faire sentir doucement que, quoique les plaisirs que je lui fais soient peu considérables, cependant vous ne laissez pas d'être surpris de la manière peu mesurée dont il parle de moi en votre présence, et qu'un cœur comme le mien méritait des amis plus attachés. » Sans doute Berger s'était plaint d'être si mal payé. Voltaire ne continua pas moins de recourir à ses services jusqu'en 1744, année où leur correspondance est interrompue, et de le traiter avec la même liberté.

Berger disparaît de la vie de Voltaire jusqu'en 1765. Au mois de février de cette année, il écrivit à Voltaire au sujet de leur correspondance d'autrefois, subrepticement publiée, et de plus falsifiée. Voltaire ne lui répondit, le 25, que par des reproches aigres-doux; après quoi, avec la morgue d'un parvenu, il faisait étalage de sa richesse et de son bonheur. Ce ton, qui contraste avec celui d'autrefois, s'explique par le changement de Berger, qui était devenu *dévot* : crime impardonnable !

Demoulin, marchand de blés, associé de Voltaire dans ce commerce, fut longtemps son homme d'affaires, et finit par lui dissiper environ vingt mille francs : « Le malheureux Demoulin, s'écria Voltaire, m'a volé une partie de mon bien (1); » phrase sacramentelle en pareil cas, sauf la variante de *grande partie*, qu'il employait le plus souvent. En même temps, il l'accusait de lui avoir suscité l'affaire de Jore : « Il m'avait dissipé (on ne dit plus *volé*) vingt mille francs que je lui avais confiés, et, pour m'empêcher de lui faire rendre compte, il m'embarrassa dans ce procès. Il vient aujourd'hui de me demander pardon, et de me tout avouer (2). » Il avait voulu le traîner en justice : « Il faut poursuivre ce fripon insigne de Demoulin, qui m'a volé vingt mille francs. Il faut du moins qu'il me paye le peu qu'il n'a pu me voler (3). » Il revenait à l'accusation de vol.

(1) A Cideville, 30 mai 1735. — (2) A Cideville, 23 décembre 1737. — (3) A Moussinot, 30 juin 1737.

Mais, ni la perte n'était si absolue, ni Demoulin si coupable. En effet, le 12 août 1738, Demoulin protesta de son innocence, et s'engagea, moyennant quelques facilités, à désintéresser Voltaire, à qui il écrivait : « Jamais amant n'a aimé plus tendrement sa maîtresse que je ne vous ai toujours aimé. » Et il finissait par se mettre à son entière disposition. Voltaire accueillit protestation et promesse, et, le 2 septembre, il écrivit à Moussinot : « Je veux encore pardonner à Demoulin ; je dois ce sacrifice à l'amitié de M. d'Argental, je le dois encore à l'intérêt que vous me montrez à son égard... Mais ce Demoulin devrait avoir donné de l'argent comptant, et des lettres de change sur personnes solvables (1). » A la même époque, il écrivait à madame Demoulin : « Je vous rends à l'un et à l'autre mon amitié ; je vois par vos démarches qu'en effet vous ne m'avez point trahi, et que quand vous m'avez dissipé 24,000 fr. d'argent, il y a eu seulement du malheur, et non de la mauvaise volonté. »

Evidemment, vol, banqueroute, tout se réduisait à une fausse spéculation, dont Voltaire, associé du marchand, devait subir, pour sa part, les pertes. Puis, il pardonnait à Demoulin, parce qu'il avait besoin de lui dans l'affaire de Des Fontaines.

Né à Quimper, en 1706, celui que Voltaire appelait le petit La Mare, était un petit misérable, dans tous les sens du mot. Venu d'assez bonne heure à Paris avec le costume ecclésiastique et le titre d'abbé, il garda son titre, mais il laissa bien vite son habit pour se livrer plus librement à la débauche. Vrai drôle, qui s'abandonnait à toutes sortes de gamineries, racontées par Diderot (2). Auteur de petites poésies et de petits opéras, il n'y trouva ni argent de son vivant, ni gloire après sa mort. Ses rapports avec Voltaire ont seuls empêché de périr sa triste mémoire.

Voltaire lui fit quelque bien en échange de ses services. En

---

(1) Il y eut un arrêté de compte entre eux, le 19 janvier 1743 ; et, dès lors, on ne comprend pas comment Voltaire, dans une lettre à madame Denis, du 20 décembre 1753, porte à 30,000 fr. la banqueroute de Demoulin. — (2) Lettre du 10 novembre 1760, à mademoiselle Voland ; *Mémoires*, Paris, 1834, t. I, p. 428.

1735, il le soupçonna d'être l'auteur d'un portrait de lui qui courait alors, parce qu'il devait entrer chez le marquis de Charost, à qui le portrait est aujourd'hui attribué. Voici ce portrait célèbre (1) :

« M. de Voltaire est au-dessous de la taille des grands hommes, c'est-à-dire un peu au-dessus de la médiocre;... il est maigre, d'un tempérament sec; il a la bile brûlée, le visage décharné, l'air spirituel et caustique, les yeux étincelants et malins. Tout le feu que vous trouvez dans ses ouvrages, il l'a dans son action. Vif jusqu'à l'étourderie, c'est un ardent qui va et vient, qui vous éblouit et qui pétille. Un homme ainsi constitué ne peut manquer d'être valétudinaire. La lame use le fourreau. Gai par complexion, sérieux par régime, ouvert sans franchise, politique sans finesse, sociable sans amis, il sait le monde et l'oublie. Le matin Aristippe, et Diogène le soir. Il aime la grandeur, et méprise les grands; est aisé avec eux, contraint avec ses égaux. Il commence par la politesse, continue par la froideur, finit par le dégoût. Il aime la cour, et s'y ennuie. Sensible sans attachement, voluptueux sans passion, il ne tient à rien par choix, et tient à tout par inconstance. Raisonnant sans principes, sa raison a ses accès comme la folie des autres. L'esprit droit, le cœur injuste, il pense tout et se moque de tout. Libertin sans tempérament, il sait aussi moraliser sans mœurs. Vain à l'excès, mais encore plus intéressé, il travaille moins pour la réputation que pour l'argent; il en a faim et soif; enfin il se presse de travailler pour se presser de vivre. Il était fait pour jouir, il veut amasser. Voilà l'homme; voici l'auteur :

« Né poëte, les vers lui coûtent trop peu. Cette facilité lui nuit, il en abuse et ne donne presque rien d'achevé. Ecrivain facile, ingénieux, élégant, après la poésie, son métier serait l'histoire, s'il faisait moins de raisonnements, et jamais de parallèles, quoiqu'il en fasse quelquefois d'assez heureux...

(1) On le trouve, avec quelques variantes, dans l'*Oracle des nouveaux Philosophes*, de l'abbé Guyon; dans les *Amusements littéraires* de la Barre de Beaumarchais; dans les *Pièces intéressantes* de Laplace, dans le Recueil du P. Harel, dans le *Voltariana*, etc.

« On a dit depuis longtemps que, pour faire un écrivain sans passion et sans préjugés, il faudrait qu'il n'eût ni religion, ni patrie. Sur ce pied-là, M. de Voltaire marche à grands pas vers la perfection. On ne peut d'abord l'accuser d'être partisan de sa nation ; on lui trouve, au contraire, un tic approchant de la manie des vieillards : les bonnes gens vantent toujours le passé, et sont mécontents du présent. M. de Voltaire est toujours mécontent de son pays, et loue avec excès ce qui est à mille lieues de lui. Pour la religion, on voit bien qu'il est indécis...

« M. de Voltaire a beaucoup de littérature étrangère et française, et de cette érudition mêlée qui est si fort à la mode aujourd'hui. Politique, physicien, géomètre, il est tout ce qu'il veut, mais toujours superficiel et incapable d'approfondir. Il faut pourtant avoir l'esprit bien délié pour effleurer comme lui toutes les matières. Il a le goût plus délicat que sûr. Satirique ingénieux, mauvais critique, il aime les sciences abstraites, et l'on ne s'en étonne point. L'imagination est son élément, mais il n'a point d'invention, et l'on s'en étonne. On lui reproche de n'être jamais dans un milieu raisonnable. Tantôt philanthrope, et tantôt satirique outré. Pour tout dire en un mot, M. de Voltaire veut être un homme extraordinaire, et il l'est à coup sûr. »

A part certains traits plus ou moins contestables, voilà une peinture vraie et vivante. Naturellement Voltaire ne la trouva pas ressemblante de tous points. Il feignit d'en rejeter les éloges, pour se mettre en droit d'en repousser les satires. Deux traits surtout l'offensaient, le reproche d'insensibilité et le reproche d'avarice. Il ne méritait ni l'un ni l'autre, lui qui prodiguait son cœur et son bien à ses amis (1).

Nous avons dit qu'il attribua d'abord le portrait à La Mare, « poëte fort vif et peu sage, » à qui il avait fait tous les plaisirs et accordé tous les secours qui dépendaient de lui (2). Il revint de ce soupçon, car il chargea bientôt La Mare d'une nouvelle édition de la *Mort de César,* lui abandonnant pour sa peine « le

---

(1) A Thieriot, 12 juin et 15 juillet ; à Berger, 4 août 1735. — (2) A Thieriot, 30 octobre 1735.

peu de profit qu'on en pourrait tirer (1). » La Mare fit une préface tellement outrée, que Voltaire, « louant sa reconnaissance, mais craignant la malignité du public, » dut en retrancher une grande partie des éloges, et ne lui permettre que de réfuter en passant quelques calomnies ; après quoi, la préface lui parut, à lui à madame du Châtelet, « très-sage et même intéressante. » Seulement, « cette justification eût eu plus de poids, si elle fût partie d'une main plus importante et plus respectée (2). »

Quand la préface parut, Voltaire écrivit à l'auteur pour lui faire quelques observations au sujet du parricide de Brutus, et de la traduction d'une lettre d'Algarotti, par laquelle La Mare suppléait aux louanges excessives qu'on lui avait retranchées. « Si vous m'aviez envoyé votre préface, lui dit-il, je vous aurais prié de corriger ces bagatelles (3). » Et La Mare la lui avait envoyée ! Mais c'était une lettre ostensible, pour cacher leur entente, et pour décharger le poëte de la responsabilité du parricide relevé par Des Fontaines.

Ce n'est pas le seul service que La Mare rendit à Voltaire. Avec la cabale qu'il avait ameutée, il assura le succès d'*Alzire*. Aussi Voltaire trouvait-il qu'il sentait vivement l'amitié et la reconnaissance ; mais il avait peur qu'il ne gâtât tout cela par de l'étourderie, de l'impolitesse et de la débauche (4). Toutefois, il promettait de lui faire tout le bien qu'il pourrait, pourvu qu'il fût plus sage. Mais voilà que La Mare parle de lui d'une manière peu convenable à un homme qu'il a accablé de bienfaits ; il va, sans aucun doute, comme tous ses obligés, se mettre au nombre de ses ennemis, et déjà il a trompé bien des fois sa confiance ; il est allé chez Moussinot escroquer de l'argent par un mensonge (5). Voltaire parlait ainsi de ses bienfaits méconnus, pour se débarrasser de l'obligation de les renouveler ; et, tout en remerciant Moussinot, qui avait justifié La Mare, de la gratification qu'il lui avait faite, il a soin d'ajouter :

(1) A Thieriot, 30 novembre 1735. — (2) A Berger, 22 décembre ; à Thieriot, 26 décembre 1735. — (3) Lettre à La Mare (lettre unique) du 15 mars 1736. — (4) A Thieriot, 2 et 9 février 1736. — (5) A Berger, 5 avril et 18 septembre ; à Thieriot, 23 septembre ; à Moussinot, 22 mai 1736.

« C'est la dernière que mes affaires me permettent de lui accorder (16 juillet)…. Si jamais, écrivait-il le 30, il vient vous importuner, ne vous laissez pas entamer, répondez que vous n'avez aucun commerce avec moi, cela coupe court. »

Ce n'est pas à Moussinot, c'est à Voltaire lui-même que La Mare tendit la main. En 1737, il passa par Cirey, allant en Italie. A Versailles, il avait longtemps suivi le roi comme un bouffon, se glissant à travers les gardes et répétant : « Je veux voir mon roi ! » Il avait fini par présenter ses vers à Louis XV, de qui il reçut quelque argent. Mais, exclu bientôt de sa charge de fou du roi, il prit la route de Rome pour être fou du pape. Arrivé à Cirey, il dit à madame du Châtelet : « N'avez-vous pas besoin d'un fou ? — Non, lui dit-elle, la charge n'est pas vacante. » Alors il demanda à Voltaire de l'argent pour son voyage et pour se faire guérir d'une maladie infâme. Voltaire lui donna cent francs, et il eut la modestie de n'en pas dire le chiffre aux gens du château : modestie bien chatouilleuse pour une telle bagatelle (1) !

N'ayant pas plus trouvé d'emploi à Rome qu'ailleurs, La Mare revint à Paris, et oublia de remercier Voltaire, qui s'en plaignit et lui ferma plus d'un an sa bourse : « La Mare, Linant, écrivit-il à Moussinot (4 décembre 1738), *a longe!* » Toutefois, dix jours après, Prault leur donna de l'argent à tous les deux, ce que Voltaire n'apprit que par le libraire, ces messieurs ayant gardé longtemps envers lui un silence qui n'était pas, croyait-il, le *silence respectueux*, encore moins le silence reconnaissant. Linant écrivit un mot de remercîment, mais La Mare attendit pour écrire qu'il eût dépensé son argent (2). Argent prêté, il est vrai, et non donné, ce qui diminue son ingratitude. En effet, Voltaire écrivait à Prault, le 13 décembre : « Vous avez donné 120 fr. à M. de La Mare, et vous avez plus fait que je n'avais osé vous demander. Je me charge du payement, s'il ne vous paye pas. » La Mare paya-t-il ? on l'ignore. « Je n'ai

---

(1) A Moussinot, 17 novembre 1737; madame de Grafigny, *Vie privée de Voltaire*, p. 37. — (2) A Moussinot, 14 et 27 décembre 1738.

point de nouvelles de ce petit hanneton, disait Voltaire ; il est allé sucer quelques fleurs à Versailles (1). »

Outre les cent francs donnés à Cirey, il lui abandonna le manuscrit de l'*Envieux*, dont La Mare devait, en échange de son nom, partager le profit « avec un jeune homme plus sage que lui et plus pauvre (2). » Pour payer sa discrétion au sujet de l'*Enfant prodigue*, il lui en abandonna également le mince profit, à partager avec Linant (3). Il lui demanda encore son nom pour le mettre au bas de l'avertissement de *Mahomet*, dont La Mare était censé l'éditeur, et nous ne voyons pas qu'il lui ait payé ce service.

Ainsi, La Mare, préfacier, claqueur, endosseur, nouvelliste et correspondant littéraire de Voltaire (4), a tiré de tous ces métiers un don de cent francs, un prêt de cent vingt francs, quelque chose peut-être sur la *Mort de César* et sur l'*Enfant prodigue*; et c'est tout, car, autrement, Voltaire n'aurait pas manqué de nous en instruire. Certes, préfacier et préface, homme et œuvres, ne valaient pas davantage; mais avouons que La Mare ne pouvait pas mourir étouffé sous le poids des bienfaits dont Voltaire prétendait l'accabler. Aussi, pour être plus sûr de son fait, il s'engagea, en 1744, à la suite de l'armée qui entrait en Bohême, — sa vraie patrie, — et il prit le parti, l'année suivante, de se jeter par la fenêtre d'un second étage. Cette fois, il en mourut. — Quels drôles Voltaire avait à son service!

Lefebvre et Linant valaient-ils mieux ? — C'est en 1742 que paraissent avoir commencé les rapports de Voltaire avec Lefebvre. A cette date, Voltaire lui écrit pour le confirmer dans sa vocation littéraire, tout en lui en faisant entrevoir les inconvénients, et il l'exhorte à la patience. Dès le début, Lefebvre en eut besoin, car il tomba malade ; et, craignant de mourir tout entier, il adressa à Voltaire une pièce de vers marotiques, où il se recommandait à lui pour obtenir l'immortalité de la

---

(1) A madame Demoulin, décembre ; à Thieriot, 20 décembre 1738.— (2) A d'Argental, 5 décembre 1738. — (3) A mademoiselle Quinault, 3 avril ; à Thieriot, 23 septembre 1736 ; *Comm. hist., Œuvres*, t. XLVIII, p. 327. — (4) Madame du Châtelet à d'Argental, 14 juin 1738.

gloire; immortalité, lui répondit Voltaire en la même langue (1), qu'il obtiendrait sûrement un jour par son *génie*. — En avons-nous lu de ces billets d'immortalité, toujours protestés par la génération suivante !

Voltaire écrivit à Lefebvre une autre lettre sur la *corruption du style* (2); et, ce qui lui valait mieux, il l'admit dans sa maison, sans doute à titre de valet-secrétaire. Sur le point de lui donner Linant pour compagnon, il écrivait de lui à Cideville (27 septembre 1733) : « C'est un jeune homme... poëte et pauvre, et qui fait des vers harmonieux. » A défaut de la fortune qu'il n'avait pas à leur faire partager, il leur offrait le partage de sa pauvreté, et il le leur offrait de bon cœur, préférant les amis au superflu, et un homme de lettres à la cuisine et aux chevaux de carosse. « Comment donc, écrivait-il à Thieriot (24 septembre 1735), les gens de lettres s'acharnent-ils à me reprocher ma fortune (il ne dit plus *pauvreté*) et l'usage que j'en fais, à moi qui ai nourri, logé et entretenu comme mes enfants deux gens de lettres pendant tout le temps que j'ai demeuré à Paris après la mort de madame de Fontaine-Martel? » Il n'eut pas longtemps à sa charge Lefebvre, mort l'année suivante, et il lui fit payer sa pension, à lui comme aux autres, en services littéraires.

Michel Linant, encore écolier ou sortant à peine du collége, adressa une *ode sur la création* à Voltaire, qui le manda à Paris. Myope, bègue et mal tourné, Linant ressemblait peu à un Apollon, mais il avait de l'esprit. « Joufflu, du reste, au teint fleuri, au cœur aimable (3), » il séduisit Voltaire, qui, de concert avec le conseiller Cideville, son compatriote, lui chercha une place. Cependant Linant arrivait à Paris, léger d'argent et d'instruction, avec son petit-collet et son esprit pour tout bagage. Voltaire aurait voulu l'introduire auprès de lui, chez madame de Fontaine-Martel, qui avait déjà trop de Thieriot (4). Par madame du Deffand, il songea à le placer chez la duchesse du Maine, soit

---

(1) *Œuvres*, t. XIV, p. 350. — (2) Transportée depuis dans le *Dict. philos.*; *Œuvres*, t. XXXII, p. 250. — (3) A Cideville, 6 mai 1733. — (4) A Cideville, 27 avril, 29 mai, et 27 juin 1732.

comme lecteur, soit comme secrétaire ; mais, lecteur, il était bègue ; secrétaire, il ne savait pas écrire, sans parler de son incurable paresse (1). Linant dut retourner à Rouen.

Cinq mois après, Voltaire le rappela et le logea avec Lefebvre, rue de Longpont. Là, Linant se brouilla avec toute la maison, et, quoiqu'il coutât à son hôte seize cents francs par an, il se plaignait encore de n'y être pas assez bien (2). Voltaire le poussa au théâtre, ce qu'il appelait « envoyer à la tranchée. » Linant quitta alors le petit-collet. Il commença un *Sabinus*, et, sur l'indication de Voltaire, il entreprit un *Ramessès*, dont il fut longtemps sans écrire une seule scène (3).

Son hôte ayant été forcé de fuir au bout de deux ans, il se trouva sans asile. Madame de Bernières ne voulait pas plus de sa personne que les comédiens de sa tragédie. Malgré les prêtres qui avaient *empaumé* le marquis du Châtelet, Voltaire le fit venir à Cirey comme précepteur. Mais il était toujours bègue, et il ne savait pas le latin. Il fallut bien le laisser bègue, et Voltaire se contenta, avec le concours de madame du Châtelet, de lui donner une teinture de langue latine (4). Mais ne voilà-t-il pas que Linant devient amoureux d'une habituée du château, de madame de Neuville ! Voltaire l'excuse (5), et ne le trouve pas moins ridicule, impertinent et intolérable. Puis, toute la tribu des Linant tombe à Cirey, une sœur, en particulier, qui à un style de servante joignait des prétentions de bel esprit et de reine. On chasse la sœur, on chasse aussi le frère, qui s'était permis des propos lestes sur la châtelaine, dont Voltaire, cette fois, dut épouser l'injure (6).

Néanmoins, l'année suivante, sous le voile de l'anonyme, et par l'entremise du libraire Prault, Voltaire, une ou deux fois, fit remettre à Linant cinquante livres. Il aurait voulu lui faire écrire une lettre d'excuses à Cirey, ce qui lui eût permis de

---

(1) A madame du Deffand et à Cideville, 1732. — (2) A Cideville, 27 octobre 1733, et 27 février 1734. — (3) A Cideville, juillet 1732, 28 juillet et 15 septembre 1733. — (4) A Cideville, 26 septembre 1733 ; 12 avril et 6 mai 1735. — (5) Lettre à madame de Neuville, 1735. — (6) A Cideville, 22 février, 25 septembre 1736, et 23 décembre 1737 ; à Formont, 23 décembre 1737.

dédier une pièce à madame du Châtelet, dont il aurait reçu quelque argent; mais Linant s'y refusa (1).

Linant dut se suffire à lui-même, car les quelques gratifications de Voltaire étaient bien incapables de le faire vivre; et, d'ailleurs, dès 1741 (2), Voltaire prétexta la banqueroute de Michel pour ne plus rien lui donner. Ce qu'il reçut du riche poëte peut être considéré comme la rétribution des quelques services qu'il lui rendit. Il prépara une réponse aux critiques du *Temple du goût;* il donna une édition des œuvres de Voltaire (3), pour laquelle, au refus de Berger et de Thieriot, il composa une préface (4).

Trois fois il eut le prix de poésie à l'Académie française; puis il travailla pour le théâtre, où il réussit moins. Il mourut en 1749, et Voltaire lui consacra cette petite oraison funèbre : « Il a été sifflé de son vivant et après sa mort. Les sifflets et la faim l'avaient fait périr; digne sort d'un auteur (5)! » — Sort accoutumé des amis de Voltaire!

V

VOLTAIRE CAPITALISTE ET HOMME D'AFFAIRES — SON AGENT MOUSSINOT

A la fin de 1738, Voltaire interrompait ainsi sa correspondance suivie avec Moussinot : « Je vous parlerai, mon cher ami, une autre fois d'affaires temporelles; il est question aujourd'hui d'affaire d'honneur. » Il s'agissait de Des Fontaines. L'affaire vidée, et pas à son honneur, il reprit les affaires temporelles, et avec un redoublement d'habileté et d'ardeur, pour réparer le temps perdu.

« Voltaire capitaliste et homme d'affaires, a écrit M. Foisset (6), est encore fort incomplétement connu. » Il l'est assez,

---

(1) A Moussinot, 5 mai et 14 décembre : à Prault et à madame Demoulin, décembre 1738. — (2) A Cideville, 28 octobre 1741. — (3) Amsterdam, chez Ledet, 1783-1739, 4 vol. in-8, avec figures. — (4) A Berger, 10 septembre 1736. — (5) A d'Argental, 28 novembre 1750. — (6) *Voltaire et le président de Brosses*, p. III.

toutefois, pour qu'on puisse dire que l'ancien clerc de maître Alain a été le plus habile, le plus prudent et le plus heureux des capitalistes au xviii⁰ siècle, et l'homme d'affaires le plus rusé, le plus madré, le plus retors qui fut oncques. Il va nous en dire lui-même quelque chose dans sa correspondance avec Moussinot; mais que ne pourraient pas nous en apprendre ses associés et ses débiteurs, si leur déposition eût été conservée! Attendons le président de Brosses, qui seul, du moins pour nous, lui a donné la réplique et lui a tenu tête. Les amis n'ont pas manqué de louer cette nouvelle aptitude de Voltaire, dont ils ont fait une partie essentielle de son universalité; pour nous, il nous est difficile de voir un vrai poëte, un vrai amant de l'humanité, dans un homme si attaché à la terre, si âpre au gain et si procédurier. Encore si nous n'avions pas à blâmer et à flétrir !

Commençons par présenter au lecteur son grand agent, l'abbé Moussinot.

C'est en 1727 (1), qu'il est question pour la première fois de Moussinot dans la correspondance de Voltaire; mais leur commerce direct ne commence que le 8 mars 1736, et il va jusqu'au 20 juin 1741. Qu'était ce Moussinot?

L'abbé Duvernet, qui, le premier, a publié, en la falsifiant, la correspondance de Voltaire avec lui, a dit dans son Avant-propos : « C'était un chanoine de Saint-Merry, un homme de bien, un homme simple et vertueux, attaché à ses devoirs d'ecclésiastique, de chanoine et d'ami; il jouisssait dans son chapitre d'une considération méritée; il était ce qu'on appelait alors janséniste, et ce qu'on persécutait. »

Il n'y a qu'un mauvais prêtre qui puisse être ainsi loué par un mauvais prêtre !

Duvernet continue : « Le chapitre de Saint-Merry lui confia sa caisse; les Jansénistes le firent dépositaire de la leur; Voltaire lui remit la sienne : elle ne pouvait être en de meilleures mains. C'était une singularité de voir un même ecclé-

---

(1) A Thieriot, 2 février. — A cette époque, Moussinot était déjà chargé du recouvrement de plusieurs billets de Voltaire.

siastique trésorier en même temps d'un chapitre, d'une secte et d'un philosophe, remplissant avec exactitude et un secret religieux les devoirs de ce triple état. De l'église de Saint-Merry, il se rendait à l'assemblée des Jansénistes, et en sortait pour aller vaquer aux affaires du philosophe son ami. »

Duvernet admire cette tenue en partie triple de la caisse canoniale, de la boîte à Perrette et de la bourse philosophique ; il admire bien plus, tant il est aveugle, la correspondance qu'il édite. Voltaire lui avait dit pourtant, quinze jours avant sa mort : « Brûlez, brûlez ces paperasses ; on m'y verrait trop en laid ou trop en négligé. » Il ne brûla pas ; et c'est un service, le seul, dont la postérité lui doit être reconnaissante. « On m'y verrait trop en laid, » disait Voltaire, et Voltaire s'y voyait bien ; Duvernet, heureusement, ne l'y a pas vu de même ; il l'y a vu en beau, dans « la sublimité de son cœur, » dans la profusion « de ses générosités et de sa bienfaisance, » et il a tout publié. Rien de pire qu'un maladroit ami ! Nous savons déjà, par les nombreux emprunts faits à la correspondance avec Moussinot, et nous apprendrons de plus en plus dans la suite ce qu'étaient le cœur et la bienfaisance de Voltaire.

Du reste, on ignore tout de Moussinot, sa naissance, sa vie et sa mort ; et il ne nous est plus connu que par Voltaire, qui avait en lui une confiance méritée. Pour plaire au philosophe, le rigoureux janséniste ne répugnait à rien, ni aux plus bas offices, ni aux plus vils mensonges.

<small>Il est avec le ciel des accommodements.</small>

Toute la famille Moussinot était au service et aux gages de Voltaire : d'abord Bonaventure Moussinot, docteur en théologie de la maison et société royale de Navarre ; puis son frère, bourgeois de Paris, sachant à peine écrire, mais excellent pour les commissions qui répugnaient à un chanoine, comme transactions avec les libraires, poursuite et contrainte des débiteurs ; ensuite son beau-frère Dubreuil, coureur et signataire de requêtes ; enfin sa sœur et ses nièces, employées aux offices qui réclamaient une intervention féminine.

Disons à l'honneur des Moussinot qu'ils se montrèrent désintéressés, et qu'ils travaillèrent, non pas *gratis pro Deo,* Dieu n'ayant rien à voir en de telles affaires, mais *gratis pro Voltario.* On est bien forcé d'ajouter que ce désintéressement ne tourne pas à l'honneur de la générosité prétendue de Voltaire, qui aurait pu et dû lui faire quelque violence. Or, que trouvons-nous au compte des Moussinot dans ce maniement et roulement de milliers et de milliers d'écus que l'on voit briller, que l'on entend sonner de toutes parts dans cette correspondance, et que leur en resta-t-il ? Ici, 50 fr. que Prault devait donner à Moussinot frère, et là, 50 fr. encore « en attendant mieux, » et nous ne voyons pas que ce mieux soit jamais venu ; plus, un petit contrat de cent livres de rentes foncières, à remplir ou du nom de l'abbé Moussinot, ou de celui de la nièce qu'il aimerait le mieux (1) : en tout, la valeur d'environ deux milles livres. Et encore ne sommes-nous pas sûrs que la rente de cent livres fût immédiatement payable, car Voltaire ajoute au sujet de la nièce : « Ce sera une petite rente dont vous la gratifierez, et qui lui sera affectée *après ma mort.* » Si la nièce dut attendre, pour entrer en jouissance, la mort de Voltaire, arrivée seulement trente-sept ans plus tard, la rente ne put lui servir de dot !

Quant à l'abbé, il perdit d'abord, à son commerce avec Voltaire, ses fonctions de trésorier à Saint-Merry, dont les chanoines le dépouillèrent dès qu'ils eurent appris qu'il le cumulait auprès du philosophe ; et il dut attendre deux ans pour être remis dans son emploi d'*Hiérophanta,* mot grec que le grand helléniste Voltaire traduisait par *Receveur sacré* (2) ! En attendant, il lui fallait une compensation. Le 30 juin 1736, après plus de trois mois de services gratuits,— sans compter les années précédentes sur lesquelles nous n'avons aucun renseignement, — Voltaire lui écrit : « A présent, mon cher abbé, voulez-vous que je vous parle franchement ? Il faudrait que vous me fissiez

---

(1) 7 octobre et 3 décembre 1737 ; 8 janvier 1741. — Notons une falsification curieuse de Duvernet, qui transforme les 50 fr. de 1741 en 50 pistoles ! —
(2) 25 janvier 1738.

l'amitié de prendre par an un petit honoraire, une marque d'amitié. Agissons sans aucune façon. Vous aviez une petite rétribution de vos chanoines ; traitez-moi comme un chapitre ; prenez le double de ce que vous donnait votre cloître, sans préjudice du souvenir que j'aurai toujours de vos soins. Réglez cela, et aimez-moi. »

Certes, le double du mince traitement que Moussinot devait recevoir de ses chanoines, ce n'était pas trop pour des fonctions qui multipliaient ses soins au centuple. Il avait à suivre toutes les affaires financières du philosophe déjà millionnaire, ce qui eût occupé dix huissiers et dix procureurs ; toutes ses affaires scientifiques, chez les gens d'Académie, les pharmaciens et les souffleurs ; tous ses procès et toutes ses querelles littéraires, qui le mettaient constamment en l'air, de jour et de nuit ; il avait à faire ses innombrables commissions, non-seulement chez les libraires, mais chez les peintres, les graveurs, les tapissiers, les marchands de meubles, les horlogers, les armuriers, les couteliers, les papetiers, les cordonniers, les tailleurs, les parfumeurs, etc, etc ; il avait, enfin, à faire pour son patron le brocantage des tableaux, où, il est vrai, il pouvait avoir sa part de profit ; en un mot, il consacrait sa vie entière (vie bien employée !) au service du philosophe. Homme vraiment impayable, et que Voltaire aurait eu en quelque sorte pour rien, lui eût-il donné le triple et le décuple de la rétribution canoniale. Si donc Moussinot, — indépendamment de ses profits de brocanteur et des emprunts qu'il faisait quelquefois à la caisse voltairienne, ce que le philosophe avait la générosité de trouver bon (1), — accepta l'honoraire proposé, il n'en dut avoir aucun scrupule, lui qui dépensait sa vie dans son commerce avec Voltaire, et y mettait son honneur par dessus le marché. Il est vrai que l'honneur de Moussinot valait peu cher.

(1) 17 novembre 1736.

VI

OPÉRATIONS DIVERSES — BROCANTAGE DE TABLEAUX — ACTIONS ET LOTERIES — RENTES VIAGÈRES — PROFITS ET PERTES.

Ce commerce s'ouvrit, le 8 mars 1736, par l'invitation de chercher un notaire chez qui on pourrait placer sûrement au moins cinquante mille livres. Mais ce n'est que le 21 que Moussinot est institué trésorier de Voltaire et qu'il entre en fonctions : « Mon cher abbé, lui écrit Voltaire ce jour-là, j'aime mille fois mieux votre coffre-fort que celui d'un notaire. Il n'y a personne à qui je me fiasse dans le monde autant qu'à vous. Vous êtes aussi intelligent que vertueux ; vous étiez fait pour être le procureur général de l'ordre des Jansénistes... Voyez si vous voulez vous charger de l'argent d'un indévot (au moins Voltaire ne le prenait pas en traître). Vous pourrez, dans l'occasion, en faire de bons marchés de tableaux. Vous m'emprunterez de l'argent dans votre coffre... Vous augmenterez le commerce de Pinga comme vous le jugerez à propos. Vous serez mon surintendant en quelque endroit que je sois. Je vous donnerai d'abord un billet pour prendre chez Perret (notaire) tout ce qui y sera. Je vous enverrai des procurations pour toucher d'autre argent. Demoulin vous en donnera aussi, et le portera chez vous. Tout sera dans le plus profond secret... Mandez-moi si cette charge vous plaît. »

La charge plut à Moussinot, et il se mit aussitôt à réaliser ce programme. Il commença presque par le commerce de tableaux ; commençons aussi nous par cette bagatelle.

Le 30 juin 1736, il reçut la permission de s'amuser à acheter pour 6,000 fr. de tableaux, dans le cas où il croirait que cela dût réussir ; et cette somme de cinq ou six mille francs, pour le même objet, fut mise plus d'une fois à sa disposition. Il avait carte blanche pour les estampes, quelquefois pour les tableaux eux-mêmes. Voltaire lui donnait avis des belles ventes, et il se promettait d'entrer de sa personne dans ce négoce : « Si je retourne à Paris, nous brocanterons vigoureusement (1). »

Ce commerce ne fut pas toujours heureux. Collens, un agent de Moussinot, dissipa seize à 1800 florins, et Moussinot fit, à cette occasion, un voyage inutile à Bruxelles, où Voltaire se trouvait alors (2). « Affaire de tout point malheureuse, » écrivait Voltaire. Il sollicita un compromis avec Collens, n'osant pas le poursuivre. Il prétendait bien qu'il avait droit et qu'il gagnerait son procès ; « mais, disait-il, il serait encore désagréable de le gagner. » Il y avait donc dans cette affaire quelque chose de louche, de peu loyal; quelque violation aussi, paraît-il, des droits de douane. C'est pourquoi Voltaire consentit à une perte, qu'il se borna à réduire le plus possible, et il en prit son parti. « Eh bien, écrivit-il à Moussinot, j'aurai perdu les frais de votre voyage : le mal est médiocre, et le plaisir de vous voir ne peut être trop payé. D'ailleurs, il y a des occasions où il faut savoir perdre. » Mais il parvint à retirer au moins une partie de son épingle de ce mauvais jeu, puisqu'il écrivait, le 9 juin 1741 : « Je suis charmé de la revanche de M. Collens. »

Voltaire réussit mieux, malgré quelques naufrages, dans les opérations plus vastes où il se lança. De bonne heure il s'était fait et appliqué cette maxime, qu'il ne formula que plus tard : « Il y a une tragédie anglaise qui commence par ces mots : « Mets de l'argent dans ta poche, et moque-toi du reste (3). » A peine eut-il de l'argent, qu'il songea non pas à le garder infructueux dans sa poche, mais à l'augmenter par toutes sortes de commerces, de placements et de spéculations. Dès le 5 décembre 1722, il s'informait à Thieriot des actions des fermes, et demandait à être mis au courant de la hausse et de la baisse. De son courtier Moussinot, à plus forte raison, exigea-t-il des *Nouvelles à la main*, une sorte de cote financière, où le prix des actions serait spécifié. Ainsi informé, il achetait en baisse et

---

(1) 18 et 26 mars, 27 avril 1737; 17 juin 1738; 9 juillet 1739, et 26 décembre 1740. — (2) Voir sur cette affaire embrouillée les lettres du 26 décembre 1739 et du 12 janvier 1740. — (3) Au P. Menoux, 11 juillet 1760.

vendait en hausse, toujours à coup sûr (1). Quel bon boursicotier il eût fait !

Avec les actions, il cultivait les loteries. Mis en goût par son gain énorme dans celle de Des Forts, en 1726, il prit soixante-dix billets, en 1740, dans celle de l'Hôtel-de-ville, regrettant de n'en pouvoir pas prendre davantage si l'opération était favorable (2). Il courait encore les chances de la place, sur laquelle il mit dix mille francs (3). Pour faire face à toutes ces opérations et pour se tenir à même de saisir les meilleures chances, il avait toujours de grosses sommes placées à courte échéance, chez les banquiers, les receveurs généraux et autres financiers.

A tout cela, il préférait les rentes viagères à taux élevé, ou les placements chez les grands seigneurs à gros intérêts. Agé à peine de quarante-trois ans, il n'acceptait point de rente viagère à moins du denier dix (4). Pour les grands seigneurs, il les préférait à tous les autres débiteurs, malgré la tablature qu'ils lui donnaient assez souvent. « J'ai perdu quelquefois une partie de mon bien avec des financiers, disait-il; mais je n'ai jamais rien perdu avec les grands, excepté mon temps (5). » C'est pour cela qu'il préférera les princes aux simples particuliers (6). Non que parole de gentilhomme, ou même de prince, fût tout pour lui, et dispensât de bons contrats ou de bonnes délégations : « Paroles de princes sont des chansons, » écrivait-il (7). Il ne négligeait donc rien et pour assurer le placement et pour faire rentrer les fonds.

D'abord, il exigeait de bons contrats, même de ses amis et bienfaiteurs, même du marquis du Châtelet (8); ou bien des billets solides et sur bons répondants (9). Tous ces contrats et billets, déposés d'abord chez ses notaires, Perret ou Bronod, passèrent aux mains de Moussinot, chargé désormais d'en faire payer les arrérages. « Il ne faut rien laisser languir entre les

(1) A Moussinot, 18 mars, 14 et 27 avril, 14 décembre 1737. — (2) 27 janvier. — (3) 2 mai 1741. — (4) 7 décembre 1737. — (5) A madame Denis, 9 septembre 1752. — (6) A Dupont, septembre 1764. — (7) A Moussinot, 5 août 1737. — (8) A Cideville, 19 juin 1733; à Moussinot, 30 juin 1736, et 10 janvier 1738. — (9) A Moussinot, 29 avril 1738, et 7 mars 1739.

mains des débiteurs, » lui recommandait Voltaire; ou bien :
« Ne manquez pas de faire la petite collecte au mois de juillet :
il ne faut rien laisser en arrière (1). »

Malgré toutes les précautions prises pour s'assurer de la solvabilité, et toutes les réclamations à l'échéance, les grands seigneurs étaient durs à payer et se faisaient tirer l'oreille. Richelieu, en particulier, laissait passer cinq années sans donner un sou, et sa dette monter jusqu'à cinquante mille livres (2). Les Goesbriand, les Lezeau, les Villars, les d'Auneuil, les d'Estaing, faisaient également gémir Voltaire sur leur négligence. Sûr au fond, il les épargnait quand il avait besoin de leur crédit; mais enfin, las de leurs retards et de leurs excuses, ayant besoin d'argent pour bons placements ou emplettes avantageuses, il armait les huissiers de ses contrats et les lâchait aux trousses de ses illustres débiteurs. « Sermonnez-les, répétait-il à Moussinot; ne leur laissez pas contracter de mauvaises habitudes (3). »

Pour les presser davantage, il puisait des arguments dans le mensonge. Tantôt, c'était une banqueroute qui lui avait ôté tout son bien; tantôt, c'était quelque autre perte; il était réduit lui-même à emprunter, ses créanciers lui ayant saisi tout ce qu'il avait (4). Quelquefois, c'était un voyage fictif, qui devenait l'occasion d'une petite circulaire, écrite sous le nom du frère de Moussinot : « Monsieur, M. de Voltaire, voyageant dans les pays étrangers, a un besoin extrême de la rente que vous lui devez; il espère de votre générosité et de votre amitié que vous voudrez bien le payer. J'attends vos ordres (5). »

Après deux sommations de cette nature, on faisait un commandement aux fermiers des terres sur lesquelles les rentes étaient déléguées. S'il n'y avait pas de délégation, on pressait pour en obtenir une. Tout cela demeurant insuffisant, il n'y avait plus qu'à constituer procureur et à plaider. « Un exploit pour toute lettre; — la justice pour seul remède; — à un huissier à faire tous les compliments en cette affaire, et ne pas

---

(1) 20 juin et septembre 1740. — (2) 24 novembre 1736. — (3) 30 juin 1736; 18 mars 1737; 2 janvier 1739. — (4) 11 mai 1737; 8 janvier 1741. — (5) 18 mars 1737.

épargner cette politesse : » voilà ce que Voltaire répète vingt fois (1).

Il ne se contentait pas de faire agir; il agissait lui-même, et écrivait lettre sur lettre pour avoir son dû ou deu : « On écrivait autrefois deu ou dub, parce que dû est toujours dubium; mais dû, ou deu, ou dub, il faut payer (2). » Mauvaise étymologie, mais bien spirituelle!

Le chef-d'œuvre en ce genre est sa lettre au prince de Guise, mécontent des procédures intentées contre lui. Voltaire lui en demande pardon, quoique Moussinot n'eût agi que par son ordre, absolument comme Scapin des coups de bâton donnés à Géronte; mais avec tant d'esprit, que le prince ne dut plus être fâché d'un exploit qui lui avait valu une si jolie lettre. Dans cette lettre, Voltaire disait : « Je n'entends guère les affaires, encore moins les procédures. » Il se faisait tort : jamais homme ne les a mieux entendues. Rien de plus légitime, assurément, que la bonne entente de ses intérêts; mais pourquoi les soutenir par de si vilains moyens! Une cause défendue par la ruse et le mensonge est mauvaise en elle-même, ou le devient bientôt dans sa poursuite.

Le prince de Guise avait écrit à Voltaire que toutes ces procédures étaient assez inutiles. Malgré sa jolie lettre d'excuse au prince, Voltaire n'en convient pas devant son digne Moussinot; et il persiste à les croire très-nécessaires. Toutefois, il engage Moussinot à aller trouver Chopin, intendant du prince : « Vous lui direz que le sérénissime prince de Guise se moque de moi, chétif citoyen ; qu'il fait bombance à Arcueil, et qu'il laisse mourir de faim ses créanciers; vous lui ferez un beau discours sur le respect qu'on doit aux rentes viagères. Il est vrai que le roi a réduit les nôtres à moitié; mais le prince de Guise n'est pas si modéré, il me retranche toutes les miennes. Je vous avoue que je trouve ce procédé-là pire que les barricades de Guise le Balafré (3). »

Des affaires les plus embarrassées il savait tirer sa chose.

(1) 18 mars et 14 avril 1737; 6 mars et 3 avril 1738. — (2) A Cideville, 25 novembre 1758. — (3) 9 décembre 1738.

Poursuivi par ses créanciers, le comte d'Estaing allait voir vendre ses terres, et absorber tout son bien en frais de justice. Voltaire, son créancier pour quarante mille livres, achète une bonne partie des créances à prix réduit, et force les autres créanciers à transiger en abandonnant une partie de leur dû. Par là il sauva le comte d'Estaing, mais en se sauvant lui-même, car il eut bien soin de se faire donner de nouveaux contrats sur les terres désormais dégagées, et le comté fut bien bon de lui en être si reconnaissant. Pour l'un et pour l'autre, c'était simplement une bonne opération (1).

Ce ne furent pas les seules affaires dont eut à s'occuper Moussinot pendant ces quatre ou cinq années, où Voltaire travailla avec tant d'ardeur à édifier sa gloire et sa fortune. A part les deux ou trois mois de répit que valut aux affaires financières la querelle de Des Fontaines, — qui seul eut l'honneur d'absorber complétement Voltaire pendant quelque temps, — Moussinot ne vit pas se lever un jour qui ne lui apportât quelque nouvelle commission. A la fin de 1737, il fut chargé de négocier l'acquisition de la terre de Spoy, près Bar-sur-Aube, — premier projet en ce genre de Voltaire, — et il était autorisé à la pousser jusqu'à cinquante mille livres aux requêtes du palais. Si d'Estaing, — à la famille duquel elle avait appartenu, — y songeait pour son compte, Voltaire s'offrait à la prendre à vie. Malgré les objections de Moussinot sur les droits, les réparations, les dévastations de la terre, Voltaire persista dans son projet et s'en remit à son cher plénipotentiaire, soit pour un bail à vie, soit pour un achat (2). La négociation fut abandonnée pour une cause inconnue, et il n'en est plus question dans la correspondance. Ce n'est qu'à son retour de Prusse, que Voltaire songea à acquérir une terre en France ou aux portes de la France.

Les opérations financières, placements de fonds, etc., entraînèrent quelques pertes.

En 1737, une assez grosse somme avait été placée pour six

---

(1) *Mémoires* de Longchamp, t. II, p. 159. — (2) 29 octobre 1737; 4 et 10 janvier 1738.

mois seulement, — vu la nécessité d'avoir toujours beaucoup d'argent en perspective, — chez le receveur général Michel; le dépôt avait été successivement renouvelé et augmenté, puis partagé moitié en rentes viagères, moitié en rentes au denier cinq, par billets renouvelables de trois en trois mois. Mais, en 1740, Michel fait banqueroute, et Voltaire de pousser aussitôt son cri accoutumé : « Il m'emporte donc une assez bonne partie de mon bien! » Il s'indigne et se venge par une épigramme. Chansons que tout cela ! Aussi, revenu à lui et à son sens positif, il cherche, bien qu'embarrassé par le secret qu'il veut qu'on garde au moins sur les rentes viagères, à ne pas tout perdre (1). Suivant sa lettre à Thieriot du 6 octobre 1741, il en fut quitte pour 32,500 livres.

Voici le juif Médina, qui, en reconnaissance du service rendu dans l'affaire de Rousseau, demande à emprunter. Voltaire invite Moussinot à lui répondre : « Quand on viendra de la part de M. Médina demander trois cents florins, dites : « J'ai reçu commission de les prêter, *hoc verum;* mais de les prêter en l'air, *hoc absurdum.* Qu'un bon banquier fasse son billet payable dans un an, et je les prête. Il faut prêter, et non perdre; être bon, et non dupe. » Médina offre un nommé Darius. Moussinot s'informe, et, Darius trouvé bon, il lui déclare, au nom de Voltaire, qu'il doit endosser le billet de Médina; sinon, pas d'argent, « attendu que c'est un argent de famille. Cela tranche net et prévient toute difficulté. » Darius consent, et Médina reçoit ses trois cents florins; il paye à l'échéance, et obtient jusqu'à vingt mille livres (2). Voltaire raconte ainsi le dénouement de son intrigue pécuniaire avec le Juif : « M. Médina me fit à Londres une banqueroute de vingt mille livres, il y a quarante-quatre ans. Il me dit que ce n'était pas sa faute, qu'il était malheureux, qu'il n'avait jamais été enfant de Bélial, qu'il avait toujours tâché de vivre en fils de Dieu, c'est-à-dire en honnête homme, en bon Israélite. Il m'attendrit, je l'embras-

---

(1) 30 avril et 28 décembre 1737; 29 avril 1738; 3 avril 1739; 12 juillet et 14 août 1740. — (2) 27 mars et 29 avril 1738.

sai, nous louâmes Dieu ensemble, et je perdis quatre-vingt pour cent (1). »

Voilà les plus grosses pertes de Voltaire en ces années; à quoi il faut ajouter 2,500 francs perdus avec Mac-Carthy, fils d'un chirurgien de Nantes, qui s'en servit pour aller à Constantinople, où il voulait se faire mahométan, et où il ne réussit qu'à se faire empaler; plus 2,000 francs emportés par un nommé Lefebvre, d'Amsterdam, et quelques dettes de jeu : en tout, une cinquantaine de mille livres, à peine le revenu annuel du poëte déjà millionnaire.

(1) *Dictionnaire philosophique*, sect. IV du mot *Juifs; Œuvres*, t. XXX, p. 470. — Les 44 ans dont il parle dans ce passage, reporteraient l'affaire à 1727, le *Dictionnaire philosophique* étant de 1771 ; ce serait donc une affaire différente de celle de 1738; mais il est peu probable que Voltaire ait renoué avec Médina après avoir perdu 80 0/0, et les vingt mille francs de 1727 doivent être mis au compte de ses mensonges.

CHAPITRE QUATRIÈME

VOLTAIRE DIPLOMATE

Voici une nouvelle face de Voltaire. Nous l'avons déjà entrevue en 1714, lorsqu'il était secrétaire du marquis de Châteauneuf, notre ambassadeur en Hollande. Mais alors sa diplomatie se renferma dans ses amours avec Pimpette, et dans ses efforts comiques pour l'arracher à sa mère et au protestantisme. En 1722, nous l'avons surpris limier de police de Dubois, à la recherche du juif Lévi. En 1726, pendant son séjour en Angleterre, à la vue de plusieurs hommes parvenus aux plus hautes fonctions de la politique ou de la diplomatie par la seule voie des lettres, il se confirma dans son désir de jouer un rôle semblable auprès du gouvernement de la France. Mais il dut attendre bien des années avant de toucher à l'accomplissement de son ambition. Ses rapports de plus en plus intimes avec Frédéric de Prusse, d'abord prince royal, puis roi, lui fournirent enfin une occasion favorable qu'il s'empressa de saisir, et il se fit accepter comme négociateur du gouvernement français.

I

PREMIERS RAPPORTS DE VOLTAIRE ET DE FRÉDÉRIC

C'est en 1736 que commencèrent ses rapports avec l'héritier du trône de Prusse.

Elevé par une gouvernante française, madame de Rocoules, et par un précepteur français, Duhan, Frédéric avait sucé en quelque sorte avec le lait l'amour de notre langue et de notre littérature. D'ailleurs, il avait grandi au sein d'une tradition toute française, entretenue à Berlin, depuis la fin du XVIIe siècle, par les réfugiés protestants. Dès lors, il se passionna pour nos arts et nos lettres, dont il songea plus tard à transporter la capitale à Berlin, et à reprendre le patronage, resté vacant depuis la mort de Louis XIV. Voilà ce qui déplut à la rudesse de son père, qui ne voulait faire de lui qu'un soldat. « Ce n'est qu'un petit-maître et un bel esprit français, disait Frédéric-Guillaume, qui gâtera toute ma besogne. » Heureusement pour la Prusse, cet autre Philippe préparait des ressources dont le nouvel Alexandre, malgré tous les Aristotes de sa jeunesse, saura tirer parti. En attendant, il est enfermé à Custrin, où il est forcé de voir tomber la tête de son cher Katt, confident et complice de sa fuite. Marié malgré lui à Elisabeth de Brunswick, il jure de n'avoir aucu ncommerce avec elle, et il tiendra parole. Ayant obtenu permission de se retirer au château de Rheinsberg, il en fait *le séjour des Muses*, et même un cabinet de toilette, lui qui sera un jour le prince le plus sale de l'Europe. Cependant, il tient toujours un régiment prêt, pour se mettre militairement à sa tête, lorsqu'il a reçu l'avis secret d'une visite paternelle.

C'est de Reinsberg que le prince royal, âgé alors de vingt-quatre ans, se mit en correspondance avec tous les gens de lettres, et particulièrement avec Voltaire, réfugié à Cirey. Le 8 août 1736, il lui adressa une première lettre, toute pleine de louanges ridicules par leur emphase tudesque. Humble disciple, il lui demandait des leçons et des exemples, ses conseils et ses ouvrages, dont il mettait la possession au-dessus de « tous les biens passagers et méprisables de la fortune; » et déjà il manifestait le désir de le posséder lui-même, ou du moins de le voir. Atteint, dès cette époque, de la métromanie française, il ne trouvait pas un correcteur suffisant de ses petits vers dans Jordan, fils d'un réfugié, et il réclamait le secours d'un plus fin connaisseur.

La réponse de Voltaire est du 26 août. Dans sa vive allure française, elle n'est pas moins chargée de louanges que celle de Frédéric. Retenu par l'amitié de madame du Châtelet, Voltaire regrette de ne pouvoir faire un voyage dont le prince est plus digne que Rome, où il n'y a à voir que des églises, des tableaux et des ruines.

Une fois engagée, la correspondance suivit sur un ton de plus en plus familier, quoique contenu longtemps, d'un côté par le respect, de l'autre par l'admiration. Mais, sous une forme ou sous une autre, les hyperboles louangeuses allaient leur train. « Il me traitait d'homme divin, a dit Voltaire; je le traitais de Salomon. Les épithètes ne nous coûtaient rien (1). » Il le traitait non-seulement de Salomon, mais de Trajan, de Titus, de Marc-Aurèle, et surtout de Julien. Il l'appelait même son Messie du Nord, et lui écrivait *Votre Humanité*, au lieu de Votre Majesté (2). Frédéric n'était pas en reste, quand il ne s'agissait que de pures paroles, et Voltaire était assez vain pour s'en vanter partout : « Il m'écrit comme Julien écrivait à Libanius (3). »

L'instinct de la dignité royale donnait quelquefois à Frédéric sur Voltaire l'avantage du sens et du goût; le prince se jugeait mieux que son adulateur, et le Prusssien jugeait mieux la France que le mauvais Français. En décembre 1736, Voltaire n'avait pas rougi de lui écrire : « Vous pensez comme Trajan, vous écrivez comme Pline, et vous parlez français comme nos meilleurs écrivains. Quelle différence entre les hommes ! Louis XIV était un grand roi, je respecte sa mémoire; mais il ne parlait pas aussi humainement que vous, Monseigneur, et ne s'exprimait pas de même. J'ai vu de ses lettres; il ne savait pas l'orthographe de sa langue. » — Notez que Frédéric ne mettait pas un mot d'orthographe française, et qu'il ignorait ou méprisait l'allemand, sa langue à lui, jusqu'à ne l'écrire et ne le parler jamais ! — Néanmoins, c'est Frédéric qui rapellera au respect de Louis XIV le futur auteur du *Siècle de Louis XIV*, et il lui répondra : « Louis XIV était un grand prince par une infinité d'endroits; un solécisme, une faute d'orthographe, ne pouvait ternir en rien l'éclat de sa réputation établie par tant d'actions qui l'ont immortalisé. Il lui convenait en tous sens de dire : *Cæsar est supra grammaticam.* » Voltaire osa insister, et redire que Louis XIV « ne savait rien, pas même la langue de sa patrie; » il osa écrire à notre futur ennemi, le 27 mai 1737 : « Je crois que les Français vivent un peu dans l'Europe sur leur crédit, comme un homme riche se ruine insensiblement. » Langage digne de celui qui devait se dire « plus réellement

---

(1) *Mémoires; Œuvres*, t. XL, p. 50. — (2) A d'Argenson, 18 juin 1740. — (3) A Berger, 10 septembre 1736.

le sujet de Frédéric que du roi sous lequel il était né (1). »

Il faut bien ajouter, pour être juste, qu'il y a des parties plus nobles dans cette correspondance, et qui font plus d'honneur à Voltaire. Le philosophe engageait le prince à préparer, par l'étude, par la connaissance des hommes, par l'amour du vrai et la haine de la *superstition*, par la préférence accordée à l'humanité sur la royauté, le retour de l'âge d'or dans ses futurs États. Mais, indépendamment de quelques fausses notes qui gâtent déjà ces belles maximes, nous verrons l'infraction que Voltaire y fera lui-même, lorsque son intérêt l'exigera.

Il est encore vrai que Voltaire soutint contre le fatalisme de Frédéric la cause de la liberté morale, qu'il la défendit bien contre l'objection tirée de la prescience divine, moins bien, mais passablement, contre le principe de la *raison suffisante*; mais, en la faisant consister dans le pouvoir d'agir, où souvent elle n'est pas, et non dans la volonté, où elle réside essentiellement, il la détruisait, — sans parler des deux articles *Franc arbitre* et *Liberté* du *Dictionnaire philosophique*, où l'on nous laisse à peu près libres de croire ou de ne pas croire à notre liberté. De même pour la loi morale, dont il semble soutenir contre Frédéric l'existence et le caractère absolu ; mais qu'est-ce qu'une loi morale indépendante de toute idée religieuse, et même métaphysique, sans origine connue et sans aucune sanction, puisque Voltaire a toujours hésité sur la spiritualité et, par conséquent, sur l'immortalité de l'âme? Morale du plaisir, ou de l'intérêt bien entendu, seule morale de Voltaire !

Reprenons la suite de notre correspondance. Bientôt les vers s'y mirent. En octobre 1736, Voltaire adressa à Frédéric une *Epître sur l'usage de la science dans les princes* (2). Frédéric, n'osant encore répondre en vers, lui envoya un buste de Socrate, avec lequel il mettait Voltaire en parallèle, sauf la *calomnie* sur les mœurs du maître et de l'ami d'Alcibiade (3). Socrate philosophe valait mieux que Voltaire ; Socrate *calomnié* était le vrai patron de Frédéric, audacieux vraiment dans le

---

(1) A Frédéric, 30 mai 1739. — (2) *Œuvres*, t. XIII, p. 127. — (3) 7 novembre 1736.

choix d'un tel buste, qui réveillait contre lui l'infâme accusation.

Le 13 novembre, César-Cotin, comme disait Voltaire, Mithridate-Trissotin, comme a dit Macaulay, risquait ses premiers vers; et, enhardi par le bon accueil qu'ils reçurent, il les multiplia, ainsi que ses lettres, sans même attendre une réponse. Voltaire était son tout : « Si jamais je vais en France, lui écrivait-il le 8 février 1737, la première chose que je demanderai, ce sera : Où est M. de Voltaire ? Le roi, sa cour, Paris, Versailles, ni le sexe (ni le sexe surtout!), ni les plaisirs, n'auront part à mon voyage : ce sera vous seul. »

En juillet de la même année, il envoya à Cirey une espèce d'ambassadeur, Kairseling, *Césarion*, qui, en faisant, lui aussi, de mauvais petits vers français, était devenu son favori. Césarion était porteur du portrait du prince, de ses ouvrages et de ses lettres. « Nous lui donnâmes une fête, a raconté Voltaire : je fis une belle illumination, dont les lumières dessinaient les chiffres et le nom du prince royal, avec cette devise : *L'espérance du genre humain* (1). » On envoya en retour à Frédéric des livres, avec le regret de n'y pouvoir joindre la *Pucelle*, souvent demandée, mais gardée, disait-on, sous cent clefs par madame du Châtelet.

Les petits présents se suivirent pour entretenir l'amitié : « Je pris la liberté, continue Voltaire, de lui envoyer une très-belle écritoire Martin; il eut la bonté de me faire présent de quelques colifichets d'ambre. Et les beaux esprits des cafés de Paris s'imaginèrent, avec horreur, que ma fortune était faite (2). »

Une occasion s'offrit bientôt pour une première entrevue. Dans trois lettres du mois d'août 1738, Voltaire parle à Frédéric de la petite principauté de Ham et de Beringhen, entre Liège et Juliers, appartenant au marquis de Trichâteau, cousin germain du marquis du Châtelet par sa mère, qui était de la maison de Honsbruck. Ce cousin est celui que madame de Graffigny, dans sa *Vie privée de Voltaire*, appelle le *vilain petit Tri-*

(1) *Mémoires; Œuvres*, t. XL, p. 50. — (2) Ibid. — C'est dans une lettre de décembre 1738, que Voltaire annonce l'envoi de l'écritoire. Frédéric, mai 1739, répondit par l'envoi d'une écritoire d'ambre et de quelques autres bagatelles, comme un jeu de quadrille pour madame du Châtelet; il promettait d'envoyer du vin de Hongrie après les chaleurs.

château. Infirme et célibataire, il mourut à Cirey le 2 avril 1740.

Les du Châtelet, qui, en vertu d'une donation de leur parent, pouvaient disposer du château, cherchaient à le vendre, parce qu'ils n'en tiraient pas un revenu suffisant pour payer les dettes dont il était grevé. Ils le proposaient, au prix de cinq ou six cent mille florins, au père de Frédéric, si ce petit coin de terre, ne relevant de personne, lui pouvait convenir. En cette affaire, écrivait Voltaire à Frédéric, alors en ces parages, l'argent ne serait que l'accessoire. « Le principal serait que la reine de Saba (madame du Châtelet) viendrait sur les lieux, s'il en était temps encore, pour y voir le Salomon de l'Europe (1). Votre Altesse Royale sait si je serais du voyage. C'est bien alors que le pays de Juliers serait la terre promise, où je verrais *salutare meum*. » Mais Frédéric répondit, le 14 septembre, que madame du Châtelet ferait mieux d'attendre, pour se défaire de cette terre, la mort prochaine de l'électeur palatin, qu'il annonçait pour le printemps suivant; alors il s'y rendrait lui-même pour régler la succession de l'électeur; le couple de Cirey l'y viendrait rejoindre, et il leur procurerait toute commodité.

En attendant, au château de Remusberg, Voltaire présidait en peinture dans la bibliothèque du prince (2). Bientôt l'original essaya d'aller faire sa cour en personne. Le 8 mai 1739, il quitta Cirey, avec madame du Châtelet, pour Bruxelles et Beringhen. Il voyagea lentement, demeura quatre jours à Valenciennes, arriva le 28 à Bruxelles, qu'il quitta le 30 pour se rendre à Beringhen en passant par Louvain. Dans les premiers jours de juin, il était « en fin fond de Barbarie, dans l'empire de Son Altesse Mgr le marquis de Trichâteau, qui, jurait-il, était un assez vilain empire (3). » De là il revint vite à Bruxelles, où il se fixa, rue de la Grosse-Tour, menant une vie aussi uniforme et aussi tranquille qu'à Cirey (4). Le 28 juin, il y donna une fête à madame du Châtelet, à la princesse de Chimai, fille du duc de Saint-Simon, et au duc d'Aremberg (5).

---

(1) Un *Salomon* qui détestait les femmes! — (2) Frédéric à Voltaire, 9 novembre 1738. — (3) A madame de Champbonin. — (4) A Berger, 17 juin. — (5) A Thieriot, 30 juin.

Le 6 juillet, il était, avec madame du Châtelet, à Enghien, chez le duc d'Aremberg, jouant beaucoup au brelan, mais sans négliger l'étude, quoique confiné dans un château où il n'y avait jamais eu de livres que ceux que madame du Châtelet et lui y avaient apportés (1). Il revint à Bruxelles, et, après un voyage de plus de trois mois, il reprit le chemin de la France. Cette fois encore, il n'avait pu se rencontrer avec le prince royal.

C'est à Paris qu'il se rendit. Il en était absent depuis le mois de juillet 1736, et il y rentra le 4 septembre 1739. Il descendit seul, non pas à l'hôtel Lambert, acheté par madame du Châtelet, qu'il n'a jamais habité, mais à l'hôtel de Brie, rue Cloche-Perce, où il tomba malade. Pendant ce temps, madame du Châtelet demeurait à l'hôtel de son premier amant, le duc de Richelieu; mais elle ne paraissait s'occuper alors que de métaphysique leibnizienne avec le philosophe suisse Kœnig, qu'elle avait amené à Paris, et qui ne la paya, paraît-il, que par l'ingratitude (2).

Après deux mois de séjour à Paris, Voltaire partit dans les premiers jours de novembre, passa par Langres, où il accompagna madame de Richelieu, et rentra à Cirey, où il resta une semaine ou deux avec madame du Châtelet.

Au commencement de décembre, ils retournèrent à Bruxelles, où ils devaient demeurer, — à part quelques excursions, — jusqu'à la fin d'un procès relatif à la terre de Beringhen. Ce procès, dans le cours duquel Voltaire se vante d'avoir rendu d'importants services, — et le grand procédurier en était bien capable, — ne se termina qu'en 1744, à Cirey, par une transaction avantageuse aux du Châtelet (3).

Voltaire était encore à Bruxelles, lorsque, le 31 mai 1740, Frédéric devint roi par la mort de son père, et, le 6 juin, il reçut du nouveau monarque une lettre où on lit : « Pour Dieu, ne m'écrivez qu'en homme, et méprisez avec moi les titres, les noms, et tout l'éclat extérieur. » Ce que Voltaire trouvait un trait sublime (4), et ce qui n'était qu'un ridicule d'abord, car

---

(1) A Helvétius, 6 juillet. — (2) A Helvétius, 24 janvier 1740. — (3) Voltaire dit au prix de 220,000 livres argent comptant ; *Mémoires; Œuvres*, t. XL, p. 42. — (4) A Cideville, 28 juin.

il se faut tenir à sa place, et qu'un mensonge ensuite, comme rédéric se chargera de le prouver tout à l'heure à l'Europe, et plus tard au pauvre Voltaire.

Le poëte se hâta de brocher une ode et une épître sur l'avénement de Frédéric (1), et reçut en récompense du vin de Hongrie, sans doute meilleur que ses vers. Plus tard, Voltaire a raconté plaisamment l'arrivée du vin de Hongrie : « Frédéric, dit-il, commença par envoyer en France, en ambassade extraordinaire, un manchot, nommé Camas, ci-devant Français réfugié, et alors officier dans ses troupes. Il disait qu'il y avait un ministre de France à Berlin à qui il manquait une main (Valori), et que pour s'acquitter de tout ce qu'il devait au roi de France, il lui envoyait un ambassadeur qui n'avait qu'un bras. Camas, en arrivant au cabaret, me dépêcha un jeune homme qu'il avait fait son page, pour me dire qu'il était trop fatigué pour venir chez moi ; qu'il me priait de me rendre chez lui sur l'heure, et qu'il avait le plus grand et le plus magnifique présent à me faire de la part du roi son maître. « Courez vite, dit madame du Châtelet ; on vous envoie sûrement les diamants de la couronne. » Je courus, je trouvai l'ambassadeur, qui, pour toute valise, avait derrière sa chaise un quartaut de vin de la cave du feu roi, que le roi régnant m'ordonnait de boire. Je m'épuisai en protestations d'étonnement et de reconnaissance sur les marques liquides des bontés de sa Majesté, substituées aux solides dont elle m'avait flatté, et je partageai le quartaut avec Camas (2). »

Voltaire plaisantait ainsi en 1759, après sa brouille avec le roi de Prusse ; mais, en 1740, il prenait tout au sérieux et en admiration.

> Quoi ! vous êtes monarque, et vous m'aimez encore !

répondait-il à Frédéric ; et, dans son ode, il s'écriait :

> Est-ce aujourd'hui le jour le plus beau de ma vie ?

Ajoutons que l'éditeur de l'*Anti-Machiavel* mêlait à toutes ses flagorneries des conseils de paix, de justice, de bienfaisance et

(1) *Œuvres*, t. XII, p. 440, et t. XIII, p. 138. — (2) *Mémoires; Œuvres*, t. XL, p. 51.

d'humanité. Et cet enthousiasme, cette idolâtrie plutôt, était sincère, car ce que chantaient ses vers officiels, sa prose confidentielle le redisait à ses correspondants : « Philosophie, simplicité, tendresse inaltérable pour ceux qu'il honore du nom de ses amis, extrême fermeté et douceur charmante, justice inébranlable, application laborieuse, amour des arts, talents singuliers, voilà certainement ce que je peux vous assurer qu'il possède (1). »

Oui, Frédéric était alors l'idole de Voltaire et de toute la philosophie. Il venait de rappeler Wolf, et de le faire chancelier de cette Université de Hall, dont le philosophe avait été chassé sur une accusation d'athéisme; il avait également rappelé les anabaptistes, persécutés sous son père; et, dans la promiscuité de sa tolérance, il fondait à la fois une académie, un théâtre et une église catholique. La philosophie lui passait l'église par dessus tout le reste. Mais Frédéric se préparait à donner d'éclatants démentis et à ses propres maximes et aux éloges de Voltaire.

II

L'ANTI-MACHIAVEL

Le 22 mars 1739, il lui avait écrit : « Je médite un ouvrage sur le *Prince* de Machiavel; tout cela roule encore dans ma tête, et il faudra le secours de quelque divinité pour débrouiller ce chaos. » Le chaos se débrouilla, et sans l'intervention, bien certainement, d'une divinité quelconque. Deux mois après, le 16 mai, le prince écrivait encore : « C'est actuellement Machiavel qui me fournit de la besogne. Je travaille aux notes sur son *Prince* et j'ai déjà commencé un ouvrage qui réfutera entièrement ses maximes, par l'opposition qui se trouve entre elles et la vertu, aussi bien qu'avec les véritables intérêts des princes. » Et, sans en être bien sûr, il espérait pouvoir envoyer le manuscrit dans trois mois à Vol-

(1) A d'Argental, 12 juillet 1740.

taire. En effet, le 4 décembre, la création sortait du chaos :
« Je vous soumets les douze premiers chapitres de mon *Anti-Machiavel*, qui, quoique je les aie retouchés, fourmillent encore de fautes. Il faut que vous soyez le père putatif de ces enfants, et que vous ajoutiez à leur éducation ce que la pureté de la langue française demande pour qu'ils puissent se présenter au public. Je retoucherai, en attendant, les autres chapitres, et les pousserai à la perfection que je suis capable d'atteindre. »

Le 28 décembre, Voltaire en accusait réception : « Monseigneur, il faut, pour le bien du monde, que cet ouvrage paraisse; il faut que l'on voie l'antidote présenté par une main royale. » Et il demandait en grâce de faire la préface et d'être l'éditeur de ce « catéchisme des rois et de leurs ministres. » En attendant, il priait humblement qu'on lui permît « d'élaguer quelques branches de ce bel arbre, » et d'annoncer le livre, sous le nom de son auteur, au roi de France.

En lui envoyant la fin de son livre, le 3 février 1740, Frédéric lui disait : « Je parle trop librement de tous les princes, pour permettre que l'*Anti-Machiavel* paraisse sous mon nom. Ainsi, j'ai résolu de le faire imprimer, après l'avoir corrigé, comme l'ouvrage d'un anonyme. Faites donc main basse sur toutes les *injures* que vous trouverez superflues, et ne passez point de fautes contre la pureté de la langue. »

Vingt jours après, Voltaire lui soumettait quelques observations critiques et un « petit projet de préface, » et il lui demandait des ordres. Une maladie de Frédéric suspendit tout pendant quelques mois. Enfin, le 1ᵉʳ juin, usant bien vite de la permission arrachée, Voltaire écrivait de Bruxelles à Van Duren, libraire à La Haye : « J'ai en main un manuscrit singulier, composé par un des hommes les plus considérables de l'Europe. » Et il faisait l'éloge du livre, en promettait grand profit au libraire, et ne demandait d'autre condition que de le bien imprimer, et d'en envoyer deux douzaines d'exemplaires, magnifiquement reliés en maroquin, à la cour d'Allemagne qui serait indiquée; il en retenait pour lui deux douzaines en veau. Il ajoutait le 5, pour avoir une prompte et précise réponse : « Si vous saviez de quelle main est le manuscrit, vous m'auriez une obligation très-singulière, et vous ne tarderiez pas à en profiter. »

En même temps il écrivait au royal auteur pour lui expliquer ses changements et corrections, et pour lui demander grâce pour « quelques poignées de mortier jetées dans un ou deux endroits d'un édifice de marbre. »

Mais, dans l'intervalle, Frédéric Guillaume était mort, et son fils devenu roi. « Cela fait trembler, » écrivait Voltaire, le 13 mars, à la comtesse d'Argental. Il pressait davantage Van Duren, lui recommandant toujours le secret, mais ajoutant par mensonge que Frédéric encourageait la publication (1). Et il écrivait à Frédéric lui-même, pour le prémunir contre un mauvais remords : « L'ouvrage de Marc-Aurèle est bientôt tout imprimé. » Et après l'avoir rassuré sur un ou deux passages, signalés par Camas, et adoucis par lui : « J'oserais bien répondre que le livre fera autant d'honneur à son auteur, quel qu'il soit, qu'il sera utile au genre humain. Cependant, s'il avait pris un remords à Votre Majesté, il faudrait qu'elle eût la bonté de se hâter de me donner ses ordres..... Si vous saviez combien votre ouvrage est au dessus de celui de Machiavel, même pour le style (!), vous n'auriez pas la cruauté de le supprimer. »

Pour fermer à Frédéric la porte d'un retour, il pressait de plus en plus Van Duren; mais il n'osait, sans une permission de Berlin, lui envoyer sa préface (2). Cependant, le 10 juillet, le roi avait écrit de tout suspendre, sous prétexte de corrections, d'additions et de notes, et de lui renvoyer quelques chapitres, auxquels les notes se rapportaient, pour tout arranger. Il offrait de payer tous les frais, si l'impression était déjà achevée.

Voltaire fut contrarié de cette résolution. Il voyait bien que la conséquence en était la suppression d'un livre, dont les maximes étaient en opposition trop flagrante avec les projets que méditait alors Frédéric. Il en fut contrarié parce qu'elle

---

(1) A Van Duren, 13, 15, 19, 23, 27 juin 1740. — (2) 3 et 8 juillet.

le privait de l'honneur d'être l'éditeur d'un prince, et aussi peut-être parce qu'elle arrêtait la diffusion de doctrines qu'il regardait comme utiles à la philosophie et à l'humanité. Néanmoins, il obéit, et se rendit lui-même à La Haye, d'où il envoya au roi, le 20 juillet, ce curieux récit : « La première chose que je fis hier en arrivant, fut d'aller chez le plus retors et le plus hardi libraire du pays, qui s'était chargé de la chose en question... J'avais déjà fait sonder ce hardi fourbe... et j'avais envoyé en poste un homme qui, par provision, devait au moins retirer, sous des prétextes plausibles, quelques feuilles du manuscrit, lequel n'était pas à moitié imprimé; car je savais bien que mon Hollandais n'entendrait à aucune proposition. En effet, je suis venu à temps; le scélérat avait déjà refusé de rendre une page du manuscrit. Je l'envoyai chercher, je le sondai, je le tournai dans tous les sens; il me fit entendre que, maître du manuscrit, il ne s'en dessaisirait jamais pour quelque avantage que ce pût être, qu'il avait commencé l'impression, qu'il la finirait. »

Ce que voyant, Voltaire se souvient qu'il est dit dans l'*Anti-Machiavel*, qu'il est permis d'employer quelque honnête finesse en fait de négociation, et il dit à Van Duren qu'il n'est venu que pour corriger quelques pages du manuscrit : « Très-volontiers, répond le libraire; si vous voulez venir chez moi, je vous le confierai généreusement feuille à feuille, vous corrigerez ce qu'il vous plaira, enfermé dans ma chambre, en présence de ma famille et de mes garçons. »

« J'acceptai, continue Voltaire, son offre cordiale; j'allai chez lui, et je corrigeai en effet quelques feuilles qu'il reprenait à mesure, et qu'il lisait pour voir si je ne le trompais point. Lui ayant inspiré par là un peu moins de défiance, j'ai retourné aujourd'hui dans la même prison, où il m'a enfermé de même, et ayant obtenu six chapitres à la fois pour les confronter, je les ai raturés de façon, et j'ai écrit dans les interlignes de si horribles galimatias et des coq-à-l'âne si ridicules, que cela ne ressemble plus à un ouvrage. Cela s'appelle faire sauter son vaisseau en l'air pour n'être point pris par l'ennemi. J'étais au désespoir de sacrifier un si bel ouvrage; mais enfin j'obéissais au roi que j'idolâtre, et je vous réponds que j'y allais de bon cœur. Qui est étonné à présent et confondu? c'est mon vilain. J'espère demain faire avec lui un marché honnête, et le forcer à me rendre le tout, manuscrit et imprimé. »

Van Duren, assez justement irrité, ne voulut pas entendre davantage aux nouvelles propositions de Voltaire, qui entra alors en négociation avec lui pour que l'ouvrage parût au moins « d'une manière entièrement digne de son auteur. » Frédéric le remerciait déjà (29 juillet) de la suspension d'un livre, qu'il fallait, disait-il, « mâcher et remâcher » avant de le livrer au public, lorsque Van Duren fit rétablir, tant bien que mal, tous les passages effacés, par la Martinière, son réparateur habituel de mauvais ouvrages (1), et, précipitant l'impression, il mit en vente sa marchandise, et se vanta de pouvoir empêcher tout autre libraire d'en débiter une édition nouvelle et corrigée.

Toutefois, Voltaire proposa de préparer cette édition, devenue désormais nécessaire. Le marquis de Fénelon, ambassadeur de France à La Haye, avait écrit à sa cour contre un ouvrage plus anti-chrétien, disait-il, qu'anti-machiavélique. Or, Voltaire se chargeait de lui donner une couleur un peu plus chrétienne, pour éviter toute chicane, et d'en faire des présents partout, ce qui serait plus prompt, plus noble et plus conciliant. Frédéric s'en remit à lui (5 août), se reposant de tout « sur son cher éditeur. » — « Rayez, changez, corrigez, lui écrivit-il encore (8 août), et remplacez tous les endroits qu'il vous plaira. Je m'en remets à votre discernement. »

Le 18 août, Voltaire annonçait à Moussinot « un manuscrit singulier, composé par un homme plus singulier encore, » pour lequel il croyait qu'on obtiendrait aisément un privilége. « C'est, comme vous le verrez, disait-il, la réfutation de Machiavel; elle est d'un homme qui tient un des plus grands rangs dans l'Europe, et qui, par son nom seul, quand il sera connu, fera la fortune du libraire. » Il autorisait Moussinot à transiger avec

(1) Prosper Marchand, *Dictionnaire historique*, t. I, p. 44.

Prault fils, mais pas à moins de mille écus, dont le dixième serait pour le négociateur. Il ajoutait bien qu'il n'avait nulle part ni au manuscrit ni au profit, et qu'il remplissait seulement sa mission, mais sans dire pour qui seraient les neuf dixièmes restants.

Rien n'était fait encore le 7 octobre, jour où il écrivait à Moussinot : « Donnez le *Machiavel* à qui vous voudrez, comme vous voudrez, et qu'on l'imprime comme le libraire voudra, avec ou sans privilége. »

Le livre devait être imprimé en même temps à Paris, à Londres et à La Haye, ce qui concilie avec les lettres à Moussinot les lettres du 22 août et du 22 septembre au roi de Prusse : « L'affaire de l'*Anti-Machiavel* est en très-bon train, pour l'instruction et le bonheur du monde... J'envoie à mon adorable maître l'*Anti-Machiavel* tel qu'on commence à présent à l'imprimer; » et il attendait encore ses ordres pour savoir s'il y avait quelque chose à changer dans l'ouvrage.

« J'ai lu le *Machiavel* d'un bout à l'autre, lui répondit Frédéric le 7 octobre; mais, à vous dire le vrai, je n'en suis pas tout à fait content, et j'ai résolu de changer ce qui ne m'y plaisait point, et d'en faire une nouvelle édition, sous mes yeux, à Berlin. » En même temps, dans les gazettes, il désavouait les deux éditions précédentes, celle de Van Duren et celle dont Voltaire lui avait envoyé la copie : « Je vous en demande pardon, écrivait-il à celui-ci; mais je n'ai pu faire autrement; car il y a tant d'étranger dans votre édition, que ce n'est plus mon ouvrage. »

Voltaire insista le 12 octobre, s'appuyant sur l'approbation de tous les gens un peu instruits, et rejetant le témoignage de tous ceux qui avaient moins d'esprit et plus de préjugés : « Autant ils sont forcés d'admirer ce qu'il y a d'éloquent et de vertueux dans le livre, autant ils s'efforcent de noircir ce qu'il y a d'un peu libre. Ce sont des hiboux offensés du grand jour; et, malheureusement, il y a trop de hiboux dans le monde. » Malgré tous les retranchements et tous les adoucissements, il était encore resté, dans le manuscrit copié par Van Duren, beaucoup de choses qui auraient plu aux gens de lettres et aux philosophes, mais irrité les esprits faibles. Or, il fallait qu'un tel ouvrage, qui allait paraître bientôt traduit en cinq ou six langues, plût à tout le monde, sans que « les cris des moines et des bigots » s'opposassent à la louange universelle. C'est pourquoi Voltaire avait travaillé nuit et jour à une nouvelle édition, pour y faire de petits correctifs dont il envoyait au roi les premières feuilles : édition absolument nécessaire, maintenant que le secret de l'auteur était dévoilé, et il n'y avait plus qu'à en répandre des exemplaires dans toute l'Europe pour faire tomber celle de Van Duren. Que le roi confrontât donc l'une et l'autre, et indiquât ce qu'il voulait conserver, retrancher ou ajouter. Déjà Voltaire avait acheté la moitié de cette édition pour en faire des présents, et le libraire vendu le reste à ses correspondants. Encore une fois, que Frédéric déclarât ses intentions, pour qu'on pût diriger les traducteurs du « seul livre digne d'un roi, depuis quinze cents ans. » Que s'il ne trouvait pas que l'édition Van Duren fût assez étouffée encore par la nouvelle, Voltaire offrait de retirer de la première le plus d'exemplaires possible. Il était en procès avec ce Van Duren, qui, au nom de la loi, voulait rester maître des deux éditions, et il joignait à son paquet pour Berlin une copie de la lettre qu'il venait d'écrire à un curé, dépositaire du manuscrit.

Ce curé était Cyrille le Petit, desservant de l'église catholique française à La Haye, qui consentit à servir d'intermédiaire et de conciliateur entre Voltaire et Van Duren. En déposant entre les mains de ce Cyrille le manuscrit corrigé, Voltaire avait stipulé qu'il ne serait remis à Van Duren que de son consentement. Dans la lettre du 3 octobre mentionnée tout à l'heure, et publiée seulement en 1856 (1), Voltaire et de Beck, secrétaire de la légation de Prusse et témoin de la convention, rappellent à Cyrille les circonstances et les conditions du dépôt. Après avoir fait présent du manuscrit à Van Duren, Voltaire, ayant des *raisons* pour ne le pas publier sitôt, vint à La Haye,

(1) *Lettres inédites*, t. I, p. 131.

et offrit au libraire de payer au quadruple les frais de l'impression commencée, pour avoir droit de retirer le manuscrit donné, ce que Van Duren refusa. Alors il mutila l'ouvrage et en offrit encore le rachat ; il offrit 1,000, 1,500, 2,000, 3,000 florins, jusqu'à 4,000 ducats, et Van Duren refusa toujours. Le libraire ne consentit à rendre le manuscrit gâté qu'à la condition d'avoir un manuscrit correct, espérant de l'impression de celui-ci plus de profit qu'on ne lui en proposait pour l'autre. Voltaire accepta ce parti, et remit à Cyrille le manuscrit véritable, sur la parole d'honneur de Van Duren qu'il rendrait le manuscrit informe, et il quitta La Haye. Plus d'un mois après, voyant que Van Duren ne tenait pas sa parole et qu'on ne pouvait se fier à un homme pareil, il s'était déterminé à imprimer lui-même.

Le 18 octobre, il adressa à Frédéric des exemplaires de son édition, et, le lendemain, il écrivit à Camas : « Enfin la chose est faite ; il l'a voulu, il n'y a qu'à le soutenir. J'ai tout lieu d'espérer que la conduite du roi justifiera en tout l'*Anti-Machiavel* du prince. »

A cette édition était jointe sa *préface* (1), nécessaire pour prévenir ou discréditer les autres éditions de La Haye ou de Londres ; préface débordant d'un enthousiasme dont le trop plein se déverse dans toutes les lettres écrites à cette occcasion.

Survient la mort de l'empereur Charles VI, et Frédéric, qui, dès le 7 octobre, s'était opposé à la publication de son livre par une lettre non encore parvenue à Voltaire, lui écrit le 26 pour le remercier de l'impression achevée, et lui dire qu'il ne saurait à présent travailler à *Machiavel*.

Cependant Voltaire envoyait le livre à tous ses amis, à Cideville, à Helvétius, à Hénault, à d'Argenson, le vantant et s'en vantant, s'en faisant une sorte de trophée. Il écrivait à Hénault : « S'il arrive jamais que ce roi trahisse de si grands engagements, s'il n'est pas digne de lui-même, s'il n'est pas en tout temps un Marc-Aurèle, un Trajan, un Titus, je pleurerai et je ne l'aimerai plus. » — Nous verrons bien !

(1) *Œuvres*, t. XXXVIII, p. 475.

Il envoya même le livre au cardinal de Fleury, et pour lui faire sa cour, et pour lui faire peur de son crédit auprès du roi de Prusse (4 novembre). Fleury lui répondit, le 14, en homme adroit et en fin diplomate : « Quel que soit l'auteur de cet ouvrage, s'il n'est pas prince, il est digne de l'être ; et *le peu que j'en ai lu* est si sage, si raisonnable, et renferme des principes si admirables, que celui qui l'a fait serait digne de commander aux autres hommes, pourvu qu'il eût le courage de les mettre en pratique. S'il est né prince, il contracte un engagement bien solennel avec le public. »

Mais voici que Voltaire reçoit la lettre de Frédéric du 7 octobre, et il répond au roi de Berlin, où elle lui avait été renvoyée, le 28 novembre : « Je suis bien fâché de ne l'avoir pas reçue plus tôt (il en était enchanté !)... Votre Majesté m'apprend qu'elle a pris le parti de désavouer l'une et l'autre édition, et d'en faire imprimer une nouvelle leçon à Berlin, quand elle en aura le loisir. Cela seul suffit pour mettre sa gloire en sûreté, en cas qu'il y ait quelque chose dans ces éditions qui déplaise à Sa Majesté. L'ouvrage est déjà si généralement goûté, que Votre Majesté ne peut que se rendre encore plus respectable en corrigeant ce que j'ai gâté, et en fortifiant ce que j'ai affaibli. Puissé-je être aussi fripon qu'un jésuite, aussi gueux qu'un chimiste, aussi sot qu'un capucin, si j'ai rien en vue que votre gloire ! Sire, je vous ai érigé un autel dans mon cœur ; je suis sensible à votre réputation comme vous-même. Je me nourris de l'encens que les connaisseurs vous donnent ; je n'ai plus d'amour-propre que par rapport à vous. Lisez, Sire, cette lettre que je reçois de M. le cardinal de Fleury. Trente particuliers m'en écrivent de pareilles ; l'Europe retentit de vos louanges. »

Voltaire ne s'était pas contenté de sa préface ; il avait fait un article pour la *Nouvelle bibliothèque* de la Haye ; article qu'il ne signa pas, afin de se vanter plus librement de son titre d'éditeur, et afin de soulever moins indiscrètement le voile qui couvrait le royal écrivain. Là encore, force éloges, et désaveu de toute autre édition.

Et maintenant, l'envers de la médaille, la petite pièce après la grande, la petite comédie qu'on trouve au bout de toute intrigue du grand comédien Voltaire.

A l'histoire authentique de l'*Anti-Machiavel*, telle que nous la racontent les correspondances, opposons le récit des *Mémoires* de 1759 (p. 55) : « Le roi de Prusse, quelque temps avant la mort de son père, s'était avisé d'écrire contre les principes de Machiavel. Si Machiavel avait eu un prince pour disciple, la première chose qu'il lui eût recommandé aurait été d'écrire contre lui (1). Mais le prince royal n'y avait pas entendu tant de finesse. Il avait écrit de bonne foi dans le temps qu'il n'était pas encore souverain, et que son père ne lui faisait pas aimer le pouvoir despotique. Il louait alors de tout son cœur la modération, la justice, et, dans son enthousiasme, il regardait toute usurpation comme un crime. Il m'avait envoyé son manuscrit à Bruxelles, pour le corriger et le faire imprimer; et j'en avais déjà fait présent à un libraire de Hollande, nommé Van Duren, le plus insigne fripon de son espèce. Il me vint enfin un remords de faire imprimer l'*Anti-Machiavel*, tandis que le roi de Prusse, qui avait cent millions dans ses coffres, en prenait un aux pauvres Liégeois, par la main du conseiller Rambonet. Je jugeai que mon Salomon ne s'en tiendrait pas là. Son père lui avait laissé soixante et six mille quatre cents hommes complets d'excellentes troupes; il les augmentait, et paraissait avoir envie de s'en servir à la première occasion. — Je lui représentai qu'il n'était peut-être pas convenable d'imprimer son livre précisément dans le temps même qu'on pourrait lui reprocher d'en violer les préceptes. Il me permit d'arrêter l'édition. J'allai en Hollande uniquement pour lui rendre ce petit service; mais le libraire demanda tant d'argent, que le roi, qui d'ailleurs n'était pas fâché dans le fond du cœur d'être imprimé, aima mieux l'être pour rien que de payer pour ne l'être pas. »

---

(1) Suivant La Beaumelle (*Vie de Maupertuis*, p. 67), ce mot serait, non de Voltaire, mais de Maupertuis. Si riche qu'il fût, Voltaire empruntait ou prenait à tout le monde.

Nous savons bien qu'ainsi ne se passèrent pas les choses. C'est Frédéric, et non Voltaire, qui voulut arrêter l'ouvrage ; c'est Van Duren, et non Frédéric, qui refusa l'argent ; et, quant aux Liégeois, nous allons voir que c'est Voltaire, plus que le conseiller Rambonet, qui aida Frédéric à mettre la main dans leur poche.

Quels bons petits disciples, disciples passés maîtres, s'était faits Machiavel ! A force de ruses et d'intrigues, en trichant à la fois avec le roi et avec le libraire, Voltaire avait réussi à publier le livre, et à le passer à Frédéric comme un frein, croyait-il, à son ardeur belliqueuse ; et bientôt il le louera, l'excitera, l'aidera dans cette voie de conquête, à l'entrée de laquelle il avait voulu l'arrêter. Pour Frédéric, après avoir traité la conquête de vol et la guerre de brigandage, il va voler, les armes à la main, un million aux Liégeois, en attendant qu'il vole, à travers des flots de sang, la Silésie à l'Autriche.

III

RAPPORTS PERSONNELS — DIPLOMATIE POLITIQUE

Voltaire est toujours à Bruxelles avec madame du Châtelet. A l'intrigue relative à l'*Anti-Machiavel* s'en joint une autre pour une entrevue entre le monarque et le poëte. Frédéric ne veut voir que Voltaire, et non « la divine Emilie, qui, avec toute sa divinité, n'est que l'accessoire d'Apollon newtonianisé. » Mais Voltaire insiste, ou plutôt Emilie, qui veut accompagner le poëte, moins pour voir un prince qu'elle n'aime pas, que pour l'empêcher de lui garder son amant. « S'il faut qu'Emilie accompagne Apollon, répond Frédéric, j'y consens ; mais, si je puis vous voir seul, je préfèrerai le dernier. Je serais trop ébloui, je ne pourrais soutenir tant d'éclat à la fois ; il me faudrait le voile de Moïse pour tempérer les rayons mêlés de vos divinités (1). »

(1) 5 et 6 août 1740.

Malgré cette excuse, ridiculement emphatique, c'était peu galant; mais, outre qu'à toutes les Emilies du monde Frédéric préférait un beau page, il craignait d'être gêné, par la présence de madame du Châtelet, et dans l'intimité de son commerce avec Voltaire, et dans son projet de le garder longtemps, sinon toujours, avec lui.

C'est de Berlin qu'il écrivait ses lettres d'août. Le 2 septembre, il écrit de Wesel, d'où il envoie une description de son voyage depuis son départ de sa capitale. De cette description, nous n'avons que ce que Voltaire nous en a conservé dans ses *Mémoires* (1) et dans son *Commentaire historique* (2). C'était moitié prose et moitié vers, dans le genre de Chapelle et Bachaumont, « autant qu'un roi de Prusse peut en approcher. » Frédéric prétextait le besoin d'aller à Bruxelles pour y voir une sœur; en réalité, il voulait voir incognito les frontières et les troupes de France. Il se donna ce plaisir à Strasbourg, où il arriva sous le nom de comte du Four, riche seigneur de Bohême, accompagné de son frère Guillaume et de Kairseling, également déguisés; le vénitien Algarotti seul était sans masque. Trahi dans un festin par le maréchal de Broglie, gouverneur de la place, qui l'appela maladroitement *Sire*, il partit brusquement, regagna ses états, et manda à Voltaire qu'il le viendrait voir à Bruxelles. Pendant qu'on lui préparait une belle maison, il tomba malade en route, et il écrivit encore de Wesel, le 6 septembre, pour prier Voltaire de l'excuser auprès de madame du Châtelet, et pour lui donner rendez-vous au château de Meurs sur la Meuse, près de Clèves.

C'est là qu'il se virent pour la première fois, du 11 au 15 septembre. Voltaire y trouva Maupertuis, qui s'était présenté de lui-même, dévoré, dit-il, de la rage présidentielle, et qui logeait avec Algarotti et Kairseling dans un grenier de ce palais, ayant à ses portes un soldat pour toute garde, pendant que le conseiller privé Rambonet, ministre d'État, se promenait dans la cour en soufflant dans ses doigts. « Je fus introduit, a raconté Voltaire, dans l'appartement de Sa Majesté. Il n'y avait

---

(1) *Œuvres*, t. XL, p. 52. — (2) T. XLVIII, p. 331.

que les quatre murailles. J'aperçus dans un cabinet, à la lueur d'une bougie, un petit grabat de deux pieds et demi de large, sur lequel était un petit homme affublé d'une robe de chambre de gros drap bleu : c'était le roi, qui suait et qui tremblait sous une méchante couverture, dans un accès de fièvre violent. Je lui fis la révérence, et commençai la connaissance par lui tâter le pouls, comme si j'avais été son premier médecin. L'accès passé, il s'habilla et se mit à table. Algarotti, Kairseling, Maupertuis, et le ministre du roi auprès des États-Généraux, nous fûmes du souper, où l'on traita à fond de l'immortalité de l'âme, de la liberté, et des androgynes de Platon. »

En 1740, Voltaire écrivait sur un autre ton ; par exemple, dans cette lettre du 18 octobre, à Cideville : « C'est là que je vis un des plus aimables hommes du monde, un homme qui serait le charme de la société, qu'on rechercherait partout, s'il n'était pas roi; un philosophe sans austérité, rempli de douceur, de complaisance, d'agréments, ne se souvenant pas qu'il est roi dès qu'il est avec ses amis, et l'oubliant si parfaitement qu'il me le faisait presque oublier aussi, et qu'il me fallait un effort de mémoire pour me souvenir que je voyais assis sur le pied de mon lit un souverain qui avait une armée de cent mille hommes. »

Cependant le conseiller Rambonet arrivait à Liége, où il instrumentait au nom du roi son maître, tandis que deux mille soldats mettaient la ville à contribution, sous prétexte de droits sur un faubourg. Voltaire s'empressa d'appuyer les prétentions de Frédéric par un manifeste, « ne doutant pas, dit-il, qu'un roi, avec qui je soupais et qui m'appelait son ami, ne dût avoir raison. » L'affaire s'accommoda, moyennant un million que Frédéric exigea en ducats de poids, et qui servirent à l'indemniser des frais du voyage de Strasbourg, dont l'avare prince s'était plaint dans sa poétique lettre.

Premier exploit de l'auteur et de l'éditeur de l'*Anti-Machiavel!* L'auteur s'en permettra bien d'autres, et l'éditeur tiendra toujours prête sa complicité ou son absolution. Que voulez-vous? Frédéric avait tant d'esprit et de grâces! « et, de plus, il était roi, ce qui fait toujours une grande séduction, attendu la faiblesse humaine. D'ordinaire, ajoute l'éditeur, ce sont nous autres gens de lettres qui flattons les rois ; celui-là me louait des pieds jusqu'à la tête, tandis que l'abbé Des Fontaines et d'autres gredins me diffamaient dans Paris, au moins une fois la semaine. »

Si, sur ces belles raisons, on n'accorde pas à Voltaire l'absolution qu'il ne refusait pas à Frédéric, on sera bien difficile !

Voltaire retourna à La Haye, où il continua de loger au palais du roi de Prusse. Le roi, en reconnaissance de ses bons offices dans l'affaire de l'*Anti-Machiavel* et dans celle des Liégeois, de ses soins pour lui procurer une troupe de comédiens que La Noue devait conduire à Berlin, au mois de juin de l'année suivante, déployait toutes les ressources de la rhétorique auprès du cardinal de Fleury, pour voir si l'on pourrait l'humaniser sur son sujet (1), lorsque la mort de Charles VI tourna d'un autre côté toutes les pensées du prince ambitieux : « Cette mort, écrivit-il, dérange toutes mes idées pacifiques, et je crois qu'il s'agira, au mois de juin, plutôt de poudre à canon, de soldats, de tranchées, que d'actrices, de ballets et de théâtres ; de façon que je me vois obligé de suspendre le marché que nous aurions fait. »

Profitant d'une absence de madame du Châtelet, alors à Fontainebleau, Voltaire eut la tentation d'aller à Berlin, « auprès d'un prince aimable, oublier dans sa cour la manière indigne dont il avait été traité dans un pays qui devait être l'asile des arts (2). » Mais madame du Châtelet eut vent du projet, et, de Paris, elle s'y opposa, maudissant déjà le roi de Prusse qui menaçait de lui enlever momentanément Voltaire. Néanmoins, quatre jours après, le 4 novembre 1740, Voltaire écrivit au cardinal ministre, que, ne pouvant résister aux ordres réitérés de Frédéric, il allait, pour quelques jours, faire sa cour à un monarque, « qui, disait-il à Fleury, prend votre manière de penser pour son modèle. » Et demandant son sentiment sur l'*Anti-Machiavel* : « Si Votre Éminence, ajoutait-il, daignait

(1) Frédéric à Voltaire, 24 octobre 1740. — (2) A Hénault, 31 octobre 1740.

me marquer qu'elle l'approuve, je suis sûr que l'auteur, qui est déjà plein d'estime pour votre personne, y joindrait l'amitié, et chérirait encore plus la nation dont vous faites la félicité. Je me flatte que Votre Éminence approuvera mon zèle, et qu'elle voudra bien me le témoigner par un mot de lettre sous le couvert de M. le marquis de Beauvau (1). »

C'était demander habilement à être investi déjà de quelque fonction officielle auprès de Frédéric. Fleury répondit, le 14, qu'il ne pouvait qu'approuver le voyage; et au jugement que nous connaissons sur l'*Anti-Machiavel*, il ajoutait des choses très-aimables pour le poëte et pour le nouveau roi.

Voltaire était déjà parti. Sa voiture s'étant brisée en route (2), son voyage fut retardé; néanmoins, le 21 novembre, il arrivait à Rheinsberg, l'ancienne retraite du prince royal, à douze milles de Berlin. Le but apparent du voyage était de donner au roi des nouvelles de l'impression de l'*Anti-Machiavel;* le but réel était de pénétrer les vues du prince qui, pensant déjà à la Silésie, ordonnait des mouvements et faisait bâtir des fortifications auprès du Rhin. Le marquis de Beauvau, notre ambassadeur à Berlin, n'avait pu donner aucune explication, et ce que le prince ne s'était pas laissé arracher par le diplomate, on espérait que l'ami le confierait à l'ami. Mais, pour Voltaire lui-même, Frédéric resta impénétrable, et, voulant couper court à ses questions pressantes, il le prit par la main, et, le conduisant à une dame, il lui dit : « Je vous présente à ma sœur bien-aimée. » C'était Wilhelmine, margrave de Baireuth, avec qui Voltaire restera jusqu'à la fin en commerce très-intime. Le reste du temps à Rheinsberg se passa en fêtes qui rappelaient les *nuits blanches* de Sceaux et de Sully; après quoi, la cour rentra à Berlin (3), d'où Voltaire écrivit à Fleury, le 26 novembre, pour lui exprimer le désir et l'espoir que la paix régnât entre le roi de France et le roi de Prusse.

Désormais, soit à Berlin, soit à Potsdam, Voltaire vit peu

(1) Envoyé à Berlin pour complimenter Frédéric sur son avénement. — (2) A Frédéric, 11 novembre. — (3) Voltaire arrivait à Berlin avec l'orientaliste Dumolard, qu'il plaça auprès du roi en qualité de bibliothécaire.

Frédéric, occupé à parcourir son royaume et à préparer la guerre. Aussi, dès les premiers jours de décembre, il quittait la Prusse, et, vers la fin du mois, il était à La Haye, après avoir essuyé tout ce que les chemins de Westphalie, les inondations de la Meuse, de l'Elbe et du Rhin, et les vents contraires sur mer, avaient d'insupportable pour un homme d'une aussi faible santé (1). De La Haye à Bruxelles, son voyage ne fut pas plus heureux. Le 31 décembre, il écrivait à Frédéric « dans un vaisseau, sur les côtes de Zélande, où il enrageait. » Il fut retenu douze jours par les glaces, et enfin arriva à Bruxelles le 2 ou 3 janvier 1741.

Pendant qu'il protestait à Frédéric de son désir, contrarié par Émilie, de passer ses jours auprès de Sa Majesté, madame du Châtelet, irritée des séductions employées par le roi pour le retenir, disait de ce prince : « Je le crois outré contre moi; mais je le défie de me haïr plus que je ne l'ai haï depuis deux mois (2). » Cherchant à tirer profit de sa faveur, Voltaire se vantait à tout le monde d'avoir dédaigné pour l'amitié tout ce qui peut flatter le goût, l'intérêt, l'ambition (3) : par là il voulait se donner du crédit, une couleur de patriotisme, et se bien remettre en cour de France.

Cependant, le 15 décembre, Frédéric était parti pour la conquête de la Silésie, et Voltaire était bien embarrassé du démenti que son héros prussien donnait aux promesses de l'auteur de l'*Anti-Machiavel*, démenti que madame du Châtelet, pour le dégoûter de son rival, se plaisait à faire ressortir : « Je ne crois pas, écrivait-elle à d'Argental, le 3 janvier 1741, qu'il y ait une plus grande contradiction que l'invasion de la Silésie et l'*Anti-Machiavel*. » Mais l'amante s'en réjouissait dans l'espérance que le preneur de provinces ne lui prendrait plus celui qui faisait le charme de sa vie.

Voltaire était plus embarrassé encore par les louanges prodiguées naguère au penseur et sitôt réfutées par l'homme d'action; par l'engagement solennel qu'il avait pris de ne plus

---

(1) A Helvétius, 7 janvier 1741. — (2) A d'Argental, 3 janvier 1741. — (3) A d'Argenson, 8 janvier 1741.

aimer le prince, s'il cessait d'être un Marc-Aurèle ou un Titus. Dans sa lettre du 8 janvier à d'Argenson, il disait encore, pour ne pas trop brusquer une contradiction : « Son expédition de la Silésie redouble l'attention du public sur lui. Il peut faire de grandes choses et de grandes fautes. S'il se conduit mal, je briserai la trompette que j'ai entonnée. » — Non; s'il y trouve son intérêt, il l'enflera davantage, même au lendemain de Rosbach !

Quelque temps après, le 13 mars, il écrivait encore à Cideville : « L'invasion de la Silésie est un héroïsme d'une autre espèce que celui de la modération tant prêchée dans l'*Anti-Machiavel*. La chatte, métamorphosée en femme, court aux souris, dès qu'elle en voit; et le prince jette son manteau de philosophe et prend l'épée, dès qu'il voit une province à sa bienséance.

Puis fiez-vous à la philosophie ! »

Voltaire avait bien raison !

Du 10 au 15 janvier, toujours avec madame du Châtelet, il était à Lille, chez sa nièce, mariée à Denis, commissaire ordonnateur des guerres, et il y prépara l'essai de son *Mahomet*.

Le 8 juin de l'année précédente, *Zulime* avait été représentée à Paris; et, malgré l'anonyme, condition du succès, sous lequel elle parut, elle tomba presque aussitôt. Elle eut beau changer de titre et reparaître sous le nom de *Médime* ou de *Fanime*, à Sceaux en 1750, à Lausanne en 1757, aux Délices en 1760, et encore sur le Théâtre-Français en 1761, elle ne put se relever, malgré mademoiselle Clairon, qui jouait le principal rôle à cette dernière reprise. Après avoir désavoué, suivant sa coutume, les éditions précédentes, Voltaire la fit néanmoins imprimer, en 1763, avec une dédicace à mademoiselle Clairon, où il en reconnaît lui-même la faiblesse, faiblesse qu'il explique en en racontant l'origine : « Je fis autrefois *Zulime*, dit-il, pour essayer de fléchir un père rigoureux qui ne voulait pardonner ni à son gendre, ni à sa fille, quoiqu'ils fussent très-estimables, et qu'il n'eût à leur reprocher que d'avoir fait sans son consentement un mariage que lui-même aurait dû leur proposer (1). » Une œuvre poétique n'est jamais le résultat d'un tel calcul, qui exclut l'inspiration.

Zulime avait le tort de rappeler un chef-d'œuvre, et le tort plus grand de n'en être pas un. C'était *Bajazet*, mais sans Bajazet, sans Roxane, sans Atalide, auxquels Ramire, Zulime et Atide ne sont pas comparables; sans Acomat surtout, cette création si forte de Racine. Rien de plus faible que cette pièce de la virilité de Voltaire, composée entre *Zaïre* et *Mérope*, et il faut attendre sa vieillesse pour trouver aussi mauvais. C'est un imbroglio plus qu'une intrigue; nul intérêt, ni historique, ni dramatique, ni romanesque; et la versification est à l'avenant, faible, négligée, incorrecte; à peine en pourrait-on citer quelques vers, mis dans la bouche de Zulime.

Cette excursion en Afrique avait donc peu réussi à Voltaire, plus heureux dans son voyage en Amérique, d'où il venait de rapporter *Alzire*; et, continuant son tour du monde, il repassa en Asie, dans la terre natale de *Zaïre*, et il y trouva *Mahomet*, qui allait combattre, sous le nom de *fanatisme*, ce qui faisait l'inspiration et la grandeur touchante de son chef-d'œuvre, le christianisme et la foi.

Commencé en 1738 et envoyé successivement, acte par acte, au prince royal de Prusse (2), *Mahomet* était achevé à la fin de 1740. Dans le séjour qu'il fit à Lille en janvier 1741, Voltaire confia sa pièce à La Noue, auteur lui-même d'un *Mahomet*, et les deux *Mahomets* s'embrassèrent. Auteur et comédien, La Noue dirigeait à Lille une assez bonne troupe, dont mademoiselle Clairon, alors à ses débuts, faisait partie. Voltaire reprit encore avec lui la négociation interrompue pour l'envoi à Berlin d'une troupe de baladins et de baladines, sauf l'agrément de Sa Majesté prussienne (3).

Au mois de mai, Voltaire revint de Bruxelles à Lille pour la mise en scène de son *Mahomet*. Il y en eut trois représen-

---

(1) *Œuvres*, t. IV, p. 409. — (2) Voir lettres de Frédéric ou de Voltaire du 1er septembre 1738, du 9 août et du 9 septembre 1739, du 23 février et du 10 mars 1740. — (3) A Frédéric, 28 janvier 1741. — Frédéric accepta et engagea aussi la danseuse Dupré; mais La Noue n'alla point à Berlin, et il fut reçu, en 1742, à la Comédie-Française. — *Commentaire historique*; *Œuvres*, t. XLVIII, p. 334.

tations, et l'enthousiasme fut si vif, que, le 18 mai, madame du Châtelet écrivait à d'Argental : « Nous pensâmes exciter une émeute dans le parterre, parce que nous balancions à accorder la troisième représentation. » Outre ces trois représentations à la salle de spectacle, il y en eut une à l'Intendance, en faveur du clergé, qui y assista et y applaudit aveuglément, comme la noblesse fera plus tard à *Figaro*.

La première représentation eut un entr'acte curieux. On venait de remettre à l'auteur un billet de Frédéric, lui apprenant sa victoire de Molwitz. Aussitôt, Voltaire monta sur le théâtre et lut à l'assemblée la missive royale ; on battit des mains : « Vous verrez, dit-il à ses amis, que cette pièce de Molwitz fera réussir la mienne (1). »

Mahomet fut également joué trois fois à Paris, au mois d'août 1742. Soit jalousie, soit scrupule religieux, Crébillon, alors censeur, avait refusé son approbation. Voltaire lut sa pièce au cardinal de Fleury, qui approuva, dit-il, qui s'endormit, disent les autres, et se réveilla pour dire qu'on la pouvait jouer. Représenté pour la première fois le 9 août, avec la permission tacite du lieutenant général de police de Marville, *Mahomet* fut aussitôt, raconte Voltaire, dénoncé par Des Fontaines et Bonneval comme un ouvrage scandaleux et impie, et le procureur général Joly de Fleury écrivit à Marville, les 11 et 13 août 1742 : « On a parlé ce matin, dans une chambre du parlement, d'une comédie où quelques-uns de *Messieurs* ont été, et qu'ils disent contenir des choses énormes contre la religion... Tout le monde dit que, pour avoir composé une pareille pièce, il faut être un scélérat à faire brûler (2). »

La chose alla si loin, que le cardinal conseilla au poëte de retirer sa pièce. Ce conseil était un ordre, et Voltaire obéit (3). Mais il se fit un titre de son obéissance auprès du cardinal, dont il voulait l'agrément officiel pour un nouveau voyage à Berlin. Faisant habilement de son affaire théâtrale

---

(1) *Commentaire historique; Œuvres*, t. XLVIII, p. 334. — (2) *Police de Paris dévoilée*, t. I. — (3) A Marville, 14 août 1742.

une affaire politique, et confondant la cause du poëte avec celle du ministre, il disait à Fleury qu'il n'avait d'autres persécuteurs que ceux qui avaient voulu troubler son heureux ministère, à savoir « la cabale des convulsionnaires, c'est-à-dire ce qu'il y a de plus abject dans le rebut du genre humain ; » c'était elle qui avait obtenu « la suppression injurieuse d'un ouvrage public honoré de l'approbation de son Éminence, et représenté devant les premiers magistrats de Paris (1). »

Il y a plus : le 22 octobre, il se fit agent de police contre sa tragédie, imprimée, disait-il, « malgré toutes les précautions qu'on avait prises pour la dérober au public; » et il priait Fleury « de vouloir bien que M. de Marville se chargeât de découvrir les éditeurs qui l'avaient imprimée. » Et, le 30 octobre, écrivant, pour le même objet, à Marville lui-même, il lui dénonçait un nommé Constantin, au Palais-Royal.

En 1745, Voltaire, qui appelait son *Mahomet Tartufe-le-Grand*, commit la tartuferie de l'adresser au pape Benoît XIV, pour se faire de la réponse du pontife un titre académique. En homme d'esprit qu'il était, Benoît XIV feignit de ne voir dans la tragédie que le *faux prophète*, et il répondit au poëte qu'il avait lu *la sua bellissima tragedia, con sommo piacere;* puis il se rejeta aussitôt sur Virgile, où il cherchait des exemples pour justifier Voltaire d'une faute de quantité qu'on l'accusait d'avoir commise dans un mauvais distique latin, à mettre au bas du portrait du pontife lui-même.

En 1751, il fut question de reprendre *Mahomet*. Crébillon refusa encore son approbation. Alors d'Argental, l'abbé de Chauvelin et madame Denis remuèrent ciel et terre pour obtenir un autre censeur. Richelieu, le *héros*, se mit de la partie, et se fit sollicitateur auprès du comte d'Argenson, directeur de la librairie et déjà inféodé à Voltaire. D'Argenson nomma qui ? D'Alembert, qui s'empressa d'approuver une pièce qui faisait si bien ses affaires, et *Mahomet* fut offert de nouveau aux applaudissements d'un public complice ou aveuglé.

Voltaire, disions-nous, appelait son *Mahomet Tartufe-le-*

(1) Lettre du 22 août.

Grand, et il le disait persécuté par les *fanatiques,* comme le *Tartufe* de Molière avait été persécuté par les *dévots* (1). Un tel rapprochement dit tout, et il n'y a aujourd'hui que les *fanatiques* et les *dévots* de Voltaire et de Molière à prétendre que l'un n'avait pas voulu flageller toute piété sur le dos de la fausse dévotion, et l'autre faire exécrer tout fondateur religieux, à commencer par Celui qu'il appellera l'*infâme,* dans le faux prophète de la Mecque.

Quant à la valeur littéraire de la pièce, où l'on peut admirer de grandes scènes et de fortes parties, il y a un mot de Fontenelle cité ordinairement comme éloge, et dont nous entendons faire une critique : « C'est horriblement beau ! » Oui, c'est beau peut-être de temps en temps, mais c'est horrible en somme, que ce Mahomet qui, pour servir à la fois son amour et son imposture, ses deux passions, fait acheter l'inceste au prix du parricide, et récompense le frère en l'empoisonnant, et la sœur en la sacrifiant à sa barbare volupté. Le dirons-nous ? Voltaire, parce qu'il visait à une face adorable derrière le masque de son faux prophète, a calomnié Mahomet. Mahomet, sans doute, était un imposteur ; mais c'était aussi un enthousiaste, et par là seulement se peuvent expliquer le personnage et son œuvre. Non, Mahomet n'a jamais dit, n'a jamais pu dire :

..... Il me faut aider à tromper l'univers!

Et s'il l'avait dit, il ne l'eût pas trompé ! Et notons bien que ce qui est faux au point de vue de la philosophie et de l'histoire, est faux également au point de vue de la poésie et de l'art : *Mahomet* ne peut pas être plus avoué par la littérature que par la science; ce n'est pas le prophète arabe, l'homme de l'Orient; c'est l'homme d'un salon incrédule du XVIIIe siècle, cachant sous des guenilles antiques, à travers lesquelles on aperçoit le moderne batailleur, une froide attaque à toute fondation religieuse.

Retourné encore à Bruxelles après la représentation de

(1) Lettre du 1er septembre 1742; *Recueil* de 1856.

Mahomet à Lille, Voltaire y resta quelques mois, et vint à Paris vers le 6 novembre 1741. Il logea près du Palais-Royal, rue Traversière, dans l'ancienne maison de la baronne de Fontaine-Martel, appartenant alors à une dame d'Autrey (1). En décembre, il était à Cirey. En janvier 1742, malgré les neiges et les glaces, il allait à Gray, en Franche-Comté, pour y voir une malade, madame d'Autrey, son hôtesse parisienne. Rentré presque aussitôt à Cirey, il y passa quelques mois. Le 7 mai, nous le trouvons à Fontainebleau. Dans le cours de ce mois de mai, il était à Paris, d'où il écrivait à Frédéric, le 26, qu'il lui pardonnait le sang versé, s'il en gémissait, et si Alexandre se hâtait de redevenir Salomon. Attendons une année, et nous entendrons un tout autre langage.

En juin, Voltaire est à Versailles, avec madame du Châtelet, et on fait jouer les eaux pour eux (2). Le 13 juillet, il écrit à madame de Mailli, au sujet d'une lettre de lui à Frédéric, où la comtesse était insultée. Copiée par un commis de la poste de Bruxelles et envoyée à Paris, suivant Frédéric, ouverte à Paris même, suivant Voltaire, par un espion du cardinal, cette lettre courait les salons de la capitale. Toutes les expressions en avaient été falsifiées, prétend Voltaire, qui a cette excuse en réserve pour tous les mauvais cas. Il est plus probable que c'était bien la vraie version qui courait, quoique nous ne puissions pas en juger certainement, le passage relatif à madame de Mailli ayant été retranché, et n'ayant pas été retrouvé depuis (3).

Inquiet de cette altercation avec madame de Mailli, le flatteur de toutes les maîtresses royales songeait à une fugue prudente;

(1) A Thieriot, 6 novembre.— (2) *Journal* de Narbonne (1866). Narbonne met à tort sous la date de 1743 ce voyage, qui est de 1742; et il ajoute (p. 610) : « ce *volontaire* monta dans une des calèches à bras du roi, traînée par les Suisses. Plusieurs personnes dirent qu'il aurait plutôt fallu le mettre dans le donjon de Vincennes, que de le promener dans les calèches du roi. » — (3) Dans cette lettre, selon le président Hénault (à madame du Deffand, 12 juillet 1742), Voltaire disait encore à Frédéric, qu'il avait bien fait de faire sa paix, c'est-à-dire d'abandonner la France, que la moitié de Paris l'approuvait, et qu'il n'avait fait que gagner le cardinal de vitesse. C'était se mettre en contradiction flagrante avec la mission qu'il ambitionnait de ramener à nous le roi de Prusse, et l'on comprend que Hénault appelle cette lettre « la plus folle qui se puisse imaginer. » Dans une autre lettre à madame du Deffand, du 15 juillet, Hénault dit que madame de Mailly jetait feu et flammes, et demandait

mécontent de l'ordre que M. de Marville lui avait communiqué de retirer sa pièce, l'auteur de *Mahomet* prétexta le besoin de quitter une ingrate patrie. Avant de quitter Paris, le 22 août, il écrivit au cardinal de Fleury que, sur le point de partir pour Bruxelles, il recevait une lettre du roi de Prusse, lui réitérant l'invitation d'aller lui faire sa cour à Berlin. « Je n'irai, disait-il, qu'en cas que le roi me le permette, et que votre Éminence ait la bonté de m'envoyer son agrément (à Bruxelles). » Il s'engageait à se faire rendre, parafées de la main de Frédéric, toutes les lettres qu'il lui avait écrites depuis juin, pour démontrer la calomnie. Il assurait l'Éminence de ses sentiments pour elle et de son amour pour son pays. « Si vous daignez en persuader Sa Majesté, ajoutait-il, ce sera le comble à vos bontés. »

Ce même jour, il partait pour Bruxelles. Le 2 septembre, il alla voir Frédéric à Aix-la-Chapelle, et revint le 10. A l'en croire, il avait encore résisté au roi, qui lui proposait une belle maison à Berlin, et une jolie terre en Prusse (1).

A peine de retour à Bruxelles (10 septembre), il écrivait à Fleury pour se disculper encore de la malheureuse lettre sur madame de Mailli, qu'il disait avoir été fabriquée à Paris par le secrétaire d'un ambassadeur, aussi bien qu'une prétendue réponse de Frédéric; mais, malgré sa promesse, il n'envoyait point l'original innocent. Il rendait compte ensuite de son voyage : « J'eus tout le temps de parler, avec beaucoup de liberté, sur ce que Votre Éminence m'avait prescrit, et le roi me parla avec une égale franchise. »

Il venait donc de remplir une première mission officielle, dont le cardinal lui avait indiqué l'objet dans une réponse aujourd'hui perdue. Tenant sa Silésie, Frédéric avait fait sa paix avec Vienne et abandonné la France, et il s'agissait de le ramener à nous. Voltaire se vantait d'y avoir bien travaillé, et

une punition exemplaire. « On ne sait ce que cela deviendra, ajoute le président, et on craint bien que cela ne finisse par un décampement à Bruxelles. La pauvre du Châtelet devrait mettre dans le bail de toutes les maisons qu'elle loue, la clause de toutes les folies de Voltaire. » — (1) A Cideville, 10 septembre.

de s'être acquitté de son devoir de Français, sans manquer à la reconnaissance qu'il devait aux bontés extrêmes du roi de Prusse. Ainsi il avait prouvé son zèle pour le roi de France et pour sa patrie. Il ajoutait : « La confiance avec laquelle le roi de Prusse daigne me parler me mettrait peut-être quelquefois en état de rendre ce zèle moins inutile, et je croirais ne pouvoir jamais mieux répondre à ses bontés qu'en cultivant le goût naturel qu'il a pour la France. » C'était une mise en demeure de lui confier une mission plus importante.

Quelques jours après, le 24, il écrivit encore à Fleury, de Bruxelles, une lettre toute de flatterie, tant de sa part que de celle du roi de Prusse, qui se moquait de l'Éminence française.

Vers la fin de 1742 ou au commencement de 1743, il vint à Paris pour y négocier à la fois son entrée dans la politique et son admission à l'Académie. En mars, il alla faire un tour à Versailles, et il en revint enchanté des bontés de Sa Majesté, qui lui avait promis, ainsi que le ministère, de ne pas contrarier sa candidature (1).

Ayant échoué à l'Académie, il fit semblant de se retourner vers Frédéric : « Vous seul me consolez... Je le verrai bientôt ce monarque charmant, ce Chaulieu couronné, ce Tacite, ce Xénophon ; oui, je veux partir ; madame du Châtelet ne pourra m'en empêcher ; je quitterai Minerve pour Apollon. »

Il y a des choses bien plus curieuses dans cette lettre de juin 1743. Le Tacite, le Xénophon prussien, venait de lui envoyer la préface de l'*Histoire de mon temps*, où on lisait cette explication de la conquête de la Silésie : « Que l'on joigne à ces considérations, des troupes toujours prêtes d'agir, mon épargne bien remplie, et la vivacité de mon caractère ; c'étaient les raisons que j'avais de faire la guerre à Marie-Thérèse, reine de Bohême et de Hon-

(1) A d'Argental, mars 1743.

grie... L'ambition, l'intérêt, le désir de faire parler de moi, l'emportèrent; et la guerre fut résolue. »

Après avoir cité ces paroles, Voltaire ajoute, dans ses *Mémoires* (1) :

« Depuis qu'il y a des conquérants ou des esprits ardents qui ont voulu l'être, je crois qu'il est le premier qui se soit ainsi rendu justice. Jamais homme peut-être n'a plus senti la raison, et n'a plus écouté ses passions. Ces assemblages de philosophie et de déréglements d'imagination ont toujours composé son caractère. — C'est dommage que je lui aie fait retrancher ce passage, quand je corrigeai depuis tous ses ouvrages : un aveu si rare devait passer à la postérité, et servir à faire voir sur quoi sont fondées presque toutes les guerres. Nous autres gens de lettres, poëtes, historiens, déclamateurs d'Académie, nous célébrons ces beaux exploits : et voilà un roi qui les fait et qui les condamne. »

Nous ignorons si c'est Voltaire, en effet, philosophe amoureux de la justice et de l'humanité, qui fit retrancher ce passage de l'*Histoire de mon temps*, où on ne le lit plus; mais nous savons bien qu'en 1743, il n'était qu'un de ces déclamateurs, de ces flatteurs d'Académie dont il se moquait en 1759, et que, bien loin de ramener Frédéric à Salomon, il le poussait, il l'excusait du moins dans la voie d'Alexandre. Il le blâmait alors, non d'avoir volé la Silésie, mais de se reprocher ce vol : « Qu'avez-vous donc à vous reprocher ? lui demandait-il. N'aviez-vous pas des droits très-réels sur la Silésie, du moins sur la plus grande partie; et le déni de justice ne vous autorisait-il pas assez ? Je n'en dirai pas davantage; mais, sur tous les articles, je trouve Votre Majesté trop bonne, et elle est bien justifiée de jour en jour. »

> Sire, dit le renard, vous êtes trop bon roi ;
> Vos scrupules font voir trop de délicatesse...
> Eh bien, manger moutons, canaille, sotte espèce,
> Est-ce un péché ? Non, non...

Et notons bien que ce grand parleur d'humanité parlera

(1) *Œuvres*, t. XL, p. 58.

toujours ainsi de la guerre aux conquérants qu'il aura quelque intérêt à flatter. Qu'un prince protégeât la philosophie, et surtout sa personne, et il lui passait les conquêtes les plus meurtrières et les plus injustes. Déjà il avait effacé, dans quelques exemplaires de la *Henriade*, des vers manuscrits sur Frédéric qui ne lui paraissaient plus convenables : « Ils n'étaient faits que pour un prince philosophe et pacifique, non pour un roi philosophe et conquérant. Il ne me siérait plus de blâmer la guerre en m'adressant à un jeune monarque qui la fait avec tant de gloire (1). » *Il ne me siérait plus!* Ainsi, les beaux principes, affaire de convention et de convenance! Et il répondait à Frédéric lui-même, qui lui avait envoyé des pilules :

> J'aurai l'honneur d'être purgé
> De la main royale et chérie
> Qu'on vit, *bravant le préjugé*,
> *Saigner* l'Autriche et la Hongrie.

Quelle impression, après cela, pouvaient faire à Frédéric quelques mots, ça et là, sur les horreurs de la guerre? D'autant que ces mots étaient noyés dans des plaisanteries indécentes sur les ombres des malheureux que le roi envoyait sur les bords du Styx, et qu'on lui pardonnait tout pour un petit gémissement parti de son cœur sensible. Et Frédéric, trouvant commode une pareille pénitence, ne se faisait pas faute de gémir dans ses mauvaises odes. Voltaire, le grand rieur, ne pouvait s'empêcher de rire un peu quelquefois de ces gémissements que le contraste des actes rendait si comiques : « Je croirais volontiers que l'ode sur la guerre est de quelque pauvre citoyen, bon poëte d'ailleurs (!), lassé de payer le dixième, et de voir ravager sa terre pour les querelles des rois. Point du tout. Elle est du roi qui a commencé la noise; elle est de celui qui a gagné une province et cinq batailles. Sire, Votre Majesté fait de beaux vers, mais elle se moque du monde. » Voltaire faisait-il autre chose?

(1) A Thieriot, juin 1741.

Non-seulement il excusait la guerre ; mais il y poussait, et il voulut y aider en se faisant tueur d'hommes. En 1757, il inventa une espèce de char armé de faulx, au moyen duquel, « avec six cents hommes et six cents chevaux, on détruirait en plaine une armée de dix mille hommes. » — « Je sais très-bien, ajoutait-il, que ce n'est pas à moi de me mêler de la manière la plus commode de tuer ses semblables. Je me confesse ridicule ; mais enfin, si un moine, avec du charbon, du soufre et du salpêtre, a changé l'art de la guerre dans tout ce vilain globe, pourquoi un barbouilleur de papier comme moi ne pourrait-il pas rendre quelque petit service *incognito?* » Et il proposa, à plusieurs reprises, sa « nouvelle cuisine, » sa « petite drôlerie, » à Richelieu et à Frédéric, qui se moquèrent de lui. Il ne se tint pas pour battu, et il revint à la charge, en 1770, auprès de Catherine. Il voulait absolument « contribuer à lui tuer quelques Turcs, œuvre, pour un chrétien, agréable à Dieu. » — « Cela, ajoutait-il encore, ne va pas à mes maximes de tolérance ; mais les hommes sont pétris de contradictions ; et, d'ailleurs, Votre Majesté me tourne la tête. »

Ah bien oui, les maximes de tolérance et d'humanité ! C'était pour avoir les applaudissements de la galerie ; c'était un texte de déclamation contre le gouvernement et la religion de la France ; mais, au fond du cœur, il n'y avait rien que calcul d'agression ou d'égoïsme ; et à peine les lèvres avaient-elles décoché ces belles maximes, que le rire achevait de les détendre : « On parle encore de deux ou trois petits massacres, écrivait Voltaire à d'Argental au milieu de la guerre de Sept ans... Que faire donc ? Donner *Tancrède* en décembre, l'imprimer en janvier, et rire ! » Que les hommes tombassent par milliers sur les champs de bataille, que lui importait ? pourvu que sa tragédie ne tombât pas sur le théâtre !

Quel intérêt avait-il, en 1743, à se faire le renard du lion de Berlin ? C'est que le candidat académique évincé venait d'obtenir une mission politique auprès de lui, et qu'il voulait se frayer par la flatterie un chemin favorable.

Le cardinal de Fleury venait de mourir. Pressée entre l'Autriche et l'Angleterre, la France n'avait de ressource que dans le roi de Prusse, qui nous avait entraînés dans une guerre impolitique, puis abandonnés, après avoir retiré sa Silésie du jeu sanglant. Voltaire alors insinua que sa médiation auprès du roi de Prusse pourrait être utile, et on le crut. Ses amis, les d'Argenson, étaient au pouvoir, et le comte venait d'être nommé ministre de la guerre. Maurepas entrait avec chaleur dans cette aventure; Amelot, ministre des affaires étrangères, était à la dévotion des d'Argenson et de Maurepas, et n'agissait que par leurs ordres. Il ne s'agissait plus que de gagner Louis XV : Richelieu et madame de Châteauroux s'en chargèrent et réussirent. Voltaire touchait donc à l'accomplissement du rêve de toute sa vie : il allait partir chargé d'une mission diplomatique.

Il fallait un prétexte à son voyage, dont on avait intérêt à tenir le but secret, même à Frédéric. Voltaire prit celui de sa querelle académique avec Boyer, l'ancien évêque de Mirepoix, l'*âne de Mirepoix*, comme il l'appelait, et ce fut, entre lui et Frédéric, le thème de mille plaisanteries. Il voulait aller se réfugier auprès d'un roi philosophe, loin des tracasseries d'un bigot, et le roi le pressait de venir. Il avait grand soin, pour mieux cacher le motif du voyage, de faire lire ses lettres et les réponses. « L'évêque en fut informé, raconte-t-il. Il alla se plaindre à Louis XV de ce que je le faisais passer, disait-il, pour un sot dans les cours étrangères. Le roi lui répondit que c'était une chose dont on était convenu, et qu'il ne fallait pas qu'il y prît garde. Cette réponse de Louis XV, qui n'est guère dans son caractère, m'a toujours paru extraordinaire (1). »
— Si extraordinaire, qu'elle n'est pas vraie : jamais Louis XV n'a dit cela.

Tout étant ainsi préparé, Voltaire écrivit de Paris, le 8 juin, au comte d'Argenson : « Je me flatte que je partirai vendredi pour les affaires que vous savez. C'est le secret du sanctuaire;

---

(1) *Mémoires; Œuvres*, t. XL, pp. 68 et suiv.

ainsi n'en sachez rien. » Secret tel, qu'on tâcha de le cacher d'abord même à madame du Châtelet ; mais, comme elle ne voulait pas laisser partir Voltaire, il la fallut mettre dans la confidence, et même lui promettre que toutes les lettres passeraient par ses mains. Pour tous les autres, Thieriot, Cideville, même d'Argental, même Frédéric, on fuyait simplement les persécutions du théatin Boyer.

Parti le 14 juin, avec tout l'argent qu'il voulut, Voltaire se rendit à La Haye, où il alla encore se loger dans le palais du roi de Prusse. Continuant de cacher le but de son voyage auprès de Frédéric, il écrivait à Cideville, le 27 juin : « Puisqu'il a daigné jouer lui-même *Jules César*, dans une de ses maisons de plaisance, avec quelques-uns de ses courtisans, n'est-il pas bien juste que je quitte pour lui les Wisigoths qui ne veulent pas qu'on joue *Jules César* en France ? » Il écrivait, le lendemain, à Frédéric lui-même, lui faisant mystère de sa mission tout comme aux autres, qu'il n'attendait que les ordres de son *humanité* pour fuir un cuistre près d'un grand homme, et qu'un *forspan*, ou permission de prendre en route des chevaux de relais de Sa Majesté prussienne.

Il poussa plus loin le mystère et la ruse. Quoique le comte d'Argenson fût dans le secret, comme nous le savons par leur intimité et par la lettre déjà citée du 8 juin, il lui écrivit une lettre ostensible pour se plaindre des persécution de Boyer, seule cause de son départ, et pour le prier de faire semonce au théatin. Et il ajoutait : « Je ne vous cacherai point que Sa Majesté le roi de Prusse vient de m'écrire de Magdebourg, où il faisait des revues, qu'il me donne rendez-vous, au commencement d'août, à Aix-la-Chapelle. Il veut absolument m'emmener de là à Berlin, et il me parle avec la plus vive indignation des persécutions que j'ai essuyées. »

Le 13 juillet, il commençait indirectement sa négociation avec Frédéric, en lui faisant l'éloge du courage des Français à Dettingen : « Que ne ferait point cette nation, disait-il, si elle était commandée par un prince tel que vous ? »

Mais il fallait une entrevue. Or, où atteindre Frédéric, qui courait alors ses États pour faire des revues? Serait-ce à Berlin, à Aix-la-Chapelle, ou ailleurs? En attendant, Voltaire employait bien ses loisirs à La Haye. « L'envoyé du roi de Prusse, dit-il dans ses *Mémoires* (p. 69), le jeune comte de Podewils, amoureux et aimé de la femme d'un des principaux membres de l'État, attrapait, par les bontés de cette dame, des copies de toutes les résolutions secrètes de leurs hautes puissances, très-mal intentionnées contre nous. J'envoyais ces copies à la cour; et mon service était très-agréable. » Il n'avait pas conscience de la honte d'un tel espionnage.

Cependant, il communiquait au comte d'Argenson (15 juillet) l'état des troupes et des dépenses militaires de la Hollande, qu'il avait obtenu par ses entremetteurs; pièce secrète qu'aucun ministre à La Haye n'aurait pu se procurer, et il assurait le ministre de la guerre que l'armée hollandaise, à la discrétion de l'Angleterre, ne se mettrait pas de sitôt en mouvement.

En même temps, il correspondait avec Amelot et Maurepas, et l'ami du roi de Prusse informait notre ministre des affaires étrangères (2 août) de la petite découverte qu'il avait faite d'un emprunt négocié secrètement par ce prince à Amsterdam. Il demandait, à cette occasion, la permission de démêler si Frédéric ne voudrait pas recevoir des subsides de la France, et il indiquait un moyen d'affamer les armées ennemies, que Frédéric pourrait employer avec adresse.

Dans cette même lettre du 2 août, il rappelait une lettre du 24 juillet, probablement égarée, dans laquelle il annonçait qu'il avait fait proposer, par voie très-secrète, à Frédéric, de faire difficulté aux Provinces-Unies touchant le passage de munitions de guerre par son territoire, et que Frédéric avait consenti, mais secrètement et à l'insu même du marquis de Fénelon, notre ambassadeur à La Haye : « On ne veut point, disait-il, du tout paraître lié avec vous, et on veut vous servir sous main, en ménageant la République. »

Le lendemain, 3 août, il déclarait à Amelot que Frédéric,

persuadé de l'affaiblissement de la France, était dégoûté de notre alliance, malgré sa conviction qu'au fond sa cause et la nôtre étaient communes. Pour lui, Voltaire, il ne pouvait que mettre les ministres étrangers à portée de lui parler librement, et il se bornait et voulait se borner à rendre un compte simple et fidèle. Néanmoins, il demandait quelques couleurs, avec lesquelles il pût faire de la France un tableau qui frappât Frédéric, lorsqu'il lui ferait sa cour.

Ayant reçu les instructions d'Amelot, il lui écrivit de nouveau le 16 août; et, avant de lui répondre, il lui fit part de quelques affaires présentes. Le passage des munitions de guerre par terre prussienne avait été interdit, ce qui prouvait au moins que le roi de Prusse n'entrait pas dans les mesures de la République et des Anglais, et qu'il était capable de les braver; et, en effet, quelques jours après, Frédéric, irrité d'un passage de troupes hollandaises par son territoire, en demanda raison (1). Voltaire s'était entendu avec Podewils, pour que celui-ci donnât à son maître une meilleure idée de la France et de son gouvernement, et que Frédéric fût mis de jour en jour dans la nécessité de n'avoir d'autre allié que Louis XV. On pouvait donc espérer de porter ce prince à quelque résolution éclatante. Il s'était encore procuré des lettres de recommandation pour milord Hindfort, ministre d'Angleterre à Berlin, qui nous avait fait tant de mal. Quant au reste, il promettait zèle et discrétion, et non succès, et il remettait à se régler sur la manière de parler de Frédéric et sur l'occasion.

Le 23 août, nous le voyons « sur l'eau, près d'Utrecht, » d'où il écrit à d'Argental qu'il va trouver le roi de Prusse, ne l'ayant pu voir ni à Spa, ni à Aix-la-Chapelle.

Arrivé à Berlin, vers le 30, il décrit, dans ses *Mémoires*, la vie de Frédéric. Levé à cinq ou six heures, le stoïcien royal, habillé et botté, donnait quelques moments, en compagnie de quelques beaux pages, à la secte d'Épicure. Puis venaient les affaires. Vers onze heures, revue, parade et dî-

(1) A Amelot, 17 août.

ner. Après quoi, retraite dans son cabinet, et rimes françaises jusqu'à cinq ou six heures. Lecture ensuite, et concert, où la flûte royale jouait le premier rôle. La journée se terminait par le souper, dans une salle dont le principal ornement était une infâme priapée. La conversation était à l'avenant : on aurait cru entendre les sept sages de la Grèce dans un mauvais lieu. Jamais de femmes dans ce palais de *potsdamie*; jamais de prêtres dans ce repaire d'impiété, bien qu'on y respectât ordinairement Dieu.

Voilà pour le tous les jours; puis il y avait des fêtes, des opéras, des soupers extraordinaires, au milieu desquels Voltaire poussait sa négociation. « Le roi, raconte-t-il, trouvait bon que je lui parlasse de tout : et j'entremêlais souvent des questions sur la France et sur l'Autriche à propos de l'*Énéide* et de *Tite-Live*. »

Tout cela ne se passait pas constamment à Berlin ou à Potsdam, et le Sancho diplomatique était obligé de suivre le Don Quichotte royal à travers ses États.

Le 3 septembre, il était à Charlottembourg, d'où il écrivait à Amelot qu'après dîner, il avait reçu Frédéric dans sa chambre, et lui avait prêché l'union avec la France dans leur intérêt commun. Mais Frédéric n'était pas disposé à prêter son concours, en fût-il requis.

Frédéric et Voltaire, jouant double jeu, s'écrivaient, d'un appartement à l'autre, de petits billets, où les joueurs ne se cachaient rien, puis des lettres pour le public, surtout pour la cour de France, où le zèle de Voltaire était mis en éclat, et où Frédéric dissimulait mal sa pensée, qui se trahissait par l'ironie.

Voltaire accompagna Frédéric à Baireuth, chez sa sœur, vers la mi-septembre, et il y resta quelques jours après le départ du roi. Là, outre la margrave, il trouvait la duchesse de Wurtemberg, future belle-mère de la fille de Willemine, femme sans pudeur qui passait les nuits à copier la *Pucelle*; il trouvait les trois princes de Brunswick, et une foule de jeunes dames d'honneur, qui lui rendaient, à lui et à ses écrits, un culte idolâtrique. Aussi, comme l'écrivait Willelmine à son frère, était-il « de la meilleure humeur du monde, » et, au milieu de cette réunion princière, il se montrait « le roi des brillants plaisirs. » A Baireuth et dans le joli château voisin de l'*Ermitage*, la Margrave comblait l'hôte dont elle raffolait d'honneurs et de fêtes, et portait son orgueil au comble en mettant son image à côté de celle de Descartes, de Newton, de Leibniz, de Locke et de Bayle.

Après quatorze jours passés dans cette cour enchanteresse, dont il ne perdit jamais le souvenir, Voltaire retourna à Berlin pour y reprendre sa mission diplomatique. Frédéric paraissait alors plus content de la France, mais il ne se déterminait à rien, résolu d'attendre, pour se découvrir, que l'armée autrichienne et l'armée anglaise fussent presque détruites. Il n'aimait pas le roi d'Angleterre, « son cher oncle, » et celui-ci le lui rendait bien. Frédéric disait : « George est l'oncle de Frédéric, mais George ne l'est pas du roi de Prusse. » Toutes ces négociations se poursuivaient toujours au milieu des opéras, des comédies, des chasses et des soupers (1).

Cependant, éclate, par l'indiscrétion, sans doute bien calculée, de Frédéric, la correspondance mutuelle du roi et du négociateur, où l'*âne de Mirepoix* était si bien bâté. On est fort mécontent à Versailles, ce qui achève de prouver combien est fausse la réponse prêtée par Voltaire à Louis XV. Le 5 octobre, Voltaire, toujours à Baireuth, se hâte d'écrire à Amelot : « Vous savez de quel nom et de quel prétexte je m'étais servi auprès de lui pour colorer mon voyage. Il m'a écrit plusieurs lettres sur l'homme qui servait de prétexte, et je lui en ai écrit quelques-unes qui sont écrites avec la même liberté. Il y a, dans ses billets et dans les miens, quelques vers hardis qui ne peuvent faire aucun mal à un roi, et qui en peuvent faire à un particulier. Il a cru que si j'étais brouillé sans ressource avec l'homme qui est le sujet de ces plaisanteries, je serais forcé alors d'accepter les offres que j'ai tou-

(1) A Amelot, 3 octobre; même jour à Podewils.

jours refusées de vivre à la cour de Berlin. Ne pouvant m'acquérir autrement, il croit m'acquérir en me perdant en France; mais je vous jure que j'aimerais mieux vivre dans un village *suisse* (ce qu'il fera), que de jouir à ce prix de la faveur dangereuse d'un roi capable de mettre de la trahison dans l'amitié même; ce serait en ce cas un trop grand malheur de lui plaire. Je ne veux point du palais d'Alcine, où l'on est esclave parce qu'on a été aimé, et je préfère surtout vos bontés vertueuses à une faveur si funeste. »
— Berlin ne devait jamais être pour Voltaire qu'un pis-aller, et il mettait la cour de France en demeure de lui offrir une compensation avantageuse.

Frédéric, en effet, redoublait ses instances et ses offres pour le fixer auprès de lui. Il lui écrivait, le 7 octobre : « La France a passé, jusqu'à présent, pour l'asile des rois malheureux; je veux que ma capitale devienne le temple des grands hommes. Venez-y, mon cher Voltaire, et dictez tout ce qui peut vous y être agréable. Je veux vous faire plaisir; et, pour obliger un homme, il faut entrer dans sa façon de penser. Choisissez appartement ou maison, réglez vous-même ce qu'il vous faut pour l'agrément et le superflu de la vie; faites votre condition comme il vous la faut pour être heureux, c'est à moi à pourvoir au reste. Vous serez toujours libre et entièrement maître de votre sort; je ne prétends vous enchaîner que par l'amitié et le bien-être. »

Parole de roi, dont Voltaire connaissait la valeur. Il ne s'y laissa pas prendre, cette fois; il voulut, au moins, essayer auparavant du côté de Versailles. Il résista même à l'intervention de la reine-mère. Voyant que Frédéric refusait de s'engager avant d'y voir très-peu de péril et beaucoup d'utilité, il reconnut qu'il n'avait plus rien à faire à Berlin, et il songea à revenir en France pour y rendre compte de sa mission et en recevoir le salaire (1).

Il nous a conservé une correspondance de cette date, en

---

(1) A Amelot, 8 octobre.

partie double, échangée d'une chambre à l'autre, et qui ne lui laissait aucun espoir de pousser Frédéric à quelque démarche éclatante. D'un côté, étaient ses questions; de l'autre, les réponses du roi. Là, sous le numéro 5, était cette question de Voltaire : « Doutez-vous que la maison d'Autriche ne vous redemande la Silésie à la première occasion? » Et Frédéric avait répondu en marge :

> Ils seront reçus, biribi,
> A la façon de barbari,
> Mon ami (1).

N'ayant réussi à rien, Voltaire ne pouvait voir du côté de Versailles plus d'espoir qu'il n'en laissait à Berlin. Au moins voulait-il emporter de Prusse « quelque nouvelle agréable à sa cour, » et en être lui-même le porteur. Mais Frédéric lui répondit brutalement : « La seule commission que je puisse vous donner pour la France, c'est de leur conseiller de se conduire plus sagement qu'ils n'ont fait jusqu'à présent. »

Voltaire n'avait plus qu'à partir. Néanmoins, dans sa lettre pour prendre congé, il sollicita encore une parole agréable, promettant, pour toucher le roi, de revenir auprès de lui dès qu'il aurait mis ordre à ses affaires : « Je vous conjure instamment, disait-il, de m'écrire un mot que je puisse montrer au roi de France. » Il ne demandait aucun engagement précis; il lui suffisait de « quatre lignes en général. » Et il dictait le sens de ces quatre lignes : « Je ne demande autre chose sinon que vous êtes satisfait aujourd'hui des dispositions de la France, que personne ne vous a jamais fait un portrait aussi avantageux de son roi, que vous me croyez d'autant plus que je ne vous ai jamais trompé, et que vous êtes bien résolu à vous lier avec un prince aussi sage et aussi ferme que lui. Ces mots vagues ne vous engagent à rien, et j'ose dire qu'ils feront un très-bon effet... Je montrerai votre lettre au roi, et je pourrai obtenir la restitution d'une partie de mon bien que

---

(1) *Mémoires; Œuvres*, t. XL, p. 78.

le bon cardinal m'a ôté (1); je viendrai ici dépenser ce bien que je vous devrai. » Ses pensions, son bien, voilà sa préoccupation dernière et définitive; préoccupation telle, qu'il oubliait jusqu'à madame du Châtelet, à qui il n'écrivait plus que de petits billets insignifiants, et à de rares intervalles (2). Ainsi toute sa diplomatie aboutissait à la restitution des arrérages suspendus ou diminués de ses pensions et de ses rentes. De la montagne diplomatique en travail sortait à peine le *ridiculus mus* de la fable, car nous ne voyons nulle part que Voltaire ait même obtenu immédiatement, au moyen de quelques *mots vagues* de Frédéric, les restitutions sollicitées (3).

Il partit de Berlin le 12 octobre 1743; le 14, il était « dans un f... village du Brunswick, » d'où il écrivait à Kairseling ses aventures de voyage. Il avait été bien reçu à Brunswick par la duchesse, une autre sœur de Frédéric. Il y resta cinq jours. De là et de partout, il écrivait à ses amis, pour expri-

(1) Nous trouvons l'explication de cette phrase dans une Préface de Baculard d'Arnaud, écrite sous la dictée ou sous l'inspiration de Voltaire. D'Arnaud raconte que le gouvernement donna à Voltaire, au sortir de la Bastille, « une gratification de mille écus et une pension de 2,000 fr., que le cardinal de Fleury réduisit depuis à 1,600, quand il diminua toutes les pensions. Il fit plus, il retrancha à M. de Voltaire une rente de mille écus qu'il avait sur l'Hôtel-de-Ville, et la réduisit à moitié dans la réduction qu'il fit des rentes sur le roi ; et on ne peut s'étonner assez qu'un précepteur du roi ait si maltraité les gens de lettres, qu'il aurait dû protéger (dans les *Mémoires* de Longchamp, t. II, p. 491). » — (2) Voir les plaintes de la marquise dans ses lettres à d'Argental des 15 et 22 octobre 1743. — (3) Quinze mois après, il les attendait encore, puisqu'il écrivait au marquis d'Argenson, le 15 février 1745, pour le rétablissement des 400 livres retranchées par Fleury. En 1750 (27 octobre, à d'Argental), le roi avait rétabli son ancienne pension de 2,000 fr.; et si elle ne lui fut pas payée aussitôt, Choiseul, dès son entrée au ministère, lui en fit renouveler le brevet, et le lui envoya. Ce fut à son insu, dit Waguière (p. 30), qui ajoute que Voltaire n'a jamais voulu la toucher. Peut-être ne la put-il toucher pendant le temps de sa disgrâce, mais il ne refusa pas toujours. Le 1er février 1761, il écrivait à sa nièce, madame de Fontaine, qu'ayant perdu sa pension avec sa place d'historiographe, il venait d'en recevoir une autre, sans l'avoir demandée, — sans doute à la sollicitation de madame de Pompadour et de Choiseul, — et que le comte de Saint-Florentin lui envoyait l'ordonnance pour être payé de la première année. Le 20 janvier 1762, il adressait la même nouvelle à Duclos, avec la recommandation de la faire parvenir « aux ennemis de la littérature et de la philosophie. » On voit une fois de plus que Voltaire a menti, dans son *Commentaire historique*, lorsqu'il a prétendu que jamais il n'avait sollicité le payement de ses pensions. Il le sollicita toute sa vie, par Thieriot d'abord, par Moussinot ensuite, et enfin par lui-même.

mer son enthousiasme d'un voyage qui avait si peu réussi. Ne pouvant pas parler de succès politique, il se rejetait sur un opéra de *Titus,* mis en musique par Frédéric et joué en son honneur (1).

Le 26 octobre, il était de retour à La Haye ; et, le lendemain, il écrivait à Amelot. N'ayant pu arracher à Frédéric les *quatre lignes* tant demandées, il extrayait des lettres précédentes du roi les mots qui allaient à son but, arrangeant tout et retranchant toutes les expressions ironiques. S'il n'avait pas mieux réussi, c'est qu'on l'avait peint au roi de Prusse comme un espion, et qu'il n'avait pas de lettres de créance. Aussi demandait-il une autre mission plus authentique ; et alors, ou on ramènerait Frédéric à la France, ou on ferait, *à ses dépens*, la paix avec la reine de Hongrie. Ainsi, à Versailles il trahissait Frédéric, comme à Berlin il eût trahi la France, pour peu qu'il y eût trouvé son intérêt.

Vers la fin de novembre, il était à Paris, où il resta jusqu'à la fin de janvier 1744. Obligé de faire un voyage à Bruxelles dans les premiers jours de février, toujours pour le procès des du Châtelet, il se hâta de revenir à Paris, où nous le retrouvons dès le 15. Il y resta deux mois entiers, et ne rentra que le 15 avril à Cirey, qu'il n'avait pas revu depuis février 1742.

A quoi employa-t-il ces quatre ou cinq mois de séjour presque ininterrompu à Paris ou à Versailles ? Uniquement à solliciter, mais vainement, la récompense de sa mission.

Il a raconté dans ses *Mémoires* (p. 79) : « Je retournai vite à la cour de France : je rendis compte de mon voyage. Je lui donnai l'espérance qu'on m'avait donnée à Berlin. Elle ne fut point trompeuse ; et, le printemps suivant, le roi de Prusse fit en effet un nouveau traité avec le roi de France. Il s'avança en Bohême avec cent mille hommes, tandis que les Autrichiens étaient en Alsace. — Si j'avais conté à quelque bon Parisien mon aventure et le service que j'avais

(1) A Maupertuis, 16 octobre.

rendu, il n'eût pas douté que je fusse promu à quelque beau poste. Voici quelle fut ma récompense. — La duchesse de Châteauroux fut fâchée que la négociation n'eût pas passé immédiatement par elle. Il lui avait pris envie de chasser M. Amelot, parce qu'il était bègue et que ce petit défaut lui déplaisait. Elle haïssait de plus cet Amelot, parce qu'il était gouverné par M. de Maurepas. Il fut renvoyé au bout de huit jours, et je fus enveloppé dans sa disgrâce. »

Les choses ne se passèrent point ainsi. Voltaire ment sur le résultat de sa négociation, nul d'après sa correspondance. Si Frédéric fit alliance avec nous et rentra en campagne, c'est que, depuis sa retraite des champs de bataille, et depuis le départ du négociateur, les affaires de Marie-Thérèse s'étaient rétablies, et qu'elle menaçait de reprendre sa Silésie perdue. Voltaire ment encore sur la cause d'un déni de récompense. Il revint à Paris en novembre 1743, et Amelot ne fut renvoyé que le 26 avril 1744. Il avait donc déjà essuyé tous les refus, et il n'avait plus à être enveloppé dans la disgrâce du ministre.

Ce qui est vrai, c'est que la sortie d'Amelot du ministère lui ôta son dernier espoir, s'il en avait conservé quelqu'un, et c'est pourquoi il quitta Paris.

Il resta à Cirey jusqu'en octobre, à part une excursion à Champs, à quelques lieues de Paris, chez le duc de la Vallière. De là, il revint à Paris, pour les fêtes du mariage de la Dauphine. Le veuvage récent de sa nièce, madame Denis, l'appela à Lille, en novembre.

Vers la fin de cette année 1744, il chercha à se créer de nouveaux titres, diplomatiques et littéraires, aux grâces de la cour. Les circonstances lui étaient favorables. Sans parler du mariage de la Dauphine, qui allait donner de l'emploi à sa muse, le ministère des affaires étrangères, vacant depuis sept mois, venait d'être donné à son ami, le marquis d'Argenson. Il se fit aussitôt le secrétaire-rédacteur du nouveau ministre, qui fit valoir son travail à Versailles : « Je vous remercie bien tendrement, lui écrivait le rédacteur, de ce que vous avez daigné dire un mot (sans doute au roi) de mon griffonnage (1). »

Cela se renouvela l'année suivante. D'Argenson lui soumettait les pièces politiques pour avoir son avis, et il entretenait un correspondant en Prusse pour fournir des nouvelles à d'Argenson (2).

Dans sa lettre du 3 mai au ministre, il parle de « flagorneries pour la czarine. » C'est qu'il venait d'être chargé, à la prière du marquis d'Argenson, de rédiger, au nom du roi, une lettre à Elisabeth, fille de Pierre-le-Grand, dont on voulait obtenir la médiation pour amener les puissances belligérantes à une paix qui n'arriva qu'en 1748. Le 9 mai, il écrivait à d'Argenson : « Je compte venir demain à Versailles me mettre au rang de vos secrétaires. »

Quelques mois après, le 27 septembre (3), d'Argenson lui adressa un canevas minuté de sa main, indiquant les instructions à rédiger pour nos plénipotentiaires à Aix-la-Chapelle, notamment pour l'abbé de la Ville. Il s'agissait de six mille Hollandais qui, récemment, avaient été reçus à capitulation, après s'être engagés à ne pas servir de dix-huit mois contre la France, « pas même dans les places les plus éloignées. » Or, en vertu de traités préexistants, les Etats-Généraux venaient d'envoyer ces mêmes troupes au roi George d'Angleterre, pour combattre contre le prince Edouard, victorieux à Preston-Pans.

Voltaire répondit le 28 : « Je tâcherai de remplir vos intentions, en suivant votre esprit, et en transcrivant vos paroles, qu'il faut appuyer des belles figures de rhétorique appelées *ratio ultima regum*. C'est à M. le maréchal de Saxe à donner du poids à l'abbé de la Ville. »

Dès le lendemain, il envoyait son *amplification* : « Je crois avoir suivi vos vues ; il ne faut pas trop de menaces. M. de

---

(1) A d'Argenson, 18 et 26 décembre 1744. — (2) Au même, 8 février et 29 avril 1745. — (3) M. Charles Nisard, qui, le premier, a cité cette lettre dans *Mémoires et correspondances*, p. 17, la date du 17; elle est, en réalité, du 27, puisque Voltaire en accuse réception le 28.

Louvois irritait par ses paroles; il faut adoucir les esprits par la douceur, et les soumettre par les armes. »

Il avait rédigé ses *Représentations aux États-Généraux de Hollande* (1), non pas en ce « style serré, nerveux, digne de la majesté d'un conquérant, » que lui demandait d'Argenson, et qu'il ne pouvait guère fournir, mais en un style adroit et insinuant, convenable à un roi qui, tout vainqueur qu'il était, aspirait à la paix.

Il ne hâta pas la paix, mais il contenta d'Argenson, qui, en 1746, recourut de nouveau à sa plume. Si de sa mission en Prusse il n'avait retiré ni honneur, ni place, ni argent, il fut plus heureux dans son métier de *secrétaire d'État*, et il se fraya au moins par là un chemin vers l'Académie française. C'est ce qu'indique ce billet de remercîment du marquis d'Argenson : « Je sais combien votre *jettonnerie* est sûre; voulez-vous que je vous fasse votre harangue, par représailles de vos travaux diplomatiques (2) ? »

En même temps qu'il faisait œuvre de bon citoyen, aimant son roi et sa patrie, il cherchait à se poser en bon chrétien, béni et aimé du Pape.

Le 3 mai 1745, il écrivait à l'abbé de Valori, frère de notre ambassadeur à Berlin : « Je suis fort joliment avec Sa Sainteté. C'est à présent aux dévots à me demander ma protection pour ce monde et pour l'autre. »

Le même jour, il voulut faire agir le ministre des affaires étrangères auprès de l'abbé de Canillac, chargé d'affaires du roi à Rome : « Vous avez eu trop de scrupule en craignant d'écrire un petit mot à M. l'abbé de Canillac. Je vous avertis que je suis très-bien avec le Pape, et que M. l'abbé de Canillac fera sa cour, en disant au Saint-Père que je lis ses ouvrages, et que je suis au rang de ses admirateurs comme de ses brebis... Chargez-vous, je vous prie, de cette importante négociation. Je vous réponds que je serai un petit favori de Rome. »

Il s'agissait d'obtenir des médailles à l'effigie de Benoît XIV,

(1) *Œuvres*, t. XXXVIII, p. 539. — (2) Ch. Nisard, livre cité, p. 24.

à montrer en France comme preuve de la protection et de l'amitié du Pontife. D'Argenson intervint. Voltaire fit de « nouvelles coquetteries » avec le Pape, et employa auprès d'un abbé de Tolignan, attaché d'affaires à Rome, une demoiselle du Thil, qui avait appartenu à madame du Châtelet. Il fit si bien, qu'il eut des médailles de deux mains, par Canillac et par Tolignan (1).

En possession de ces faveurs sacrées, le courtisan en tira parti; et il écrivit à d'Argenson (10 août) : « Vous devriez bien dire au roi très-chrétien combien je suis un sujet très-chrétien. »

Pour achever cette bouffonnerie, il remercia le Pape et lui envoya son *Mahomet* (17 août). Le Pape lui adressa, le 19 septembre, une réponse qu'il pria tous ses amis de répandre : « Il est bon que les persécuteurs des gens de bien sachent que je suis couvert contre eux de l'étole du vicaire de Dieu. » Et il récrivit au Pape qu'il n'avait jamais cru si fermement à son infaillibilité (2).

Pour assurer davantage son succès, il avait mis en mouvement sa plume de poëte, en même temps que sa plume de diplomate.

IV

DIPLOMATIE LITTÉRAIRE. — MORT D'ARMAND AROUET.

Nous avons déjà parlé du mariage du Dauphin avec l'infante d'Espagne Marie-Thérèse, fille de Philippe V. A cette occasion, Voltaire fit, sur l'ordre de Richelieu, premier gentilhomme de la chambre, et de madame d'Etiole, sa *Princesse de Navarre*, comédie ballet en 3 actes, représentée à Versailles le 23 février 1745, avec la musique de Rameau.

Dès le 11 juillet 1744, il faisait part de cette *drogue* à son ami d'Argental. Il voulait absolument qu'elle fût jouée, bonne ou mauvaise. « Cette bagatelle, disait-il, est la seule ressource

(1) A d'Argenson, 29 et 30 mai 1745. — (2) A d'Argental, 5 octobre 1745.

qui me reste, ne vous déplaise, après la démission de M. Amelot, pour obtenir quelque marque de bonté qu'on me doit pour des bagatelles d'une autre espèce, dans lesquelles je n'ai pas laissé de rendre service. »

Auparavant, le 24 avril, *Colletet* avait envoyé le premier acte de ce *brimborion* au *Cardinal-Duc*, Richelieu, pour le remettre à Rameau (1). A partir de ce jour, il en entretenait tous ses amis, embarrassé de son métier de « bouffon du roi, courant de Paris à Versailles, faisant des vers en chaise de poste, » et ayant peur de ne faire que des sottises en travaillant pour la cour, parce qu'on ne réussit bien que dans les sujets qu'on a choisis avec complaisance (2). »

Si Voltaire n'avait pas choisi le sujet, il mit beaucoup de complaisance à l'exécuter, parce qu'il espérait beaucoup du succès. La fête donnée à Versailles le 23 février, dans le grand manége, fut magnifique, à s'en rapporter à la description qu'il nous en a faite (3). La récompense le fut davantage encore, si c'est à cette occasion qu'on le fit historiographe et gentilhomme ordinaire de la chambre. Suivant le *Commentaire historique* (4), il aurait reçu le brevet d'historiographe dès la fin de 1744; mais comme ce n'est qu'en mars 1745 que le *Mercure* en publia la nouvelle, sans doute toute récente, on doit conclure que cette faveur avait suivi la *Princesse de Navarre*. D'ailleurs, lui-même, écrivant à d'Argenson le 8 février 1745, mendie encore cette place et en règle la pension; et, le 3 mai, dans une lettre à l'abbé de Valori, il annonce que le roi vient de le nommer historiographe, avec 2,000 livres de pension.

(1) Voir encore les lettres à Richelieu des 28 mai, 5 et 18 juin. — (2) A Cideville, 8 mai 1744 et 31 janvier 1745. — (3) *Avertissement* de la *Princesse de Navarre*, Œuvres, t. V, p. 214. — Il est bon de noter que c'est cette comédie-ballet qui mit pour la première fois en relation Voltaire et J.-J. Rousseau. En 1745, à la prière de Richelieu, Voltaire avait réduit sa pièce en un acte, sous le nom de *Fêtes de Ramire*. Richelieu demanda quelques changements, soit dans les paroles, soit dans la musique. Voltaire et Rameau étant alors occupés au *Temple de la gloire*, le duc s'adressa à Jean-Jacques, à la fois poëte et musicien. Le 11 décembre 1745, Rousseau demanda humblement à Voltaire la permission de toucher à son ouvrage, et, le 15, Voltaire lui donna gracieusement carte blanche. — (4) *Œuvres*, t. XLVIII, p. 342.

Quant à la gentilhommerie, à cette date du 3 mai, il n'avait encore qu'une promesse du roi pour la première place vacante, et la place elle-même ne lui vint peut-être qu'à la suite du *Temple de la Gloire* (27 novembre 1745), ou même qu'au commencement de 1746, à la veille de son élection à l'Académie (1).

En toute hypothèse, c'est à madame d'Etiole, la future Pompadour, bien plus qu'à sa fade *Princesse*, qu'il dut cette double faveur. Il l'avait visitée à Etiole, avec madame du Châtelet, et avait reçu la confidence de ses amours naissants. Parvenue à sa honteuse faveur, madame d'Etiole ne l'oublia pas, et il reconnut alors que « pour faire la plus petite fortune, il valait mieux dire quatre mots à la maîtresse d'un roi que d'écrire cent volumes (2). » C'est également à madame d'Etiole qu'il attribue sa double charge dans son *Commentaire historique* (3), et il se met en opposition avec lui-même, lorsqu'il donne tant de poids à sa légère *Princesse* dans la balance de la faveur :

>Mon *Henri Quatre* et ma *Zaïre*,
>Et mon américaine *Alzire*,
>Ne m'ont jamais valu un seul regard du roi ;
>J'avais mille ennemis avec très-peu de gloire :
>Les honneurs et les biens pleuvent enfin sur moi,
>Pour une farce de la Foire.

Cette place de gentilhomme était un présent d'environ soixante milles livres ; présent d'autant plus agréable, que, quelques années après (4), ne voulant ni s'astreindre à la cour, ni s'arracher à ses travaux, il obtint la grâce singulière de la vendre, et il s'en défit pour 30,000 livres en faveur du comte du Four, tout en en conservant le titre, les honneurs et les priviléges.

(1) Il était certainement gentilhomme le 1ᵉʳ mai 1746 (lettre à Maupertuis). — (2) *Mémoires; Œuvres*, t. XL, p. 81. — (3) *Œuvres*, t. XLVIII, p. 344. — En août 1750, c'est à Richelieu qu'il fait hommage de ces deux places; mais Richelieu et madame de Pompadour ne faisaient qu'un. — (4) Dans son *Commentaire historique*, p. 344, il dit : « Peu de temps après; » ce que Longchamp répète dans ses *Mémoires*, t. II, p. 291; mais Longchamp lui-même a touché 1620 fr. comme appointements de cette charge pour 1749, ce qui suppose que Voltaire la garda au moins jusqu'à la fin de cette année.

Cinq jours avant la représentation de la *Princesse de Navarre*, Voltaire avait perdu son frère Armand, dont la mort n'a pas laissé plus de trace que celle de son père dans son insensible correspondance. Il assista cependant aux funérailles, qui se célébrèrent le 19 février (1), et signa au registre : « François-Marie Arouet de Voltaire, bourgeois de Paris. » Il n'était pas encore gentilhomme. Cette mort le réjouit sans doute plus qu'elle ne l'attrista. Outre qu'il détestait son « Janséniste de frère, » qui le lui rendait bien (2), il allait trouver dans la cassette d'Armand un riche complément aux pensions de la cour. Depuis longtemps, il convoitait cet héritage, avec peur qu'il lui échappât. Le 14 décembre 1737, il écrivait à son fidèle Moussinot : « Je vous supplie d'employer M. Picard et toutes vos connaissances pour découvrir le mariage secret d'Arouet. Cela m'est d'autant plus important que je suis près de marier une de mes nièces... Je reviens à Arouet. On dit qu'il est fort intrigué dans cette affaire des Convulsionnaires. Quel fanatisme ! » Ce qui l'effrayait et l'indignait le plus dans cette affaire des Convulsionnaires, c'était la *boîte à Perrette*, qu'on accusait Armand d'enrichir.

Nouvelle terreur, aussitôt calmée : « On m'avait mandé qu'Arouet avait brûlé, que tous ses meubles et son logement étaient consumés : je vois avec plaisir que cela n'est pas (3). » Arouet lui-même brûlé, petit malheur ! mais le logement et les meubles, grosse perte ! et il a plaisir à apprendre qu'il n'en est rien.

Vers la fin de 1739, Armand tombe malade, et son frère se hâte d'envoyer à Moussinot une procuration pour prendre des arrangements de famille. Le malade s'étant relevé, il la retire ; mais le testament qu'a dû faire le moribond l'inquiète : « Quant au testament, écrit-il à Moussinot, le 9 janvier 1740, je ne doute pas qu'avec votre prudence ordinaire, sans me commettre, et sans marquer que je puisse avoir sur cela quel-

---

(1) Registres de la paroisse Saint-Barthélemy, à l'Hôtel-de-Ville. — (2) Voir sur leur inimitié une lettre à Thieriot, du 14 juin 1727, *Recueil de* 1820. — (3) A Moussinot, 4 novembre 1738.

que inquiétude, vous ne soyez informé de ce qui en était. Il serait très-désagréable que mes nièces et neveux eussent à me faire ma part : ce serait à moi, ce semble, à faire la leur; et madame Denis s'avance trop quand elle me dit qu'elle me laisserait maître de tout. Il y a des mineurs au nom desquels elle ne pourrait stipuler. »

Qui fit sa part à l'autre, et quelle fut-elle ? A juger de la fortune du frère Armand par celle de la sœur Marie, épouse de François Mignot, cette part dut être considérable, puisque, le 4 novembre 1738, Voltaire écrivait à Moussinot : « Je crois que mes neveux auront bien de leur père et mère 350,000 livres à partager. » Malgré la *boîte à Perrette*, Armand, austère et célibataire (car le mariage secret était une fable), ne laissait sans doute pas une fortune moindre de moitié. A qui alla-t-elle ? A Voltaire seul, qui, au rapport de Barruel (1), en jouant le jansénisme, obtint tous les biens de son frère. Suivant Longchamp, il partagea avec sa sœur Marie, morte dès le 15 octobre 1726 (2), et son époux Mignot, mort avant le 13 novembre 1737 (3)! Il n'eut donc à partager, — s'il partagea, — qu'avec son neveu, l'abbé Mignot, et ses deux nièces. Mais partagea-t-il? ou plutôt ne se réserva-t-il pas, ainsi qu'il en avait exprimé le désir, de leur faire leur part comme il l'entendrait? Dans ce cas, les cadeaux qu'il put faire au neveu, les dots qu'il donna aux nièces, perdaient singulièrement de leur générosité, puisque ce ne serait guère qu'une restitution. En toute hypothèse, sa fortune, déjà très-considérable, dut être fort augmentée par l'héritage fraternel.

La mort s'était mise de son jeu pour lui faire la partie plus belle; bientôt ce fut la victoire.

La bataille de Fontenoy était gagnée le 11 mai 1745; la nouvelle en arrivait à Paris dans la nuit du 13 au 14; et, le 17, le censeur Crébillon donnait son approbation au poëme de Voltaire. Son zèle était rapide, s'il n'était pas désintéressé, et le poëme eut également à souffrir du calcul et de la hâte. Aussi

---

(1) *Mémoires sur le Jacobinisme*, t. I, p. 130. — (2) A mademoiselle Bessières. — (3) A Thieriot.

fallut-il en multiplier les éditions ou les tirages, et pour corriger les négligences d'un premier jet, et pour ouvrir, à chaque courrier, une place flatteuse à quelque nouveau nom, car le poëte voulait être l'ami ou le courtisan de tout le monde. C'est ce que l'avocat Marchant exprimait dans sa facétie, intitulée *Requête du curé de Fontenoy* :

> On m'a fait encor d'autres torts :
> Un fameux monsieur de Voltaire
> A donné l'extrait mortuaire
> De tous les seigneurs qui sont morts.

Il obtint la grâce de dédier sa pièce au roi et de la faire tirer à l'imprimerie royale comme un ouvrage national. Dans un discours préliminaire, il alla au devant des objections, et prévint les dépits d'amour-propre de tous les oubliés (1).

Il ne négligea rien pour tirer bon parti de sa « petite drôlerie. » « Seriez-vous assez mal reçu, écrivait-il, le 29 mai, au marquis d'Argenson, à dire au roi qu'en dix jours de temps, il y a eu cinq éditions de sa gloire? N'oubliez pas, je vous en prie, cette petite manœuvre de cour. » Le roi fut content, et le poëte le trouva « le meilleur et le plus grand connaisseur de son royaume (2). » Voltaire envoya encore sa drôlerie à tous les *héros* qu'il avait chantés, pour s'en faire autant d'amis et de protecteurs, et tous le remercièrent. Il l'envoya au roi et à la reine d'Espagne, au prince des Asturies, au cardinal infant, et il attendit de la protection du marquis d'Argenson (19 août) « quelques petites marques des bontés de Leurs Majestés Catholiques. » Il l'envoya même à plusieurs cardinaux pour se mieux mettre en cour de Rome, dans un temps où il sollicitait les faveurs papales en vue de l'Académie.

Il ne s'en tira pas aussi bien avec la critique littéraire (3). Sans plus parler de Des Fontaines, ni des nombreux écrits lancés contre le poëme, mentionnons pour mémoire une lettre de Fréron, que nous retrouverons au chapitre du fameux critique.

---

(1) *Œuvres*, t. XII, p. 117. — (2) A Cideville, 3 juin. — (3) Voltaire répondit dans une *Lettre critique d'une belle dame à un beau monsieur de Paris* (*Œuvres*, t. XXXVIII, p. 534).

Après les vers, la prose; après le poëte, l'historiographe. Le 17 août 1745, Voltaire annonce au marquis d'Argenson le projet d'écrire les campagnes du roi, avec prière de le faire valoir : « Si vous disiez au roi que les impostures qu'on débite en Hollande doivent être réfutées, que je travaille à écrire ses campagnes, et qu'en cela je remplis mon devoir; que mon ouvrage sera achevé sous vos yeux et sous votre protection ; enfin, si vous lui représentez ce que j'ai l'honneur de vous dire, avec la persuasion que je vous connais, le roi m'en saura quelque gré. » Et le voici tantôt à Fontainebleau, tantôt à Versailles, dépouillant le fatras, débrouillant le chaos des bureaux, recueillant de toutes parts des anecdotes. Il demanda des mémoires à nos ennemis même, par l'entremise de son ami Falkener, secrétaire du duc de Cumberland. Bien plus, il proposa d'aller en Flandre, pour y voir le théâtre des événements, tant il avait de « zèle pour la gloire et le service du roi. » Mais ce zèle, il répétait toujours à d'Argenson de le faire briller au soleil de la cour : « Dites donc au roi, dites à madame de Pompadour que vous êtes content de l'historiographe... Je vous demande en grâce de dire au roi un mot de cet ouvrage, auquel sa gloire est intéressée (1). »

Voltaire revint aux vers. Le poëme de Fontenoy n'ayant pas épuisé sa veine courtisanesque et ambitieuse, il fit encore le *Temple de la gloire* (2), opéra-féerie, représenté à Versailles, le 27 novembre 1745, sur le même théâtre qui avait été construit pour la *Princesse de Navarre*. Littérairement parlant, c'était encore un pauvre ouvrage. Comme le dit Fréron (3), Voltaire n'était pas heureux dans la structure de ses *Temples*. Au point de vue de l'ambition, il fut moins heureux encore. Après la représentation de cet opéra, où Trajan vainqueur, donnant la paix au monde, reçoit la couronne refusée aux conquérants, et réservée à un héros ami de l'humanité, il s'approcha de Louis XV, et lui dit : « Trajan est-il content? » Moins flatté du

---

(1) 14 janvier 1746, à d'Argenson. — A d'Argental, 5 octobre; à d'Argenson, 20 et 23 octobre 1745; à Cideville, 7 janvier 1746. — (2) *Œuvres*, t. V, p. 305. — (3) *Lettre* du 18 janvier 1746; *Opuscules*, t. II, p. 178.

parallèle que blessé de la familiarité d'un poëte pour lequel il n'eut jamais de goût, Trajan ne répondit pas et lui tourna le dos (1). C'était la fortune qui tournait le dos à Voltaire, et il n'avait plus lui-même qu'à tourner le dos à la cour.

En février 1776, il écrivait à l'abbé Duvernet : « Ceux qui vous ont dit, Monsieur l'abbé, qu'en 1744 et 1745 (il aurait pu dire de 1743 à 1746) je fus courtisan, ont avancé une triste vérité. Je le fus ; je m'en corrigeai en 1746, et je m'en repentis en 1747. De tout le temps que j'ai perdu en ma vie, c'est sans doute celui-là que je regrette le plus. Ce ne fut pas le temps de ma gloire, si j'en eus jamais. »

Voltaire ne se corrigea pas en 1746 ; et, s'il se repentit en 1747, ce fut du repentir de l'impuissance. Dès le 10 janvier, son patron le marquis d'Argenson était sorti du ministère. Il refoula donc forcément la courtisanerie dans son cœur, attendant, pour la remettre en action, un autre ministre philosophe : il attendit le duc de Choiseul.

(1) *Vie de Voltaire; Œuvres,* t. I, p. 195.

CHAPITRE CINQUIÈME

VOLTAIRE ET L'ACADÉMIE FRANÇAISE

I

INTRIGUES ACADÉMIQUES

A force de bassesses devant tous les ministres, de génuflexions devant la maîtresse royale, et de mauvais opéras pour les fêtes de la cour (1), Voltaire avait fait croire qu'il était « bon citoyen, » et il était devenu historiographe de France et gentilhomme ordinaire de la chambre du roi; à force d'intrigues et de mensonges sacriléges, il avait obtenu des médailles et un bref de Benoît XIV, et persuadé à tous qu'il allait être « un petit favori de Rome, » et « au roi très-chrétien qu'il était un sujet très-chrétien (2). »

Mais, ni l'historiographerie, ni la gentilhommerie, ni même « l'étole du vicaire de Dieu (3), » ne lui paraissaient suffisantes pour le mettre à couvert contre les coups de ses ennemis religieux ou littéraires et contre les atteintes du pouvoir.

En août 1750, racontant au duc de Richelieu toutes les prétendues violences qu'il avait essuyées, il disait : « Je songeai alors à me faire une espèce de rempart des Académies contre les persécutions qu'un homme qui a écrit avec liberté doit toujours craindre en France. »

Il frappa donc aux portes de toutes les Académies, de l'Académie des sciences, de l'Académie des inscriptions, où il sollicita son entrée comme associé libre ou surnuméraire. Mais sa sécurité, s'il l'eût trouvée là, n'aurait été, ni assez agressive, ni assez éclatante : il lui fallait l'Académie française.

Quelque bien établie déjà, quelque incontestée que fût en fait sa domination, il comprenait qu'il lui manquait en droit

---

(1) La *Princesse de Navarre*, le *Temple de la gloire*. — (2) Au marquis d'Argenson, 3 mai et 10 août 1745. — (3) A d'Argental, 5 octobre 1745.

quelque chose, tant qu'elle n'était pas consacrée par le sénat littéraire du pays, tant qu'elle ne s'imposait pas au monde avec le cortége de la représentation officielle des lettres françaises. De plus, il voulait multiplier sa force et sa puissance, dire à son tour : l'Etat, c'est moi; se donner l'inviolabilité royale en s'entourant de l'inviolabilité académique; en un mot, il voulait faire du Louvre même cette forteresse inattaquable qu'il chercha toute sa vie, pour y mettre sa personne et ses tendances sous la garde d'un bataillon sacré, et à l'abri de toutes les entreprises du pouvoir civil ou religieux.

C'est bien aussi ce que voyait l'Académie française. Gardant encore, au milieu du xviiie siècle, un culte de bienséance pour la religion et pour la royauté, la fille de Richelieu et de Louis XIV comprenait que la seule inscription du nom de Voltaire dans ses diptyques était l'apostasie de son passé et l'adhésion à la philosophie incrédule; elle comprenait, de plus, que c'était l'abdication de sa souveraineté littéraire : car cet homme ne pouvait pénétrer chez elle sans y introduire l'armée qui le suivait comme son chef, sans imposer au dedans la dictature qu'il exerçait au dehors.

De là ses longues hésitations à le recevoir; de là, d'un autre côté, les efforts aussi honteux que persévérants de Voltaire pour arriver à ce but de son ambition.

L'odieux manége commença en 1732 pour n'aboutir qu'en 1746, et dura, par conséquent, près de quinze années.

En 1732, Voltaire se présentait avec les plus beaux titres : *Œdipe*, *Brutus*, la *Henriade*, l'*Histoire de Charles XII*; mais, quoiqu'il ne fût pas encore coupable de ses ouvrages les plus licencieux et les plus impies, il avait écrit l'*Epître à Uranie* et les *Lettres anglaises*. Sans parler de l'amour-propre de quelques-uns de ses juges, blessés dans son *Temple du goût*, c'en était assez pour alarmer les membres religieux de l'Académie, qui étaient encore en majorité, et de Boze, se faisant leur interprète, prononça que Voltaire « ne serait jamais un sujet académique (1). »

(1) *Commentaire historique; Œuvres*, édition Beuchot, t. XLVIII, p. 324.

Voltaire avait caché ses prétentions sous le dédain ; il se vengea de son échec par des épigrammes.

Le 26 décembre 1731, il avait écrit à Formont de la place d'académicien : « Place méprisée par les gens qui pensent, respectée encore par la populace, et toujours courue par ceux qui n'ont que de la vanité. » Et l'année suivante, au même, l'homme qui, en 1753, devait être membre de dix-huit académies, disait : « Tout ce que je vois me confirme dans l'idée où j'ai toujours été de n'être jamais d'aucun corps. »

Mais, au moment de poser sa candidature, il écrivit à Lefebvre, un de ses colporteurs littéraires : « L'Académie française est l'objet secret des vœux de tous les gens de lettres. C'est une maîtresse contre laquelle ils font des chansons et des épigrammes jusqu'à ce qu'ils aient obtenu ses faveurs, et qu'ils négligent dès qu'ils en ont la possession. »

Rebuté par la maîtresse, il continua, en attendant la possession, chansons et épigrammes. « Vous savez, écrivit-il à l'abbé d'Olivet, le 30 novembre 1735, qu'il y a vingt ans que je vous ai dit que je ne serais d'aucune Académie. » Et il les accusait toutes d'étouffer le génie au lieu de l'exciter.

Ecoutons-le maintenant, en 1738, dans sa *Vie de J.-B. Rousseau* (1) : « Chose étrange, que presque tous les beaux-esprits aient fait des épigrammes contre l'Académie française, et aient fait des brigues pour y être admis ! On ne connaît guère que M. de Voltaire qui n'en ait jamais médit satiriquement, et qui n'ait fait aucune démarche pour en être ! »

En attendant des démarches nouvelles, il en est toujours aux épigrammes (2). Il remplit sa correspondance avec Frédéric de traits contre les « jetonniers français, »

> Ces gens doctement ridicules,
> Parlant de rien, nourris de vent,
> Et qui pèsent si gravement
> Des mots, des points et des virgules (3).

Le cardinal de Fleury ayant laissé, par sa mort, une place

(1) *Œuvres*, t. XXXVII, p. 499. — (2) *Œuvres*, t. XIII, pp. 178, 182. — (3) A Frédéric, avril 1740. — Frédéric répondait à ces légèretés avec sa lourdeur germanique, 21 mai 1743, 25 juillet 1749.

vacante en 1743, Voltaire s'offrit à la remplir, et, le 1ᵉʳ février, il écrivit à Moncrif : « Le roi m'a donné son agrément pour être de l'Académie, en cas qu'on veuille de moi. Reste à savoir si vous en voulez. Vous savez que, pour l'honneur des lettres, je veux qu'on fasse succéder un pauvre diable à un premier ministre; je me présente pour être ce pauvre diable-là. »

Ce Moncrif, l'auteur de l'*Histoire des chats*, il l'appelait alors, du nom d'un de ses opéras, son *cher*, son *céleste sylphe*, son *aimable génie*; il lui écrivait :

> Muse aimable, muse badine,
> Esprit juste et non moins galant, etc.;

et il ajoutait : « Cela est honteux que vous ne fassiez plus de vers. Ce siècle-ci a plus besoin que jamais de grâce et de bon goût. » Il lui parlait ainsi, soit pour se recommander, par son entremise, au comte de Clermont, dont Moncrif avait été le secrétaire des commandements, soit pour faire agréer à la reine, dont il était le lecteur, le poëme de *Fontenoy*, soit enfin pour obtenir, toujours par l'intervention de l'officier de la pieuse Marie Leczinska, une place à l'Académie; mais il s'en dédommageait, comme toujours, par mille plaisanteries secrètes.

Pendant les onze années précédentes, il avait ajouté à ses titres académiques *Zaïre*, *Alzire*; les *Discours sur l'homme*, et il venait de faire représenter tout exprès *Mérope*, composée dès 1737 (1). Refusée en 1738 par les comédiens français, sous prétexte qu'elle ressemblait à l'*Amasis* de la Grange (2), *Mérope* fut jouée pour la première fois, après correction, le 20 février 1743. Voltaire la publia l'année suivante, avec une lettre du P. Tournemine au P. Brumoy respirant l'enthousiasme, et une dédicace à Maffei, auteur d'une *Mérope* italienne qu'il avait imitée (3), dédicace faisant l'histoire et la critique de toutes les *Méropes* qui avaient précédé. En 1748;

(1) A mademoiselle Quinault, 2 janvier; lettre de Frédéric, 14 janvier 1738. — (2) A Frédéric, juin 1738. — Frédéric mit *Mérope* en opéra français. — (3) *Œuvres*, t. V, p. 100.

suivant son usage, il écrivit, sous le nom d'un personnage imaginaire, M. de la Lindelle, une lettre qu'il s'adressa, et dans laquelle il traitait de « très-mauvaise pièce » cette même *Mérope* italienne qu'il avait tant louée, parlant à Maffei (1).

Il a raconté lui-même, dans son *Commentaire historique* (2), le succès de la première représentation, en reproduisant une lettre du 4 avril au conseiller d'Aigueberre, un de ses anciens condisciples : « La *Mérope* n'est pas encore imprimée; je doute qu'elle réussisse à la lecture autant qu'à la représentation. Ce n'est point moi qui ai fait la pièce; c'est mademoiselle Dumesnil (3)? Que dites-vous d'une actrice qui fait pleurer pendant trois actes de suite? Le public a pris un peu le change : il a mis sur mon compte une partie du plaisir extrême que lui ont fait les acteurs. La séduction a été au point que le parterre a demandé à grands cris à me voir. On m'est venu prendre dans une cache où je m'étais tapi (4), on m'a mené de force dans la loge de madame la Maréchale de Villars, où était sa belle-fille. Le parterre était fou : il a crié à la duchesse de Villars de me baiser; et il a fait tant de bruit qu'elle a été obligée d'en passer par là, par l'ordre de sa belle-mère. J'ai été baisé publiquement, comme Alain Chartier par la princesse Marguerite d'Écosse; mais il dormait, et j'étais fort éveillé. »

Mérope était, depuis *Athalie*, la première tragédie belle et touchante sans amour. C'était un retour heureux à la tragédie grecque, dont elle s'écarte néanmoins par l'emploi des confidents et d'autres moyens tout modernes. De plus, elle devait beaucoup à Maffei, qu'elle n'avait pas toujours heureusement corrigé.

Malgré tout, malgré des incidents romanesques, des combinaisons arbitraires, des effets de théâtre plus que de nature, *Mérope* est une pièce remplie d'émotion; c'est, après *Androma-*

---

(1) Œuvres, t. V, p. 143. — (2) Œuvres, t. XLVIII, p. 336. — (3) C'est presque le mot de Fontenelle : « Les représentations de *Mérope* ont fait beaucoup d'honneur à M. de Voltaire et d'impression à mademoiselle Dumesnil. » — (4) Premier exemple d'un honneur depuis tant prostitué.

que, la peinture la plus touchante de l'amour de la mère et de la fidélité de la veuve que nous fournisse notre théâtre classique. Ajoutons que, travaillée et retravaillée avant d'être mise à la scène, *Mérope*, où l'on peut relever encore bien des fautes de style, est la mieux écrite de toutes les tragédies de Voltaire.

Si, de 1732 à 1743, Voltaire s'était donné de nouveaux titres au choix de l'Académie, il avait aussi multiplié ses titres d'exclusion : le *Mondain*, *Mahomet*, que ne protégeaient suffisamment contre l'ostracisme académique, ni ses défenses, ni une dédicace à Benoît XIV. Pour forcer l'entrée de l'Académie, il avait donc encore un rude assaut à livrer. D'ailleurs, le poste était gardé par un homme qui était à ses yeux un vrai Cerbère, et un Cerbère dont rien ne pouvait endormir le zèle : c'était Boyer, ancien évêque de Mirepoix et précepteur du Dauphin, prélat éminent, qu'il ne faut pas juger sur les calomnies des philosophes. Voltaire espéra en triompher d'abord par un intermédiaire, ensuite en s'adressant directement à lui-même.

Dans une lettre de mars 1743, adressée à un académicien, à un prêtre, probablement à l'abbé de Rothelin, qui l'avait accompagné dans son voyage au *Temple du goût*, il chercha à se justifier des accusations portées contre lui, comme d'autant de calomnies. Avec toute l'impudence du mensonge et toute la bassesse de l'hypocrisie, il s'y peignait comme un homme plein d'un « respect véritable pour la religion chrétienne, qui, » ajoutait-il, « m'inspira de ne jamais faire aucun ouvrage contre la pudeur. » Or, il y avait déjà trente ans peut-être qu'il travaillait à la *Pucelle!* En témoignage de sa foi, il invoquait ses œuvres, dont il préparait alors la première édition complète, et les lettres reçues du cardinal de Fleury, qui connaissait bien, disait-il, ses sentiments véritables « sur ce qui peut regarder l'État et la religion. Il a daigné, » continuait-il, « faire passer jusqu'au roi même un peu de cette bonté dont il m'honorait. Ces raisons seraient mon excuse, si j'osais demander dans la république des lettres la place de ce sage ministre. Le désir de donner de justes louanges au père de la religion et de l'État m'aurait peut-être fermé les yeux sur mon incapacité; j'aurais fait voir au moins combien j'aime cette religion qu'il a soutenue, et quel est mon zèle pour le roi qu'il a élevé. Ce serait une réponse aux accusations cruelles que j'ai essuyées; ce serait une barrière contre elles, un hommage solennel rendu à des vérités que j'adore, et un gage de ma soumission aux sentiments de ceux qui nous préparent dans le Dauphin un prince digne de son père. »

Ces derniers mots étaient à l'adresse de l'évêque de Mirepoix; mais, non content de ce coup détourné d'encensoir, il crut devoir se mettre à genoux à ses pieds, et il lui écrivit : « Je peux dire devant Dieu qui m'écoute, que je suis bon citoyen et vrai catholique. Mes ennemis me reprochent je ne sais quelles *Lettres philosophiques*. J'ai écrit plusieurs lettres à mes amis; mais jamais je ne les ai intitulées de ce titre fastueux. » Qu'importait le titre? Indirecte et ridicule dénégation d'un livre qui avait eu trop de publicité pour qu'il pût le désavouer ouvertement, comme il avait fait, comme il fera tant de fois!

Presque en même temps, il écrivait à son bon *Ange* d'Argental contre un autre *Satan* qui lui fermait aussi le paradis académique, Languet de Gergy. « Oui, disait-il, l'auteur de *Marie-à-la-Coque* persécute et doit persécuter l'auteur de la *Henriade;* mais je ferai tout ce qu'il faudra pour apaiser, pour désarmer l'archevêque de Sens. Le roi m'a donné son agrément; je tâcherai de le mériter... La place est peu ou rien, mais elle est beaucoup pour les circonstances où je me trouve. La tranquillité de ma vie en dépend. »

Le même jour peut-être, le 23 mars, il écrivait à un ami : « Une place à table à côté de mon cher Cideville vaut mieux qu'une place à l'Académie; ce n'est pas beaucoup dire. Je solliciterai toujours la première, *et jamais la seconde!* »

Voltaire avait, en effet, l'agrément de Louis XV; mais il l'avait obtenu par des moyens non moins honteux que ceux dont il usait auprès des évêques. Le duc de Richelieu gouvernait alors la duchesse de Châteauroux, dont il avait contribué plus que personne à établir l'ignoble faveur. Par Richelieu, dont il était l'ami dès l'enfance, Voltaire obtint le crédit de la courtisane, et, par la courtisane, l'agrément du roi. Un moment il put se croire vainqueur. Un soir, qu'on demandait à Louis XV, à son souper, qui prononcerait l'éloge de Fleury, il avait répondu : « Ce sera Voltaire (1). » Mais, pour contrebalancer la favorite, Boyer s'adjoignit son ennemi, le comte de Maurepas, qui saisit avec empressement cette occasion de la blesser. En vain Voltaire adressa-t-il au ministre une Épître remplie de louanges (2) ; en vain alla-t-il le trouver pour lui demander une explication sincère : le ministre demeura inflexible, et, interrogé si, dans le cas où madame de Châteauroux seconderait l'élection, il la traverserait : « Oui, répondit-il, et je vous écraserai (3). »

A en croire quelques-uns, Maurepas aurait renié plus tard ce mot cruel, et tout rejeté sur le roi, qui, ouvrant enfin les yeux, aurait reconnu l'inconvenance de donner à Voltaire, que d'ailleurs il n'aimait pas, la succession du cardinal de Fleury. Quoi qu'il en soit, la ligue de l'impiété et de l'immoralité scandaleuse fut vaincue, et le fauteuil du cardinal de Fleury échut à celui qui fut plus tard le cardinal de Luynes.

Voltaire se consola par le succès de *Mérope* (4), et se vengea en remplissant désormais ses lettres de sarcasmes contre Boyer : « Il n'y a que Mirepoix, écrivait-il en juin à Frédéric, qui obscurcisse la sérénité du ciel de Versailles et de Paris ; il répand un nuage bien sombre sur les belles-lettres. » Et Frédéric, qui, auparavant, l'avait raillé en vers sur ses génuflexions devant l'évêque, lui répondait : « Je m'attendais bien que Voltaire serait repoussé dès qu'il compa-

---

(1) *Mémoires; Œuvres*, t. XL, p. 66. —(2) *Œuvres*, t. XIII, p. 142. — Voltaire en effaça ensuite le nom de Maurepas, et ne l'adressa plus que vaguement « à un ministre d'État. » — (3) *Mémoires*, ibid. — (4) A d'Aigueberre, 4 avril 1743.

raîtrait devant un aréopage de Midas crossés-mitrés. » — C'est désormais entre eux un duo indécent et fatigant sur l'*âne, évêque de Mirepoix* (1).

Cependant, il était dit que Voltaire arriverait à l'Académie, et qu'il y arriverait par une courtisane. Grâce à la protection habilement ménagée de madame de Pompadour, il s'était insinué dans la faveur royale, et avait été le poëte, et le poëte magnifiquement récompensé, des fêtes de Versailles. Il avait remercié et encouragé la « sincère et tendre Pompadour, » en lui donnant d'avance « ce nom qui rime avec l'amour,

Et qui serait bientôt le plus doux nom de France ! »

A ceux qui l'approchaient, il la proclamait supérieure à toutes les femmes « du pays où elle allait régner, et où il *était bien à désirer* qu'elle régnât (2). » Enfin, il lui répétait à elle-même que son métier « devait faire le charme de tous les *honnêtes gens*, » ce qu'il ne lui disait point « comme un vieux galant flatteur de belles, » mais « comme bon citoyen (3). »

Néanmoins, toutes les grâces étaient arrachées à contre-cœur par la maîtresse royale à Louis XV, qui, au fond, peu touché des louanges de Voltaire, gardait toutes ses antipathies, et ne voyait en lui qu'un philosophe impie et qu'un flatteur ambitieux.

Rassuré, malgré tout, par le crédit de l'impérieuse courtisane, sinon sur la faveur, au moins sur le consentement du roi, quand un fauteuil viendrait à vaquer à l'Académie, Voltaire ne songea plus qu'à mettre en jeu ses batteries ordinaires auprès des gens d'Eglise, c'est-à-dire ses désaveux de livres impies et ses professions de foi chrétienne.

Le 7 février 1746, vers le temps de la mort du président Bouhier (4), il écrivit au Père de La Tour, recteur du collége de Louis-le-Grand, une longue lettre, où il protestait de son respect pour la religion et de son attachement aux Jésuites.

---

(1) Au lieu de l'*anc.* (ancien) *évêque de Mirepoix*, signature abrégée du prélat. — (2) Au président Hénault, août 1745. — (3) Avril 1747. — (4) Mort le 17 février 1746.

Là il prenait la défense de Benoît XIV contre le gazetier janséniste, et se faisait honneur de l'affection reconnaissante pour ses anciens maîtres, dont un libelle de Hollande l'avait accusé. Etablissant ensuite un parallèle entre les *Lettres Provinciales* et les sermons de Bourdaloue, d'un côté il mettait la vraie morale, de l'autre l'insulte éloquente. Mille fois on a cité cet éloge des Jésuites et cette critique de Pascal, mais les circonstances, sans leur rien ôter de leur grand sens, leur ôtent beaucoup, comme on voit, de leur sincérité ! Comment a-t-on pu voir autre chose qu'hypocrisie dans une protestation si bouffonne sous une telle plume : « Je déclare que si jamais on a imprimé sous mon nom une page qui puisse scandaliser seulement le sacristain de la paroisse, je suis prêt à la déchirer ; que je veux vivre et mourir tranquille dans le sein de l'Eglise catholique, apostolique et romaine? » Rien dans ses écrits, prétendait-il, n'allait contre cette déclaration, du moins dans ses écrits authentiques ; car (admirez l'éternelle précaution !) il ne pouvait répondre des menteuses et ridicules éditions qu'on en avait faites. Et pour que jamais on ne pût tourner ses impiétés contre lui, il ajoutait : « On n'aura probablement mes véritables ouvrages qu'après ma mort. » Ainsi il se mettait en règle et en mesure devant tout le monde : aux philosophes, il présentait pour gages les blasphèmes licencieux dont ils le savaient, dont il s'avouait secrètement l'auteur ; aux dévots, il offrait ses désaveux et ses actes de foi. Il achevait en s'enveloppant de la faveur et comme de la consécration royale : « Ce sont, disait-il, ce sont ces sentiments connus du roi qui m'ont attiré ses bienfaits. Comblé de ses grâces, attaché à sa personne sacrée, chargé d'écrire ce qu'il a fait de glorieux et d'utile pour la patrie, uniquement occupé de cet emploi, je tâcherai, pour le remplir, de mettre en pratique les instructions que j'ai reçues dans votre maison respectable. »

Tout à coup il apprend la mort du président Bouhier, et aussitôt il écrit à ses *Anges* : « On a déjà parlé à V. de la succession dans la partie de fumée qu'avait à Paris ledit président commentateur. V. est malade; V. n'est guère en état de se donner du mouvement; V. grisonne, et ne peut pas honnêtement frapper aux portes, quoiqu'il compte sur l'agrément du roi... Il sera très-flatté d'être désiré; mais il craindra toujours de faire des démarches. »

Il craint de faire des démarches, il ne veut pas frapper aux portes; et il écrit en même temps à Moncrif contre un libelle de Roy qui pouvait les lui fermer.

Lauréat académique, poëte lyrique et dramatique, puis satirique universel, Roy, après s'être attiré des ripostes à coups de plume et même de bâton, s'était fait l'ennemi de Voltaire, qui le larda de ses épigrammes en dix endroits de ses poésies (1), et de ses mots acérés en vingt de ses lettres. Il lui donna un coin dans son *Épître sur la calomnie*, l'*Enfer* de ses principaux ennemis, et le désigna sous l'anagramme d'*Iro* dans son roman de *Scarmentado* (2).

Roy est surtout mêlé à l'histoire académique de Voltaire. C'est à lui qu'on attribue le *Discours prononcé à la porte de l'Académie*, qui sera l'objet du procès des Travenols. Dès 1743 et 1744, date première de ce libelle, Voltaire ne cessa, par l'intermédiaire de Moncrif, de le déprécier, de le dénigrer auprès de la reine, qui le protégeait : « Cet animal-là est un vilain gnôme... Vous êtes engagé d'honneur à faire connaître à la reine ce misérable (3). » En février 1746, le lendemain de la mort de Bouhier, il écrit encore à Moncrif : « Je pense que cette satire vaut une recommandation, et que vos confrères n'en seront que plus affermis dans leurs bontés pour moi. Ils ne souffriront pas que ce scélérat les fasse rougir de leur choix. » Et il insiste pour que Moncrif perde Roy auprès de la reine (4). Quelques jours après, en mars, il se plaint encore à Moncrif d'un « libelle diffamatoire dans lequel l'Académie est outragée, et lui si horriblement déchiré; » et il lui adresse une lettre qui devait être montrée à la reine, où il déclame contre les crimes de Roy, contre

(1) *Œuvres*, t. XIV, pp. 387, 389. — (2) *Œuvres*, t. XXXIII, p. 198. — (3) A Moncrif, 16 juin 1745. — (4) *Recueil* de 1856.

son hypocrisie de vertu, « seule manière de tromper » la pieuse princesse, et où il demande permission de poursuivre « ce scorpion qu'on ne peut écraser (1). »

A un autre académicien, à l'abbé Alary, il écrit, le 7 avril, la veille de l'élection : « J'ose souhaiter l'unanimité des suffrages pour réponse à cette infamie; ce sera là sa première punition. »

Le même jour, laissant Roy et revenant à Moncrif et aux Jésuites : « Je vous remercie, dit-il, de votre conversation avec le Père Perrusseau (confesseur de Louis XV). Il est d'une Compagnie à laquelle je dois mon éducation et le peu que je sais. Il n'y a guère de Jésuites qui ne sachent que je leur suis attaché dès mon enfance. Les Jansénistes peuvent n'être pas de mes amis, mais assurément les Jésuites doivent m'aimer, et ils manqueraient à ce qu'ils doivent à la mémoire du P. Porée, qui me regardait comme son fils, s'ils n'avaient pas pour moi un peu d'amitié. Le Pape, en dernier lieu, a chargé M. le bailli de Tencin de me faire des compliments de la part de Sa Sainteté, et de m'assurer de sa protection et de sa bienveillance. Je me flatte que les bontés déclarées du Père commun m'assurent de celles de ses principaux enfants, et d'ailleurs le P. Perrusseau pourra savoir un jour que, sans avoir l'honneur de le connaître, je me suis intéressé à lui plus qu'il ne pensait. Mon attachement pour un très-grand roi hérétique ne m'a pas gâté, comme vous voyez (2). »

En août toujours, et toujours au même Moncrif, désormais son grand agent académique, il confie une dernière fois sa fortune : il se « met entre ses mains et aux pieds de *sainte* Villars, » l'ancienne maréchale devenue dévote, et par là en grande faveur auprès de la reine ; il le prie instamment de lui chercher des suffrages.

Et voilà l'homme qui ne trouvait pas honnête à lui de frapper aux portes, et qui craignait de faire des démarches! Les portes, il les eût plutôt enfoncées ; et, quant aux démar-

(1) A d'Argental, 29 juillet 1749. — (2) *Recueil* de 1856.

ches, les plus fausses et les plus tortueuses, on l'a vu, ne lui coûtaient pas.

On crut à ses mensonges; ou plutôt, on feignit, comme Benoît XIV, d'y croire; on s'empara de toutes ces protestations et déclarations comme d'autant de chaînes fournies par lui, et dont on espérait l'enlacer; enfin, on lui ouvrit l'Académie, moins comme un camp dont il serait le chef redoutable, que comme une prison où l'on retiendrait ses élans dangereux. L'évêque de Mirepoix lui-même ne mit plus aucune opposition, et Voltaire fut nommé tout d'une voix (1). Les inquiets, s'il en restait encore, se rassurèrent au jour de sa réception, le 9 mai 1746. Son discours (2) ne fut ni un manifeste philosophique, ni un plan de campagne irréligieuse. Il est vrai qu'on y avait fait peut-être quelques coupures. Dans une lettre à Maupertuis du 3 juillet 1746, Voltaire prétend que lorsqu'il lut son discours, avant la séance de réception, devant les officiers et quelques membres de l'Académie, on exigea le retranchement de tout ce qui n'était pas purement littéraire, et notamment d'un éloge de Denis et de Platon (Frédéric et Maupertuis) : « On m'a rayé ce petit article, dit-il, dans lequel j'avais mis toutes mes complaisances. Croyez que j'en ai été plus fâché que vous. » On a bien pu lui en rayer d'autres.

Quoi qu'il en soit, à part une phrase au début, où Voltaire rappelait la liberté et l'égalité dont Richelieu avait fait les fondements de l'édifice académique, rien ne réveillait plus le souvenir de ses licences, ni ne donnait le pressentiment de ses prochaines audaces. Presque toute sa harangue roulait sur des questions de littérature et de goût. A propos du président Bouhier, traducteur en vers de quelques ouvrages des Anciens, il se demandait pourquoi les nations de l'Europe n'avaient aucun grand poëte de l'antiquité en prose, et pourquoi nous n'en avions encore aucun en vers. Et alors il se jetait en des considérations sur l'antériorité de la prose et de la poésie, et sur l'influence de l'une sur l'autre. C'est ainsi

(1) Il eut 28 voix, sur 29 votants. — (2) Œuvres, t. XXXVIII, p. 545.

qu'il échappait à l'usage banal de ces discours de réception, condamnés à n'être qu'une suite de compliments, encore plus que d'éloges. Mais il n'avait pas été le premier à secouer le joug. Déjà Fénelon avait semé son remercîment de judicieux et délicats préceptes; La Bruyère, dans le sien, avait caractérisé en traits éloquents les grands écrivains de son siècle; et, avant eux, Racine, à la réception de Thomas Corneille, avait parlé dignement de son art et du sublime génie qui le lui avait enseigné. D'ailleurs, Voltaire lui-même n'était pas allé jusqu'à supprimer entièrement les éternels éloges de Richelieu, de Séguier et de Louis XIV, qui remplissent les dernières pages de son discours.

Voilà donc Voltaire Académicien. A quel prix? Nous le savons désormais; au prix de ce qui pouvait lui rester d'honneur. Nous entendons bien qu'on répond : A qui la faute? sinon à l'absolutisme violent du pouvoir, à la superstition persécutrice des bigots, qui condamnaient le plus fier et le plus noble des esprits, le souverain intellectuel du siècle, à se couvrir d'abord du masque de l'hypocrisie avant de proclamer les droits de la pensée, à passer par la servilité pour arriver à l'indépendance et à la domination! Puis ces grands moralistes ne craindront pas d'ajouter : La fin justifie les moyens. — Non, rien ne justifie la bassesse et le mensonge, et, dans toute la vie de Voltaire, si semée de flétrissures, on trouverait à peine quelque chose d'aussi infamant que sa tactique pour forcer les portes de l'Académie.

Une fois introduit dans la place, les circonstances ne lui permirent ni d'y trouver un asile inviolable, ni d'y exercer le rôle dominateur qu'il avait rêvé. Toujours suspect à la cour, il ne pourra presque jamais habiter Paris, et ce n'est que de loin qu'il entretiendra des rapports avec l'Académie. Cependant, même à distance, il la couvrira toujours de son prestige et de son autorité, et, dans son horreur de l'oubli, dans sa soif insatiable de domination, il ne cessera de la diriger et de l'asservir aux intérêts de sa gloire. Il prendra part à toutes les luttes, et pèsera sur toutes les élections. Couvrant de marques d'estime et de déférence les recours continuels de son égoïsme, il lui dédiera humblement son *Commentaire sur Corneille* et le soumettra à sa sanction, avec le regret de ne l'avoir pu consulter de vive voix; il la prendra pour juge du camp dans sa guerre contre Shakespeare; il lui fera hommage de ses livres, et feindra de se rassurer par ses suffrages; il réclamera devant elle contre les contrefaçons vraies ou prétendues de ses ouvrages, et lui demandera des consolations dans les nombreux désagréments dont il s'est toujours dit l'innocente victime; par là il donnera plus de retentissement à ses désaveux prudents, et plus d'éclat à la publication de ses œuvres; il cherchera à l'intéresser solidairement dans ses succès, en paraissant ne défendre que l'honneur et l'indépendance académique, et lui fera ainsi amende honorable de tant de railleries qu'il s'est constamment permises contre elle. De son côté, l'Académie ne lui gardera jamais rancune, et, prenant au sérieux ses services et ses protestations, elle se montrera toujours reconnaissante. Après avoir longtemps accordé à ce successeur de Louis XIV la place du grand roi dans tous les éloges, elle lui ménagera son suprême triomphe.

II

QUERELLES ACADÉMIQUES — LES TRAVENOLS

Tout ne fut pas honneur et joie dans le succès de Voltaire. Le triomphateur académique eut aussi ses insulteurs. Sa réception donna lieu à plusieurs pamphlets satiriques, les uns nouveaux, les autres simplement réimprimés. Les plus célèbres sont le *Discours prononcé à l'Académie française par M. de Voltaire*, œuvre de Baillet de Saint-Julien; le *Triomphe poétique*, remontant à 1736, et imprimé vers 1739, dans ces recueils de pièces intitulés *Calottes*; enfin, le *Discours prononcé à la porte de l'Académie par M. le Directeur à M***, composé par Roy, en 1743, à l'occasion de la seconde candidature malheureuse de Voltaire.

Lors de la première publication de ces libelles, Voltaire ne fit aucune plainte : en 1736, il avait assez de la grosse affaire du *Mondain*; en 1739, de sa querelle avec Des Fontaines; et, en 1743, candidat évincé, il aurait eu mauvaise grâce à se plaindre. Mais, en 1746, enfin triomphant, bardé de tous ses titres d'académicien, d'historiographe, de gentilhomme de la chambre; fort de toutes sortes [de protections politiques et littéraires, il voulut se venger, et faire payer d'un seul coup aux rieurs le présent et l'arriéré.

Il commença par Baillet de Saint-Julien, qui faisait l'aveu, et même se vantait de son œuvre. Le 2 mai 1746, il déposa contre lui une plainte, qu'il abandonna presque aussitôt. Mais, à la réimpression, en une seule brochure, du *Triomphe poétique* et du *Discours prononcé à la porte de l'Académie*, il n'y tint plus, et il jura de pousser jusqu'au bout sa vengeance.

Cet insulteur universel va demander raison d'insultes, en comparaison des siennes, fort innocentes; et, comme toujours, il aura l'art de faire de sa cause privée celle de l'Académie, des plus hauts personnages, et même de l'État; comme toujours, il traînera à sa remorque tous les officiers du roi, qui se feront ses humbles et obéissants serviteurs.

Tout d'abord, il jeta feu et flamme au sein de l'Académie, qui ne voulut pas entrer en corps dans sa querelle (1). Puis il se fit donner un ordre de M. de Marville, lieutenant général de police, pour rechercher les auteurs, imprimeurs ou colporteurs des libelles. Il prétexta, pour obtenir cet ordre, la diffamation, en sa personne, de l'Académie tout entière, et l'avilissement des dignités d'historiographe, de gentilhomme, de conseiller du roi, qu'il tenait de Sa Majesté. Or, notons bien que ces dignités et titres, il ne les avait pas lors de la composition des libelles. Il prétextait encore l'intérêt

---

(1) Dans une note manuscrite dont il orna un *Mémoire* des Travenols, il a prétendu que « l'Académie en corps écrivit à un de ses membres, et qu'en conséquence, le roi ordonna justice. » Mais on ne trouve nulle part la trace de cette intervention académique.

de l'État, qui exigeait, disait-il, qu'on arrêtât le cours des écrits scandaleux.

Muni de l'ordre du lieutenant de police, il servit de conducteur ou de mouche aux archers, et parcourut avec eux, la menace à la bouche, toutes les librairies de la rue Saint-Jacques. N'ayant rien trouvé, il fit une descente chez Mérault, auteur d'écrits polémiques. Mérault était alors mourant, et il mourut, en effet, cette année même. N'importe : poussé par Voltaire, le commissaire Lavergée fouilla toute sa maison, sans qu'aucune pièce compromettante y pût être saisie. Fouillés encore en d'autres maisons, et toujours inutiles.

Enfin, on saisit un colporteur, nommé Félizot, qui avait encore en sa possession huit cents exemplaires des deux pièces incriminées. Voltaire commença par le faire enfermer à Bicêtre; puis, à force de menaces, il lui arracha l'aveu qu'il les tenait de Louis Travenol, violon de l'Opéra. Aussitôt, descente chez les Travenols, rue du Bac, au coin de la rue de Grenelle. C'était le 3 juin. Par congé du théâtre, et peut-être aussi par crainte de poursuites dès longtemps commencées, Travenol était absent, et on ne trouva au domicile commun que le père, vieux maître de danse, âgé de 80 ans. Les perquisitions les plus minutieuses ne firent découvrir que trois exemplaires des libelles, deux appartenant au fils, et le troisième au père. On saisit, de plus, chez le fils, quelques pièces jugées compromettantes, comme des lettres de Roy et de Mérault, qui lui demandaient les pamphlets en question, d'où on induisait qu'il en faisait commerce.

Procès-verbal de la saisie dressé, Voltaire agit en conséquence, et, à défaut du fils, il fait arrêter le père comme complice, quoiqu'il n'y eût rien contre lui. Le vieillard est écroué le 7 au For-l'Évêque, et mis au secret. « Si le père Arouet avait été emprisonné chaque fois qu'on a cherché son fils fugitif, quelle désolation n'aurait-ce pas été dans la famille (1)! »

Cependant la famille Travenol, la mère et la sœur du vio-

(1) Rigoley de Juvigny, dans son premier *Mémoire* pour Louis Travenol.

lon, fait présenter à la police un Mémoire pour l'élargissement de son chef. Ce Mémoire, Travenol fils, à son retour, le désavouera, parce qu'il renfermait quelques allégations qu'on pouvait tourner contre lui.

En même temps, la famille du vieux prisonnier s'adresse à quelques amis de Voltaire, notamment à l'abbé d'Olivet, qui fait sentir à son ancien disciple l'indignité de sa conduite. D'Olivet entraîne alors Voltaire chez le lieutenant de police, qui se hâte de mettre le vieillard en liberté (1).

Mais restait le fils, toujours menacé. Aussi, de retour à Paris, il s'était dérobé, en se cachant, aux poursuites. Le père alors, allant remercier Voltaire, se jette à ses pieds et lui dit : « Je viens vous offrir une victime, s'il vous en faut une : prenez-moi. Je vais mourir, et suis inutile à ma vieille femme et à ma fille infirme, dont mon fils est l'unique soutien. Epargnez ce fils, même coupable, et pardonnez-lui, suivant les maximes de générosité semées dans vos ouvrages. »

Touché ou jouant la comédie larmoyante, Voltaire relève le vieillard, pleure avec lui, promet son désistement et même sa protection, et scelle la réconciliation dans un déjeuner auquel il invite le vieillard. Celui-ci rentre tout joyeux chez lui et rassure les siens. Mais à peine est-il sorti, que Voltaire quitte son masque et reprend son rôle de vengeance.

L'abbé d'Olivet intervient de nouveau. Sur la prière du père, qui lui représente que la grâce n'est pas entière, si sa famille continue d'être privée de son unique soutien, il va trouver le fils, dont on lui a fait connaître à lui seul la retraite, et, en preuve d'innocence, il reçoit un duplicata d'un Mémoire que le violon avait présenté à la police. Mais à peine Voltaire a-t-il jeté les yeux sur le Mémoire, qu'il l'accuse de mensonge, parce qu'il y était parlé du *Temple de la gloire*, postérieur de deux ans à 1743, date première du *Discours prononcé à la porte de l'Académie*, ce qui supposait que

---

(1) Le 12 juin. — D'Olivet a écrit : « Un homme vertueux jugea que moi, alors directeur de l'Académie, et qui venais, en cette qualité, d'y recevoir M. de Voltaire, j'étais plus à portée que personne de lui parler en faveur du prisonnier. »

Travenol avait retouché le pamphlet, et il exige une pièce plus authentique.

Sur la prière réitérée du père, d'Olivet retourne auprès du fils, qui entre en de longues explications. Comment les faire tenir à Voltaire? D'Olivet ne pouvait dire qu'il les tenait d'original, ce qui eût été dénoncer l'asile du violon. « Vous devriez lui écrire, » lui dit-il alors. A bon droit soupçonneux, comme la suite le montrera, Travenol refuse, « je ne sais trop pourquoi, » dit naïvement d'Olivet. « Eh bien, écrivez-moi à moi-même, reprend l'abbé, et je réponds du reste. » Travenol écrit; d'Olivet lit et corrige, et aussitôt il remet indiscrètement la lettre à Voltaire. C'était bien servir la passion du poëte vindicatif, qui ne demandait qu'une pièce sur laquelle il pût appuyer un procès (1).

Quel qu'ait été le rôle postérieur de l'abbé d'Olivet, il est probable qu'au commencement, il fut, comme Travenol, dupe de la ruse de Voltaire; mais rien ne saurait le justifier d'indiscrétion et de maladresse.

Que disait la lettre de Travenol? Qu'un inconnu étant venu chez lui pour acheter de la musique, avait vu sur son bureau un exemplaire de l'ancienne éditiondes deux pamphlets, et qu'il le lui avait demandé pour l'imprimer de nouveau, lui en promettant un certain nombre d'exemplaires; à quoi lui, Travenol, n'y voyant ni risque ni inconvénient, avait acquiescé.

Armé de ces deux pièces, du Mémoire de Travenol et de la lettre à d'Olivet, Voltaire porta plainte le 18 août 1746, et le 29 (2), il présenta requête au lieutenant criminel, concluant en 6,000 francs de dommages et intérêts.

Un Mémoire fut signifié contre lui pour Louis Travenol. Il avait été rédigé par Rigoley de Juvigny, éditeur de Piron et ennemi de Voltaire. Vif, spirituel, il irrita Voltaire et d'Olivet, qui en demanderont justice. Et Voltaire, dans sa cor-

---

(1) Récit à peu près conforme de Travenol, dans un de ses *Mémoires*, et de l'abbé d'Olivet, dans une lettre à son frère, magistrat à Besançon. — (2) Un *Mémoire* de Voltaire dit le 17 et le 24 août, au lieu du 18 et du 29.

respondance de 1776, lorsque paraîtront les Œuvres et la Vie de Piron, affectera de ne pas connaître Rigoley de Juvigny (1)!

Voltaire ayant violé, par la poursuite du fils, l'espèce de contrat passé avec le père dans la visite de réconciliation, Antoine Travenol intervint dans le procès, par requête du 19 novembre, et introduisit une demande reconventionnelle de 6,000 livres de dommages et intérêts pour l'emprisonnement qu'il avait souffert; et, à l'appui de sa demande, il présenta un Mémoire signifié contre Voltaire et signé de l'avocat Le Marie. Dans ce Mémoire, il établissait que c'était bien à l'instigation et sur les poursuites de Voltaire qu'il avait été emprisonné, comme il résultait des pièces alléguées par Voltaire lui-même, à savoir, ses requêtes, son *intercession* qui seule avait pu délivrer le prisonnier, et enfin le Mémoire présenté à la police par Louis Travenol; Mémoire dont Voltaire cherchait vainement à disjoindre les parties, gardant celles qui étaient contre le fils, et rejetant comme mensongères celles qui étaient en faveur du père. Arguant de la gravité des faits, de l'injustice du traitement subi, le Mémoire montrait ensuite que les dommages et intérêts demandés par Antoine Travenol étaient plus légitimes que ceux qu'exigeait Voltaire.

L'affaire une fois engagée au Châtelet, l'avocat Mannory plaida pour Travenol fils contre Voltaire et l'abbé d'Olivet, qui était intervenu au procès par une *Lettre* à son frère, magistrat à Besançon, où il se plaignait d'avoir été diffamé par le Mémoire de Rigoley de Juvigny.

Le piquant du plaidoyer de Mannory, c'est que, d'abord, pour prouver que les libelles incriminés n'avaient rien de sérieux, il les analysait, les citait, et que, distribué, comme tel, partout, dans les salons et les cafés, il leur donnait une publicité qu'ils n'avaient pas, qu'ils n'auraient jamais eue; c'est, ensuite, qu'en soutenant que ces libelles, où pas un nom propre n'était articulé, ne s'appliquaient pas plus à Voltaire qu'à tout

---

(1) 19 avril, à Laharpe, au rédacteur du *Mercure* et à d'Argental. — Là Voltaire nie un propos qu'il aurait tenu au roi de Prusse, qui voulait se faire présenter Piron : « Fi donc, Sire, c'est un homme sans mœurs! »

autre, il mettait celui-ci dans un étrange embarras, en lui demandant, à chaque article, pourquoi il s'y reconnaissait.

Dans le *Discours prononcé à la porte de l'Académie*, le faux *Directeur*, après avoir rendu hommage à l'universalité des talents de Voltaire, regrettait, sans rien caractériser, l'obstacle qui s'opposait à leur alliance; il lui tenait compte de toutes ses démarches et intrigues, à la cour et à la ville, depuis le cabinet des grands et la toilette des dames jusqu'au moindre café de Paris, pour entrer dans un corps dont l'importance était par là singulièrement relevée; il lui tenait compte encore de sa profession de foi si édifiante (1), de son commerce avec les banquiers en cour de Rome pour obtenir son absolution (2) : « Nous voulons bien oublier, lui disait-il alors, qu'il vous importe d'avoir la sauvegarde académique contre les recherches importunes des Argus de Thémis. » Et Mannory ajoutait méchamment : « Le sieur de Voltaire nous devrait donner la clef de cet endroit : on n'y entend rien. »

Le *Directeur* regrettait ensuite qu'on n'eût pas accordé à Voltaire une admission qui lui eût peut-être épargné bien des désastres : « Qui sait si l'esprit d'une société sage et réglée n'eût pas influé sur le vôtre, ne vous eût pas inspiré quelque amour pour la patrie, quelque tolérance pour le culte et les usages reçus; s'il n'eût pas enchaîné cette indépendance républicaine, pour allier enfin le citoyen à l'auteur; s'il n'eût pas calmé cette démangeaison d'immoler sans cesse notre nation à la risée de nos voisins, qui vous en savent si peu de gré, et qui vous ont vendu si cher un asile ? » — « Si c'est de vous qu'il s'agit ici, reprenait l'impitoyable Mannory, expliquez-vous donc! »

Le *Directeur* poursuivait : « Vous eussiez même fait l'honneur à votre famille de garder son nom. Vous le quittâtes au temps de votre première aventure : quelle foule de surnoms vous auriez, Monsieur, si chaque époque de votre vie vous coûtait un travestissement! »

(1) La lettre au P. de la Tour. — (2) Intrigues pour obtenir des médailles pontificales, et correspondance avec Benoît XIV à propos de *Mahomet*.

Le *Directeur* pardonnait les satires contre l'Académie, comme le *Bourbier*, œuvre d'un amant dépité contre les rigueurs d'une maîtresse trop sévère, qui ne lui avait pas accordé ses faveurs en 1714. Mais, disait-il, « que ne donniez-vous une meilleure ode? » Il le félicitait ironiquement d'avoir trouvé au Parnasse mieux qu'une couronne académique; d'avoir trouvé, lui disait-il encore, « une mine inconnue aux Corneille, et que les libraires et les souscripteurs vous ont tant de fois reprochée. » — Et Mannory, toujours le marteau en main pour enfoncer la pointe : « Voilà ce qui devient totalement inintelligible vis-à-vis le sieur de Voltaire ! »

Ainsi procédait l'avocat dans son analyse du *Triomphe poétique du Lucain français*. Là on représentait le poëte partant de la Bastille en compagnie de mouchards, *momie* desséchée par la soif de l'or et le poison de l'envie, dont on faisait un portrait grotesque. Le cortége faisait halte à l'hôtel de Sully, où le triomphateur recevait l'accolade du bâton. A peine remise en mouvement, la marche était arrêtée par les haros d'une foule de souscripteurs, d'imprimeurs, de libraires, criant au brigandage; si bien que l'alguazil conducteur ne pouvait soustraire le poëte à la fureur populaire qu'en le déposant aux Petites-Maisons.

« Si c'est vous, demandait alors Mannory, si vous vous y reconnaissez, vous méritez dès lors tous ces traits satiriques; et, dans le cas contraire, de quoi vous plaignez-vous? »

D'ailleurs, reprenait l'avocat, quand ces libelles seraient coupables, Louis Travenol ne le serait pas. Il n'en est pas l'auteur; il ne les a même pas réimprimés, ce qui pourtant ne serait pas un crime, puisque ces pièces, en circulation depuis longtemps, n'avaient été arrêtées ni par la police, ni même par Voltaire. Impossible même de prouver qu'il ait mis en vente les exemplaires à lui remis par son inconnu, le témoignage du colporteur Félizot, emprisonné d'abord, puis banni, ne méritant aucune confiance (1).

---

(1) Il paraît bien, toutefois, que Louis Travenol avait remis ses exemplaires réservés à ce colporteur, en échange d'autres ouvrages.

Dans la deuxième partie de son plaidoyer, Mannory justifiait par les circonstances le Mémoire de Rigoley de Juvigny, dont on demandait la suppression; et il demandait à son tour qu'on supprimât la *Lettre* de l'abbé d'Olivet, si cruelle pour les pauvres Travenols.

La conclusion du procès fut que le lieutenant criminel condamna Louis Travenol à 300 livres envers Voltaire par manière de réparation, et Voltaire à 500 livres, par manière de réparation et d'indemnité, envers Antoine Travenol; mais les deux sommes devaient être compensées, en sorte qu'il ne revenait que 200 livres au vieillard.

Les deux parties appelèrent de ce jugement, Voltaire le premier, malgré la faveur évidente dont on avait usé envers lui; ensuite les Travenols.

Voltaire appela, non en la Cour, où l'appel de la sentence du lieutenant criminel ressortissait naturellement, mais au Conseil, comme pour une affaire de suprême importance. D'ailleurs, il avait des raisons de redouter le Parlement, avec qui il avait eu si souvent maille à partir; puis il voulait par là traîner l'affaire en longueur, jusqu'à la fin nécessairement très-prochaine du vieux Travenol. Mais, sur l'opposition des parties adverses, l'affaire fut renvoyée à ses juges naturels (25 mars 1747).

Voltaire rédigea contre les Travenols un Mémoire, auquel ceux-ci opposèrent une réponse sommaire. Il s'attachait particulièrement à prouver, contre toute évidence, contre les faits les plus précis du procès, contre ses propres requêtes, contre l'écrou et l'interrogatoire du père, contre les pièces qu'il opposait au fils, qu'il n'était pas responsable de l'emprisonnement d'Antoine Travenol. Il finissait en demandant justice du Mémoire de Rigoley de Juvigny, déjà supprimé par sentence du Châtelet, et du plaidoyer de Mannory, répandu partout par l'impression depuis la sentence, et dont il réclamait la suppression, avec défense de le publier désormais, comme contenant des injures et reproduisant un libelle lacéré lui-même par sentence du lieutenant criminel.

De son côté, Antoine Travenol présenta, contre Voltaire et l'abbé d'Olivet, un Mémoire rédigé encore par Le Marie, à l'effet d'obtenir la nullité de l'ordonnance de police qui le condamnait à la prison et la radiation de son écrou, la révision d'un jugement insuffisant, et la suppression de la lettre de l'abbé d'Olivet, comme injurieuse et comme publiée sans approbation, ni permission, ni nom d'imprimeur (1).

Mais les Travenols avaient affaire à forte partie. En ce cas, comme en tous les autres, Voltaire mit en jeu les puissants personnages dont il disposait. Le 12 juin 1747 (2), il écrivit au marquis d'Argenson, ministre des affaires étrangères : « L'éternel malade, l'éternel persécuté, le plus ancien de vos courtisans, et le plus éclopé, vous demande, avec l'instance la plus importune, que vous ayez la bonté d'achever l'ouvrage que vous avez daigné commencer auprès de M. le Bret, avocat-général. Il ne tient qu'à lui de s'élever et de parler seul dans mon affaire assez instruite, et dont je lui remettrai les pièces incessamment. Il empêchera que la dignité du Parlement ne soit avilie par le battelage indécent qu'un misérable, tel que Mannory, apporte au barreau. La bienséance exige qu'on ferme la bouche à un plat bouffon qui déshonore l'audience, méprisé de ses confrères, et qui porte la bassesse de son ingratitude jusqu'à plaider, de la manière la plus effrontée, contre un homme qui lui a fait l'aumône. Enfin, je supplie mon protecteur de mettre dans cette affaire toute la vivacité de son âme bienfaisante. Je suis né pour être vexé par les Des Fontaines, les Rigoley, les Mannory, et pour être protégé par les d'Argenson. »

Voilà comment diffamait l'homme qui se plaignait sans cesse d'être diffamé; voilà comment le grand parleur de justice allait jusqu'à fermer la bouche aux défenseurs de ses adversaires!

Ce Mannory, dont il vient de parler en termes si méprisants, avait été son condisciple sous le Père Porée, et était resté

---

(1) Toutes les pièces authentiques sur lesquelles s'appuie ce récit, se trouvent dans le *Voltariana*, 2ᵉ partie, p. 58 et suiv. — (2) L'édition Beuchot met à tort cette lettre sous la date de 1746.

longtemps son ami. En fait de services, il avait pris les devants, et, en 1719, il avait publié une *Apologie d'Œdipe*. En 1744, il adressa à Voltaire deux lettres que nous ne connaissons que par celui-ci, dans l'une desquelles, se disant sans argent, sans habits, il réclamait quelques légers secours promis par son ancien condisciple et client ; dans l'autre, il ne semblait demander que quelques avances pour faciliter son établissement comme avocat : « Je donnerai, disait-il, toutes les sûretés que je pourrai ; je m'engagerai solidairement avec ma femme ; je ferai même des lettres de change, pourvu que l'on me donne des délais suffisants. » Il était fort responsable : son père, âgé alors de 80 ans, devait lui laisser plus de 100,000 fr. de bien ; de plus, il avait du talent, de l'audace, du sarcasme, qualités qui le devaient faire et qui le firent en effet réussir dans son métier, comme le prouvent ses dix-huit volumes de plaidoiries.

Dans une lettre à madame Denis, du 20 décembre 1753, où il passe, avec celle de ses papiers, la revue de ses obligés et de ses ingrats, Voltaire arrive aux lettres de Mannory : « Je ne peux m'empêcher de rire en les relisant, dit-il. Voilà un plaisant avocat. C'est assurément l'avocat Patelin ; il me demande un habit : « Je suis honnête en robe, dit-il, mais je manque d'habit ; je n'ai mangé hier et avant-hier que du pain. » Il fallut donc le nourrir et le vêtir. C'est le même qui, depuis, fit contre moi un factum ridicule... »

Il n'y avait vraiment pas là de quoi rire. De plus, il est probable que Voltaire ne fit pour Mannory que des avances, — s'il en fit, — et qu'il avait été remboursé, lorsque l'avocat, usant de la liberté de sa profession, défendit les Travenols contre lui. Quitte de toute façon envers Voltaire, Mannory se rangea dès lors parmi ses ennemis, et il est probablement un des auteurs ou des éditeurs du *Voltariana*.

Si puissamment appuyé, Voltaire vint à bout de terminer sa querelle avec les Travenols sans les tribunaux ; mais, avoue Laharpe, « elle lui nuisit beaucoup dans le public (1). »

(1) *Cours de littérature*, Ed. Didot, en 2 vol.; t. II, p. 123.

Ecoutons Condorcet résumant en quelques lignes toute cette affaire : « Un nouvel orage de libelles vint tomber sur Voltaire, et il n'eut pas la force de les mépriser. La police était alors aux ordres d'un homme (Berryer) qui avait passé quelques mois à la campagne avec madame de Pompadour. On arrêta un malheureux violon de l'Opéra, nommé Travenol, qui, avec l'avocat Rigoley de Juvigny, colportait ces libelles. Le père de Travenol, vieillard de 80 ans, va chez Voltaire demander la grâce du coupable: toute sa colère cède au premier cri de l'humanité. Il pleure avec le vieillard, l'embrasse, le console, et court avec lui demander la liberté de son fils (1). »

Et voilà justement comme on écrit l'histoire (2) !

Et voilà à peu près comme, jusqu'à ce jour, à été écrite l'hisoire du bienfaisant, du généreux Voltaire !

---

(1) *Œuvres de Voltaire*, t. I, p. 186. — (2) *Charlot.* act. I, scène 7e ; — *Œuvres de Voltaire*, t. VIII, p. 304.

CHAPITRE SIXIÈME

ANET ET SCEAUX — FONTAINEBLEAU ET LUNÉVILLE
MORT DE MADAME DU CHATELET ET DÉPART
POUR LA PRUSSE

I

ANET

Petite femme vive et spirituelle, la duchesse du Maine avait tourné à l'intrigue et au plaisir toute l'ardeur des Condé. Elle avait senti grandir en elle toutes ses prétentions de sang royal par son mariage avec un bâtard de Louis XIV. Aussi faisait-elle de sa petite cour d'Anet ou de Sceaux la rivale de la grande cour de Versailles, et l'ennemie de la cour du duc d'Orléans au Palais-Royal.

Voltaire y avait été introduit un ou deux ans avant la conspiration de Cellamare. Il avait soumis son *OEdipe* à l'aréopage de Sceaux (1). Un moment même, il aurait pu s'attacher à cette cour par une charge d'écuyer, que madame du Deffand, sans doute autorisée, lui avait fait offrir. Il ne voulut pas s'enchaîner ; mais, usant de la bienveillance des maîtres de Sceaux, il proposa Linant comme lecteur, ce qui n'était pas, disait-il, « un bénéfice simple chez madame du Maine comme chez le roi (2). » En effet, la duchesse, qui faisait du jour la nuit et de la nuit le jour, ne pouvait s'endormir que le matin au bruit assoupissant d'une lecture.

En 1746, Voltaire et madame du Châtelet vinrent lui faire leur cour à Anet, ancien berceau des amours de Henri II et de Diane de Poitiers, passé aux Condé par héritage des Ven-

(1) *Épître* dédicatoire d'*Oreste*, *Œuvres*, t. VI, p. 152. — (2) A madame du Deffand, 1732.

dôme. Anet était le Fontainebleau ou le Marly de madame du Maine, qui y recevait et y donnait des fêtes comme à Sceaux.

A Anet comme partout, le couple philosophique se distingua par toutes sortes de bizarreries et d'excentricités : « Ils ont fait à leur ordinaire les philosophes et les fous, tout comme vous le voudrez; ils étaient toujours tête à tête (1). » Ainsi écrivait, le 18 septembre 1746, l'abbé Le Blanc à la Chaussée.

Peut-être, il est vrai, Le Blanc avait-il quelque petite vengeance à exercer contre Voltaire. Fils d'un geôlier de Dijon, il s'était bien fait, par son esprit, son entregent, son instinct du monde, l'ami des Bouhier, des de Brosses, des Ruffey, des Buffon, des Crébillon, de tous les honnêtes gens, en un mot, de sa ville natale, moins Piron, qui raillait sa loquacité par des épigrammes; mais, soit vice de naissance, soit toute autre cause, il ne put arriver ni au préceptorat du prince de Condé, dont il fut question un instant pour lui; ni au poste de censeur, sur lequel il s'était rejeté; ni même à l'Académie, malgré la patronage de Buffon et de madame de Pompadour. En 1735, il avait pourtant réussi à faire jouer une tragédie d'*Abensaïd*, dont Voltaire écrivait à Thieriot, le 12 juin : « Je ne suis surpris ni du jugement que vous portez sur la pièce de l'abbé Le Blanc, ni de son succès : il se peut très-bien faire que la pièce soit détestable et applaudie. » Ce qui ne l'empêchait pas d'écrire à l'auteur lui-même, qui lui avait envoyé sa pièce : « Je trouve que c'est un tableau d'une ordonnance belle et hardie, et dont toutes les figures sont très-animées. Il me paraît que vous entendez parfaitement la conduite du théâtre, et je ne conçois pas comment les comédiens ont pu faire quelque difficulté. » Puis, quelques jours après, le 20 mars, à Thieriot : « Savez-vous des nouvelles de la *Zaïre* anglaise? Hélas! sera-t-elle déshonorée par une traduction d'*Abensaïd*? C'est envoyer ma Zaïre laver la vaisselle, que de la mettre à côté de cet Aben. »

L'abbé Le Blanc avait pu avoir vent de ces injures : de là les injures contre Voltaire dont il remplit sa correspondance iné-

(1) Cité par M. Desnoiresterres, *Cours galantes*, t. IV, p. 290.

dite avec le président Bouhier (1); de là son trait contre le couple visiteur de 1746.

Le Blanc était alors secrétaire et *comédien ordinaire* de madame du Maine, et il resta à Sceaux jusqu'à la mort de la duchesse (2). Il y était encore, et toujours protégé, en 1749, lorsqu'il se porta, en candidat plus sérieux que jamais, à l'Académie. Voltaire, croyant qu'il réussirait, et ne voulant pas blesser son illustre protectrice, écrivit, le 14 août, au président Hénault : « Vous me ferez, mon cher confrère, un plaisir extrême de faire savoir à notre confrère l'abbé Le Blanc combien je m'intéresse à lui, et combien je désirerais qu'il fût des nôtres. On me fait, je crois, des tracasseries avec ses protecteurs, tandis que je ne suis occupé que des intrigues de Cethegus et de Lentulus. » Il s'occupait aussi de traverser l'abbé Le Blanc, au moment même où il écrivait ces lignes. Il lui en voulait pour sa liaison avec Crébillon, au *Catilina* duquel l'abbé avait un peu travaillé, et il cherchait à se venger de l'un et de l'autre par sa *Rome sauvée*. La preuve qu'il n'y avait rien de sincère dans sa lettre à Hénault se lit dans cette lettre à Dalembert, du 27 février 1761 : « J'apprends qu'il y a vingt-cinq candidats pour l'Académie; je conseille qu'on fasse l'abbé Le Blanc portier; je vous réponds qu'alors personne ne voudra plus en être. » A cette époque, Voltaire n'avait plus rien à ménager avec les protecteurs de l'abbé, et le fils de François Arouet, gentilhomme de fraîche date, avait le mauvais goût de reprocher sa naissance au fils du geôlier de Dijon.

Voltaire et madame du Châtelet ne firent que passer cette fois à Anet. Mais ils revinrent au mois d'août de l'année suivante. De ce second séjour nous avons un témoin et un narrateur plus spirituel que l'abbé Le Blanc, dans madame de Staal, mademoiselle Delaunay, l'ancienne femme de chambre de madame du Maine devenue baronne, et l'auteur des si in-

---

(1) Bibliothèque Impériale, M^{ss}, t. IV, *Correspondance de Bouhier*. — (2) Il fut, après la mort de la princesse, l'éditeur des *Lettres galantes de La Motte et de Ludivise*.

téressants *Mémoires*, un diamant du trésor littéraire du xviii siècle. Il faut être femme pour avoir à la fois tant d'esprit et tant de méchanceté ; il faut aussi avoir à exercer quelques représailles de parvenue contre telle grande dame qui peut-être autrefois avait refusé à la fille de chambre les égards dus à la femme spirituelle.

Le mardi, 15 août 1747, madame de Staal écrivait à madame du Deffand, — elle s'adressait bien : « Madame du Châtelet et Voltaire, qui s'étaient annoncés pour aujourd'hui et qu'on avait perdus de vue, parurent hier, sur le minuit, comme deux spectres, avec une odeur de corps embaumés qu'ils semblaient avoir apportée de leurs tombeaux. On sortait de table. C'étaient pourtant des spectres affamés : il leur fallut un souper, et qui plus est des lits qui n'étaient pas préparés. » Voltaire prit le lit du chevalier Gaya, officier de la duchesse, et s'en trouva mieux que le dépossédé ; pour la dame, elle trouva son lit mal fait, quoique, faute de gens, elle l'eût fait elle-même, et dans les matelas un défaut qui « blessa plus son esprit exact que son corps peu délicat. » Aussi, après cinq jours, elle en était à son troisième logement. « Elle ne pouvait plus supporter celui qu'elle avait choisi ; il y avait du bruit, de la fumée sans feu (il me semble que c'est son emblème). Le bruit, ce n'est pas la nuit qu'il l'incommode, à ce qu'elle m'a dit, mais le jour, au fort de son travail : cela dérange ses idées. Elle fait actuellement la revue de ses principes : c'est un exercice qu'elle réitère chaque année, sans quoi ils pourraient s'échapper, et peut-être s'en aller si loin qu'elle n'en retrouverait pas un seul. Je crois bien que sa tête est pour eux une maison de force, et non pas le lieu de leur naissance : c'est le cas de veiller soigneusement à leur garde. Elle préfère le bon air de cette occupation à tout amusement, et persiste à ne se montrer qu'à la nuit close. » Après une revue exacte de toute la maison, elle s'empara enfin d'un appartement à sa guise, et dévasta, pour le garnir, tous ceux par où elle avait passé : « On y a trouvé six ou sept tables : il lui en faut de toutes les grandeurs, d'immenses pour étaler ses papiers, de solides pour soutenir son nécessaire, de plus légères pour les pompons, pour les bijoux ; et cette belle ordonnance ne l'a pas garantie d'un accident pareil à celui qui arriva à Philippe II, quand, après avoir passé la nuit à écrire, on répandit une bouteille d'encre sur ses dépêches. La dame ne s'est pas piquée d'imiter la modération de ce prince : aussi n'avait-il écrit que sur des affaire d'État ; et ce qu'on lui a barbouillé, c'était de l'algèbre, bien plus difficile à remettre au net. »

Voltaire était plus facile et moins encombrant. Pourvu qu'on ne l'éloignât pas trop d'Émilie, il était content, et faisait des vers galants, soit pour remercier, soit pour réparer un peu le mauvais effet de la conduite de sa dame. Sur un cahier des lettres de la duchesse et de l'aveugle La Motte, il écrivit :

> Dans ses filets elle savait vous prendre
> Sitôt qu'elle se laissait voir :
> Un pauvre aveugle aussi ressentit son pouvoir :
> Je le crois bien, car il pouvait l'entendre.

Comme on lui avait donné la chambre du *berger* de Madame du Maine, du vieux marquis de Saint-Aulaire, il fit ce joli madrigal :

> J'ai la chambre de Saint-Aulaire,
> Sans en avoir les agréments ;
> Peut-être à quatre-vingt-dix ans
> J'aurai le cœur de sa bergère :
> Il faut tout attendre du temps,
> Et surtout du désir de plaire (1).

Soumis aux habitudes capricieuses de madame du Châtelet, Voltaire partageait sa vie de *revenant*, et ne se montrait point de jour. « Ils apparurent hier à dix heures du soir, écrit encore madame de Staal. Je ne pense pas qu'on les voie guère plus tôt aujourd'hui ; l'un est à décrire de hauts faits, l'autre à commenter Newton. Ils ne veulent ni jouer ni se promener : ce sont bien des non-valeurs dans une société, où leurs doctes écrits ne sont d'aucun rapport. « Voici bien pis : » l'apparition de ce soir a produit une déclamation véhé-

(1) *Œuvres de Voltaire*, t. XIV, pp. 330, 395.

mente contre la licence de se choisir des tableaux au cavagnole; cela a été poussé sur un ton qui nous est tout à fait inouï, et soutenu avec une modération non moins surprenante.»

Pressés d'aller faire leurs adieux au duc de Richelieu, qui partait pour Gênes, Voltaire et madame du Châtelet ne voulaient passer que dix jours à Anet. Mais, ayant à réparer tant d'inconvenances, ils donnèrent, la veille de leur départ, la comédie de *Boursoufle* (1), dont la pauvre valeur ne suffisait pas à racheter leur conduite. C'était le jeudi, 24 août. Voltaire fit, pour la circonstance, un prologue, qu'il joua lui-même, et très-bien, avec du Four. Quoique grande et mince, madame du Châtelet fit *Mademoiselle de la Cochonnière*, qui devait être grosse et courte. Au contre-sens entre sa personne et son rôle, elle joignit le contre-sens du costume : « Préférant les intérêts de sa figure à ceux de la pièce, elle a paru sur le théâtre avec tout l'éclat et l'élégante parure d'une dame de la cour : elle a eu sur ce point maille à partir avec Voltaire; mais c'est la souveraine, et lui l'esclave. »

Ils partirent le vendredi, non sans avoir chargé madame de Staal de leurs dernières volontés, dont ils lui remirent l'exécution. La baronne au moins s'en croyait quitte; mais, le lendemain du départ, arrive une lettre de quatre pages, plus un billet dans le même paquet, annonçant un grand désarroi. Voltaire avait égaré sa pièce, oublié de retirer les rôles, et perdu le prologue; et il était enjoint à madame de Staal de retrouver le tout, d'envoyer au plus vite le prologue, non par la poste, « parce qu'on le copierait, » de garder les rôles, crainte du même accident, et d'enfermer la pièce « sous cent clefs. » — « J'aurais cru, dit-elle, un loquet suffisant pour garder ce trésor! J'ai bien et dûment exécuté les ordres reçus (2). »

(1) Jouée pour la première fois sous ce titre à Cirey, en 1734; puis représentée, en 1761, à la Comédie-Italienne, avec le sous-titre : *Quand est-ce qu'on me marie?* et enfin appelée définitivement l'*Échange*. C'est cette grosse farce sans intérêt, sans esprit, qu'on a eu la fantaisie de reprendre à l'Odéon en 1862, après qu'elle eut été publiée comme *inédite* dans le volume d'*Œuvres inédites* de Voltaire (Paris; Plon). — (2) Lettres des 15, 20, 27 et 30 août 1747.

II

FONTAINEBLEAU ET SCEAUX — COMÉDIES ET ROMANS
ZADIG

Ridicule et comédie, voilà le séjour à Anet; le séjour à Fontainebleau, vers la fin de cette même année, faillit devenir tragique.

La reine s'y était rendue le 14 ou le 15 octobre (1). Voltaire et madame du Châtelet y rejoignirent la cour vers la fin du même mois. N'ayant plus leurs domestiques, qui les avaient tous quittés pour insuffisance de gages, ils logèrent chez Richelieu, d'où ils allaient chaque soir au château. On y jouait un jeu d'enfer. Le premier jour de son arrivée, madame du Châtelet perdit 400 louis au jeu de la reine. Voulant se rattraper, elle envoie demander de nouveaux fonds à son intendant et à ses amis; et, en attendant, le lendemain, elle perd encore 200 louis avancés par Voltaire, « non sans quelques représentations de celui-ci, qui était sensible à sa perte (2). » L'envoyé rapporte encore 200 louis empruntés à gros intérêts, plus 180 louis prêtés par mademoiselle du Thil, amie de madame du Châtelet, et les nouveaux venus prennent aussitôt le chemin des autres. Piquée au jeu, madame du Châtelet joue sur parole, cave au plus fort, et perd 84,000 livres. Voltaire lui dit alors en anglais : « Vos distractions au jeu vous empêchent de voir que vous jouez avec des fripons. » L'avis est entendu et répété aux intéres-

---

(1) Luynes, *Mémoires*, t. VIII, pp. 308, 321. — (2) Nous allons suivre, presque jusqu'à la fin du volume, les *Mémoires* du valet de chambre Longchamp. Mais notons bien que ces *Mémoires* ont été arrangés, altérés et adoucis par les éditeurs de 1826, Decroix et Beuchot. En 1863, M. d'Albanès Havard en a publié une édition abrégée et confuse, sans en connaître l'auteur, connu de tous pourtant depuis plus de trente années, et le manuscrit qu'il a reproduit paraît être ou l'original ou une copie authentique. Aussi préférerons-nous plus d'une fois sa leçon à celle de 1826, et nous prévenons une fois pour toutes que les passages guillemétés, à moins d'avis contraire, sont empruntés à son livre, intitulé: *Voltaire et madame du Châtelet*, etc. — Ici, p. 180.

sés. Voyant quelque agitation dans l'assemblée, Voltaire et la dame quittent le château, rentrent à l'hôtel Richelieu, et ordonnent le départ immédiat. A grand'peine on trouve un cocher et une femme de chambre; on bâcle quelques paquets, et on part au milieu de la nuit.

Près d'Essonne, une roue casse, heureusement vis-à-vis d'un charron. L'accident réparé, Voltaire et la dame veulent remonter en voiture, mais ils n'ont pas d'argent pour payer, et le charron refuse de les laisser partir. Passe fort à propos un marquis allant à Fontainebleau, qui paye le charron et donne aux voyageurs quelque argent de route. A Villejuif, ils se séparent. Pendant que madame du Châtelet file sur Paris, Voltaire écrit à la duchesse du Maine pour lui demander asile. La duchesse renvoie le commissionnaire avec une lettre lui annonçant qu'un officier de confiance le viendrait prendre à l'entrée de la nuit pour le conduire à Sceaux; ce qui fut fait.

A Sceaux, Voltaire se confine dans un appartement écarté, où il passe tous ses jours, volets fermés, inconnu à tous, et d'où, chaque nuit, vers une heure du matin, il descend chez la duchesse, qui l'attend au lit, tous ses gens retirés. Un seul valet, mis dans la confidence, lui dresse une table dans la ruelle et lui sert à souper. Sa faim apaisée, il paye son écot en sa monnaie, et charme la duchesse par sa conversation, ou par la lecture de ce qu'il a écrit dans la journée, conte ou roman, *Babouc, Scarmentado, Micromégas, Zadig*, dont il lui donne la primeur. Rentré chez lui un peu avant le jour, il dort quelques heures, et, le reste de la journée, il travaille aux bougies, malade et ennuyé. Deux mois se passent ainsi.

De son côté, madame du Châtelet reste enfermée six semaines chez elle à Paris, n'ayant pour confident de sa retraite que le seul d'Argental. Cependant elle s'arrange pour payer sa dette de jeu. Dans un renouvellement du bail des fermes, elle obtient la moitié d'un bon de fermier général, qu'elle vend aussitôt, moitié comptant, avec quoi elle s'acquitte envers son créancier qui se contente de vingt-quatre mille livres, moitié en une rente annuelle de quatre mille livres, payable pendant toute la durée du bail. Bel emploi de la fortune publique !

Elle songe alors à rejoindre Voltaire, qu'on disait passé en Prusse, nul ne sachant ce qu'il était devenu. Seuls dans le secret, madame du Châtelet et d'Argental ne communiquaient avec lui que par exprès, ou sous le couvert de la duchesse. Mais on n'est plus tenu au même mystère. On a apaisé les offensés de Fontainebleau, dont les uns n'osent plus déclarer qu'ils s'étaient reconnus à l'épithète de *fripons*, et dont l'autre a été payé pour se taire. Madame du Châtelet en vient apporter la nouvelle à Sceaux, et est retenue par la duchesse.

Sceaux change alors d'aspect. Le bruit et l'éclat des fêtes succèdent au silence et à l'obscurité qui venaient d'envelopper cette prison provisoire. Chaque jour, c'est une comédie, un opéra, un ballet ou un concert. On joue la *Prude*, fort peu prude, comédie plus immorale que comique, déjà représentée à Anet. Madame du Châtelet et madame de Staal remplissent les principaux rôles, et Voltaire fait un nouveau prologue pour la circonstance. On joue *Issé*, pastorale de La Motte, et madame du Châtelet, actrice et musicienne, reçoit de Voltaire, au sortir de la représentation, le nom du rôle qu'elle a rempli, dans les vers « charmante Issé, etc., » parodie de la sarabande de la pastorale (1). On joue *Zelindor*, opéra de Moncrif, et les *Originaux* de Voltaire, déjà représentés à Cirey, et madame du Châtelet, sous les traits de Zerphi et de Fanchon, reçoit les mêmes hommages. Dans les *Originaux*, elle a pour vis-à-vis les Chabot, les d'Asfeld, les de Croix, les Courtanvaux, les plus grands seigneurs de la cour. Puis, ce sont des ballets, où figurent les danseurs et danseuses de l'Opéra de Paris (2).

Une des actrices oubliées par Longchamp est madame de Jaucourt, qui jouait dans *Issé*. Madame de Malause avait fait

---

(1) *Œuvres de Voltaire*, t. XIV, pp. 395 et 396. — (2) Ici, Longchamp nomme la Guimard, qu'il dit âgée de treize ans ; mais la Guimard, née le 17 septembre 1745, était encore au berceau.

les frais de cet opéra, qui attira une affluence si importante, que la duchesse ne voulut plus que des comédies. Mais l'affluence fut la même, ce qui rebuta la princesse. Des billets inconvenants appelaient la foule : « De nouveaux acteurs représenteront, vendredi 15 décembre, sur le théâtre de Sceaux, une comédie nouvelle, en vers et en cinq actes. Entre qui veut, sans aucune cérémonie; il faut y être à 6 heures précises, et donner ordre que son carrosse soit dans la cour à 7 heures et demie, 8 heures. Passé 6 heures, la porte ne s'ouvre à personne (1). »

A en croire d'Argenson, Voltaire fit pire, car il écrit : « Madame du Châtelet et Voltaire ont perdu les entrées de la cour de Sceaux, à cause des invitations qu'ils faisaient à leurs pièces. Il y a cinq cents billets d'invitation où Voltaire offrait à ses amis, pour plus agréable engagement, qu'on ne verrait pas madame la duchesse du Maine (2). » C'est le témoignage d'un ami et d'un homme bien informé, que l'insolence bien connue de Voltaire rend, du reste, fort croyable. La comédie ainsi annoncée était la *Prude*.

Après souper, c'étaient des lectures publiques des ouvrages lus déjà dans la ruelle de la duchesse. Voltaire promit de les livrer à l'impression et d'en distribuer des exemplaires à la noble compagnie, avant d'en rien répandre dans le public.

Ainsi s'écoulèrent trois semaines de février, après lesquelles le couple revint à Paris. Voltaire s'occupa aussitôt de l'impression de *Zadig*. Il en partagea le manuscrit entre deux libraires, Prault de Paris et Machuel de Rouen, et il réunit ensuite les deux moitiés imprimées pour en composer un tout. Son double but était de faire ses distributions avant que l'ouvrage pût être mis en vente, et d'échapper aux compensations des libraires, qui tiraient au-delà du nombre convenu pour se dédommager des pertes que leur imposait sa lésinerie dans le réglement des frais d'impression. Il ne resta pour ressource à Prault et à Machuel que de compléter mutuellement les

---

(1) Luynes, *Mémoires*, t. VIII, pp. 352, 353, mardi, 18 décembre. — (2) *Mémoires*, éd. Jannet, t. III, p. 190, 21 décembre 1747.

exemplaires tirés en sus, ou de faire une édition nouvelle. Bon tour, mais peu loyal, dont Voltaire s'applaudit, et que Prault ne pardonna jamais (1).

Voltaire entrait par *Zadig* dans la voie du conte et du roman, et il y entrait avec facilité, n'y portant pour tout bagage que son merveilleux esprit, et laissant à d'autres les qualités plus solides de l'invention, du plan et d'un style travaillé.

Déjà il avait publié ou composé *le Monde comme il va, Vision de Babouc,* satire de Paris sous le nom de Persépolis, et particulièrement de tout ce qui tient aux idées religieuses ; — le *Crocheteur borgne,* histoire impudique sous forme de rêve ; — *Cosi-Sancta,* vilain jeu de société, d'où il ressort qu'*un petit mal*, comme la prostitution, est permis pour arriver à *un grand bien*, comme la conservation d'un mari ou d'un père ; — *Micromégas,* imité de *Gulliver*, et dirigé contre Fontenelle, rapetissé en *nain de Saturne,* ou plutôt contre la nature et l'humanité, tournées en ridicule par l'idée de l'infini ; — *Scarmentado,* début de ces sortes d'Odyssées, moule uniforme désormais de tous les romans de Voltaire, où le héros parcourt le monde, non pas, comme le héros du vieux poëte, pour y étudier pieusement les cités, la civilisation et les mœurs des hommes, mais pour faire de tous les peuples et de toutes les institutions, principalement des institutions religieuses, un tableau aux couleurs les plus horribles et les plus révoltantes (2).

Zadig, le sage Zadig, c'est Voltaire, surtout avec les additions considérables qu'il fit plus tard à son roman, allusions ou allégories où il se peint lui-même et où il se venge de ses ennemis. Et c'est pourquoi, même après la publication qu'il en avait faite, il le renia avec insistance : « Je serais trèsfâché, écrit-il le 10 octobre 1748 à d'Argental, de passer pour l'auteur de *Zadig*, qu'on veut décrier par les interprétations les

---

(1) Les deux éditions des *Mémoires* de Longchamp, d'accord sur le fait, intervertissent l'ordre des parties livrées à Prault et à Machuel. — (2) Tous ces contes sont au t.°XXXIII des *Œuvres de Voltaire,* pp. 1, 27, 39, 165, 198 ; *Zadig,* à la p. 49.

plus odieuses, et qu'on ose accuser de contenir des dogmes téméraires contre notre sainte religion. Voyez quelle apparence! »

Zadig, ou *la Destinée*, sous-titre qui dit tout, est un plaidoyer contre la Providence et une thèse fataliste; plaidoyer et thèse que l'auteur ne cessera de reproduire dans dix ouvrages en prose ou en vers. Du reste, nul intérêt dans les aventures, la plupart très-communes, excepté dans quelques chapitres dont l'idée n'appartient pas à l'auteur. Ainsi le chapitre du *Nez* est imité d'un conte chinois; le chapitre *du Chien et du Cheval* est pris d'un *Voyage* du chevalier de Mailly (1); le joli chapitre de l'*Ermite* est tiré presque mot pour mot d'un poëme anglais de Parnell (2); enfin le chapitre des *Combats* ou du chevalier aux armes vertes, appartient à l'Arioste. Mais ce qui appartient bien à Voltaire, c'est son esprit étincelant, son style si vif, ses peintures si piquantes, et aussi ses gravelures.

III

RETOUR A CIREY — COMMERCY ET LUNÉVILLE — SAINT-LAMBERT

De retour à Paris en janvier 1748, Voltaire et sa compagne n'y restèrent que quelques jours (3). Soit pour oublier ses pertes de jeu, soit pour faire des économies, madame du Châtelet voulut aller passer le reste de l'hiver à Cirey. On partit de nuit, suivant le goût de la dame, par un temps de gelée et de neige. Un laquais avait été envoyé en avant pour préparer les relais de poste. On devait faire halte à La Chapelle, château de M. de Chauvelin, à trois lieues au-dessus de Nangis. Mais, un peu avant Nangis, l'essieu casse du côté de Voltaire,

(1) Fréron, *Année littéraire*, 1767, t. I, p. 145. — (2) Fréron, ibid., p. 30. — (3) Ce départ précipité donna lieu au bruit que Voltaire avait été exilé par lettre de cachet pour des vers imprimés sous l'adresse de la dauphine qui semblaient être une critique de la cour de France. En réalité, ces vers avaient été adressés, dès l'année précédente, à la princesse de Suède, Ulrique de Prusse, sœur de Frédéric (*Œuvres*, t. XII, p. 523). — Voir les lettres à d'Argental et à Hénault, du 14 février et de février 1748.

sur qui roulent Emilie, et la femme de chambre, et les paquets, et les cartons; étouffé sous cette montagne, il pousse des cris aigus. Pour le délivrer, il faut tirer de bas en haut, comme d'un puits, par la portière demeurée libre, femmes et paquets, et enfin le pauvre Encelade. En attendant du secours, les deux savants s'asseyent au bord du chemin neigeux, sur les coussins de la voiture, bayant aux étoiles et faisant de l'astronomie grelotante. Enfin, du monde arrive. On relève la voiture, on la répare tant bien que mal, et une bagatelle de douze francs est donnée aux gens pour leur peine, et acceptée avec murmure. Aussi, la voiture étant retombée à cinquante pas plus loin, ils ne veulent se remettre à la besogne et faire escorte jusqu'à Nangis que sur la promesse d'un plus fort salaire. Cahin-caha, on arrive à La Chapelle, mais seulement au jour. Bon repas, bon lit, bon somme pendant la meilleure partie de la journée, et nos voyageurs ont réparé leurs forces. Il n'en est pas ainsi de la voiture, tellement endommagée, qu'il faut deux jours pour la remettre en état passable. Enfin, on arrive sans autre accident à Cirey.

C'est d'abord une solitude profonde. Bientôt prévenue, madame de Champbonin arrive, avec une jolie nièce de quinze ans; puis les voisins, hobereaux du canton, bailli de l'endroit et son grand benêt de fils, accourent de tous côtés. Le train recommence, comédies et fêtes. A défaut d'acteurs, les domestiques sont mis de la partie. On joue le petit et le grand *Boursouffle*. Madame préfère les rôles d'Agnès, — quelle Agnès! — mais elle aime aussi beaucoup, — ce qui lui va mieux, — les rôles de poissarde; et, pour lui plaire, Voltaire trempe sa plume dans l'écritoire de Vadé, et en tire les propos les plus libres et les plus crus; s'il ne le fait, elle improvise des polissonneries que les spectateurs badauds croient être de son rôle. On donne encore des farces et des parades, où les campagnards se jouent eux-mêmes sans s'en douter, mais au grand plaisir de la galerie mise dans le secret.

Ainsi janvier se passe. En février, on va à Commercy, où Stanislas tenait alors sa petite cour, puis à Lunéville, où on reprend une vie d'étude et de plaisirs. De Lunéville, Voltaire, le 13 février, écrit à Dom Calmet, abbé de Senones, pour lui demander l'hospitalité de son couvent et de sa bibliothèque. Il voulait s'instruire avec celui dont les livres l'avaient formé, et aller puiser à la source. Une cellule chaude, du potage gras, un peu de mouton et des œufs, il préférerait cette heureuse et saine frugalité à la chère royale. Du reste, il serait un des moines de Dom Calmet : « Ce serait Paul qui irait visiter Antoine. » Pour cette fois, le projet n'eut pas de suite.

C'était Stanislas qui avait invité notre couple à venir grossir sa cour; suivant Voltaire (1), ce serait le Père Menoux. Ce jésuite, dit-il, « le plus intrigant et le plus hardi prêtre que j'aie jamais connu, » avide, de plus, et envieux, après avoir extorqué à Stanislas des sommes immenses, de la portion congrue de madame de Boufflers, qui « tirait à peine alors du roi de Pologne de quoi avoir des jupes; » enfin, « furieusement jaloux de la marquise, » brouillé avec elle, tellement que le pauvre roi, tous les jours, au sortir de la messe, avait bien de la peine à rapatrier sa maîtresse et son confesseur, — ce jésuite, dit-il, avait imaginé de substituer à la marquise madame du Châtelet, encore assez belle, et, de plus, capable, en sa qualité d'auteur, de servir d'aide au roi dans la composition de ses mauvais petits ouvrages; il était alors venu à Cirey pour ourdir cette trame, qu'il avait achevée à Lunéville; mais il était arrivé tout le contraire de ce que voulait le révérend Père : le couple de Cirey s'attacha à madame de Boufflers, « et le jésuite eut deux femmes à combattre. »

Voltaire écrivait ainsi en 1759; cinq ans plus tôt, il avait détruit d'avance ces odieuses imputations contre le Père Menoux, en lui adressant de Colmar, le 17 février 1754, dans les embarras de son retour de Prusse, une lettre toute remplie d'estime et de tendresse pour sa personne; et le Père Menoux s'était justifié lui-même, en lui faisant, le 23, une réponse pleine d'affection, de noblesse et d'autorité, où il re-

(1) *Mémoires; Œuvres de Voltaire*, t. XL, p. 82.

jetait sur ses écrits irreligieux toutes les persécutions de sa vie. « Je me suis toujours étonné, ajoutait-il, qu'un aussi grand homme que vous, qui a tant d'admirateurs, n'ait pas encore trouvé un ami. Si vous m'aviez cru, vous vous seriez épargné cette foule de chagrins qui ont troublé la gloire et la douceur de vos jours. Je sens quelquefois couler mes larmes en lisant vos ouvrages; plus je les admire, plus je vous plains. Ah! si Dieu pouvait exaucer mes vœux!... Que ne puis-je vous estimer autant que je vous aime (1)! »

Ainsi n'aurait jamais osé s'exprimer, parlant à Voltaire lui-même, le cupide et vil entremetteur des *Mémoires*.

On resservit à Stanislas les pièces déjà représentées à Sceaux, d'autant plus que quelques-uns des seigneurs avec qui on les avait jouées se trouvaient à Lunéville. Le marquis-Dandin, M. du Châtelet, passant par là, fut enchanté des succès de sa femme. Celle-ci avait été encore excitée dans son jeu par la présence de Saint-Lambert, qu'elle venait de voir pour la première fois. Peu aimé du roi à cause de ses assiduités auprès de madame de Boufflers, Saint-Lambert, pour rester bien avec lui sans contrarier son cœur, allait se tourner du côté de madame du Châtelet.

Les rapports, à cette première entrevue, n'eurent pas le temps de devenir très-intimes. Distraite de ses études par les plaisirs de Lunéville, la docte Émilie voulut retourner à Paris pour s'y replonger dans les sciences et y imprimer son *Commentaire de Newton*. Mais, avant de le publier, elle le soumit à Clairault. Chaque jour, le couple géomètre s'enfermait au second de l'hôtel de la rue Traversière, et y passait de longues heures en savants calculs. Voltaire occupait le premier, et on soupait avec lui. Mais, depuis quelques jours, on n'avait même pas à se déranger pour lui tenir compagnie à souper, car il s'était mis à la diète, son remède ordinaire, et ne vivait que d'une boisson abondante de thé léger. Un soir, toutefois, après de longues courses, il se sent appétit, et fait avertir les savants. On lui demande le quart d'heure

(1) *Recueil* de 1862, pp. 326-328.

de grâce. Une demi-heure se passe, et les calculs ne finissent pas. Nouvelle instance de Voltaire, nouvelle réponse : « Nous descendons! » Voltaire fait servir, et se met à table. Il attend; personne : la géométrie continue. Furieux, il se lève, monte au second, trouve la porte fermée, l'enfonce d'un coup de pied, soupçonnant autre chose, et s'écrie : « Vous êtes donc de concert pour me faire mourir! » Le souper fut court et triste. De plusieurs jours Clairault ne revint pas, et il fallut toute la tendre diplomatie d'Emilie pour calmer et réconcilier les deux rivaux.

La nuit se passe, inquiète et agitée. Le lendemain, madame du Châtelet envoie prendre des nouvelles de Voltaire, et lui demander si elle viendra déjeuner près de lui. En ayant obtenu la permission, elle descend, tenant à la main un beau déjeuner de porcelaine de Saxe, présent de Voltaire. Elle debout, Voltaire assis, on parle de la scène de la veille. Soudain, Voltaire se lève, « la repousse rudement, » et le déjeuner tombe et se brise. Après une dispute en anglais, langue ordinaire de leurs querelles, Emilie remonte irritée. Voltaire fait ramasser un échantillon du déjeuner, et envoie en chercher un semblable chez un bijoutier du Palais-Royal. On lui en apporte six. Il a beau marchander; il lui faut verser dix louis, qu'il regrette beaucoup, disant que madame du Châtelet aurait bien dû déjeuner chez elle. Cependant il envoie lui porter le déjeuner avec des excuses, et la dame daigne recevoir le tout en souriant. Voilà encore un épisode de la vie intime du couple philosophique.

C'est pendant ce séjour à Paris, que le duc de Richelieu pria Voltaire de lui composer le discours qu'il devait adresser au roi, au nom de l'Académie, à l'occasion de la paix de 1748. Le discours fait, Voltaire le montre à madame du Châtelet, qui le montre à madame de Boufflers, laquelle en prend copie et le répand. Au jour de la séance royale, Richelieu se met en devoir de réciter son discours, et est fort étonné d'être prévenu, à chaque phrase, par les courtisans. Irrité contre Voltaire, qu'il croit l'avoir joué, il ne remet au roi ni le discours, ni un *panégyrique de Louis XV* polyglotte, œuvre de Voltaire encore (1), dont des exemplaires magnifiques avaient été préparés pour la circonstance. Croyant que la remise en avait été faite le matin au roi, Voltaire, dans l'après-midi, distribue son panégyrique à ses amis. Le lendemain, il reçoit le paquet de Richelieu, avec avis qu'on n'avait pas voulu de sa besogne. Dans l'impuissance de retirer les exemplaires qu'il avait distribués, il se trouve compromis, et perd tout espoir d'une récompense royale. Aussi, dans un moment de fureur, il déchire, foule aux pieds et jette au feu une espèce d'apothéose de Richelieu qu'il tenait du duc lui-même, et qu'il avait placée dans son cabinet. Quelques jours après, il y eut explication et réconciliation entre ces deux hommes si bien faits l'un pour l'autre.

De cette année 1748 date encore un prologue singulier pour la *mort de César*, que des religieuses de Beaune, parmi lesquelles madame du Châtelet avait une parente, voulaient jouer pour la fête de leur supérieure. Les religieuses avaient écrit à Voltaire, au nombre de vingt-trois, et toutes, jusqu'à la tourière, protestaient qu'elles se feraient pulvériser pour sa gloire. — Les bonnes filles! — A la prière de madame du Châtelet, avec un baiser pour merci, elles eurent leur prologue, écrit en dix minutes, sur un coin de cheminée, au moment d'un départ pour Lunéville (2). Un détail curieux de cette petite histoire, c'est que, pendant que de jeunes filles, habillées en conjurés, représentaient la *mort de César* devant leurs parents et les notables émerveillés, un bataillon, en garnison à Beaune, piqué de rivalité, donna *Zaïre*, et ce fut un jeune dragon qui fit le rôle de la fille de Lusignan, et un grenadier à noire moustache et à voix douce qui fit Orosmane. Il n'y eut, malgré le sujet, ni pleurs ni terreur, mais rires des deux côtés.

Dans l'été de 1748, Voltaire et madame du Châtelet re-

---

(1) *Œuvres de Voltaire*, t. XXXIX, p. 49. — (2) Voir ce prologue, dans une lettre d'envoi datée de Paris, 7 juin 1748, où Voltaire se recommande aux prières de la *sainte maison*.

tournèrent à Commercy (1). Madame du Châtelet logeait au rez-de-chaussée, sur la grande cour; Voltaire au second, sur les jardins. Depuis la mort de la reine, madame de Boufflers faisait, avec Stanislas, les honneurs de la table royale, et, le soir, elle tenait seule la table des étrangers, le roi ne soupant jamais et se retirant à neuf ou dix heures. Elle occupait le petit appartement des bains, près de l'orangerie, sur la voûte de laquelle était un passage qui conduisait de l'appartement au château.

Saint-Lambert, capitaine dans le régiment des gardes lorraines, dont le prince de Beauvau, frère de madame de Boufflers, était colonel, ami du frère et de la sœur, était là encore, malgré la jalousie du roi, mais réduit à se cacher. Logé chez le curé, il dormait tout le jour, et, le soir, par une porte dérobée donnant du presbytère sous la voûte de l'orangerie, au signal d'une bougie allumée ou éteinte, annonçant la présence ou le départ du roi, il se rendait chez madame de Boufflers, où il trouvait les initiés et les intimes, qui soupaient là, servis par leurs gens, mais des cuisines royales. En attendant le souper, il allait tous les soirs chez madame du Châtelet, dont un domestique affidé gardait la porte.

Un soir, Voltaire, descendu avant l'heure, entre chez madame, dont par hasard la porte n'était ni fermée ni gardée, et, sans se faire annoncer, il pénètre jusqu'au fond de l'appartement, où il trouve le couple sur un sopha dans une attitude et une conversation très-peu philosophique. Surprise des deux parts, apostrophes et menaces. Saint-Lambert invite Voltaire à sortir, ajoutant qu'il va lui rendre raison. Pâle de colère, suffoquant de rage, mais très-peu disposé à se mesurer avec le capitaine, Voltaire remonte chez lui, et ordonne à Longchamp de lui chercher à l'instant une chaise de poste pour Paris. Avertie par Longchamp, madame du Châtelet veut à tout prix empêcher un départ scandaleux. Elle monte chez Voltaire qu'elle trouve couché, elle s'assied sur le pied du

(1) Ce voyage avait pour but on ne sait quel « commandement de Lorraine, » que madame du Châtelet voulait obtenir (à d'Argental, 10 juin 1748).

lit, l'appelle en anglais d'un nom d'amitié, et commence des excuses. « — Quoi! interrompt Voltaire, après ce que j'ai vu! santé, fortune, pour vous, j'ai tout sacrifié, et vous me trompez! — Non, répond la dame, et je vous aime toujours! mais vous vous plaignez d'être malade et de n'en pouvoir plus. Or, vous connaissez mon tempérament, qui exige ce que le vôtre me refuse. Au lieu de vous fâcher contre moi, vous devriez me remercier de ménager votre santé, et de vous donner pour suppléant un de vos amis. — Ah! vous avez toujours raison; mais, au moins, que je ne le voie plus! »

Quand on veut connaître à fond le XVIIIe siècle, il faut se faire un tempérament à digérer les crudités les plus grossières; autrement, on ne saurait pas tout ce que valent les pères et les mères de l'Église philosophique.

Voltaire apaisé, la charmante dame court à Saint-Lambert, qui ne veut d'abord ni faire d'excuses, ni se prêter à une réconciliation. Cependant, le lendemain, il monte chez Voltaire malade et balbutie quelques mots d'excuse. Voltaire l'arrête, l'embrasse : « Mon enfant, lui dit-il, j'ai tout oublié; c'est moi qui ai tort. Vous êtes jeune, je suis vieux. A vous les roses, à moi les épines! » Et il mit cela en vers, dans une Épître au *Chantre des Saisons*; il le mit même en comédie, dans un acte aujourd'hui perdu, et dont quelques vers seulement sont passés dans *Nanine*. — Tout, chez Voltaire, finissait par une comédie ou une chanson. — On soupa ensemble, et il n'y parut plus. Seulement, le nouveau couple amoureux ne laissa plus la porte ouverte!

Allons, Voltaire était quelquefois bonhomme. Il était de plus facile accommodement avec ses rivaux d'amour qu'avec ses rivaux littéraires. Il pardonnait à qui lui ôtait sa maîtresse; il ne pardonna jamais à qui lui disputait le mérite de la plus mauvaise ode.

Que disons-nous pardonner! Il va se faire le sigisbée de Saint-Lambert; le sigisbée des amours de cet homme qui n'aima jamais ni madame du Châtelet, comme le prouve l'extrait de leur correspondance récemment publié, ni madame d'Houdetot, l'objet du second roman de sa vie ; le sigisbée de la gloire de ce philosophe athée, de ce poëte froid et fastidieux, habile versificateur, mais pas plus poëte qu'il n'était philosophe. Et il fera l'éloge de cet homme en maint endroit de ses Epîtres ; il lui adressera trois Épîtres à lui-même ; il prendra sa défense contre Clément de Dijon, en vers et en prose ; vingt ans avant la publication des *Saisons,* dont il a entendu lire des fragments à Lunéville, il sonnera la cloche pour annoncer le poëme et le poëte : « Il fait des vers aussi difficilement que Despréaux ; il les fait aussi bien, et, à mon gré, beaucoup plus agréables. J'ai là un terrible élève. J'espère que la postérité m'en remerciera. » — Elle a été ingrate ! — Le poëme paru, il écrit à l'avocat Dupont une longue lettre destinée à être répandue, un vrai article de journal, où il met Saint-Lambert au-dessus de Thomson, et se défend « de rendre éloges pour éloges, et de faire trafic d'amour-propre. » Et à Saint-Lambert lui-même, 7 mars 1769 : « J'ai un remords, c'est d'avoir insinué à la fin du *Siècle* présent, qui termine le grand *Siècle de Louis XIV*, que les beaux-arts dégénéraient ; je ne me serais pas ainsi exprimé si j'avais eu vos *Quatre saisons* un peu plus tôt. Votre ouvrage est un chef-d'œuvre ; les *Quatre saisons* et le quinzième chapitre de *Bélisaire* (sur la tolérance) sont deux morceaux au-dessus du siècle. » Phrase qu'il transporta, pour se guérir de son remords, dans la seconde édition de son *Siècle de Louis XV*. Il faut bien dire que Voltaire faisait son propre éloge en même temps que celui de Saint-Lambert, car il prétendait pratiquer, comme seigneur campagnard, tout ce que celui-ci conseillait dans ses rimes. — Le 4 avril suivant, il écrivait encore : « Quand je vous dis que votre ouvrage est le meilleur qu'on ait fait depuis cinquante ans, je vous dis vrai. Quelques personnes vous reprochent un peu trop de *flots d'azur,* quelques répétitions, quelques longueurs, et souhaiteraient dans les premiers chants des épisodes plus frappants. Je ne peux ici entrer dans aucun détail, parce que votre ouvrage court tout Genève, et qu'on ne le rend point ; mais soyez très-certain que c'est le seul de notre siècle qui passera à la postérité, parce que le fond en est utile, parce que tout y est vrai, parce qu'il brille presque partout d'une poésie charmante, parce qu'il y a une imagination toujours renaissante dans l'expression. » — Autant de contre-vérités! — Enfin, le 1er novembre 1773 : « Je fus certainement l'avocat d'une cause gagnée quand je fus si charmé du poëme des *Saisons* : soyez sûr que cet ouvrage restera à la postérité, comme un beau monument du siècle. » — Il y tient : pas de jugement plus persistant. Mais, ne s'oubliant jamais lui-même, il pric Saint-Lambert d'ajouter, dans une nouvelle édition, « l'image d'un vieux fou de poëte, mangeant, dans sa chaumière assez belle, le pain dont il a semé le blé dans des landes qui n'en avaient jamais porté depuis la création, et établissant une colonie très-utile et très-florissante dans un hameau abominable, où il n'y avait d'autre colonie que celle de la vermine. » — C'était le temps où l'on disait :

<blockquote>Voltaire est laboureur et Choiseul est fermier.</blockquote>

Voltaire laboureur demande un peu grâce pour Voltaire critique, ce qui n'ôte pas le droit de dire qu'il avait un très-petit goût en fait de grande poésie.

IV

SÉMIRAMIS — NANINE — LA FEMME QUI A RAISON

De Commercy, la petite cour de Stanislas se rendit à Lunéville pour y passer le reste de l'été. Quinze jours après, d'Argental écrit à Voltaire que les comédiens préparent *Sémiramis* (1). Voltaire part pour Paris. En route, il s'arrête à la maison de campagne de l'évêque de Châlons, Choiseul-Beaupré, où il reste trois jours. De là il va à Reims. A mi-chemin, éclate un tel orage, qu'il fait arrêter la voiture au milieu de la chaussée, « souffrant beaucoup, disent les

(1) Avant son départ de Paris, Voltaire avait déjà assisté à une répétition de *Sémiramis* (à d'Argental, 27 juin).

arrangeurs des *Mémoires* de Longchamp, de voir postillon et chevaux inondés tandis qu'il est à couvert, » mais, en réalité, suivant les *Mémoires* authentiques [« souriant » de la comparaison, ce qui était plus philosophique : *Suave mari magno,* etc.

Arrivé le soir à Reims, où l'attendait une nombreuse compagnie, il descend chez Lévesque de Pouilly, frère de Lévesque de Burigny, que nous connaissons. Il est le soir du surlendemain à Paris.

Il fait répéter devant lui sa pièce. Tout va bien. Néanmoins, craignant Piron et sa cabale, renforcée encore du groupe des *soldats de Corbulon,* partisans du vieux Crébillon (1), auteur aussi lui d'une *Sémiramis,* il prend un grand nombre de billets de parterre, qu'il distribue, outre les siens, à ses amis et claqueurs, et il range toutes ses troupes en bataille sous le commandement de ses capitaines, Thieriot, Dumolard, l'imprimeur Lambert, qu'on disait être son fils, les chevaliers de la Morlière et de Mouhy. La bataille se livre le 29 août 1748 (2). Pendant plusieurs représentations, la lutte est acharnée entre les deux partis. Enfin la victoire reste à l'auteur, et Piron se retire en décochant la flèche du Parthe de quelque épigramme.

Collé, ennemi de Voltaire, constate, sans le vouloir ou le pouvoir comprendre, le succès de quinze représentations, dont la dernière eut lieu le 5 octobre, et il avoue que la pièce en aurait eu davantage, sans le départ des comédiens pour Fontainebleau; mais il ajoute, d'après le témoignage des comédiens, qu'elle coûta à l'auteur 800 livres de son argent (3).

Voltaire lui-même, malgré le succès du premier jour, n'é-

(1) C'est encore Crébillon qui avait été le censeur de *Sémiramis*. Mais Voltaire lui avait fait ordonner, en quelque sorte, d'approuver par l'intervention du lieutenant de police, et avait obtenu, par le même moyen, le rétablissement de quelques vers retranchés par le censeur (*Études sur la Russie*, pp. 445 et suiv.). — (2) Le duc d'Aumont avait obtenu du roi, pour *Sémiramis,* une décoration magnifique (à Lanoue, 27 juillet; à d'Argental, 15 août 1748). — (3) *Journal,* t. I, pp. 7 et 98. — Voltaire dit lui-même à d'Argental, 4 octobre : « Le chevalier de Mouhy et d'autres ne doivent pas être oubliés. »

tait pas sûr d'une victoire complète et durable. Aussi, le jour de la deuxième représentation, il emprunta le costume de l'abbé de Villevieille, sans oublier le bréviaire ; et, affublé d'une ample perruque mal peignée, qui laissait voir seulement le bout de son long nez, il entra au café Procope, l'*antre de Procope*, comme il disait, vis-à-vis de la comédie, où l'on discutait les pièces nouvelles entre partisans et adversaires. Lunettes sur le nez et nez sur la gazette, il écouta pendant près de deux heures, ayant peine à se contenir, et profita de ce qu'il entendit pour quelques corrections.

Sûr du succès, il retourna à Lunéville, mais, de là, il ne perdit pas de vue sa pièce. Ayant appris qu'une parodie, œuvre de Montigny, approuvée par Crébillon, devait être jouée à Fontainebleau, sur le théâtre de la cour, et à Paris, sur le théâtre des Italiens, il mit le monde entier en mouvement pour en empêcher la représentation. Son honneur, sa fortune, sa famille, son avenir, disait-il, y étaient intéressés ; et même le bien public et la morale universelle ! Il écrivit à la reine et lui fit écrire par son père ; il écrivit à madame de Pompadour, à madame d'Aiguillon, à Maurepas, à madame de Villars, à madame de Luynes, au président Hénault, au duc de Fleury, au duc de Gèvres, au duc d'Aumont, à Berryer, lieutenant général de police, à d'Argental ; et, s'il ne put empêcher l'impression de la parodie, pas plus que de plusieurs autres écrits satiriques, il empêcha du moins, grâce surtout à madame de Pompadour, qu'elle fût jouée (1).

Sa pièce fut reprise, avec des changements, le 10 avril 1749, puis en 1756. Voltaire l'imprima en 1752, avec une longue dissertation adressée au cardinal Quirini sur la tragédie ancienne et moderne, et, en particulier, sur *Sémiramis* (2).

Par *Sémiramis*, Voltaire entrait dans sa lutte contre Crébillon, protégé alors de madame de Pompadour, dont il était

(1) Voir sa lettre du 10 octobre à la reine, dont ses amis lui firent reproche, et dont il dit : « Si j'ai écrit une capucinade, c'est à une capucine. » — Voir encore les lettres à d'Argental des 10, 11, 23, 30 octobre et 10 novembre ; et à d'Arnaud, du 28 novembre 1748. — Voir surtout *Études sur la Russie*, pp. 454-467. — (2) *Œuvres de Voltaire*, t. V, p. 473.

jaloux et dont il prétendait avoir à se plaindre. Censeur, Crébillon avait refusé son approbation à *Mahomet*, et l'avait accordée à la parodie de *Sémiramis*. Voltaire saisit le moment de la décadence du vieux poëte pour refaire toutes ses pièces avec une évidente supériorité. La *Sémiramis* de Crébillon était abandonnée quand il composa la sienne; *Catilina* tombait, et il se disposait à faire *Rome sauvée*. Il ne voulait laisser à Crébillon, disait-il, redoutant la lutte sur ce double terrain, que *Rhadamiste* et *Electre* ; et, lorsqu'il écrivait ainsi à Frédéric, le 17 mars 1749, il avait commencé son *Oreste*, ne laissant plus définitivement à Crébillon que *Rhadamiste*.

Si, dans *Sémiramis*, il refaisait Crébillon, il se refaisait lui-même, car c'était la reprise du sujet d'*Eriphyle*, et une seconde imitation de l'*Hamlet* de Shakespeare. Comme l'a bien remarqué M. Villemain (1), l'inculte Shakespeare avait donné à Voltaire, brillant génie, prodigieux esprit, une leçon de goût dont celui-ci ne sut pas profiter. Pendant que Shakespeare choisit une plage déserte et l'heure de minuit pour l'apparition du roi de Danemark assassiné par Gertrude, c'est en plein midi et devant tout un peuple que Voltaire, contre toute vraisemblance, fait apparaître l'ombre d'Amphiaraüs ou de Ninus. Sans attendre les plaisanteries de Lessing, le goût, même étroit, du XVIIIe siècle, badina beaucoup sur cette ombre infortunée, et saisit avec empressement l'occasion que lui en offrait le poëte lui-même. Au Ve acte, Azéma s'écriait : « Quoi !

.... Tous les morts, en cet affreux séjour,
Pour nous persécuter reviennent-ils au jour ?

Le parterre s'empara de ces vers, et les tourna en satire contre la pièce. Aussi, dès la troisième représentation, Voltaire désarma-t-il son acte de ce trait de ridicule.

Malgré ce défaut, malgré quelques leçons intempestives sur les prétendus devoirs du sacerdoce ; malgré la longueur des trois premiers actes, vides d'intérêt, *Sémiramis*, avec ses re-

(1) *Littérature au* XVIIIe *siècle*, t. I, p. 215.

mords mêlés à son ambition, à sa fierté, à son génie de gouvernement, offre un caractère grand et original. Il y a aussi une source profonde de pitié et de terreur dans la situation d'une mère criminelle, qui ne retrouve son fils qu'au moment où les dieux le lui montrent comme le vengeur de Ninus, et dans la situation d'un fils tendre et respectueux, qui ne retrouve une mère qu'au moment où les dieux lui ordonnent de la punir. « Le génie de Voltaire n'est pas resté au-dessous de cette combinaison, et l'on convient que le quatrième acte de *Sémiramis* est un des morceaux les plus tragiques qu'il ait mis sur la scène. Le cinquième, quoique répréhensible dans les moyens, se soutient après le quatrième par l'effet théâtral, par le tableau frappant et neuf de Ninias sortant du tombeau de Ninus, les mains teintes d'un sang qu'il croit être celui d'Assur, et qu'il reconnaît pour celui de sa mère, lorsque cette infortunée reine se traîne expirante sur les marches du tombeau, appelant à son secours le fils qui vient de l'immoler : un tel spectacle est vraiment celui de la tragédie (1). »

Malade en arrivant à Paris vers la fin d'août, et accablé par les peines qu'il s'était données pour la représentation de sa pièce, Voltaire en partit plus malade encore au commencement de septembre, et fut forcé de s'arrêter à Châlons. Malgré l'intendant et l'évêque, qui lui offraient un asile plus commode et des remèdes plus entendus, il s'obstina à rester à l'hôtel de la Poste et à se gouverner lui-même. Seulement, il conjura Longchamp de demeurer auprès de lui « pour jeter un peu de terre sur son corps; » et, afin d'y déterminer le valet de chambre, il lui remit une bourse d'or, à garder s'il mourait, mais à rendre s'il revenait à la vie. Le sixième jour, malade encore, il déclara qu'il voulait repartir. On le porta dans sa chaise, où on l'attacha, pour l'empêcher de balloter, comme on fera plus tard pour son cadavre. Ainsi on le traîna jusqu'à Nancy, d'où, après quelque nourriture et un long sommeil, il put se rendre à Lunéville.

(1) La Harpe, *Cours de littérature*, édition Didot, en 2 volumes, t. II, p. 129.

L'automne se partagea entre Lunéville, Commercy, Malgrange, château de Stanislas près de Nancy, Loisey, près Bar, où le frère du marquis du Châtelet possédait un château, et on quitta la Lorraine pour venir passer les fêtes de Noël à Cirey, où la dame avait des affaires.

A Cirey, la dame s'aperçut des suites de ses intimités avec Saint-Lambert, et la tristesse et l'effroi s'emparèrent d'elle. Elle avait quarante-trois ans, et il y en avait quinze qu'elle avait cessé tous rapports avec son mari. Elle redoutait à la fois le marquis et la mort. Que faire? On prévient Saint-Lambert, qui accourt à Cirey. Le trio tient conseil et délibère au milieu de plaisanteries cyniques. A qui imputer l'enfant? « Eh! dit Voltaire, nous le mettrons au nombre des œuvres mêlées de madame du Châtelet. » Le plus prudent était de le mettre au compte du mari, en lui laissant le bénéfice de l'axiome de droit : *Is pater est quem nuptiæ demonstrant*. Mais comment lui faire accepter une telle paternité? On l'invite à venir de Dijon, où il était alors, sous prétexte d'affaires et de fonds à prendre pour la campagne prochaine, dans laquelle il devait avoir un commandement supérieur que sa femme lui avait obtenu. Amadoué déjà par ces marques de *tendresse* conjugale, il est reçu encore avec des transports hypocrites. On lui donne des fêtes, on lui joue la comédie; on le fait surtout bien souper. Un soir, madame fait une toilette agaçante et s'arme de ses plus irrésistibles provocations. Piqué au jeu et excité par le vin, le marquis veut ramasser le mouchoir qu'on semble lui jeter. La dame lui oppose d'abord une feinte pudeur qui l'enflamme davantage. D'ailleurs, il tient à vaincre en présence de Voltaire et de Saint-Lambert, qui suivent la scène d'un regard et d'un sourire lubriques. La dame cède peu à peu; le marquis se croit de plus en plus rajeuni de vingt ans : bref, ils se remarient! Trois semaines plus tard, la dame annonce au mari son prétendu succès, et le mari en pleure d'orgueil et de tendresse. De partout il reçoit des compliments, et il se vante lui-même partout.

Quels ignobles Tartufes! Quel sot Dandin!

On n'avait plus rien à faire à Cirey : la farce impure était jouée. Le marquis retourne à l'armée, Saint-Lambert à Lunéville, et Voltaire et la dame vont passer le reste de l'hiver à Paris.

Pendant six mois, Voltaire ne s'occupa guère que de travaux dramatiques. Il acheva *Oreste* et en distribua les rôles pour l'hiver suivant ; il prépara la représentation immédiate de *Nanine*, faite à Commercy l'année précédente, et probablement jouée déjà sur un théâtre particulier. Elle parut pour la première fois au Théâtre-Français, le 16 juin 1749, sous les yeux de l'auteur. Comme pour *Sémiramis*, Voltaire remplit le parterre de ses claqueurs à gages, et donna les deux tiers des loges à ses nièces ou à quelques amies. Grâce à ces moyens, *Nanine* eut une apparence de succès et douze représentations ; néanmoins, la voix générale fut que la pièce était ennuyeuse à périr, et qu'on n'y reviendrait pas.

Ainsi raconte Collé (1) ; ainsi avait dit Piron à Voltaire lui-même, qui lui demandait sa pensée au sortir du spectacle : « Je pense, répondit le malin, que vous voudriez bien que ce fût Piron qui l'eût faite. — Eh pourquoi ? On n'y a pas sifflé. — Ah ! peut-on siffler quand on bâille (2) ? »

Nanine, non-seulement appartient au genre de La Chaussée ; mais c'est le sujet même de la *Paméla* manquée du comique larmoyant. Quoique, pour l'intérêt, la grâce et quelques jolis détails, ce soit ce que Voltaire a fait de plus passable en ce genre, c'est encore très-médiocre.

Vers la fin de juin 1749, on s'apprêtait à retourner à Cirey, quand l'abbé d'Arty fut amené à Voltaire par sa tante, madame Dupin, bâtarde du financier Samuel Bernard et amie de madame du Châtelet. L'abbé d'Arty avait été désigné pour prononcer, le 25 août suivant, le panégyrique de saint Louis, d'abord devant l'Académie, au Louvre, ensuite devant le roi, à Versailles, et il voulait avoir l'avis de Voltaire sur un discours dont il attendait au moins quelque évêché. Après refus, Voltaire consent à recevoir le manuscrit, le lit, le

(1) *Journal*, t. I, p. 97. — (2) *Anecdotes dramatiques*, t. II, p. 2.

bâtonne, et le jette dans un coin de sa cheminée, comme pièce dont on ne pouvait rien tirer de passable. Le lendemain, l'abbé revient ; et, à la vue de l'état piteux de son manuscrit, il entre en un profond désespoir. La tante et le neveu tombent aux genoux de Voltaire, et le conjurent avec larmes de venir au secours de leur fortune compromise. Madame du Châtelet intervient, et s'engage à faire composer à Voltaire, dès son arrivée à Cirey, un nouveau panégyrique. En effet, après lui avoir laissé deux jours de repos, elle lui rappelle sa promesse, et il se met à l'œuvre. Commencé le matin, le discours était achevé dans la nuit, copié le lendemain, et envoyé aussitôt à l'abbé, avec un billet qui le laissait libre de le modifier à sa guise, pourvu qu'il ne changeât rien au style. L'abbé lit le discours, le trouve excellent, et n'y ajoute que l'*Ave Maria* de l'exorde et l'*Amen* de la péroraison. Il obtient grand succès à l'Académie, et gagne son évêché à la cour. L'auteur eut un remercîment avec un exemplaire imprimé ; mais l'abbé eut la gloire et le profit, le secret n'ayant jamais été trahi ni par lui naturellement, ni même par Voltaire (1).

Après une quinzaine passée à Cirey, sur l'invitation de Stanislas, on retourna en Lorraine ; d'ailleurs, madame du Châtelet voulait faire ses couches à Lunéville. On s'arrêta d'abord à Commercy, où on consacra quelques semaines à la joie et aux plaisirs. On joua *Nanine*, puis la *Femme qui a raison* (2), comédie sans bienséance et sans goût, composée pour une fête qu'on donnait au roi ; impromptu de société où plusieurs personnes mirent la main, entre autres Saint-Lambert, et dont la dernière partie et l'arrangement appartiennent seuls à Voltaire.

(1) Voir ce Panégyrique, *Œuvres de Voltaire*, t. XXXIX, p. 127. — (2) *Œuvres de Voltaire*, t. VI, p. 89.

V

MORT DE MADAME DU CHATELET — VOLTAIRE CHASSÉ DE LUNÉVILLE — BILAN DE SON SÉJOUR A CIREY

La pièce fut jouée par les premières personnes de la petite cour, et madame du Châtelet fut applaudie dans le rôle de la Femme qui a raison. Elle cherchait à faire diversion à ses inquiétudes ; mais, arrivée à Lunéville, elle fut reprise de la pensée de la mort, et mit ordre à ses affaires et à ses papiers. D'une telle femme, inutile d'ajouter qu'elle ne songea point à son âme.

Dans la nuit du 3 au 4 septembre, elle accoucha, sans accident, d'une fille qui survivra peu à sa mère. Tout à la joie d'une délivrance qu'il redoutait aussi (1), Voltaire en écrivit à tous ses amis, d'Argental, l'abbé de Voisenon, le marquis d'Argenson, le président Hénault, madame du Deffand, sur le ton de la plaisanterie : c'était pendant que madame griffonnait son *Newton*, que la petite fille était venue; on l'avait mise sur un livre de géométrie in-4° qui se trouvait là, et la mère était allée tranquillement se coucher. Mais survient la fièvre, augmentée encore par une chaleur excessive. La malade avale de l'orgeat à la glace, et une congestion se déclare. Les remèdes sont d'abord efficaces, si bien qu'on va souper chez madame de Boufflers, et qu'il ne reste auprès de l'accouchée que Saint-Lambert, mademoiselle du Thil, une femme de chambre et Longchamp. La voyant assoupie, tous s'étaient retirés dans un coin de la chambre, lorsqu'ils entendent un hoquet et un râle. Saint-Lambert court au lit et n'y trouve qu'une morte. On n'avait songé « à faire venir ni curé, ni jésuite, ni sacrement (2). »

Avertis en hâte, le mari et Voltaire accourent aussitôt : il n'était plus temps. On emmène le mari. Voltaire sort de

(1) A Frédéric, 29 juin. — (2) *Œuvres de Voltaire*, t. XL, p. 84.

la chambre et du château, errant au hasard ; il tombe, se heurte contre un pavé et demeure là immobile. Trouvé en cet état par Saint-Lambert, il lui dit, dès qu'il a repris ses sens : « Oh! mon ami, c'est vous qui me l'avez tuée! » et, tout à coup, entrant en fureur : « Eh, monsieur, de quoi vous avisiez-vous de la rendre mère! » Tout cela sent encore la comédie. Il écrivit bien à tous les amis à qui il avait annoncé la naissance pour leur annoncer la mort, et il le fit en des termes d'autant plus douloureux qu'il avait à racheter les plaisanteries des jours précédents ; mais qu'y avait-il en tout cela de bien senti et de bien sincère? Madame du Châtelet et lui ne s'aimaient plus, et n'étaient plus retenus l'un à l'autre que par une sorte de convenance et d'habitude. Madame du Châtelet en fait l'aveu à la fin de ses *Réflexions sur le bonheur* (1), tout en ajoutant, pour la forme, quelques paroles de regret ; et d'ailleurs sa conduite l'exemptait de cette confession bien inutile. Quant à Voltaire, nous verrons combien vite il se consola, s'il avait vraiment besoin de se consoler : cette mort était plutôt pour lui une délivrance.

Madame du Châtelet mourut le 10 septembre 1749, dans sa quarante-quatrième année. On lui fit de belles funérailles, qu'une circonstance rendit doublement lugubres. Il fallait que le cercueil traversât la salle de spectacle. Le brancard cassa, et le cadavre tomba sur le théâtre, à la place même où, quelques jours auparavant, l'actrice recueillait les applaudissements de l'assemblée. « Le dénouement est toujours *tragique*, quelque belle qu'ait été la comédie en tout le reste (2)! »

Sur l'ordre de madame de Boufflers, Longchamp avait ôté du doigt de la morte une bague qu'il lui apporta devant Saint-Lambert. Madame de Boufflers en souleva le chaton à secret, en tira un portrait de Saint-Lambert qu'elle remit à celui-ci, et chargea Longchamp de rendre la bague au mari. Deux jours après, Voltaire, dont le portrait avait occupé la même place, s'informa de la bague, et ordonna à Longchamp de

(1) Dans ses *Lettres inédites*, pp. 369-375. — (2) Pascal.

la lui rapporter. Longchamp raconta ce qu'il avait déjà fait : « Oh! ciel, s'écria Voltaire, voilà bien les femmes! J'en avais ôté Richelieu, Saint-Lambert m'en a expulsé : c'est dans l'ordre ; un clou chasse l'autre ! »

Longchamp avait remis encore au mari une cassette remplie de papiers, avec prière écrite de la morte de les brûler sans les lire. Malgré les représentations de son frère de Lomont, le mari prend quelques lettres, en commence la lecture, et fait la grimace et secoue les oreilles. « C'est bien fait, lui dit son frère, pourquoi lisiez-vous ? » La cassette est vidée dans le foyer. Longchamp, qui attisait le feu, en soustrait quelques papiers, quelques lettres, où il lit le nom de Voltaire assez mal accompagné, et il les met en réserve pour une occasion favorable.

Voltaire ne pouvait plus rester à Lunéville. Il dit bien dans ses *Mémoires* (p. 84) : « Le bon roi Stanislas vint dans ma chambre me consoler et pleurer avec moi. Il voulut me retenir ; je ne pouvais plus supporter Lunéville, et je retournai à Paris. » Mais il ne dit rien de tel dans ses lettres du temps, où il n'aurait pas manqué de faire montre de la sympathie royale, et il vaut mieux en croire l'abbé Proyart, qui, dans sa *Vie de Stanislas*, raconte que les domestiques du palais lui refusèrent, pour le chasser, chandelle et bois, pain et vin ; d'autant plus que nous trouvons dans sa correspondance trois lettres, deux à Alliot, intendant de la maison du roi, la troisième au roi lui-même, en parfait accord avec le récit de Proyart. Ces lettres sont datées du 29 août, à un quart d'heure l'une de l'autre, tant la disette était pressante. Or, que dit Voltaire à Alliot? Il lui demande d'abord de le faire servir chez lui, sa santé ne lui permettant pas de manger aux tables servies à un temps précis ; lui rappelant ensuite les bontés du roi de Prusse, il l'assure qu'à Berlin, il n'était pas obligé « à importuner pour avoir du pain, du vin et de la chandelle. » — Ce sont les termes mêmes de l'abbé Proyart. — Et, à l'appui de sa demande, il fait sonner bien haut sa qualité « d'officier de la cour du roi de France, ayant l'honneur de venir rendre ses respects au roi de Pologne. » A Stanislas il écrit dans le même sens et les mêmes termes : « Les rois sont, depuis Alexandre, en possession de nourrir les gens de lettres, et quand Virgile était chez Auguste, *Alliotus*, conseiller aulique d'Auguste, faisait donner à Virgile du pain, du vin et de la chandelle. » S'il en était ainsi dès le 29 août, que dut-ce être après la mort de madame du Châtelet (1)?

C'était pire que la privation du feu et de l'eau des Anciens, et il fallait s'exiler de Lunéville. Où aller? Suivant Longchamp, Voltaire hésita entre l'abbaye de Dom Calmet, le généalogiste de la maison du Châtelet, toujours bien accueilli à Cirey, et une abbaye d'une autre nature, la Source, château de Bolingbroke. Puis il se décida pour Cirey, moins, quoi qu'il en dise, pour ne pas abandonner le marquis et pour revoir les lieux remplis encore d'Emilie, que pour retirer du château tout ce qu'il y avait mis. Dès le 14, il est à mi-chemin, et le 21 il date de Cirey. Il n'y resta que quatre ou cinq jours, juste le temps nécessaire pour enlever meubles, instruments de physique, livres, effets, statues, tableaux, etc. Tout était déjà emballé, lorsque arrivent le marquis et son frère de Lomont. A la vue du vide ouvert par le dépouillement, ils regrettent, disent les éditeurs de 1826, de n'avoir pas proposé un arrangement auquel Voltaire eût consenti; ou plutôt, suivant les *Mémoires* authentiques, « ils se rappellent que le château appartenait à M. du Châtelet, et qu'ils auraient pu empêcher l'enlèvement des meubles qui le garnissaient; ne l'ayant point loué à M. de Voltaire, il n'avait aucun droit à les réclamer.

(1) Si tant est que ces lettres aient été bien datées, et ne soient pas, ce qui serait assez vraisemblable, postérieures à la mort de madame du Châtelet. On raconte, en effet, dans un *Essai sur le jugement qu'on peut porter sur M. de Voltaire, suivi de Notes historiques et anecdotes* (1780), que Stanislas, impatient de se débarrasser de Voltaire, fit appeler Alliot et lui dit : « Ne pourriez-vous pas me délivrer de cet homme? » — « Sire, aurait répondu Alliot, *hoc genus dæmoniorum non ejicitur nisi in oratione et jejunio;* mais je soupçonne que l'*oratione* serait peu efficace. » — « Eh bien, reprit le roi, employez le *jejunio.* » Dès le lendemain, Voltaire aurait épuisé tous les bureaux de la bouche sans trouver à déjeuner, et c'est alors que se serait entamée la correspondance dont on a lu quelques fragments. Ni Alliot, ni Stanislas n'ayant répondu à ses requêtes, il serait parti le jour même.

Notre diligence, ajoute le vrai Longchamp, évita un procès. »

C'est ici le lieu d'établir le bilan de Voltaire pour les quinze années de son séjour à Cirey, ou de sa vie commune avec madame du Châtelet.

A part la petite dépense de quelques laquais à tout faire, ménage et commissions, lectures et copies (1), Voltaire paraît avoir été, pendant ces quinze années, à la charge de la marquise. D'autre part, il ne se ruinait pas en présents. Le 14 décembre 1737, une Moussinot, sœur ou nièce, eut commission d'acheter de « beaux joujoux d'enfants » pour les petits du Châtelet; mais il ne fallait pas que le prix dépassât « une pistole, ou douze ou quinze livres. » L'année suivante, 5 juin, c'est à l'abbé lui-même que Voltaire écrit : « Je vous supplie, si vous trouvez quelque petite montre jolie, *bonne ou mauvaise, simple, d'argent seulement,* avec un joli cordon soie et or ou ortrait; trois louis tout au plus doivent payer cela; je vous demande en grâce de me l'envoyer *subito, subito.* C'est un petit présent que je veux faire au fils de Madame la marquise du Châtelet. C'est un enfant de dix ans. Il la cassera, mais il en veut une, et j'ai peur d'être prévenu. » Ainsi, en présents et en frais personnels, il ne dépensa guère.

On a dit qu'il avait fait bâtir et meubler à ses frais une aile du château. L'exposé net de cette affaire est dans une lettre du 15 novembre 1749, à une sœur du marquis, la comtesse de Montrevel. De cette lettre il résulte que Voltaire avait prêté au marquis 40,000 livres pour bâtir Cirey et pour quelques autres dépenses; qu'il restreignit sa créance à 30,000 livres, qu'il

(1) Il eut d'abord Céran, qui, le soir, lui lisait Virgile et Horace sans les entendre, et lui copiait ses vers en y introduisant des variantes grotesques (à Cideville, décembre 1734), ce qui faisait pouffer de rire à Cirey (madame de Graffigny, p. 70). Aussi, dès le 22 mars précédent (à Cideville), il avait cherché un autre *Amanuensis*; mais il garda encore Céran, qui avait l'honneur d'être parent de J.-B. Rousseau. En 1735 (à Thieriot, 17 décembre), Thieriot lui offrit un autre « valet de chambre écrivain, » qu'il accepta à la double condition qu'il ne serait « ni dévot, ni ivrogne, deux qualités également abominables. » Le 2 août 1738, il écrivit à Moussinot : « Connaîtriez-vous quelqu'un qui veuille servir de valet de chambre et qui sache bien écrire? Il y a 200 fr. de fixe, beaucoup de présents en habits, et un honnête ordinaire. » — Nous avons vu ailleurs ses négociations pour se procurer un garçon philosophe et un chimiste aumônier.

échangea contre une promesse de 2,000 livres de rente viagère, dont il ne toucha pas un sou; qu'après un certain arrangement d'affaires à Bruxelles, il proposa de transiger pour une somme de 15,000 livres une fois payées, sur laquelle il en reçut 10,000 ; que les 5,000 livres restantes devaient avoir un emploi convenu, dont la mort de la marquise empêcha la réalisation; qu'il céda ces 5,000 livres pour cent louis, et encore payés en meubles, et en meubles venant de lui (1); que, quant aux autres meubles de la maison de Paris, rue Traversière, il offrait à les payer argent comptant. Ainsi, Voltaire, de son propre aveu, fut quitte de ces quinze années pour une somme de vingt-cinq à trente mille livres, deux mille livres par année pour une vie de grand seigneur, ce qui n'était pas cher, et ce qui dut lui permettre d'augmenter singulièrement sa fortune.

Pour éviter des frais, pour éviter une visite que certains livres rendaient périlleuse, Voltaire, une fois ses paquets faits, les adressa au fermier-général de la Reynière, et tout arriva *franco* et directement à l'hôtel de la rue Traversière-Saint-Honoré (2). Il voyagea lui-même, de Cirey à Paris, à petites journées, s'arrêta à Châlons, passa quelques jours à Reims chez Lévesque de Pouilly, et arriva à Paris vers le 12 octobre (3). Il y eut alors à l'hôtel un encombrement qui faillit lui être fatal. Une nuit que, malade et triste, et poursuivi par l'ombre d'Émilie, il s'était levé sans lumière, il se heurta contre les meubles et tomba évanoui. Longchamp accourut au bruit de la chute, le releva, et, voyant son chagrin durer toujours, il crut que le moment était venu d'user des pièces sauvées des flammes. Il commença par lui dire qu'il était bien bon de regretter ainsi une ingrate et une infidèle. « Comment, mordieu! interrompit Voltaire, elle ne m'aimait pas! » — « Non, et en voici la preuve. » Et Longchamp lui met certaines lettres sous les yeux. Voltaire lit, et, pâlissant, frémissant de

---

(1) Ceci est douteux, après l'enlèvement des meubles de Cirey que nous avons vu. — (2) Maintenant, rue Fontaine-Molière, n° 35. — (3) A d'Argental, 3 et 8 octobre; à madame du Bocage, 12 octobre 1749.

colère et de dépit : « Elle me trompait ! s'écrie-t-il. Ah ! qui l'aurait cru ! » Et il reprit son train de vie.

Du reste, encore une fois, la douleur de Voltaire était tout extérieure ; c'était un rôle qu'il avait cru devoir s'imposer, et qu'il jouait à merveille comme tous les autres. Marmontel lui ayant fait une visite de condoléance : « Venez, lui dit-il en le voyant, venez partager ma douleur ; j'ai perdu mon illustre amie ; je suis au désespoir, je suis inconsolable. » — « Moi, ajoute Marmontel, à qui il avait dit si souvent qu'elle était comme une furie attachée à ses pas, et qui savais qu'ils avaient été plus d'une fois dans leurs querelles aux couteaux tirés l'un contre l'autre, je le laissai pleurer et je parus m'affliger avec lui. » Rencontrant un acteur qui lui donnait si bien la réplique, Voltaire continuait son éloge d'Émilie, et redoublait de pleurs et de sanglots. Survient l'intendant Chauvelin, qui lui fait un bon conte ; et Voltaire de sécher soudain ses pleurs, et de rire aux éclats avec lui (1) ! — *Comediante !*

Le marquis du Châtelet ayant informé son hôte qu'il songeait à rendre au propriétaire la maison de la rue Traversière-Saint-Honoré, Voltaire en voulut passer une partie à d'Aigueberre, conseiller au Parlement de Toulouse (2), et, n'ayant pu réussir, il la garda tout entière à son compte, et y appela sa nièce, madame Denis, avec qui il venait de se raccommoder. Celle-ci, passionnée pour la compagnie, le plaisir et la représentation, accepta avec joie, et, vers Noël, elle vint partager la vie de son oncle.

VI

VOLTAIRE A PARIS — LE KAIN — ORESTE ET ROME SAUVÉE L'ORPHELIN ET TANCRÈDE — SYSTÈME DRAMATIQUE DE VOLTAIRE

Voltaire ne voyait d'abord que son neveu Mignot, son notaire Delaleu, et ses amis Richelieu et d'Argental. Ceux-ci, pour

(1) Marmontel, *Mémoires*, t. I, p. 360. — (2) Lettre du 26 octobre 1749.

achever, s'il était besoin, de le détourner de toute pensée triste, le rappelèrent à son théâtre. Brouillé alors avec les comédiens, il transforma en salle de spectacle le second étage de la maison, et fit chercher des artistes de société. Longchamp parcourut tous les théâtres d'amateurs, et finit par découvrir, à l'entrée de la Vieille-rue-du-Temple, un tapissier, chez qui un ouvrier nommé Mandron dirigeait une petite troupe. A cette troupe appartenaient Le Kain, mademoiselle Baton et Heurtaux, que Voltaire introduisit plus tard chez la margrave de Baireuth, puis chez le roi de Prusse. Voltaire les fit venir, les interrogea, les essaya, et les invita à retourner le lendemain pour jouer une de ses pièces.

Le Kain a raconté un peu autrement l'origine de sa liaison avec Voltaire (1). Celui-ci l'aurait vu la première fois, en février 1750, à son théâtre de société, à la représentation du *Mauvais riche* d'Arnaud, et, frappé de son talent, il l'aurait mandé chez lui le surlendemain. Là, tout en partageant une douzaine de tasses de chocolat mélangé avec du café, seule nourriture de Voltaire jusqu'à trois heures de l'après-midi, heure de son dîner, Le Kain aurait subi un interrogatoire bienveillant sur sa famille, son état, ses projets d'avenir ; et, ayant répondu qu'avec un petit patrimoine de 750 livres, il croyait pouvoir abandonner l'orfèvrerie paternelle, jusqu'à son admission parmi les comédiens du roi, il en aurait été détourné par Voltaire, lui conseillant de faire de la comédie un plaisir et jamais un métier. Voltaire lui aurait alors proposé un prêt de 10,000 livres, à rendre quand il pourrait, pour commencer un établissement ; et, après la récitation, par manière d'essai, de quelques morceaux d'*Athalie*, il l'aurait renvoyé à la semaine suivante, pour lui laisser le temps de la réflexion. A la seconde visite, tout se serait décidé : Voltaire l'aurait reçu chez lui comme pensionnaire, défrayé de tout, et, dans la suite, l'aurait gratifié de plus de 2,000 écus. Le Kain conclut son récit en exaltant avec quelque raison la générosité de Voltaire, qui ne pouvait pourtant guère faire

(1) *Mémoires*, Paris, 1825, pp. 422 et suiv.

moins pour un acteur dont il disposait absolument, et qui était l'âme de ses pièces.

Quoi qu'il en soit, les artiste de la Vieille-rue-du-Temple, revenus le lendemain rue Traversière, choisirent *Mahomet*, qu'ils jouèrent devant un petit nombre d'amis. Content de de leur jeu, Voltaire les retint à souper, et leur distribua les rôles de *Zulime*, du *duc de Foix* et de *Rome sauvée*.

Mais, dès le 12 janvier précédent, il avait donné *Oreste* sur le Théâtre-Français. C'étaient les secondes dépouilles opimes qu'il voulait conquérir sur le vieux Crébillon, dont il refaisait l'*Electre*, et, du même coup, il croyait bien triompher de Sophocle, rival que Racine lui-même n'avait jamais osé aborder. Sophocle n'était plus là pour réclamer ; mais Crébillon ne se crut pas si aisément vaincu. Censeur alors, il dit à Voltaire, en lui rendant sa tragédie : « Monsieur, j'ai été content du succès d'*Electre*; je souhaite que le frère vous fasse autant d'honneur que la sœur m'en a fait (1). » Voltaire lui-même crut devoir ménager un poëte et une tragédie qui étaient encore en possession du théâtre, et, avant la première représentation de son *Oreste*, il fit prononcer par un acteur un discours où il se défendait de « la vanité téméraire de vouloir lutter contre la pièce d'*Electre*, justement honorée des suffrages du public, encore moins contre un confrère qu'il avait si souvent appelé son maître ; » il n'avait été inspiré que par « une noble émulation, également éloignée du découragement et de l'envie ; » il voulait enfin soumettre aux Français une imitation de l'antique, « bien plus sûr de trouver en eux des Athéniens qu'il ne se flattait d'avoir rendu Sophocle. »

A ces précautions oratoires, il en joignit de matérielles. Il remplit encore le parterre d'un public payé par lui, à qui il avait distribué, comme signe de reconnaissance, des billets imprimés portant les initiales du vers d'Horace :

Omne Tulit Punctum Qui Miscuit Utile Dulci;

---

(1) C'est encore par l'entremise du lieutenant de police Berryer, que Voltaire obtint l'approbation, et l'approbation accélérée, de Crébillon (*Études sur la Russie*, pp. 467 et suiv.).

ce qu'un plaisant traduisit : « Oreste, Tragédie Pitoyable Que Monsieur Voltaire Donne (1). » Il se mit lui-même à l'œuvre, animant ses partisans, et distribuant aux bons endroits ses fanatiques et ses claqueurs soudoyés. Et, malgré tout, à la première représentation, la pièce fut sifflée presque d'un bout à l'autre, excepté du parterre voltairien, et on finit par demander l'*Electre* de Crébillon. A la vue du désordre, Voltaire abandonna sa loge grillée, courut au foyer, jurant que c'était à Sophocle et non à lui qu'on refusait des louanges; il se rendit à l'amphithéâtre, et, plongeant sur le parterre : « Ah! les barbares, murmurait-il; ils ne sentent pas la beauté de cette scène; » et, se retournant vers les siens : « Battons des mains mes amis! Courage, mes chers Athéniens; c'est du Sophocle tout pur! » Et il donnait l'exemple en claquant de toutes ses forces. Voyant un nommé Rousseau, les mains dans son manchon, il le gourmanda de sa nonchalance et voulut le forcer d'applaudir. C'était la comédie dans la tragédie, et l'une plaisait au public plus que l'autre. On parodia ces farces de Voltaire aux Marionnettes; Piron les aiguisa en épigrammes contre lui; les faiseurs de *calottes* les tournèrent en polissonneries; il n'est pas de quolibets que ne lui ait valus *Oreste* (2).

Le cinquième acte et le dénouement surtout avaient déplu. Voltaire les voulut refaire, ce qui l'obligea à renvoyer au 19 la seconde représentation. C'est alors que Fontenelle dit : « Voltaire est un auteur bien rare; il fait ses pièces à mesure qu'on les joue. » A cette seconde représentation, il invita, avant de lui dédier la pièce (3), madame du Maine, par une lettre comme il les savait écrire, où il lui donnait « de l'âme du grand Condé, » lui attribuait le patronage des beaux-arts et le réveil du goût, et où il se disait « son admirateur, son protégé, son courtisan, son idolâtre. »

La pièce remaniée réussit mieux que la première fois; néanmoins, elle ne fit pas longue route, et elle s'arrêta le 7 février, à la neuvième représentation. Comparée à l'*Electre* de Cré-

---

(1) Collé donne un fac-simile de ces billets, au t. I, p. 148, de son *Journal*. — (2) Collé, *Journal*, t. I, pp. 146-154. — (3) *Œuvres de Voltaire*, t. VI, p. 150.

billon et à quelques autres tragédies, à la fois plus médiocres et plus heureuses, de Voltaire, elle méritait un meilleur sort. Voltaire n'était pas tombé dans le double défaut de Crébillon; et il n'avait pas fait Electre amoureux d'un Itys, ni mis Oreste en galanterie avec une Iphianasse, comprenant bien que l'amour était déplacé dans ce sujet terrible, et qu'une faiblesse de cœur était incompatible avec la passion parricide de la sœur et du frère. Mais Crébillon avait gardé son avantage dans son cinquième acte, plus tragique, et où il avait laissé quelque rôle au Fatum et aux dieux, vrais acteurs de la tragédie grecque, notamment dans ces vers à Oreste parricide :

> Vous avez d'un seul coup, *qu'ils conduisaient peut-être*,
> Fait couler tout le sang dont ils vous firent naître ;

vers qui préparaient admirablement les fureurs d'Oreste à la vue du fantôme d'Egisthe :

> Que vois-je? Dans ses mains la tête de ma mère !

En somme, néanmoins, Voltaire était bien le vainqueur de Crébillon; mais il restait le vaincu de Sophocle. La Harpe a écrit cette phrase incroyable : « Voltaire ne pouvait faire plus d'honneur à Sophocle qu'en l'imitant, ni s'en faire plus à lui-même qu'en le surpassant! » Et c'est au nom des « convenances théâtrales » qu'il lui adjuge la palme; convenances prétendues théâtrales qui ont poussé Voltaire, non pas à corriger et embellir, mais à gâter Sophocle, par la substitution d'un pathétique vulgaire à la terreur de la fatalité antique. De la Clytemnestre du Destin, adultère, homicide, et tranquille dans son double crime, il a fait une femme repentie cherchant à réparer le meurtre d'Agamemnon dans une vie paisible avec son complice Egisthe, et une mère tendre voulant racheter à force de tendresse pour ses enfants le crime commis sur leur père; de l'Oreste, de l'Electre du Destin, ces génies de la vengeance, il a fait des enfants respectueux, qu'une méprise seule rend meurtriers de leur mère. Dès lors, avec la terreur et l'épouvante, disparaît la tragédie grecque; disparaît en même temps, malgré un plan régulier et des scènes pathétiques, la tragédie française, car ce qui est faux n'est d'aucune littérature.

Le 8 juin 1750, Voltaire donna chez lui sa *Rome sauvée* (1). C'était une lutte contre « la farce monstrueuse » du *Catilina* de Crébillon, une dernière campagne contre « les barbares. » Mais *Catilina* était déjà à terre, et il était aisé d'achever la victoire. La *Rome sauvée* avait été composée à Lunéville, l'année précédente, « en huit jours et non en neuf. » Dans la conviction intéressée de l'auteur, qui en frémissait encore, il y avait là un tableau terrible de Rome. Fulvie allait déchirer le cœur; on adorerait Cicéron; on aimerait César; on dirait : « Voilà Caton! » Et Lucullus, et Crassus, on ne saurait qu'en dire; en un mot, c'était « la vraie tragédie. » Songeant déjà à la faire jouer à Paris, il commença par écrire à la protectrice de Crébillon, à madame de Pompadour, « car il ne fallait pas braver les Grâces, » et il lui rappela l'exemple de Madame, qui fit travailler Racine et Corneille à *Bérénice*. D'ailleurs, faisant la guerre, il la voulait faire ouvertement, et non par embuscades nocturnes, et il criait à ses amis : « Armez-vous, je vous en prie, pour des batailles rangées, et faites-moi des troupes, enrôlez-moi des soldats, créez des officiers (2). » La mort de madame du Châtelet suspendit tout, et ce fut partie remise. Mais, dès le commencement de 1750, Voltaire rentra en campagne, et y fit rentrer toutes ses troupes, y compris madame du Maine, qu'il dit lui avoir donné l'idée de la pièce et en avoir indiqué les corrections (3). La représentation du 8 juin fut très-brillante. Par Richelieu, gentilhomme de la chambre en exercice, Voltaire obtint les costumes historiques qui avaient servi au *Catilina* de Crébillon, pour le battre avec ses propres armes. La salle, pouvant contenir une centaine de personnes, était pleine. Là étaient, parmi les gens de lettres, d'Alembert, Diderot, Marmontel, Hénault, Voisenon, Raynal, d'Olivet et d'autres académiciens;

---

(1) *Œuvres*, t. V, p. 291. — (2) A d'Argental, 12, 21 et 23 août 1749.— (3) A d'Argental, 28 août 1749; à madame du Maine, novembre 1749.

parmi les grands seigneurs, les ducs de Richelieu et de la Vallière; on remarquait particulièrement, accompagné de son *socius,* le P. de La Tour, qui avait lu et approuvé la tragédie. Voltaire fit Cicéron, et fut fort applaudi à ce vers :

> Romains, j'aime la gloire, et ne veux point m'en taire,

dont on lui fit l'application. D'Olivet surtout, fanatique de Cicéron et retrouvant là son cher orateur, applaudissait à tout rompre. Et il est inconstestable que la *Rome sauvée,* croquis passable d'après les *Catilinaires,* Salluste et Plutarque, reproduisait assez bien l'illustre consul, et le farouche conspirateur, et le républicanisme de Caton; moins bien le génie naissant de César. Languissante d'action, ce qui tenait au sujet, elle avait un quatrième acte dramatique et se soutenait du reste par les mœurs et les caractères. Voltaire avait mieux saisi et reproduit le génie romain que le génie grec.

Le bruit de la séance du 8 juin fit la réputation de *Rome sauvée.* Ambassadeurs et ministres sollicitèrent la faveur d'être admis à une seconde représentation, et il fallut, le 22 juin, transporter la pièce sur le théâtre de Sceaux (1). A cette occasion, les comédiens voulurent revenir à Voltaire. Par l'intermédiaire du comte d'Argental et de son frère Pont-de-Veyle, ils furent admis près de lui; ils lui promirent, par l'organe de Grandval, soumission et déférence, et ils reçurent de ses mains successivement non-seulement *Rome sauvée,* mais *Zulime,* le *Duc de Foix,* l'*Orphelin* et *Tancrède,* pièces qui ne furent jouées sur le Théâtre-Français que pendant son séjour en Prusse ou en Suisse. *Rome sauvée* n'eut sa première représentation publique à Paris que le 24 février 1752, à peu près en

(1) La pièce ne fut pas jouée à Sceaux sans quelque résistance de la princesse, qui gardait rancune à l'auteur de ses insolences de 1747. Voltaire dut faire intervenir madame de Malause et prier l'*aimable Colette* d'assurer Son Altesse qu'il n'y aurait pas, en tout, cinquante personnes au-delà de ce qui venait journellement à Sceaux. Et il fallait bien que la princesse eût de forts motifs pour résister à l'attrait d'une nouvelle tragédie, elle dont Voltaire écrivait : « C'est une âme prédestinée; elle aimera la comédie jusqu'au dernier moment (à Thibouville, 18 décembre 1752). »

même temps que les princes et princesses de la famille royale la jouaient à Berlin.

L'*Orphelin de la Chine* fut représenté le 20 août 1755, Voltaire étant aux Délices. Dans sa dédicace à Richelieu (1), Voltaire dit en avoir conçu l'idée à la lecture d'une tragédie chinoise de même titre, traduite par le P. Prémare, et il en prend occasion d'exalter ses chers Chinois. Il avait composé cette pièce à Plombières et à Colmar, en 1754, à son retour de Prusse, et il voulait la faire jouer immédiatement, et s'en faire une espèce de passeport pour rentrer à Paris. Mais il craignit que, dans la conduite d'Idamé, à qui Gengis propose de divorcer d'avec Zamti pour devenir sultane, on ne vît « la condamnation d'une personne qui n'était point chinoise, » madame de Pompadour; et, malgré la suppression de quelques vers qui prêtaient davantage aux allusions, il crut plus prudent de la laisser dans le cercle de ses amis (2). L'année suivante, établi aux Délices, et n'ayant plus rien à espérer ni à craindre, il reprit ses trois ou ses cinq *magots*, comme il disait, suivant que sa pièce était en trois ou en cinq actes, et il en pressa la représentation pour détourner l'attention de la *Pucelle*, qui commençait à courir. Pour détruire entièrement la pensée qu'il eût peint madame de Pompadour dans la personne d'Idamé, il lui en envoya une « copie bien musquée, avec de la jolie non-pareille et un petit mot (3). »

Voltaire, dans sa pièce, a délayé et changé le sujet chinois. Tandis que, dans l'*Orphelin de Tchao*, il ne s'agit que de l'orphelin, auquel tous se sacrifient, et sa mère et son gardien qui se tuent, et son sauveur qui immole un fils à sa conservation, dans l'*Orphelin de la Chine*, il est peu question de l'orphelin, sur qui, du moins, ne se concentre pas l'intérêt, et tout roule sur une opposition entre l'amour du père cédant au devoir supérieur du citoyen, et l'amour de la mère ne connaissant pas de devoir plus sacré que celui de sauver un fils. Ce change-

---

(1) *Œuvres de Voltaire*, t. VI, p. 402. — (2) A d'Argental, 26 juillet, 3 et 27 août, 8 et 21 septembre, 6 octobre 1754. — (3) A d'Argental, 8 mars, 8 et 30 juillet, 13 août 1755.

ment de sujet était plus dans les mœurs monarchiques et françaises que dans les mœurs chinoises; mais, pour cela même, il pouvait être bien accueilli sur notre théâtre. On n'en saurait dire autant de cet amour parasite entre Gengis et Idamé, qu'a supposé Voltaire pour conduire sa pièce de trois actes à cinq : par là il l'a visiblement affaiblie en lui ôtant son unité. Néanmoins, le personnage d'Idamé est une belle conception, qu'il ne faut pourtant pas comparer, quoi qu'en dise Laharpe, à la Clytemnestre de Racine, si l'on veut lui garder toute son admiration (1).

Tancrède, commencé le 22 avril 1759 et fini le 18 mai suivant, ne fut représenté sur le Théâtre-Français que le 3 septembre 1760. Voltaire, après de grandes corrections, l'avait déjà fait jouer trois fois, et joué lui-même, en octobre 1759, sur son théâtre de Tourney (2).

Dans une dédicace à madame de Pompadour (3), il dit qu'il composa cette tragédie dès qu'il sut que le théâtre de Paris était changé. Il y avait longtemps qu'il réclamait contre l'usage ridicule de placer les spectateurs sur le théâtre, et de rétrécir l'avant-scène par des banquettes, et à cet usage il attribuait le manque d'action et d'appareil de nos tragédies, qui n'étaient souvent que de longues conversations en cinq actes. « Comment, disait-il, hasarder ces spectacles pompeux, ces tableaux frappants, ces actions grandes et terribles, qui, bien ménagées, sont un des plus grands ressorts de la tragédie; comment apporter le corps de César sanglant sur la scène; comment faire descendre une reine éperdue dans le tombeau de son époux, et l'en faire sortir mourante de la main de son fils, au milieu d'une foule qui cache, et le tombeau, et le fils, et la mère, et qui énerve la terreur du spectacle par le contraste du ridicule (4)? » Le comte de Lauraguais, au prix

---

(1) Grimm, *Correspondance littéraire*, t. I, p. 435; Laharpe, *Cours de littérature*, t. II, pp. 174 et suiv; M. Saint-Marc Girardin, *Cours de littérature dramatique*, t. I, pp. 340 et suiv. — (2) A d'Argental, 19 mai et 5 novembre 1759. — (3) *Œuvres de Voltaire*, t. VII, p. 121. — (4) Epître dédicatoire de l'*Écossaise*; *Œuvres*, t. VII, p. 9.

de 30,000 fr., dédommagea les comédiens, et les banquettes disparurent pour toujours.

Pour *Tancrède*, autant que pour la *Mort de César* et *Sémiramis*, une scène entièrement vide était nécessaire à la vraisemblance et à l'effet théâtral. Ces boucliers, ces armes suspendues dans la lice et faisant une partie de l'intrigue, ne pouvaient évidemment être placés au-dessus de la tête d'un marquis en perruque poudrée, d'un petit maître coiffé au *Rhinocéros* et à l'*Oiseau royal*.

Voltaire ajoute que les comédiens de Paris ne donnèrent *Tancrède* que parce qu'il en courait, par l'indiscrétion de Choiseul, une grande quantité de copies infidèles, et que c'est d'après une de ces copies, ne portant pas ses corrections, et surchargée, en revanche, d'une soixantaine de vers de leur cru, qu'ils la jouèrent.

Tancrède réussit comme il le méritait, malgré ses défauts. Empruntée à l'*Orlando* de l'Arioste, et à la *Comtesse de Savoie* de madame de Fontaine, l'idée mère d'un amant qui combat pour sauver l'honneur et la vie d'une maîtresse qu'il croit infidèle, prêtait à des développements dramatiques. Puis, comme dans *Zaïre* il avait jeté la croisade, Voltaire jetait là toute la chevalerie, et offrait ainsi un spectacle tout neuf. De là le nom de *chevalerie*, de *chevaliers*, qu'il donne à la pièce dans sa correspondance. Mais, comme dans *Zaïre* encore, et plus que dans *Zaïre*, le nœud était faible et tenait de l'escamotage. Une lettre surprise, qu'il était si facile d'expliquer dès le commencement, amenait et la condamnation d'Aménaïde et la mort de Tancrède. Qu'une explication eût lieu, explication tout d'abord nécessaire et dont le retard est invraisemblable, et il n'y avait plus de tragédie. Toute la critique de *Tancrède* est dans le titre d'un pamphlet de Riccoboni : *Quand parlera-t-elle ?* En effet, qu'Aménaïde parlât comme elle le devait faire, et l'édifice croulait avec son faible fondement. Ajoutons que le style plus négligé que jamais, et que le système de versification en vers croisés adopté par le poëte, répandent sur la pièce une teinte uniforme de prosaïsme. La rime, et encore la rime mauvaise, distingue seule bien souvent le vers de Voltaire de la prose. Or, la rime disparaissait dans cette versification croisée, et il ne restait plus qu'une prose lâche et traînante.

Voltaire fera encore une dizaine de tragédies, et pourtant on doit dire que sa carrière tragique est close par *Tancrède*. Les pièces qu'il décorera de ce nom, d'*Olympie* à *Irène*, et particulièrement les *Guèbres* et les *Lois de Minos*, ne seront plus que des pamphlets dialogués et insipides contre ce qu'il appelle le fanatisme sacerdotal. On ne dira jamais assez quel tort la manie de l'impiété a fait au génie de cet homme.

De ce point culminant du talent dramatique de Voltaire, et avant de tomber dans les bas-fonds de sa décadence, nous pouvons embrasser son système théâtral et en juger le mérite.

Voltaire avait sur la tragédie une idée fausse, fausse parce qu'elle était incomplète : c'est que la tragédie est destinée à la représentation ; ce serait une idée fausse en sens contraire, et pour la même raison, que de dire qu'elle n'est destinée qu'à la lecture. Mais, de ces deux idées, la première est plus dangereuse que la seconde, parce que l'une ne produira que des ouvrages tout extérieurs, à l'adresse exclusive d'une génération et d'un temps, tandis que l'autre, moins féconde en gloire immédiate et présente, enfante ces œuvres profondes, durables, immortelles comme la nature humaine. Corneille et Racine, sans oublier les contemporains, travaillaient surtout pour eux-mêmes, pour la satisfaction de leur génie, pour quelques connaisseurs et pour la postérité ; et voilà pourquoi on a pu dire que leurs ouvrages, qui semblent plus faits pour le lecteur que pour le spectateur, plaisaient plus du moins à la lecture qu'à la représentation. Toujours est-il qu'il ne suffit pas de les voir, qu'il faut les lire, les relire et les méditer pour en pénétrer tout le mérite, tandis qu'il suffit de voir les œuvres de l'autre genre, et que la lecture attentive leur est fatale. La perfection, impossible à atteindre peut-être, serait d'embrasser à la fois le présent et l'avenir, et, l'œil fixé tour à tour sur le parterre et sur le cabinet, de travailler pour le spectateur et pour l'homme d'étude, d'enlever les applaudissements du théâtre et de se ménager l'admiration du lecteur, de séduire une génération et d'enrichir à jamais une littérature.

Génie peu fait pour la perfection, pressé d'innover et de jouir comme tout son siècle, Voltaire, malgré son admiration pour Corneille et pour Racine, leur laissa, tout en les recommandant, la vérité des caractères, le développement des passions, la simplicité lente et une de l'action, la perfection du style, en un mot, toutes les qualités essentiellement littéraires et qui font les œuvres d'avenir. Pour lui, visant à l'effet nouveau et immédiat, et escomptant la gloire, il demanda tout à une action plus rapide, à des incidents plus romanesques, à un spectacle plus pompeux, c'est-à-dire à des moyens capables de frapper la foule, plus facile à prendre par les yeux, l'imagination et la sensibilité physique, que par l'esprit et par le cœur. C'est pour rendre l'action plus rapide, qu'il écarta peu à peu le monologue et débarrassa le dialogue des trop longues tirades; c'est pour déployer toute la pompe du spectacle, qu'il obtint du duc de Lauraguais une scène entièrement vide : innovations louables, et qu'il faut mettre à l'actif de son bilan dramatique.

Tout à la pensée de la représentation, il songeait plus à l'acteur qu'au poëte. Il donnait moins de soin et d'attention à son travail qu'au jeu d'une Lecouvreur, d'un Le Kain, d'une Gaussin ou d'une Clairon. Dans ce travail, du reste, rien de sérieux, de senti, de profond, d'absorbant. Une tragédie ne lui était qu'une distraction à quelque ouvrage d'histoire ou de philosophie; qu'un jeu qu'il préparait pour une fête, comme on prépare un feu d'artifice; qu'un placet pour obtenir un retour à Paris ou quelque faveur de la cour; qu'une machine de guerre contre ses ennemis et ses rivaux, ou qu'un pilier poétique de l'*Encyclopédie*. Pour un intérêt du moment, le travail d'un moment suffisait, et une pièce était bâclée en six jours. Elle était finie et elle n'était pas faite, disait-il sans doute, et il la travaillait et la corrigeait longtemps; mais c'était l'opinion de Paris, l'opinion d'un lieu et d'un jour, et non la loi éternelle du beau, qu'il consultait pour ses changements;

quand il n'attendait pas la représentation elle-même; c'était quelquefois le caprice de ceux qui l'entouraient, madame du Châtelet ou madame Denis, ou la vanité d'un acteur dont il avait besoin. Tout cela se faisait par correspondance, avec d'Argental, Formont ou Cideville, et le bureau de poste était le cabinet où se modifiait la tragédie en collaboration. Les vers nouveaux volaient d'un point à l'autre sur les ailes de plaisanteries souvent indécentes, et qui du moins trahissaient la légèreté du travail. Le mot de *tripot* revient à chaque instant, dans la correspondance avec d'Argental, pour désigner la comédie : comprend-on Corneille et Racine, traitant de tripot leur art sublime?

Aussi, encore une fois, ni sérieux, ni profondeur dans la tragédie de Voltaire. La conception en est faible, et les pièces d'un plan tout romanesque ne tiennent que par un fil. Empruntés au fond commun, les personnages n'ont pas la vérité de l'histoire ou de la tradition; inventés par le poète, ils n'ont pas la vérité de la nature humaine. Et que dire du style? Y a-t-il même là un style? Quelques tirades brillantes suffisent-elles à racheter tant de rimes formées par des épithètes parasites, tant de scènes flasques et lâches, tant de déclamations fausses et redondantes? Dans tout le théâtre de Voltaire, pourrait-on trouver vingt vers de suite, où il n'y ait pas à relever quelque faute de grammaire, de versification ou de poésie?

VII

DISGRACE DU COURTISAN — NÉGOCIATION AVEC FRÉDÉRIC

Voltaire avait fait remettre son *Tancrède* à madame de Pompadour par les mains de Choiseul et le lui avait dédié. Il tenait à cette dédicace : « Je veux, écrivait-il, que les prêtres sachent que je suis bien en cour... Ceci n'est point affaire de théâtre, c'est affaire d'État (1). »

(1) A d'Argental, 23 et 29 juin 1759.

C'était d'abord pour faire pièce jusqu'au bout à Crébillon, « son confrère à l'Académie et son premier maître (1), » qui avait dédié son *Catilina* à la courtisane, en reconnaissance de l'impression de ses œuvres au Louvre, qu'elle avait procurée; c'était bien plus pour se remettre en grâce avec elle, et obtenir par son entremise de rentrer à Paris, espoir auquel il n'avait pas encore renoncé. Mais il acheva de tout gâter par cette phrase malencontreuse : « Si quelque censeur pouvait désapprouver l'hommage que je vous rends, ce ne pourrait être qu'un cœur né ingrat. » Un ennemi anonyme s'empressa d'écrire à madame de Pompadour que la phrase renfermait une insulte; que l'écrivain, sentant que l'objet de ses louanges n'en était pas digne, ou était jugé peu estimable, cherchait, aux yeux du public, une excuse dans le sentiment de la reconnaissance. Consultés, Marigny, frère de madame de Pompadour, Colin, son intendant, Quesnay, son médecin, trouvèrent que l'anonyme était très-méchant, qu'il blessait madame, et voulait nuire à Voltaire, mais qu'au fond il avait raison. Voltaire, dès ce moment, fut définitivement perdu dans l'esprit de madame de Pompadour et dans celui du roi (2).

Mais le commencement de sa double disgrâce datait de plus loin. Après une représentation de l'*Enfant prodigue* au spectacle des petits cabinets du roi, où madame de Pompadour avait joué un rôle, il y avait obtenu ses entrées, et il crut devoir adresser à la maîtresse royale un remercîment qui se terminait par ces deux vers :

> Vivez tous deux sans ennemis,
> Et gardez tous deux vos conquêtes (3)!

Madame de Pompadour fut enchantée de ce petit morceau, et se hâta de le faire circuler; mais les sociétés ennemies, celle de madame de Talard, où la reine passait ses soirées, celle de Mesdames, filles du roi, le tournèrent contre l'auteur, et présentèrent comme le comble de la témérité et de l'insolence la

---

(1) « *Crébillon mon maître;* bonne plaisanterie que Crébillon prend pour du sérieux (à madame d'Argental, 26 novembre 1760.) » — (2) *Mémoires* de madame du Hausset, Paris, 1824, p. 136. — (3) *Œuvres de Voltaire*, t. XIV, p. 390.

comparaison entre les conquêtes militaires du roi et la conquête amoureuse de sa maîtresse. Mesdames ne manquèrent pas d'inspirer le même sentiment à leur père, qui se confirma dans sa répugnance pour le poëte.

Voltaire acheva sa disgrâce en blessant la favorite elle-même. Un jour qu'il assistait à son dîner, et qu'elle mangeait une caille qu'elle trouvait *grassouillette*, il s'approcha d'elle, et lui dit assez haut pour être entendu :

> *Grassouillette*, entre nous, me semble un peu caillette :
> Je vous le dis tout bas, belle Pompadourette.

Les courtisans se hâtèrent de taxer le leste propos d'impertinence, et, dès le lendemain, Voltaire s'aperçut d'un refroidissement marqué.

De son côté, Louis XV, répétons-le, était las de lui. Pendant quelque temps, sans l'estimer, il avait été fier de l'éclat qu'un tel talent répandait sur son règne, et, jaloux de suivre les exemples de Louis XIV, il l'avait accueilli comme le grand roi accueillait Boileau et Racine. Mais, à la fin, il ne put s'empêcher de dire : « Je l'ai aussi bien traité que Louis XIV a traité Racine et Boileau ; je lui ai donné, comme Louis XIV à Racine, une charge de gentilhomme ordinaire et des pensions ; ce n'est pas ma faute s'il a fait des sottises, et s'il a la prétention d'être chambellan, d'avoir une croix et de souper avec un roi. Ce n'est pas la mode en France ; et comme il y a un peu plus de beaux esprits et de grands seigneurs qu'en Prusse, il me faudrait une bien grande table pour les réunir tous. » Et il compta sur ses doigts : « Maupertuis, Fontenelle, La Motte, Voltaire, Piron, Destouches, Montesquieu, le cardinal de Polignac. » — « Votre Majesté oublie, lui dit-on, d'Alembert et Clairault. » — « Et Crébillon, reprit-il, et La Chaussée. » — « Et Crébillon le fils, dit quelqu'un, il doit être plus aimable que son père ; et il y a encore l'abbé Prévost, l'abbé d'Olivet... » — « Eh bien, dit le roi, depuis vingt-cinq ans, tout cela aurait dîné ou soupé avec moi. » Marigny ajoutait : « La fantaisie de Voltaire a toujours été d'être ambassadeur, et il a fait ce qu'il a pu pour qu'on le crût chargé d'affaires politiques, quand il a été pour la première fois en Prusse (1). »

Quoique disgrâcié, Voltaire, en 1750, fit encore quelques démarches pour se rapprocher de la cour. Il écrivit trois fois à la favorite; mais, n'en ayant reçu que des réponses vagues, il se retourna du côté de la Prusse. Depuis 1745, il y avait bien eu, entre Frédéric et lui, un petit refroidissement, et leurs rapports épistolaires avaient été plus rares, mais sans être jamais interrompus. Voltaire continuait de corriger par lettres les mauvais vers du roi; et, pour se ménager un retour possible à Berlin, il lui écrivait, dès le 19 avril 1749 : « Il faudrait que vous eussiez la bonté de travailler avec moi deux heures par jour, pendant six semaines ou deux mois. » Frédéric ne demandait pas mieux, et il le pressait, avec toutes sortes de promesses, de retourner à Berlin pour lui servir de maître de français (2). Émilie vivante, Voltaire ne pouvait accepter les propositions royales; mais, en avancement d'hoirie, prétextant que d'Argens avait écrit et même imprimé qu'il était très-mal dans la cour de Potsdam, et que sa charge de gentilhomme le rendait digne de l'*Ordre du mérite*, il pria le roi de lui « envoyer une demi-aune de ruban noir, qui lui servirait mieux qu'un scapulaire, » et il promettait que rien alors ne le pourrait arrêter, ni Stanislas, ni même madame du Châtelet (3). La demande fut mal accueillie, et, après la mort de madame du Châtelet, Voltaire, qui, plus que jamais, avait besoin de l'en-cas de Berlin, dut s'en excuser auprès de Frédéric; et, pour se faire désirer davantage, il faisait étalage du brillant état de maison qu'il avait monté à Paris, où il feignait de vouloir se fixer (4). Toutefois, il promettait toujours d'aller en Prusse, et il redoublait ses promesses à mesure que diminuaient ses espérances du côté de Versailles.

Enfin, malgré son échec pour le ruban noir, il aborda une

---

(1) Madame du Hausset, *Mémoires*, p. 137; et, à la suite, Laujon, *Spectacles des petits cabinets de Louis XV*, pp. 235-246. — (2) Lettres des 15 août et 4 septembre 1749. — (3) Lettre du 31 août 1749. — (4) Lettres des 15 octobre et 10 novembre 1749.

question beaucoup plus délicate auprès de l'avare Frédéric, s'adressant ici, « non pas au roi, mais à l'homme qui entrait dans le détail des misères humaines. » Il s'avouait riche, et même très-riche, pour un homme de lettres ; mais cette maison montée dont il se vantait tout à l'heure, puis les affaires de madame du Châtelet mêlées aux siennes (1), lui avaient coûté beaucoup, et il lui était impossible de faire actuellement une dépense extraordinaire. Or, pour un bon carrosse de voyage, pour les frais de route nécessaires à un malade, pour l'entretien de son ménage pendant son absence, il lui fallait au moins quatre mille écus d'Allemagne. Il ne les demandait pas en pur don au roi, fi donc! mais en simple prêt, offrant une obligation remboursable sur la partie la plus claire de son bien ; et, cette avance faite, il s'engageait à partir quatre jours après (2). Le Jupiter de Potsdam vit bien que sa vieille Danaé ne se laisserait séduire que par une pluie d'or, et il envoya une lettre de change (3). Danaé répondit que ce qu'elle aimait, c'était « Jupiter, et non sa pluie ; » tout en ajoutant qu'au siècle de fer où elle vivait, les gouttes d'or étaient fort nécessaires.

Muni de sa lettre de change, Voltaire ne fut plus aussi pressé de partir, et il ne promit d'arriver dans le ciel de Frédéric que vers les premiers jours de juillet. En attendant, il demandait un *vorspann* pour qu'on lui préparât des chevaux de poste, ce qui lui fut accordé (4).

Une seconde question d'argent retardait son départ, qu'une aventure comique décida. Nous avons ici le témoignage peu suspect d'un ami, de Marmontel, que Voltaire avait appelé

---

(1) Mensonge, nous l'avons vu. — (2) A Frédéric, 8 mai 1750. — (3) Frédéric à Voltaire, 24 mai 1750. — Le roi lui fit sentir, toutefois, qu'il n'était pas dupe : « Vous êtes comme Horace, lui dit-il ; vous aimez à réunir l'utile à l'agréable ; pour moi, je crois qu'on ne saurait assez payer le plaisir, et je compte avoir fait un très-bon marché. » Mais le roi fut bien dupe de l'état de gêne où Voltaire se disait être. Il ne pouvait traduire par 80,000 livres de rente le *riche*, ni même le *très-riche* de la lettre du 8 mai. Or, 80,000 livres de rente au moins, telle était bien alors la fortune de Voltaire, d'après l'état qu'a dressé Longchamp de ce qu'il a touché pour lui en 1749 (*Mémoires*, t. II, p. 334). — (4) Voltaire à Frédéric, 9 juin ; Frédéric à Voltaire, 26 juin 1750.

de son Limousin à Paris, dont il avait aidé et encouragé les premiers succès dans la carrière des lettres, et chez qui il trouva toujours admiration reconnaissante.

Or, Marmontel raconte (1) que Frédéric, à une nouvelle demande d'argent, se faisait tirer l'oreille. Il avait bien consenti à donner mille louis (2) pour défrayer sa Danaé poétique, mais il refusait d'en faire autant pour madame Denis, qui voulait accompagner son oncle, et pour laquelle celui-ci demandait mille louis encore. Frédéric écrivait : « Je serai fort aise que madame Denis vous accompagne; mais je ne le demande pas. » — « Voyez-vous cette lésinerie dans un roi! disait Voltaire à Marmontel. Il a des tonnes d'or, et il ne veut pas donner mille pauvres louis pour le *plaisir* de voir madame Denis à Berlin! Il les donnera, ou moi-même je n'irai point. »

C'est alors qu'un incident ridicule mit un terme à ses irrésolutions, en mettant aux prises le vaniteux et l'avare; or, Voltaire était beaucoup moins avare que vaniteux. Un matin, Marmontel et Thiériot lui firent visite. Il travaillait au lit, suivant sa coutume. « Quelles nouvelles? » leur cria-t-il. — « Oh! très-curieuses et qui vous feront grand plaisir, » répondit Thiériot avec son sourire sardonique et son nazillement de capucin — « Eh quoi donc? » — « Arnaud Baculard est arrivé à Potsdam, où le roi l'a reçu à bras ouverts. » — « A bras ouverts! » — « Oui, et Arnaud lui a présenté une épître. » — « Bien boursouflée et bien maussade! » — « Point du tout, fort belle, et si belle que le roi y a répondu par une autre épître. » — « Le roi de Prusse, une épître à Arnaud! vous vous moquez, ou on s'est moqué de vous. » — « Je ne sais si l'on s'est moqué de moi, mais je ne me moque point; et la preuve, c'est que voilà les deux épîtres. » — « Donnez vite, que je lise ces chefs-d'œuvre. » Voltaire prend l'épître d'Arnaud : « Quelle fadeur, quelle platitude, quelle bassesse! » Il passe à l'épître royale, et lit en silence et d'un air de pitié; puis, arrivé à ces vers :

(5) *Mémoires*, t. I, pp. 374 et suiv. — (2) 16,000 livres, dit Duvernet, p. 158.

> Voltaire est à son couchant ;
> Vous êtes à votre aurore (1) ;

il saute de son lit, et, bondissant de fureur : « Voltaire à son couchant, et Baculard à son aurore ! Et c'est un roi qui écrit cette sottise monstrueuse ! Ah ! qu'il se mêle de régner ! » Marmontel et Thieriot avaient peine à ne pas éclater de rire, le voyant en chemise, gambadant de colère, et apostrophant le roi de Prusse : « J'irai, oui, j'irai lui apprendre à se connaître en hommes ! » Et son voyage fut décidé.

Marmontel soupçonne Frédéric d'avoir voulu par là lui donner un coup d'éperon, car, autrement, il ne serait pas parti, moins par lésine, que par dépit de n'avoir pu obtenir les mille louis de sa nièce. Et il raconte à l'appui l'histoire d'un couteau de chasse, dont le marchand demandait un louis, et dont Voltaire ne voulait donner que dix-huit francs. Pour l'obtenir à ce prix, il fit pendant un quart d'heure tous les frais de séduction possibles : compliments au marchand, promesse de placer ses garçons et de marier ses filles. En fin de compte, il fut obligé, confus et dépité, de jeter sur la table ce louis qu'il avait eu tant de peine à lâcher. « J'en suis bien aise, » dit tout bas Marmontel, témoin de la scène. — « De quoi, demanda Voltaire avec humeur, de quoi donc êtes-vous bien aise ? » — « De ce que la famille de cet honnête homme n'est plus à plaindre. Voilà bientôt ses fils placés, ses filles mariées ; et lui, en attendant, il a vendu son couteau de chasse ce qu'il voulait, et vous l'avez payé malgré toute votre éloquence. » — « Et voilà de quoi tu es bien aise, têtu de limosin ? » — « Oh ! oui, j'en suis content. S'il vous avait cédé, je crois que je l'aurais battu. » — « Savez-vous, ajouta Voltaire en riant dans sa barbe, après un moment de silence, que, si Molière avait été témoin d'une pareille scène, il en aurait fait son profit ? » — « Vraiment, répondit Marmontel, c'eût été le pendant de celle de M. Dimanche. » — Que voulait Voltaire ? Gagner quelques francs ? Un peu peut-être, mais beaucoup plus ne pas céder et exercer l'empire de sa persuasion.

(1) Il y a une variante dans la lettre à Frédéric où ces vers sont rapportés.

VIII

BACULARD D'ARNAUD. — DÉPART POUR BERLIN

Ce Baculard d'Arnaud, qui eut l'honneur d'exciter la jalousie de Voltaire, est le même dont il a été parlé déjà si souvent dans cette histoire. Au commencement de mai 1736, pendant qu'il était étudiant en philosophie au collége d'Harcourt, Voltaire lui envoya, par Moussinot, un manuscrit, auquel il ordonnait de joindre un petit présent de douze francs : c'était l'*Épître sur la calomnie*. Moussinot n'ayant pas fait aussitôt la commission, il le condamna à donner à d'Arnaud, au lieu de douze francs, un louis d'or, et même trente livres, et il se hâta de fermer sa lettre de peur d'augmenter la somme.

Quel était ce d'Arnaud? Né à Paris en 1718, d'une famille noble, dit-on, du comtat Venaissin, ruinée en une de ces spéculations où d'autres s'enrichissent (1), il avait eu de bonne heure la passion des vers. Dès l'âge de neuf ans, il en adressait à Voltaire; et, un peu plus tard, il tirait du deuxième chant de la *Henriade* une tragédie de Coligny (2). Voltaire répondait modestement à ses vers flatteurs (3), l'encourageait dans ses débauches d'esprit, comme l'*Épître à Manon* (4), dont il écrivait en même temps à Moussinot : « J'ai lu l'épître d'Arnaud ; je ne crois pas que cela soit imprimé, ni doive l'être. » Cette épître fera pourtant la fortune du jeune poëte, d'abord auprès de Voltaire, ensuite auprès de Frédéric. En attendant, Voltaire continua de lui faire de petits présents d'un louis, de cinquante ou de soixante livres, jusqu'au 25 février 1744, jour où il écrivait à Moussinot : « Ayez la bonté de donner dix écus à d'Arnaud, s'il est toujours dans le même état de misère où son oisiveté et sa vanité ont la mine de le laisser longtemps. » D'Arnaud était alors à la

---

(1) A Helvétius, 28 janvier 1739. — (2) Duvernet, *Préface* des lettres à Moussinot. — (3) *Œuvres de Voltaire*, t. XIV, t. p. 408. — (4) On n'en peut décemment citer le titre tout entier.

Bastille pour un ouvrage à titre et contenu obscènes (1). Outre les quelques louis, Voltaire lui faisait donner encore quelques dîners, dont il payait les poulardes (2). Il lui avait permis même de le venir voir à Cirey avec Helvétius; mais d'Arnaud commit l'imprudence de prévenir la permission, ce que madame du Châtelet trouva fort mauvais, et ce que Voltaire pardonna à son peu d'éducation (3). Il le recommanda, avec les plus grands éloges, à Helvétius, qu'il remerciait, quelques jours après, de ce qu'il avait déjà fait pour « son fils (4). » Grâce à lui, d'Arnaud, en 1748, devint le correspondant du duc de Wurtemberg, puis du roi de Prusse, en remplacement de Thieriot, et, en 1750, Frédéric, content de ses services, l'appela à sa cour (5).

Quand Voltaire se fut brouillé avec lui, il se plaignit, comme toujours, de l'ingratitude d'un homme qu'il avait « nourri, élevé, pendant deux ou trois ans (6). » Ses faveurs avaient même duré cinq années, mais sans jamais avoir le caractère d'une pension alimentaire. Duvernet, qui en a fait le compte sur les registres de Moussinot, en porte la somme, enflée peut-être, à 600 livres, ce qui revient à une centaine de livres par année, et il n'y avait pas là de quoi faire vivre même un anachorète. Encore Duvernet dit-il que d'Arnaud n'y vit que des avances, car il ajoute : « M. d'Arnaud, étant entré dans le monde, voulut rendre ces 600 livres à M. de Voltaire, qui lui répondit que c'était une bagatelle, et qu'un enfant né rendait pas des dragées à son père (7). » En tout cas, ce n'était pas un don gratuit : c'était le salaire d'abord de l'éditeur de l'*Épître sur la calomnie*, ensuite du préfacier d'une édition de Hollande (8), enfin du scribe et du coureur dans

---

(1) Delort, *Détention des philosophes*, t. II, p. 148. — (2) A Moussinot, 28 octobre 1737. (3) A Moussinot, 3 et 25 avril 1739. — (4) A Helvétius, 28 janvier et 25 février 1738. — (5) Suivant une note de police, d'Arnaud commença par manger les 2000 livres que Frédéric lui avait envoyées pour son voyage, et, pour partir, il fut obligé de vendre tous ses ouvrages à un libraire (Delort, *Détention des philosophes*, t. II, p. 152. — (6) A madame Denis, 20 décembre 1753; à Le Brun, 6 février 1761. — (7) *Préface* des lettres à Moussinot. — (8) A Moussinot, 12 et 17 juin; 3 et 21 juillet 1738.

l'affaire de Des Fontaines. Voltaire avait même eu d'autres prétentions sur lui : il aurait voulu en faire soit son correspondant, soit son secrétaire; mais d'Arnaud continuait d'écrire comme un chat, malgré toutes les recommandations à lui faites de soigner son écriture. En 1748, d'Arnaud paya ses dernières faveurs par une longue préface historique et apologétique (1), destinée à une édition de Rouen, en 12 volumes, des œuvres de Voltaire. Hélas! cette préface devint un champ de bataille où, naturellement, le plus faible succomba.

Après les vers de Frédéric sur l'aurore et le soleil couchant, Voltaire affecta de faire bonne figure et de répondre par des plaisanteries; il défendit même le poëte couronné, et parla de Baculard d'Arnaud comme « d'un bon diable, » indigne sans doute de l'éloge royal, mais qui « par-ci par-là, ne laissait pas de rencontrer de bonnes tirades (2). » De son côté, d'Arnaud associait Voltaire à Frédéric dans une pièce dédicatoire au roi de Prusse (3), où il l'appelait son Apollon. Cependant couvait entre eux une guerre à mort.

Que se passa-t-il? Les gazettes publiaient des vers de Baculard, qu'elles mettaient sur le compte de Voltaire, ce qui irritait Apollon (4). D'autre part, les tragédies de Voltaire étaient mieux reçues à Berlin que le *Mauvais riche* de Baculard, et l'élève concevait contre le maître « la plus noble jalousie (5). » En même temps, Voltaire écrivait à Frédéric : « D'Arnaud a semé la zizanie dans le champ du repos et de la paix, » et il indisposait contre d'Arnaud le royal protecteur. Pour se défendre ou pour se venger, d'Arnaud désavoua alors sa *Préface*, sous prétexte que Voltaire l'avait falsifiée et y avait ajouté des choses horribles contre la France;

---

(1) La voir à la fin des *Mémoires* de Longchamp. — Cette préface ne servit pas parce que Voltaire, non seulement n'approuva pas l'édition pour laquelle elle avait été faite, mais qu'il la dénonça à Rouen et à Paris, au premier président de Normandie et au lieutenant de police Hérault; et, une fois de plus, à cette occasion, il fit, contre de pauvres libraires, le bas et vil office de délateur et d'agent secret de la police (*Études sur la Russie*, pp. 409 et suiv.). — (2) A Frédéric, 26 juin; à madame de Fontaine, 23 septembre 1750. — (3) Dans les *Mémoires* de Longchamp, t. II, p. 513. — (4) A madame Denis, 24 août; à d'Argental, 23 septembre 1750. — (5) A d'Argental, 14 novembre 1750.

puis il écrivit à Fréron que Voltaire l'avait perdu à la cour et dans l'esprit du roi, ce que Fréron publia partout (1).

Il doit y avoir du vrai dans ce récit de Voltaire ; mais, pour s'en faire une arme mortelle contre d'Arnaud, il se fit écrire tout cela dans une lettre fabriquée par lui-même, et qui était censée être de l'ami d'Argental. Formey, qui l'a publiée dans ses *Souvenirs d'un citoyen* (2), d'après une copie qu'il tenait de Voltaire, dit positivement qu'elle était son œuvre ; et les dates seules prouvent que Formey a raison. Voltaire, qui, dès le 14 novembre, avait écrit toute cette histoire au comte d'Argental, n'avait pas besoin d'en être informé par lui le 24, date de la pseudo-lettre du comte. C'était une pièce qu'il voulait montrer à Frédéric, et qu'il lui montra en effet, en lui mettant sans doute le marché à la main ; car, le même jour, 24 novembre, il écrivait à sa nièce : « Le soleil levant s'est allé coucher. » Malgré toutes ses plaisanteries, ce mot *manebat alta mente repostum*.

Oui, il dut mettre au roi le marché à la main, et nous en avons la preuve dans cette lettre de Frédéric, du 24 février de l'année suivante : « Vous avez d'abord, d'une façon assez singulière, *exigé* de moi de ne point prendre Fréron pour m'écrire des nouvelles. » Ainsi Voltaire avait fait sans doute pour d'Arnaud. Et Frédéric ajoute : « D'Arnaud a eu des torts envers vous ; un homme généreux les lui eût pardonnés : un homme vindicatif poursuit ceux qu'il prend en haine. Enfin, quoique d'Arnaud ne m'ait rien fait, c'est par rapport à vous qu'il est parti d'ici. »

En tout cas, d'Arnaud était quitte envers Voltaire, dont il payait les 600 livres de présents de la perte d'une place de 5,000 livres ; et Voltaire avait encore l'impudence d'écrire à ce sujet à madame Denis (24 novembre 1750) : « Ce d'Arnaud avait une des plus belles places du royaume. Il était garçon poëte du roi, et sa Majesté prussienne avait fait pour lui des versiculets très-galants. Nous n'avons point, depuis Bélisaire, de plus terrible chute (3). »

(1) A d'Argental, 14 novembre 1750. — (2) T. I, p. 320. — (3) D'Arnaud se

Revenons sur nos pas pour accompagner Voltaire dans son voyage à Berlin.

Pour quitter la France, il lui fallait une permission de sa cour. Le 25 juin, il se rendit à Compiègne, où elle était. La permission n'était pas l'unique objet de son voyage; il espérait encore obtenir une décoration et un caractère officiel auprès de Frédéric. Mais ses ennemis, ayant prévu le coup, avaient gagné madame de Pompadour, qui dissuada le roi de lui accorder la moindre faveur. Elle le reçut elle-même froidement, et *Cotillon II* le chargea de compliments plus froids encore pour le roi de Prusse. Louis XV, quand il se présenta, lui tourna le dos, et dit à ses courtisans : « Ce sera un fou de moins dans mon royaume. »

C'est une grande faute à Louis XV de n'avoir pas surmonté sa répugnance pour Voltaire. Nous connaissons désormais les aptitudes courtisanesques de cet homme, la flexibilité de ses courbettes, l'abondance intarissable de ses flatteries, sa démangeaison d'honneurs et d'un rôle officiel. Avec des cordons il était facile d'enchaîner son bras, avec des compliments de lui fermer la bouche, avec une mission politique d'absorber une partie de sa mauvaise activité. Ah! vraiment, avec tout cela, on n'en eût pas fait un bon chrétien ni un bon citoyen, un défenseur de l'autel et du trône; mais on l'eût empêché de nuire. En le laissant partir pour la Prusse, on l'envoyait à sa dernière

---

retira d'abord à Dresde, où il devint conseiller de légation; puis il rentra à Paris; et, n'ayant plus rien à ménager avec Voltaire, il s'associa à Fréron, mais sans jamais faire de libelles contre son ancien bienfaiteur. Cependant, Voltaire montrait plus de rancune, et le traitait de *scélérat* (à Walther, 6 décembre 1752) et de *dogue* (à Thieriot, novembre 1758). A Paris, d'Arnaud traîna une existence misérable. Il se mit aux gages des libraires et des comédiens, et composa une infinité de pièces, de contes, de romans et de vers. Dans ses *Lamentations de Jérémie*, il a chanté sa propre misère, misère dans laquelle il mourut en 1805, à 87 ans. Rien n'avait manqué à son infortune, pas même le ridicule : on se rappelle comment Beaumarchais le bafoua dans un de ses *Mémoires*. Personnage peu estimable, soit comme auteur, soit comme homme. Auteur, il n'eut qu'une fécondité déplorable : ses drames sont tout en spectacle, et en spectacle horrible; ses romans (*Épreuves du sentiment*, *Délassements de l'homme sensible*, etc.) sont tout en sentiment, (ou plutôt en sensiblerie, ce qui lui valut l'éloge de J.-J. Rousseau, ce grand déclamateur sentimental. Homme, un seul mot le relèverait, et il n'est pas authentique : interpellé par Frédéric dans une conversation athée, il aurait répondu : « J'aime à croire à un Être supérieur aux Rois. »

école de corruption; en lui fermant Paris au retour, on le forçait à bâtir cette forteresse de Ferney, d'où, pendant vingt ans, il lancera tant de traits mortels contre toutes nos institutions civiles et religieuses. C'est ainsi que Louis XV est coupable d'une partie du mal que Voltaire a fait à la France.

Voltaire revint à Paris la rage dans le cœur, et, avant son départ, il voulut se venger de la favorite. Il lui écrivit une lettre, où « il la traitait comme une négresse et comme la dernière des créatures. » Mais il voulut se venger sans s'exposer lui-même à la vengeance réciproque de madame de Pompadour, et il eut la lâcheté d'y exposer à sa place un malheureux valet de chambre. Il fit copier sa lettre par Longchamp, et lui demanda de la signer. Comme Longchamp refusait, quoiqu'il en ignorât la destination : « Je n'ai pas besoin avec moi, dit l'impérieux maître, de gens qui refusent de faire ma volonté. » Poussé par la menace, Longchamp signe; mais il cherche à se procurer l'original, que Voltaire, après l'avoir tortillé longtemps, avait jeté au feu. La précieuse minute était heureusement tombée sur une bûche, d'où elle avait roulé dans un coin de la cheminée. Feignant de raccommoder le feu, Longchamp l'en retire, la serre soigneusement; et bien lui en prit.

Parti trois jours après, Voltaire avait laissé Longchamp à Paris, pour y suivre un procès d'agio avec André et d'autres affaires, et pour y prendre le gouvernement de sa maison et de ses domestiques, — il n'emmenait avec lui qu'un seul laquais, — promettant de l'appeler à Berlin dans deux mois, s'il n'était pas lui-même de retour.

Cependant le valet signataire n'était pas tranquille. Il se rappelait avec terreur un avis du comte d'Argental, qui connaissait si bien l'homme : « Prenez garde à vous, surtout si M. de Voltaire veut vous faire écrire ou signer des papiers contre quelqu'un! » Six semaines après, il est mandé par d'Argenson, qui lui présente la lettre en lui demandant s'il en connaissait l'écriture — « Elle est de moi, » répond le valet-secrétaire. — « A quelle occasion et à qui a-t-elle été adressée? » poursuit le ministre. — « J'ignore absolument tout, » réplique Longchamp; et, en effet, le rusé Voltaire avait fait écrire l'adresse d'une autre main. D'Argenson demande des preuves; Longchamp va chercher l'original et le lui apporte. A la vue de cette écriture bien connue, d'Argenson dit au valet : « Vous êtes bien heureux; car, à défaut de cette pièce, je vous faisais enfermer pour toute votre vie. — Allez, et prenez garde de recommencer! »

Longchamp écrivit tout à Voltaire, pour qu'il eût à se pourvoir. Mais, sans doute, l'ami d'Argenson avait étouffé l'affaire, dont Longchamp n'ouit plus parler ni à Paris ni de Berlin (1).

Voltaire partit de Paris ou de Compiègne le 28 juin 1750. « En bon historiographe et en bon citoyen (2), » il visita en passant les champs de Fontenoy, de Raucoux et de Laufeldt, et arriva à Clèves, où il reprit, le 2 juillet, la lettre à Frédéric commencée le 26 juin à Compiègne. Il ne put quitter Clèves que vers le 18 juillet, le *vorspann* de Sa Majesté prusienne étant resté à Wesel « entre les mains d'un homme qui l'avait reçu, comme les Espagnols reçoivent les bulles des papes, avec le plus profond respect, et sans en faire usage. » Enfin, l'ordre du roi lui étant parvenu, il quitta Clèves et « sa princesse (3), » passa par Wesel, et, le 24 juillet, « il saluait ses anges du ciel de Berlin. »

---

(1) Nous avons suivi, dans ce récit, la leçon des *Mémoires* (pp. 76-78) que nous croyons originale; ainsi ne racontent pas, naturellement, les arrangeurs de 1826. Ils font dire à Longchamp : « Il l'avait cachetée lui-même, et *je n'en ai point vu le contenu*. Je pense qu'elle était plus remplie de vifs reproches, adroitement tournés, que de jolis vers, pleins de galanterie, tels qu'il lui en adressait quelquefois, et dont elle paraissait alors si flattée (p. 295). » C'est ainsi que les amis de Voltaire, pour les faits les plus odieux, ont arrangé les matériaux de son histoire. — (2) *Voyage à Berlin*, à madame Denis, pièce moitié prose et moitié vers, dans le genre de Chapelle et Bachaumont, Œuvres, t. XII, p. 383. — (3) Allusion au roman de madame de la Fayette.

FIN DU TOME PREMIER

TABLE DES MATIÈRES

Avant-Propos.. 5

LIVRE PREMIER.
COMMENCEMENTS DE VOLTAIRE (1694-1734).

CHAPITRE PREMIER.
Naissance et éducation de Voltaire.

I. Naissance, famille et enfance de Voltaire................... 15
II. Éducation de Voltaire. — Ses maîtres et sa science......... 25

CHAPITRE SECOND.
Entrée et débuts de Voltaire dans le monde et dans la littérature.

I. Débuts littéraires. — Concours académique.................. 37
II. Escapades de jeunesse....................................... 40
III. Premier voyage en Hollande. — Pimpette.................... 42
IV. Voltaire au Temple... 53
V. Voltaire à Saint-Ange....................................... 56
VI. Premier exil à Sully....................................... 59
VII. Voltaire à la Bastille. — Le nom de Voltaire.............. 63

CHAPITRE TROISIÈME.
Œdipe. — Artémire. — Vie errante.

I. Histoire d'Œdipe.. 72
II. Représentation et jugements................................ 76
III. La Maréchale de Villars. — Vaux-Villars................... 84
IV. Mademoiselle de Livry et le comédien Poisson............... 85
V. Intrigues politiques. — Seconde retraite à Sully. — *Artémire* et encore mademoiselle de Livry.......................... 88
VI. La Source et Bolingbroke................................... 97

CHAPITRE QUATRIÈME.

Affaires et diplomatie. — Second voyage en Hollande.

I. Mort du père de Voltaire. — Héritage paternel............	100
II. Emprunts de jeunesse.......................................	103
III. Origine de la fortune de Voltaire. — Tripotages financiers..	106
IV. Début diplomatique. — Voltaire et Dubois................	108
V. Madame de Rupelmonde et l'*Épître à Uranie*.............	109
VI. Voyage en Hollande. — Séjour à Cambrai. — Arrivée à Bruxelles. — Voltaire et J.-B. Rousseau................	111

CHAPITRE CINQUIÈME.

Bastonnades et Bastille.

I. Beauregard et l'aventure du pont de Sèvres...............	120
II. Voltaire à Maisons...	125
III. *Marianne*...	128
IV. Débuts de Voltaire courtisan.............................	130
V. L'hôtel de Sully et la Bastille.............................	133

CHAPITRE SIXIÈME.

Voltaire en Angleterre.

I. L'Angleterre religieuse en 1726...........................	140
II. Séjour de Voltaire en Angleterre..........................	143
III. Histoire de la *Henriade*..................................	147
IV. Produit et valeur de la *Henriade*........................	159

CHAPITRE SEPTIÈME.

Rentrée de Voltaire en France.

I. Rentrée de Voltaire en France et dans ses pensions. — Accroissement de sa fortune. — *Brutus*...................	164
II. Mort d'Adrienne Lecouvreur. — Fuite en Normandie. — *Histoire de Charles XII*..................................	168
III. *Ériphyle*. — *Zaïre*......................................	174
IV. Retour à la vie de courtisan. — Madame de Fontaine-Martel. — Voltaire chez lui. — *Le Temple du goût.* — *Adélaïde*.	178

CHAPITRE HUITIÈME.

Les Lettres philosophiques.

I. Analyse des *Lettres*. — Remarques sur Pascal............	183
II. Publication à Londres et en France.......................	187

DES MATIÈRES

III. Poursuites. — Fuite de Voltaire à Monjeu et en Hollande.... 194
IV. Affaire de Jore... 200

LIVRE SECOND.

VOLTAIRE A CIREY (1734-1759).

CHAPITRE PREMIER.

Château et châtelains. — Vie privée et vie de travail à Cirey.

I. Madame du Châtelet....................................... 211
II. Le château. — Appartements de Voltaire et d'Émilie........ 216
III. Vie privée et vie de travail............................. 219
IV. Travaux scientifiques. — Concours académiques............. 226
V. Retour aux lettres. — *Alzire*............................ 230
VI. Le *Mondain*. — Nouvelle fuite en Hollande............... 232

CHAPITRE SECOND.

Voltaire et Des Fontaines.

I. Des Fontaines et le Journalisme........................... 240
II. Des Fontaines et le ramoneur. — Service et ingratitude.... 243
III. La *Mort de César*. — Guerre et paix plâtrée............. 248
IV. L'*Enfant prodigue*. — *Discours sur l'homme*. — Déclaration de guerre.. 255
V. *Philosophie de Newton*. — La guerre éclate............... 262
VI. Le chevalier de Mouhy et le *Préservatif*................. 266
VII. La *Voltairomanie*....................................... 271
VIII. Thieriot et l'*Apologie*................................ 273
IX. Saint-Hyacinthe et le *Mathanasius*...................... 284
X. Le président et la présidente de Bernières................. 290
XI. Complices, alliés et protecteurs.......................... 295
XII. Débats et procédures..................................... 300
XIII. Désaveu de Des Fontaines................................ 308

CHAPITRE TROISIÈME.

Voltaire et J.-B. Rousseau. — Petits ennemis et petits amis de Voltaire. — Voltaire capitaliste et homme d'affaires.

I. Premiers rapports de Rousseau et de Voltaire............... 316
II. Grand débat de 1736....................................... 321
III. Petits ennemis de Voltaire. — Guyot de Merville.......... 330
IV. Petits amis de Voltaire. — Berger et Demoulin. — La Mare, Lefebvre et Linant.. 331

V. Voltaire capitaliste et homme d'affaires. — Son agent Moussinot. 342
VI. Opérations diverses. — Brocantage de tableaux. — Actions et loteries. — Rentes viagères. — Profits et pertes.......... 347

CHAPITRE QUATRIÈME.

Voltaire diplomate.

I. Premiers rapports de Voltaire et de Frédéric..,.......... 355
II. L'*Anti-Machiavel*................................... 363
III. Rapports personnels. — Diplomatie politique. — *Zulime et Mahomet*. — Diplomatie religieuse.................. 373
IV. Diplomatie littéraire. — Mort d'Armand Arouet......... 403

CHAPITRE CINQUIÈME.

Voltaire et l'Académie française.

I. Intrigues académiques........................,....... 411
II. Querelles académiques. — Les Travenols............. 425

CHAPITRE SIXIÈME.

Anet et Sceaux. — Fontainebleau et Lunéville. — Mort de madame du Châtelet, et départ pour la Prusse.

I. Anet.. 437
II. Fontainebleau et Sceaux. — Comédies et romans. — *Zadig*... 443
III. Retour à Cirey. — Commercy et Lunéville. — Saint-Lambert. 448
IV. *Sémiramis*. — *Nanine*. — *La Femme qui a raison*....... 457
V. Mort de madame du Châtelet. — Voltaire chassé de Lunéville. — Bilan de son séjour à Cirey.................... 465
VI. Voltaire à Paris. — Le Kain. — *Oreste* et *Rome sauvée*. — *L'Orphelin* et *Tancrède*. — Système dramatique de Voltaire.... 471
VII. Disgrâce du courtisan. — Négociation avec Frédéric....... 483
VIII. Baculard d'Arnaud. — Départ pour Berlin.............. 490

FIN DE LA TABLE DU TOME PREMIER

LIBRAIRIE A. BRAY, RUE CASSETTE, 20, A PARIS.

L'ART DE CROIRE ou *Préparation philosophique à la foi chrétienne*, par M. Aug. NICOLAS, magistrat. 2ᵉ édit., revue et corrigée. 2 vol. in-18 anglais. . 7 fr.
— *Le même ouvrage.* 3ᵉ édition. 2 vol. in-8. . . . . 12 fr.
Plan de l'ouvrage : LIVRE Iᵉʳ : *Besoin de croire.* LIVRE II : *Raison de croire.* LIVRE III : *Moyen de croire.* LIVRE IV : *Bonheur de croire.*

« *L'art de croire*, a dit M. l'abbé Maynard (*Bibliographie catholique*, janvier 1867), est un grand et bel ouvrage, plus encore que les *Études*, en ce sens qu'il convient davantage à notre temps, en ce qu'il appartient plus en propre à l'auteur, qui a si bien lié ses nombreux emprunts à sa pensée, qu'ils deviennent sa chose et que leur appropriation si personnelle en fait une véritable création... »

La première édition de cet ouvrage a été épuisée en quelques mois.

MASSILLON, Étude historique et littéraire, par M. l'abbé A. BAYLE, Docteur en théologie, aumônier du lycée de Marseille, auteur des *Vies de S. Philippe de Néri, de S. Vincent Ferrier*, etc. 1 volume in-8°. . . . . 6 fr.

L'auteur de cette étude a cru être agréable et utile à un grand nombre de lecteurs en leur offrant la vie religieuse, la vie oratoire, la vie épiscopale de Massillon. Ces pages, pleines de recherches et de goût ajouteront encore à la gloire de l'orateur et du moraliste, mais surtout elles feront aimer davantage l'homme et l'évêque.

VIE DE MAXIMILIEN D'ESTE, Archiduc d'Autriche, Grand-Maître de l'Ordre teutonique, mort le 1ᵉʳ juin 1863, d'après le R. P. Stœger, S. J., par J. M. S. DAURIGNAC. 1 vol. in-8 orné d'un portrait. . . . . 6 »
— *Le même ouvrage*, orné de huit belles gravures. . . . . . . 7 fr. 50

« L'Archiduc Maximilien, a dit le prince Augustin Galitzin, fut grand même dans les petites choses, pauvre au sein des richesses, humble dans les grandeurs. Il y avait en lui, tout à la fois, du Vincent de Paul pour son inépuisable charité, et du Vauban pour son génie dans l'art des fortifications. Il était neveu de Marie-Antoinette et oncle de Mᵐᵉ la comtesse de Chambord, qu'il institua son héritière ou plutôt l'exécutrice de ses intentions charitables.

HISTOIRE DE L'ABBÉ DE RANCÉ ET DE SA RÉFORME, composée avec ses lettres, ses écrits, ses règlements et beaucoup de documents contemporains inédits ou peu connus, par M. l'abbé DUBOIS. 2 forts vol. in-8 avec portr. 14 »

Il n'existe pas de Vie authentique et complète de l'abbé de Rancé : les histoires publiées par Maupeou, Marsollier et le Nain de Tillemont sont inexactes ; on ne peut même donner ce nom aux récits romanesques de Chateaubriand. M. l'abbé Dubois, écrivain sérieux, instruit, a refait, à l'aide de nombreux documents puisés aux véritables sources, cette grande figure, l'une des plus pures illustrations du grand siècle.

L'ÉGLISE, œuvre de *l'Homme-Dieu.* Conférences prononcées à la métropole de Besançon, par M. l'abbé BESSON, supérieur du collège Saint-François-Xavier. 1 beau vol. in 8. . . . . 5 »
— *Le même ouvrage.* 3ᵉ édition. 1 vol. in-12. . . . . 3 »

L'HOMME-DIEU. Conférences, par le même. 4ᵉ édition. 1 vol. in-8. . 5 »
— *Le même ouvrage.* 5ᵉ édition. 1 vol. in-12. . . . . 3 »

Le plan, le fond et la forme de ces deux ouvrages, qui se complètent l'un par l'autre, ont mérité les plus grands éloges de tous les critiques.

Sous presse, pour paraître en juillet 1867. Le DÉCALOGUE, ou *Lois de l'Homme-Dieu.*

www.ingramcontent.com/pod-product-compliance
Lightning Source LLC
Chambersburg PA
CBHW050603230426
43670CB00009B/1246